本書由國家古籍整理出版基金資助出版

上海市檔案館 編

清代江南機器製造局檔案彙編

四

上海交通大學出版社
SHANGHAI JIAO TONG UNIVERSITY PRESS

江南製造總局

二十七、江南製造局購買槍炮試驗場地基的契據及地形圖

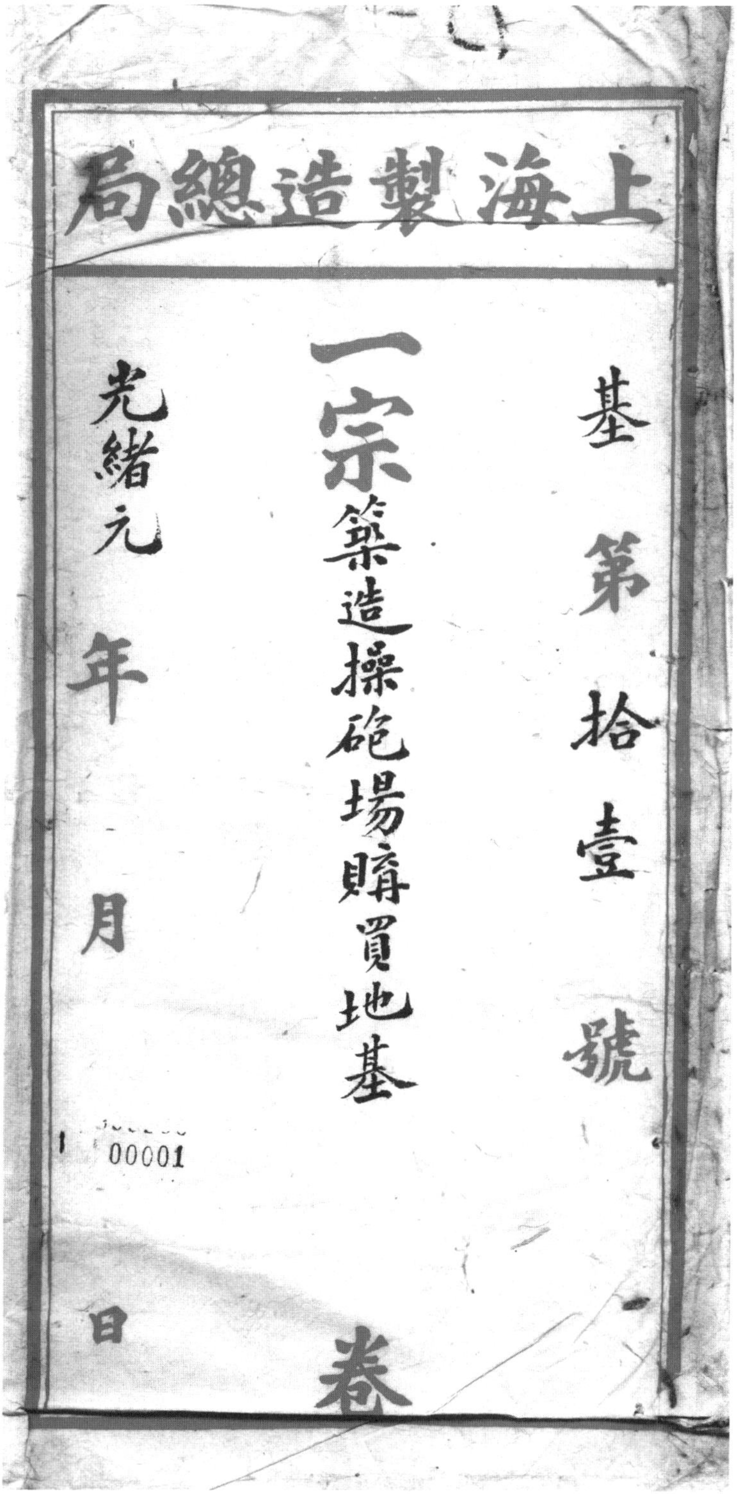
上海製造總局

基第拾壹號

一宗築造操砲場賻買地基

卷

光緒元年　月　日

00001

上海製造總局基字第十一號築造操炮場購買地基卷封面（1875 年，光緒元年）

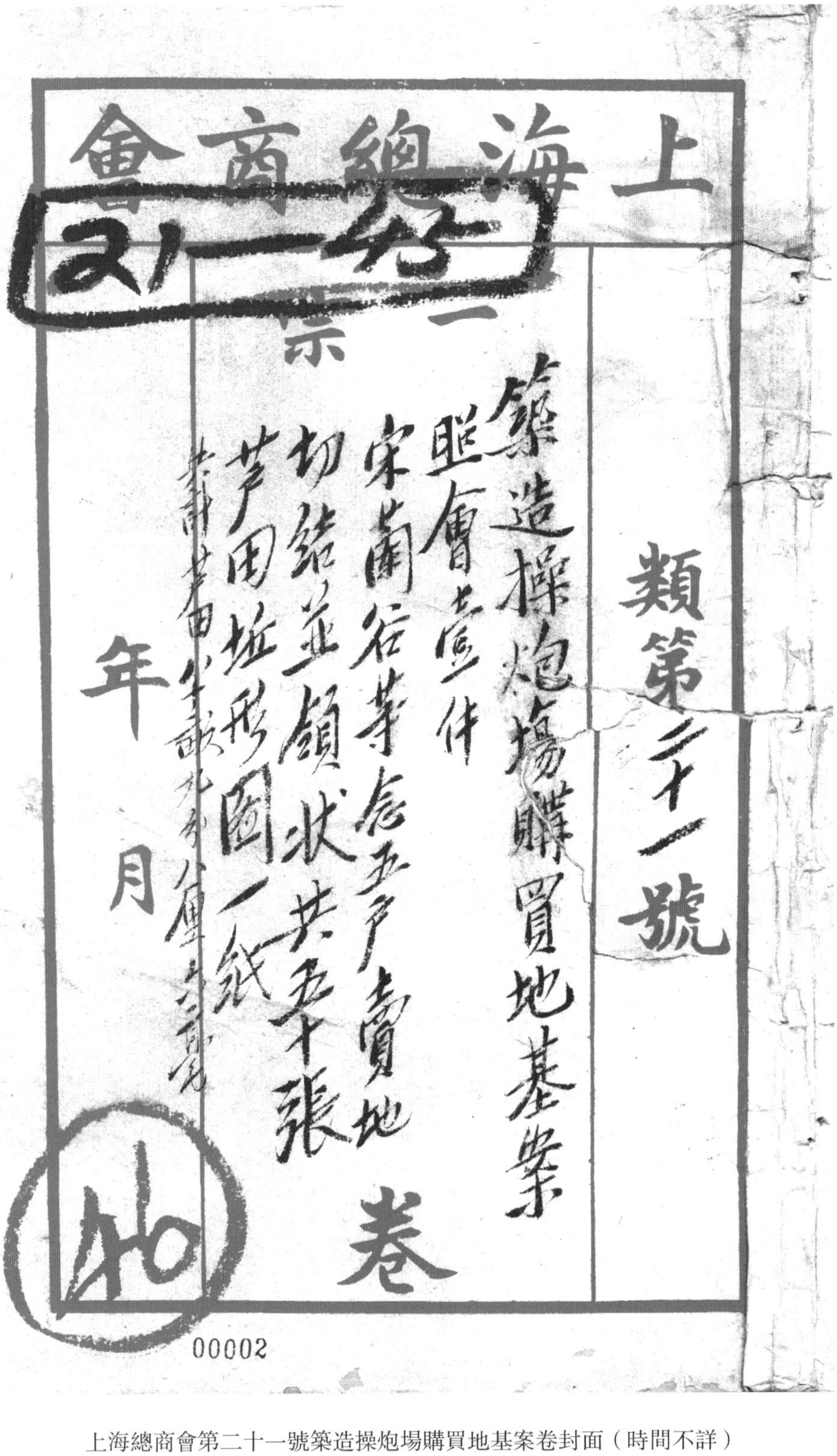
上海總商會

類第二十一號

宗

築造操炮場購買地基案

照會壹件

宋蘭谷等念五戶賣地

切結並領狀共五十張

芦田址形圖一紙

共計芦田八十畝九分八厘五二毫

卷

年 月

00002

上海總商會第二十一號築造操炮場購買地基案卷封面（時間不詳）

基字第十一號卷

第一號 照會上海縣 光緒元年四月分添購基地開單送請查照過户由 元年四月廿三日

附抄信十八紙 圖形工本 契狀卅二紙 計地八十畝九分厘毫

上海製造總局基字第十一號築造操炮場購買地基卷目録（1875年，光緒元年）

築造操炮場購買地基

照會上海縣　照會光緒元年四月分添購地基開送清單由　稿一件

附二十五保十五啚宋蘭谷等九戶二十五保十四啚陸紹宗等十六戶

賣地切結並領狀共五十張

又新購試炮場蘆田坵形圖一紙

上海製造總局基字第十一號築造操炮場購買地基卷目録（1875年，光緒元年）

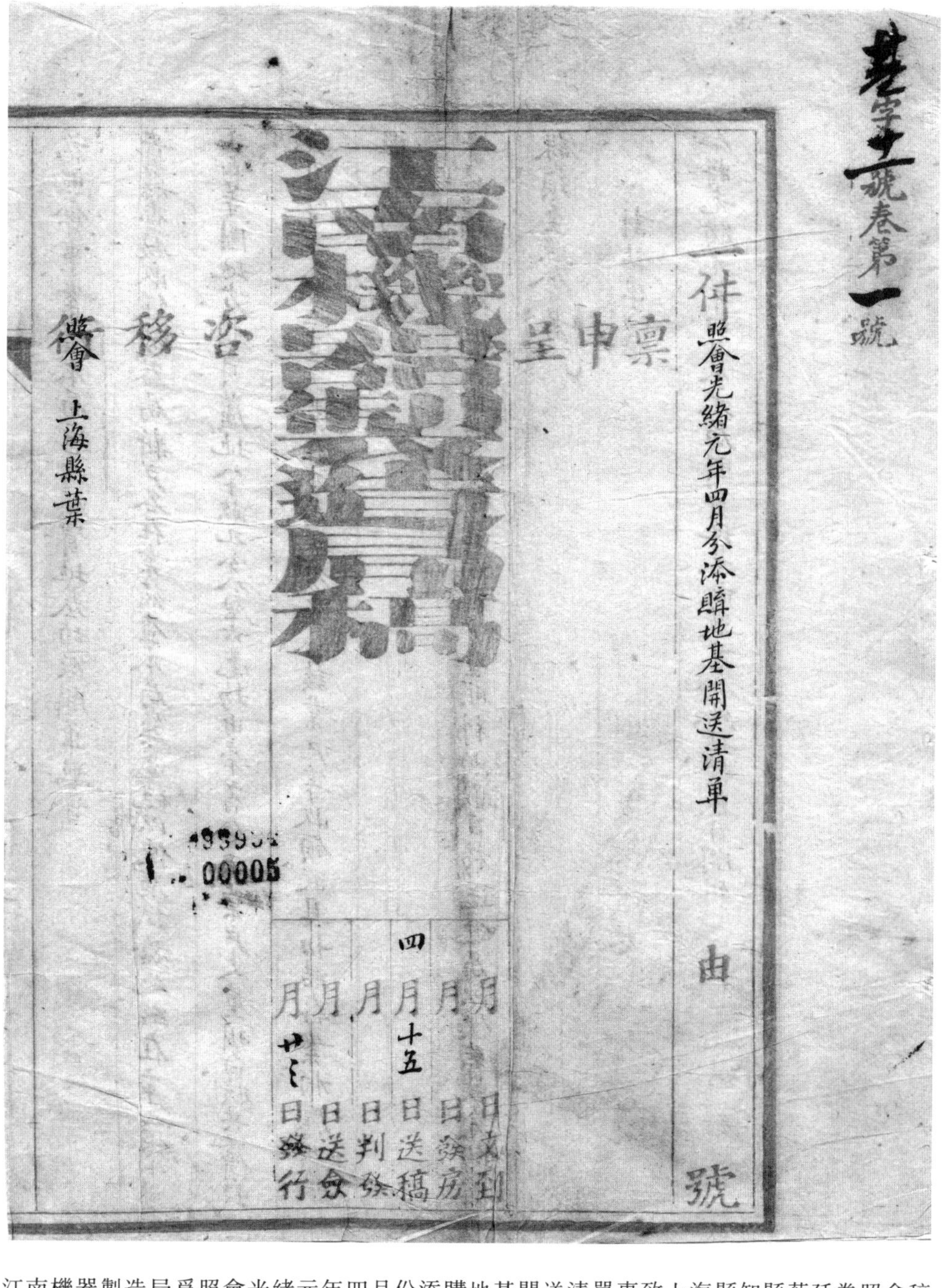
基字十一號卷第一號
一件照會光緒元年四月分添購地基開送清單由
號
稟 申 呈 咨 移 會
照會 上海縣葉
四月十五日

江南機器製造局爲照會光緒元年四月份添購地基開送清單事致上海縣知縣葉廷眷照會稿
（1875 年 5 月 19 日，光緒元年四月十五日）

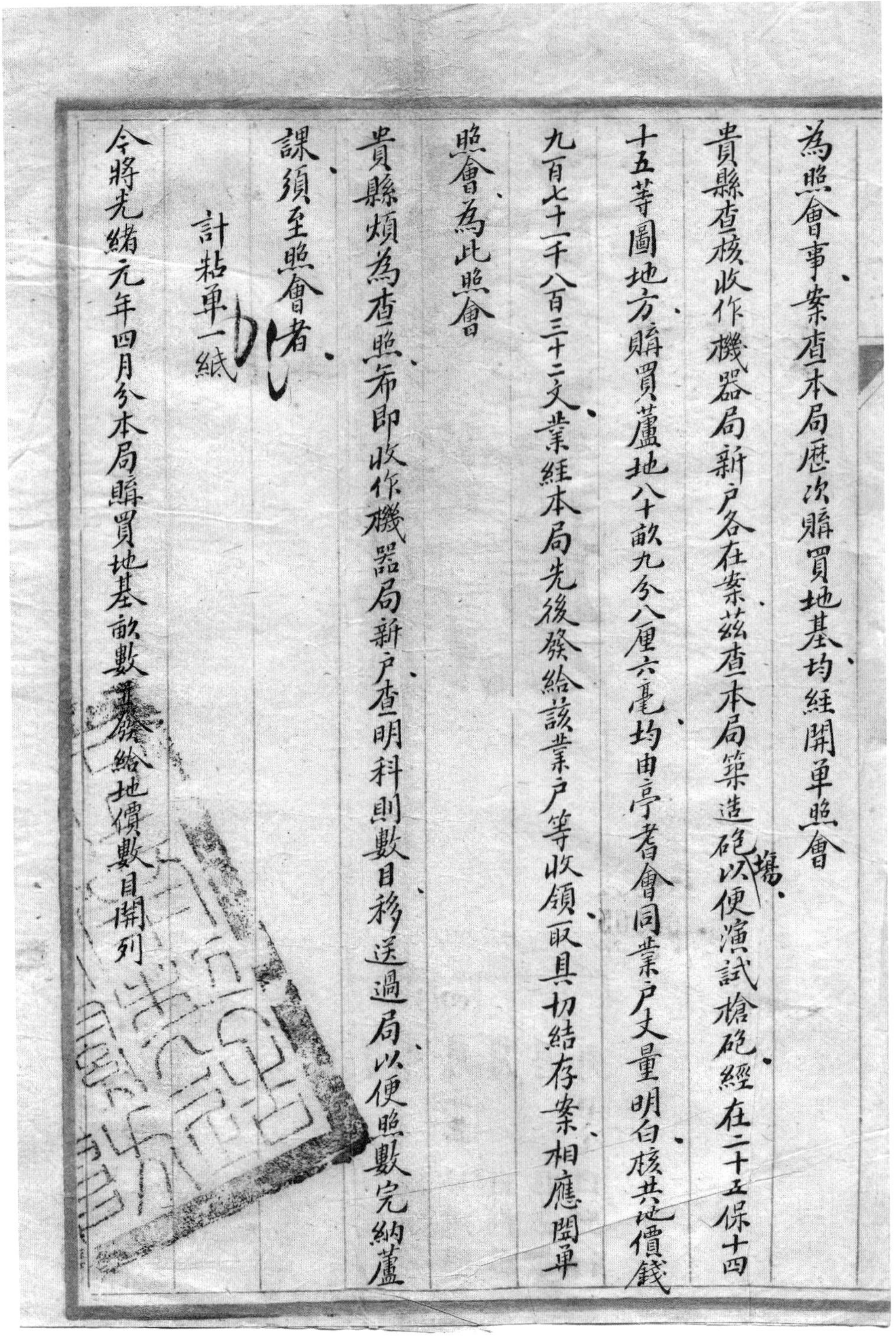
為照會事案查本局歷次購買地基均經開單照會
貴縣查核收作機器局新户各在案茲查本局築造砲墻以便演試槍砲經在二十五保十四
十五等圖地方購買蘆地八十畝九分八厘六毫均由亭耆會同業户丈量明白核共地價錢
九百七十一千八百三十二文業經本局先後發給該業户等收領取具切結存案相應開單
照會為此照會
貴縣煩為查照希即收作機器局新户查明科則數目移送過局以便照數完納蘆
課須至照會者
計粘單一紙
今將光緒元年四月分本局購買地基畝數並發給地價數目開列

江南機器製造局爲照會光緒元年四月份添購地基開送清單事致上海縣知縣葉廷眷照會稿

（1875 年 5 月 19 日，光緒元年四月十五日）

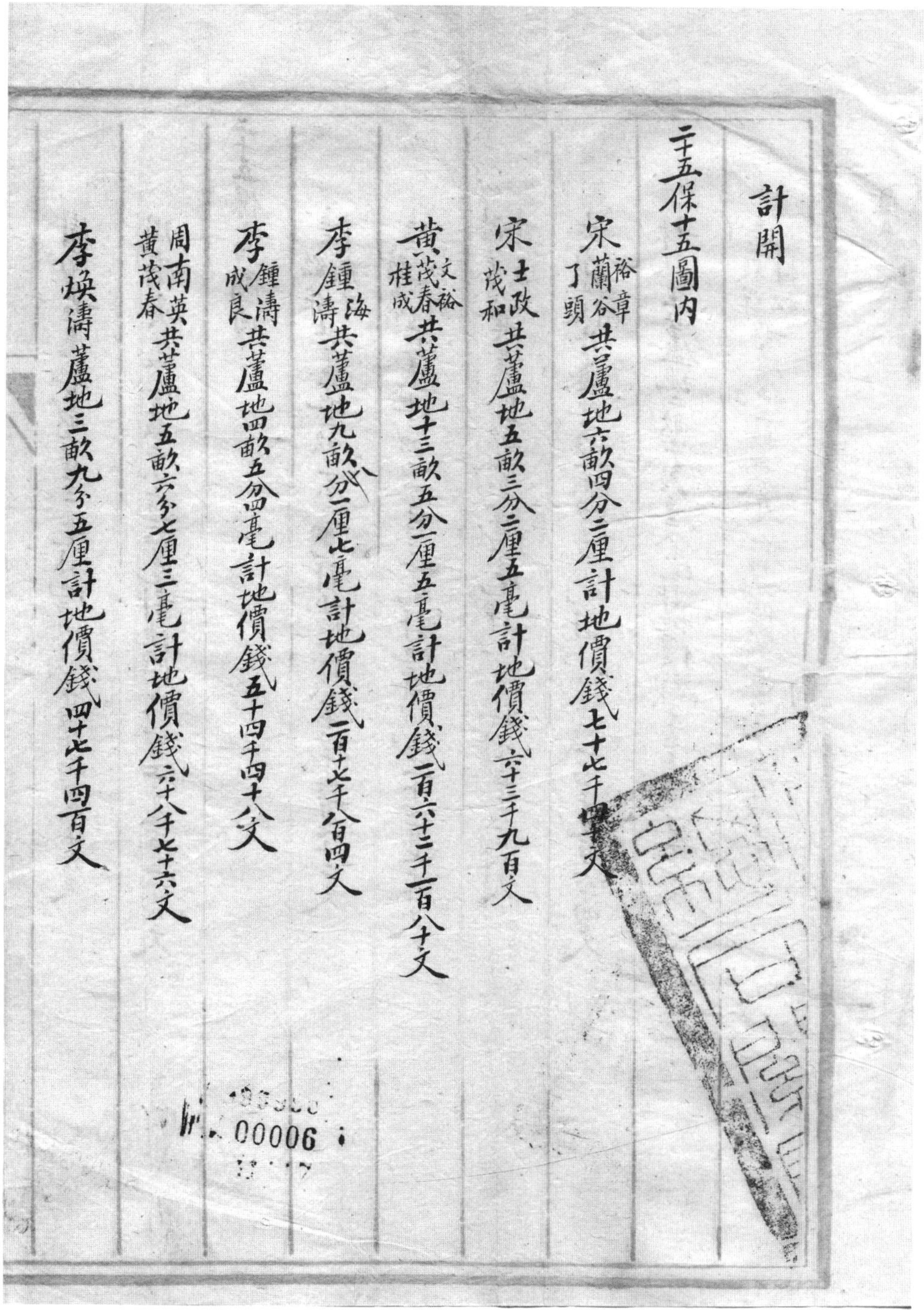

計開

二十五保十五圖內

宋蘭谷(裕章、丁頭)共蘆地六畝四分二厘計地價錢七十七千四十文

宋士政(茂和)共蘆地五畝三分二厘五毫計地價錢六十三千九百文

黃茂春(文裕、桂成)共蘆地十三畝五分一厘五毫計地價錢一百六十二千一百八十文

李鍾濤(海)共蘆地九畝八分一厘七毫計地價錢一百十七千八百四文

李鍾濤(成良)共蘆地四畝五分四毫計地價錢五十四千四十八文

周南英(黃茂春)共蘆地五畝六分七厘三毫計地價錢六十八千七十六文

李煥濤共蘆地三畝九分五厘計地價錢四十七千四百文

江南機器製造局爲照會光緒元年四月份添購地基開送清單事致上海縣知縣葉廷眷照會稿
（1875 年 5 月 19 日，光緒元年四月十五日）

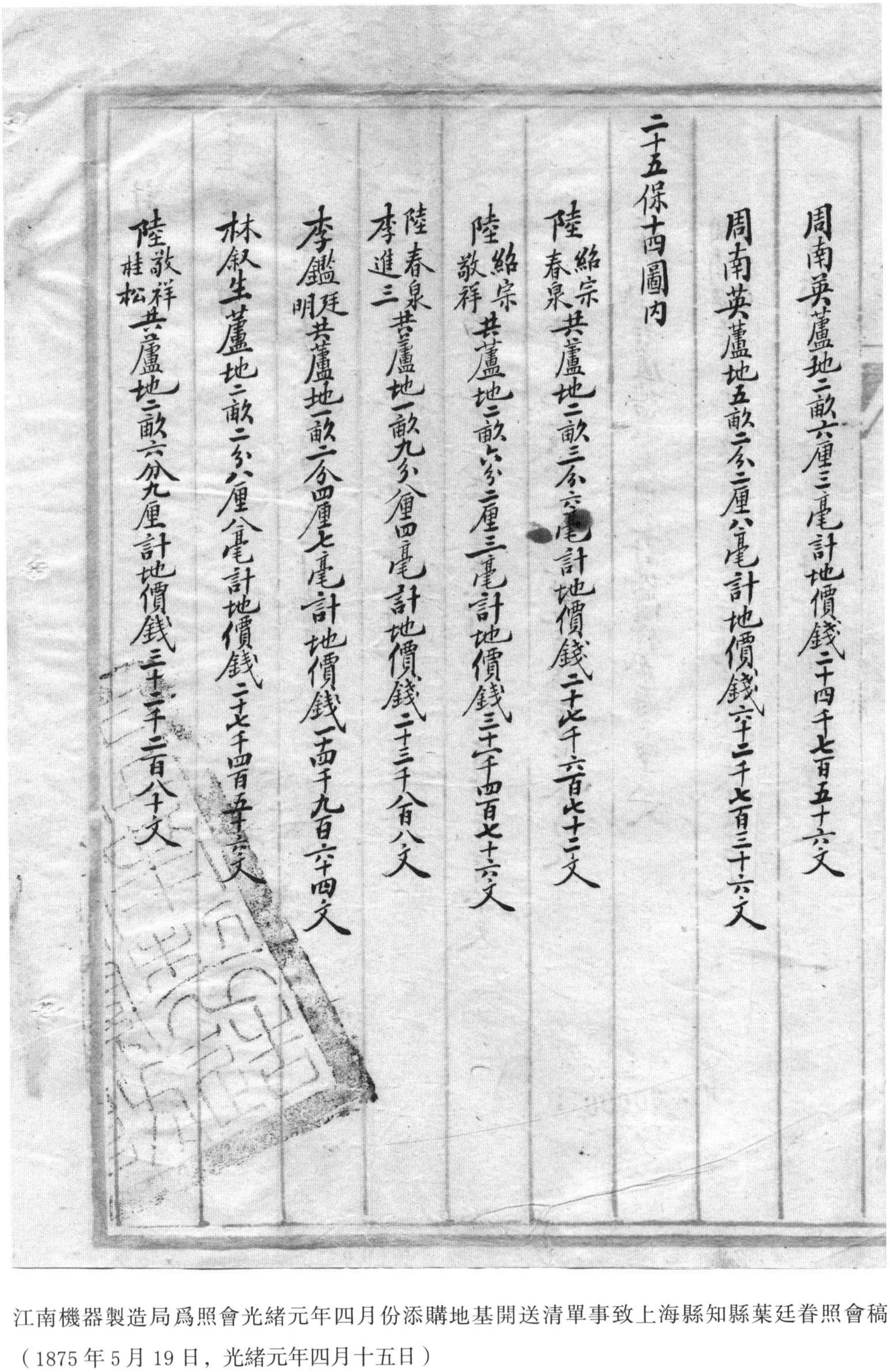
周南英蘆地二畝六厘三毫計地價錢二十四千七百五十六文
周南英蘆地五畝二分二厘八毫計地價錢六十二千七百三十六文
二十五保十四圖内
陸紹宗春泉共蘆地二畝三分六毫計地價錢二十七千六百七十二文
陸紹宗敬祥共蘆地二畝六分二厘三毫計地價錢三十一千四百七十六文
陸春泉李進三共蘆地一畝九分八厘四毫計地價錢二十三千八百八文
李鑑廷明共蘆地一畝二分四厘七毫計地價錢十四千九百六十四文
林叔生蘆地二畝二分八厘八毫計地價錢二十七千四百五十六文
陸敬祥桂松共蘆地二畝六分九厘計地價錢三十二千二百八十文

江南機器製造局爲照會光緒元年四月份添購地基開送清單事致上海縣知縣葉廷春照會稿
（1875年5月19日，光緒元年四月十五日）

陸天福蘆地六分七厘四毫計地價錢八千八十八文

李才才蘆地八分二厘二毫計地價錢九千八百六十四文

陸紹宗
張順環 共蘆地一畝六分一毫計地價錢一十九千二百十二文

黃建章一畝四分二厘一毫
黃茂山一畝地 共蘆二畝四分二厘一毫計地價錢 一十七千五十二文 一十二千文

張順環蘆地六分五厘計地價錢七千八百文

林鶴鳴
林鴻鳴 共蘆地二畝三厘九毫計地價錢二十四千四百六十八文

黃邑氏六分八厘二毫
黃占奎六分八厘二毫 共蘆地一畝三分六厘四毫計地價錢 八千一百八十四文 八千一百八十四文

黃春奎蘆地一畝七分八厘二毫計地價錢二十一千三百八十四文

以上統共蘆地八十畝九分八厘六毫 每畝地價錢一十二千文 共計發出地價錢九百七十一千八百三十二文

江南機器製造局爲照會光緒元年四月份添購地基開送清單事致上海縣知縣葉廷眷照會稿
（1875 年 5 月 19 日，光緒元年四月十五日）

光緒元年四月　日

江南機器製造局爲照會光緒元年四月份添購地基開送清單事致上海縣知縣葉廷眷照會稿
（1875 年 5 月 19 日，光緒元年四月十五日）

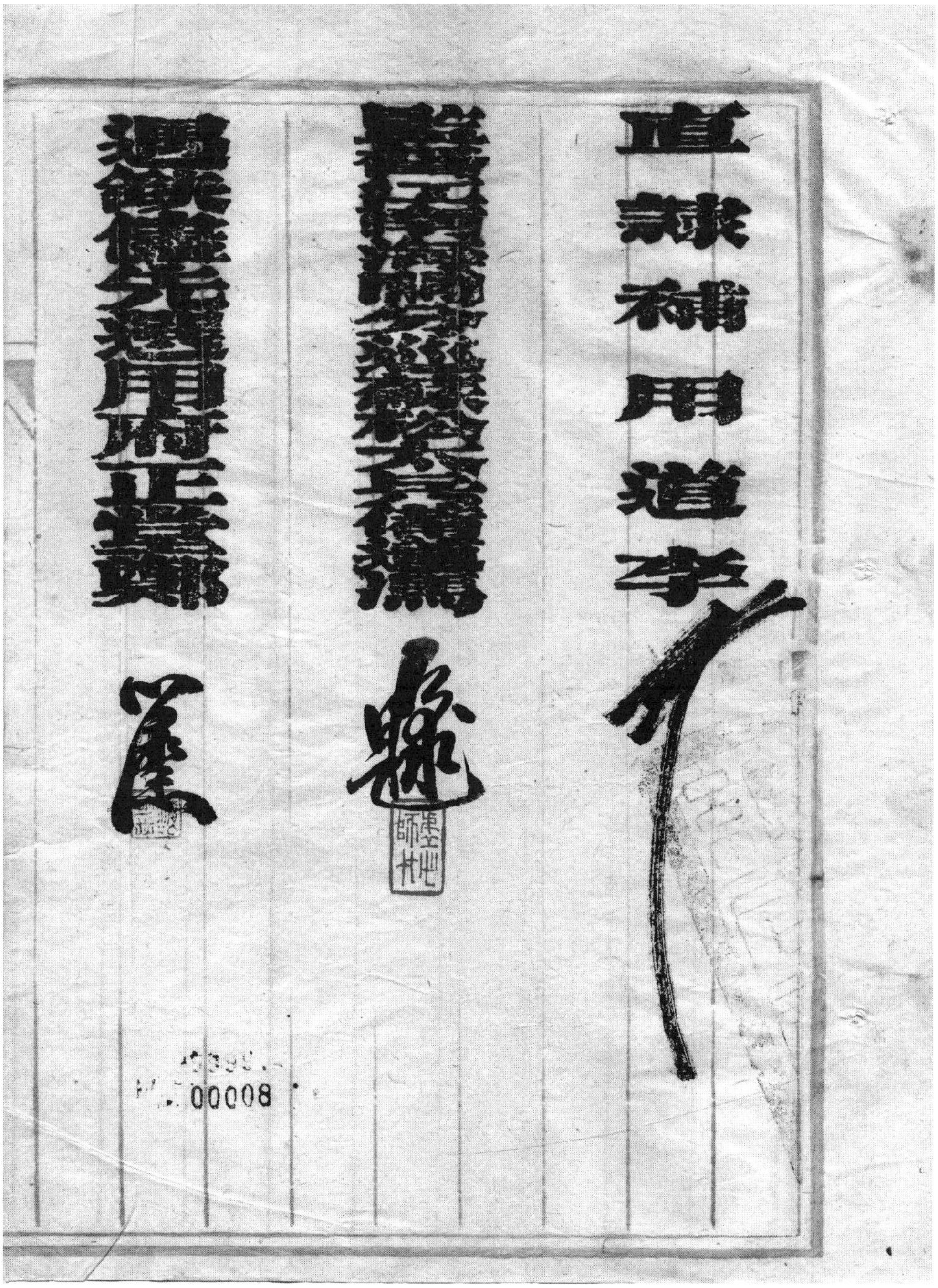

江南機器製造局爲照會光緒元年四月份添購地基開送清單事致上海縣知縣葉廷眷照會稿
（1875 年 5 月 19 日，光緒元年四月十五日）

基十一

具領狀人宋蘭國、裕章、了頭今具到

製造總局憲大人案下竊身有二十五保十五啚已字圩號內官業蘆田現已丈見陸畝四分貳厘

議定每畝價錢拾貳仟文　合共計足制錢柒拾柒仟零四拾文現蒙

局憲當局如數發給身如數領訖中間並無蒄扣短少浮冒情弊除另具切結呈

縣請除課外合具領狀是實

光緒元年叁月　　日立　宋蘭國十、裕章十、了頭十

二十五保十五啚　顧烈華十

宋蘭國、宋裕章、宋了頭具領狀（1875 年 4 月或 5 月，光緒元年三月）

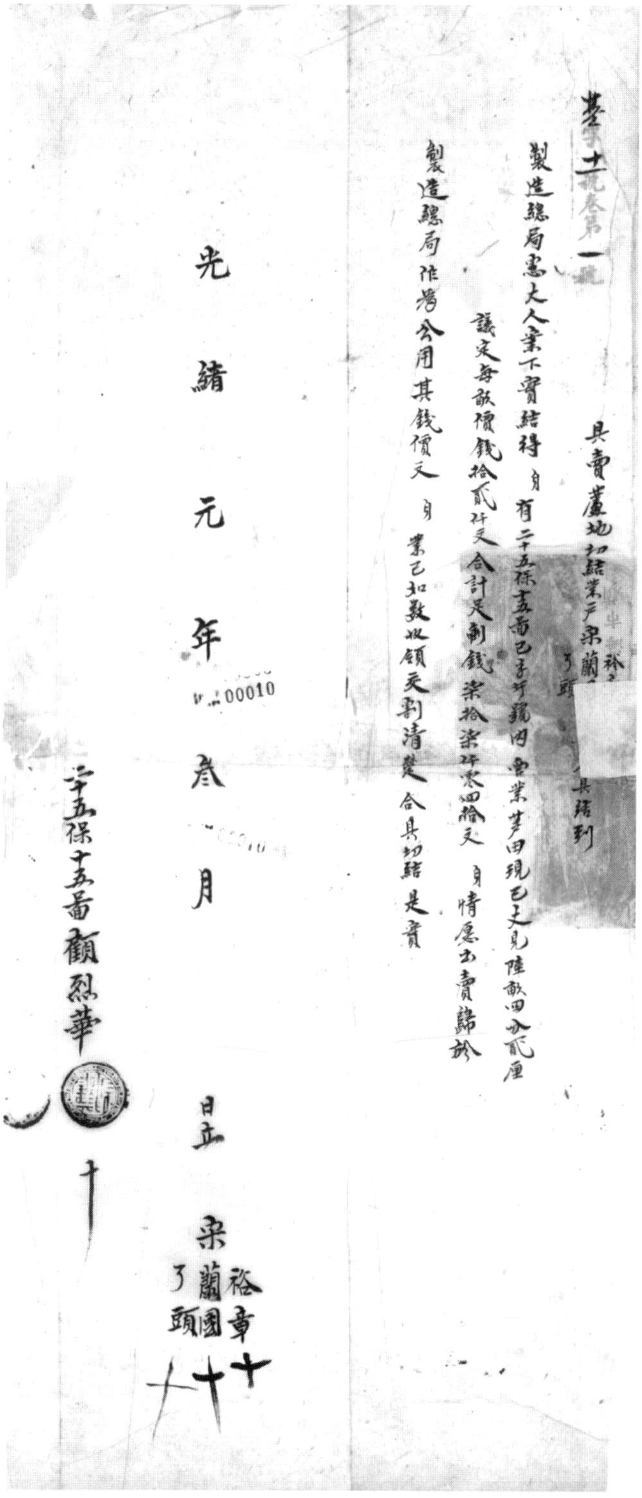

基字十號卷第一號

具賣蘆地切結業戶宋蘭國、裕章、了頭今具結到

製造總局憲大人案下實結得 身有二十五保十五啚已字圩號田貳業蘆田現已丈見陸畝四分貳厘

議定每畝價錢拾貳仟文，合計足制錢柒拾柒仟零四拾文 身情愿出賣歸於

製造總局作為公用，其錢價文 身業已如數收領，交割清楚，合具切結是實

光緒元年叁月 日立 宋裕章十 蘭國十 了頭十

二十五保十五啚顧烈華

宋蘭國、宋裕章、宋了頭具賣蘆地切結（1875 年 4 月或 5 月，光緒元年三月）

基字一

具賣蘆地切結業戶宋仕岐茂和今具結到

製造總局憲大人案下實結得 自有二十五保十五啚巳字圩號内管業蘆田現已丈見伍畝叁分弍厘伍毫

議定每畝價錢拾貳仟文合計足制錢陸拾叁仟九百文現蒙佃歷歸於

製造總局作爲公用 其價錢文自業已如數收領交割清楚合具切結是實

光緒元年叁月 日立 宋仕岐 十 茂和 十

二十五保十五啚顧烈華 十

宋仕岐、宋茂和具賣蘆地切結（1875年4月或5月，光緒元年三月）

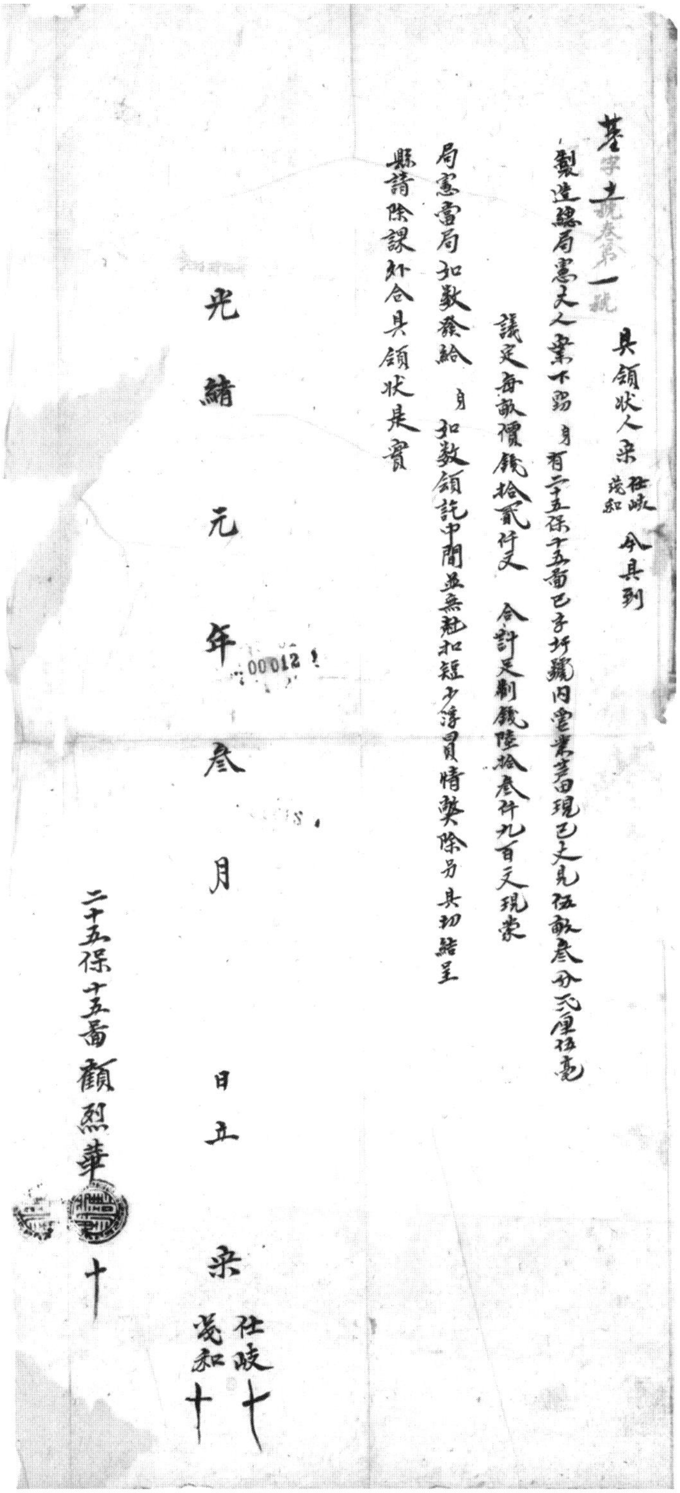

基字五號卷第一號

具領狀人宋仕岐、茂和，今具到

製造總局憲大人案下，為身有二十五保十五啚已字圩號內墾業荒田，現已丈見伍畝叁分弍厘伍毫，

議定每畝價錢拾貳仟文，合計足制錢陸拾叁仟九百文，現蒙

局憲當局如數發給，身如數領訖，中間並無扣短少遺冒情弊，除另具切結呈

縣請除課外，合具領狀是實。

光緒元年叁月　日立　宋仕岐 十　茂和 十

二十五保十五啚　顧烈華 十

宋仕岐、宋茂和具領狀（1875 年 4 月或 5 月，光緒元年三月）

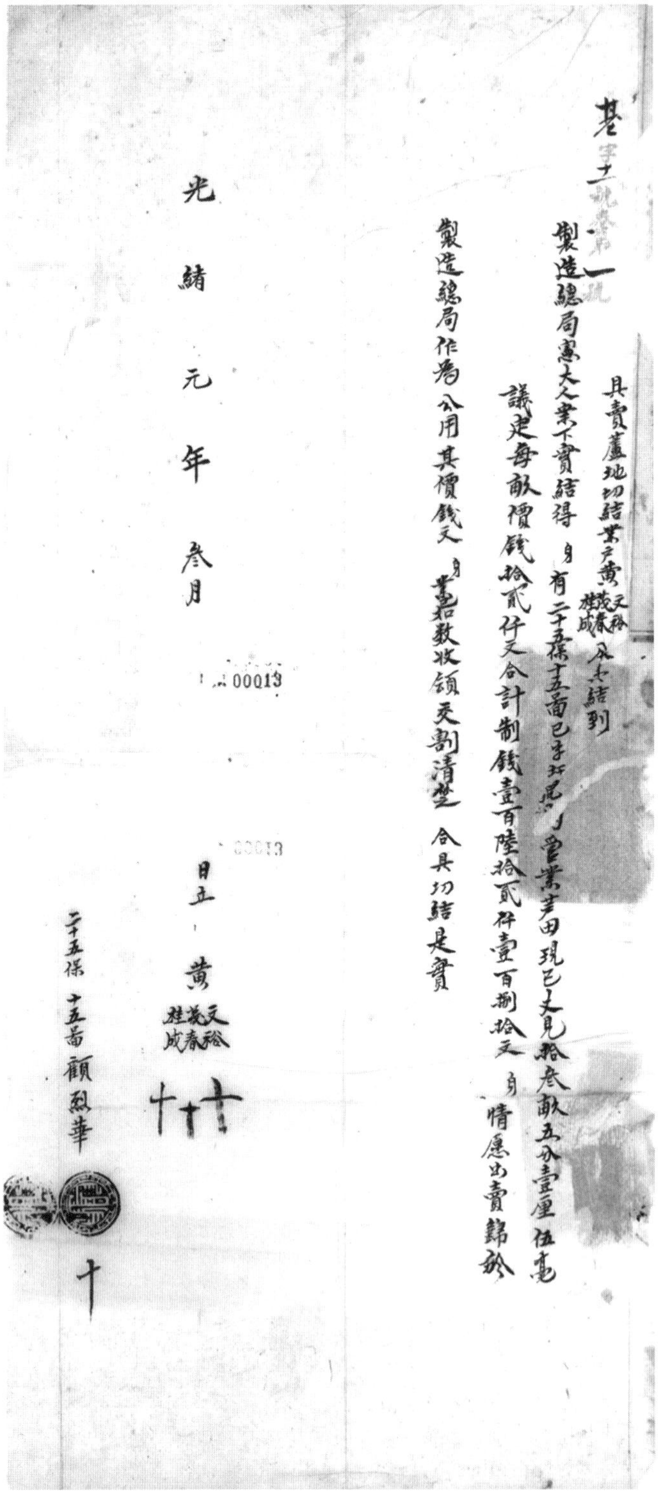

甚一

具賣蘆地切結業戶黃茂春、文裕、桂成今於與結到

製造總局憲大人案下實結得身有二十五保十五啚巳字圩號內管業蘆田現已丈見拾叁畝五分壹厘伍毫

議定每畝價錢拾貳仟文合計制錢壹百陸拾貳仟壹百捌拾文身情愿出賣歸於

製造總局作爲公用其價錢文身業已如數收領交割清楚合具切結是實

光緒元年叁月　日立　黃茂春、文裕、桂成　十　十　十

二十五保　十五啚　顧烈華　十

黃茂春、黃文裕、黃桂成具賣蘆地切結（1875 年 4 月或 5 月，光緒元年三月）

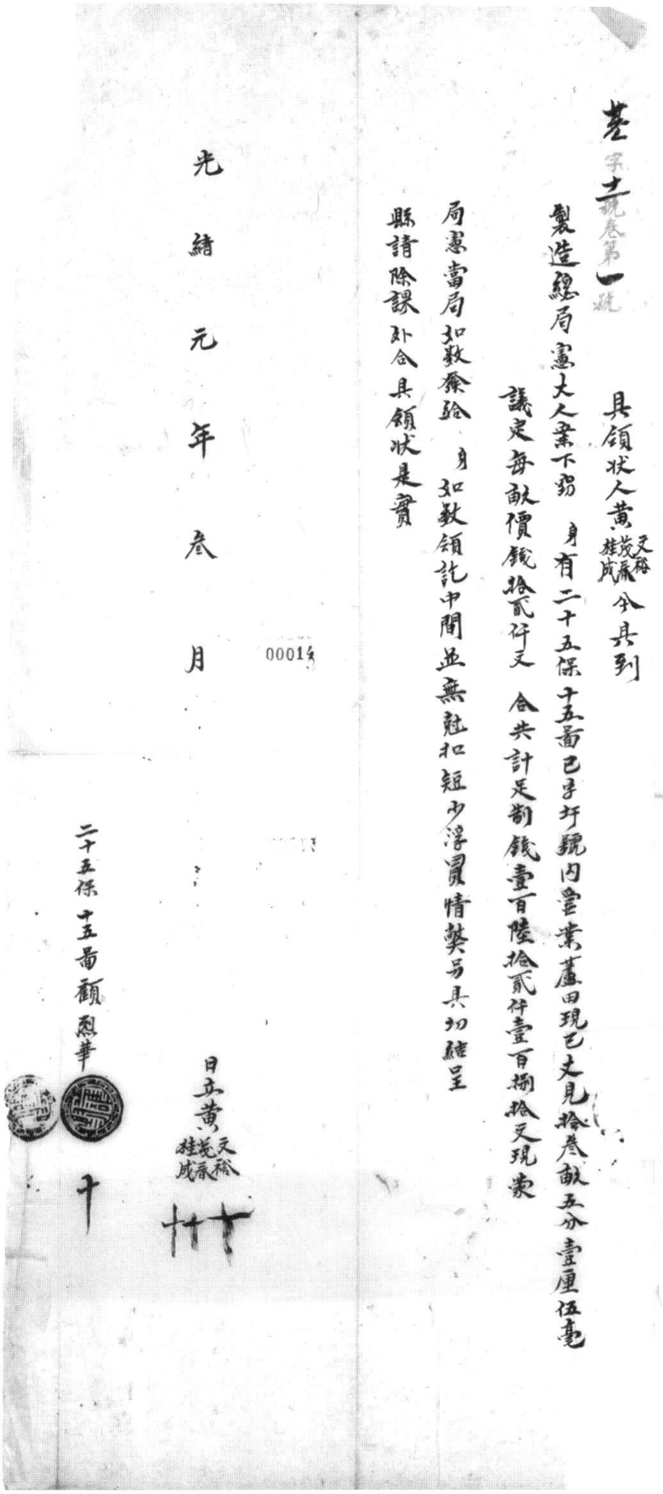
荖字十號卷第一號

具領狀人黃文裕茂春桂成今具到

製造總局憲大人案下窃　身有二十五保十五啚巳字圩號內管業蘆田現巳丈見拾叁畝五分壹厘伍毫

議定每畝價錢拾貳仟文　合共計足制錢壹百陸拾貳仟壹百捌拾文現蒙

局憲當局如數發給　身如數領訖中間並無剋扣短少浮冒情弊另具切結呈

縣請除課外合具領狀是實

光緒元年叁月　日立黃文裕茂春桂成　十十十

二十五保十五啚顧烈華　十

00014

黃茂春、黃文裕、黃桂成具領狀（1875年4月或5月，光緒元年三月）

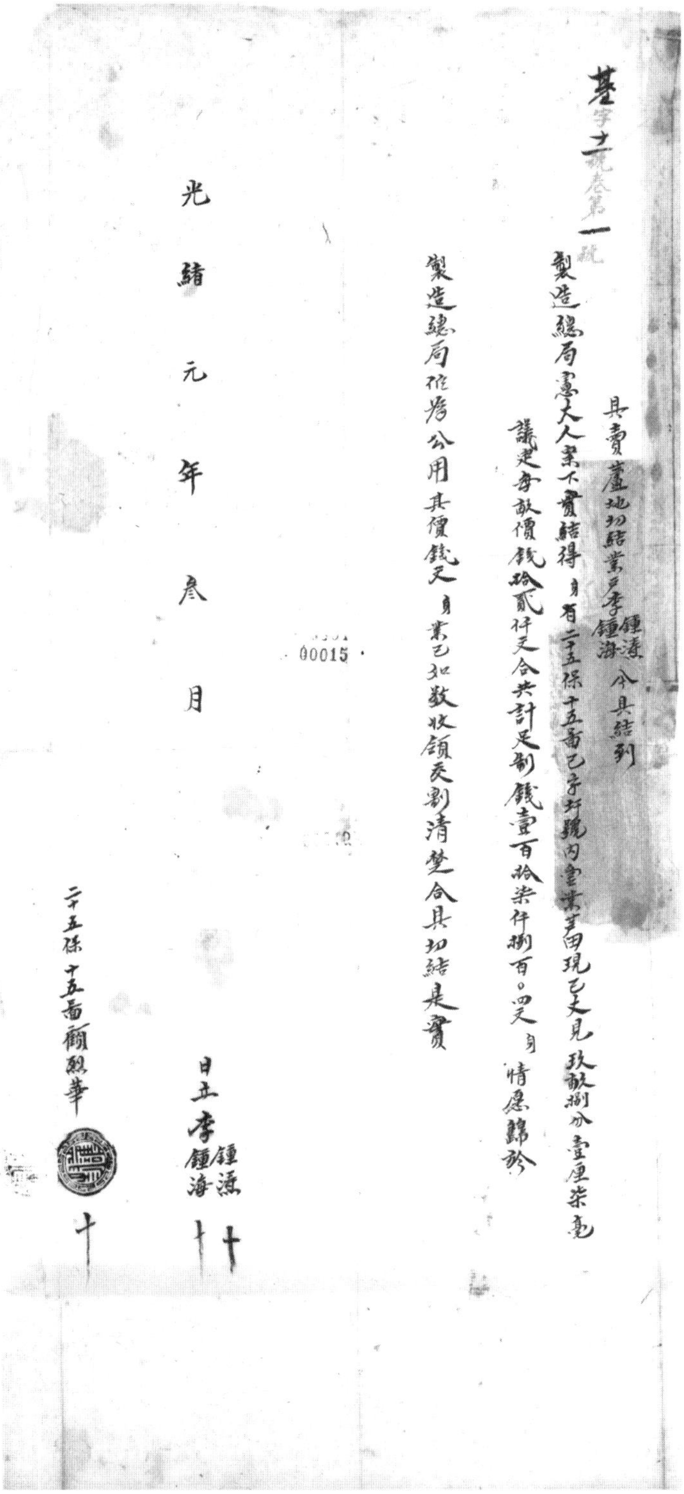

基字十一號叁第一號

具賣蘆地切結業戶李鍾濤 李鍾海 今具結到

製造總局憲大人案下實結得 身有二十五保十五啚已字圩號內壹業芦田現已丈見玖畝捌分壹厘柒毫

議定每畝價錢拾貳仟文合共計足制錢壹百拾柒仟捌百○四文 身 情愿歸於

製造總局作爲公用 其價錢文 身業已如數收領交割清楚合具切結是實

光緒元年叁月 日立 李鍾濤 李鍾海 十十

二十五保十五啚顧熙華 十

00015

李鍾濤、李鍾海具賣蘆地切結（1875 年 4 月或 5 月，光緒元年三月）

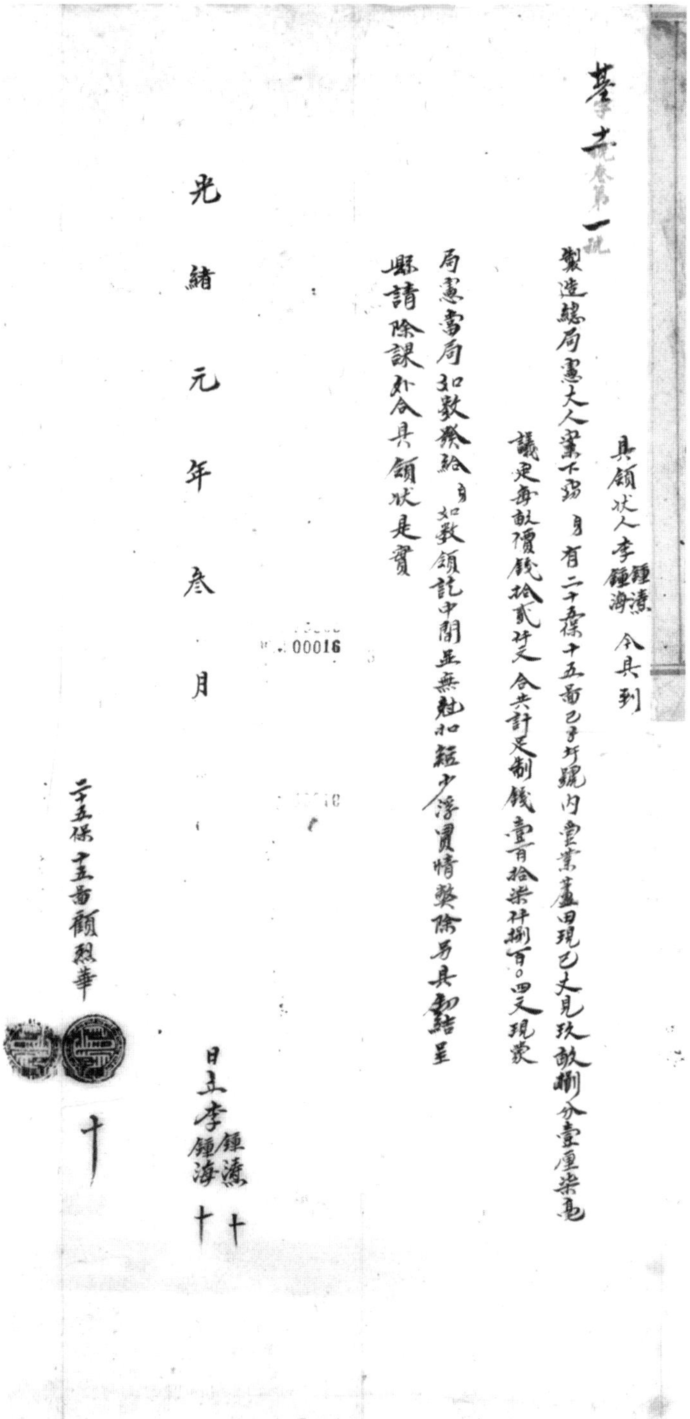
董字第一號

具領狀人李鍾濤、李鍾海今具到

製造總局憲大人案下蒙　自有二十五保十五圖已字圩號内置業蘆田現已丈見玖畝捌分壹厘柒毫

議定每畝價錢拾貳仟文，合共計足制錢壹百拾柒仟捌百○四文，現蒙

局憲當局如數發給　自如數領訖，中間並無短扣絲少浮費情弊，除另具切結呈

縣請除課外，合具領狀是實

光緒元年叁　月　日立　李鍾濤 十　李鍾海 十

二十五保十五圖顧熙華 十

00016

李鍾濤、李鍾海具領狀（1875 年 4 月或 5 月，光緒元年三月）

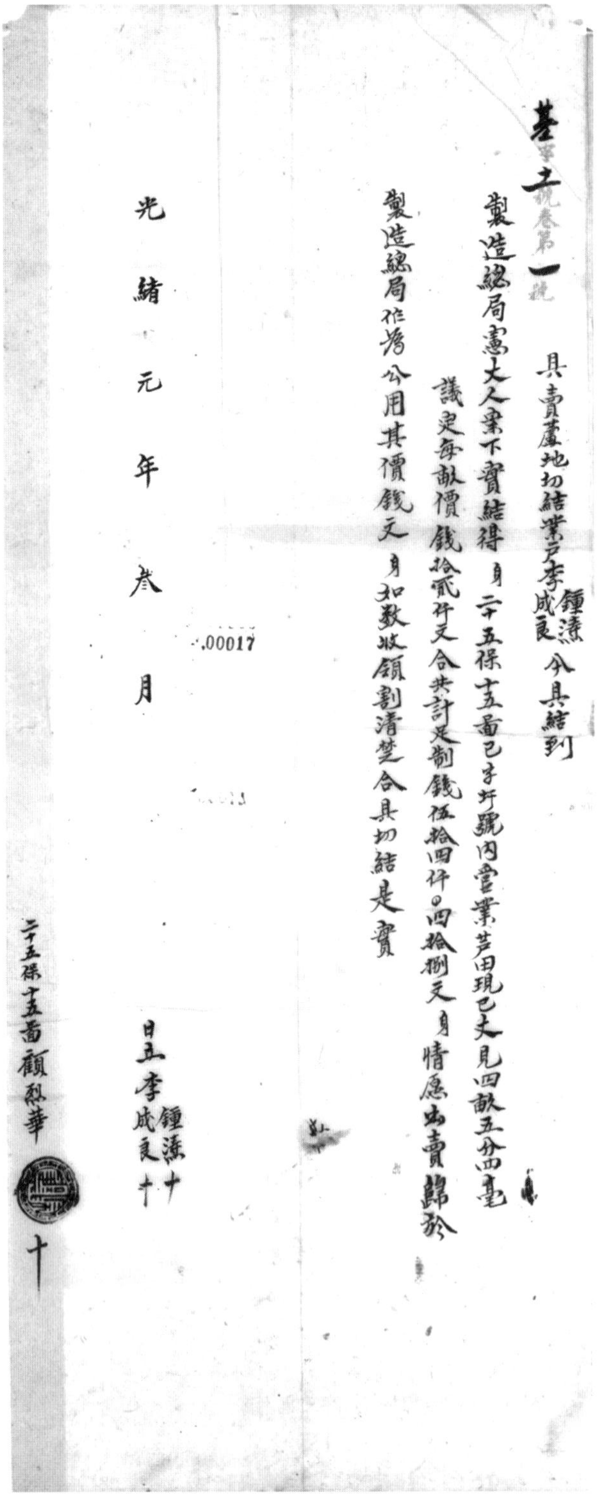

基字土號卷第一號

具賣蘆地切結業戶李鍾濤、李成良今具結到

製造總局憲大人案下實結得身二十五保十五啚己字圩號內管業芦田現已丈見田畝五分四毫

議定每畝價錢拾貳仟文合共計足制錢伍拾四仟〇四拾捌文身情願出賣歸於

製造總局作為公用其價錢文身如數收領割清楚合具切結是實

光緒元年叁月　日立　李鍾濤十　李成良十

二十五保十五啚顧烈華十

李鍾濤、李成良具賣蘆地切結（1875年4月或5月，光緒元年三月）

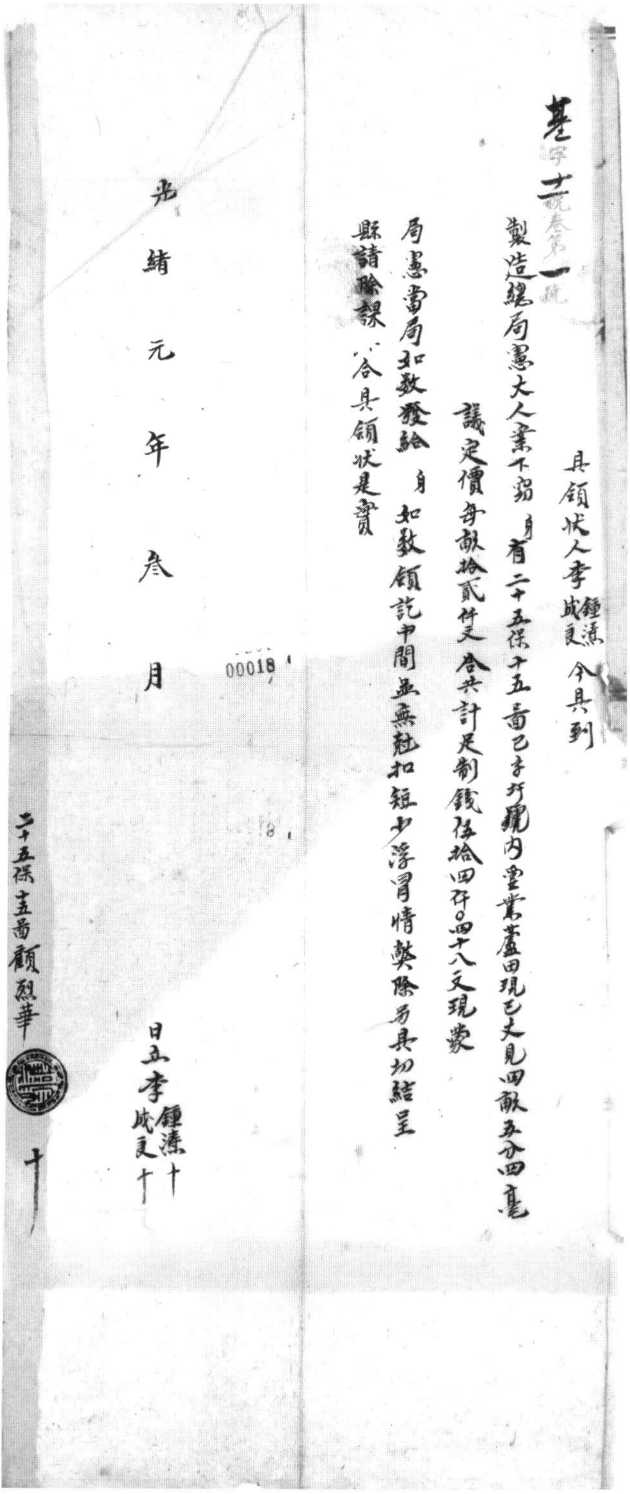
基字十七號卷第一號

具領狀人李鍾濤、李成良，今具到

製造總局憲大人案下：竊身有二十五保十五圖已字圩號內坐業蘆田，現已丈見四畝五分四毫，

議定價每畝拾貳仟文，合共計足制錢伍拾四仟〇四十八文，現蒙

局憲當局如數發給，身如數領訖，中間並無剋扣短少浮冒情弊，除另具切結呈

縣請除課外，合具領狀是實。

光緒元年叁月　日具　李鍾濤十　李成良十

00018

二十五保十五圖　顧烈華　十

李鍾濤、李成良具領狀（1875 年 4 月或 5 月，光緒元年三月）

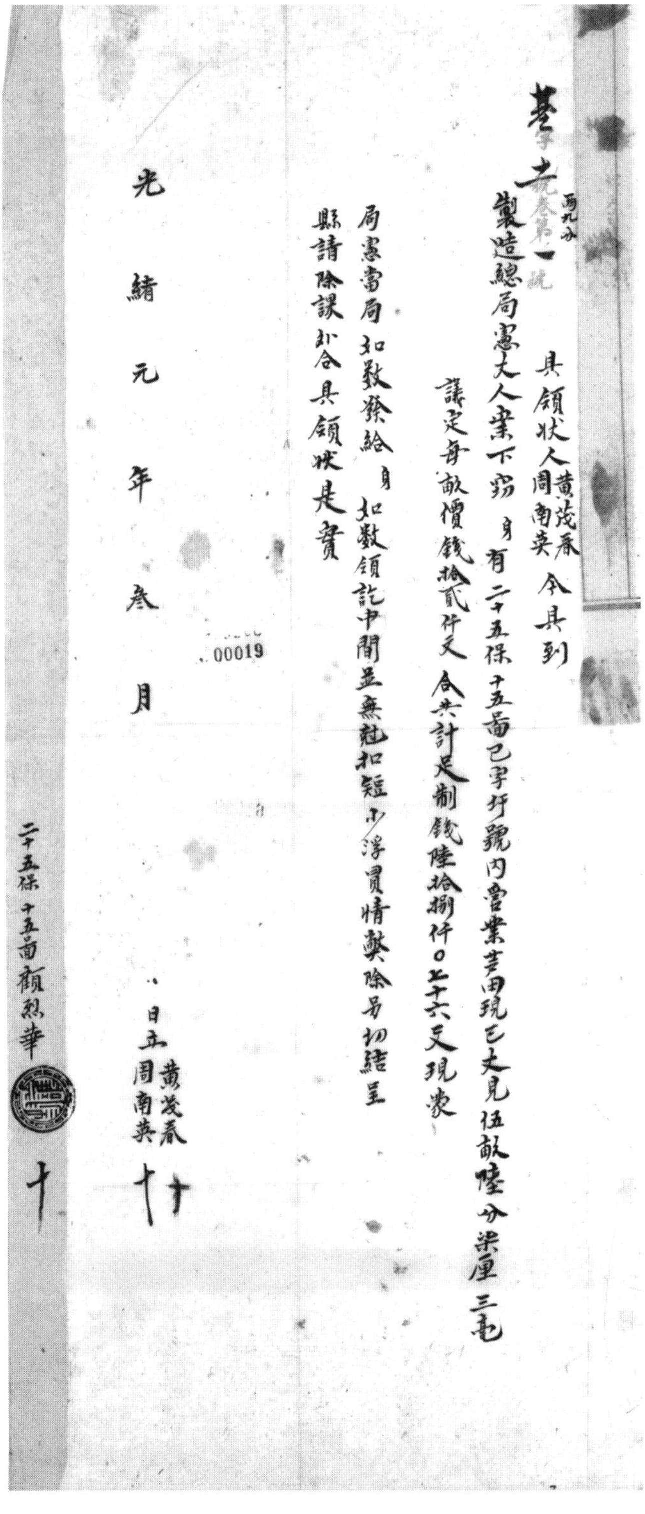

甚字一號 發春第一號

丙九分

具領狀人黃茂春、周南英，今具到

製造總局憲大人案下，窃身有二十五保十五啚已字圩號內曾業芦田，現已丈見伍畝陸分柒厘三毛，

議定每畝價錢拾貳仟文，合共計足制錢陸拾捌仟〇二十六文，現蒙

局憲當局如數發給，身如數領訖，中間並無短扣短少、浮冒情弊，除另切結呈

縣請除課外，合具領狀是實。

光緒元年叁月　日立　黃茂春　周南英　十　十

二十五保十五啚顧烈華　十

00019

黄茂春、周南英具領狀（1875 年 4 月或 5 月，光緒元年三月）

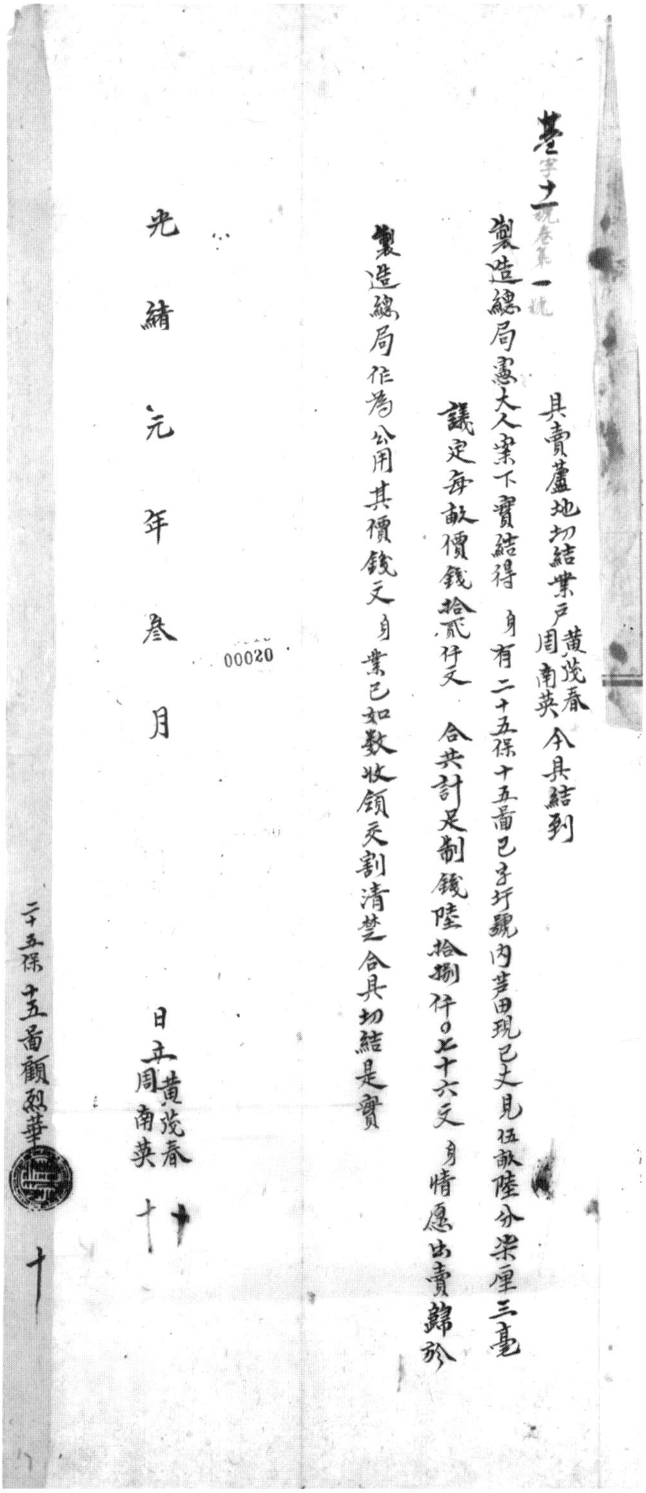

荳字十一號卷第一號

具賣蘆地切結業戶黃茂春、周南英今具結到

製造總局憲大人案下實結得身有二十五保十五啚巳字圩號內蘆田現已丈見伍畝陸分柒厘三毫

議定每畝價錢拾貳仟文合共計足制錢陸拾捌仟○七十六文身情愿出賣歸於

製造總局作為公用其價錢文自業已如數收領交割清楚合具切結是實

光緒元年叁月　日立　黃茂春　十　周南英　十

二十五保十五啚顧烈華　十

00020

黄茂春、周南英具賣蘆地切結（1875 年 4 月或 5 月，光緒元年三月）

甚字十六號卷第一號

具領狀人李煥濤今具到

製造總局憲大人案下竊身有二十五保十五啚己字圩號內官業蘆田現已丈見叁畝玖分五厘

議定每畝價錢拾貳仟文合共計足制錢四拾柒仟四百文現蒙

局憲當局如數發給身如數領訖中間並無剋扣短少浮冒情弊除另具切結呈

縣請除課外合具領狀是實

光緒元年叁月　日立李煥濤 十

二十五保十五啚顧烈華 十

李煥濤具領狀（1875 年 4 月或 5 月，光緒元年三月）

甚字十一號卷第一號

具賣蘆地切結業户李煥濤今具到

製造總局憲大人案下實結得 身有二十五保十五啚已字圩號内管業蘆田現已丈見叁畝玖分五厘

議定每畝價錢拾貳仟文 合共計足制錢四拾柒仟四百文 身情愿出賣歸於

製造總局作為公用其價錢文 身業已如數收領交割清楚合具切結是實

光緒元年叁月 日立 李煥濤 十

二十五保十五啚顧叙華 十

李煥濤具賣蘆地切結（1875 年 4 月或 5 月，光緒元年三月）

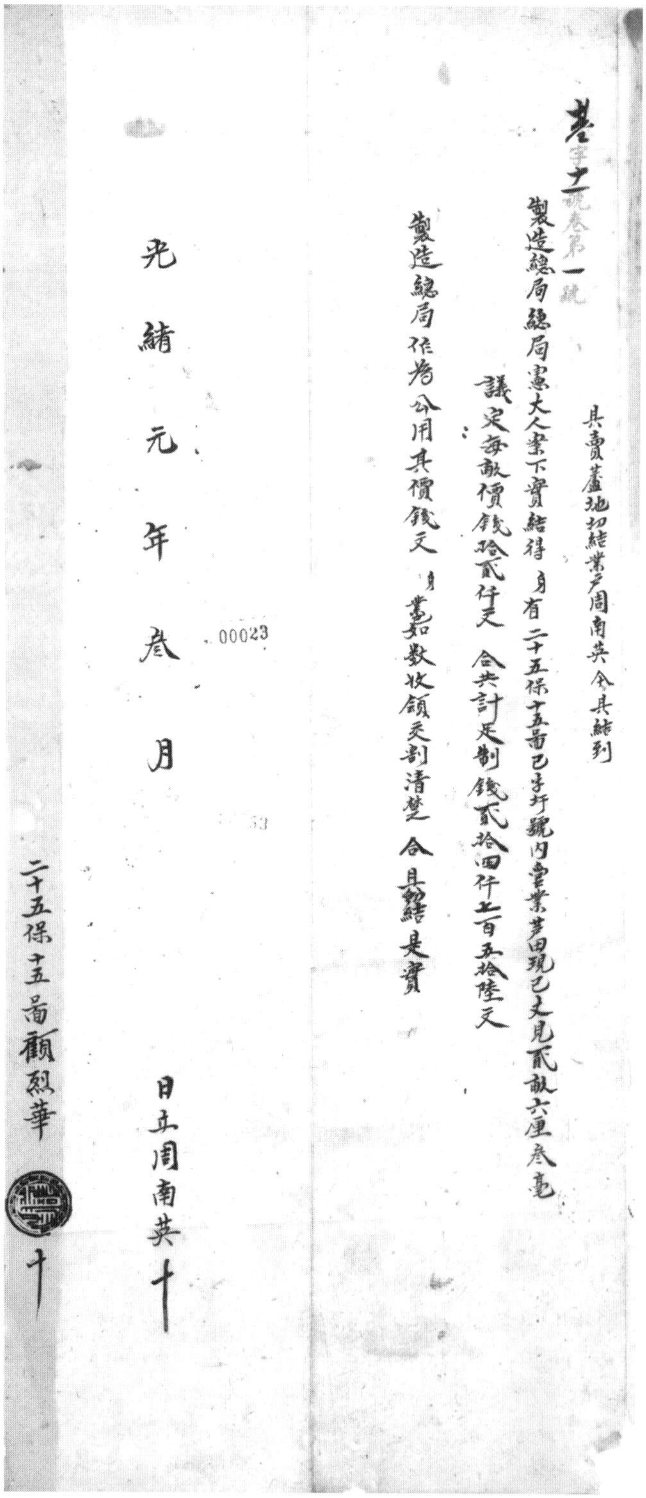
甚字十一號卷第一號

具賣蘆地切結業户周南英今具結到

製造總局總局憲大人案下實結得身有二十五保十五啚己字圩號內查業芦田現已丈見貳畝六厘叁毫

議定每畝價錢拾貳仟文 合共計足制錢貳拾四仟七百五拾陸文

製造總局作爲公用其價錢文身業如數收領交割清楚 合具結是實

光緒元年叁月 日立周南英 十

二十五保十五啚顧烈華 十

周南英具賣蘆地切結（1875 年 4 月或 5 月，光緒元年三月）

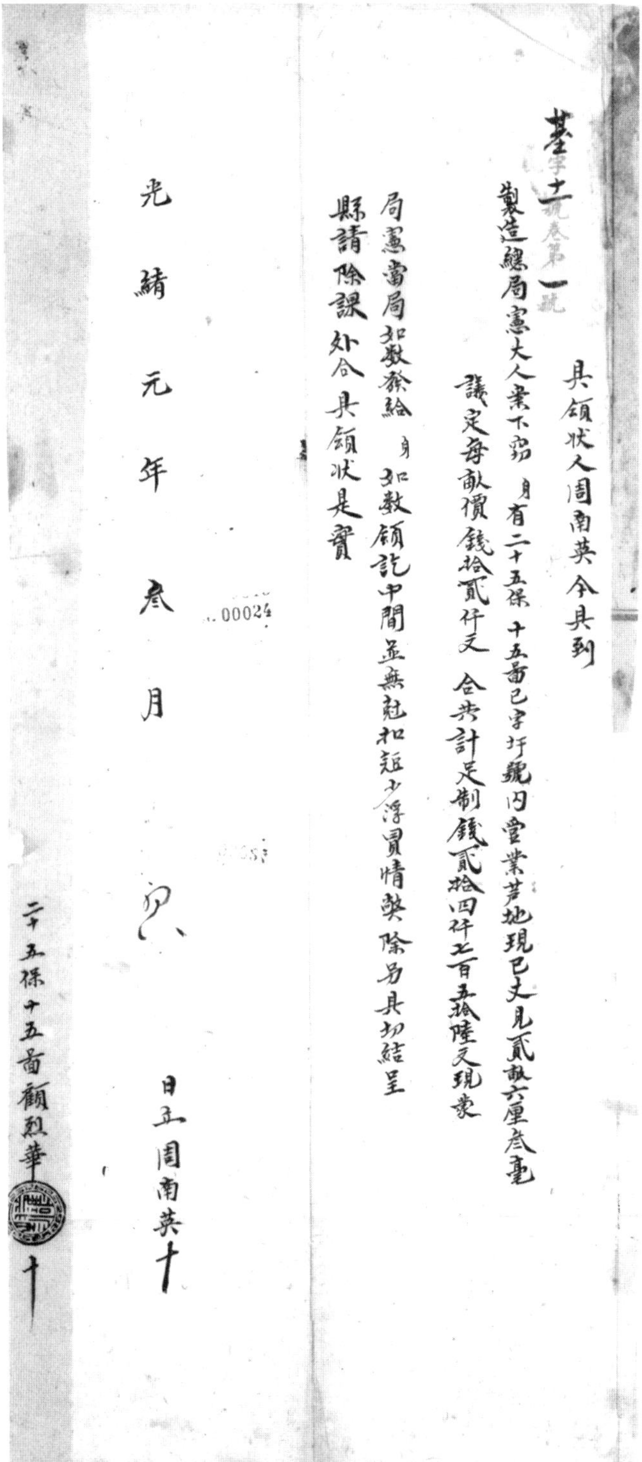
基字十一號卷第一號

具領狀人周南英今具到

製造總局憲大人案下竊身有二十五保十五啚巳字圩號內管業蘆地現已丈見貳畝六厘叁毫

議定每畝價錢拾貳仟文合共計足制錢貳拾四仟七百五拾陸文現蒙

局憲當局如數發給身如數領訖中間並無克扣短少浮冒情弊除另具切結呈

縣請除課外合具領狀是實

光緒元年叁月初八日具周南英十

二十五保十五啚顧烈華十

周南英具領狀（1875 年 4 月 13 日，光緒元年三月初八日）

基字十號卷第一號

具賣蘆地切結業戶周南英今具結到

製造總局憲大人案下實結得身有二十五保十五啚巳字圩號內實業蘆田現已丈見五畝貳分貳厘捌毫

議定每畝價錢拾貳仟文合計制錢陸拾貳仟柒百三十六文身情愿出賣歸於

製造總局作爲公用其價錢文身業已如數收領交割清楚合具切結是實

東九分

光緒元年叁月初八日立　周南英　十

二十五保十五啚顧烈華　十

00025

周南英具賣蘆地切結（1875年4月13日，光緒元年三月初八日）

基字二號卷第一號

具領狀人周南英今具到

製造總局憲大人案下竊　身有二十五保十五啚己字圩號內自業芦田現已丈見五畝貳分貳厘捌毫

議定每畝價錢拾貳仟文合共計足錢陸拾貳仟柒百二十六文現蒙

局憲當局如數發給　身如數領訖中間並無剋扣短少浮冒情弊除另具切結呈

縣請除課外合具領狀是實

東九分

光緒元年叁月初八日立周南英十

二十五保十五啚顧烈華十

周南英具領狀（1875 年 4 月 13 日，光緒元年三月初八日）

基字土號卷第一號

具領狀人陸紹宗陸春泉今具到

製造總局憲大人案下竊身有二十五保十四圖恃字圩第叁號內管業蘆田現已丈見貳畝叁分陸毫議定每畝價錢拾貳仟文合共計足制錢貳拾柒仟陸百柒拾貳文現蒙

局憲當局如數發給身如數領訖中間並無尅扣短少浮冒情弊除另具切結呈

縣請除課外合具領狀是實

光緒元年三月日

具領狀人陸紹宗 陸春泉 十 十

地保張克堂 十

陸紹宗、陸春泉具領狀（1875 年 4 月或 5 月，光緒元年三月）

基字十號春第一號

具賣蘆地切結業戶陸紹宗、陸春泉今具結到

製造總局憲大人案下實結得身有二十五保十四圖特字圩第叁號內管蘆田現已丈見貳畝叁分陸厘，議定每畝價錢拾貳仟文，合共計足制錢貳拾柒仟陸百柒拾貳文，身情愿出賣歸於

製造總局作為公用，其地價錢文身業已如數收領，交割清楚，合具切結是實

光緒元年三月　日具賣蘆地業戶陸紹宗 十 陸春泉 十

地保張元堂 十

00028

陸紹宗、陸春泉具賣蘆地切結（1875年4月或5月，光緒元年三月）

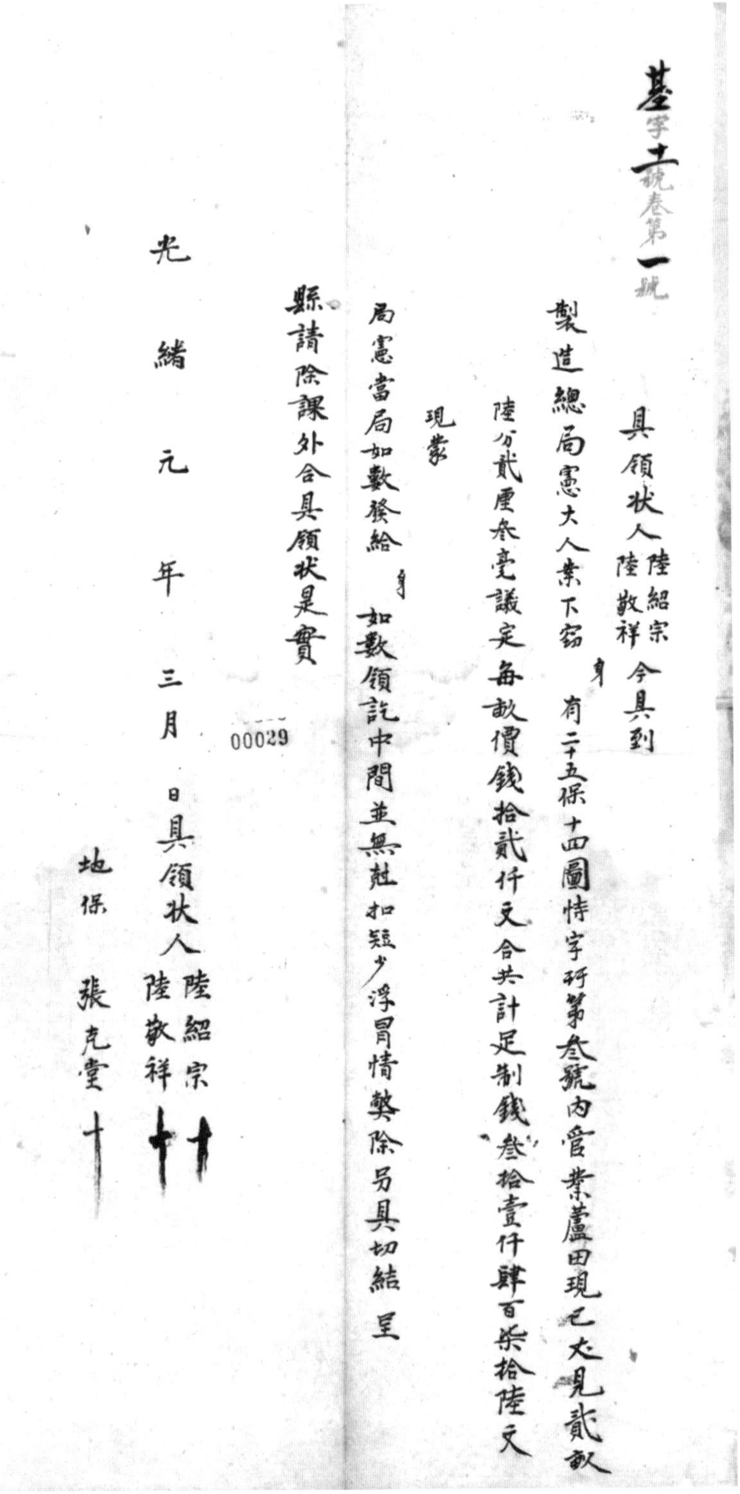

基字十號卷第一號

具領狀人陸紹宗、陸敬祥今具到

製造總局憲大人案下：竊身有二十五保十四圖恃字圩第叁號內管業蘆田，現已丈見貳畝陸分貳厘叁毫，議定每畝價錢拾貳仟文，合共計足制錢叁拾壹仟肆百柒拾陸文。現蒙

局憲當局如數發給，身如數領訖，中間並無尅扣短少浮冒情弊。除另具切結呈

縣請除課外，合具領狀是實。

光緒元年三月　日　具領狀人　陸紹宗　十　陸敬祥　十

地保　張克堂　十

陸紹宗、陸敬祥具領狀（1875年4月或5月，光緒元年三月）

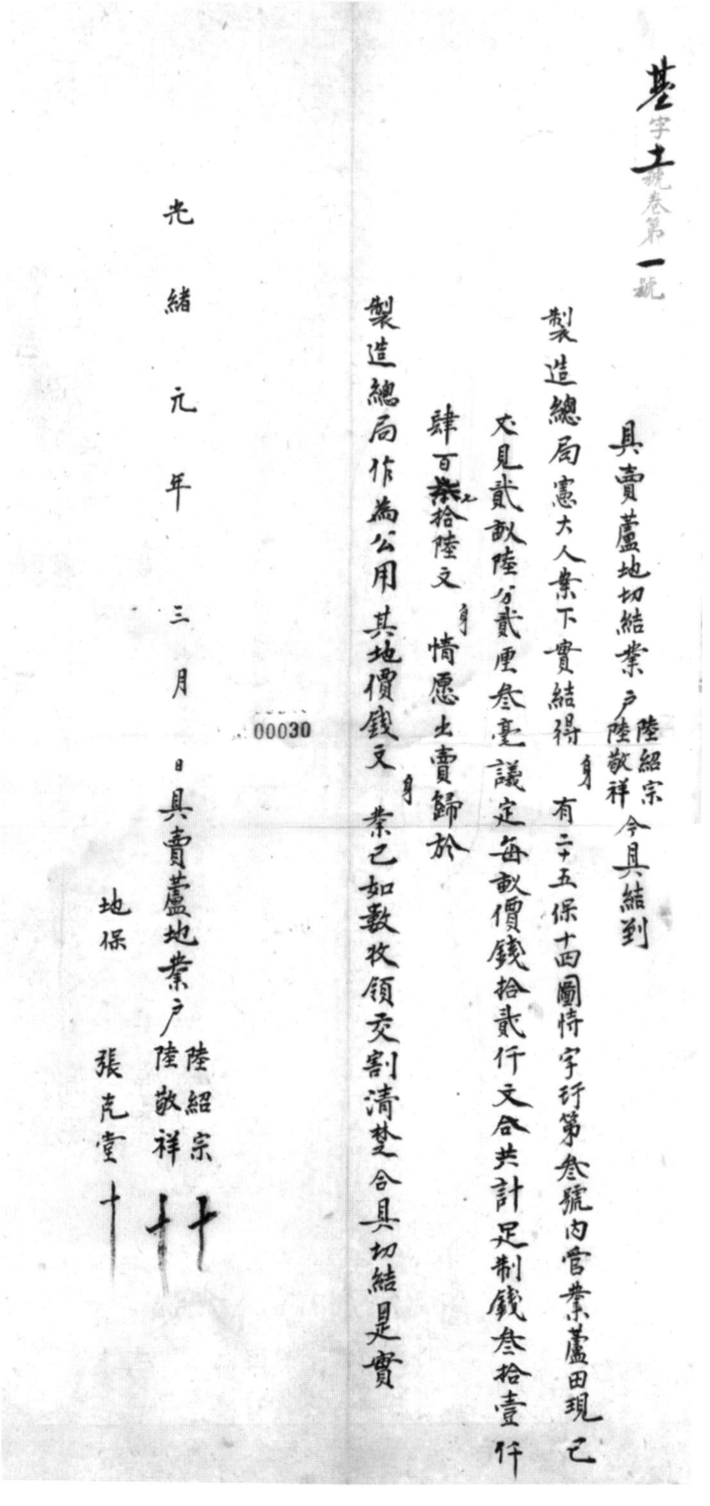

甚字土號卷第一號

具賣蘆地切結業戶陸紹宗、陸敬祥今具結到

製造總局憲大人案下實結得身有二十五保十四圖情字圩第叁號內管業蘆田現己丈見貳畝陸分貳厘叁毫議定每畝價錢拾貳仟文合共計足制錢叁拾壹仟肆百柒拾陸文身情愿出賣歸於

製造總局作為公用其地價錢文身業已如數收領交割清楚合具切結是實

00030

光緒元年三月　日具賣蘆地業戶陸紹宗十

陸敬祥十

地保張克堂十

陸紹宗、陸敬祥具賣蘆地切結（1875年4月或5月，光緒元年三月）

臺字十號春第一號

具領狀人陸春泉、李進三今具到

製造總局憲大人案下：竊身有二十五保十四圖恃字圩第叁號内曾業蘆田，現已丈見壹畝玖分捌厘肆毫，議定每畝價錢拾貳仟文，合共計足制錢貳拾叁仟捌百零捌文。現蒙

局憲當局如數發給，身如數領訖，中間並無苛扣短少浮冒情弊。除另具切結呈

縣請除課外，合具領狀是實。

光緒元年三月　日　具領狀人　陸春泉　十

李進三　十

地保　張克堂　十

00031

陸春泉、李進三具領狀（1875年4月或5月，光緒元年三月）

基字工號卷第一號

具賣蘆地切結業戶陸春泉
李進三今具結到

製造總局憲大人案下實結得身有二十五保十四圖情字圩第叁號內管業蘆田現乙丈見壹畝玖分捌厘肆毫議定每畝價錢拾貳仟文合共計足制錢貳拾叁仟捌百零捌文身情愿出賣歸於

製造總局作為公用其地價錢文身業已如數收領交割清楚合具切結是實

00032

光緒元年三月日具賣蘆地業戶陸春泉十
李進三十

地保張克堂十

陸春泉、李進三具賣蘆地切結（1875年4月或5月，光緒元年三月）

基字土號卷第一號

具賣蘆地切結業户李鑑廷、李鑑明今具結到

製造總局憲大人案下實結得有二十五保十四圖恃字圩第叁號內舊業蘆田現已丈見壹畝貳分肆厘柒毫，議定每畝價錢拾貳仟文，合共計足制錢拾肆仟玖百陸拾肆文，情愿出賣歸於

製造總局作為公用。其地價錢文業已如數收領，交割清楚。合具切結是實。

光緒元年三月　日　具賣蘆地業户李鑑廷十　李鑑明十

地保張克堂十

00033

李鑑廷、李鑑明具賣蘆地切結（1875年4月或5月，光緒元年三月）

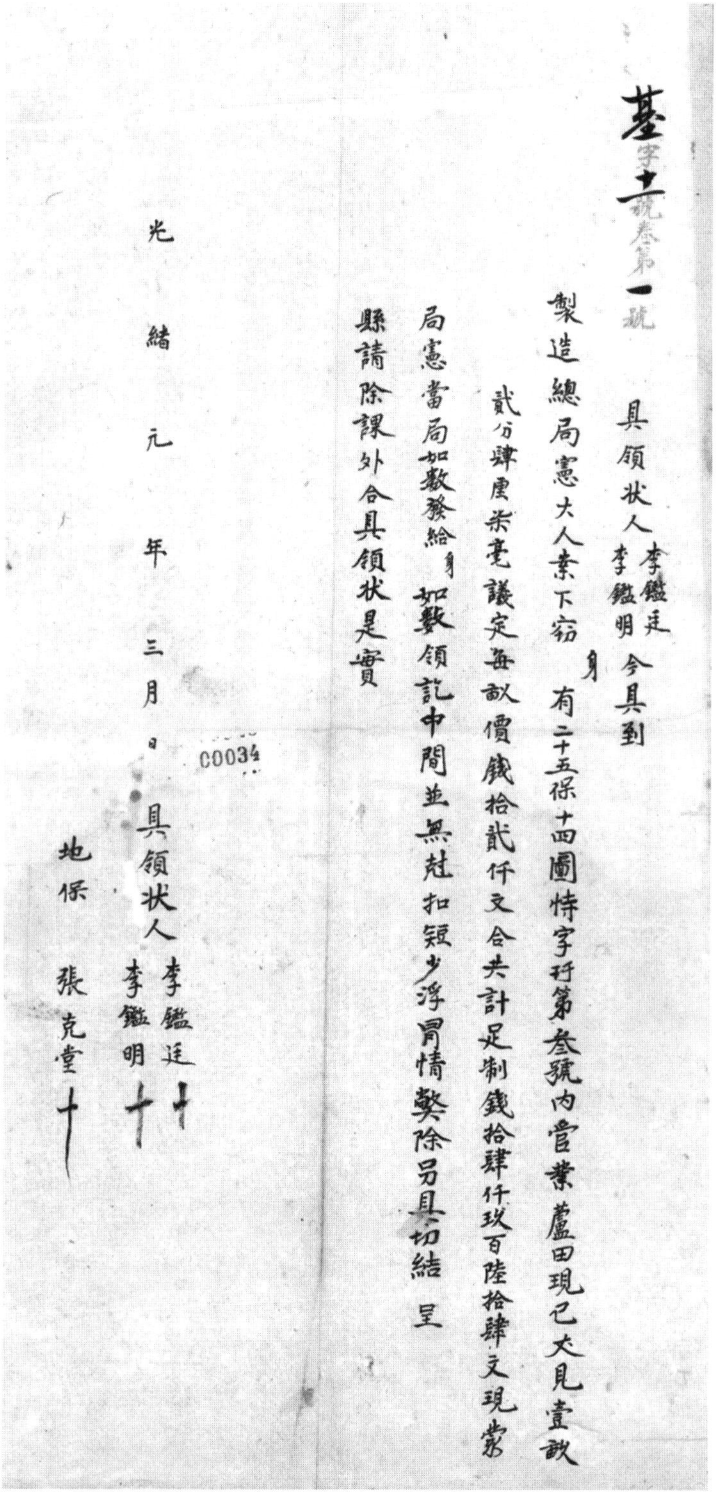

基字十二號卷第一號

具領狀人李鑑廷、李鑑明今具到

製造總局憲大人臺下竊身有二十五保十四圖恃字圩第叁號內管業蘆田現已丈見壹畝

貳分肆厘柒毫議定每畝價錢拾貳仟文合共計足制錢拾肆仟玖百陸拾肆文現蒙

局憲當局加數發給身加數領訖中間並無尅扣短少浮冒情弊除另具切結呈

縣請除課外合具領狀是實

光緒元年三月　日　具領狀人　李鑑廷　十　李鑑明　十

地保　張克堂　十

C0034

李鑑廷、李鑑明具領狀（1875 年 4 月或 5 月，光緒元年三月）

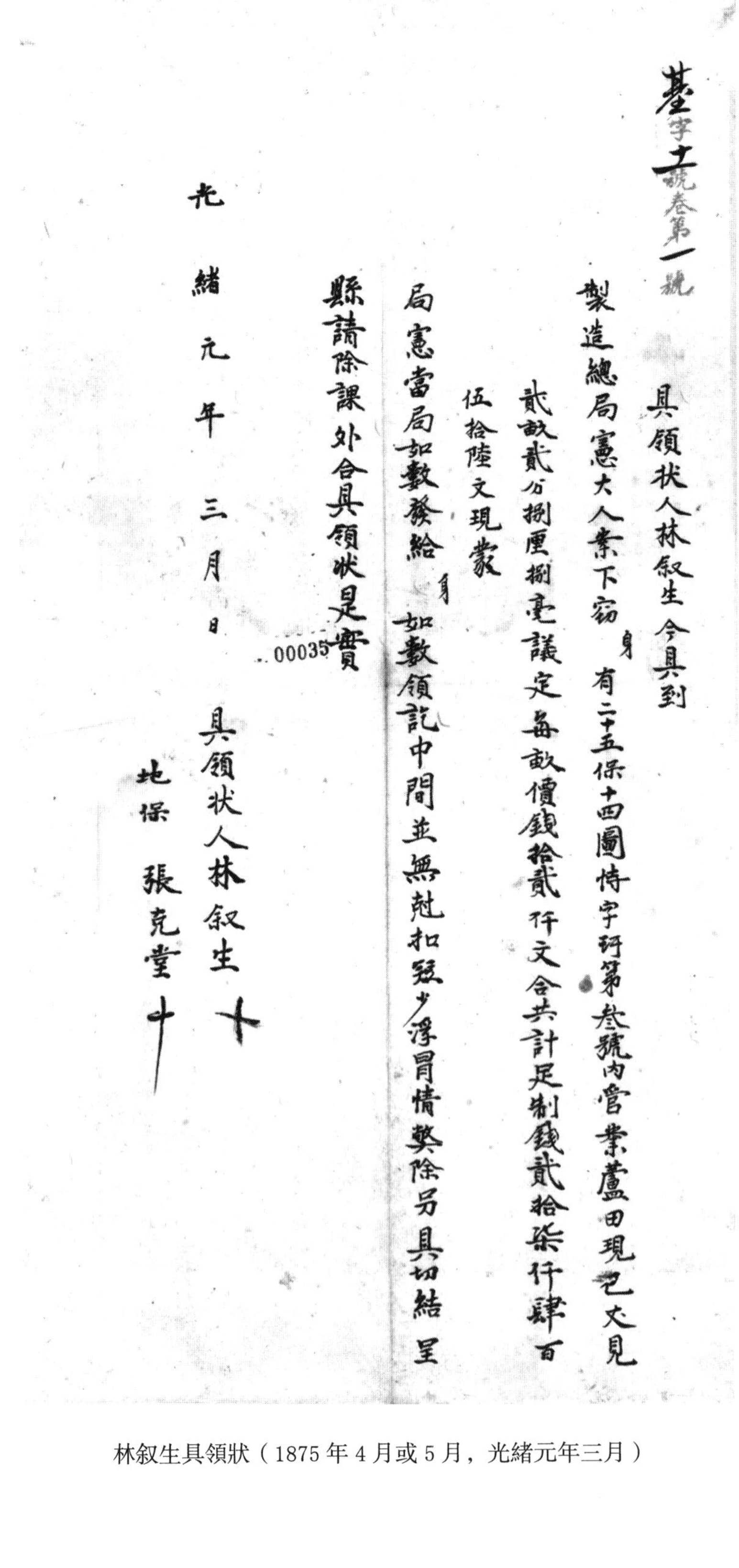

基字十號卷第一號

具領狀人林叙生今具到

製造總局憲大人案下窃身有二十五保十四圖恃字圩第叁號內管業蘆田現已丈見

貳畝貳分捌厘捌毫議定每畝價錢拾貳仟文合共計足制錢貳拾柒仟肆百

伍拾陸文現蒙

局憲當局如數發給身如數領訖中間並無尅扣短少浮冒情弊除另具切結呈

縣請除課外合具領狀是實

00035

光緒元年三月日

具領狀人林叙生 十

地保張克堂 十

林叙生具領狀（1875年4月或5月，光緒元年三月）

巷字十號卷第一號

具賣蘆地切結業戶林叙生今具結到

製造總局憲大人案下實結得身有二十五保十四圖恃字圩第叁號內管業蘆

田現已丈見貳畝貳分捌厘捌毫議定每畝價錢拾貳仟文合共計足制

錢貳拾柒仟肆百伍拾陸文身情愿出賣歸於

製造總局作為公用其地價錢文身業已如數收領交割清楚合具切結是實

光緒元年三月日具賣蘆地業戶林叙生十

地保張克堂十

00036

林叙生具賣蘆地切結（1875年4月或5月，光緒元年三月）

基字十號卷第一號

具領狀人陸敬祥、陸桂松今具到

製造總局憲大人案下竊身有二十五保十四圖恃字圩第叁號內管業蘆田現已

丈見貳畝陸分玖厘議定每畝價錢拾貳仟文合共計足制錢叁拾貳仟貳百

捌拾文現蒙

局憲當局如數發給身如數領訖中間並無剋扣短少浮冒情弊除另具切結呈

縣請除課外合具領狀是實

光緒元年三月 日具領狀人 陸敬祥 十 陸桂松 十

地保 張克堂 十

陸敬祥、陸桂松具領狀（1875年4月或5月，光緒元年三月）

基字十號卷第一號

具賣蘆地切結業戶陸敬祥、陸桂松今具結到

製造總局憲 大人案下實結得身有二十五保十四圖恃字圩第叁號內管業蘆田現已丈見貳畝陸分玖厘議定每畝價錢拾貳仟文合共計足制錢叁拾貳仟貳百捌拾文身情愿出賣歸於

製造總局作為公用其地價錢文身業已如數收領交割清楚合具切結是實

光緒元年三月 日具賣蘆地業戶陸敬祥 十、陸桂松 十

地保 張克堂 十

陸敬祥、陸桂松具賣蘆地切結（1875年4月或5月，光緒元年三月）

基字土號卷第一號

具領狀人陸天福今具到

製造總局憲大人案下竊身有二十五保十四圖特字圩第叁號內管業蘆田現已丈見陸分柒厘肆毫議定每畝價錢拾貳仟文合共計足制錢捌仟零捌拾捌文現蒙

局憲當局如數發給身如數領訖中間並無尅扣短少浮冒情弊除另具切結呈

縣請除課外合具領狀是實

光緒元年三月日具領狀人陸天福 十

地保張克堂 十

00039

陸天福具領狀（1875 年 4 月或 5 月，光緒元年三月）

基字土號卷第一號

具賣蘆地切結業戶陸天福今具結到

製造總局憲大人案下實結得身有二十五保十四圖恃字圩第叁號內管業蘆田現已丈見陸分柒厘肆毫議定每畝價錢拾貳仟文合共計足制錢捌仟零捌拾捌文身情愿出賣歸於

製造總局作為公用其地價錢文身業已如數收領交割清楚合具切結是實

光緒元年三月日具賣蘆地業戶陸天福 十

地保張克堂 十

陸天福具賣蘆地切結（1875年4月或5月，光緒元年三月）

基字十一號卷第一號

具賣蘆地切結業戶李才才今具結到

製造總局憲大人案下實結得身有二十五保十四圖情字圩第叁號內管田現已

丈見捌分貳厘貳毫議定每畝價錢拾貳仟文合共計足制錢玖仟捌百陸

拾肆文身情愿出賣歸於

製造總局作為公用其地價錢文身業已如數收領交割清楚合具切結是實

00041

光緒元年三月日具賣蘆地切結業戶李才才 ✗

地保張克堂 十

李才才具賣蘆地切結（1875 年 4 月或 5 月，光緒元年三月）

基字十號卷第一號

具領狀人李才才今具到

製造總局憲大人案下窃身有二十五保十四圖恃字玗第叁號內管業蘆田現已丈見捌分貳厘貳毫議定每畝價錢拾貳仟文合共計足錢玖仟捌百陸拾肆文現蒙

製造局憲當局如數發給身如數領訖中間並無虧扣短少浮冒情弊除另具切結呈縣請除課外合具領狀是實

光緒元年三月　日具領狀人李才才十

地保張元堂十

00042

李才才具領狀（1875年4月或5月，光緒元年三月）

基字十二號卷第一號

具領狀人陸紹宗、張順環今具到

製造總局憲大人案下竊身有二十五保十四圖恃字圩第叁號內管業蘆田現已

丈見壹畝陸分壹毫議定每畝價錢拾貳仟文合共計足制錢拾玖仟貳百

拾貳文現蒙

局憲當局如數發給身如數領訖中間並無扣短少浮冒情弊除另具切結呈

縣請除課外合具領狀是實

光緒元年三月　日具領狀人陸紹宗十　張順環十

地保張克堂十

00043

陸紹宗、張順環具領狀（1875年4月或5月，光緒元年三月）

叁字十一號卷第一號

具賣蘆地切結業戶陸紹宗、張順環今具結到

製造總局憲大人案下實結得身有二十五保十四圖恃字圩第叁號內管業蘆田現已丈見壹畝陸分壹厘壹毫議定每畝價錢拾貳仟文合共計足制錢拾玖仟貳百拾貳文身情愿出賣歸於

製造總局作為公用其地價錢文身業已如數收領交割清楚合具切結是實

光緒元年三月　日具賣蘆地業戶陸紹宗十　張順環十

地保張克堂十

00044

陸紹宗、張順環具賣蘆地切結（1875年4月或5月，光緒元年三月）

基字十一號卷第一號

具領狀人黃建章今具到

製造總局憲大人案下竊身有二十五保十四圖恃字圩第貳號内管業蘆田現已丈見壹畝

肆分貳厘壹毫議定每畝價錢拾貳仟文合共計足制錢拾柒仟零伍拾貳文

現蒙

局憲當局如數發給身如數領訖中間並無剋扣短少浮冒情弊除另具切結呈

縣請除課外合具領狀是實

光緒元年三月日具領狀人黃建章十

地保張克堂十

黃建章具領狀（1875年4月或5月，光緒元年三月）

基字之號卷第一號

具賣蘆地切結業戶黄建章今具結到

製造總憲大人案下實結得身二十五保十西圖恃字圩第貳號内管蘆田現已丈見

壹畝肆分貳厘壹毫議定每畝價錢拾貳仟文合共計足制錢拾柒仟

零伍拾貳文身情愿出賣歸於

製造總局作為公用其地價錢文身業已如數收領交割清楚合具切結是實

光緒元年三月日

具賣蘆地業戶黄建章十

地保張克堂十

00046

黄建章具賣蘆地切結（1875年4月或5月，光緒元年三月）

基字土號卷第一號

具領狀人黃茂山今具到

製造總局憲大人案下竊身有二十五保十四圖恃字圩第貳號内𦋐業蘆田現已丈見壹畝正

議定每畝價錢拾貳仟文合共計足制錢拾貳仟文現蒙

局憲當局如數發給身如數領訖中間並無尅扣短少浮冒情弊除另具切結呈

縣請除課外合具領狀是實

光緒元年三月　日　具領狀人黃茂山　十

地保　張克堂　十

00047

黃茂山具領狀（1875年4月或5月，光緒元年三月）

基字十號卷第一號

具賣蘆地切結業户黃茂山今具結到

製造總局憲大人案下賣結得身有二十五保十四圖特字圩第貳號内管業蘆田現已丈見壹畝正議定每畝價錢拾貳仟文合共計足製錢拾貳仟文身情愿出賣歸於

製造總局作為公用其地價錢文身業已如數收領交割清楚合具切結是實

光緒元年三月日具賣蘆地業户黃茂山十

地保張克堂十

00048

黄茂山具賣蘆地切結（1875年4月或5月，光緒元年三月）

基字十二號卷第一號

具領狀人張順環今具到

製造總憲大人案下竊身有二十五保十四圖情字圩第貳號內营業蘆田現已丈見陸分五厘

議定每畝價錢拾貳仟文合共計足制錢柒仟捌百文現蒙

局憲當局如數發給身如數領訖中間並無剋扣短少浮冒情弊除另具切結呈

縣請除課外合具領狀是實

光緒元年三月日 具領狀人張順環 十

地保 張克堂 十

00049

張順環具領狀（1875年4月或5月，光緒元年三月）

基字十號卷第一號

具賣蘆地切結業戶張順環今具結到

製造總局憲大人案下實結得身有二十五保十四圖特字圩第貳號內管業蘆田

現已丈見陸分五厘議定每畝價錢拾貳仟文合共計足制錢柒仟捌百文

身情愿出賣歸於

製造總局作為公用其地價錢文身業已如數收領交割清楚合具切結是實

光緒元年三月 日具賣蘆地業戶張順環 十

地保張克堂 十

00050

張順環具賣蘆地切結（1875年4月或5月，光緒元年三月）

基字十一號卷第一號

具賣蘆地切結業户林鶴鳴、鴻鳴今具結到

製造總局憲大人案下實結得身有二十五保十四圖恃字圩第貳號内管業蘆田現已丈見貳畝叁厘玖毫議定每畝價錢拾貳仟文合共計足制錢貳拾肆仟肆百陸拾捌文身情愿出賣歸於

製造總局作為公用其地價錢文身業已如數收領交割清楚合具切結是實

光緒元年三月日具賣蘆地業户林鶴鳴、鴻鳴十

地保張克堂十

00051

林鶴鳴、林鴻鳴具賣蘆地切結（1875年4月或5月，光緒元年三月）

基字七號卷第一號

具領狀人林鶴鳴、鴻鳴今具到

製造總局憲大人案下竊身有二十五保十四圖恃字圩第貳號內管業蘆田現已丈見貳畝叁厘玖毫議定每畝價錢拾貳仟文合共計足制錢貳拾肆仟肆百陸拾捌文現蒙

局憲當局如數發給身如數領訖中間並無短扣短少浮冒情弊除另具切結呈

縣讀除課外合具領狀是實

光緒元年三月日　具領狀人林鶴鳴、鴻鳴　十　十

地保張克堂　十

林鶴鳴、林鴻鳴具領狀（1875年4月或5月，光緒元年三月）

基字十一號卷第一號

具賣蘆地切結業戶黃包氏今具結到

製造總局憲大人案下實結得 身 有二十五保十四圖恃字圩第貳號內管業蘆

田現已丈見陸分捌厘貳毫議定每畝價錢拾貳仟文合共計足制錢捌仟

壹百捌拾肆文 身 情愿出賣歸於

製造總局作為公用其地價錢文 身 業已如數收領交割清楚合具切結是實

光緒元年三月 日具賣蘆地業戶黃包氏 十

地保 張克堂 十

黃包氏具賣蘆地切結（1875年4月或5月，光緒元年三月）

墓字十一號卷第一號

具領狀人黃包氏今具到

製造總局憲大人案下竊身有二十五保十四圖恃字圩第貳號內管業蘆田現已

丈見陸分捌厘貳毫議定每畝價錢拾貳仟文合共計足制錢捌仟壹百

捌拾肆文現蒙

局憲當局如數發給身如數領訖中間並無尅扣短少浮冒情弊除另具切結呈

縣請除課外合具領狀是實

光緒元年三月　日具領狀人黃包氏十

地保張克堂十

黃包氏具領狀（1875 年 4 月或 5 月，光緒元年三月）

基字之號卷第一號

具領狀人黃占奎今具到

製造總局憲大人案下竊身有二十五保十四圖恃字圩第貳號內管業蘆田現已

丈見陸分捌厘貳毫議定每畝價錢拾貳仟文合共計足制錢捌仟壹百

捌拾肆文現蒙

局憲當局如數發給身如數領訖中間並無尅扣短少浮冒情弊除另具切結呈

縣請除課外合具領狀是實

00055

光緒元年三月日具領狀人黃占奎 十

地保張克堂 十

黃占奎具領狀（1875 年 4 月或 5 月，光緒元年三月）

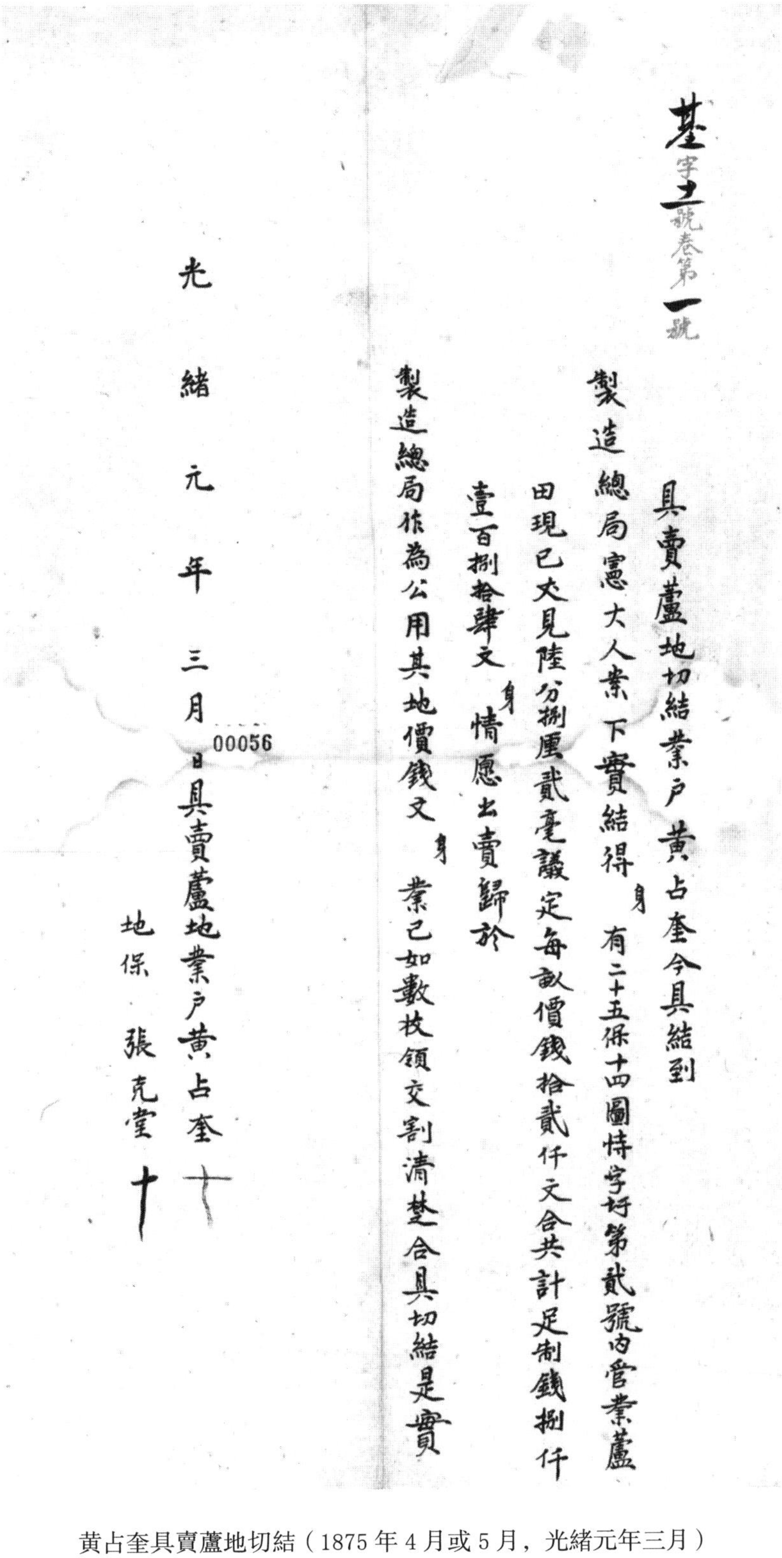
基字土號卷第一號

具賣蘆地切結業戶黃占奎今具結到
製造總局憲大人案下實結得身有二十五保十四圖特字圩第貳號內管業蘆
田現已丈見陸分捌厘貳毫議定每畝價錢拾貳仟文合共計足制錢捌仟
壹百捌拾肆文身情愿出賣歸於
製造總局作為公用其地價錢文身業已如數收領交割清楚合具切結是實

光緒元年三月　日具賣蘆地業戶黃占奎　十

地保張克堂　十

00056

黄占奎具賣蘆地切結（1875 年 4 月或 5 月，光緒元年三月）

基字十號卷第一號

具賣蘆地切結業戶黄春魁今具結到

製造總局憲大人案下實結得 身有二十五保十四圖恃字圩第貳號内管業蘆田

現已丈見壹畝柒分捌厘貳毫議定每畝價錢拾貳仟文合共計足制錢貳拾壹仟

叁百捌拾肆文 身情愿出賣歸於

製造總局作為公用其地價錢文 身業已如數收領交割清楚合具切結是實

光緒元年三月 日具賣蘆地切結業戶黄春魁 十

00057

地保 張克堂 十

黄春魁具賣蘆地切結（1875年4月或5月，光緒元年三月）

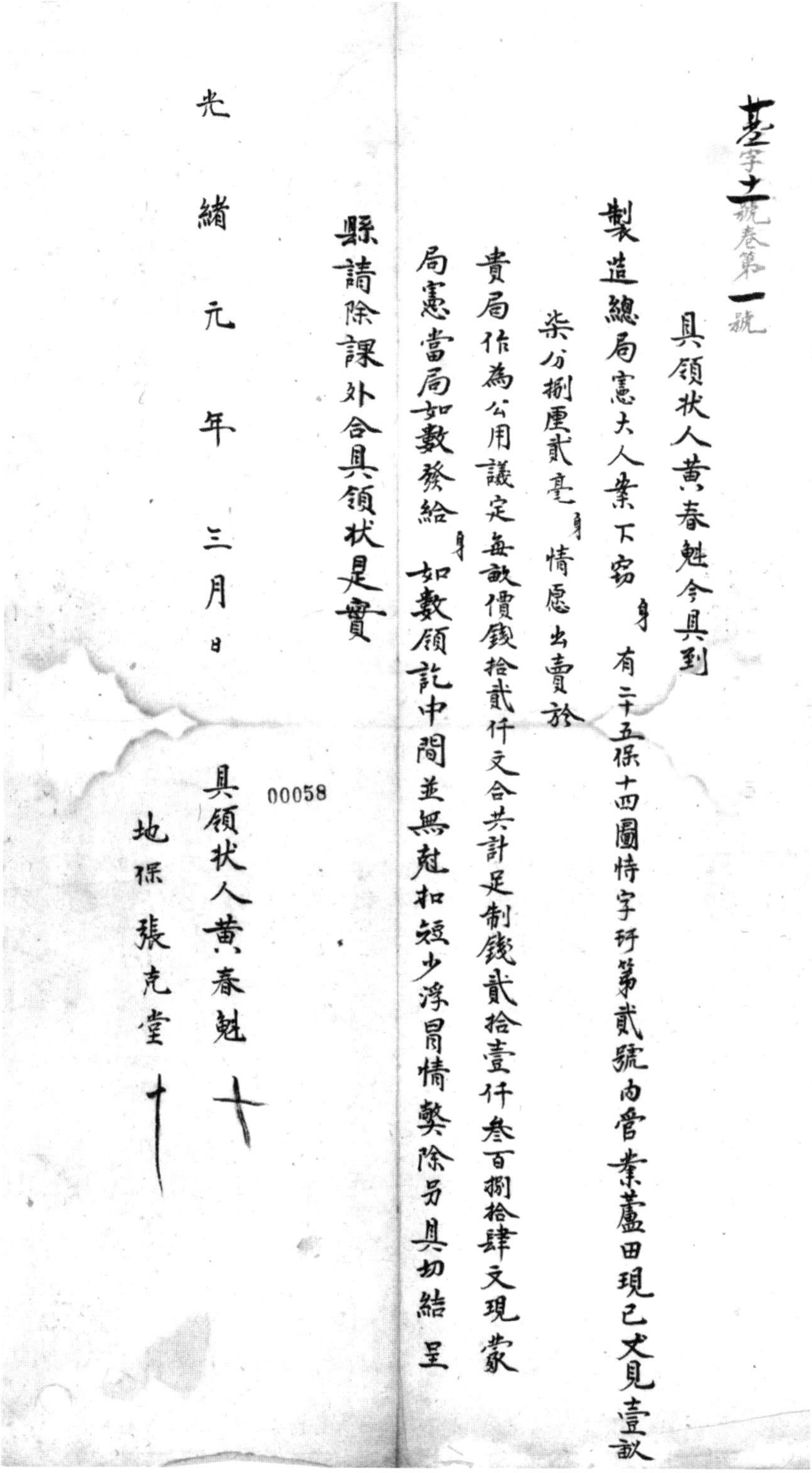

甚字十一號卷第一號

具領狀人黃春魁今具到

製造總局憲大人案下竊身有二十五保十四圖恃字圩第貳號內晉業蘆田現已丈見壹畝

柒分捌厘貳毫身情愿出賣於

貴局作為公用議定每畝價錢拾貳仟文合共計足制錢貳拾壹仟叁百捌拾肆文現蒙

局憲當局如數發給身如數領訖中間並無剋扣短少浮冒情弊除另具切結呈

縣請除課外合具領狀是實

光緒元年三月日

00058

具領狀人黃春魁 十

地保張克堂 十

黃春魁具領狀（1875 年 4 月或 5 月，光緒元年三月）

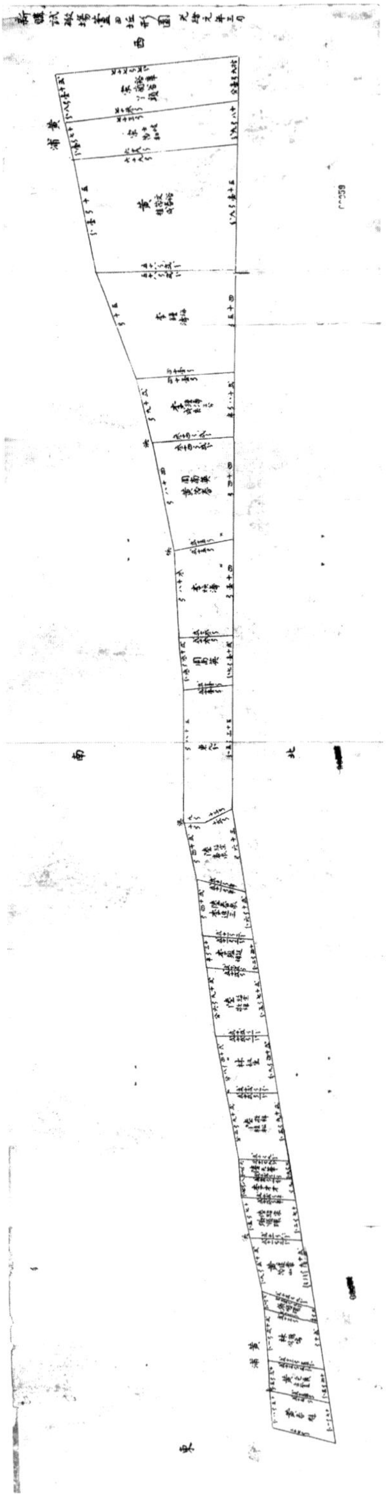

江南機器製造局新購試炮場蘆田坵形圖（1875 年 4 月或 5 月，光緒元年三月）

江南製造總局

二十八、江南製造局添建炮廠、子藥廠、炮隊營等地基的契據、田單及有關文書

江南製造總局

第　　號

一宗砲廠子葯廠砲隊營等處添購地基卷

光緒七八年　月　日

00001

江南製造總局基字第十五號炮廠子藥廠炮隊營等處添購地基卷封面（1881-1882 年，光緒七年——光緒八年）

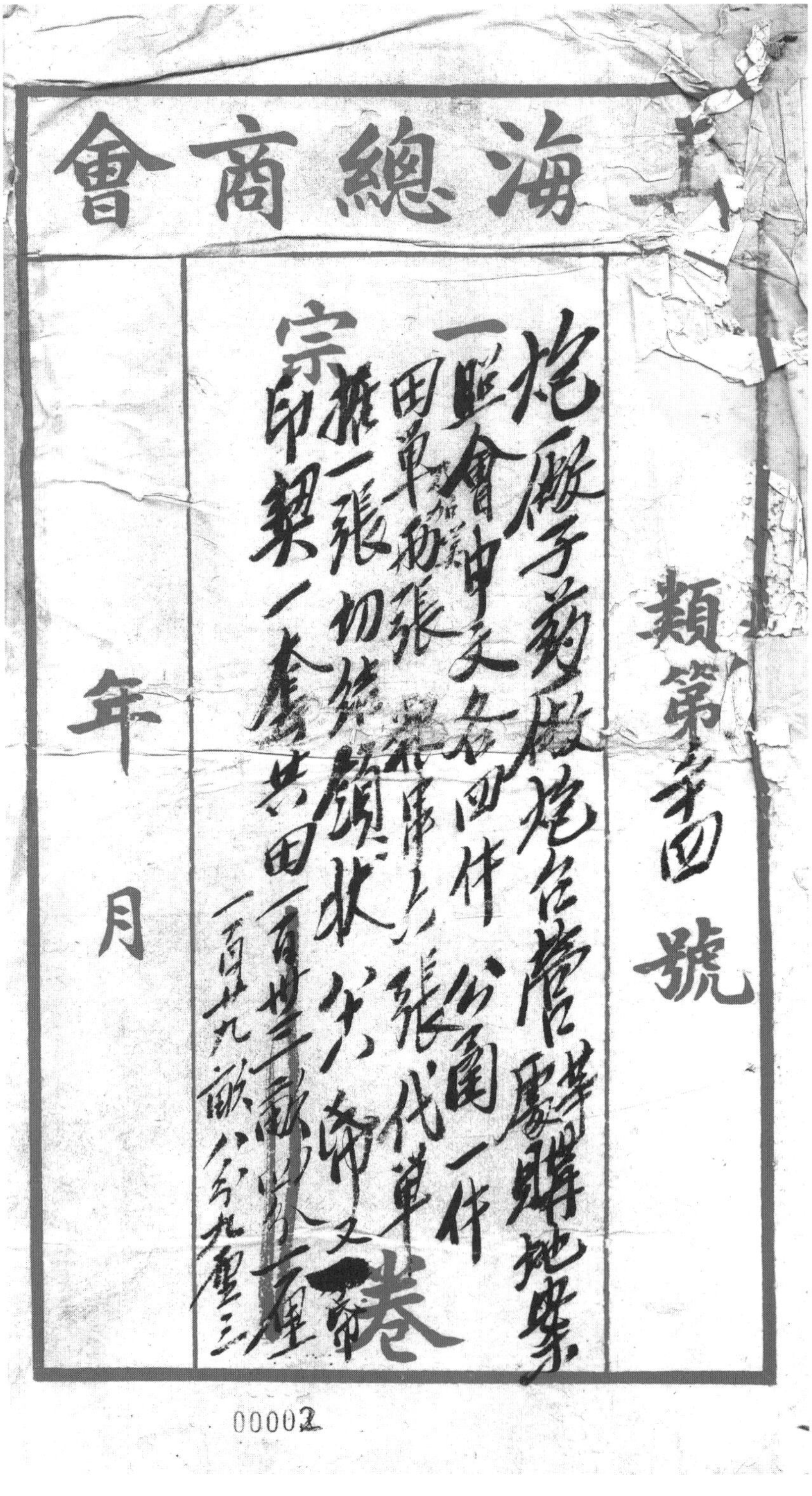

上海總商會第三十四號炮廠子藥廠炮臺［隊］營等處購地案卷封面（時間不詳）

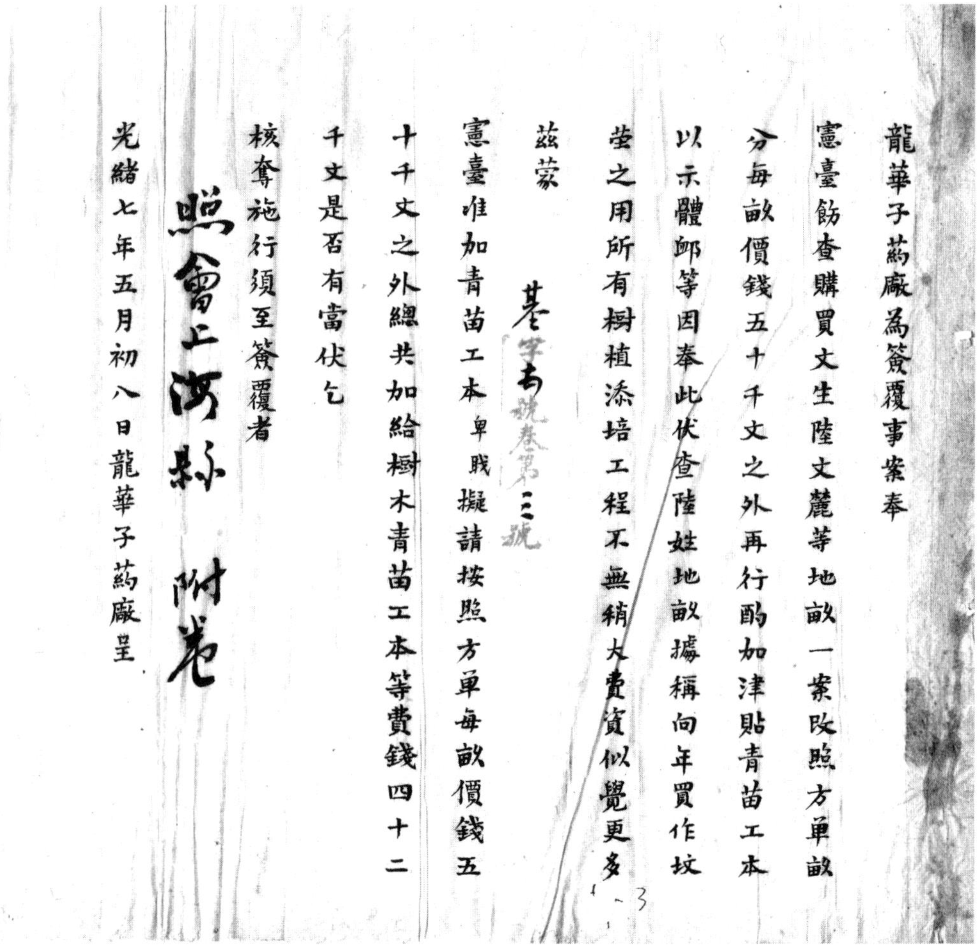

龍華子葯廠爲簽覆事案奉
憲臺飭查購買文生陸文麓等地畝一案改照方單畝
分每畝價錢五十千文之外再行酌加津貼青苗工本
以示體卹等因奉此伏查陸姓地畝據稱向年買作坟
塋之用所有樹植添培工程不無稍大費資似覺更多
茲蒙
憲臺准加青苗工本卑職擬請按照方單每畝價錢五
十千文之外總共加給樹木青苗工本等費錢四十二
千文是否有當伏乞
核奪施行須至簽覆者
照會上海縣 附卷
光緒七年五月初八日龍華子葯廠呈

龍華子藥廠爲签覆奉飭查購買文生陸文麓等地畝一案事致江南機器製造總局簽覆（1881 年 6 月 4 日，光緒七年五月初八日）

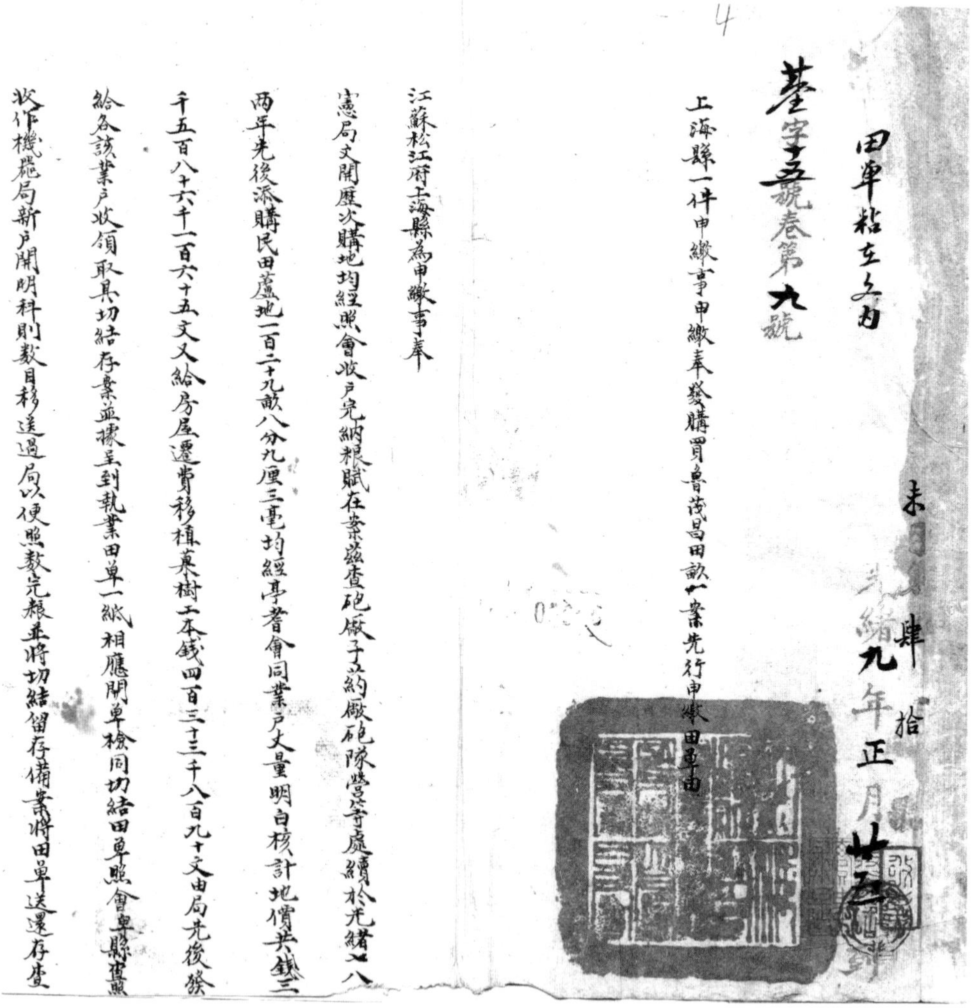

田單粘在文内

基字五號卷第九號

上海縣一件申繳事申繳奉發購買魯茂昌田畝一案先行申繳田單由

光緒九年正月廿二

江蘇松江府上海縣為申繳事奉

憲局文開歷次購地均經照會收戶完納糧賦在案茲查砲廠子藥廠砲隊營等處續於光緒七八

兩年先後添購民田蘆地一百二十九畝八分九厘三毫均經亭耆會同業戶丈量明白核計地價共錢三

千五百八十六千一百六十五文又給房屋遷費移植菓樹工本錢四百三十三千八百九十文由局先後發

給各該業戶收領取具切結存案並據呈到執業田單一紙相應開單檢同切結田單照會卑縣查照

收作機器局新戶開明科則數目移送過局以便照數完糧並將切結留存備案將田單送還存查

上海縣知縣黎光旦爲申繳奉發購買魯茂昌田畝一案先行申繳田單事致江南機器製造總局申文
（1883 年 3 月 1 日，光緒九年正月二十二日）

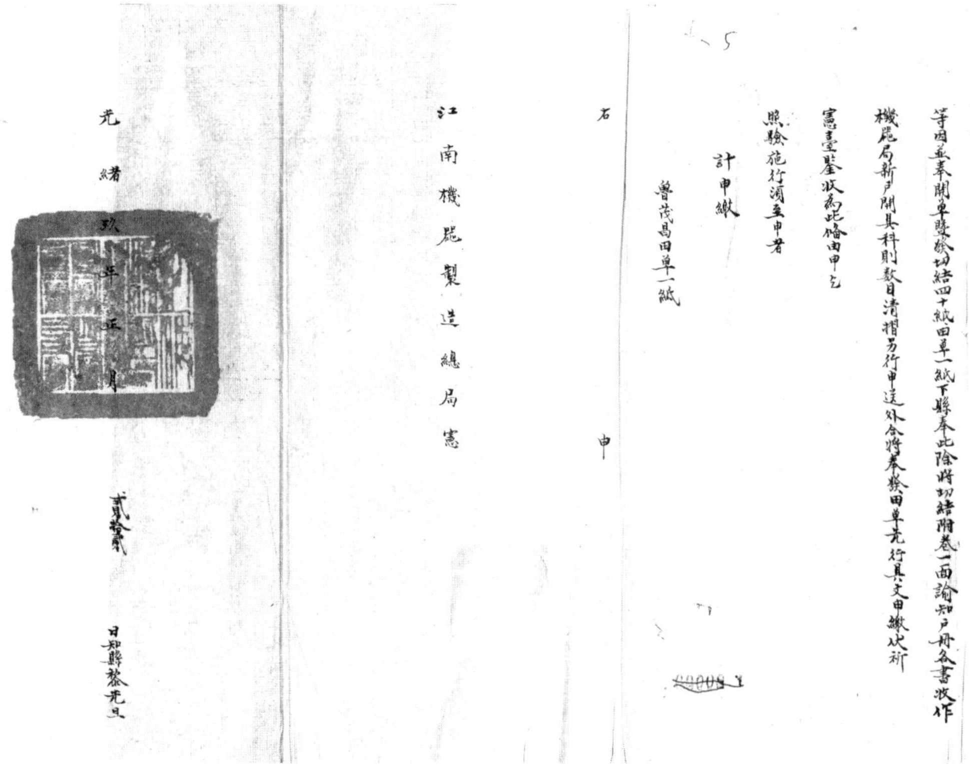

等因並奉開單暨發切結四十紙田單一紙下縣奉此除將切結附卷一面諭知戶冊各書收作
機器局新戶開具科則數目清摺另行申送外合將奉發田單先行具文申繳伏祈
憲臺鑒核為此備由申乞
照驗施行須至申者
計申繳
魯茂昌田單一紙
右　　申
江南機器製造總局憲
光緒玖年正月貳拾貳日知縣黎光旦

上海縣知縣黎光旦爲申繳奉發購買魯茂昌田畝一案先行申繳田單事致江南機器製造總局申文
（1883 年 3 月 1 日，光緒九年正月二十二日）

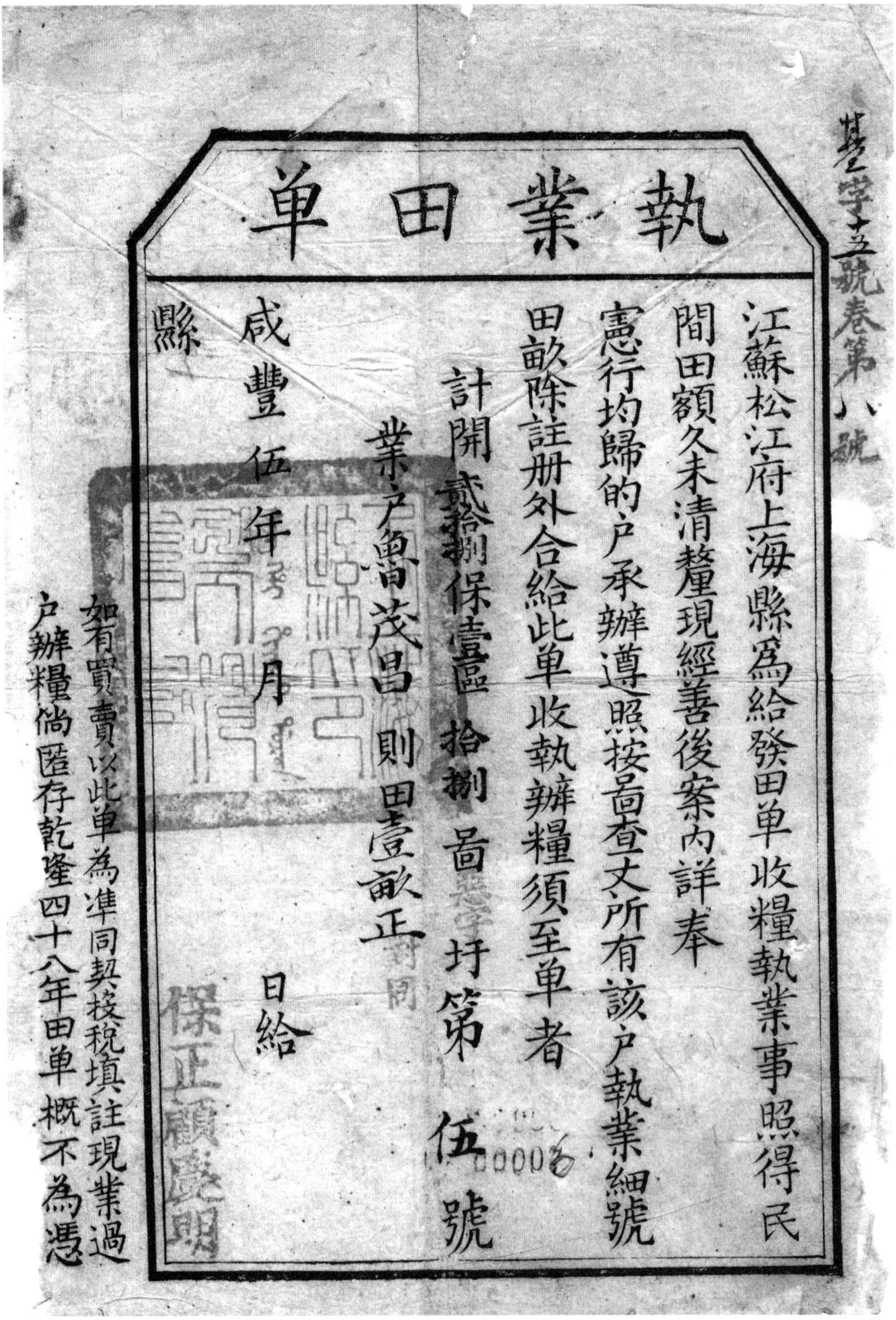

甚字十五號卷第八號

執業田单

江蘇松江府上海縣爲給發田单收糧執業事照得民
間田額久未清釐現經善後案内詳奉
憲行均歸的户承辦遵照按啚查丈所有該户執業細號
田畝除註册外合給此单收執辦糧須至单者
計開 貳拾捌保壹區 拾捌 啚 圩 第 伍 號
業户魯茂昌 則田壹畝正
咸豐伍年 月 日給
縣
如有買賣以此单為準同契投稅填註現業過
户辦糧倘匿存乾隆四十八年田单概不為憑

志字 對同

保正顧慶明

魯茂昌執業田單（1855 年，咸豐五年）

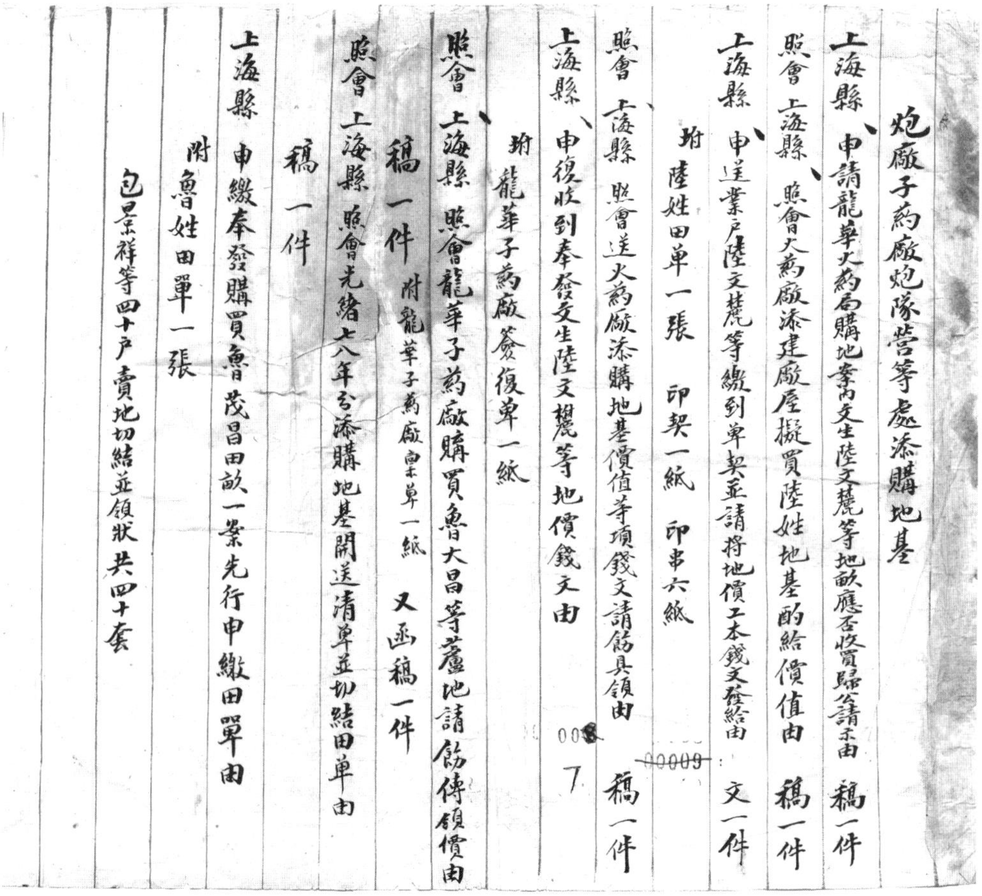

炮廠子葯廠炮隊营等處添購地基

上海縣、申請龍華火葯局購地案内文生陸文麓等地畝應否收買歸公請示由　稿一件

照會上海縣、照會火葯廠添建廠屋擬買陸姓地基酌給價值由　稿一件

上海縣、申送業户陸文麓等繳到单契並請将地價工本錢文發給由　文一件

　坿陸姓田单一張　印契一紙　印串六紙

照會上海縣、照會送火葯廠添購地基價值等項錢文請飭具領由　稿一件

上海縣、申復收到奉發交生陸文欉等地價錢文由

　坿龍華子葯廠簽復单一紙

照會上海縣、照會龍華子葯廠購買魯大昌等蘆地請飭傳領價由

稿一件　附龍華子葯廠稟單一紙　又函稿一件

照會上海縣、照會光緒七八年分添購地基開送清单並切結田单由

稿一件

上海縣、申繳奉發購買魯茂昌田畝一案先行申繳田單由

　附魯姓田單一張

包景祥等四十户賣地切結並領狀　共四十套

江南製造總局基字第十五號炮廠子藥廠炮隊營等處添購地基卷目録（1881-1882年，光緒七年——光緒八年）

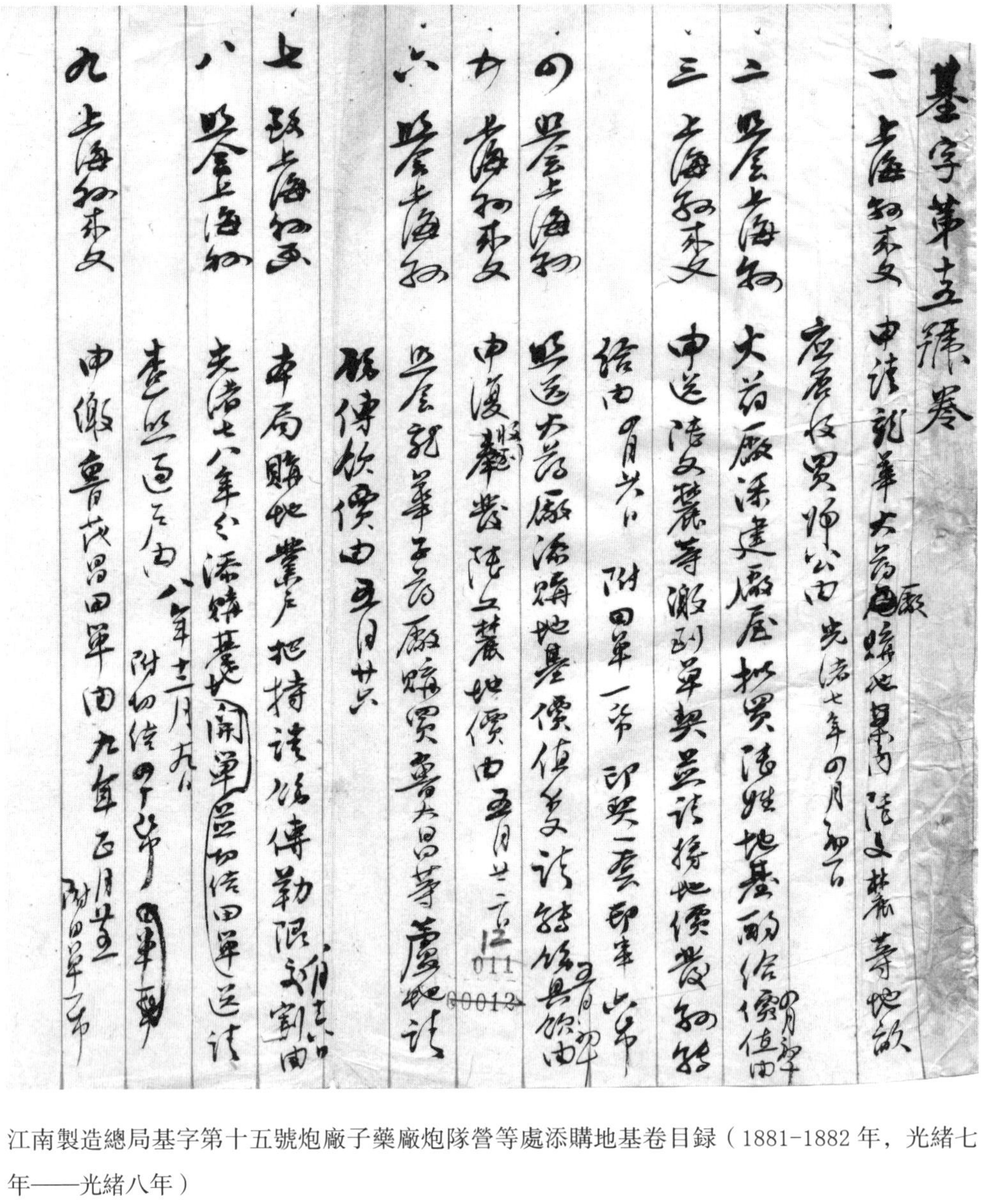

江南製造總局基字第十五號炮廠子藥廠炮隊營等處添購地基卷目録（1881-1882 年，光緒七年——光緒八年）

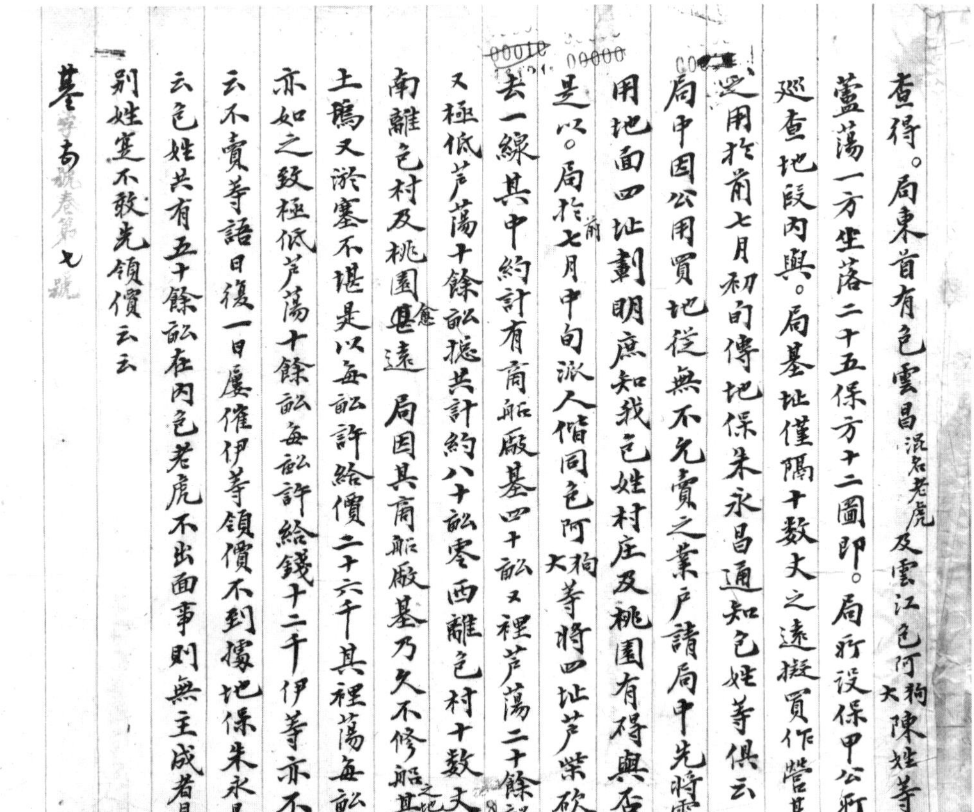

查得。局東首有包雲昌（混名老虎）及雲江包阿狗（大）陳姓等
蘆蕩一方坐落二十五保方十二圖印。局所設保甲公所
巡查地段內與。局基址僅隔十數丈之遠擬買作營基
之用於前七月初旬傳地保朱永昌通知包姓等俱云
局中因公用買地從無不允賣之業戶請局中先將需
用地面四址劃明庶知我包姓村庄及桃園有碍與否
是以。局於（前）七月中旬派人偕同包阿狗大等將四址芦柴砍
去一線其中約計有商船廠基四十畝又裡芦蕩二十餘畝
又極低芦蕩十餘畝總共計約八十畝零西離包村十數丈
南離包村及桃園甚遠　局因其商船廠基乃久不修船之地其
上篇又淤塞不堪是以每畝許給價二十六千其裡蕩每畝
亦如之致極低芦蕩十餘畝每畝許給錢十二千伊等亦不
云不賣等語日後一日屢催伊等領價不到據地保朱永昌
云包姓共有五十餘畝在內包老虎不出面事則無主成者且
别姓寔不敢先領價云云
基字寄號卷第七號

江南機器製造局關於購買該局東首包雲昌等蘆蕩地事的調查報告（1881 年，光緒七年）

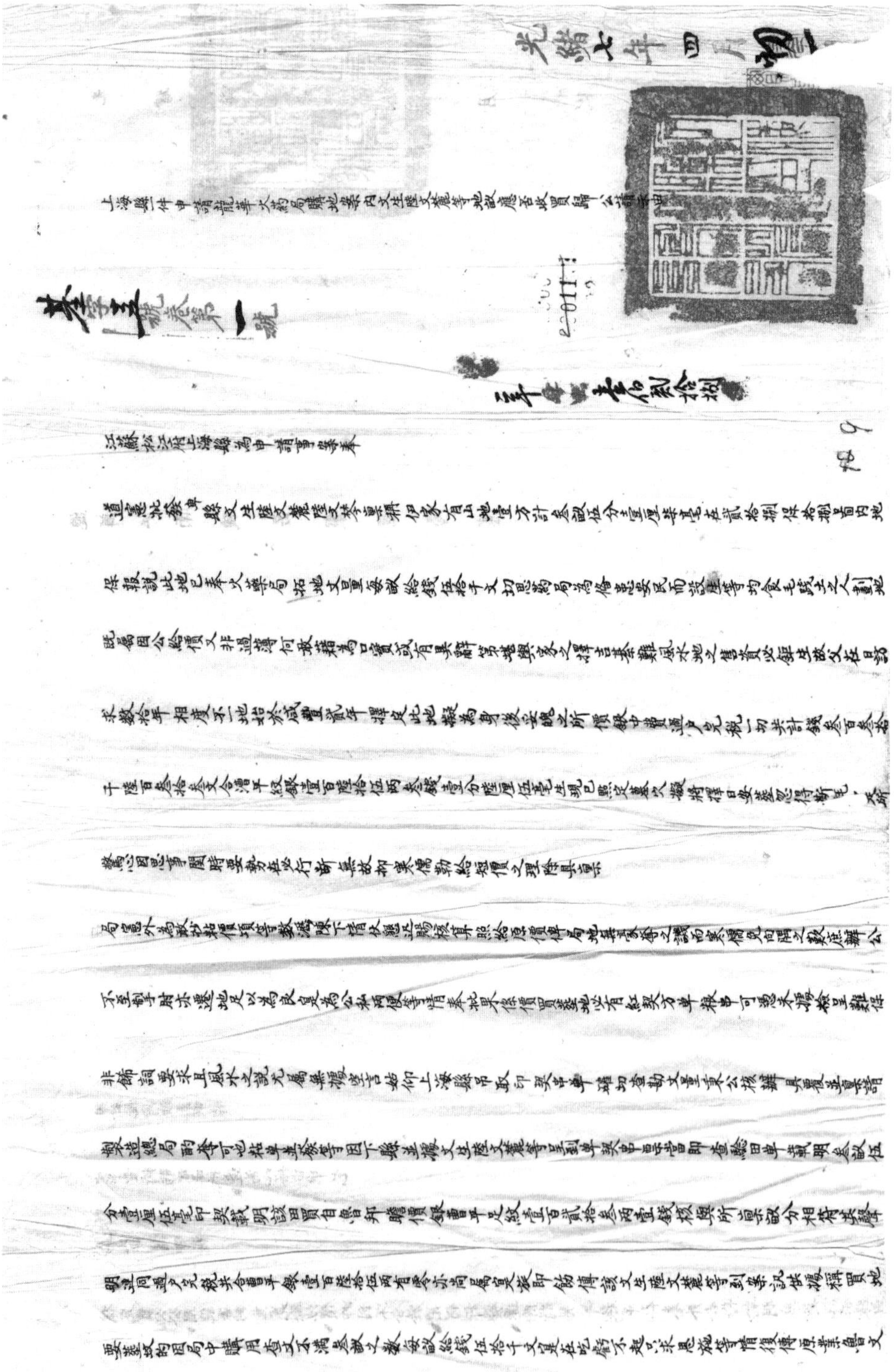

上海縣知縣莫祥芝爲申請龍華火藥局購地案内文生陸文麓等地畝應否收買歸公請示事致江南機器製造局申文（1881 年 4 月 27 日，光緒七年三月二十九日）

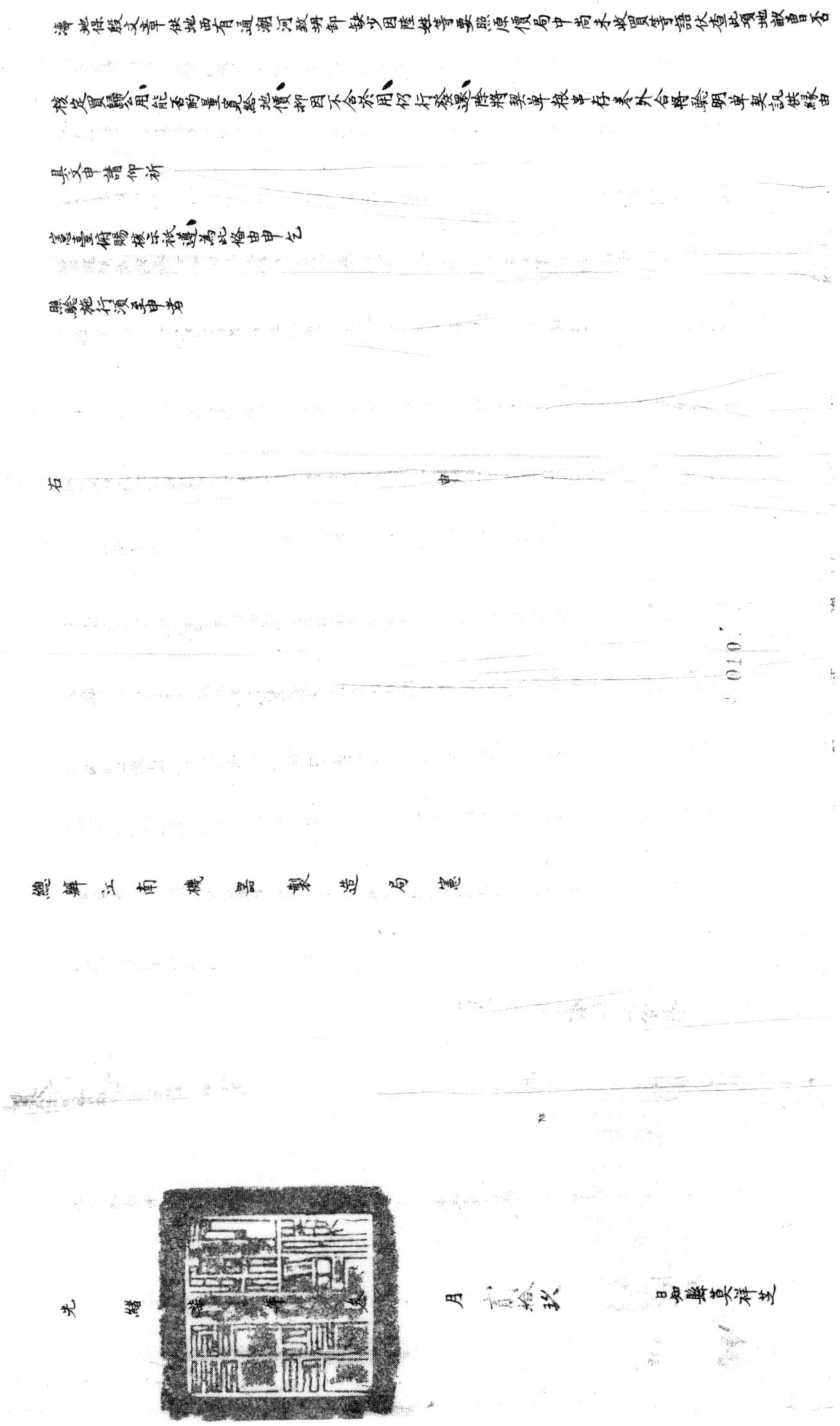
濤光保縣文生陸文麓等地西有通潮河數埔卸缺口因陸姓等要照原價局中尚未收買等語伏查此項地畝曾否
核定買歸公用能否酌量減給地價抑因不合於用仍行發還除將契單粘單存案外合將照明單契訊供緣由
具文申請仰祈
憲臺俯賜核示祗遵為此備由申乞
照驗施行須至申者
右　　申
總辦江南機器製造局憲
光緒　　月　　日知縣莫祥芝

上海縣知縣莫祥芝爲申請龍華火藥局購地案内文生陸文麓等地畝應否收買歸公請示事致江南機器製造局申文（1881 年 4 月 27 日，光緒七年三月二十九日）

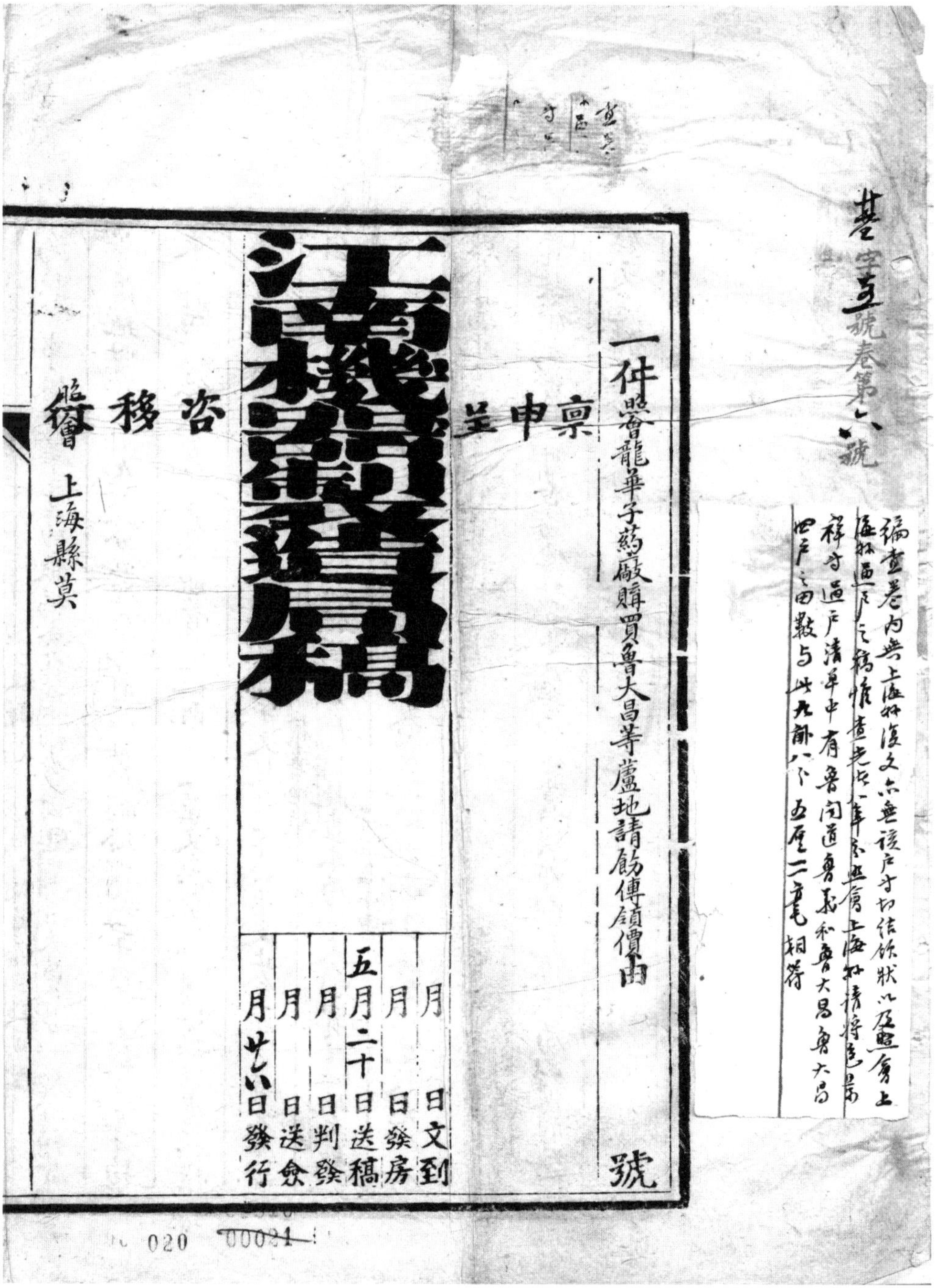

一件照會龍華子藥廠購買魯大昌等蘆地請飭傳領價由

號

江南機器製造局稿

稟 申 呈 咨 移 照會 上海縣莫

月 日文到
月 日發房
五月二十日送稿
月 日判發
月 日送僉
月廿六日發行

江南機器製造局爲照會龍華子藥廠購買魯大昌等蘆地請飭傳領價事致上海縣知縣莫祥芝照會稿（1881年6月16日，光緒七年五月二十日）

爲照會事據龍華子葯廠馮委員祖澍禀稱案因龍華添造廠屋需購買魯大昌魯義和魯邦哉
等蘆地四塊共計九畝八分五厘二毫前經每畝酌給價錢二十六千文該戶等均
未具結遵依伏查該戶等所管蘆地既無方單又無契據價值無從查核惟
局內向年購買蘆地成案每畝自十二千文起至二十六千文止今該戶等不愿賣
出可否稍爲酌加抑請送縣核辦仰祈裁奪施行等情據此查本局向來購買蘆地每畝均係給
價錢十二千文至二十六千文此有案可稽同是蘆地碍難格外增價以免效尤相應
照會爲此照會
貴縣煩爲查照可否飭傳該業戶等到案具領希即見復本局以便將地價
錢文送請轉給望切施行須至照會者

江南機器製造局爲照會龍華子藥廠購買魯大昌等蘆地請飭傳領價事致上海縣知縣莫祥芝照會稿（1881年6月16日，光緒七年五月二十日）

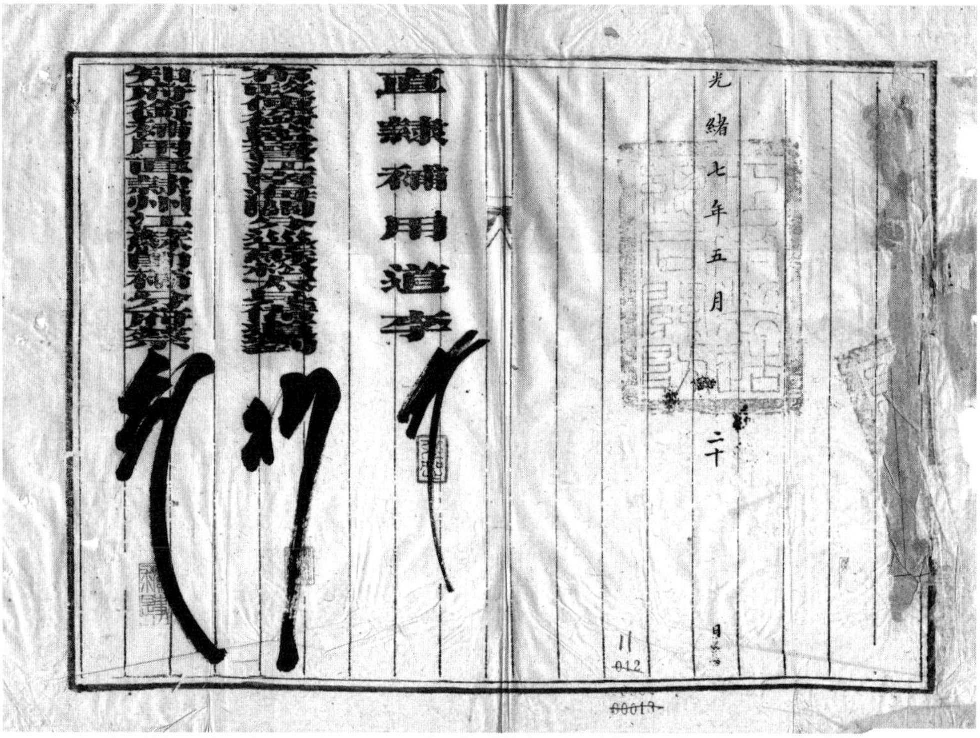

江南機器製造局爲照會龍華子藥廠購買魯大昌等蘆地請飭傳領價事致上海縣知縣莫祥芝照會稿（1881 年 6 月 16 日，光緒七年五月二十日）

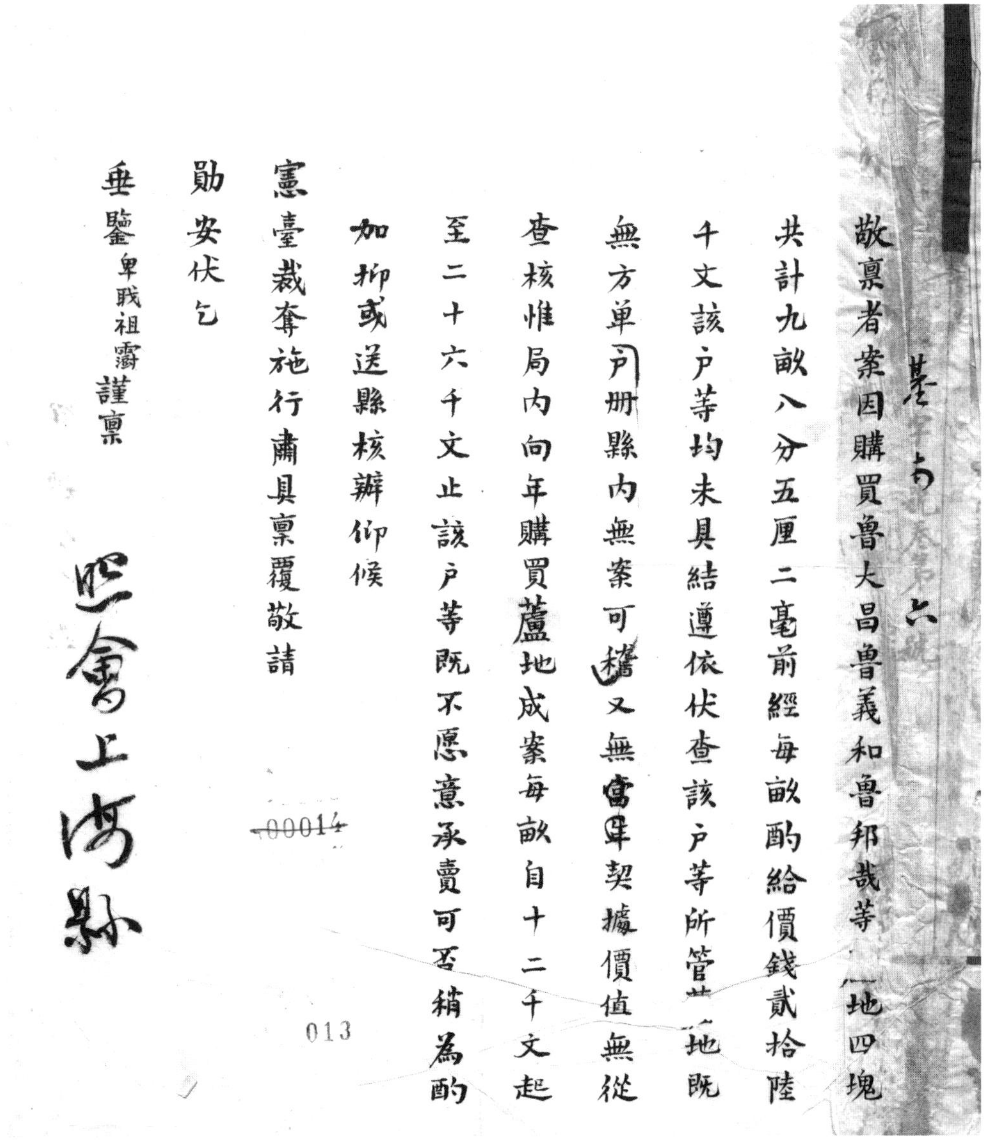

基字六

敬禀者案因購買魯大昌魯義和魯邦哉等蘆地四塊共計九畝八分五厘二毫前經每畝酌給價錢貳拾陸千文該戶等均未具結遵依伏查該戶等所管蘆地既無方單戶冊縣內無案可稽又無當年契據價值無從查核惟局內向年購買蘆地成案每畝自十二千文起至二十六千文止該戶等既不愿意承賣可否稍爲酌加抑或送縣核辦仰候

憲臺裁奪施行肅具禀覆敬請

勛安伏乞

垂鑒 卑職祖霱謹禀

照會上海縣

~~00014~~

013

江南製造總局

龍華子藥廠馮祖霱爲禀覆購買魯大昌等蘆地事致江南機器製造局總辦禀文（1881 年，光緒七年）

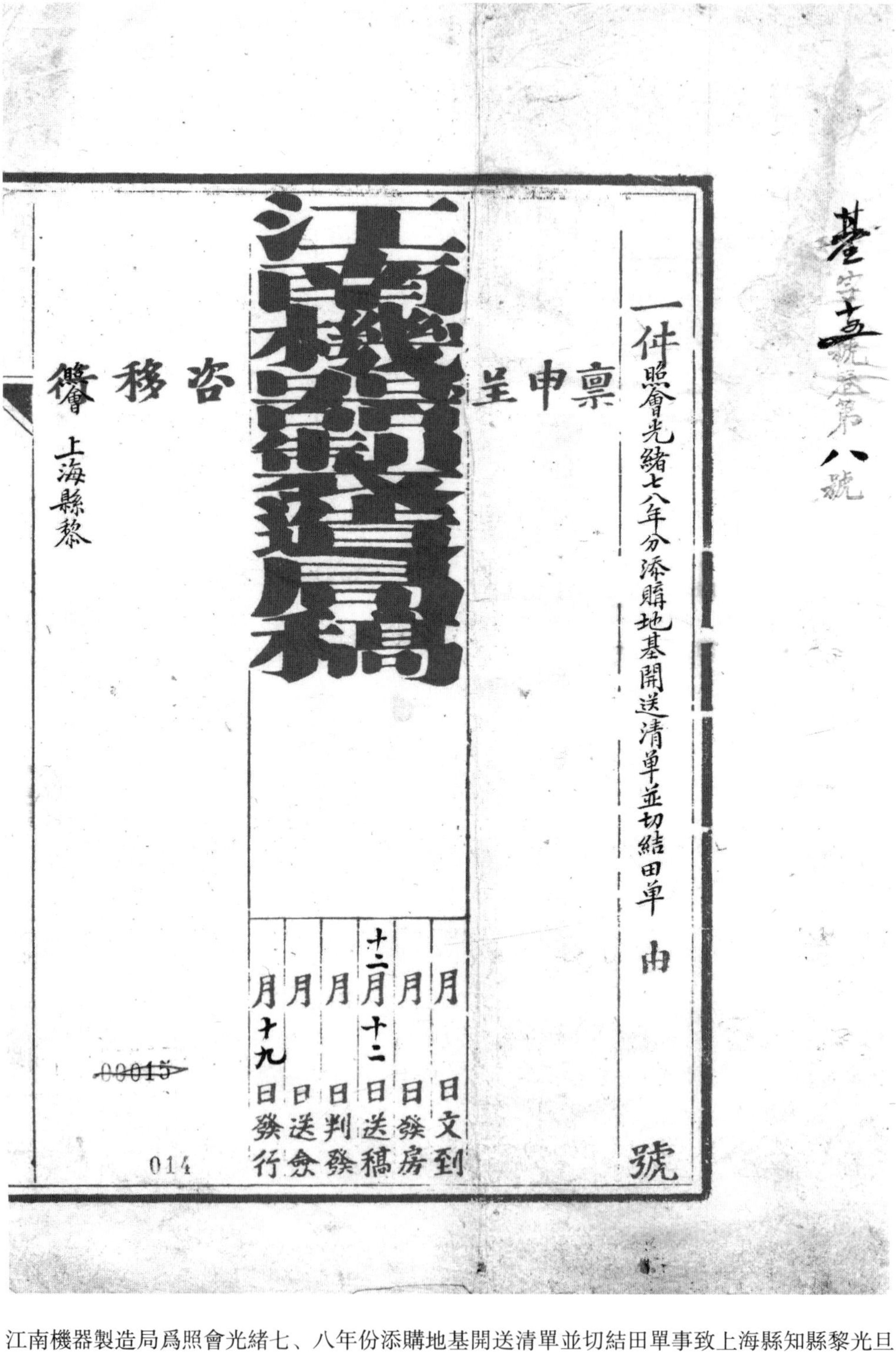

江南機器製造局爲照會光緒七、八年份添購地基開送清單並切結田單事致上海縣知縣黎光旦照會稿（1883 年 1 月 20 日，光緒八年十二月十二日）

爲照會事案查本局歷次添購地基均經開單照會
貴縣查核收作機器局新戶完納粮賦各在案茲查本局砲廠子葯廠等處及
新建砲隊營續於光緒七八年先後添購民田蘆地共一百二十九畝八分九厘三毫均經
亭耆會同業戶丈量明白核計地價共錢三千五百八十六千一百六十五文又給房屋
遷費並移植菓樹工本錢四百三十三千八百九十文業經本局先後發給各該業戶
收領取具切結存案並據呈到執業田單一紙相應開單照會並將切結田單
轉送爲此照會
貴縣查照收作機器局新戶開除科則數目移送過局以便照數完粮並希
將切結留存備案將田單仍即送還本局存查望切施行須至照會者

江南機器製造局爲照會光緒七、八年份添購地基開送清單並切結田單事致上海縣知縣黎光旦照會稿（1883 年 1 月 20 日，光緒八年十二月十二日）

二十五保十二圖方字圩　地保朱永昌

地　地　[illegible]　天　天　天

計粘單一紙並切結四十紙田單一紙

今将本局砲廠子葯廠二處及築建砲隊營添購地基畝數發給地價數目開列 等文

計開

包景祥 二十四保十三圖 蘆地二十畝 計發地價錢六百千文 另給房屋遷費錢十五千文 光緒七年八月分買

陳餘慶堂 二十四保十三圖 蘆地十四畝三分四厘 計發地價錢四百三十千二百文 另給房屋遷費並移植桃樹二本錢一百八千文 光緒七年九月分買

林銀和 二十四保十三圖 蘆地四分一厘 計發地價錢十二千三百文 另給移植桃樹二本錢一千四百四十文 以下均光緒七年十月分買

張桂全 玉萬 玉書 二十四保十二圖 蘆地二畝四分二毫 計發地價錢七十二千六十文

陸鴻達 慶榮 二十四保十三圖 蘆地二畝三分三厘二毫 計發地價錢六十九千九百六十文

張學廣 煥銓 二十四保十三圖 蘆地二畝三分三厘三毫 計發地價錢六十九千九百九十文

~~00016~~

015

江南機器製造局爲照會光緒七、八年份添購地基開送清單並切結田單事致上海縣知縣黎光旦照會稿（1883年1月20日，光緒八年十二月十二日）

陳坤炎二　二十四保十三圖蘆地二畝一分三厘九毫計發地價錢六十四千一百七十文

馮坤和　二十四保十三圖蘆地六分七厘三毫計發地價錢三十二千三百四文

包阿三　二十四保十三圖蘆地一分一厘計發地價錢三千三百文

包雲昌、景祥、阿大、雲江　二十四保十三圖蘆地九畝六分六厘六毫計發地價錢二百八十九千九百八十文　另給房屋遷費錢一百十七千五百文

包阿大、雲昌、海海　二十四保十三圖蘆地四畝三分五厘八毫計發地價錢一百三十一千七百四十文

包阿大　二十四保十三圖蘆地二分六厘六毫計發地價錢七千九百八十文

潘榮發　二十四保十三圖蘆地二分六厘三毫計發地價錢七千八百九十文

包阿榮、徐品三　二十四保十三圖蘆地二分二厘七毫計發地價錢六千八百一十文

包阿大、景祥、雲昌、雲江　二十四保十三圖蘆地七畝一分四厘三毫計發地價錢一百七千一百四十五文　另給房屋遷費錢十五千文

江南機器製造局爲照會光緒七、八年份添購地基開送清單並切結田單事致上海縣知縣黎光旦照會稿（1883 年 1 月 20 日，光緒八年十二月十二日）

天地

另諭 短字圩 地保顧炯梅

色 阿大 景祥 雲昌 雲江 二十四保十三圖蘆地八畝二分八厘計發地價錢二百四十八千四百文

商船會館 二十五保十三圖蘆地九畝七分二厘二毫計發地價錢一百四十五千六百六十五文

也

潘榮發 二十四保十三圖蘆地一分三厘計發地價錢三千九百文 以下均光緒七年十一月分買

地

夏銀龍 二十四保十三圖蘆地一畝計發地價錢三千文 另給房屋遷費並移植桃樹二本錢三十八千文

元 從仔顧

陳增樾 二十五保十三圖蘆地二畝一厘二毫計發地價錢六十千三百六十文

三号

魯聞道 二十六保十六圖蘆地一畝二厘七毫計發地價錢二十七千七百二十九文

五 連根魯姓兩次歸于局廠

魯義和 二十六保十六圖蘆地四畝四分五厘五毫計發地價錢一百二十千三百八十五文

五

魯大昌 二十六保十六圖蘆地四畝二分一厘八毫計發地價錢一百十三千八百八十六文

五

魯大昌 二十六保十六圖蘆地一分五厘二毫計發地價錢四千一百四文

00017

016

江南機器製造局爲照會光緒七、八年份添購地基開送清單並切結田單事致上海縣知縣黎光旦照會稿（1883 年 1 月 20 日，光緒八年十二月十二日）

地

皇字圩地保任慶華

包阿三 二十四保十三圖 蘆地一分一厘 計發地價錢三千三百文 另給移植桃樹二本錢六百文 光緒七年十二月分買

朱蓮堂 二十五保十四圖 蘆地四畝四分一厘 桃園地一畝三分三厘三毫 計發地價錢六十六千一百五十 五十千六百五十四 文 另給移植菓樹二本錢三十千五百文 以下均光緒七年二月分買

張潤寰 二十五保十四圖 蘆地四分四厘九毫 桃園地七分七毫 計發地價錢六千七百三十五 二十六千八百六十六 文 另給移植菓樹二本錢三十四千六百文

林阿全 二十五保十四圖 蘆地一畝一分一厘 桃園地五分九厘六毫 計發地價錢十六千六百五十 二十二千六百四十八 文 另給移植菓樹二本錢十七千七百文

黄坤和 二十五保十四圖 蘆地三畝五分九厘 計發地價錢五十三千八百五十文

林鶴鳴 二十五保十四圖 蘆地一畝七分六毫 計發地價錢二十五千五百九十文

周南英 二十五保十四圖 蘆地三畝四分九厘四毫 計發地價錢五十二千四百一十文

包雲昌 雲景祥 雲江 桂榮 二十四保十三圖 蘆地四畝一分 計發地價錢六十一千五百文 光緒八年三月分買

以上所買三十二户地基均係蘆蕩故無田單

江南機器製造局爲照會光緒七、八年份添購地基開送清單並切結田單事致上海縣知縣黎光旦照會稿（1883 年 1 月 20 日，光緒八年十二月十二日）

皇字圩 地保陸慶華

子韵蔵

地保顧成基 芝字圩

魯義和 二十六保十六圖 田地二畝八分一厘六毫計發地價錢一百四十千九百文 另給移植桃樹二本錢四千九百文 光緒七年十一月分買其田單據該業户出具切結内稱因兵亂業已遺失

魯大昌 二十六保十六圖原額田一畝照量見畝四分四厘五毫 計發地價錢七十二千二百五十文 光緒七年十一月分買 據該業户呈到田單一紙

顧了頭 二十五保十四圖 田地五畝七厘五毫計發地價錢二百四十三千六百文 另給青苗二本錢十千文 光緒八年二月分買其田單據該業户出具切結内稱因兵亂業已遺失

以上所買三户地基據呈到原業田單一紙

王春紹 二十五保十四圖 宅基地六分八厘五毫計發地價錢三十二千八百八十文 另給房屋遷費錢四十千文 光緒八年二月分買

楊了頭 二十五保十四圖 田地三分二厘四毫計發地價錢十五千五百五十二文 光緒八年二月分買 另給青苗二本錢六百五十文

徐言海
張玉田 二十四保十三圖 田地三分六厘四毫計發地價錢十七千四百七十二文 以下俱光緒八年九月分買

喬啓鳳 二十五保十五圖 田地二分五厘計發地價錢十二千文

唐浩如 二十五保十五圖 田地一分二厘五毫計發地價錢六千文

~~00018~~

017

江南機器製造局爲照會光緒七、八年份添購地基開送清單並切結田單事致上海縣知縣黎光旦照會稿（1883 年 1 月 20 日，光緒八年十二月十二日）

以上所買五戶地基因係各業戶將地割賣故均無田單

以上統共添購地基一百二十九畝八分九厘三毫共發地價錢三千五百八十六千一百六十五文

又發給房屋遷費並移植菓樹工本錢四百三十三千八百九十文

江南機器製造局爲照會光緒七、八年份添購地基開送清單並切結田單事致上海縣知縣黎光旦照會稿（1883年1月20日，光緒八年十二月十二日）

光緒八年十二月 十二 日

~~00019~~

018

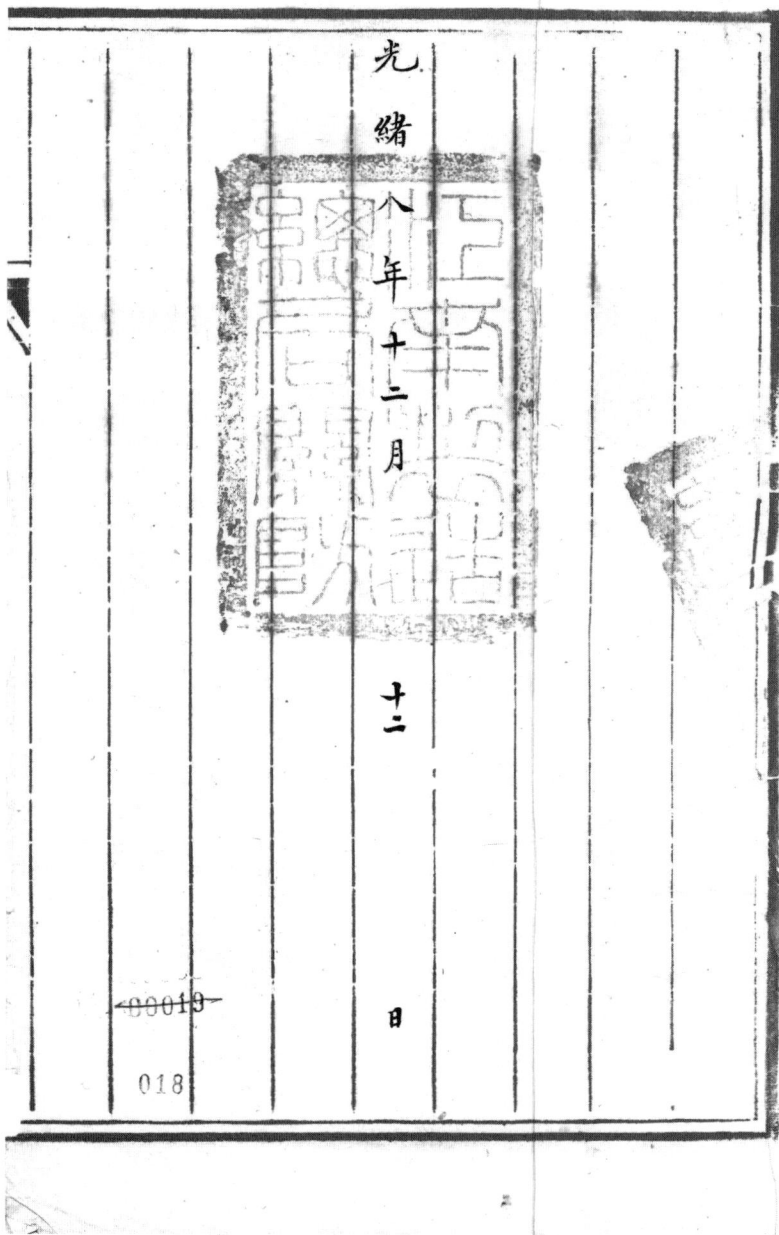

江南機器製造局爲照會光緒七、八年份添購地基開送清單並切結田單事致上海縣知縣黎光旦照會稿（1883 年 1 月 20 日，光緒八年十二月十二日）

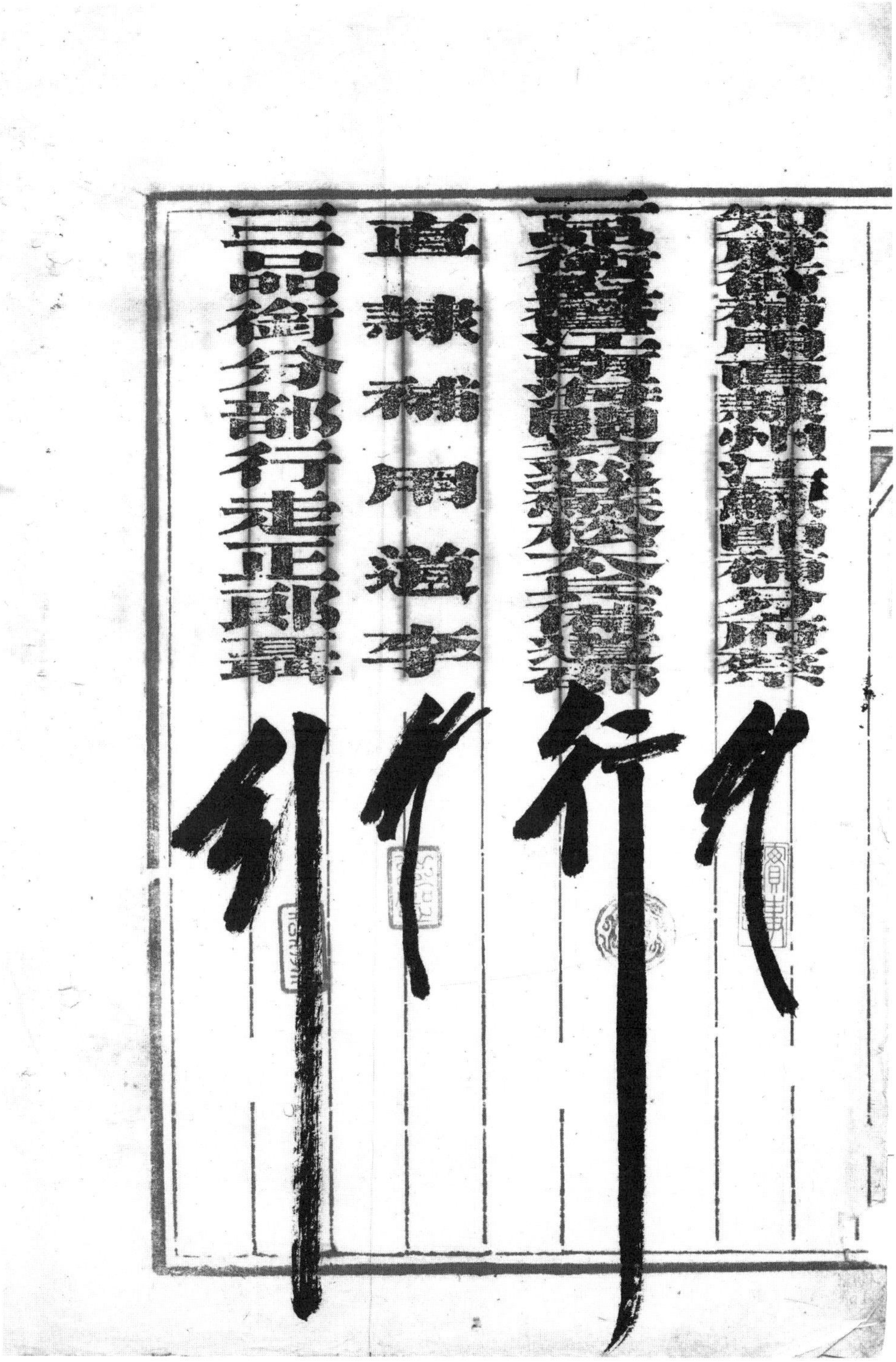

江南機器製造局爲照會光緒七、八年份添購地基開送清單並切結田單事致上海縣知縣黎光旦照會稿（1883 年 1 月 20 日，光緒八年十二月十二日）

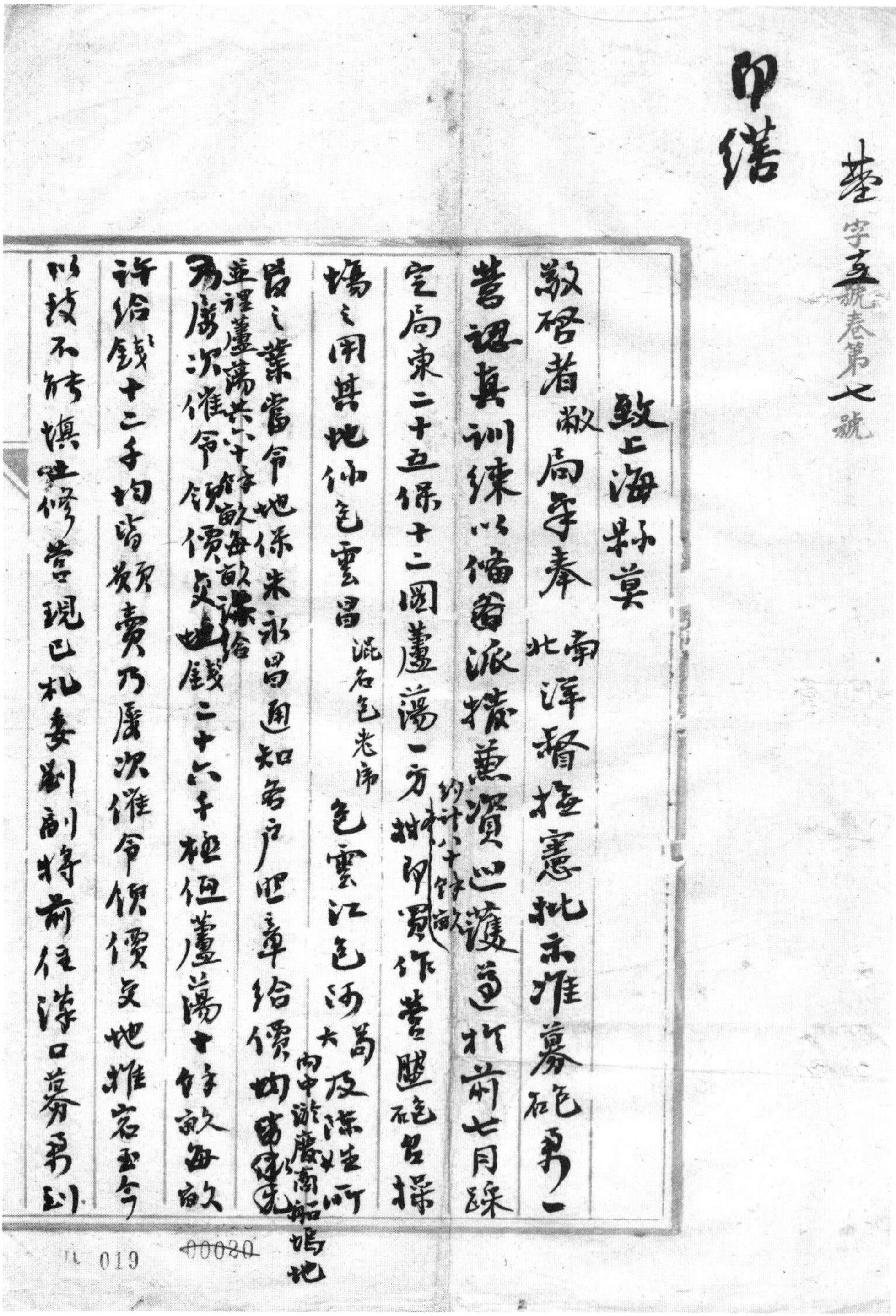

印繕

墊字叁號卷第七號

致上海縣莫

敬啓者，敝局奉南北洋督撫憲批示，准募砲勇一

營認真訓練，以備酌派撥資巡護，並於前七月踩

定局東二十五保十二圖蘆蕩一方，約計八十餘畝，擬即購買作營壘砲台操

場之用。其地係包雲昌（混名包老虎）、包雲江、包河筒及陳姓所（內中諸廣商船塢地）

買之業，當令地保朱永昌通知各戶，照章給價，均皆遵照。

爲屢次催令領價交地，錢二十六千，極佰蘆蕩十餘畝，每畝（並裡蘆蕩共六十餘畝，每畝給）

許給錢十二千，均皆願賣，乃屢次催令領價交地，推宕至今，

以致不能填土修營，現已札委劉副將前往漢口募勇到

019　00020

江南機器製造局總辦爲請迅賜飭傳包老虎（包雲昌）到案勸限割以免誤公事致上海縣知縣莫祥芝函稿（1881 年 8 月 16 日，光緒七年八月十六日）

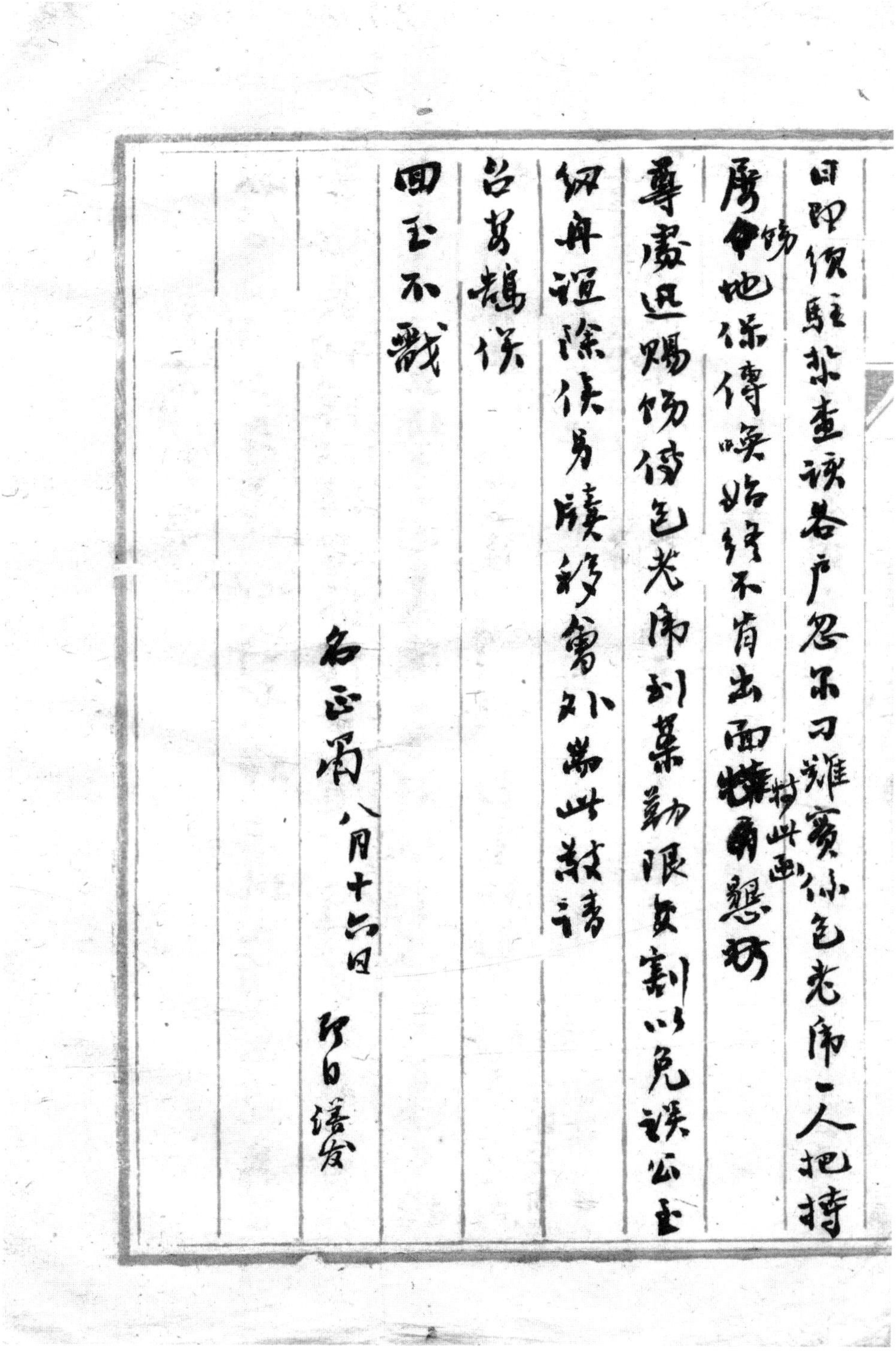

日即飭駐扎查該各户忽不刁難實係包老虎一人把持

屢令飭地保傳喚始終不肯出面特此函懇

尊處迅賜飭傳包老虎到案勸限交割以免誤公事

飭再逼除俟另牘移會外耑此敬請

台安鵠候

回玉不戩

名正肅 八月十六日

即日繕發

江南機器製造局總辦爲請迅賜飭傳包老虎（包雲昌）到案勸限割以免誤公事致上海縣知縣莫祥芝函稿（1881 年 8 月 16 日，光緒七年八月十六日）

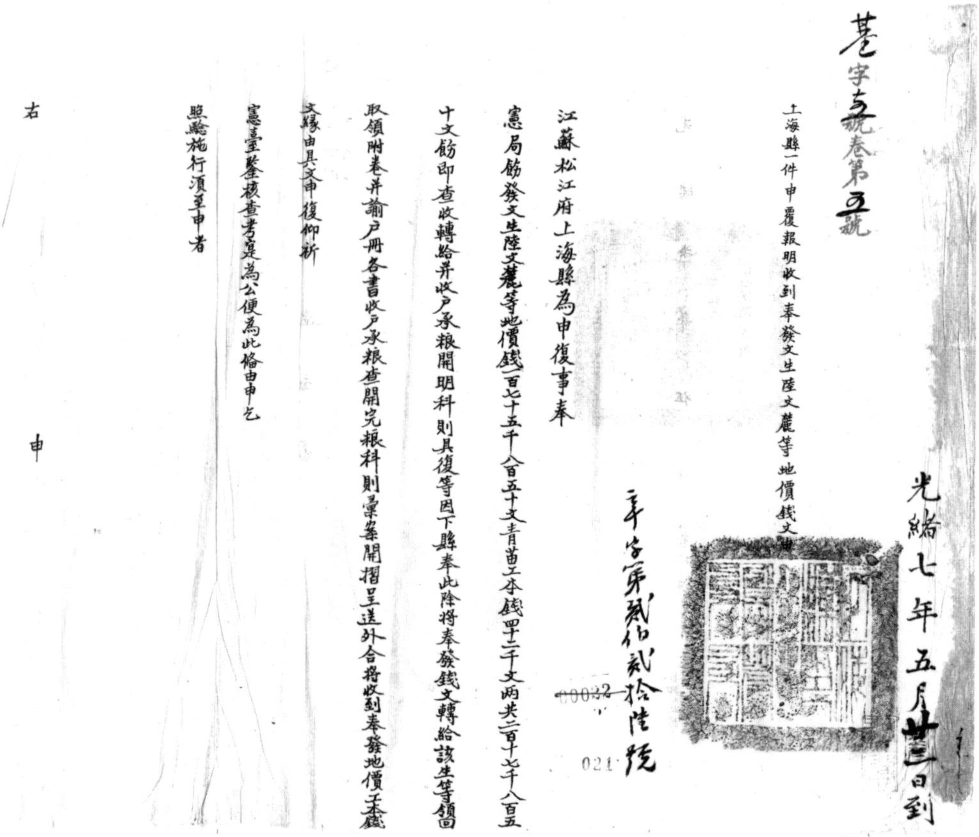
甚字五號卷第五號

上海縣一件申覆報明收到奉發文生陸文麓等地價錢文由

光緒七年五月廿三日到

辛字第貳伯貳拾陸號

江蘇松江府上海縣爲申復事奉
憲局飭發文生陸文麓等地價錢一百七十五千八百五十文青苗工本錢四十二千文兩共二百十七千八百五
十文飭即查收轉給并收户承粮開明科則具復等因下縣奉此除將奉發錢文轉給該生等領
取領附卷并諭户册各書收户承粮查開完粮科則彔案開摺呈送外合將收到奉發地價工本錢
文緣由具文申復仰祈
憲臺鑒核查考寔爲公便爲此備由申乞
照驗施行須至申者

右

申

上海縣知縣莫祥芝爲申覆報明收到奉發文生陸文麓等地價錢文事致江南機器製造局總辦申文

（1881 年 6 月 17 日，光緒七年五月二十一日）

機器製造局憲

光緒柒年伍月貳拾壹日知縣莫祥芝

上海縣知縣莫祥芝爲申覆報明收到奉發文生陸文麓等地價錢文事致江南機器製造局總辦申文

（1881年6月17日，光緒七年五月二十一日）

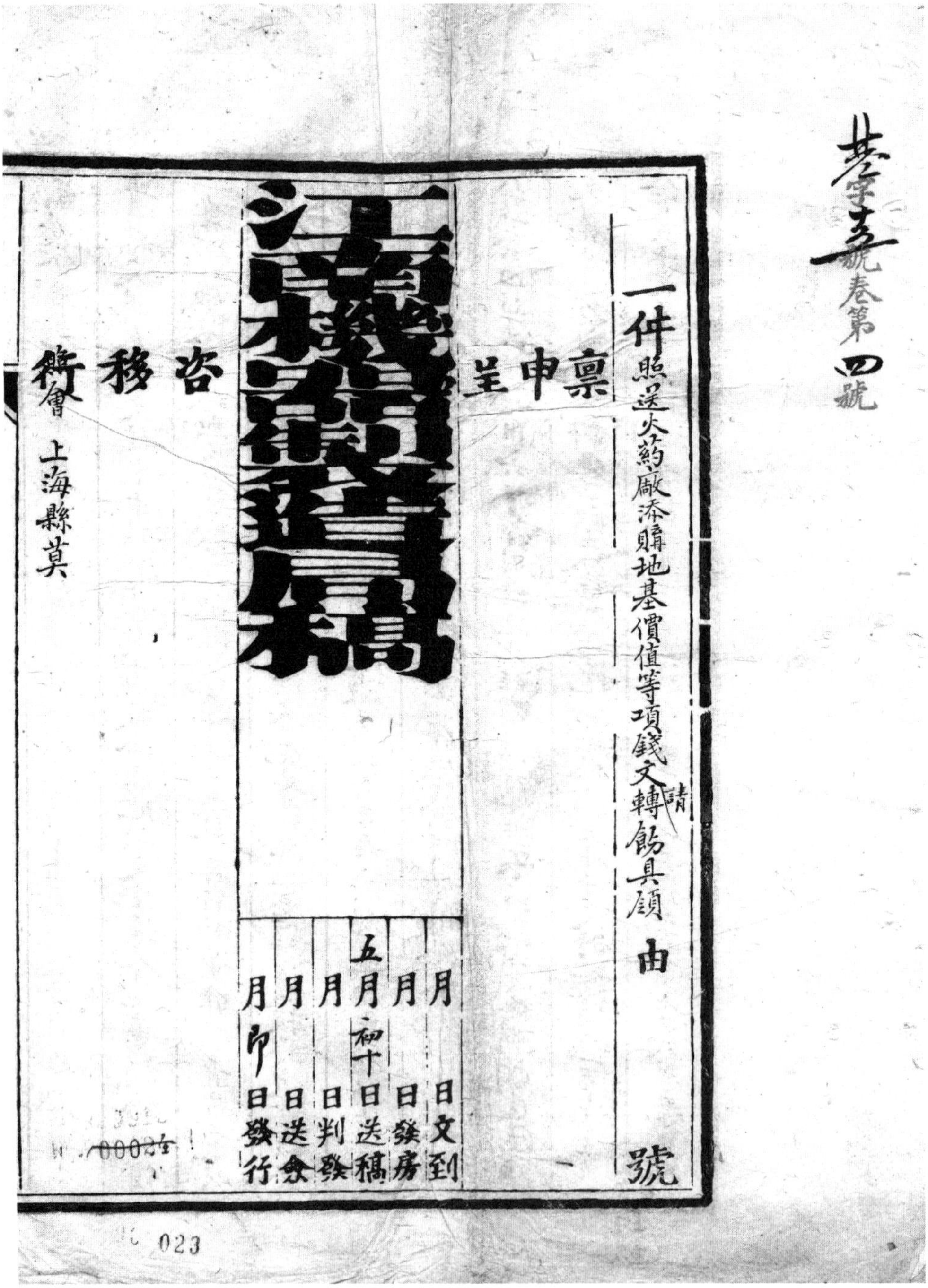
芸字五號卷第四號

一件照送火葯廠添購地基價值等項錢文請轉飭具領 由

號

稟 申 呈

江南機器製造局稿

咨 移 照會 上海縣莫

月 日文到
月 日發房
五月初十日送稿
月 日判發
月 日送僉
月 印 日發行

江南機器製造局爲照送火藥廠添購地基價值等項錢文請轉飭具領事致上海縣知縣莫祥芝照會稿（1881年6月6日，光緒七年五月初十日）

爲照會事光緒七年四月二十八日准
貴縣文開奉局文據縣申請龍華火藥廠添購地畝文生陸文麓等請給原價
一案擬飭廠員改照方單畝分每畝給錢五十千文之外再行酌量津貼青苗工本以
示體恤等因遵經傳諭該業戶文生陸文麓等知照稱愿聽候核給伏查該業
戶田單契據前已繳縣該地既合改造廠屋之用自應將契送局查核所有應
給地價及優給津貼青苗工本錢文擬請一併飭發下縣傳給收領計申送印
契一套田單一紙粮串六紙等因准此比經轉飭龍華火藥廠員據馮委員呈復稱照該業生陸
文麓等方單所載畝分計地三畝五分一厘七毫每畝給錢五十千文計地價錢一百七十五千
八百五十文另貼行津給植樹青苗工本等費錢四十二千文兩共錢二百一十七千八百五十文呈請鈞核

江南機器製造局爲照送火藥廠添購地基價值等項錢文請轉飭具領事致上海縣知縣莫祥芝照會稿（1881 年 6 月 6 日，光緒七年五月初十日）

前來所撥尚廣平先除將田契方單糧串併存卷外相應將地價等津貼項錢文照數備送為此照會

貴縣煩為查照轉飭具領並希將該地收作機器局新戶查明科則數目見復

以便完糧望切施行須至照會者

計送足制錢二百一十七千八百五十文

光緒七年五月初十日

江南機器製造局爲照送火藥廠添購地基價值等項錢文請轉飭具領事致上海縣知縣莫祥芝照會稿（1881年6月6日，光緒七年五月初十日）

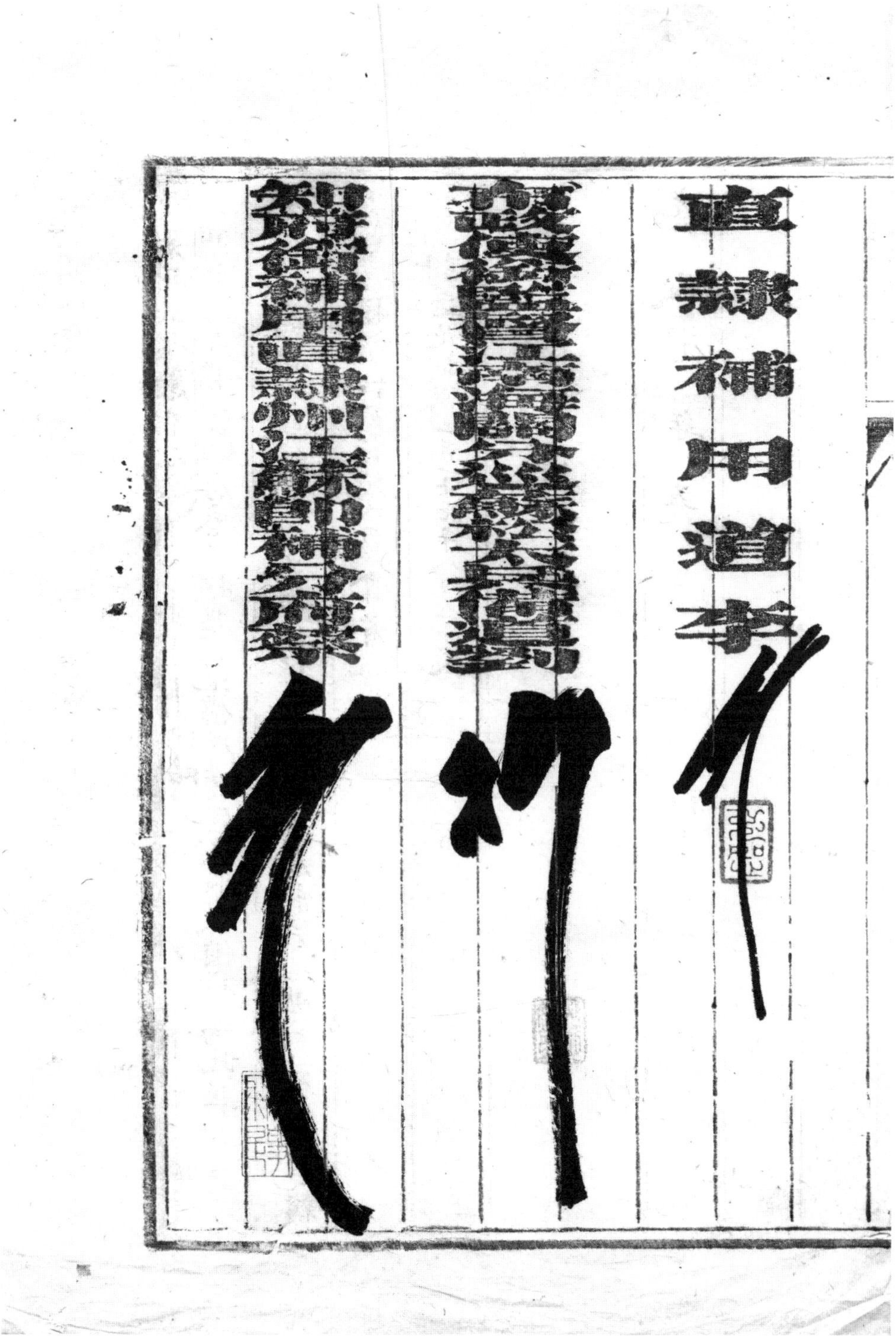

江南機器製造局爲照送火藥廠添購地基價值等項錢文請轉飭具領事致上海縣知縣莫祥芝照會稿（1881 年 6 月 6 日，光緒七年五月初十日）

光緒七年四月廿八日到

茶字二號卷第三號

上海縣一件申請事。申送業戶陸文麓等繳到單契並請將地價工本錢文發縣轉給由

江蘇松江府上海縣為申請事。案奉
憲局照會，文開：據卑縣申請龍華火藥廠添購地畝，文生陸文麓等請給原價一案，查
陸姓地近龍華火藥廠，劉前買造廠屋，並無不合。於用向本局中買民間上則田地，每畝給
價錢四十千文及四十餘千不等。陸姓之地，曾經火藥廠員允給每畝錢五十千文，若再格外
寬給，誠恐別戶藉口難辦，更無控飭之事。既據該生等稱係坟地，議買原價較貴，自
可稍為通融，便飭廠員，既照方單畝分，每畝給錢五十千文之外，再行酌量津貼青苗工本，
以示體卹。行縣飭遵等因下縣。奉此，遵經傳諭該業戶文生陸文麓等知照，稱：原議價
核給地價並津貼青苗工本等情，卑職伏查該業戶等田單契據前已繳縣，議地既
合改造廠屋之用，自應將契呈送
憲局查核。所有應給地價等項錢文，擬請核明數目，發縣轉給該業戶領，緣奉前因。合再
具文申請，並將繳到單契呈送，仰祈
憲局查收，俯賜核明應給地價及優給津貼青苗工本錢文，一併飭發下縣轉給該戶領，實為公
便。為此備由申乞
照驗施行。須至申者。

上海縣知縣莫祥芝爲申送業户陸文麓等繳到單契並請將地價工本錢文發縣轉給事致江南機器製造局總辦申文（1881年5月25日，光緒七年四月二十八日）

計申送
印契一套 田單一紙 根串六紙
右 申
總辦江南機器製造局憲
光緒柒年肆月貳拾捌日 知縣莫祥芝

上海縣知縣莫祥芝爲申送業户陸文麓等繳到單契並請將地價工本錢文發縣轉給事致江南機器製造局總辦申文（1881 年 5 月 25 日，光緒七年四月二十八日）

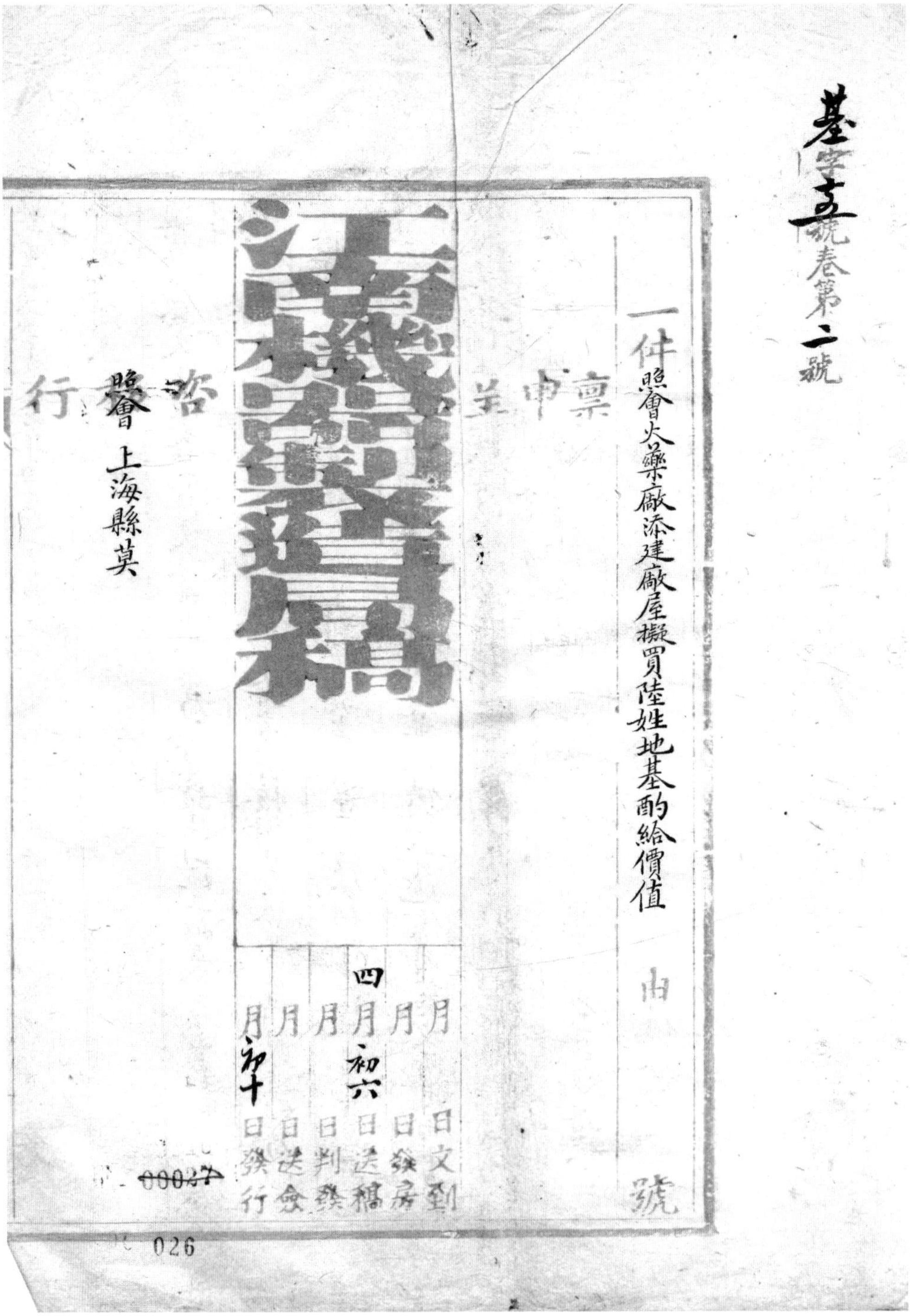

江南機器製造局爲照會火藥廠添建廠屋擬買陸姓地基酌給價值事致上海縣知縣莫祥芝照會稿
（1881 年 5 月 3 日，光緒七年四月初六日）

二十六保十六圖懸字圩第四号

為照會事光緒七年四月初一日准

貴縣文開奉

道憲批發文生陸文麓陸文琴稟火藥局擬買該生山地三畝五分一厘七毫懇賜照給

原價等情飭縣吊取契串確切查勘丈量秉公核辦具覆並稟請製造總局酌奪

等因下縣旋據文生陸文麓等呈到單契串票查核畝分相符其聲明連同過戶完

稅共合曹平銀一百六十五兩有零亦尚屬實並據供稱買地係因葬坟所用局中須

買查丈不滿三畝之數每畝給錢五十千文實在吃虧不起等情復傳原業地保等

供稱地西有通潮河致坍卸缺少因陸姓等要照原價局中尚未收買等語伏查

此項地畝曾否核定買歸公用能否酌量寬給地價抑因不合於用仍行發還申請

江南機器製造局爲照會火藥廠添建廠屋擬買陸姓地基酌給價值事致上海縣知縣莫祥芝照會稿
（1881 年 5 月 3 日，光緒七年四月初六日）

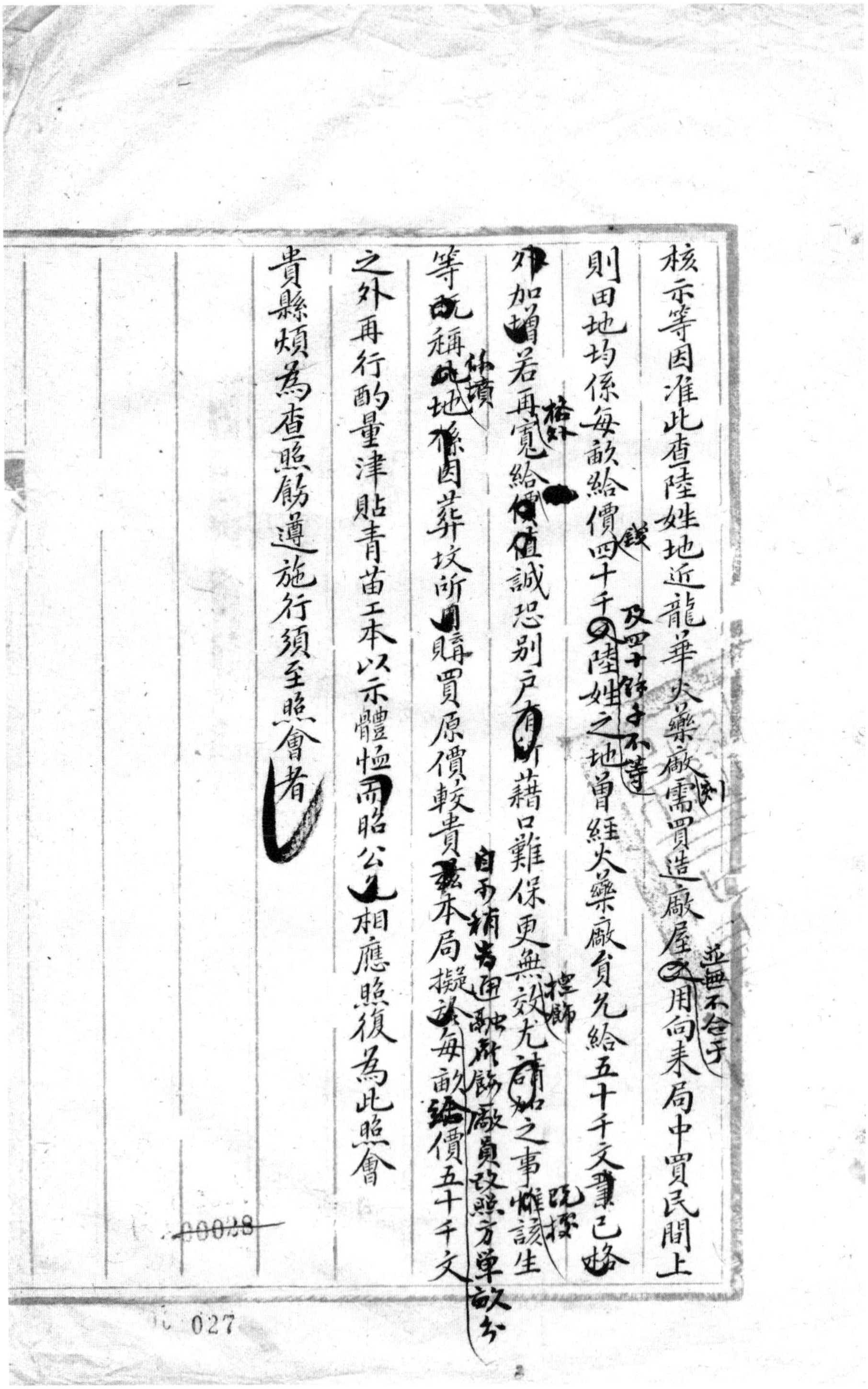

核示等因准此查陸姓地近龍華火藥廠需買造廠屋之用並無不合于向来局中買民間上
則田地均係每畝給價四十千錢及四十餘千不等又陸姓之地曾經火藥廠負允給五十千文業已略
外加增若再格外寬給價值誠恐別戶有所藉口難保更無效尤控飾請加之事既據該生
等既稱此地係續因葬坟所用購買原價較貴茲本局擬於每畝給價五十千文自不補出函知飭廠員改照方單畝分
之外再行酌量津貼青苗工本以示體恤而昭公允相應照復為此照會
貴縣煩為查照飭遵施行須至照會者

江南機器製造局爲照會火藥廠添建廠屋擬買陸姓地基酌給價值事致上海縣知縣莫祥芝照會稿
（1881 年 5 月 3 日，光緒七年四月初六日）

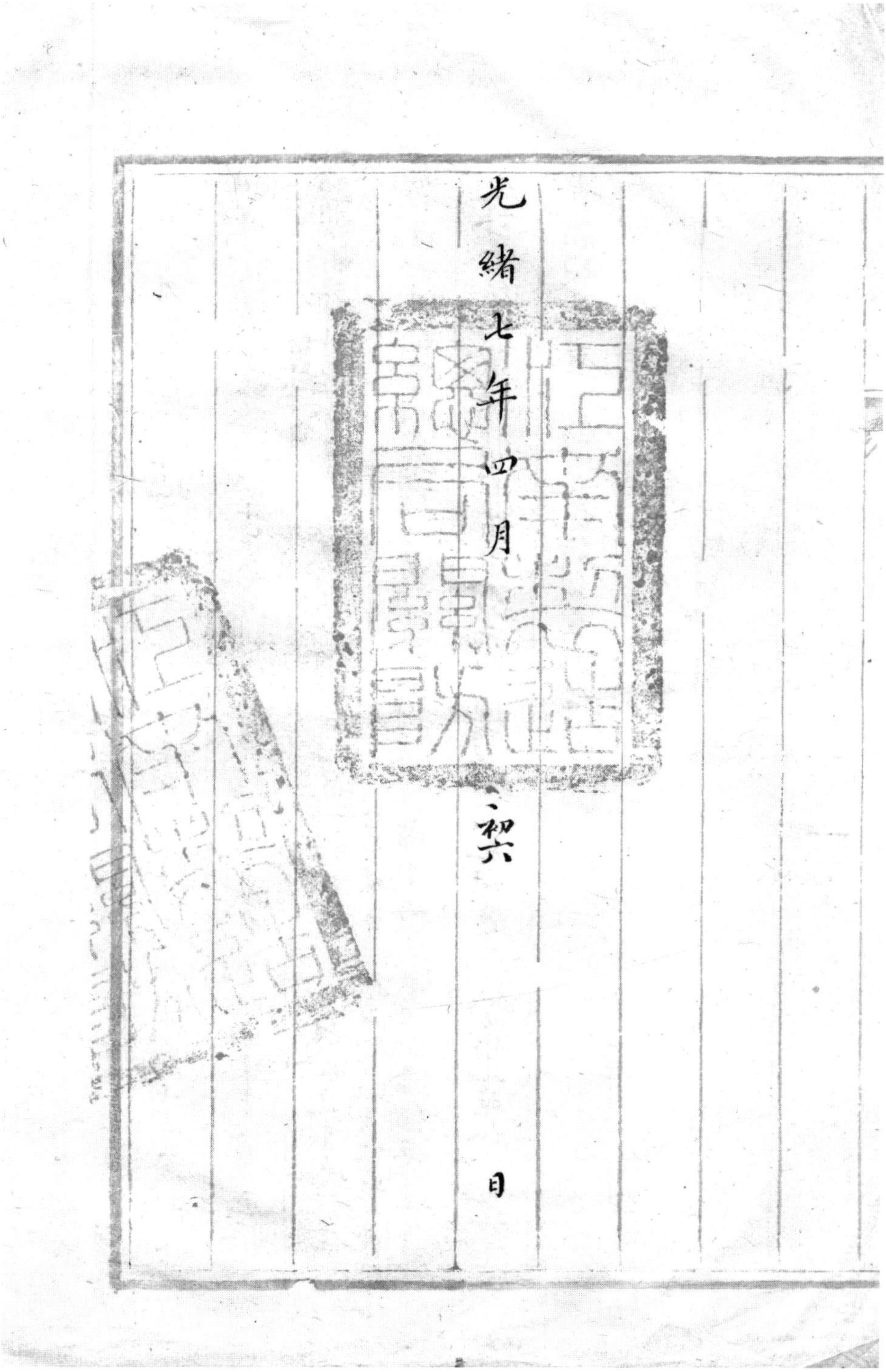

光緒七年四月初六日

江南機器製造局爲照會火藥廠添建廠屋擬買陸姓地基酌給價值事致上海縣知縣莫祥芝照會稿
（1881 年 5 月 3 日，光緒七年四月初六日）

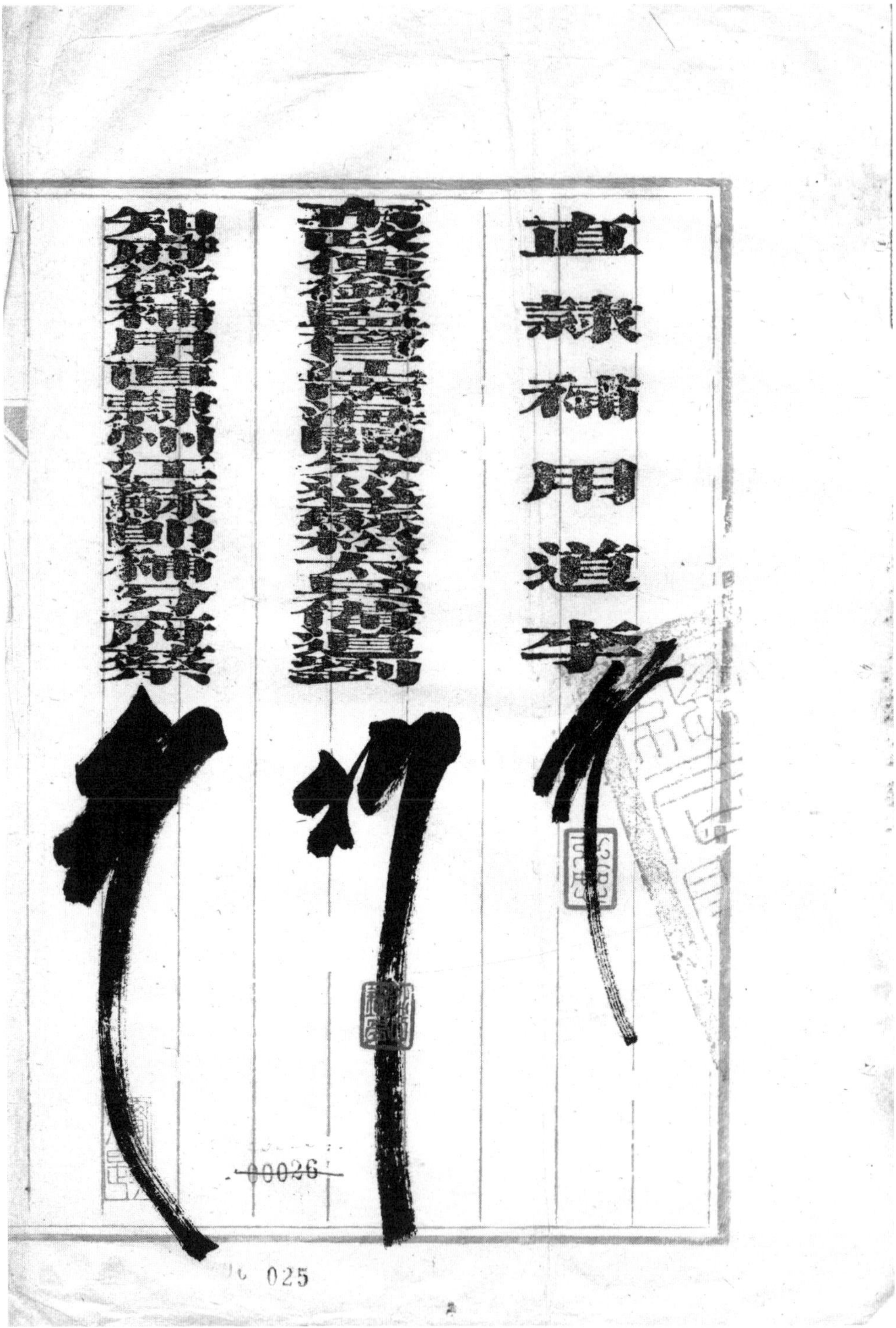

江南機器製造局爲照會火藥廠添建廠屋擬買陸姓地基酌給價值事致上海縣知縣莫祥芝照會稿
（1881年5月3日，光緒七年四月初六日）

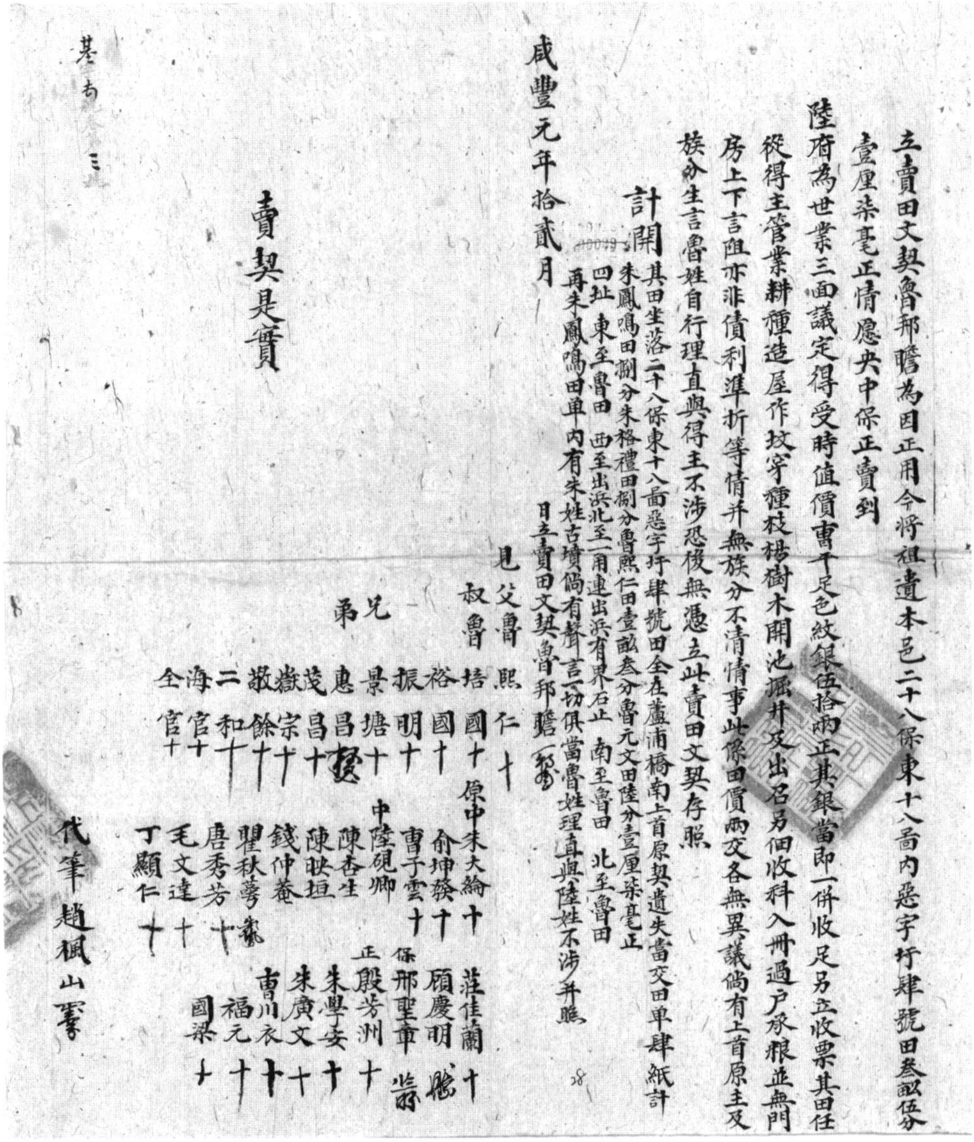
立賣田文契魯邦瞻為因正用今將祖遺本邑二十八保東十八啚內惡字圩肆號田叁畝伍分
壹厘柒毫正情愿央中保正賣到
陸府為世業三面議定得受時值價曹平足色紋銀伍拾兩正其銀當即一併收足另立收票其田任
從得主管業耕種造屋作坟穿種枝楊樹木開池掘井及出召另佃收科入冊過戶承粮並無門
房上下言阻亦非債利準折等情并無族分不清情事此係田價兩交各無異議倘有上首原主及
族分生言魯姓自行理直與得主不涉恐後無憑立此賣田文契存照
計開 其田坐落二十八保東十八啚惡字圩肆號田全在蘆浦橋南上首原契遺失當交田單肆紙計
朱鳳鳴田捌分朱格禮田捌分魯熙仁田壹畝叁分魯元文田陸分壹厘柒毫正
四址 東至魯田 西至出浜北至一甪連出浜有界石止 南至魯田 北至魯田
再朱鳳鳴田單內有朱姓古墳倘有聲言一切俱當魯姓理直與陸姓不涉并照
咸豐元年拾貳月 日立賣田文契魯邦瞻（押）
見 父魯熙仁十
叔魯培國十 裕國十 振明十 景塘十
兄弟 惠昌（押） 茂昌十 嶽宗十 敬餘十 二和十 海官十 全官十
原中 朱大綸十 俞坤發十 曹子雲十
中 陸硯卿 陳杏生 陳映垣 錢仲菴 瞿秋薌 唐秀芳十（押） 毛文達十 丁顯仁十
莊佳蘭十 顧慶明（押）
保 邢聖章（押）
正 殷芳洲十 朱學安十 朱廣文十 曹川衣十 福元十 國梁十
代筆趙楓山（押）
賣契是實

魯邦瞻立賣田文契（1852 年 1 月或 2 月，咸豐元年十二月）

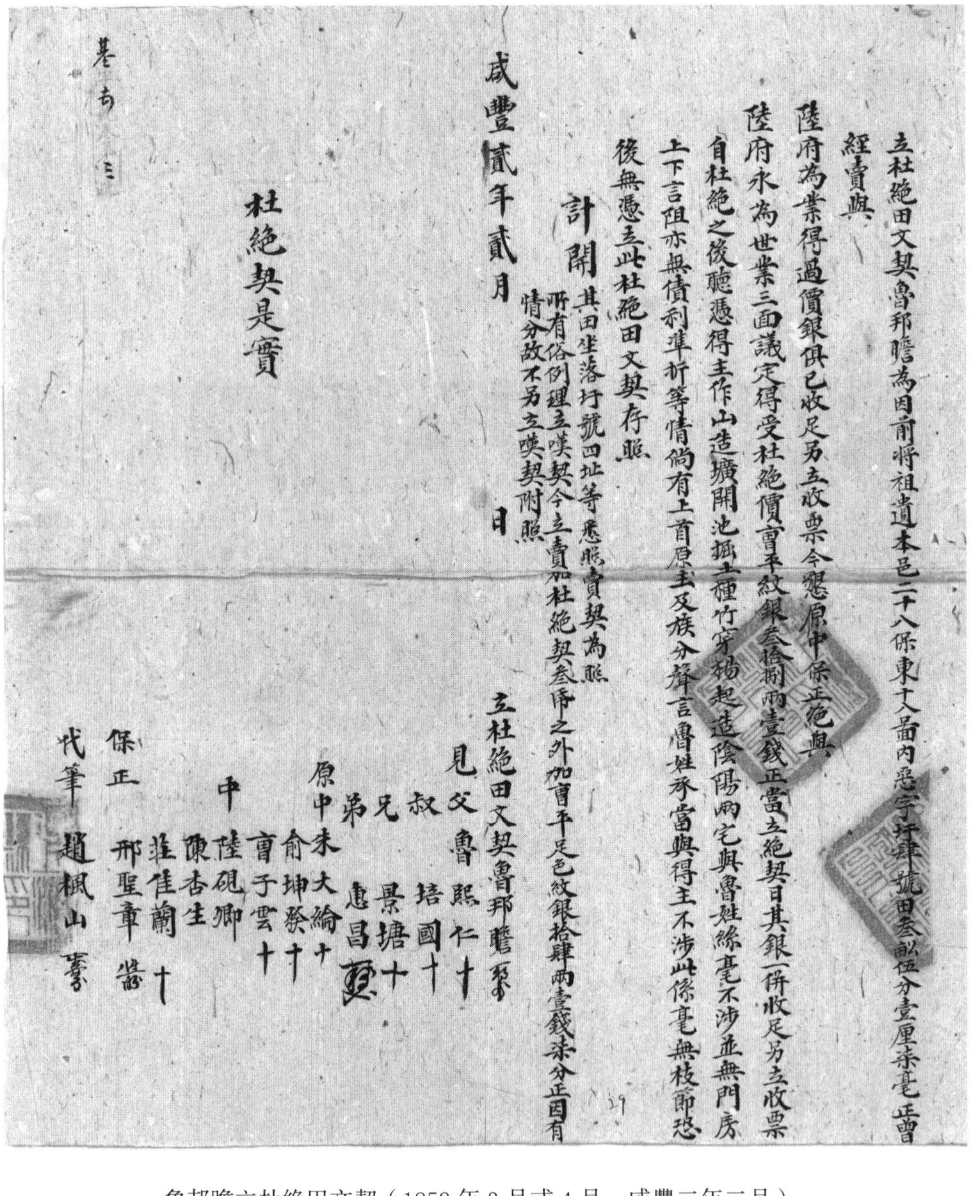

立杜絶田文契魯邦瞻為因前將祖遺本邑二十八保東十八圖内恩字圩肆號田叁畝伍分壹厘柒毫正曾
經賣與
陸府為業得過價銀俱已收足另立收票今憑原中保正絶與
陸府永為世業三面議定得受杜絶價曺平紋銀叁拾捌兩壹錢正當立絶契日其銀一併收足另立收票
自杜絶之後聽憑得主作山造壙開池掘土種竹穿楊起造陰陽兩宅與魯姓絲毫不涉並無門房
上下言阻亦無債利準折等情倘有上首原主及族分聲言魯姓承當與得主不涉此係毫無枝節恐
後無憑立此杜絶田文契存照
計開 其田坐落圩號四址等悉照賣契為照
所有俗例理立嘆契今立賣加杜絶契叁盾之外加曺平足色紋銀拾肆兩壹錢柒分正因有
情分故不另立嘆契附照
咸豐貳年貳月 日 立杜絶田文契魯邦瞻 押
見 父 魯熙仁 十
叔 培國 十
兄 景塘 十
弟 惠昌 押
原中 朱大綸 十
俞坤發 十
曹子雲 十
中 陸硯卿 十
陳杏生
莊佳蘭 十
保正 邢聖章 押
代筆 趙楓山 押
杜絶契是實

魯邦瞻立杜絶田文契（1852 年 3 月或 4 月，咸豐二年二月）

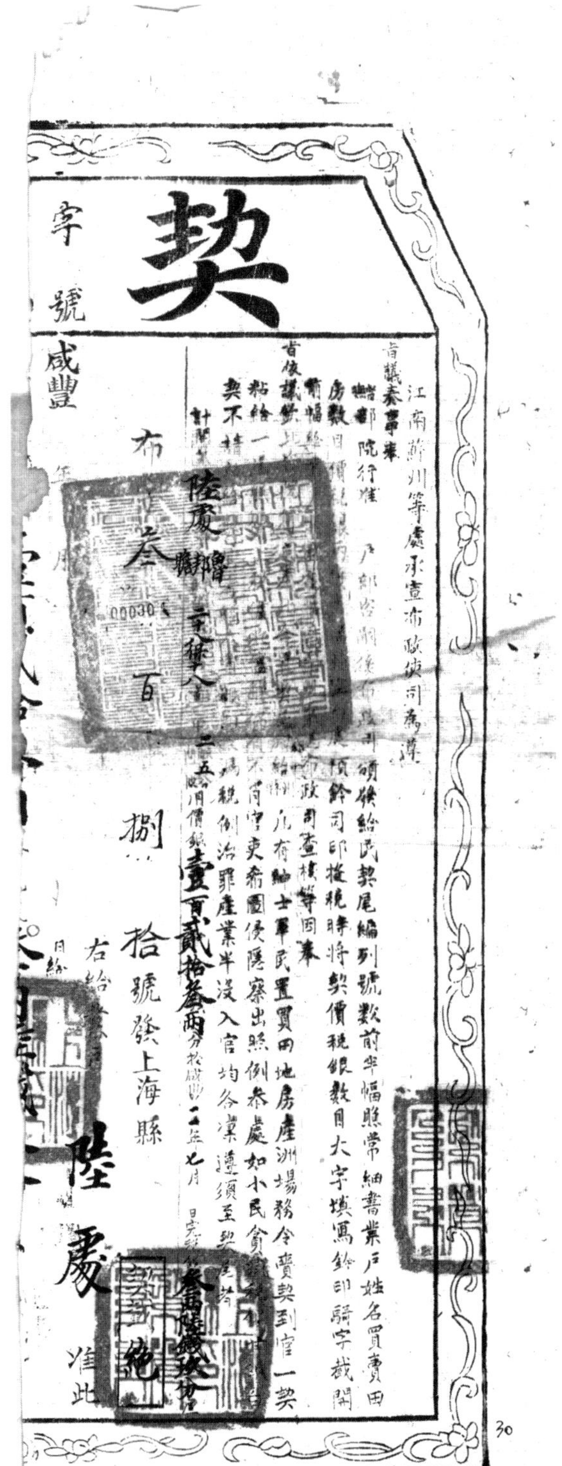

陸處、魯邦瞻契尾（1852 年 8 月或 9 月，咸豐二年七月）

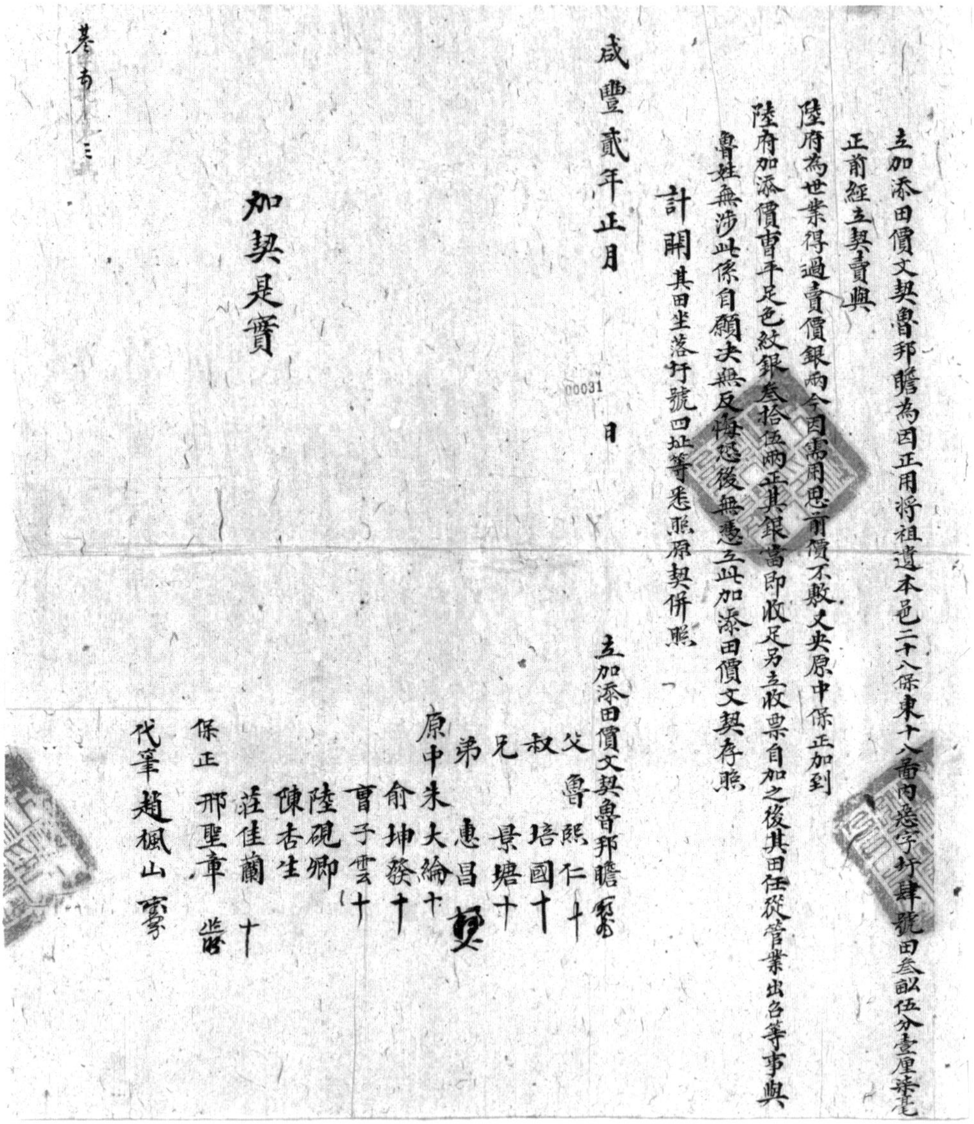
立加添田價文契魯邦瞻爲因正用將祖遺本邑二十八保東十八啚内悉字圩肆號田叁畝伍分壹厘柒毫
正前經立契賣與
陸府爲世業得過賣價銀兩今因需用思前價不敷又央原中保正加到
陸府加添價曹平足色紋銀叁拾伍兩正其銀當即收足另立收票自加之後其田任從管業出名等事與
魯姓無涉此係自願决無反悔恐後無憑立此加添田價文契存照
計開其田坐落圩號四址等悉照原契併照
咸豐貳年正月　日
立加添田價文契魯邦瞻
父　魯熙仁十
叔　培國十
兄　景塘十
弟　惠昌
原中朱大綸十
俞坤發十
曹子雲十
陸硯卿
陳杏生
莊佳蘭十
保正邢聖章
代筆趙楓山
加契是實
基南三

魯邦瞻立加添田價文契（1852 年 2 月或 3 月，咸豐二年正月）

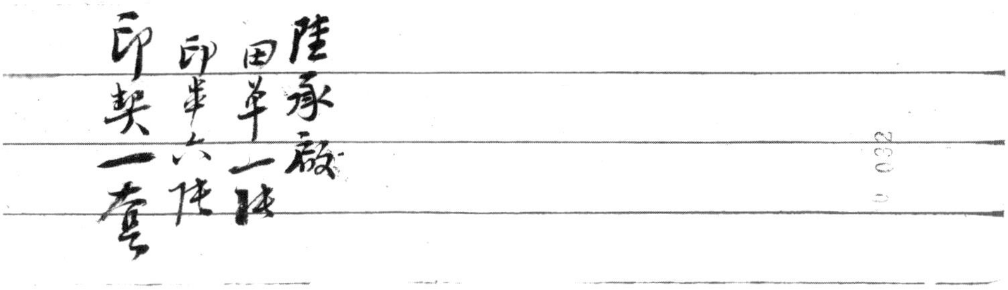
陸承啟
田單一張
印串六張
印契一套

陸承啟契據田單清單（時間不詳）

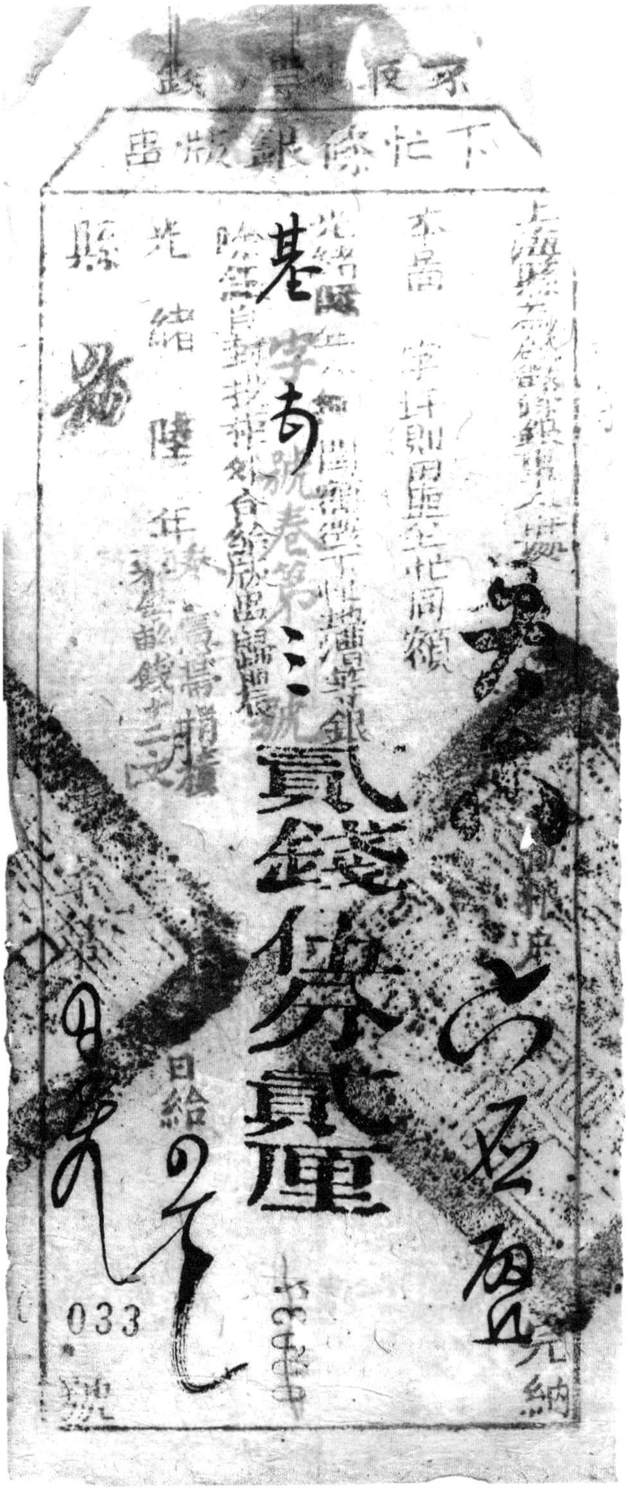

陸承啟版串（1878-1880 年，光緒四年——光緒六年）

陸承啟版串（1878-1880 年，光緒四年——光緒六年）

陸承啟版串（1878-1880年，光緒四年——光緒六年）

陸承啟版串（1878-1880 年，光緒四年——光緒六年）

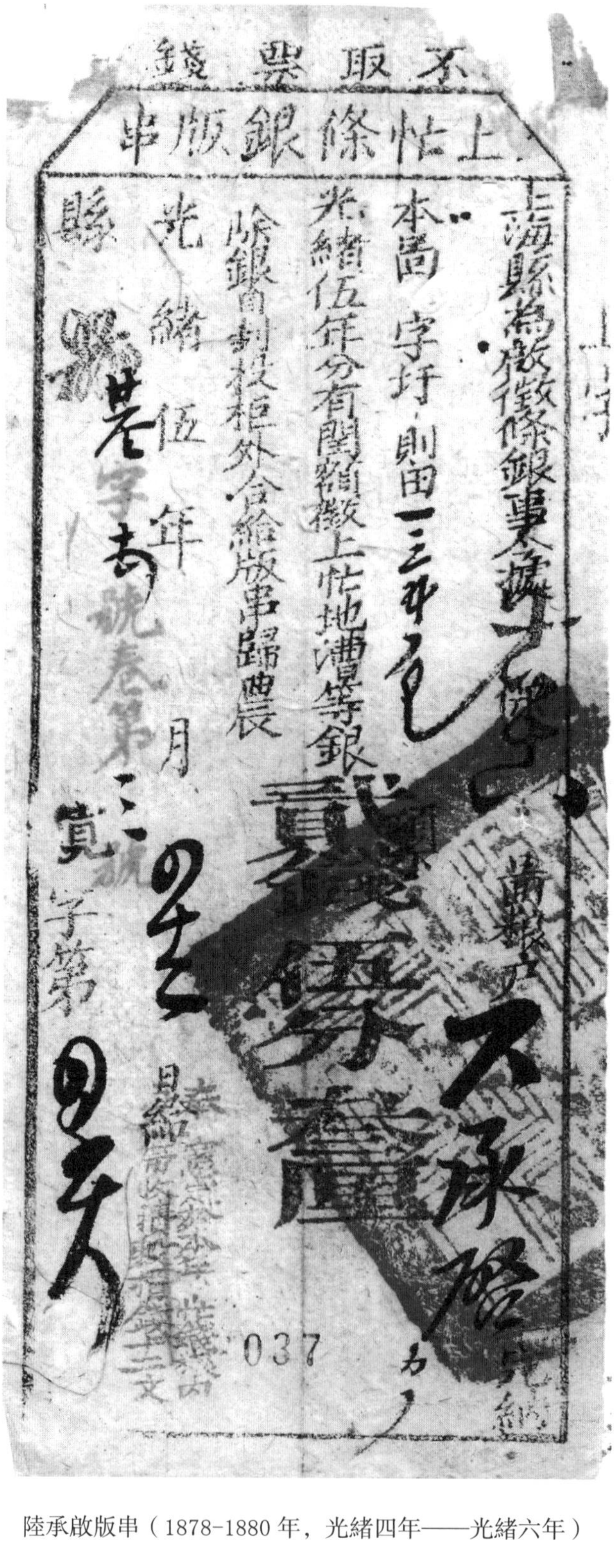

陸承啟版串（1878-1880 年，光緒四年——光緒六年）

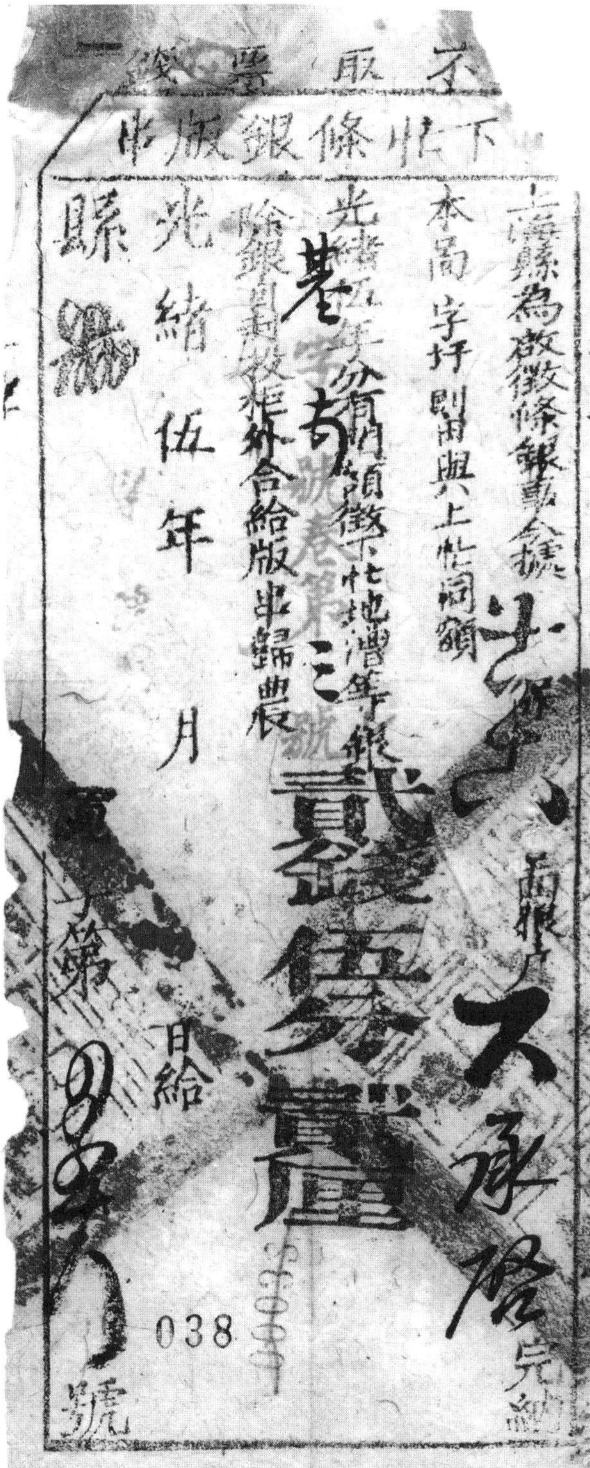

陸承啟版串（1878-1880 年，光緒四年——光緒六年）

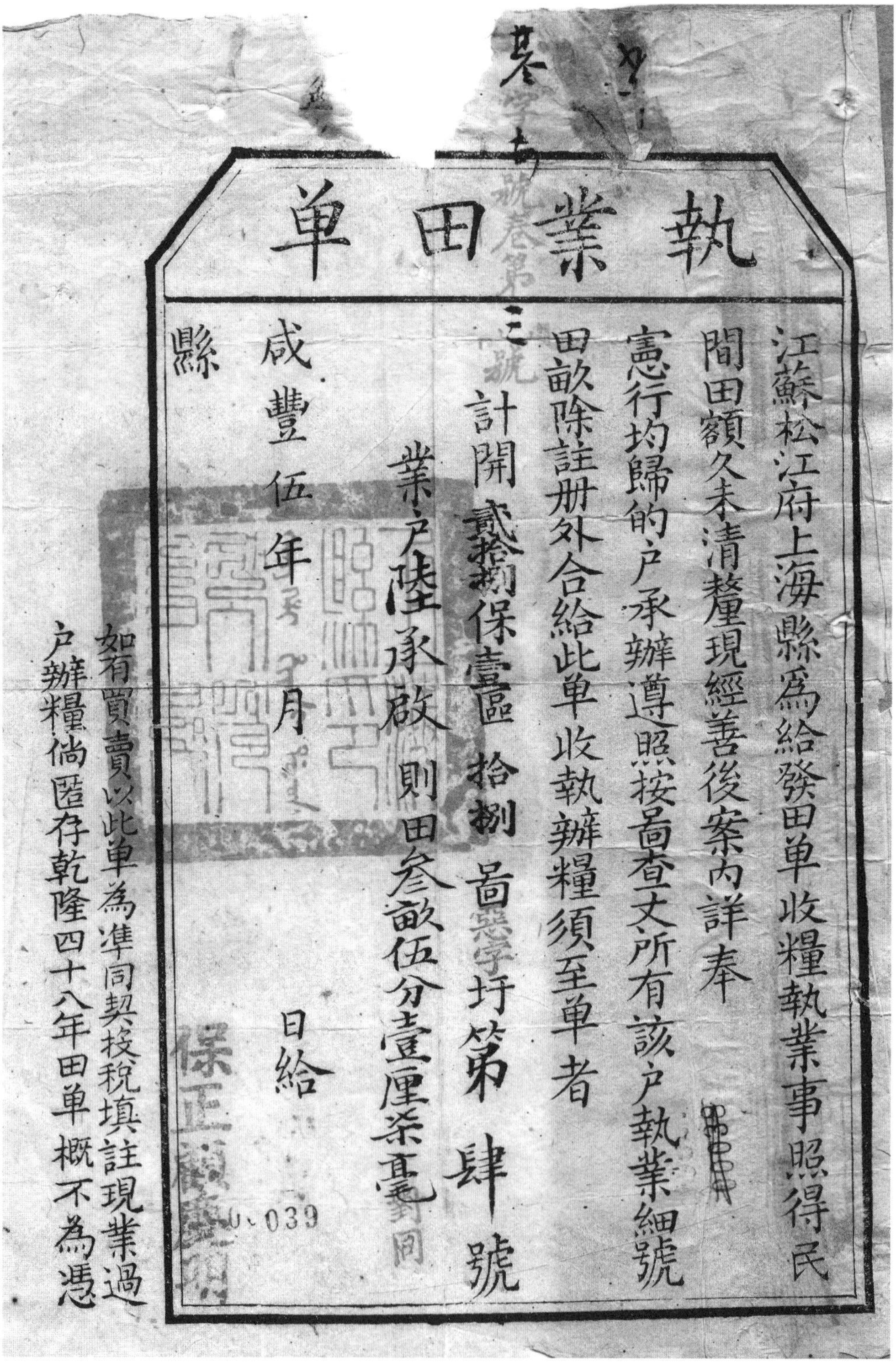

執業田单

江蘇松江府上海縣為給發田单收糧執業事照得民
間田額久未清釐現經善後案内詳奉
憲行均歸的户承辦遵照按啚查丈所有該户執業細號
田畝除註册外合給此单收執辦糧須至单者
計開 貳拾捌保壹區 拾捌 啚 惡字圩第 肆 號
業户陸承啟 則田叁畝伍分壹厘柒毫
咸豐伍年 月 日給
縣
如有買賣以此单為凖同契投稅填註現業過
户辦糧倘匿存乾隆四十八年田单概不為憑

陸承啟執業田單（1855年，咸豐五年）

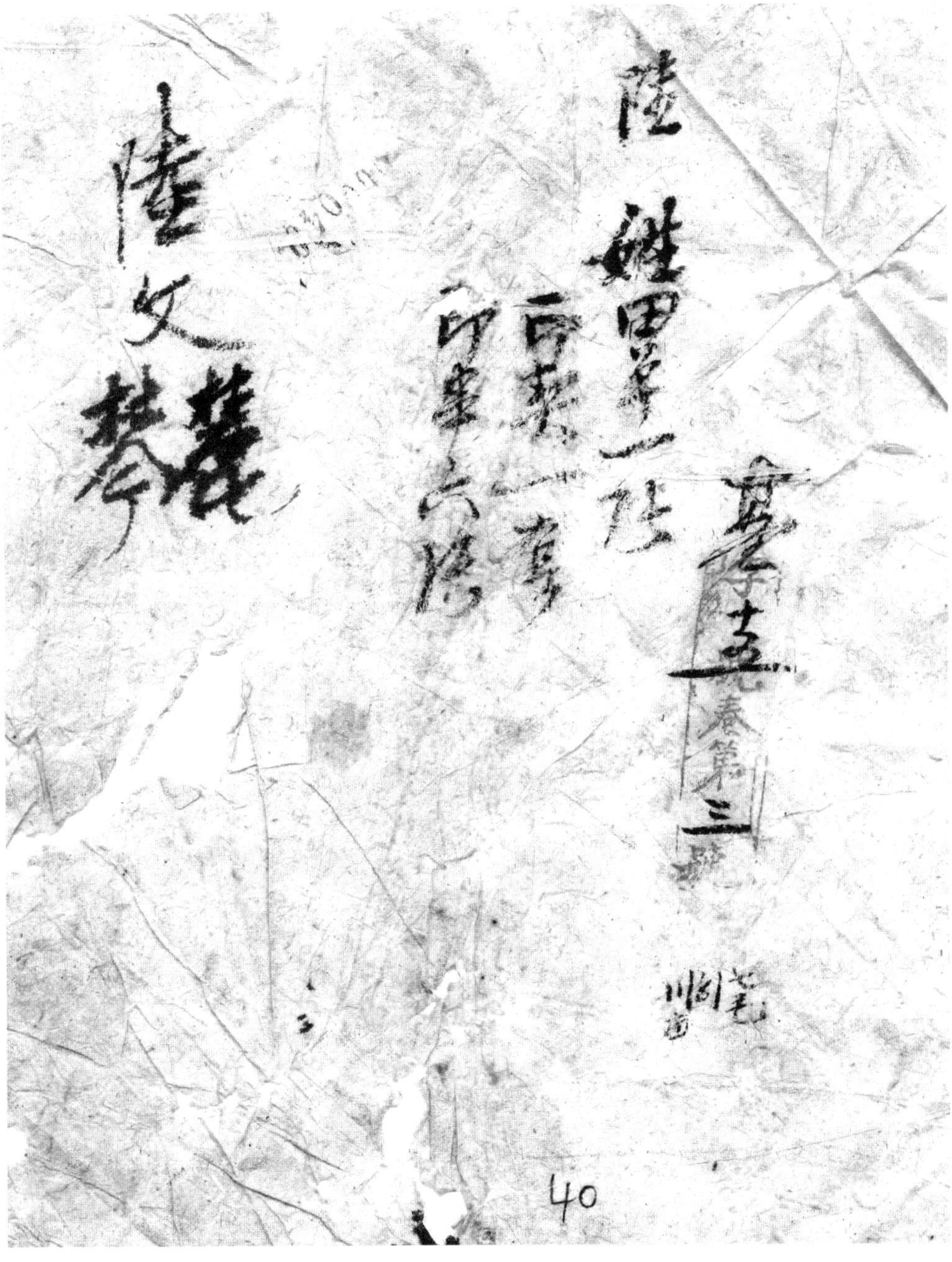

陸文龐等契據田單清單（時間不詳）

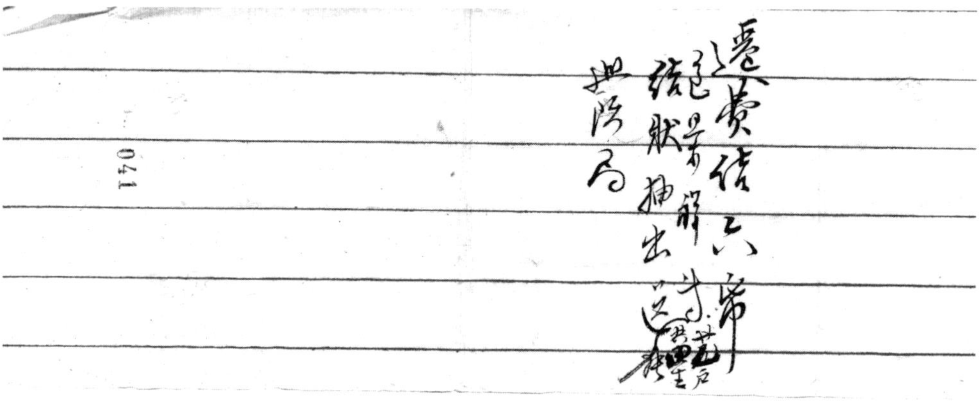

包景祥等切結清單（時間不詳）

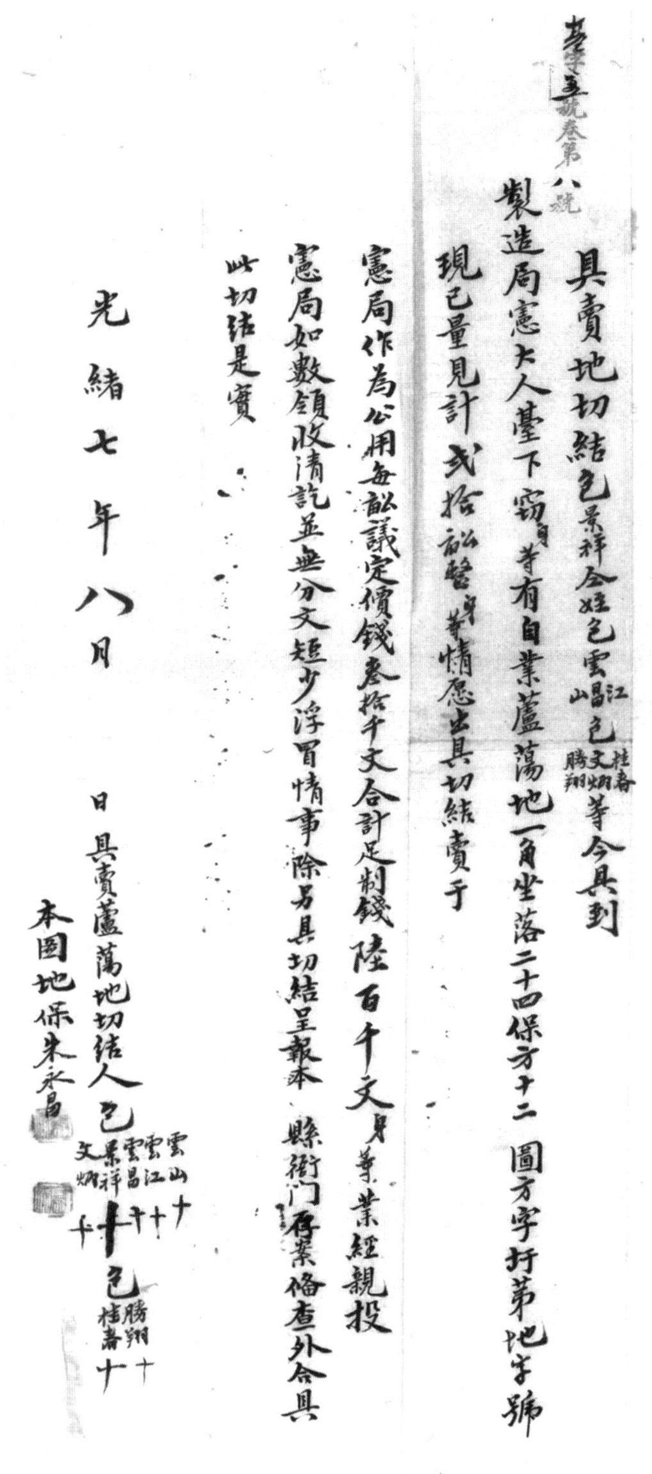

[illegible]字叁號卷第八號

具賣地切結包景祥仝姪包雲昌 雲江 雲山 包文炳 桂春 勝翔 等今具到

製造局憲大人臺下竊身等有自業蘆蕩地一角坐落二十四保方十二圖方字圩第 地字號

現已量見計貳拾畝暨身等情愿出具切結賣于

憲局作為公用每畝議定價錢叁拾千文合計足制錢陸百千文身等業經親投

憲局如數領收清訖並無分文短少浮冒情事除另具切結呈報本縣衙門存案備查外合具

此切結是實

光緒七年八月 日 具賣蘆蕩地切結人 包雲山十 雲江十 雲昌十 景祥十 文炳十 包勝翔十 桂春十

本圖地保朱永昌

包景祥等具賣蘆蕩地切結（1881 年 10 月，光緒七年八月）

基字句號卷第八號

具領狀人包景祥仝姪包雲昌、雲江、包雲山、文炳、包勝翔、桂春等今領到

製造局憲大人臺下給發身所賣二十四保方十二圖方字圩第地字號自業蘆蕩

地價足制錢陸百千文，身等於本日均各親投

憲局如數領收清訖，並無分文短少浮冒等項情弊，除另具賣地切結呈 存外，合

具領狀是實

照發

光緒七年捌月拾玖日具領狀人

包文炳十 包雲江十 包雲昌十 包景祥十

包桂春十 包雲山十 包勝翔十

地保朱永昌

包景祥等具領狀（1881 年 10 月 11 日，光緒七年八月十九日）

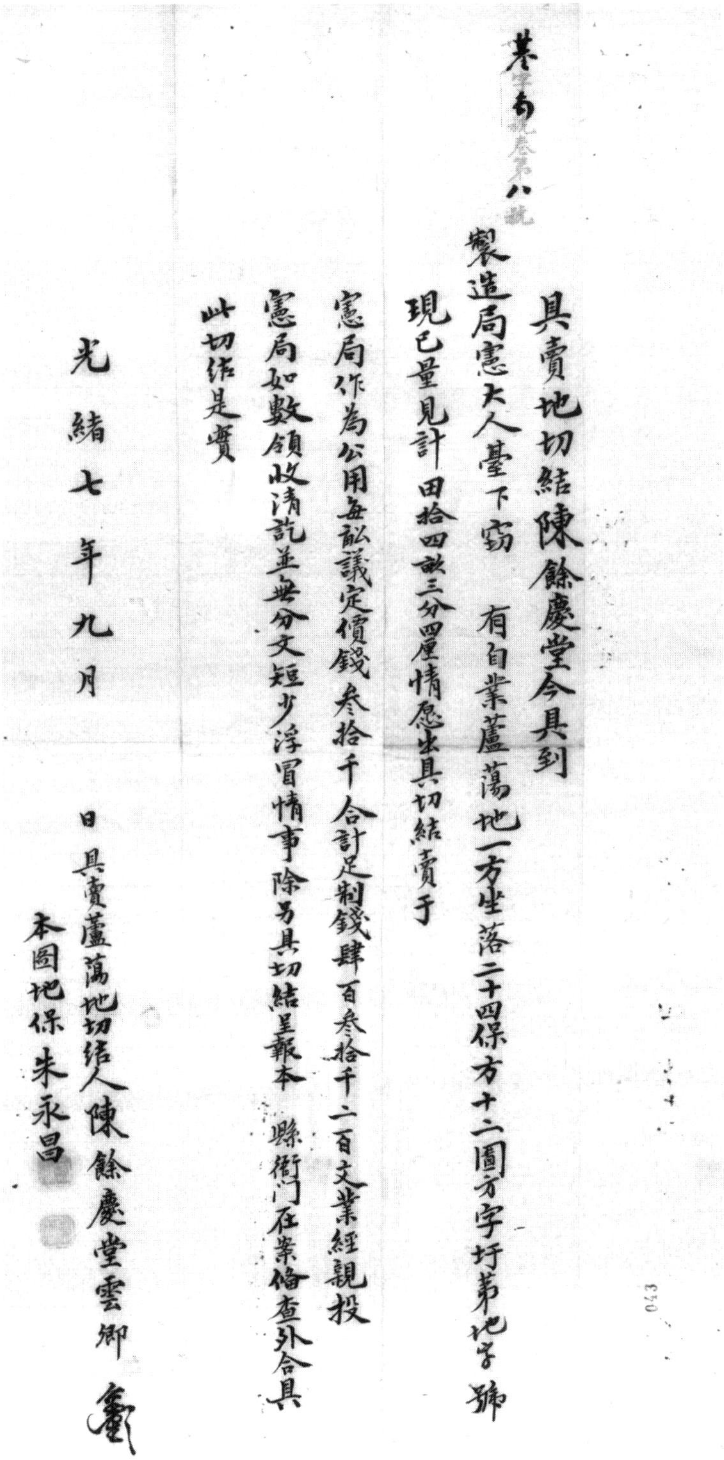
恭字句號卷第八號

具賣地切結陳餘慶堂今具到

製造局憲大人臺下竊 有自業蘆蕩地一方坐落二十四保方十二圖方字圩弟地字號

現已量見計 田拾四畝三分四厘情愿出具切結賣于

憲局作為公用每畝議定價錢叁拾千合計足制錢肆百叁拾千二百文業經親投

憲局如數領收清訖並無分文短少浮冒情事除另具切結呈報本 縣衙门在案備查外合具

此切結是實

光緒七年九月 日具賣蘆蕩地切結人陳餘慶堂雲卿（押）

本圖地保朱永昌

陳餘慶堂雲卿具賣蘆蕩地切結（1881 年 10 月，光緒七年九月）

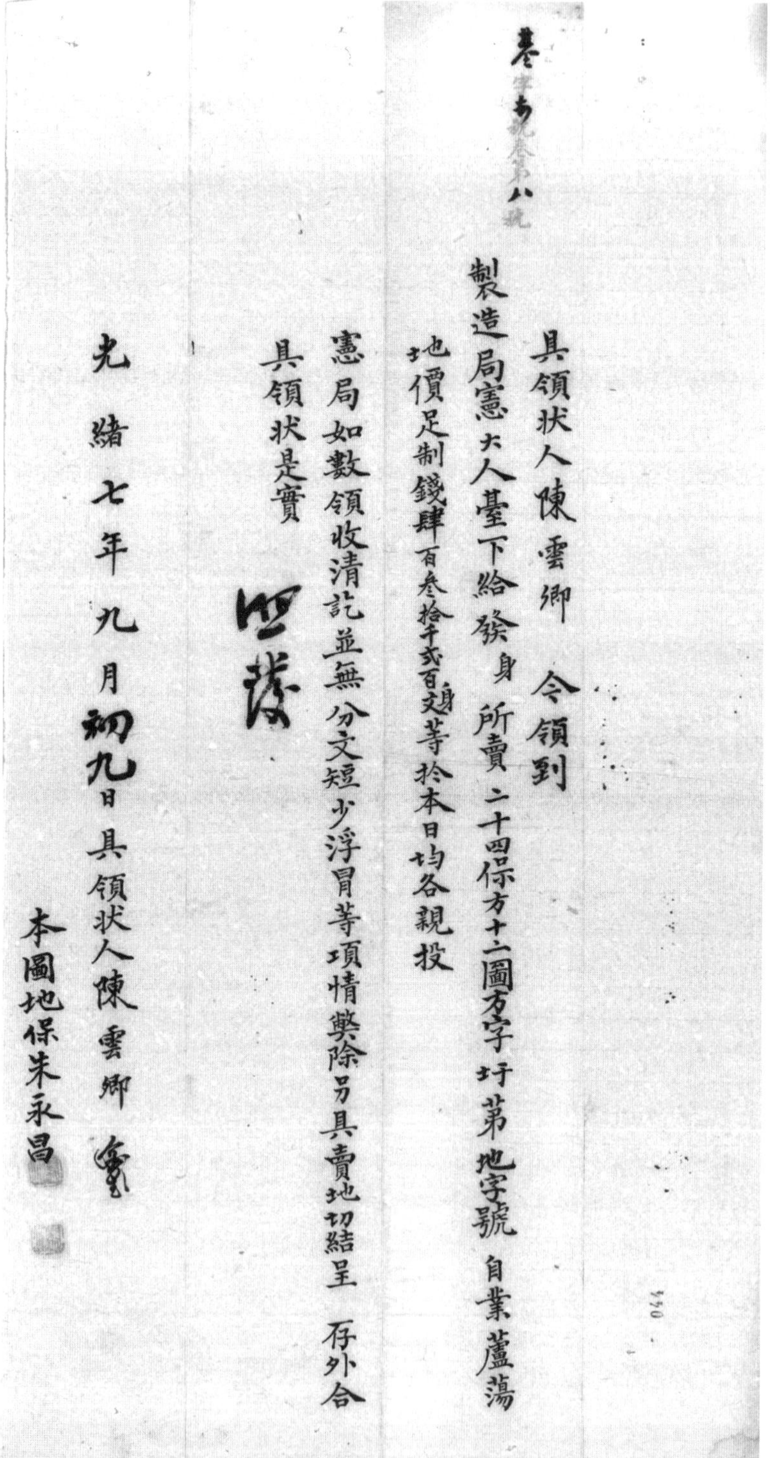

叁字六號叁第八號

具領狀人陳雲卿　今領到

製造局憲大人臺下給發身所賣二十四保方十二圖方字圩第地字號自業蘆蕩

地價足制錢肆百叁拾千弍百文身等於本日均各親投

憲局如數領收清訖並無分文短少浮冒等項情弊除另具賣地切結呈　存外合

具領狀是實

照發

光緒七年九月初九日具領狀人陳雲卿（押）

本圖地保朱永昌

陳雲卿具領狀（1881年10月31日，光緒七年九月初九日）

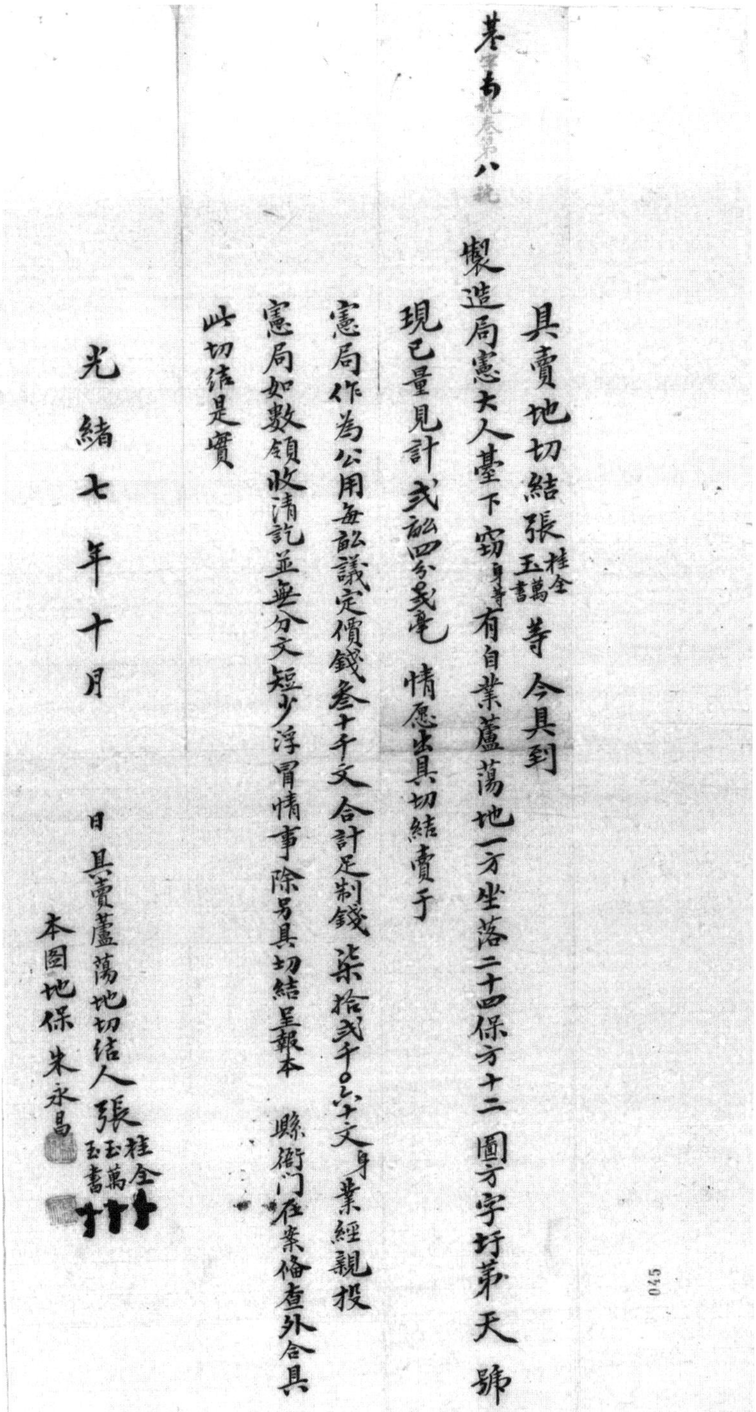

基字南號卷第八號

具賣地切結張桂全 玉萬 玉書等今具到

製造局憲大人臺下竊身等有自業蘆蕩地一方坐落二十四保方十二圖方字圩第天號

現已量見計貳畝四分貳毫 情愿出具切結賣于

憲局作為公用每畝議定價錢叁十千文合計足制錢柒拾貳千〇六十文身業經親投

憲局如數領收清訖並無分文短少浮冒情事除另具切結呈報本縣衙门在案備查外合具

此切結是實

光緒七年十月 日具賣蘆蕩地切結人張桂全 玉萬 玉書 押

本圖地保朱永昌

045

張桂全等具賣蘆蕩地切結（1881 年 11 月，光緒七年十月）

巷字五號卷第八號

具領狀人張桂全、玉萬、玉書今領到

製造局憲大人臺下給發身所賣二十四保方十二圖方字圩第天號自業蘆蕩

地價足制錢柒拾貳千零六十文，身等於本日均各親投

憲局如數領收清訖，並無分文短少浮冒等項情弊，除另具

具領狀是實

光緒七年十月初七日具領狀人張桂全十、玉萬十、玉書十

本圖地保朱永昌

張桂全等具領狀（1881年11月28日，光緒七年十月初七日）

基字十六號卷第八號

具賣地切結人唐浩如 今具到

製造局憲大人臺下竊身有自業田一角坐落二十五保十五圖己字圩第六十七號現已量見核

計壹畝叁分叁厘伍毫每畝價足制錢肆拾捌千文身情愿出具切結賣于

憲局作為公用身於本日親投

憲局實領到足制錢陸千 文并無分文短少浮冒情弊除另具切結呈报本 縣衙門存案備查

外合具此切結是實

光緒八年九月廿七 日具賣地切結人唐浩如十

本圖地保顧成基 押

此係局後新高昌廟後面新設吏房基

唐浩如具賣地切結（1882 年 11 月 7 日，光緒八年九月二十七日）

基字壹號卷第八號

具領狀人包景祥、阿大、包雲昌、雲江等今領到
製造局憲大人臺下給發身所賣二十四保方十二圖才字圩第天字號自業蘆蕩地價足制錢叁百捌拾玖千玖百捌拾文，身等於本日均各親投
憲局如數領收清訖，並無分文短少浮冒等項情弊，除另具賣地切結外，合具領狀是實。

光緒七年十月初九日具領狀人包景祥十、阿大十、包雲昌十、雲江十
本圖地保朱永昌

包景祥等具領狀（1881年11月30日，光緒七年十月初九日）

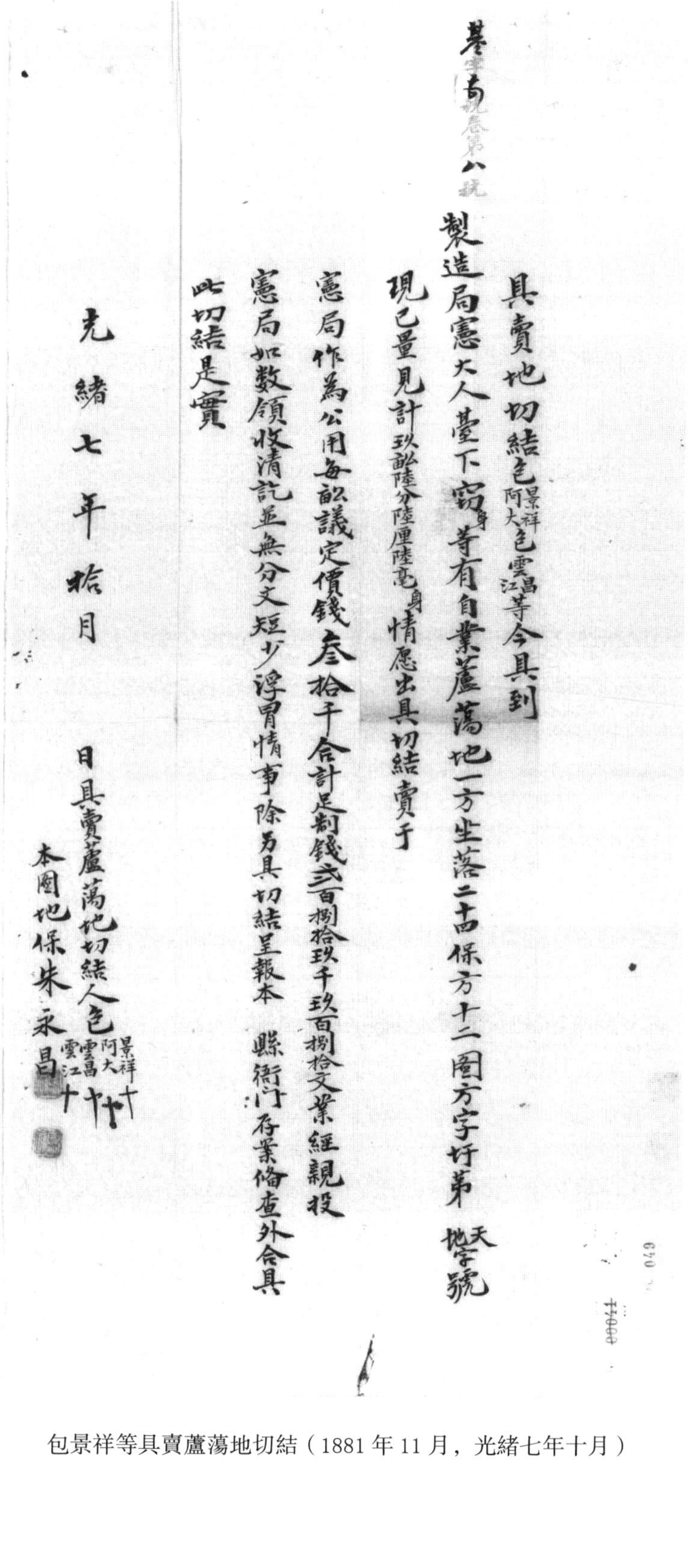
基字局現卷第八號

具賣地切結包景祥阿大包雲昌雲江等今具到

製造局憲大人臺下竊身等有自業蘆蕩地一方坐落二十四保方十二圖方字圩第天地字號

現已量見計玖畝陸分陸厘陸毫身情愿出具切結賣于

憲局作爲公用每畝議定價錢叁拾千合計足制錢貳百捌拾玖千玖百捌拾文業經親投

憲局如數領收清訖並無分文短少浮冒情事除另具切結呈報本縣衙門存案備查外合具

此切結是實

光緒七年拾月　　日具賣蘆蕩地切結人包景祥阿大雲昌雲江 十 十 十 十

本圖地保朱永昌

包景祥等具賣蘆蕩地切結（1881年11月，光緒七年十月）

具領狀人陳坤炎、陳二今領到

基字南號叁第八號

製造局憲大人臺下給發身所賣二十四保叁拾二圖方字圩第天字號自業蘆蕩地價足制錢陸拾肆仟壹百七十文，身等於本日均各親投

憲局如數領收清訖，並無分文短少浮冒等項情弊，除另具賣地切結呈存外，合具領狀是實。

光緒七年拾月初五日具領狀人陳坤炎十、陳二十

本圖地保朱永昌

陳坤炎、陳二具領狀（1881年11月26日，光緒七年十月初五日）

巷字南號存第八號

具賣地切結陳坤炎、陳二 今具到

製造局憲大人臺下 竊身有自業蘆蕩地一方坐落二十四保十二圖方字圩弟天字號

現已量見計貳畝壹分叁厘壹毫情愿出具切結賣于

憲局作為公用每畝議定價錢叁拾千文合計足制錢陸拾肆千壹百柒拾文業經親投

憲局如數領收清訖並無分文短少浮冒情事除另具切結呈報本 縣衙門存案備查外合具

此切結是實

光緒七年拾月初五日具賣蘆蕩地切結人陳坤炎十 陳二十

本圖地保朱永昌

050-2

陳坤炎、陳二具賣蘆蕩地切結（1881 年 11 月 26 日，光緒七年十月初五日）

基字南號叁第八號

具領狀人 馮坤和 今領到

製造局憲大人臺下給發 身所賣二十四保芳拾二圖方字圩第天字號自業蘆蕩

地價足制錢叁拾弍仟叁百四文身等於本日均各親投

憲局如數領收清訖並無分文短少浮冒等項情弊除另具賣地切結呈 存外合

具領狀是實

光緒七年拾月初五日具領狀人馮坤和 十

本圖地保朱永昌

051

馮坤和具領狀（1881 年 11 月 26 日，光緒七年十月初五日）

基字南號卷第八號

具賣地切結 馮坤和 今具到

製造局憲大人臺下竊身有自業蘆蕩地一方坐落二十四保方十二圖方字圩第天字號

現已量見計陸分七厘三毫 情愿出具切結賣于

憲局作為公用每畝議定價錢肆拾捌仟合計足制錢叁拾貳仟叁百零四文業經親投

憲局如數領收清訖並無分文短少浮冒情事除另具切結呈報本 縣衙門存案備查外合具

此切結是實 地內有桃樹柏樹等貳拾壹株不另給錢 此係坍墳填為屋基之地

光緒七年拾月初五日 具賣蘆蕩地切結人馮坤和 十

本圖地保朱永昌

馮坤和具賣蘆蕩地切結（1881年11月26日，光緒七年十月初五日）

基字南號卷第八號

具領狀人 陸鴻逵、慶榮 今領到

製造局憲大人臺下給發 身所賣二十四保貳拾二圖方字圩第天字號自業蘆蕩

地價足制錢陸拾玖仟九百六十文 身等於本日均各親投

憲局如數領收清訖，並無分文短少浮冒等項情弊，除另具賣地切結呈 存外，合

具領狀是實。

光緒七年拾月初五日具領狀人陸鴻逵、慶榮 十

本圖地保朱永昌

053

陸鴻逵、陸慶榮具領狀（1881年11月26日，光緒七年十月初五日）

基字南號卷第八號

具賣地切結陸鴻逵
慶榮 今具到

製造局憲大人臺下竊身有自業蘆蕩地一方坐落二十四保方十二圖方字圩第天字號

現已量見計弍畝叁分三厘二毫情愿出具切結賣予

憲局作為公用每畝議定價錢叁拾仟合計足制錢陸拾玖千九百六十文業經親投

憲局如數領收清訖並無分文短少浮冒情事除另具切結呈報本縣衙門存案備查外合具

此切結是實

光緒七年拾月初五日具賣蘆蕩地切結人陸鴻逵
慶榮十

本圖地保朱永昌

陸鴻逵、陸慶榮具賣蘆蕩地切結（1881 年 11 月 26 日，光緒七年十月初五日）

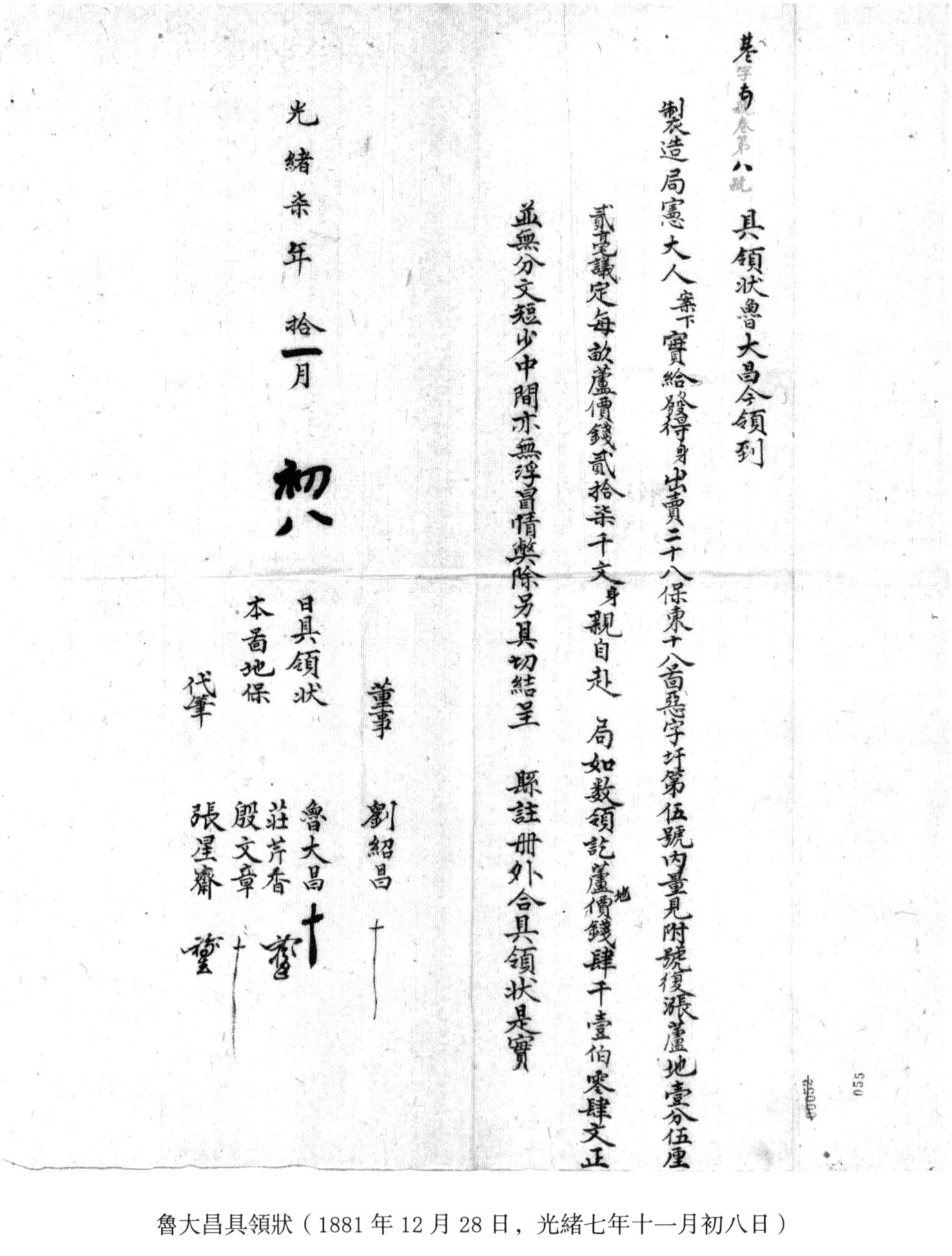

巷字壹號卷第八號　具領狀魯大昌今領到

製造局憲大人案下實給發得身出賣二十八保東十八啚惡字圩第伍號内量見附號後漲蘆地壹分伍厘貳毫議定每畝蘆價錢貳拾柒千文身親自赴　局如数領訖蘆地價錢肆千壹伯零肆文正並無分文短少中間亦無浮冒情弊除另具切結呈　縣註冊外合具領狀是實

董事　劉紹昌　十

光緒柒年拾一月初八日具領狀　魯大昌　十

本啚地保　莊芹香　押

代筆　殷文章　十

張星齋　押

魯大昌具領狀（1881 年 12 月 28 日，光緒七年十一月初八日）

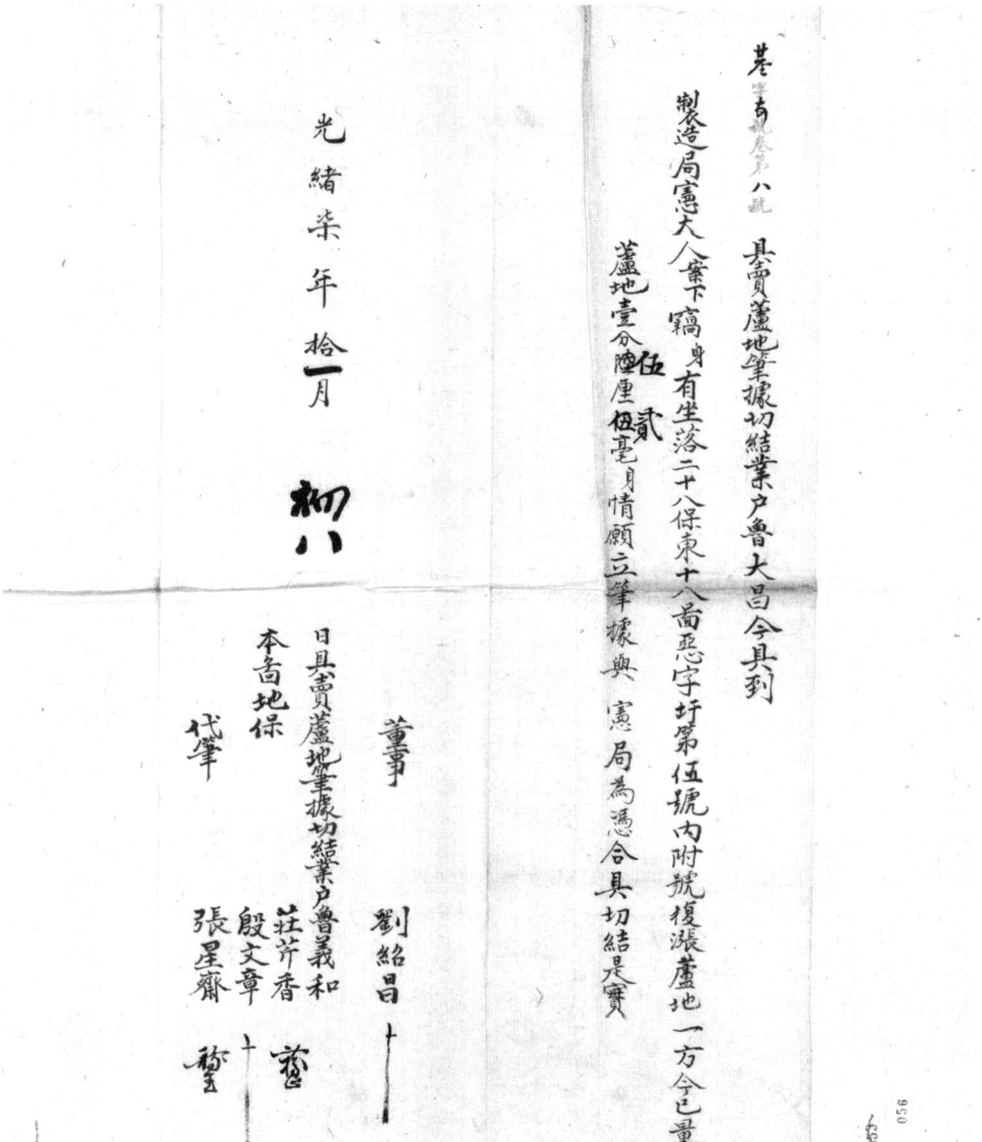

基字南號卷第八號 具賣蘆地筆據切結業户魯大昌今具到

製造局憲大人案下竊身有坐落二十八保東十八啚惡字圩第伍號内附號復漲蘆地一方今已量見

蘆地壹分陸伍釐伍貳毫身情願立筆據與 憲局為憑合具切結是實

光緒柒年拾一月 初八

日具賣蘆地筆據切結業户魯義和

董事 劉紹昌 十

本啚地保 莊芹香 押

殷文章 十

代筆 張星齋 押

056

魯大昌（魯義和）具賣蘆地筆據切結（1881 年 12 月 28 日，光緒七年十一月初八日）

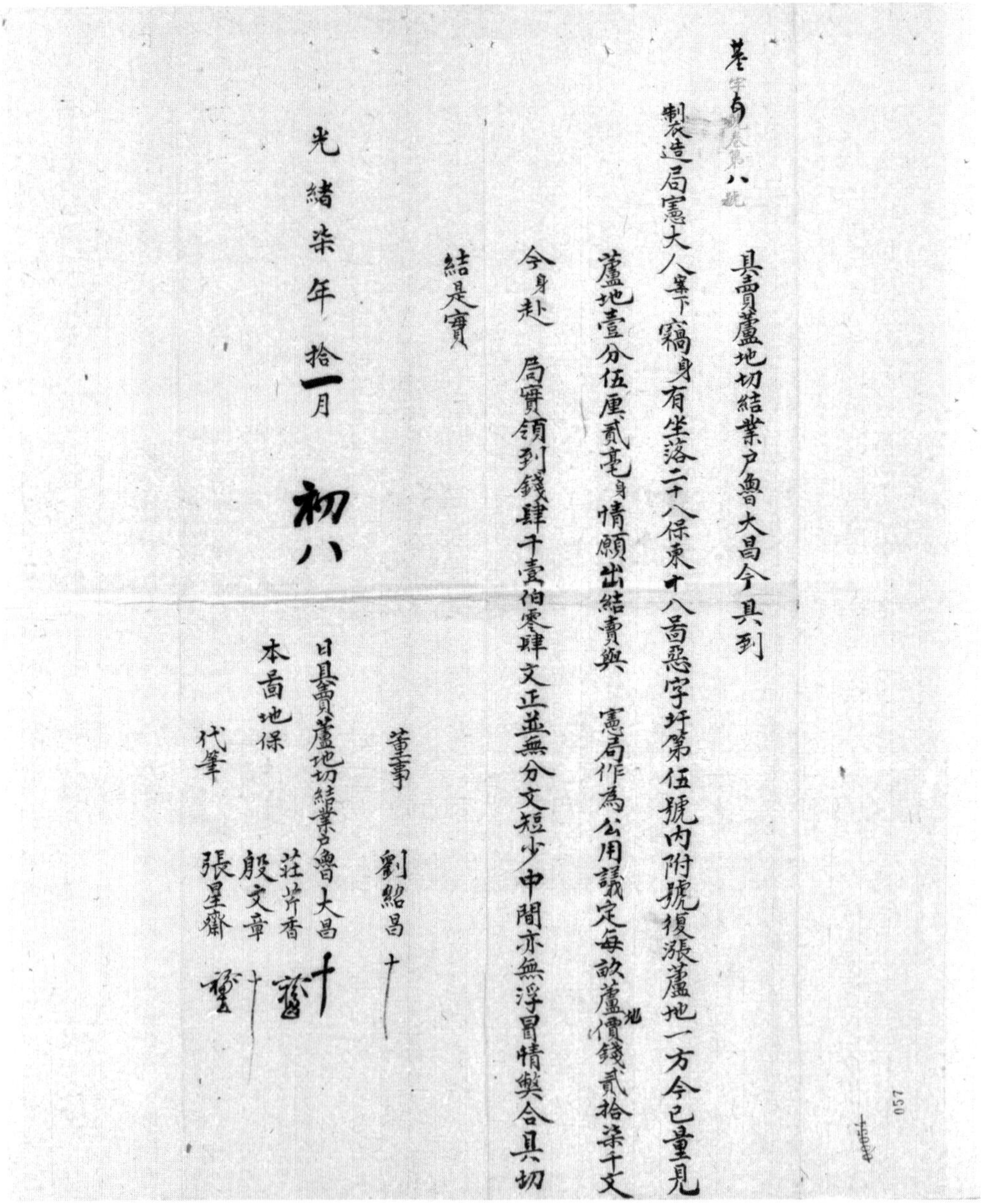

荃字与號卷第八號

具賣蘆地切結業户魯大昌今具到

製造局憲大人案下竊身有坐落二十八保東十八啚恐字圩第伍號内附號復漲蘆地一方今已量見

蘆地壹分伍厘貳毫身情願出結賣與　憲局作為公用議定每畝蘆地價錢貳拾柒千文

今身赴　局實領到錢肆千壹伯零肆文正並無分文短少中間亦無浮冒情弊合具切

結是實

光緒柒年拾一月初八日具賣蘆地切結業户魯大昌 十

董事　劉紹昌 十

本啚地保　莊芹香 十

殷文章 十

代筆　張星齋

魯大昌具賣蘆地切結（1881 年 12 月 28 日，光緒七年十一月初八日）

基字七號卷第八號

具賣蘆地切結業户魯義和今具到

製造局憲大人案下竊身有坐落二十八保東十八啚惡字圩第伍號内附號復漲蘆地一方今已量見

蘆地肆畝肆分伍厘伍毫身情願出結賣與　憲局作為公用議定每畝蘆地價錢貳拾柒千

文今身赴　局實領到錢壹伯貳拾千零貳伯捌拾伍文正並無分文短少中間亦無

浮冒情弊合具切結是實

董事　劉紹昌　十

莊芹香

光緒柒年拾一月初八日具賣蘆地切結業户魯義和　十

本啚地保　殷文章　十

代筆　張星齋

058

魯義和具賣蘆地切結（1881年12月28日，光緒七年十一月初八日）

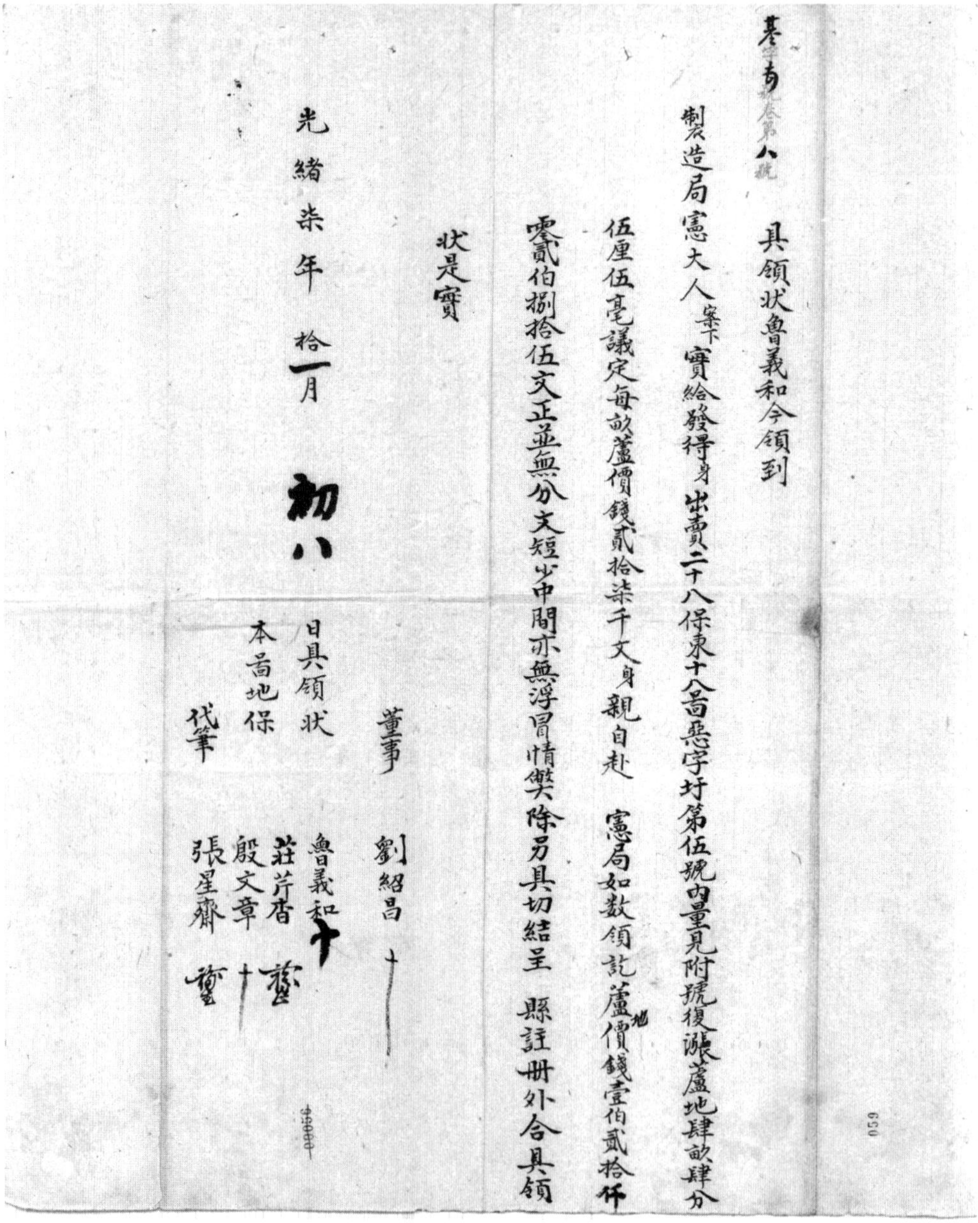

基字号第八號

具領狀魯義和今領到

製造局憲大人案下實給發得身出賣二十八保東十八啚惡字圩第伍號内量見附號復漲蘆地肆畝肆分伍厘伍毫議定每畝蘆價錢貳拾柒千文身親自赴憲局如数領訖蘆地價錢壹伯貳拾仟零貳伯捌拾伍文正並無分文短少中間亦無浮冒情弊除另具切結呈縣註冊外合具領狀是實

光緒柒年拾一月初八日具領狀 魯義和十

董事 劉紹昌十

本啚地保 莊芹香十

殷文章十

代筆 張星齋

059

魯義和具領狀（1881 年 12 月 28 日，光緒七年十一月初八日）

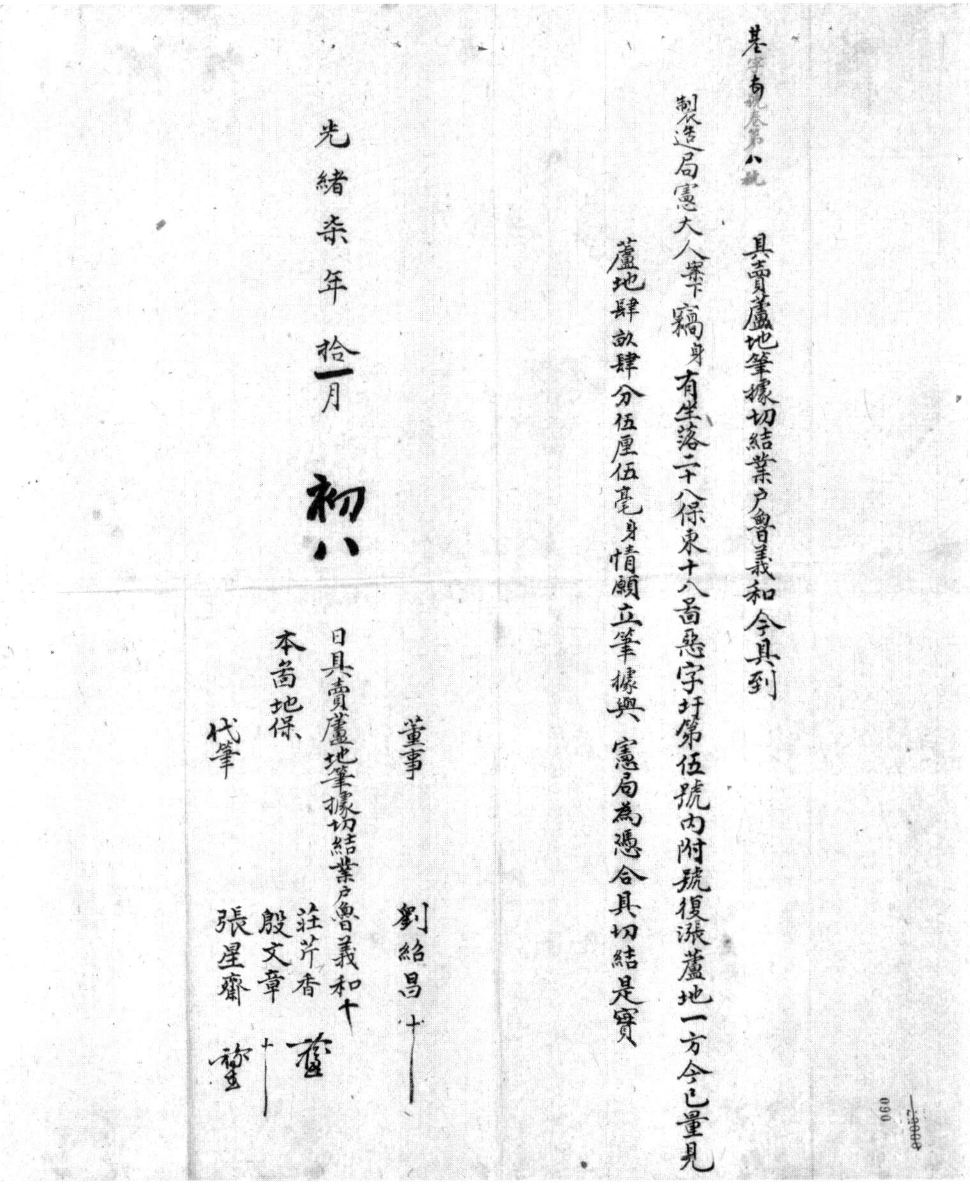
基字南號叁第八號

具賣蘆地筆據切結業户魯義和今具到

製造局憲大人案下竊身有坐落二十八保東十八啚惡字圩第伍號內附號復漲蘆地一方今已量見

蘆地肆畝肆分伍厘伍毫身情願立筆據與 憲局為憑合具切結是實

董事 劉紹昌 十

光緒柒年拾一月初八日具賣蘆地筆據切結業户魯義和 十

本啚地保 莊芹香 押

殷文章 十

代筆 張星齋 押

魯義和具賣蘆地筆據切結（1881 年 12 月 28 日，光緒七年十一月初八日）

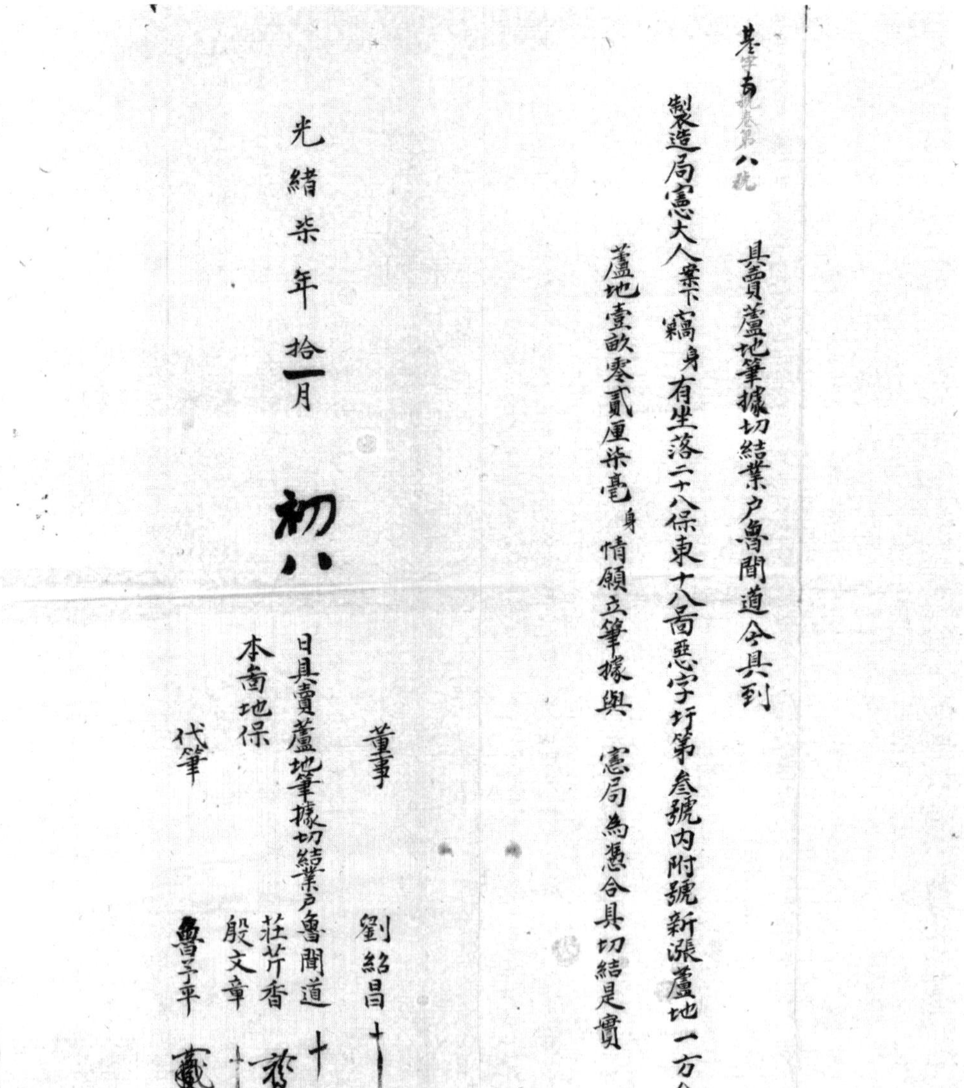

基字南號卷第八號

具賣蘆地筆據切結業户魯間道今具到

製造局憲大人案下竊身有坐落二十八保東十八啚惡字圩第叁號内附號新漲蘆地一方今已量見

蘆地壹畝零貳厘柒毫身情願立筆據與憲局為憑合具切結是實

光緒柒年拾一月初八日具賣蘆地筆據切結業户魯間道 十

董事 劉紹昌 十

本啚地保 莊芹香 押

殷文章

代筆 魯子平 押

魯間道具賣蘆地筆據切結（1881 年 12 月 28 日，光緒七年十一月初八日）

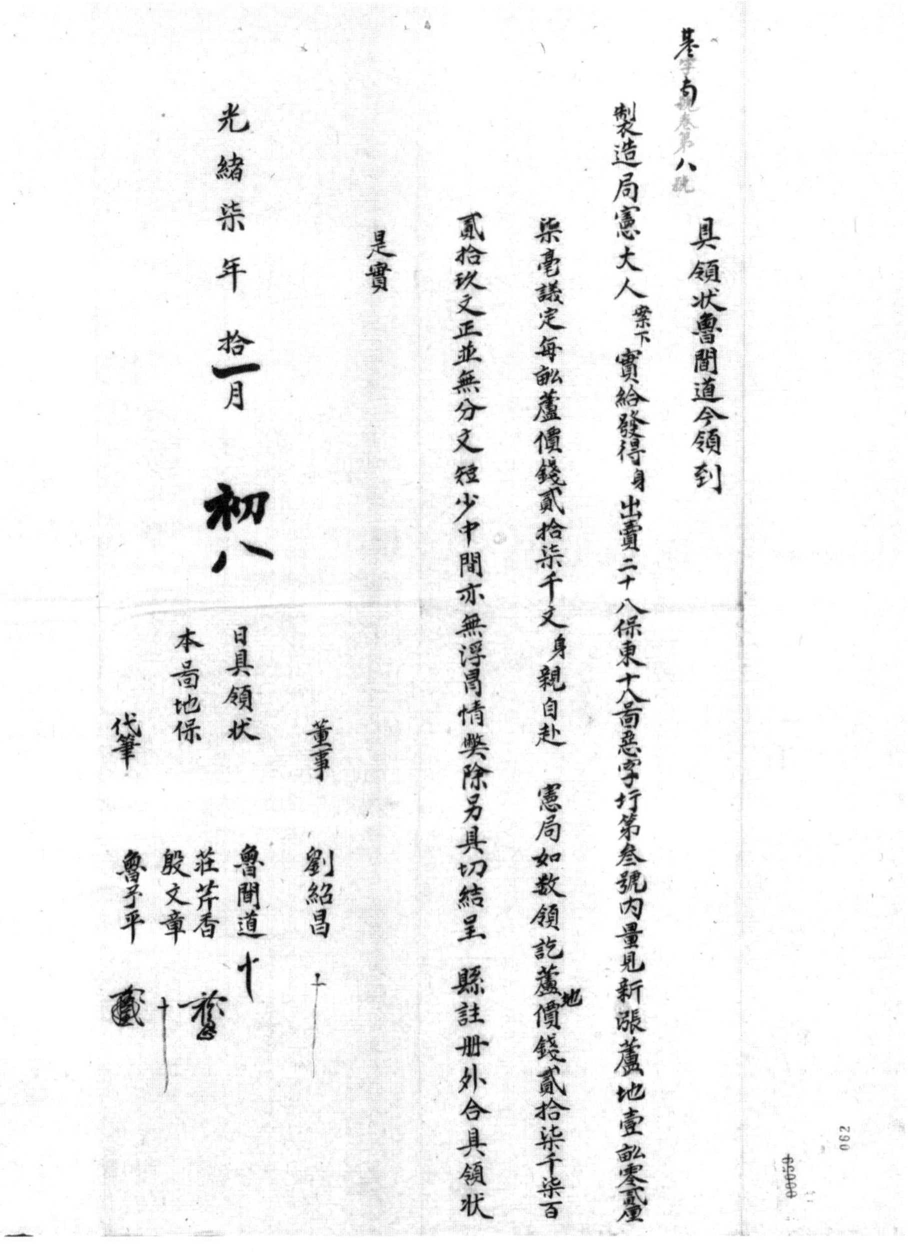

基字旬號叁第八號

具領狀魯閶道今領到

製造局憲大人案下實給發得身出賣二十八保東十八啚悉字圩第叁號內量見新漲蘆地壹畝零貳厘

柒毫議定每畝蘆價錢貳拾柒千文身親自赴憲局如數領訖蘆地價錢貳拾柒千柒百

貳拾玖文正並無分文短少中間亦無浮冒情弊除另具切結呈縣註冊外合具領狀

是實

董事 劉紹昌 十

光緒柒年拾一月初八日具領狀 魯閶道 十

本啚地保 莊芹香 殷文章 十

代筆 魯子平

魯閶道具領狀（1881 年 12 月 28 日，光緒七年十一月初八日）

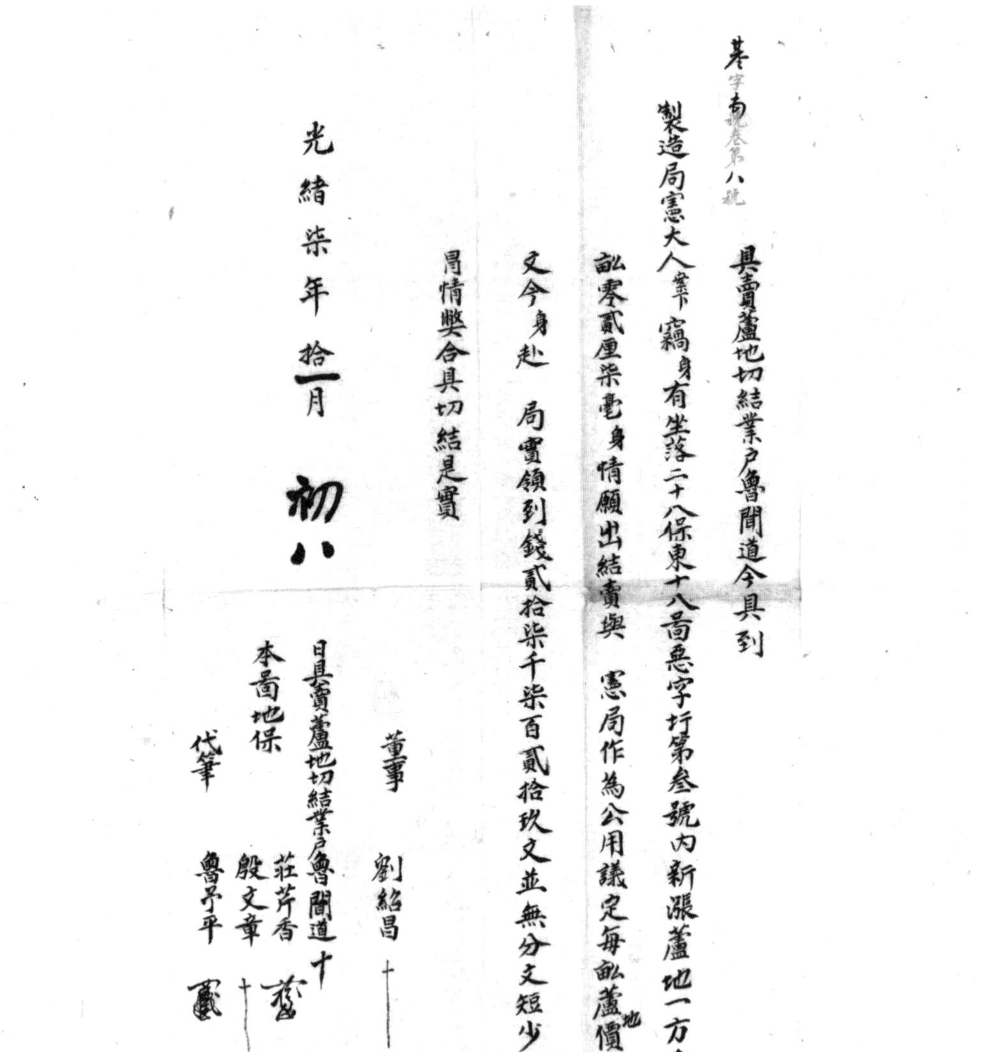

基字南號卷第八號

具賣蘆地切結業戶魯間道今具到

製造局憲大人案下竊身有坐落二十八保東十八啚悉字圩第叁號內新漲蘆地一方今已量見壹畝柒貳厘柒毫身情願出結賣與

憲局作為公用議定每畝蘆地價錢貳拾柒千文今身赴

局實領到錢貳拾柒千柒百貳拾玖文並無分文短少中間亦無浮冒情弊合具切結是實

董事 劉紹昌 十

光緒柒年拾一月初八日具賣蘆地切結業戶魯間道 十

本啚地保 莊芹香 押

殷文章 十

代筆 魯予平 押

063

魯間道具賣蘆地切結（1881 年 12 月 28 日，光緒七年十一月初八日）

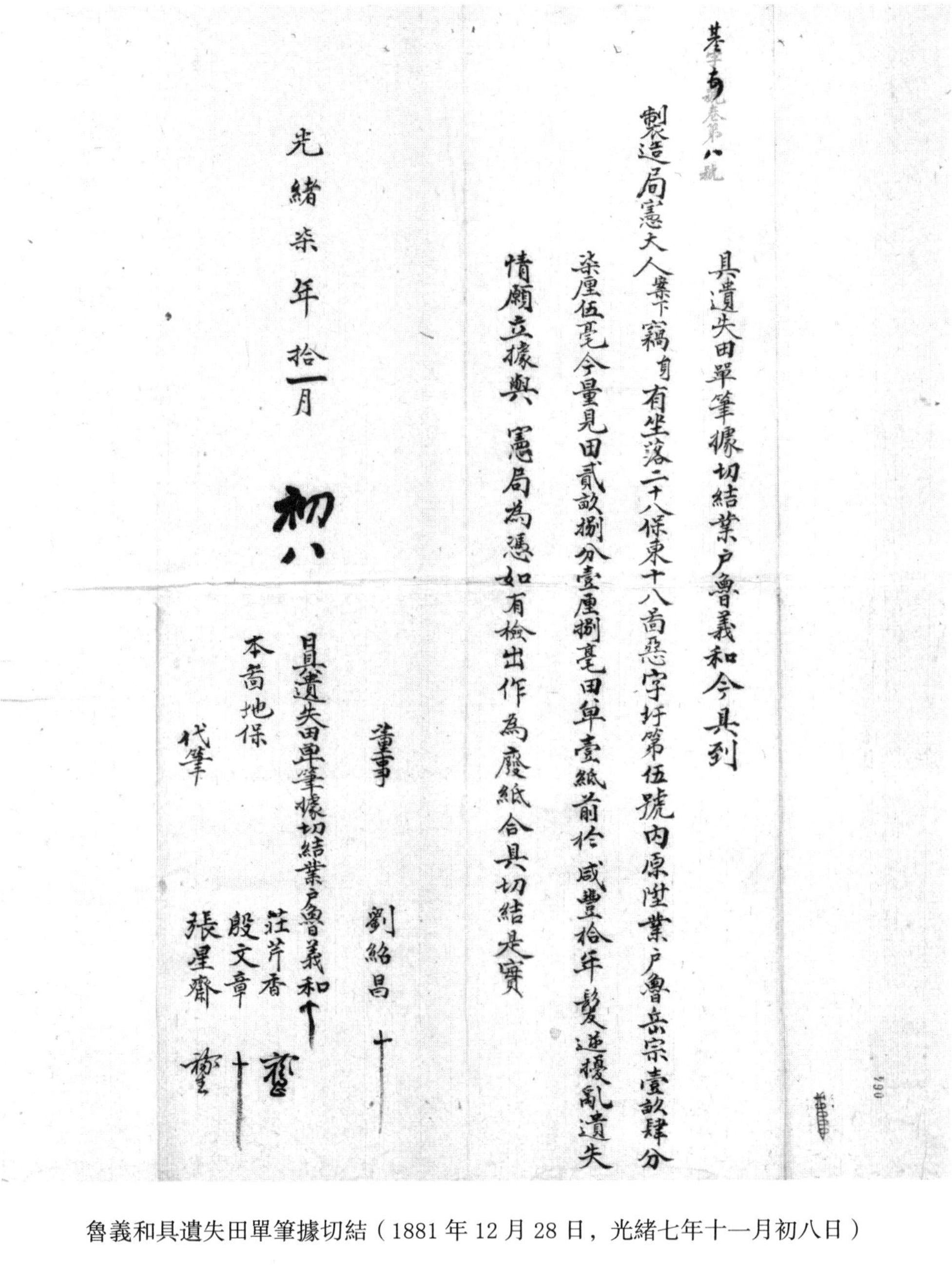

基字[illegible]號卷第八號

具遺失田單筆據切結業戶魯義和今具到

製造局憲大人案下竊身有坐落二十八保東十八啚惡字圩第伍號内原陞業戶魯岳宗壹畝肆分

柒厘伍毫今量見田貳畝捌分壹厘捌毫田單壹紙前於咸豐拾年髮逆擾亂遺失

情願立據與 憲局為憑如有檢出作為廢紙合具切結是實

董事 劉紹昌 十

具遺失田單筆據切結業戶魯義和 十

本啚地保 莊芹香 殷文章 十 押

代筆 張星齋 押

光緒柒年拾一月 初八

魯義和具遺失田單筆據切結（1881 年 12 月 28 日，光緒七年十一月初八日）

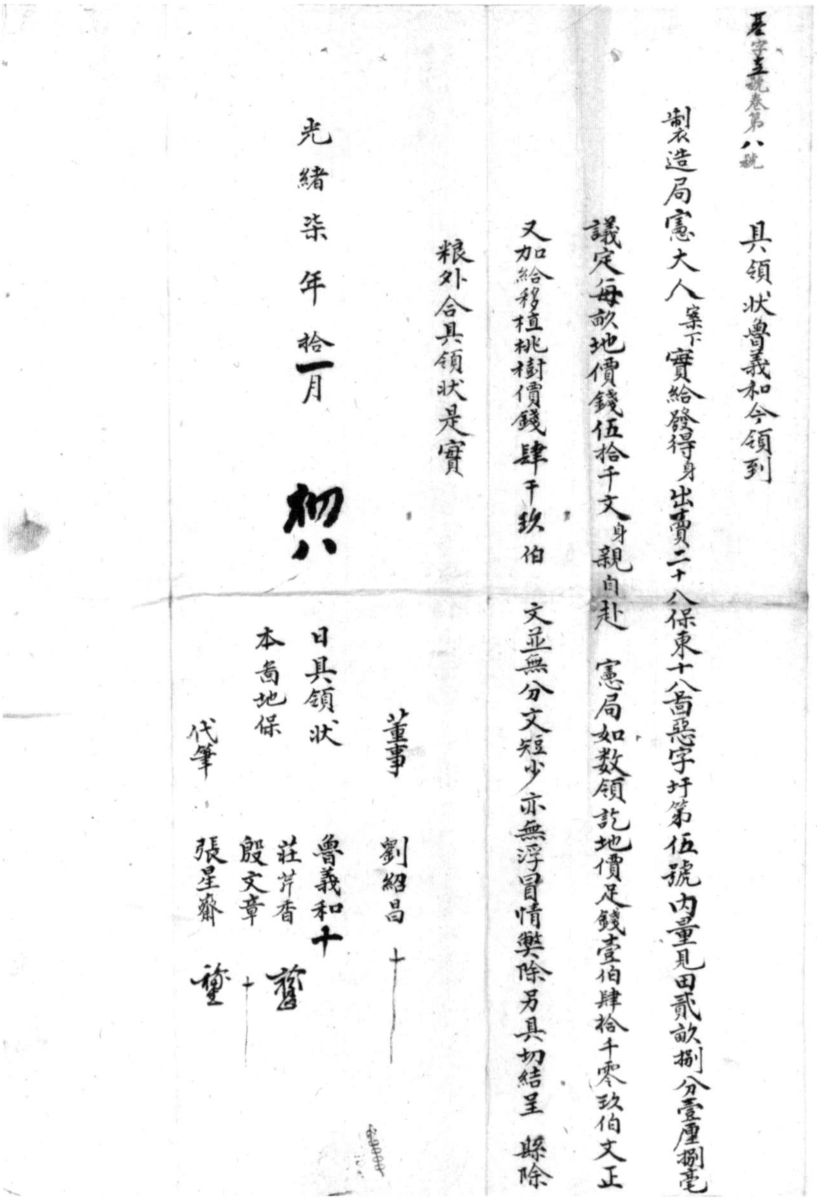

基字五號卷第八號

具領狀魯義和今領到

製造局憲大人案下實給發得身出賣二十八保東十八啚惡字圩第伍號內量見田貳畝捌分壹厘捌毫

議定每畝地價錢伍拾千文身親自赴　憲局如数領訖地價足錢壹伯肆拾千零玖伯文正

又加給移植桃樹價錢肆千玖伯　文並無分文短少亦無浮冒情弊除另具切結呈　縣除

粮外合具領狀是實

光緒柒年拾一月初八日具領狀　魯義和十

董事　劉紹昌十

本啚地保　莊芹香　殷文章十

代筆　張星齋

魯義和具領狀（1881 年 12 月 28 日，光緒七年十一月初八日）

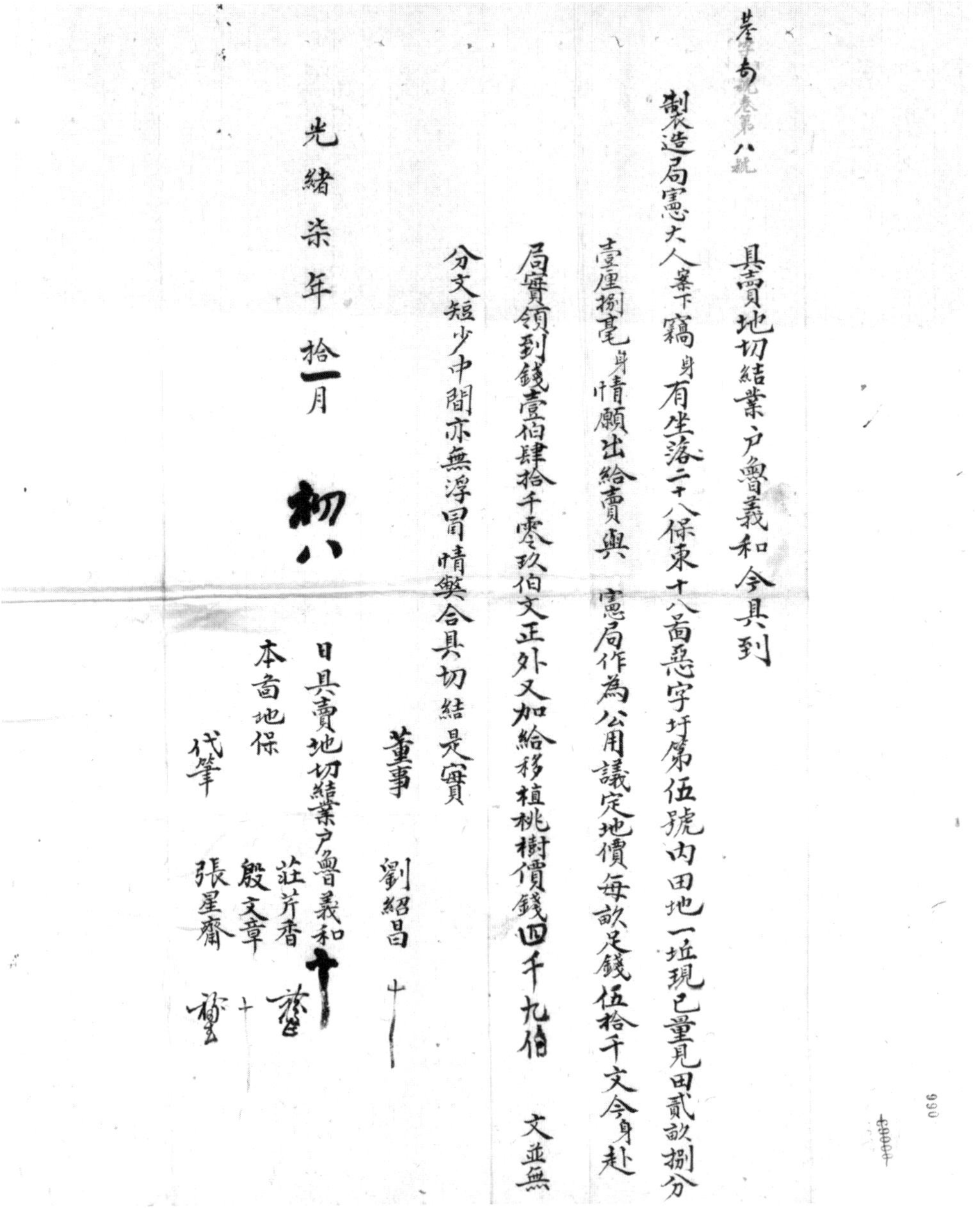
基字號卷第八號

具賣地切結業戶魯義和今具到

製造局憲大人案下竊身有坐落二十八保東十八啚惡字圩第伍號內田地一坵現已量見田貳畝捌分

壹厘捌毫身情願出給賣與憲局作為公用議定地價每畝足錢伍拾千文今身赴

局實領到錢壹伯肆拾千零玖伯文正外又加給移植桃樹價錢四千九伯文並無

分文短少中間亦無浮冒情弊合具切結是實

董事 劉紹昌 十

光緒柒年拾一月初八日具賣地切結業戶魯義和 十

本啚地保 莊芹香

殷文章 十

代筆 張星齋

魯義和具賣地切結（1881 年 12 月 28 日，光緒七年十一月初八日）

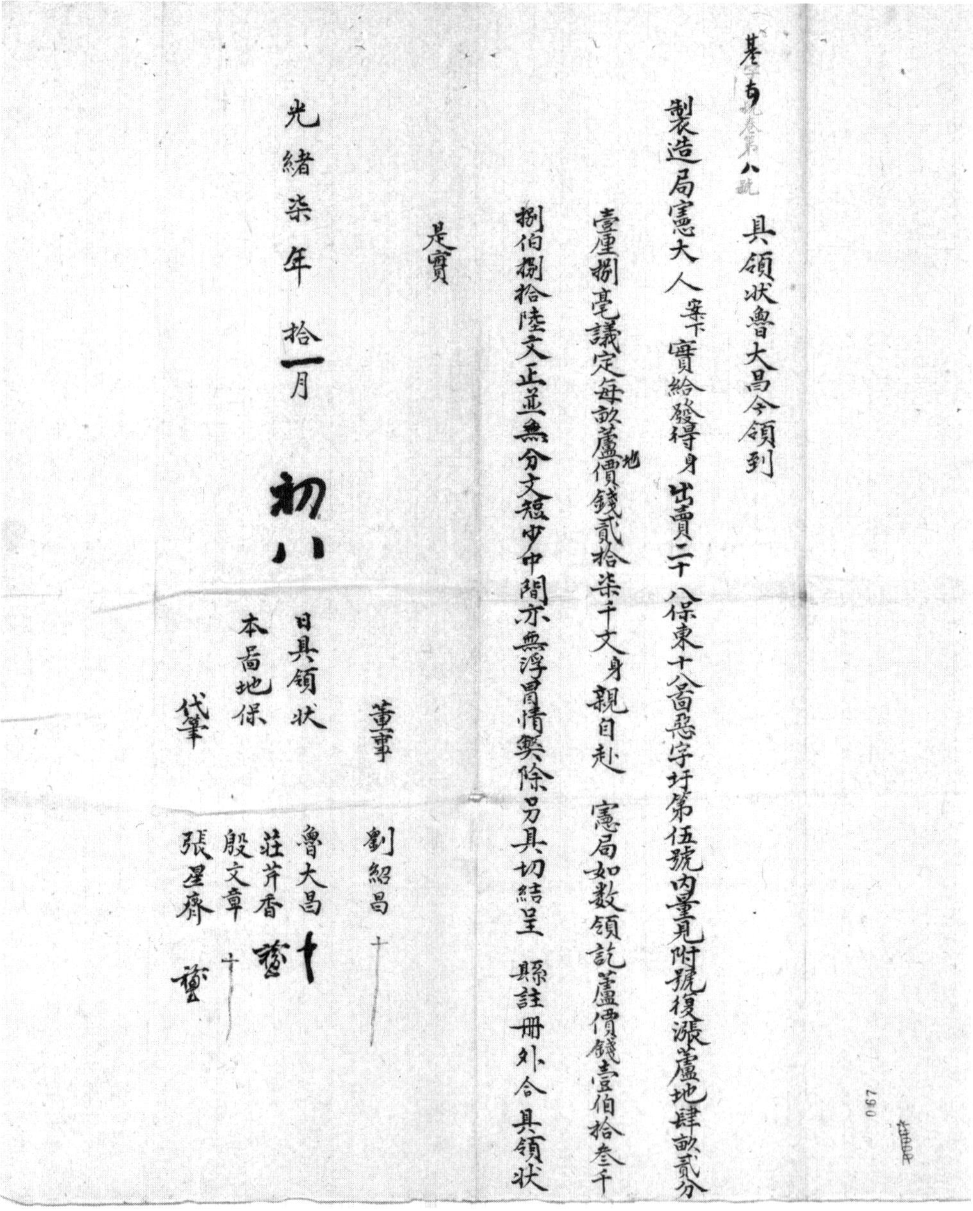

基字号 卷第八號

具領狀魯大昌今領到

製造局憲大人案下實給發得身出賣二十八保東十八啚惡字圩第伍號內量見附號復漲蘆地肆畝貳分

壹厘捌毫議定每畝蘆地價錢貳拾柒千文身親自赴　憲局如數領訖蘆價錢壹伯拾叁千

捌伯捌拾陸文正並無分文短少中間亦無浮冒情弊除另具切結呈　縣註冊外合具領狀

是實

光緒柒年拾一月初八日具領狀　魯大昌 十

董事　劉紹昌 十

本啚地保　莊芹香 押

殷文章 十

代筆　張星齋 押

魯大昌具領狀（1881 年 12 月 28 日，光緒七年十一月初八日）

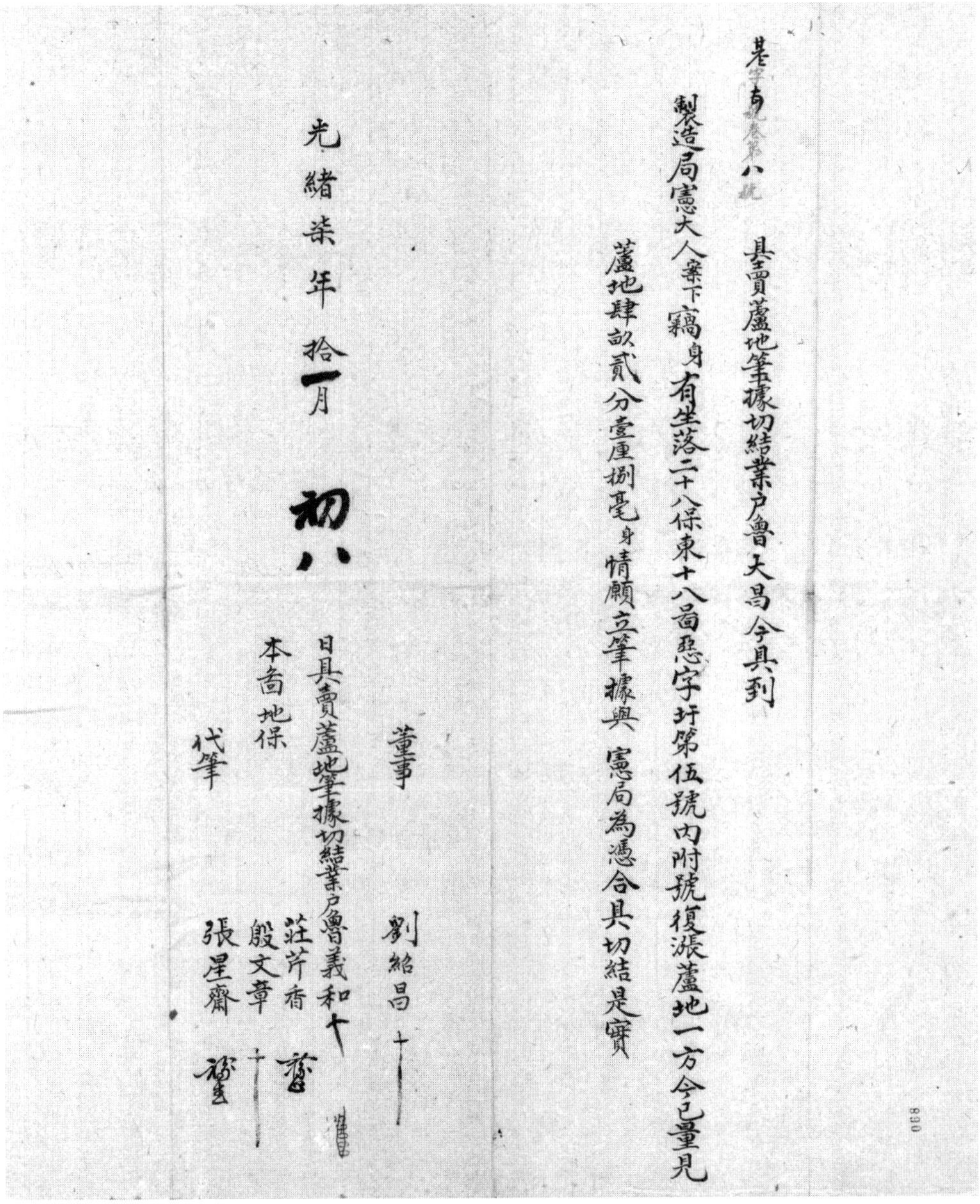
甚字南號卷第八號

具賣蘆地筆據切結業户魯大昌今具到

製造局憲大人案下竊身有坐落二十八保東十八啚悉字圩第伍號內附號復漲蘆地一方今已量見

蘆地肆畝貳分壹厘捌毫身情願立筆據與憲局為憑合具切結是實

光緒柒年拾一月初八日具賣蘆地筆據切結業户魯義和 十 [押]

董事 劉紹昌 十

本啚地保 莊芹香 押

殷文章 十

代筆 張星齋 押

魯大昌（魯義和）具賣蘆地筆據切結（1881年12月28日，光緒七年十一月初八日）

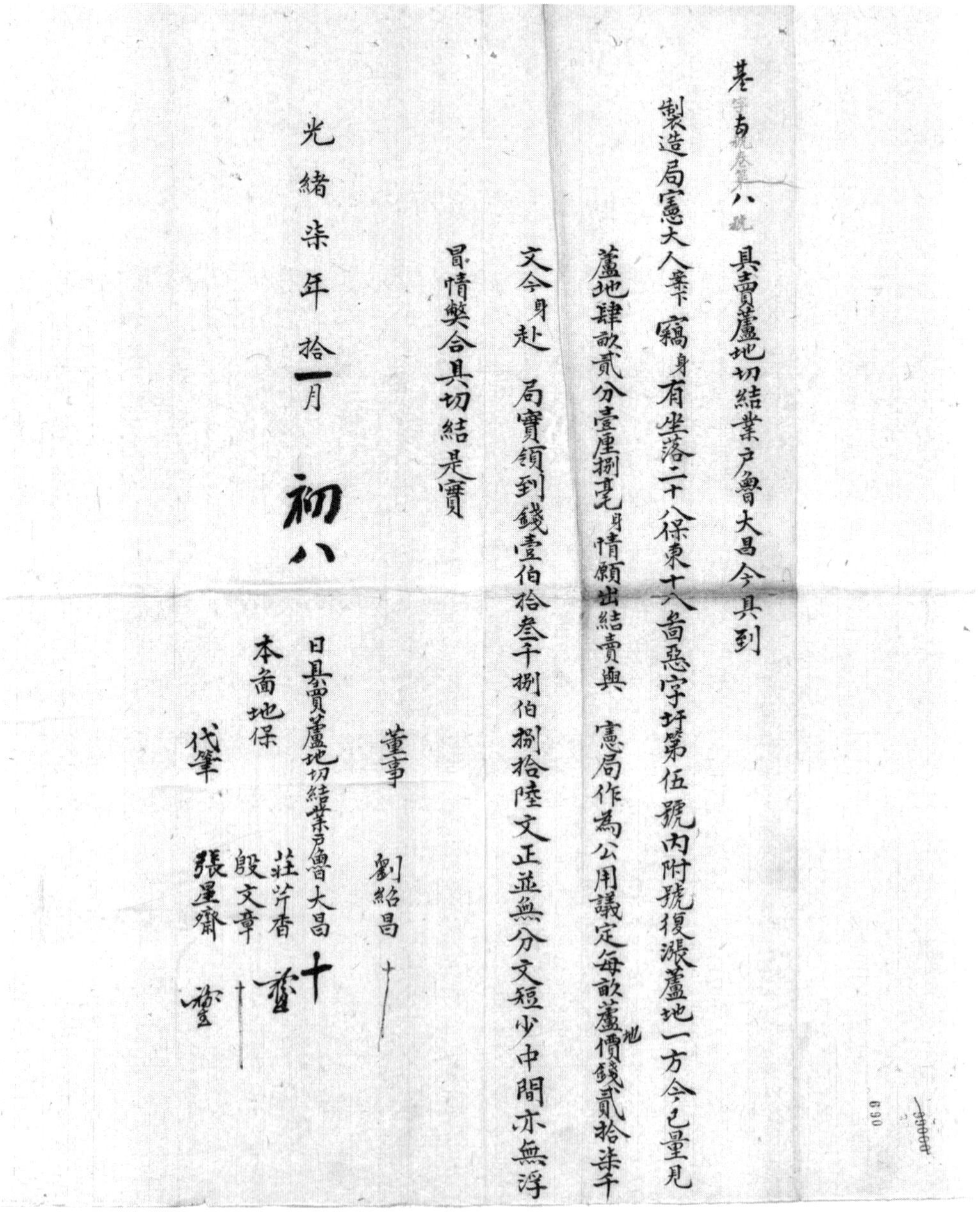
基字古號卷第八號 具賣蘆地切結業户魯大昌今具到
製造局憲大人臺下竊身有坐落二十八保東十八啚惡字圩第伍號内附號復漲蘆地一方今已量見
蘆地肆畝貳分壹厘捌毫身情願出結賣與 憲局作爲公用議定每畝蘆地價錢貳拾柒千
文今身赴 局實領到錢壹伯拾叁千捌伯捌拾陸文正並無分文短少中間亦無浮
冒情弊合具切結是實
董事 劉紹昌 十
光緒柒年拾一月初八日具賣蘆地切結業户魯大昌 十
本啚地保 莊芹香 押
殷文章 十
代筆 張星齋 押

魯大昌具賣蘆地切結（1881年12月28日，光緒七年十一月初八日）

基字南號卷第八號具領狀人夏銀龍今領到

製造局憲大人臺下給發遷移費竊身所賣三千四保方十二圖地字圩第地字號蘆蕩地內有自造木架七

梁塼壁瓦蓋住房兩間每間給遷移費錢拾伍千文又大花紅樹捌株每株給遷移費錢壹千文身於

本日親赴

憲局兩共實領到足制錢叁拾捌千文並無分文短少浮冒等項情弊除具賣地切結呈 存外合具

此領遷移費領狀是實

光緒七年十一月初六日具領遷移費狀人夏銀龍 十

本圖地保朱永昌

夏銀龍具領遷移費狀（1881年12月26日，光緒七年十一月初六日）

甚字南號卷第八號

具領狀人包景祥、雲昌等今領到

製造局憲大人臺下給發遷移廠房費。窃身等所賣二十四保方十二圖天字號蘆蕩地內有久大號賃地

開設商船廠起造廠房，現今

憲局買作公用之地內有久大廠所造木架五梁瓦屋三間及鉄𣏌蒸莲大爐一座，東面籬笆一道，俱應拆

卸一空，讓出地面。身等於本日親赴

憲局實具領到遷移費制錢壹拾伍千文，並無分文短少浮冒等項情弊，除另具賣地切結呈　存外，合

具此領遷移費領狀是實。

光緒七年十一月初六日具領遷移費狀人包景祥、雲昌

本圖地保朱永昌

71

71

包景祥、包雲昌具領遷移費狀（1881年12月26日，光緒七年十一月初六日）

基字五號卷第八號

具領狀人戴子琴今領到

製造局憲大人臺下給發身請領遷移商船廠費竊身於咸豐九年憑中典買包景祥等商船廠基地一方坐落二十四保

方十二圖地字号現因包景祥等將此商船廠基賣于憲局作為公用身應即遵示將自造房屋及廠內一切物料全行拆

卸遷移他處以便憲局得用計查身有自署木架五七梁磚壁瓦面住房弍間半工作房拾弍間每間給遷移費錢拾伍千伍千文又廠內所有新

舊大小木料籬笆打鐵爐石砌廚灶及一切工作器具遷移費錢弍拾千文身等於本日親赴

憲局實共領到足制錢壹百拾柒千伍百文並無分文短少浮冒等項情弊除包景祥等另具賣地切結呈存外合具此

領遷移費領狀是實

[illegible]

光緒七年十月十八日具領遷移費領狀人戴子琴十

地基業戶包景祥 雲昌 十十

本圖地保朱永昌

戴子琴具領遷移費狀（1881 年 12 月 9 日，光緒七年十月十八日）

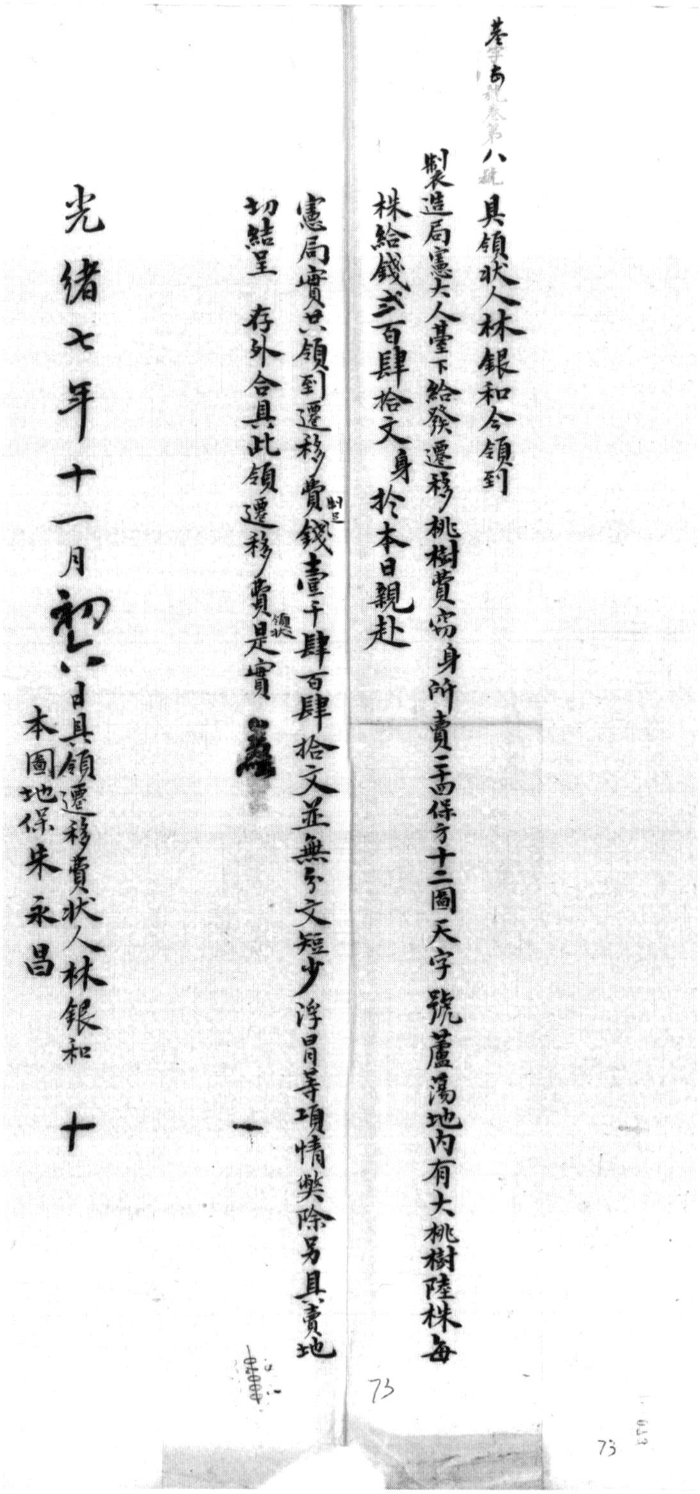

卷字南號卷第八號

具領狀人林銀和今領到

製造局憲大人臺下給發遷移桃樹費為身所賣二十五保十二圖天字號蘆蕩地內有大桃樹陸株每

株給錢貳百肆拾文身於本日親赴

憲局賫具領到遷移費錢壹千肆百肆拾文並無分文短少浮冒等項情弊除另具賣地

切結呈　存外合具此領遷移費是實

光緒七年十一月初六日具領遷移費狀人林銀和　十

本圖地保朱永昌

林銀和具領遷移費狀（1881 年 12 月 26 日，光緒七年十一月初六日）

甚字叁號卷第八號

具領狀人陳雲卿今領到

製造局憲大人臺下給發身所賣二十四保方十二圖方字圩第地字號自業蘆蕩

地內所有七梁木架墻壁瓦蓋住屋五空屋五間每間遷費錢拾壹千柒千文又大中兩等桃樹七五

株每株遷費錢弍百四拾文三共計實領到足制錢壹百另捌千文正身於本日親在

憲局如數領收清訖並無分文短少浮冒等項情弊除另具墨領領地價外合

具遷移房屋樹木費領狀是實

光緒七年九月初九日具領狀人陳雲卿

本圖地保朱永昌

陳雲卿具領狀（1881年10月31日，光緒七年九月初九日）

基字南號卷第八號

具領狀人包景祥李久大今領到

製造局憲大人台下給發遷移費竊身等所賣二十四保方十二圖蘆蕩地南船廠內

有本架瓦屋弍間每間給遷費錢伍仟文又煎（拷遷）大地風爐灶一座給遷

費錢伍仟文又搬移籬笆身等於本日親投

憲局計共寔領到遷移費足制錢拾伍千文并無分文短少浮冒情弊合

具此領狀是實

光緒七年十二月初四日

具領狀人 包景祥 十 李久大 十

本圖地保朱永昌

75

包景祥、李久大具領狀（1882 年 1 月 23 日，光緒七年十二月初四日）

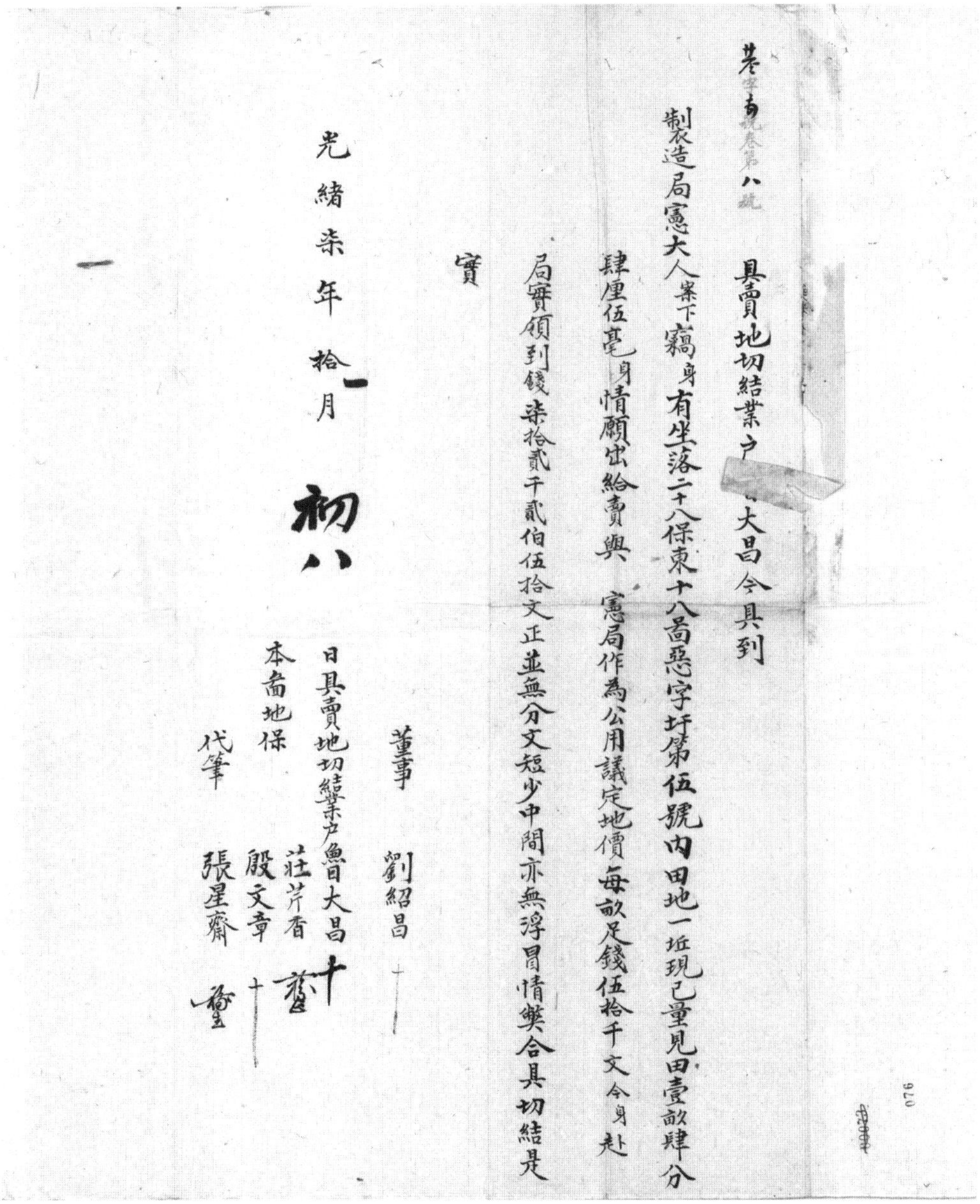

惡字壹號卷第八號

具賣地切結業户魯大昌今具到

製造局憲大人案下竊身有坐落二十八保東十八啚惡字圩第伍號內田地一坵現已量見田壹畝肆分

肆厘伍毫身情願出給賣與　憲局作為公用議定地價每畝足錢伍拾千文今身赴

局實領到錢柒拾貳千貳伯伍拾文正並無分文短少中間亦無浮冒情弊合具切結是

實

光緒柒年拾一月初八日具賣地切結業户魯大昌

董事　劉紹昌

本啚地保　莊芹香　殷文章

代筆　張星齋

魯大昌具賣地切結（1881 年 12 月 28 日，光緒七年十一月初八日）

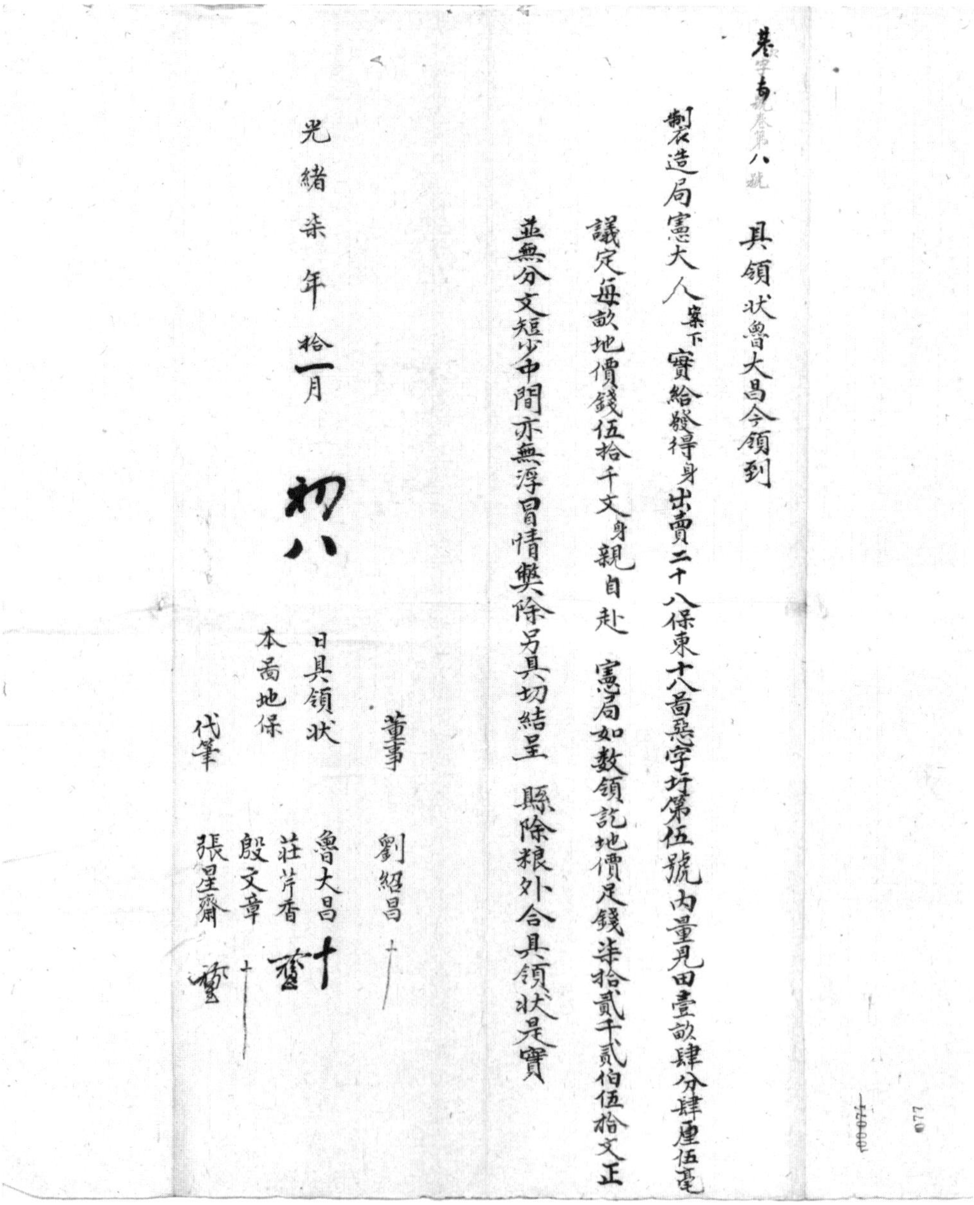
恭字南號卷第八號

具領狀魯大昌今領到

製造局憲大人案下實給發得身出賣二十八保東十八啚惡字圩第伍號内量見田壹畝肆分肆厘伍毫

議定每畝地價錢伍拾千文身親自赴憲局如数領訖地價足錢肆拾貳千貳伯伍拾文正

並無分文短少中間亦無浮冒情弊除另具切結呈縣除粮外合具領狀是實

董事 劉紹昌 十

日具領狀 魯大昌 十

本啚地保 莊芹香 殷文章 十

代筆 張星齋

光緒柒年拾一月初八

魯大昌具領狀（1881 年 12 月 28 日，光緒七年十一月初八日）

甚字南號卷第八號

具領狀人唐浩如　今領到

製造局憲大人臺下給發身所賣二十五保十五圖己字圩第六十二號自業

地價足制錢陸千文　身等於本日均各親投

憲局如数領收清訖並無分文短少浮冒等項情弊除另具賣地切結外合

具領狀是實

四發

光緒八年九月廿七日具領狀人唐浩如　十

本圖地保顧成基　（押）

078

唐浩如具領狀（1882年11月7日，光緒八年九月二十七日）

基字五號卷第八號

具領狀人喬啓鳳　今領到

製造局憲大人臺下給發　身所賣二十五保十五圖己字圩第六十一號自業

地價足制錢拾弍千文　身等於本日均各親投

憲局如數領收清訖並無分文短少浮冒等項情弊除另具賣地切結外合

具領狀是實

光緒八年九月廿七日具領狀人喬啓鳳　十

本圖地保顧成基

079

喬啟鳳具領狀（1882年11月7日，光緒八年九月二十七日）

恭字南號叁第八號

具賣地切結人喬啓鳳今具到

製造局憲大人臺下竊身有自業田一段坐落二十五保十五圖乙字圩第六十一號現已量見核

計貳分五釐 每畝價足制錢肆拾捌千文身情愿出具切結賣于

憲局作爲公用身於本日親投

憲局實領到足制錢壹拾弍千——文并無分文短少浮冒情弊除另具切結呈报本縣衙門存案備查

外合具此切結是實

光緒八年九月廿七日具賣地切結人喬啟鳳十

本圖地保顧成基

此係局後新高昌廟北首新設東房房基

080

喬啟鳳具賣地切結（1882 年 11 月 7 日，光緒八年九月二十七日）

基字壹號卷第八號

具領狀人楊了頭　今領到

製造局憲大人臺下給發身所賣念五保十四啚特字圩第十三號自業田地（並償叁之錢）

價足制錢拾陸阡弍佰三身等於本日均各親投

憲局如數領收清訖並無分文短少浮冒等項情弊除另具賣地切結呈　存外合

具領狀是實

光緒捌年弍月念叁日具領狀人楊了頭　十

楊了頭具領狀（1882年4月10日，光緒八年二月二十三日）

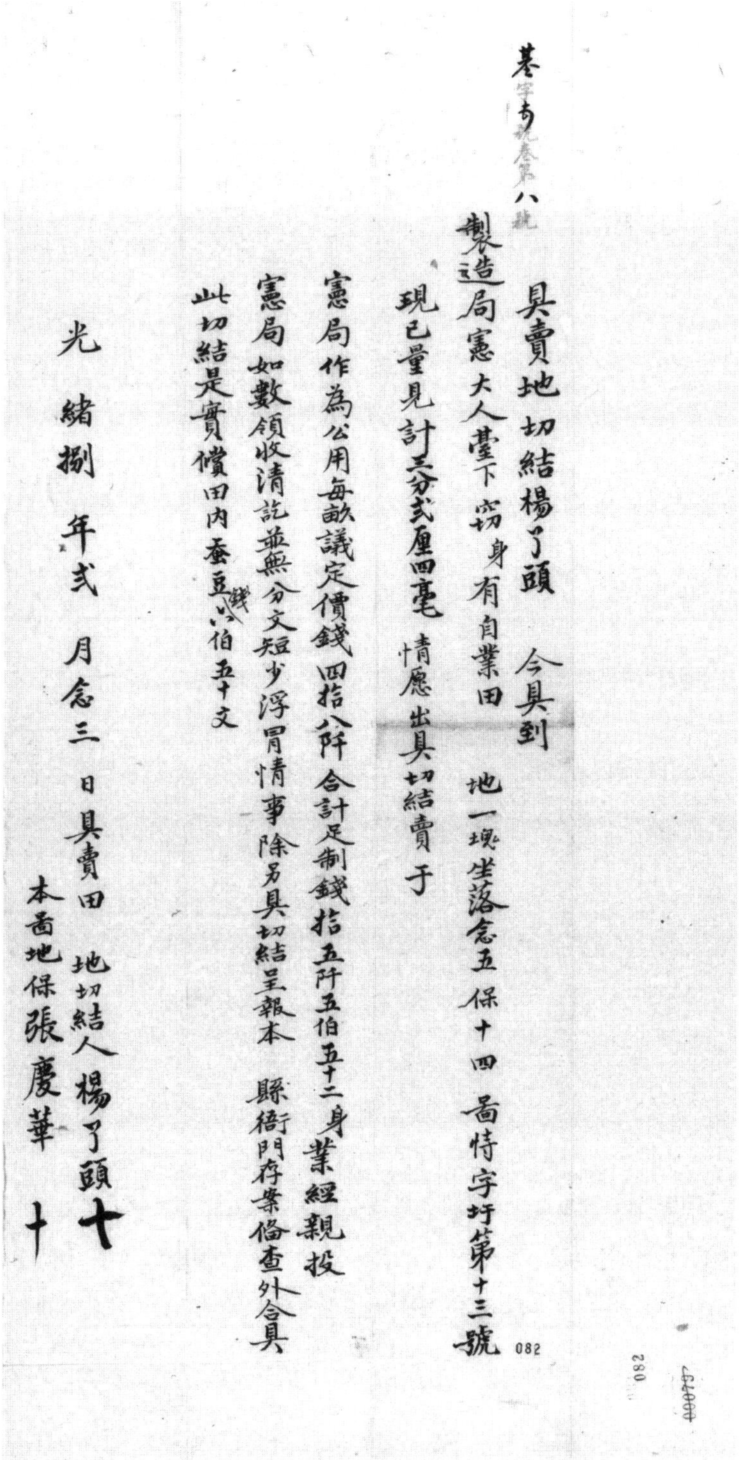

基字第號卷第八號

具賣地切結楊了頭　今具到

製造局憲大人臺下　窃身有自業田　地一塊坐落念五保十四啚侍字圩第十三號

現已量見計三分弍厘四毫　情愿出具切結賣于

憲局作為公用每畝議定價錢四指八阡合計足制錢指五阡五伯五十二身業經親投

憲局如數領收清訖並無分文短少浮冒情事除另具切結呈報本縣衙門存案備查外合具

此切結是實　償田內蚕豆錢八伯五十文

光緒捌年弍月念三日具賣田地切結人楊了頭　十

本啚地保張慶華　十

082

楊了頭具賣田地切結（1882 年 4 月 10 日，光緒八年二月二十三日）

基字南號卷第八號

具領狀人王春紹 今領到

製造局憲大人臺下給發身所賣廿五保十四啚特字圩第十四號自業宅基地並遷屋費

價足制錢七拾弍阡佰八十文身等於本日均各親授

憲局如數領收清訖並無分文短少浮冒等項情弊除另具賣地切結呈 存外合

具領狀是實

光緒捌年弍月念三日具領狀人王春紹 十

083

王春紹具領狀（1882 年 4 月 10 日，光緒八年二月二十三日）

基字南號卷第八號

具賣地切結王春紹　今具到

製造局憲大人臺下　竊身有自業宅基　地一塊坐落廿五保十四　啚侍字圩第十四號

現已量見計陸分八厘五毫　情愿出具切結賣于

憲局作為公用每畝議定價錢四拾八千　合計足制錢　三拾弍千八伯八十文　業經親投

憲局如數領收清訖並無分文短少浮冒情事除另具切結呈報本　縣衙門存案備查外合具

此切結是實償遷瓦房三間工料錢四拾千文

光緒捌年弍月念三日　具賣宅基地切結人王春紹　十

本啚地保張慶華　十

084

王春紹具賣宅基地切結（1882年4月10日，光緒八年二月二十三日）

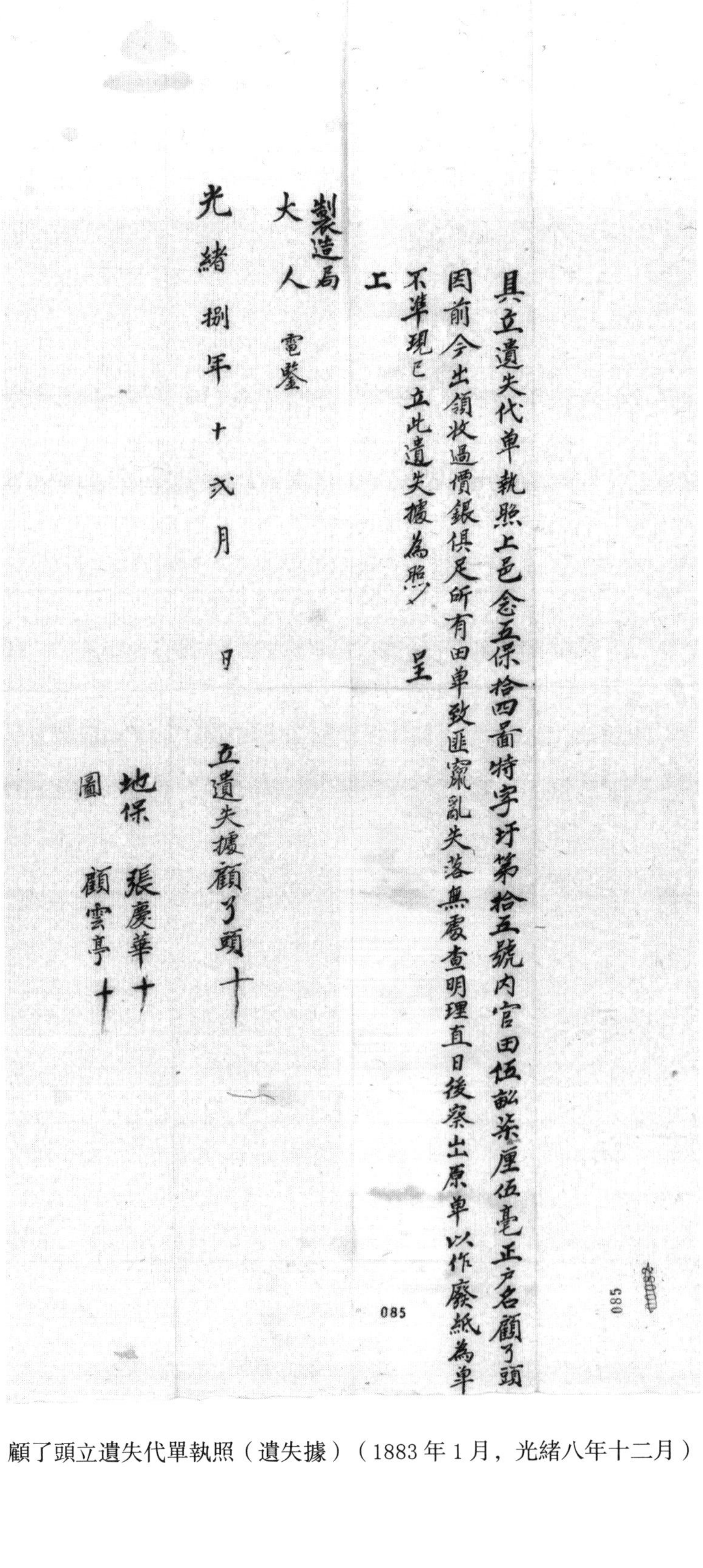
具立遺失代单執照上邑念五保拾四啚特字圩第拾五號内官田伍畝柒厘伍毫正户名顧了頭
因前今出領收過價銀俱足所有田单致匪竄亂失落無處查明理直日後察出原单以作廢紙為单
不準現已立此遺失據為照 呈
工
製造局
大人 電鑒
光緒捌年十弍月 日 立遺失據顧了頭 十
地保 張慶華 十
圖 顧雲亭 十
085
085

顧了頭立遺失代單執照（遺失據）（1883年1月，光緒八年十二月）

基字南號卷第八號

具領狀人顧了頭 今領到

製造局憲大人臺下給發身所賣二十五保十四圖特字圩第十五號自業田地並償麥豆錢

價足制錢式伯五拾三阡陸伯文身等於本日均各親授

憲局如數領收清訖並無分文短少浮冒等項情弊除另具賣地切結呈 存外合

具領狀是實

光緒捌年式月念三日具領狀人顧了頭 十

086

顧了頭具領狀（1882 年 4 月 10 日，光緒八年二月二十三日）

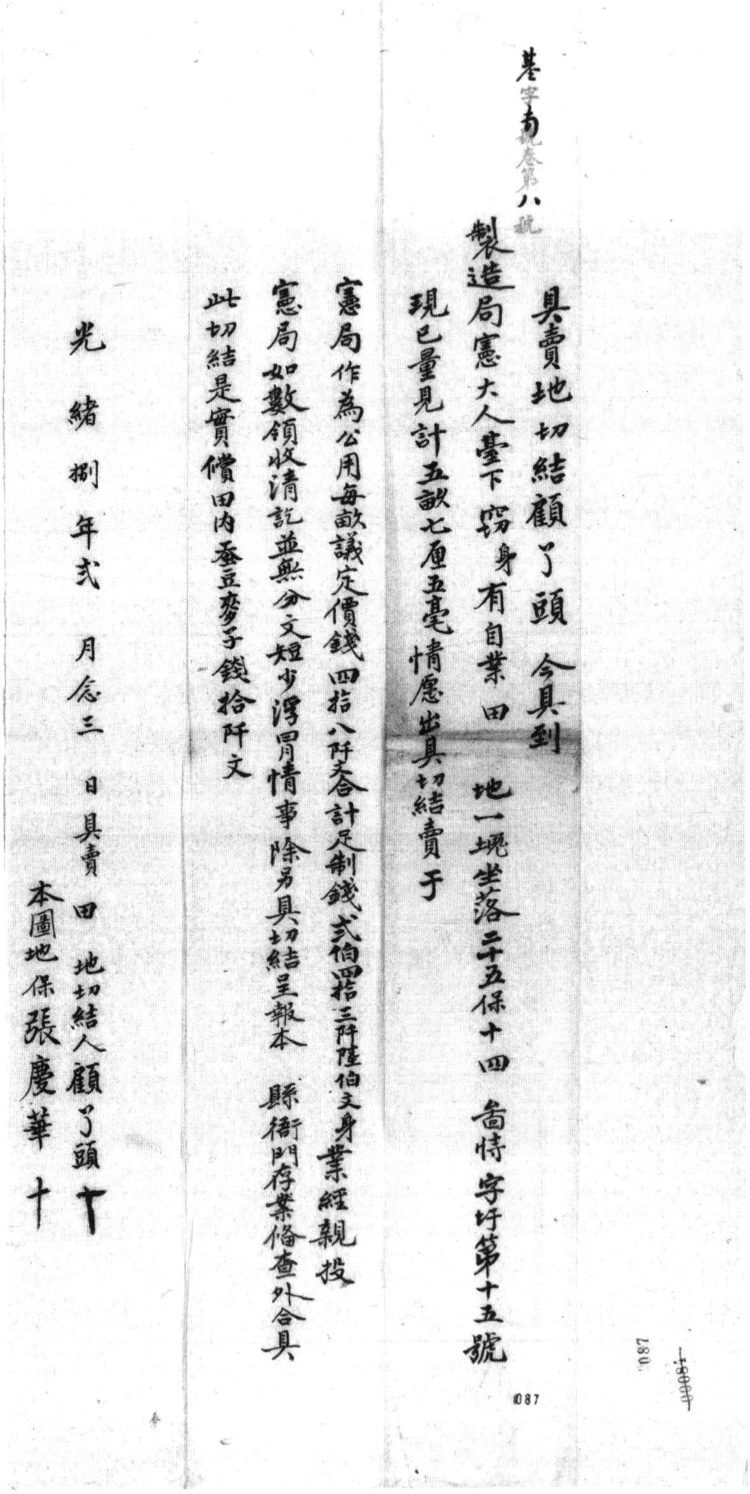
巷字南號卷第八號

具賣地切結顧了頭 今具到

製造局憲大人臺下 竊身有自業田 地一塊坐落二十五保十四 啚特 守圩第十五號

現已量見計五畝七厘五毫 情愿出具切結賣于

憲局作為公用每畝議定價錢四拾八阡文合計足制錢弍伯四拾三阡陸伯文身 業經親投

憲局如數領收清訖並無分文短少浮冒情事除另具切結呈報本 縣衙門存案備查外合具

此切結是實 價田內蚕豆麥子錢拾阡文

光 緒 捌 年 弍 月 念 三 日 具賣 田 地切結人顧了頭 十

本圖地保張慶華 十

087

顧了頭具賣田地切結（1882 年 4 月 10 日，光緒八年二月二十三日）

基字五號卷第八號

具領狀人周南英今領到

製造局憲大人臺下給發身所賣二十五保西圖皇字圩第陸號自業蘆蕩地

價足制錢伍拾弍仟四佰拾文身等於本日均各親投

憲局如數領收清訖並無分文短少浮冒等項情弊除另具賣地切結呈　存外合

具領狀是實

光緒捌年弍月初六日具領狀人周南英十

周南英具領狀（1882年3月24日，光緒八年二月初六日）

基字南號叁第八號

具賣地切結 周南英 今具到

製造局憲大人臺下 竊身有自業蘆蕩地 坐落二十五保 十四 圖皇字圩第陸號

現已量見計 叁畝四分玖厘四毫 情愿出具切結賣于

憲局作為公用 每畝議定價錢 拾伍仟文 合計足制錢 伍拾弍仟四佰拾文 身業經親投

憲局如數領收清訖 並無分文短少浮冒情事 除另具切結呈報本 縣衙門存案備查外 合具

此切結是實

光緒 捌 年 弍 月 初陸 日 具賣蘆蕩地切結人 周南英 十

本圖地保 張慶恭 十

089

680

周南英具賣蘆蕩地切結（1882年3月24日，光緒八年二月初六日）

巷字卅號卷第八號

具領狀人林雀鳴今領到

製造局憲大人臺下給發身所賣二十五保十四圖皇字圩第肆號自業蘆蕩地

價足制錢念五仟五佰九拾文身等於本日均各親投

憲局如數領收清訖並無分文短少浮冒等項情弊除另具賣地切結呈　存外合

具領狀是實

光緒捌年貳月初陸日具領狀人林雀鳴　十

林雀鳴具領狀（1882 年 3 月 24 日，光緒八年二月初六日）

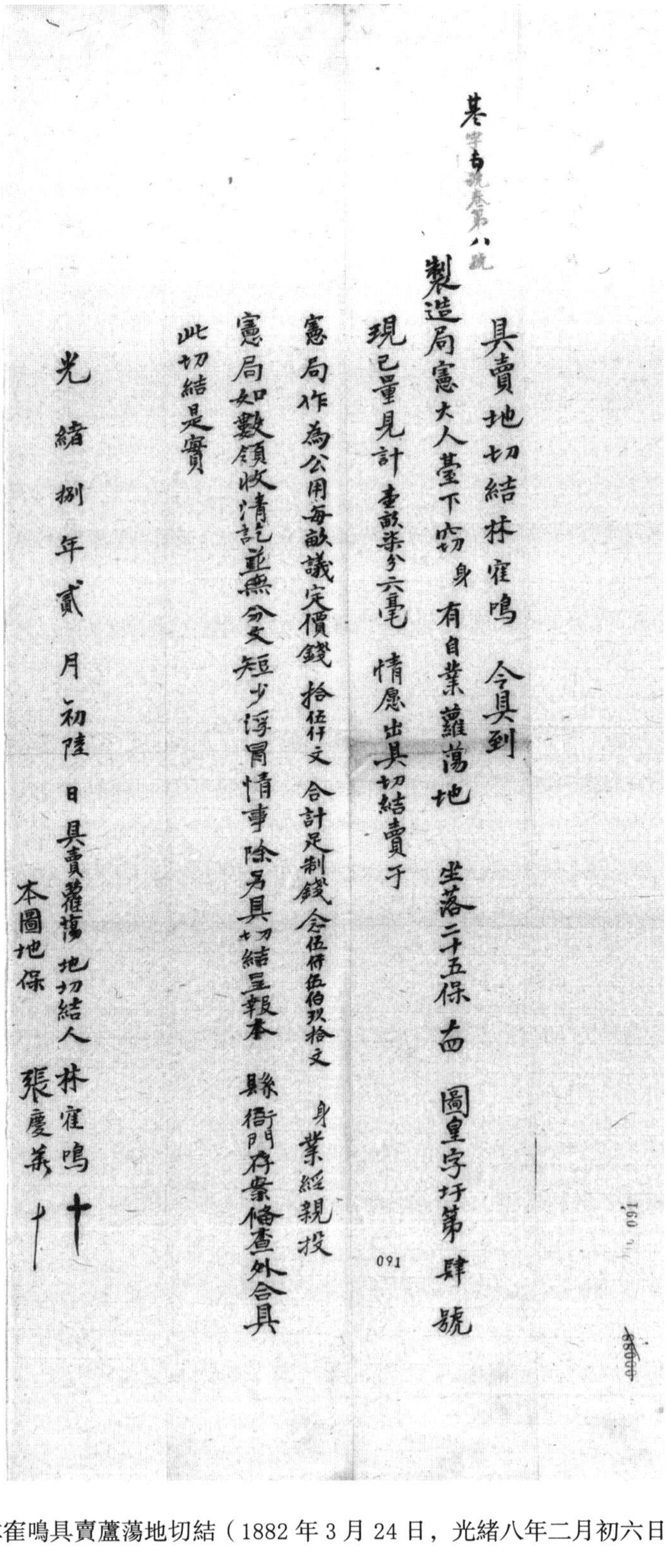
甚字由號卷第八號

具賣地切結林雀鳴　今具到

製造局憲大人臺下，竊身有自業蘆蕩地，坐落二十五保西圖皇字圩第肆號，

現已量見計壹畝柒分六毫，情愿出具切結賣于

憲局作為公用，每畝議定價錢拾伍仟文，合計足制錢念伍仟伍伯玖拾文。身業經親投

憲局如數領收清訖，並無分文短少浮冒情事，除另具切結呈報本縣衙門存案備查外，合具

此切結是實。

光緒捌年貳月初陸日　具賣蘆蕩地切結人　林雀鳴　十

本圖地保　張慶義　十

林雀鳴具賣蘆蕩地切結（1882年3月24日，光緒八年二月初六日）

基字五號卷第八號

具領狀人黄坤和今領到

製造局憲大人臺下給發身所賣二十五保齒圖皇字圩第叁號自業芦蕩地

價足制錢五拾叁仟捌伯五拾文身等於本日均各親投

憲局如数領收清訖並無分文短少浮冒等項情獘除另具賣地切結呈存外合

具領狀是實

光緒捌年貳月初六日具領狀人黄坤和十

黄坤和具領狀（1882年3月24日，光緒八年二月初六日）

碁字南號卷第八號

具賣地切結黄坤和今具到

製造局憲大人臺下竊身有自業芦蕩地坐落二十五保十四圖皇字圩第叁號

現已量見計叁畝五分九厘情愿出具切結賣于

憲局作為公用每畝議定價錢拾五仟文合計足制錢五拾叁仟捌伯五拾文身業經親投

憲局如數領收清訖並無分文短少浮冒情事除另具切結呈報本縣衙門存案備查外合具

此切結是實

光緒捌年貳月初六日具賣蘆蕩地切結人黄坤和十

本圖地保張慶森十

093

黄坤和具賣蘆蕩地切結（1882 年 3 月 24 日，光緒八年二月初六日）

基字號卷第八號

具賣地切結林阿金今具到

製造局憲大人臺下竊身有自業蘆蕩地、桃園地坐落二十五保十四圖皇字圩第肆號

現已量見計壹畝壹分壹厘五分玖厘六毫，情愿出具切結賣于

憲局作為公用，每畝議定價錢拾五仟文、叁拾捌仟文，合計足制錢拾六仟陸伯五拾文、念弍仟陸伯四拾文，身業經親授

憲局如數領收清訖，並無分文短少浮冒情事，除另具切結呈報本縣衙門存案備查外，合具

此切結是實。花紅樹大三株、小三株，桃樹大十株、小十株，遷樹費每株大、小，計錢拾柒仟柒伯文

光緒捌年貳月初陸日具賣蘆蕩桃園地切結人林阿金 十

本圖地保張慶蕃 十

林阿金具賣蘆蕩地、桃園地切結（1882 年 3 月 24 日，光緒八年二月初六日）

基字五號叁第八號

具領狀人林阿金　今領到

製造局憲大人臺下給發身所責二十五保西圖皇字圩第肆號自業蘿蔔地價

桃園

又遷樹費

共價足制錢伍拾陸仟玖佰玖拾捌文，身等於本日均各親投

憲局如數領訖清訖，並無分文短少浮冒等項情弊，除另具賣地切結呈存外，合

具領狀是實

光緒捌年貳月初六日具領狀人林阿金　十

095

林阿金具領狀（1882年3月24日，光緒八年二月初六日）

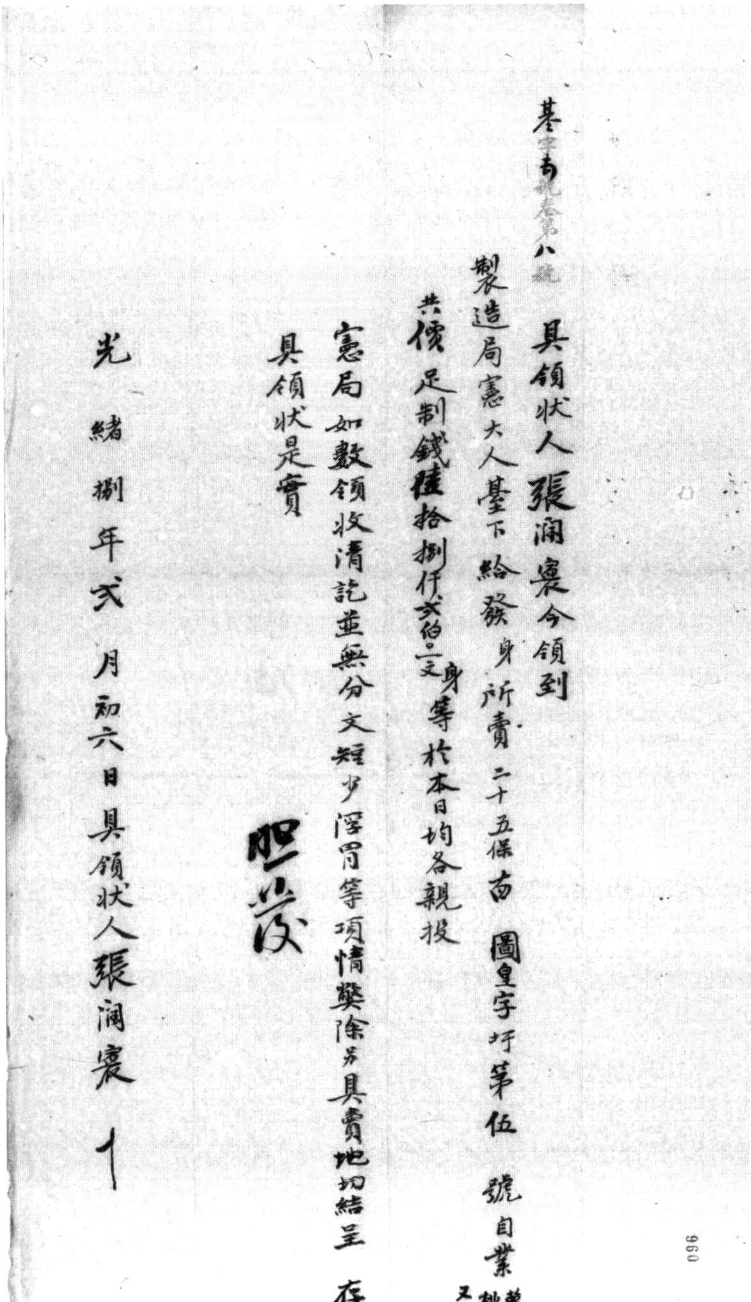
基字[illegible]第八號

具領狀人張潤寰今領到

製造局憲大人臺下給發身所賣二十五保𠮛圖皇字圩第伍號自業蘆蕩桃園地價又遷樹費

共價足制錢陸拾捌仟弍佰〇文身等於本日均各親投

憲局如數領收清訖並無分文短少浮冒等項情弊除另具賣地切結呈存外合

具領狀是實

照發

光緒捌年弍月初六日具領狀人張潤寰 十

096

張潤寰具領狀（1882年3月24日，光緒八年二月初六日）

基字[illegible]號卷第八號

具賣地切結張潤褱今具到

製造局憲大人臺下竊身有自業蘆蕩地 桃園地坐落二十五保十四圖皇字圩第伍號

現已量見計四分四厘九毫 柒分柒毫情願出具切結賣于

憲局作為公用每畝議定價錢拾五仟文 叁拾捌仟文合計足制錢陸仟柒伯叁拾五文 念陸仟捌伯陸拾陸文身業經親投

憲局如數領收清訖並無分文短少浮冒情事除另具切結呈報本縣衙門存案備查外合具

此切結是實花紅大小二千株 桃樹大小三十株遷樹費每株大小 大小[illegible]計錢叁拾四仟陸伯文

光緒捌年貳月初陸日具賣蘆蕩 桃園地切結人張潤褱 十

本圖地保張慶[illegible] 十

097

097

張潤褱具賣蘆蕩地、桃園地切結（1882 年 3 月 24 日，光緒八年二月初六日）

基字右號卷第八號

具領狀人朱蓮堂今領到

製造局憲大人臺下給發身所賣二十五保西圖皇字圩第伍號自業蘆蕩桃園地價又遷樹費

共價足制錢壹伯四拾柒仟叁伯〇四文身等於本日均各親投

憲局如數領收清訖並無分文短少浮冒等項情弊除另具賣地切結呈存外合

具領狀是實

光緒捌年弍月初六日具領狀人朱蓮堂

朱蓮堂具領狀（1882年3月24日，光緒八年二月初六日）

基字号卷第八號

具賣地切結朱蓮堂　今具到

製造局憲大人臺下，窃身有自業蘆蕩地、桃園地，坐落二十五保十四圖皇字圩第伍號，

現已量見計四畝四分壹厘、壹畝叁分叁厘叁，情愿出具切結賣于

憲局作為公用，每畝議定價錢拾伍仟文、叁拾捌仟文，合計足制錢陸拾陸仟壹伯五拾文、五拾仟○六伯五拾四文，身業經親投

憲局如數領收清訖，並無分文短少浮冒情事，除另具切結呈報本縣衙門存案備查外，合具

此切結是實。花紅十八九株、桃樹十六株，遷樹費每株……，計錢叁拾仟○伍佰文

光緒捌年弍月初六日具賣蘆蕩、桃園地切結人朱蓮堂（押）

本圖地保張慶蕃（十）

朱蓮堂具賣蘆蕩地、桃園地切結（1882年3月24日，光緒八年二月初六日）

巷字向號卷第八號

具賣地切結商船會館職董朱鼎起今具到
製造局憲大人臺下竊商船會館有自業蘆蕩地一方坐落念五保十二圖因
憲局出價向買事關公用經知照衆商均愿由職董出具切結賣與
憲局作為公用現已量見計玖畝七分一厘一毫每畝議定價錢拾五千文合計足制錢壹百四拾五千六百六拾五文業經親赴
憲局如數領收清訖并無分文短少浮冒情事除另具切結呈報本　縣衙門存案備查外合具此切結是實

光緒七年十月廿一日　具賣蘆蕩切結人朱鼎起

本圖地保顧調梅

商船會館職董朱鼎起具賣蘆蕩地切結（1881 年 12 月 12 日，光緒七年十月二十一日）

基字十號卷第八號

具領狀人商船會館職董朱鼎起今領到
製造局憲大人臺下給發董所賣念五保十二圖商船會館自業蘆蕩玖畝柒分壹厘壹毫計地價足制錢
壹百四十五千六百六十五文董於本日親投
憲局如數領收清訖並無分文短少浮冒等項情弊除另具賣地切結呈存外合
具領狀是實
光緒七年十月廿一日具領狀人朱鼎起
本圖地保顧調梅

商船會館職董朱鼎起具領狀（1881年12月12日，光緒七年十月二十一日）

此係新設義塚地即爲火箭廠基增廣其東北兩面之地價

基字[illegible]號卷第八號

具領狀人陳增琳今領到

製造局憲大人臺下給發 生所賣二十五保十二圖短字圩第元號自業蘆蕩

地價足制錢陸拾千叁百六十文 生等於本日均各親投

憲局如數領收清訖並無分文短少浮冒等項情弊除另具賣地切結呈 存外合

具領狀是實

光緒七年十一月廿七日具領狀人陳增琳（押）

本圖地保顧調梅

102

102

陳增琳具領狀（1882 年 1 月 16 日，光緒七年十一月二十七日）

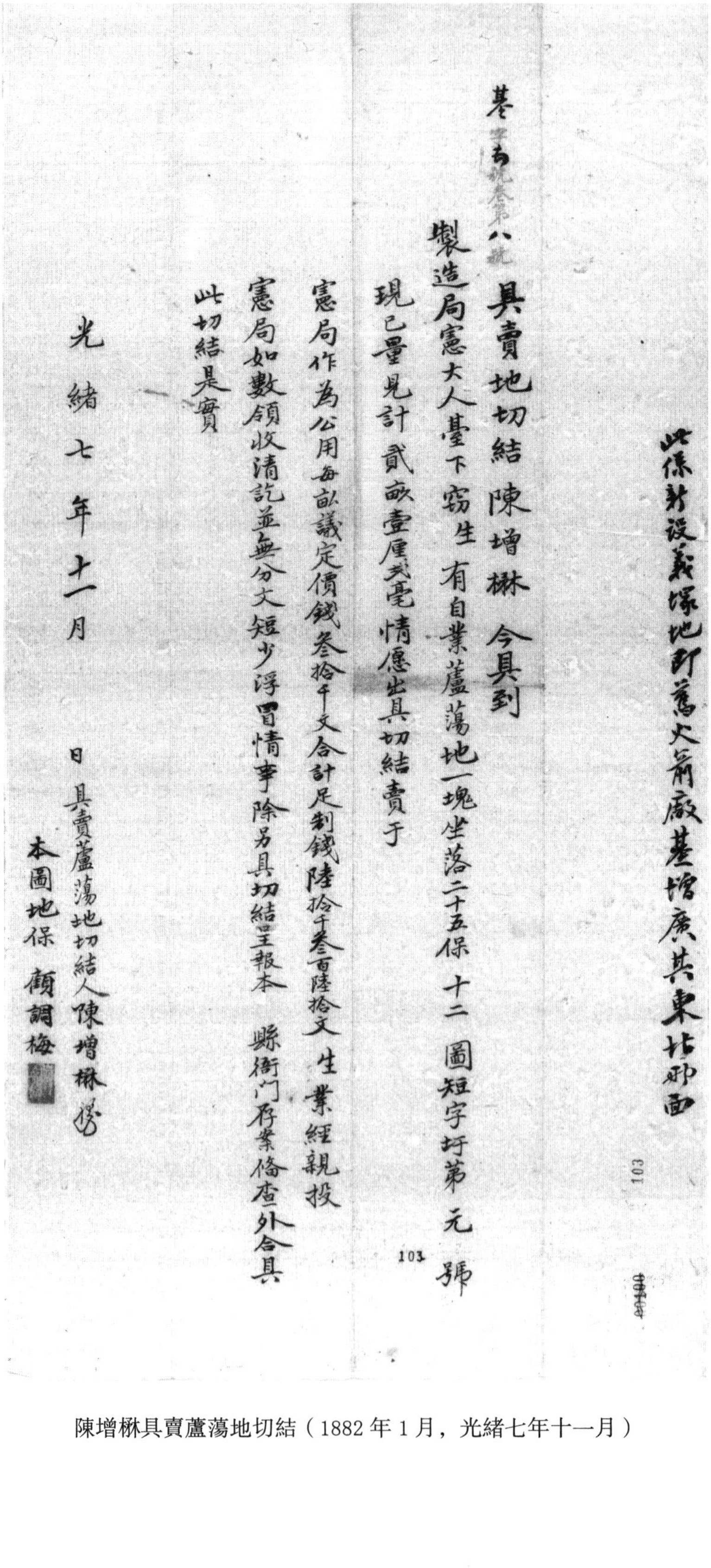
基字五號卷第八號

此係新設義塚地即舊火箭廠基增廣其東北邊面

具賣地切結陳增楙今具到
製造局憲大人臺下竊生有自業蘆蕩地一塊坐落二十五保十二圖短字圩第元號
現已量見計貳畝壹厘弍毫情愿出具切結賣于
憲局作為公用每畝議定價錢叁拾千文合計足制錢陸拾千叁百陸拾文生業經親投
憲局如數領收清訖並無分文短少浮冒情事除另具切結呈報本縣衙門存案備查外合具
此切結是實

光緒七年十一月　日具賣蘆蕩地切結人陳增楙（押）
本圖地保顧調梅（印）

103

陳增楙具賣蘆蕩地切結（1882年1月，光緒七年十一月）

基字五號卷第八號

具領狀人徐言海 張玉田 今領到

製造局憲大人臺下給發身所賣二十四保方十三圖方字圩第𦐂號自業

地價足制錢拾柒千四百七十文身等於本日均各親投

憲局如數領收清訖並無分文短少浮冒等項情弊除另具賣地切結外合

具領狀是實

照發

光緒捌年九月廿三日具領狀人徐言海十 張玉田十

本圖地保陳炎金十

104

徐言海、張玉田具領狀（1882年11月3日，光緒八年九月二十三日）

恭字壹號卷第八號

具賣地切結人徐言海 張玉田 今具到

製造局憲大人臺下竊身有自業田一段坐落二十四保方十二圖方字圩第叁百四十三號現已量見核

計叁分六厘四毫每畝價足制錢肆拾捌千文身情愿出具切結賣于

憲局作為公用身於本日親投

憲局實領到足制錢壹拾柒千四百七十文文并無分文短少浮冒情弊除另具切結呈報本縣衙門存案備查

外合具此切結是實

光緒捌年九月 日具賣地切結人徐言海十 張玉田十

本圖地保陳炎全十

此係望塘港橋東紫竹庵東北首新設巡更房基

105

105

徐言海、張玉田具賣地切結（1882 年 11 月，光緒八年九月）

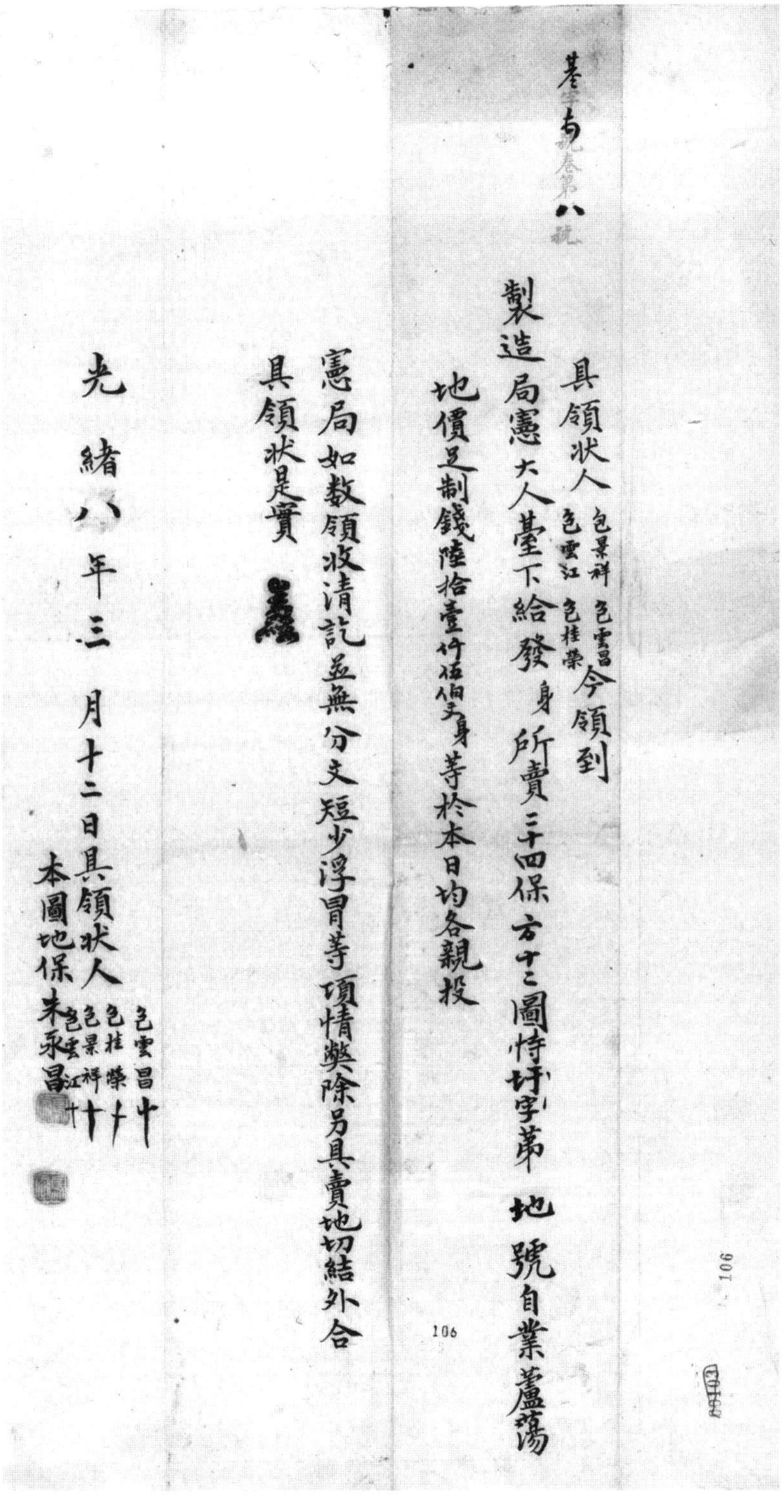

基字[illegible]號卷第八號

具領狀人包景祥 包雲昌 包雲江 包桂榮今領到

製造局憲大人臺下給發身所賣二十四保方十二圖恃字第 地號自業蘆蕩

地價足制錢陸拾壹千伍佰文身等於本日均各親投

憲局如數領收清訖並無分文短少浮冒等項情弊除另具賣地切結外合

具領狀是實

光緒八年三月十二日具領狀人 包雲昌十 包桂榮十 包景祥十 包雲江十

本圖地保朱永昌

包景祥等具領狀（1882年4月29日，光緒八年三月十二日）

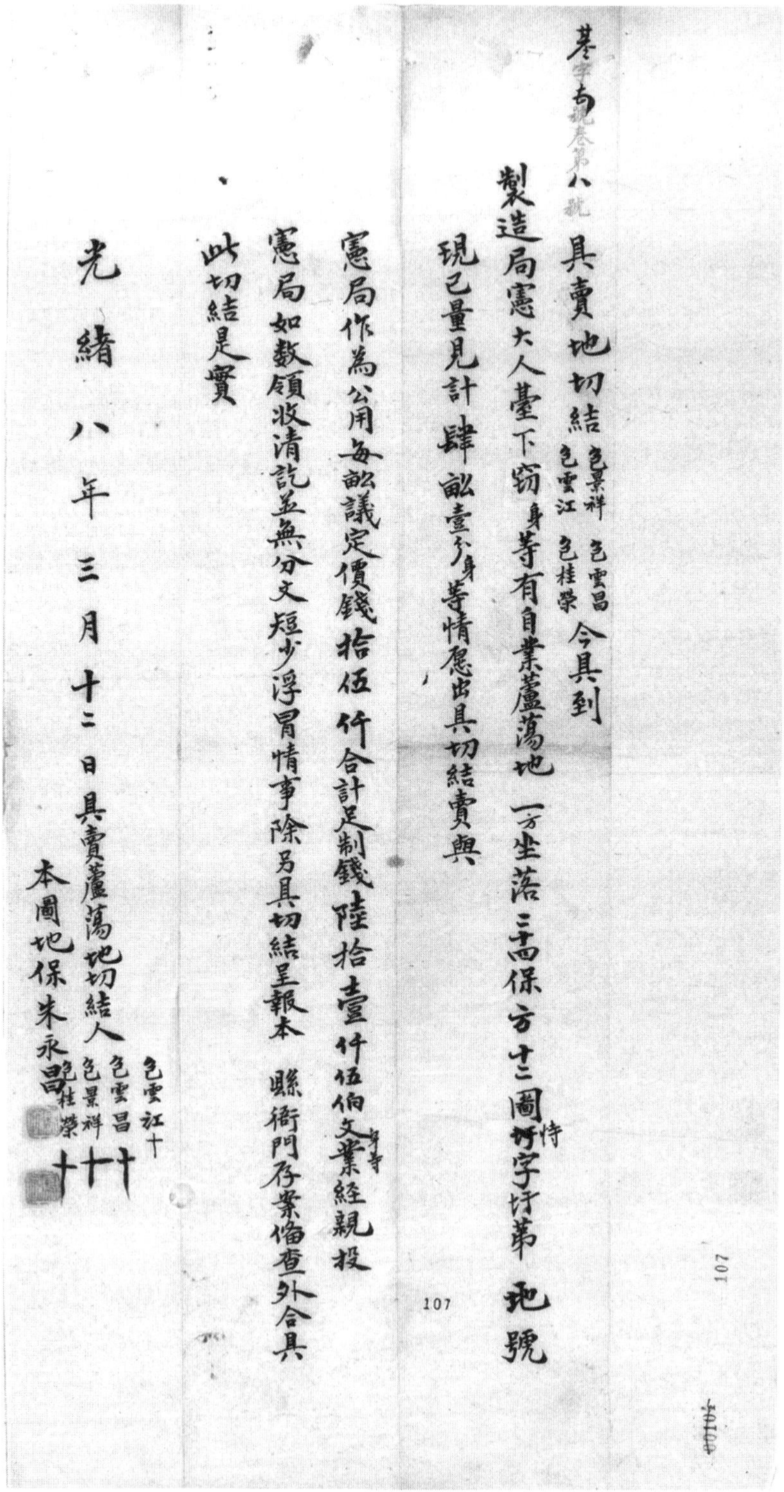

基字南號卷第八號

具賣地切結 包景祥 包雲昌 包雲江 包桂榮 今具到

製造局憲大人臺下竊身等有自業蘆蕩地一方坐落二十四保方十二圖侍字圩第[illegible]號

現已量見計肆畝壹分身等情愿出具切結賣與

憲局作為公用每畝議定價錢拾伍仟合計足制錢陸拾壹仟伍佰文身等業經親投

憲局如數領收清訖並無分文短少浮冒情事除另具切結呈報本縣衙門存案備查外合具

此切結是實

光緒八年三月十二日具賣蘆蕩地切結人 包雲江十 包雲昌十 包景祥十 包桂榮十

本圖地保朱永昌

107

107

包景祥等具賣蘆蕩地切結（1882年4月29日，光緒八年三月十二日）

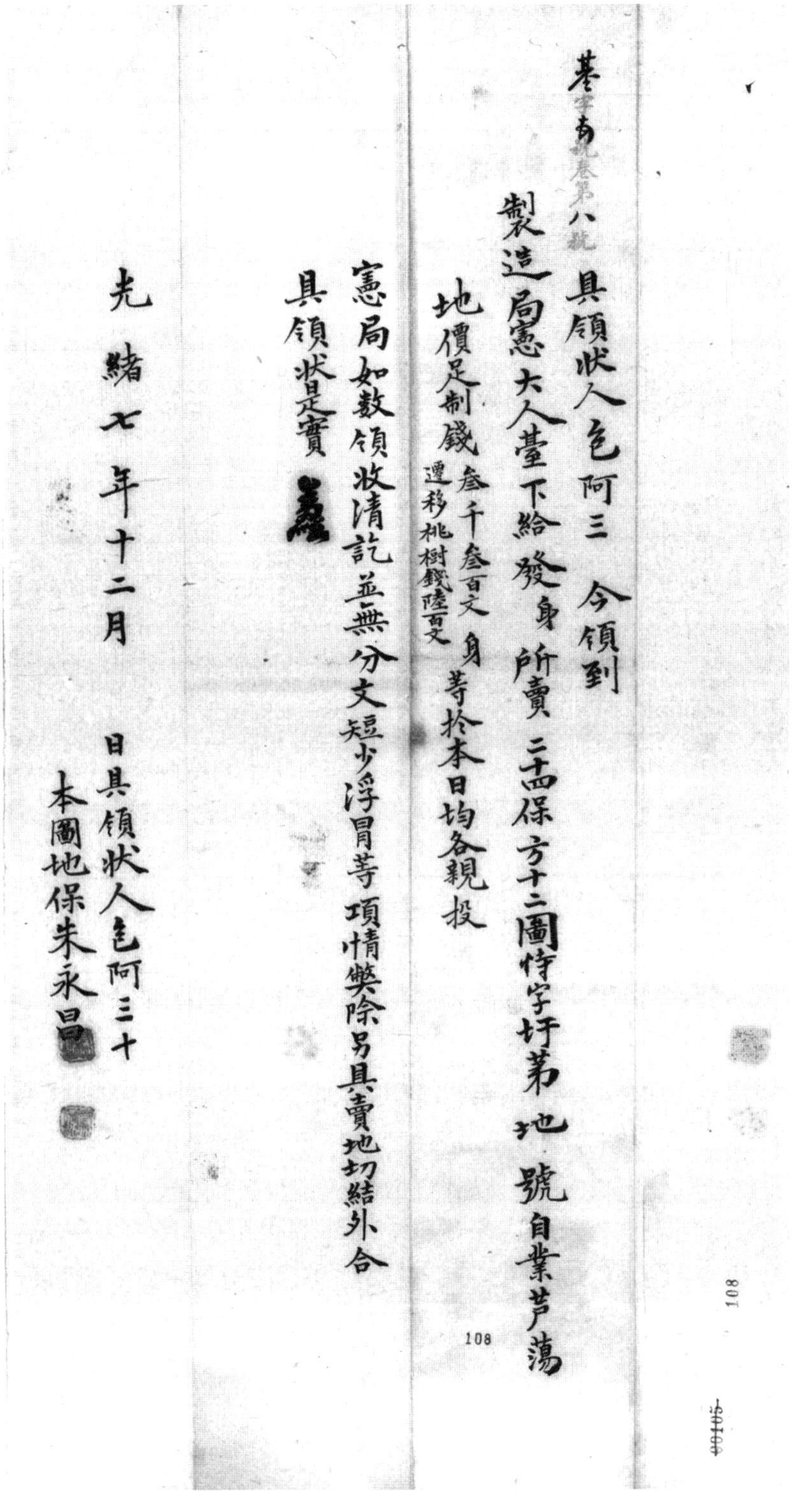
基字有號卷第八號

具領狀人包阿三 今領到

製造局憲大人臺下給發身所賣二十四保方十二圖恃字圩第 地 號自業芦蕩

地價足制錢叁千叁百文 遷移桃樹錢陸百文 身等於本日均各親投

憲局如數領收清訖並無分文短少浮冒等項情弊除另具賣地切結外合

具領狀是實

光緒七年十二月 日具領狀人包阿三十

本圖地保朱永昌

108

00105

包阿三具領狀（1882 年 1 月或 2 月，光緒七年十二月）

基字奇號卷第八號

具賣地切結包阿三　今具到

製造局憲大人臺下竊身等有自業蘆蕩地一方坐落二十四保方十二圖恃字圩第卅號

現已量見計壹分壹厘　身情愿出具切結賣於

憲局作為公用每畝議定價錢叁拾千文合計足制錢叁千叁百文正　業經親投

憲局如数領收清訖並無分文短少浮冒情事除另具切結

光緒七年十二月　　日　具賣蘆蕩地切結人包阿三十

本圖地保朱永昌

109

109

包阿三具賣蘆蕩地切結（1882年1月或2月，光緒七年十二月）

基字壹號卷第八號

具領狀人夏銀龍　今領到

製造局憲大人臺下給發身所賣二十四保方十二圖地字圩第地字號自業蘆蕩

地價足制錢叁拾千文　身等於本日均各親投

憲局如數領收清訖並無分文短少浮冒等項情弊除另具賣地切結外合

具領狀是實

光緒七年十一月初六日具領狀人夏銀龍　十

本圖地保朱永昌

110

夏銀龍具領狀（1881年12月26日，光緒七年十一月初六日）

基字壹號叁第八號

具賣地切結夏銀龍　今具到

製造局憲大人臺下竊身等有自業蘆蕩地一方坐落二十四保方十二圖地字圩第地字號

現已量見計壹畝正　身等情愿出具切結

憲局作為公用每畝議定價錢叁拾千文合計足制錢叁拾千文身業經親投

憲局如數領收清訖並無分文短少浮冒情事除另具切結呈報本縣衙門存案備查外合具

此切結是實

光緒七年十一月　日具賣蘆蕩地切結人夏銀龍十

本圖地保朱永昌

夏銀龍具賣蘆蕩地切結（1881年12月，光緒七年十一月）

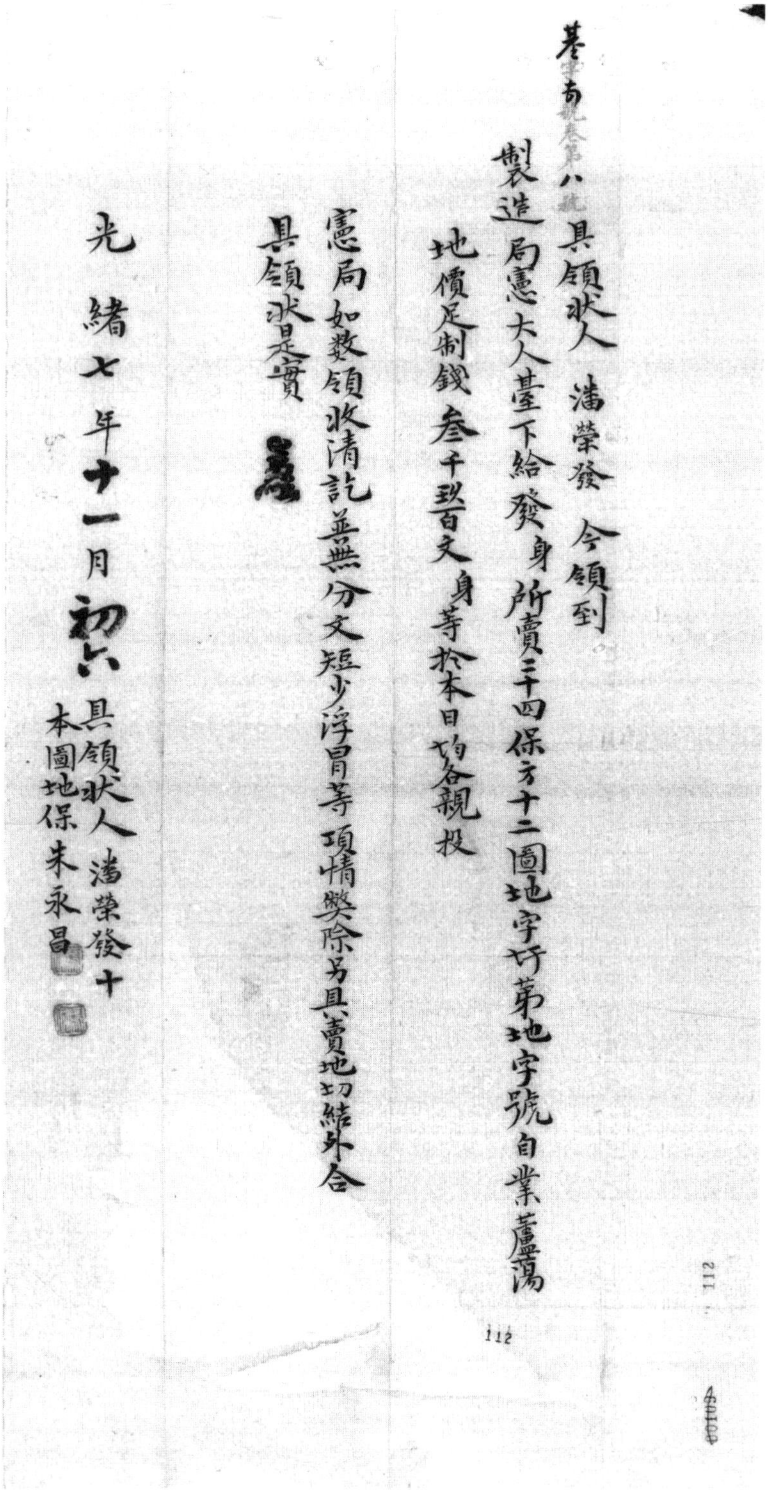
基字南號卷第八號
具領狀人潘榮發今領到
製造局憲大人臺下給發身所賣三十四保方十二圖地字圩第地字號自業蘆蕩
地價足制錢叁千玖百文身等於本日均各親投
憲局如數領收清訖並無分文短少浮冒等項情弊除另具賣地切結外合
具領狀是實
光緒七年十一月初六具領狀人潘榮發十
本圖地保朱永昌

潘榮發具領狀（1881 年 12 月 26 日，光緒七年十一月初六日）

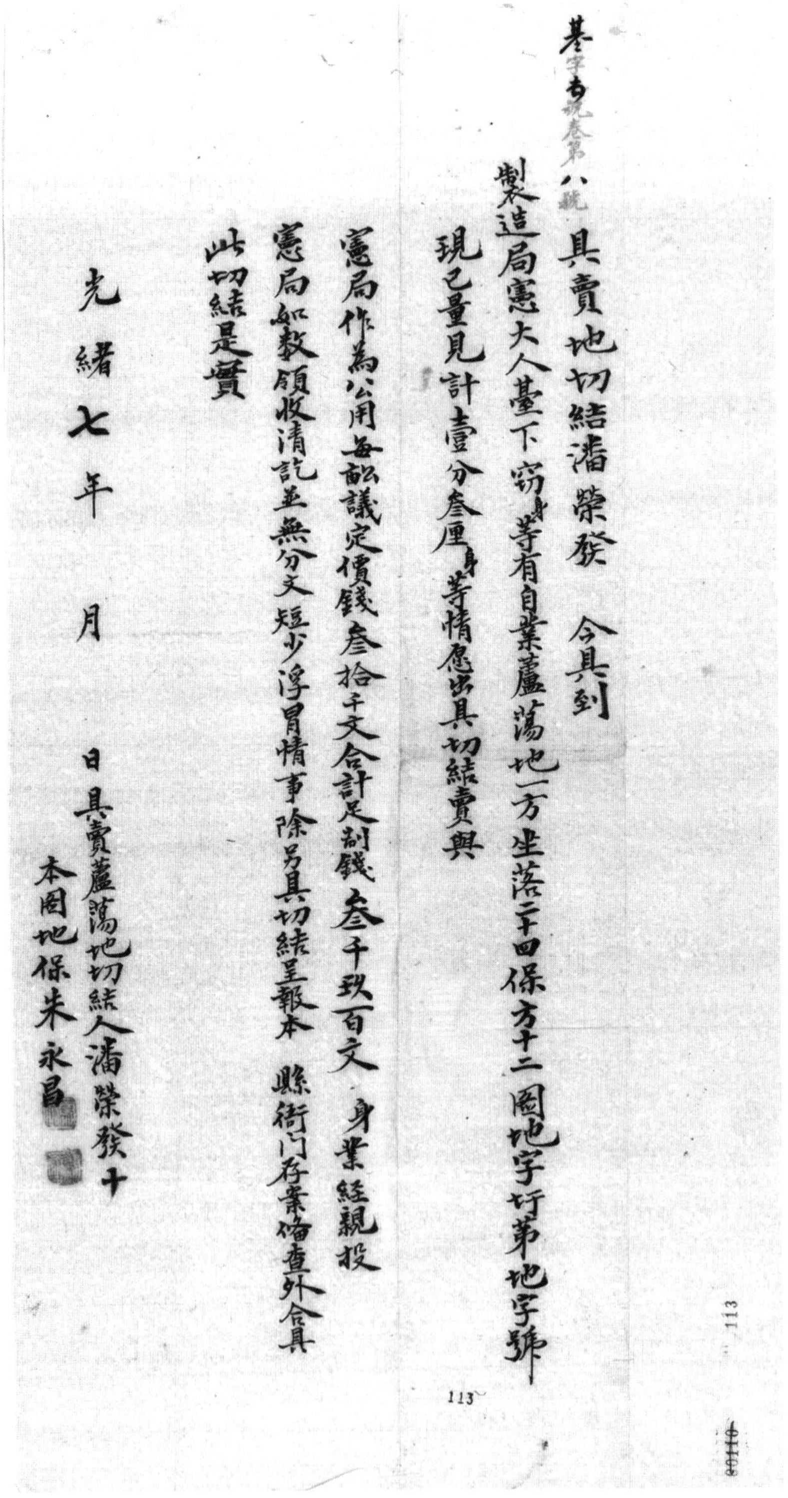

基字壹號卷第八號

具賣地切結潘榮發　今具到

製造局憲大人臺下窃身等有自業蘆蕩地一方坐落二十四保方十二圖地字圩第地字號

現已量見計壹分叁厘身等情愿出具切結賣與

憲局作為公用每畝議定價錢叁拾千文合計足制錢叁千玖百文　身業經親投

憲局如數領收清訖並無分文短少浮冒情事除另具切結呈報本　縣衙门存案備查外合具

此切結是實

光緒七年　月　日具賣蘆蕩地切結人潘榮發十

本圖地保朱永昌

113

113

00110

潘榮發具賣蘆蕩地切結（1881年，光緒七年）

巷字有號卷第八號

具領狀人包景祥、雲昌、雲江，包阿大、松林、桂榮今領到

製造局憲大人臺下給發身所賣念四保方十二圖方字圩第地天字號自業蘆蕩

地價足制錢弍百拾捌千四百文　身等於本日均各親投

憲局如數領收清訖，並無分文短少浮冒等項情弊，除另具賣地切結外，合

具領狀是實

光緒七年十月十八日具領狀人包景祥十 包雲昌十 包雲江 阿大廿 包松林十 桂榮十

本圖地保朱永昌

114

包景祥等具領狀（1881 年 12 月 9 日，光緒七年十月十八日）

基字[illegible]號卷第八號

具賣地切結包景祥雲江雲昌阿大 今具到

製造局憲大人臺下竊身有自業蘆蕩地一方坐落二十四保方十二圖方字圩第天地號

現已量見計捌畝叁分捌厘 情愿出具切結賣于

憲局作爲公用每畝議定價錢叁拾千文合計足制錢貳百肆拾捌千肆百文身業經親投

憲局如數領收清訖並無分文短少浮冒情事除另具切結呈報本 縣衙門存案備查外合具

此切結是實

光緒七年拾月　　日具賣蘆蕩地切結人包景祥雲江雲昌阿大

本圖地保朱永昌

包景祥等具賣蘆蕩地切結（1881 年 12 月，光緒七年十月）

基字南號卷第八號

具領狀人包景祥、雲昌、雲江，包柄大、松林、桂榮，今領到

製造局憲大人臺下給發身所賣念四保方十二圖方字圩第天地號自業蘆蕩

地價足制錢壹百陸千百四十文，身等於本日均各親收

憲局如數領收清訖，並無分文短少浮冒等項情弊。除另具賣地切結外，合

具領狀是實。

光緒七年十月十八日具領狀人包景祥十 包雲昌十 包雲江十 包柄大十 包松林十 包桂榮十

本圖地保朱永昌

116

116

包景祥等具領狀（1881 年 12 月 9 日，光緒七年十月十八日）

基字古號卷第八號

具賣地切結包雲江、包景祥、呂阿大等今具到

製造局憲大人臺下竊身有自業蘆蕩地一方坐落二十四保方十二圖方字圩第地天號

現已量見計柒畝壹分四厘毫，情愿出具切結賣于

憲局作為公用每畝議定價錢壹拾柒千文合計足制錢壹百零柒千壹百肆拾伍文業經親投

憲局如數領收清訖並無分文短少浮冒情事除另具切結呈報本縣衙門存案備查外合具

此切結是實

光緒七年拾月 日具賣蘆蕩地切結人包景祥、包雲江、呂阿大 十十十

本圖地保朱永昌 十

包景祥等具賣蘆蕩地切結（1881 年 12 月，光緒七年十月）

基字壹號卷第八號

具領狀人 包阿榮 徐品三 今領到

製造局憲大人臺下給發 身所賣二十四保方十二圖方字圩第天字號自業蘆蕩

地價足制錢陸仟捌百拾文 身等於本日均各親投

憲局如數領收清訖並無分文短少浮冒等項情弊除另具賣地切結呈 存外合

具領狀是實

光緒七年拾月初七日具領狀人 包阿榮 十 徐品三 十

本圖地保朱永昌

118

116

包阿榮、徐品三具領狀（1881年11月28日，光緒七年十月初七日）

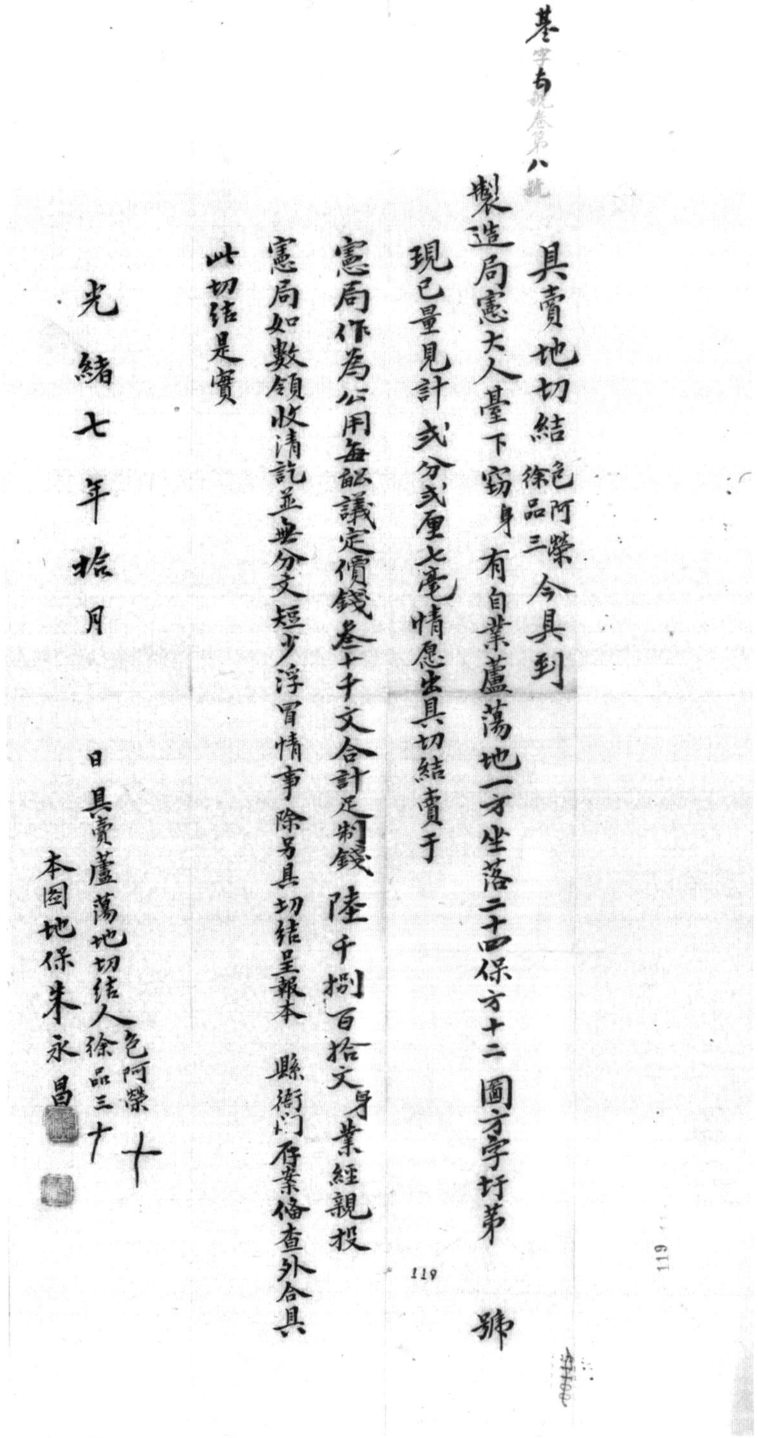
基字[illegible]號卷第八號

具賣地切結包阿榮 徐品三今具到

製造局憲大人臺下竊身有自業蘆蕩地一方坐落二十四保方十二圖方字圩第　號

現已量見計弍分弍厘七毫情愿出具切結賣于

憲局作為公用每畝議定價錢叁十千文合計足制錢陸千捌百拾文身業經親投

憲局如數領收清訖並無分文短少浮冒情事除另具切結呈報本縣衙門存案備查外合具

此切結是實

光緒七年拾月　日具賣蘆蕩地切結人包阿榮 十 徐品三 十

本図地保朱永昌

119

包阿榮、徐品三具賣蘆蕩地切結（1881 年 11 月，光緒七年十月）

基字南祝卷第八號

具領狀人潘榮發　今領到

製造局憲大人臺下給發身所賣二十四保方十二圖方字圩第　號自業蘆蕩

地價足制錢柒仟捌佰九十文身等於本日均各親投

憲局如數領收清訖並無分文短少浮冒等項情弊除另具

具領狀是實

光緒七年拾月初七日具領狀人潘榮發　十

本圖地保朱永昌

120

120

潘榮發具領狀（1881 年 11 月 28 日，光緒七年十月初七日）

叁字五號卷第八號

具賣地切結潘榮發今具到

製造局憲大人臺下竊身有自業蘆蕩地一方坐落二十四保方十二圖方字圩第　號

現已量見計貳分陸厘三毫情愿出具切結賣于

憲局作為公用每畝議定價錢叁十千文合計足制錢柒千捌百九十文身業經親投

憲局如數領收清訖並無分文短少浮冒情事除另具切結呈報本　縣衙門存案備查外合具

此切結是實

光緒七年拾月　日　具賣蘆蕩地切結人潘榮發　十

本圖地保朱永昌

121

121

潘榮發具賣蘆蕩地切結（1881年11月，光緒七年十月）

基字南號卷第八號

具領狀人包阿大、包雲昌、包海海等　今領到

製造局憲大人臺下給發身所賣二十四保方十二圖方字圩第天號白業蘆蕩

地價足制錢壹百叁拾千零叁百肆拾文身等於本日均各親投

憲局如數領收清訖並無分文短少浮冒等項情弊除另具賣地切結外合

具領狀是實

光緒七年十月初七日具領狀人包阿大十　包雲昌十　包海海十

本圖地保朱永昌十

包雲昌等具領狀（1881 年 11 月 28 日，光緒七年十月初七日）

基字弍號卷第八號

具賣地切結包阿大、雲昌、海海等　今具到

製造局憲大人臺下　竊身等有自業蘆蕩地一方坐落二十四保方十二啚方字圩第天字號

現已量見計肆畝叁分伍厘捌毫情愿出具切結賣于

憲局作為公用每畝議定價錢叁拾千合計足制錢壹百叁拾千零柒百肆拾文經親投

憲局如數領收清訖並無分文短少浮冒情事除另具切結呈報本　縣衙门存案備查外合具

此切結是實

光緒七年拾月　日具賣蘆蕩地切結人包阿大十、雲昌十、海海十

本啚地保朱永昌

包雲昌等具賣蘆蕩地切結（1881 年 11 月，光緒七年十月）

基字南號卷第八號

具領狀人包阿大　今領到

製造局憲大人臺下給發身所賣二十四保方十二圖方　字圩第　地字號自業蘆蕩

地價足制錢柒千玖百捌拾文等於本日均各親投

憲局如數領收清訖並無分文短少浮冒等項情弊除另具賣地切結外合

具領狀是實

光緒七年拾月初七日具領狀人包阿大　十

本圖地保朱永昌

包阿大具領狀（1881 年 11 月 28 日，光緒七年十月初七日）

基字五號卷第八號

具賣地切結包阿大　今具到

製造局憲大人臺下竊身有自業蘆蕩地一方坐落二十四保方十二圖方字圩第地字號

現已量見計貳分陸厘陸毫　情愿出具切結

憲局作為公用每畝議定價錢叁拾千合計足制錢柒千玖百捌拾文　業經親投

憲局如數領收清訖並無分文短少浮冒情事除另具切結呈報本　縣衙門存案備查外合具

此切結是實

光緒七年拾月　　日具賣蘆蕩地切結人包阿大　十

本圖地保　朱永昌

125

125

00120

包阿大具賣蘆蕩地切結（1881年11月，光緒七年十月）

基字古號卷第八號

具領狀人包阿三　今領到

製造局憲大人臺下給發身所賣二十四保方十二圖方字圩第　號自業蘆蕩

地價足制錢叁仟叁伯文　身等於本日均各親投

憲局如數領收清訖並無分文短少浮冒等項情弊除另具賣地切結呈　存外合

具領狀是實　押

光緒七年拾月初七日具領狀人包阿三十

本圖地保朱永昌

126

包阿三具領狀（1881年11月28日，光緒七年十月初七日）

巷字五號卷第八號

具賣地切結包阿三　今具到

製造局憲大人臺下竊身有自業蘆蕩地一方坐落二十五保十二圖方字圩第　　號

現已量見計壹分壹厘　情愿出具切結賣于

憲局作爲公用每畝議定價錢三十千文合計足制錢叁千叁百文身業經親投

憲局如數領收清訖並無分文短少浮冒情事除另具切結呈報本縣衙門存案備查外合具

此切結是實

光緒七年拾月　日具賣蘆蕩地切結人包阿三十

本圖地保朱永昌

127

127

包阿三具賣蘆蕩地切結（1881年11月，光緒七年十月）

臺字南號卷第八號

具賣地切結張學廣、煥銓　今具到

製造局憲大人臺下竊身有自業蘆蕩地一方坐落二十四保方十二圖方字圩第天字號

現已量見計弍畝叁分三厘三毛情愿出具切結賣于

憲局作為公用每畝議定價錢叁拾仟合計足制錢陸拾玖仟九百九十文業經親投

憲局如數領收清訖並無分文短少浮冒情事除另具切結呈報本　縣衙门存案備查外合具

此切結是實

光緒七年拾月初五日　具賣蘆蕩地切結人張學廣十、煥銓十　即張培廣

本圖地保朱永昌

128

張學廣、張煥銓具賣蘆蕩地切結（1881年11月26日，光緒七年十月初五日）

基字壹號卷第八號

具領狀人張學廣煥銓今領到

製造局憲大人臺下給發身所賣二十四保叁拾二圖方字圩第天字號自業蘆蕩

地價足制錢陸拾玖仟玖百九十文身等於本日均各親投

憲局如數領收清訖並無分文短少浮冒等項情弊除另具賣地切結呈存外合

具領狀是實

光緒七年拾月初五日具領狀人張學廣十煥銓十

即張防庠

本圖地保朱永昌

張學廣、張焕銓具領狀（1881年11月26日，光緒七年十月初五日）

巻字南號卷第八號

具領狀人　林銀和　今領到

製造局憲大人臺下給發身所賣二十四保方十二圖方字圩第　號自業蘆蕩

地價足制錢壹拾柒千三百文身等於本日均各親投

憲局如數領收清訖並無分文短少浮冒等項情弊除另具賣地切結呈　存外合

具領狀是實

光緒七年十月初七日具領狀人　林吳氏　林銀和　十十

本圖地保　朱永昌

130

林銀如具領狀（1881 年 11 月 28 日，光緒七年十月初七日）

巻字㕛叁第八號

具賣地切結　林銀和　今具到

製造局憲大人臺下竊身　有自業蘆蕩地一方坐落二十五保方十二圖方字圩第　號

現已量見計　肆分壹厘　情愿出具切結賣于

憲局作爲公用每畝議定價錢叁拾千文合計足制錢　壹拾弍千三百文身　業經親投

憲局如數領收清訖並無分文短少浮冒情事除另具切結呈報本　縣衙门存案備查外合具

此切結是實

光　緒　七　年　十　月　　　日　具賣蘆蕩地切结人　林銀和　十

林吳氏　十

本圖地保　朱永昌

林銀如具賣蘆蕩地切結（1881 年 11 月，光緒七年十月）

江南製造總局

二十九、江南製造局添建炮廠及火藥廠購買地基的契據、田單及有關文書

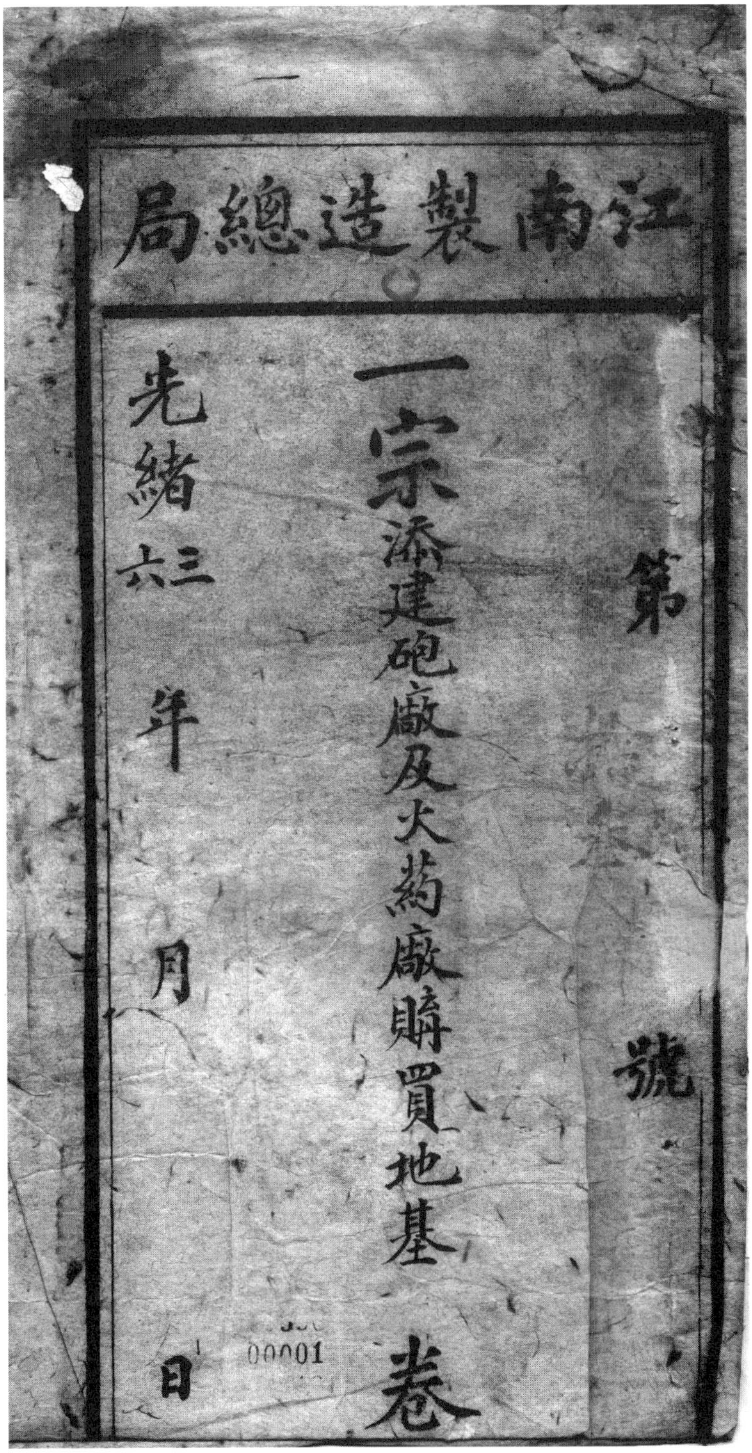

江南製造總局基字第十三號添建炮廠及火藥廠購買地基卷封面（1877-1880年，光緒三年——光緒六年）

上海總商會
類第廿三號

照會二件
上海縣申文一件
田單念九張印契一張加嘆契三張
鄭金發朱大倫等四拾五户切結並
領狀共九十張共田七十九畝二分八厘一毫
會茂昌姚樹之存領狀一張
龍華子藥廠清摺兩扣
選單華記四張
一宗
年
月

上海總商會第二十三號添建炮廠及火藥廠購地案卷封面（時間不詳）

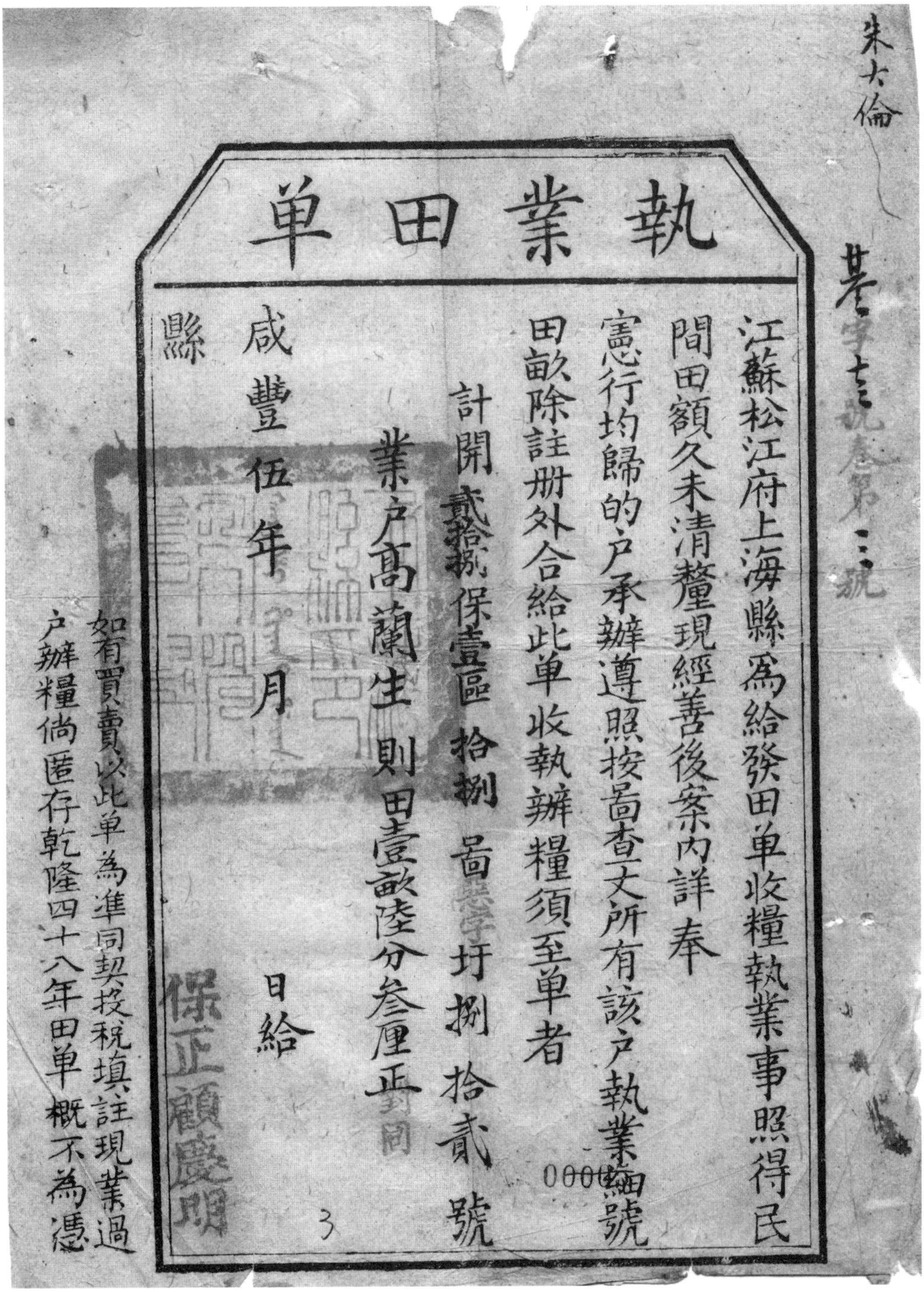

朱大倫

執業田単

江蘇松江府上海縣爲給發田単收糧執業事照得民
間田額久未清釐現經善後案内詳奉
憲行均歸的户承辦遵照按啚查丈所有該户執業細號
田畝除註册外合給此単收執辦糧須至単者
計開貳拾玖保壹區拾捌啚柒字圩捌拾貳號
業户高蘭生則田壹畝陸分叁厘正
咸豐伍年　月　日給
縣
保正顧慶明
如有買賣以此単為準同契投稅填註現業過
户辦糧倘匿存乾隆四十八年田単概不為憑

高蘭生執業田單（1855 年，咸豐五年）

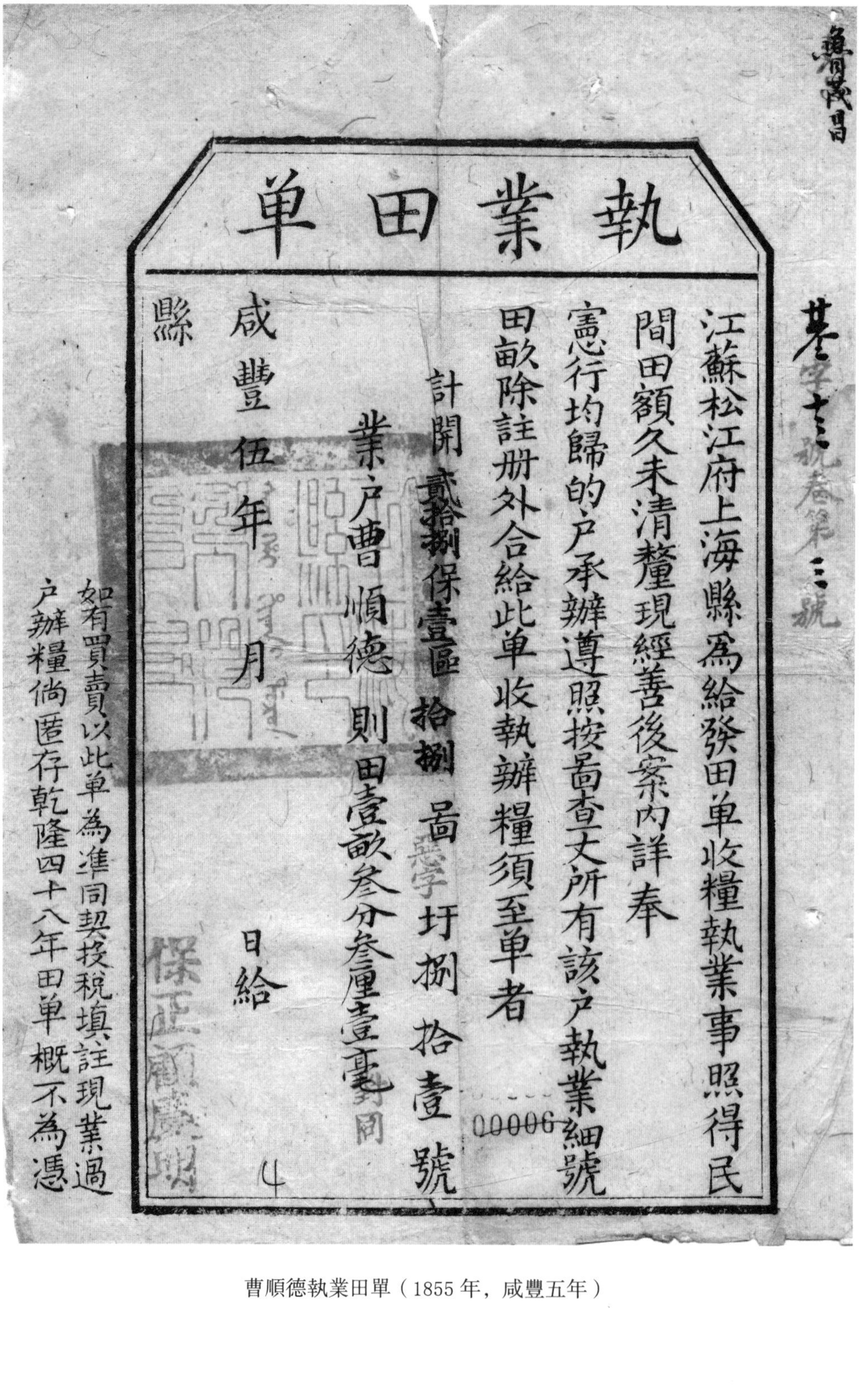

執業田单

江蘇松江府上海縣爲給發田单收糧執業事照得民
間田額久未清釐現經善後案内詳奉
憲行均歸的户承辦遵照按啚查丈所有該户執業細號
田畝除註册外合給此单收執辦糧須至单者

計開 貳拾捌保壹區拾捌 啚 恶字圩 捌拾壹號

業户曹順德 則田壹畝叁分叁厘壹毫

咸豐伍年 月 日給

縣

如有買賣以此单為準同契投税填註現業過
户辦糧倘匿存乾隆四十八年田单概不為憑

曹順德執業田單（1855 年，咸豐五年）

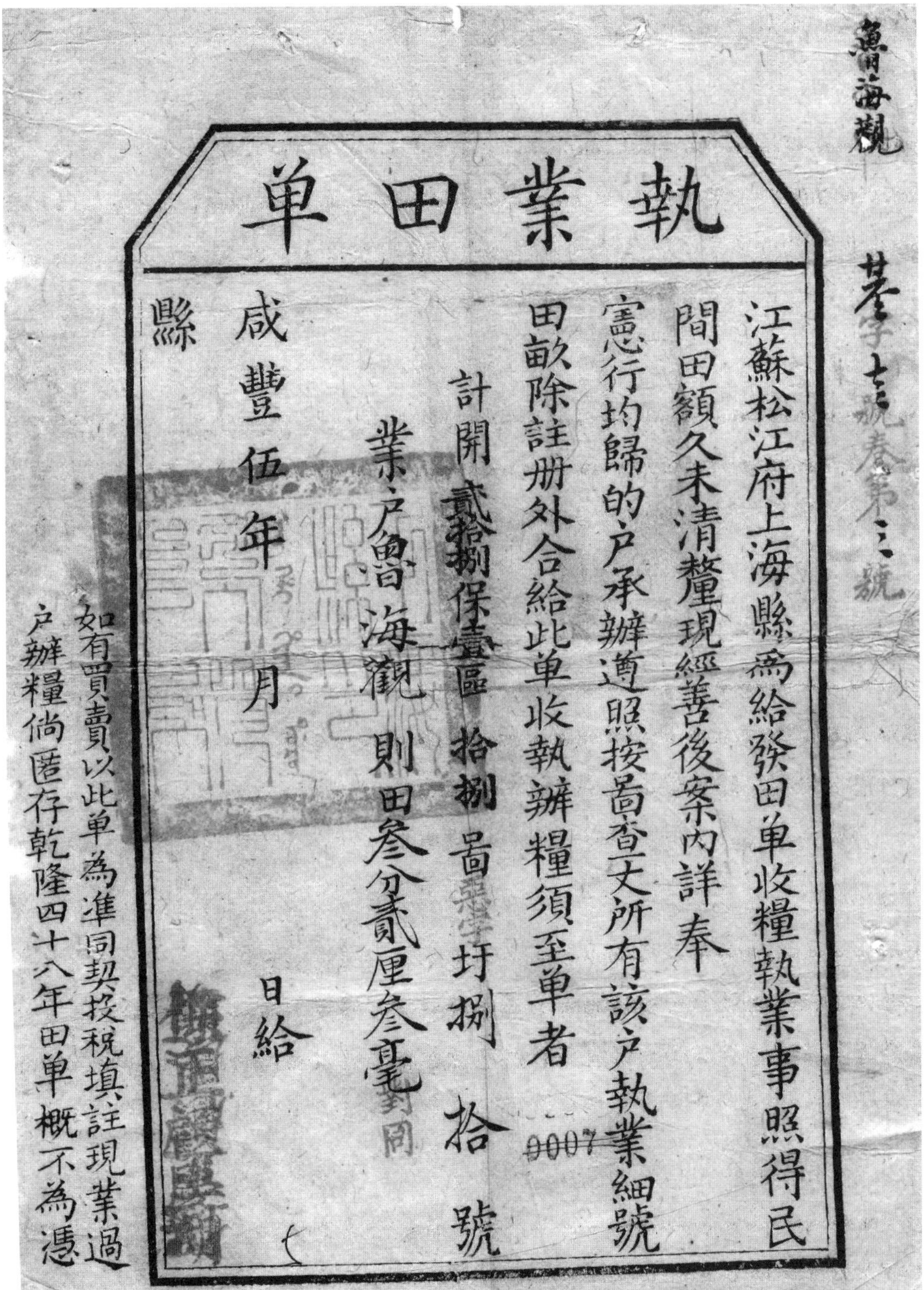

魯海觀

基字十六號叁第三號

執業田單

江蘇松江府上海縣爲給發田单收糧執業事照得民
間田額久未清釐現經善後案內詳奉
憲行均歸的户承辦遵照按啚查丈所有該户執業細號
田畝除註册外合給此单收執辦糧須至单者
計開 貳拾捌保壹區 拾捌 啚 吳字圩 捌 拾 號
業户魯海觀 則田叁分貳厘叁毫
咸豐伍年 月 日給
縣
如有買賣以此单爲準同契投稅填註現業過
户辦糧倘匿存乾隆四十八年田单概不爲憑

魯海觀執業田單（1855 年，咸豐五年）

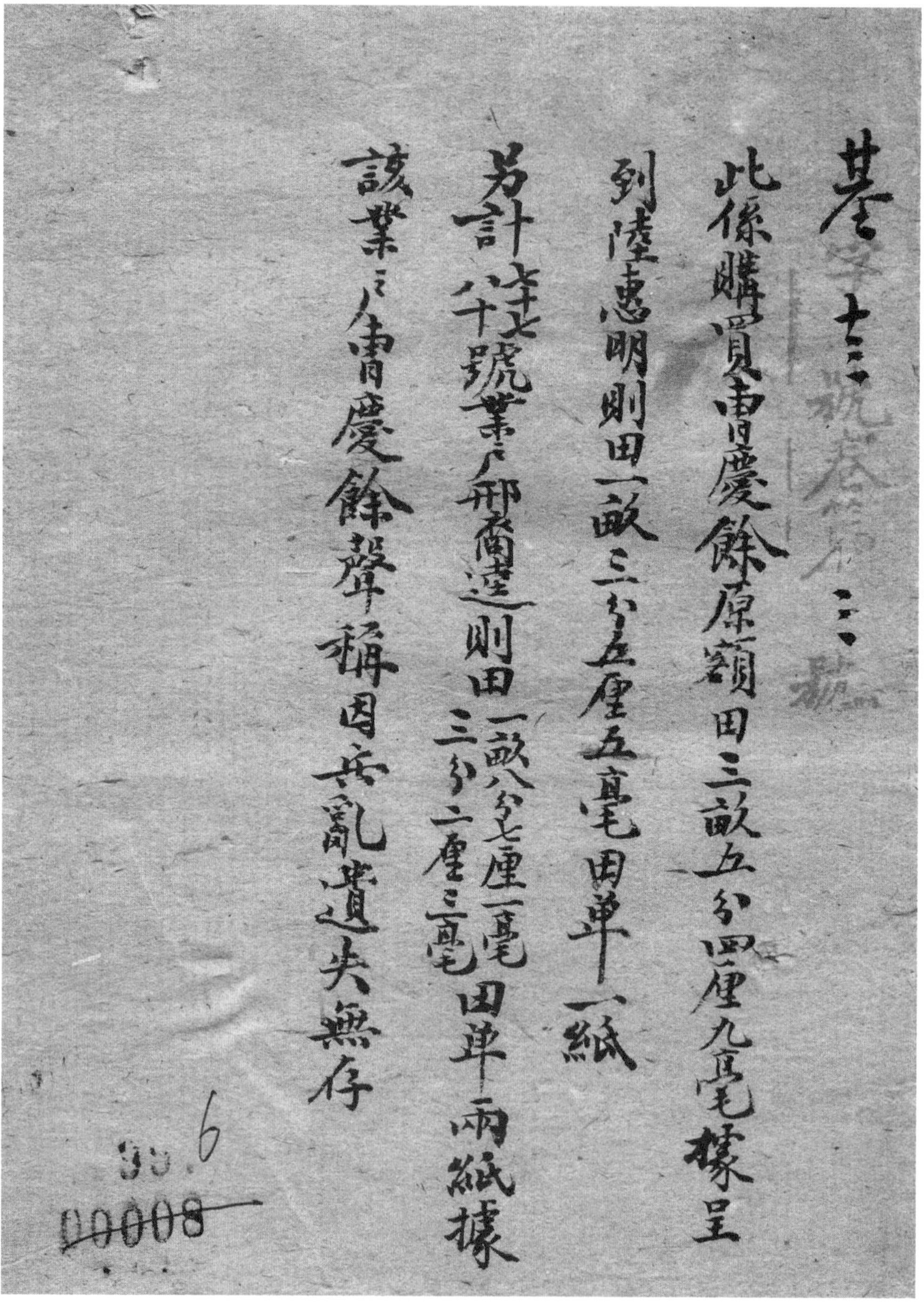
基字十三號卷第三號
此係購買曹慶餘原額田三畝五分四厘九毫據呈
到陸惠明則田一畝三分五厘五毫田單一紙
另計八千七八千號業户邢商達則田一畝八分七厘一毫三分二厘三毫田單兩紙據
該業户曹慶餘聲稱因兵亂遺失無存

關於曹慶餘執業田單的情況説明（1881年，光緒七年）

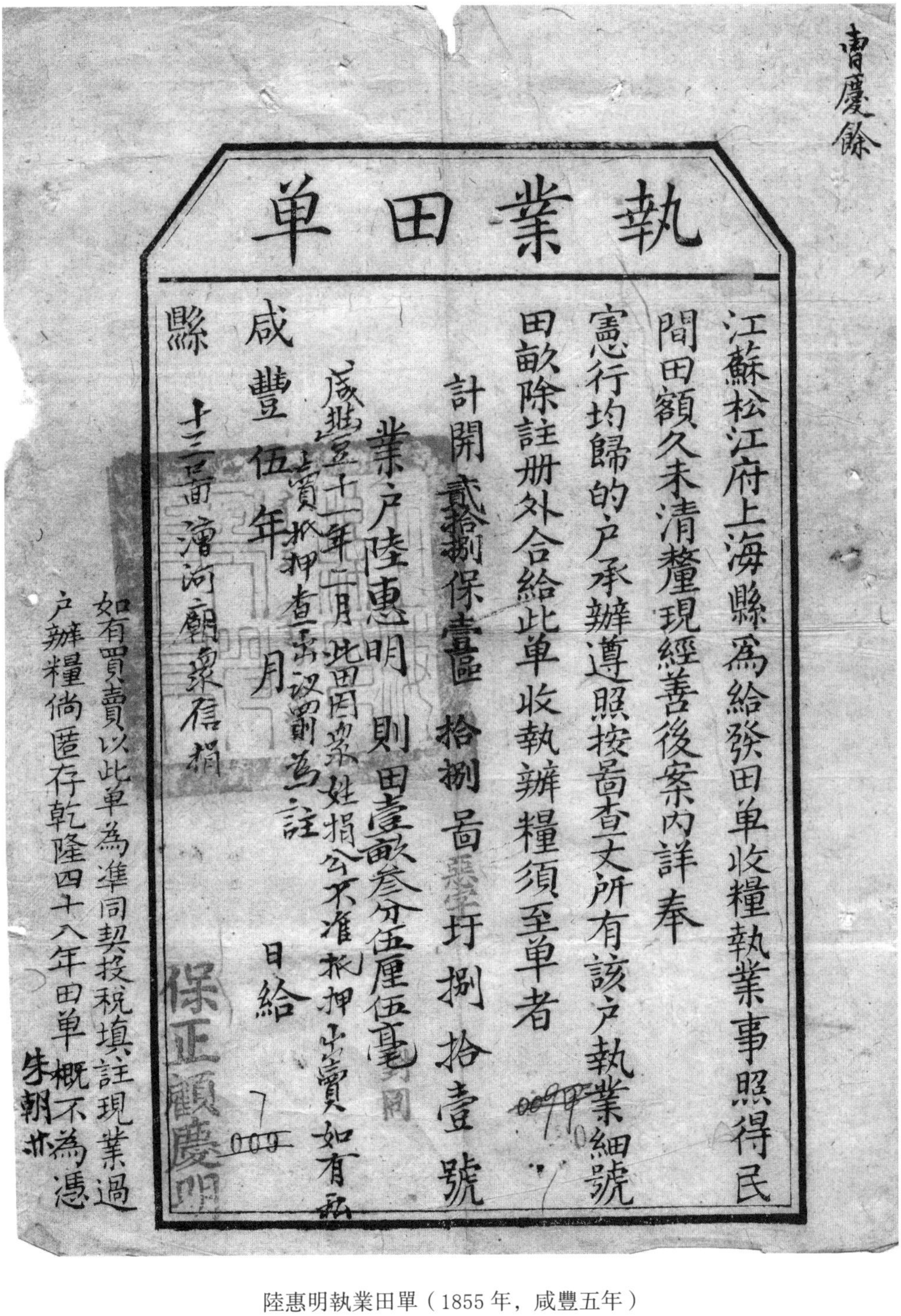

曹慶餘

執業田单

江蘇松江府上海縣爲給發田单收糧執業事照得民
間田額久未清釐現經善後案内詳奉
憲行均歸的户承辦遵照按啚查丈所有該户執業細號
田畝除註册外合給此单收執辦糧須至单者
計開 貳拾捌保壹區 拾捌啚 [illegible]字圩 捌拾壹號
業户陸惠明 則田壹畝叁分伍厘伍毫
咸豐十一年二月此田因衆姓捐公不准抵押出賣如有私
賣抵押查出以罰爲註
咸豐伍年 月 日給
縣 十二啚漕河廟衆信捐
如有買賣以此单為準同契投税填註現業過
户辦糧倘匿存乾隆四十八年田单概不為憑
朱朝
保正顧慶明

陸惠明執業田單（1855 年，咸豐五年）

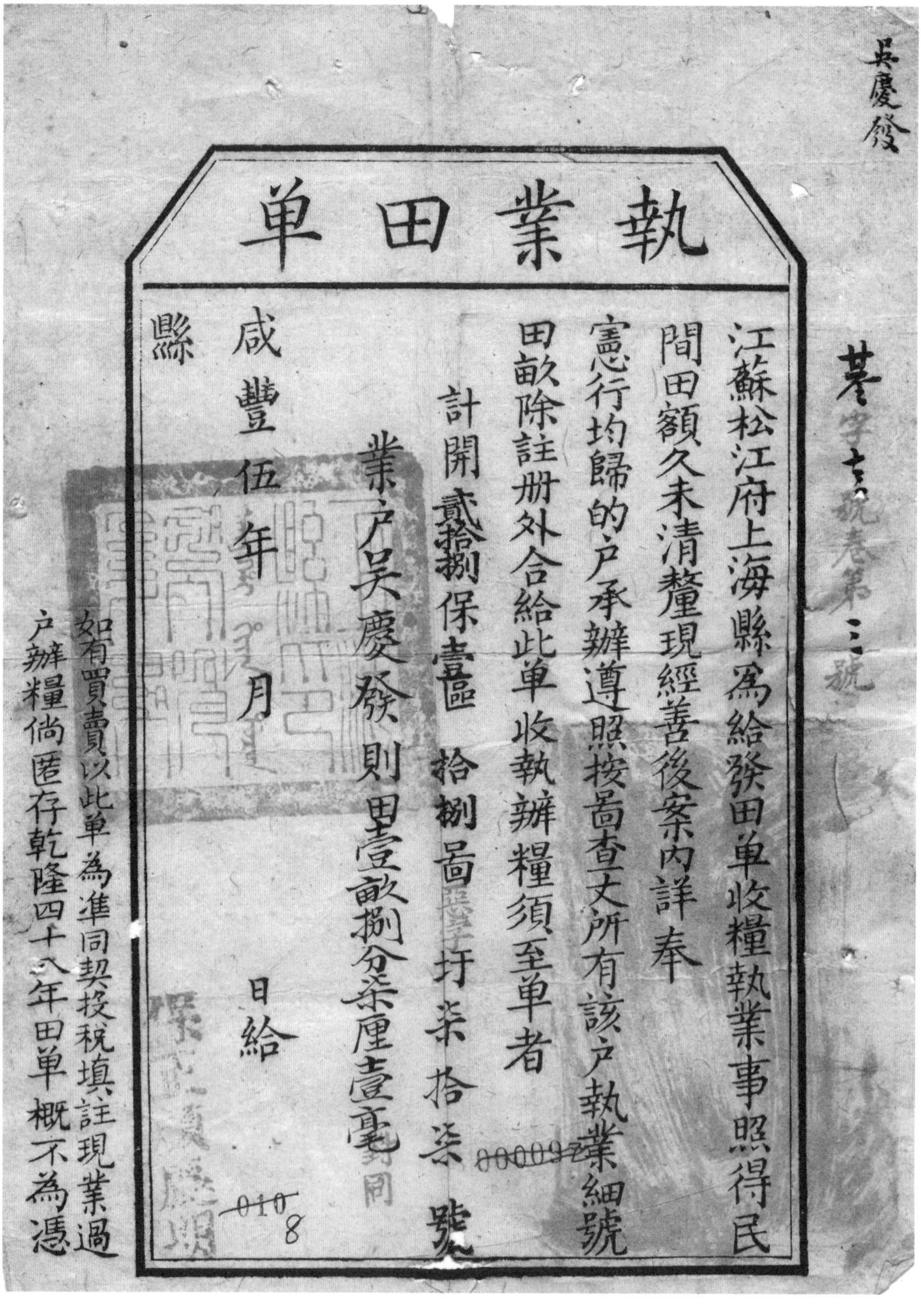

吴慶發

基字十六號卷第三號

執業田单

江蘇松江府上海縣爲給發田单收糧執業事照得民
間田額久未清釐現經善後案内詳奉
憲行均歸的户承辦遵照按啚查丈所有該户執業細號
田畝除註册外合給此单收執辦糧須至单者
計開貳拾捌保壹啚　拾捌啚　圩柒拾柒號
業户吴慶發　則田壹畝捌分柒厘壹毫
咸豐伍年　月　日給
縣
如有買賣以此单為準同契投稅填註現業過
户辦糧倘匿存乾隆四十八年田单概不為憑

吴慶發執業田單（1855 年，咸豐五年）

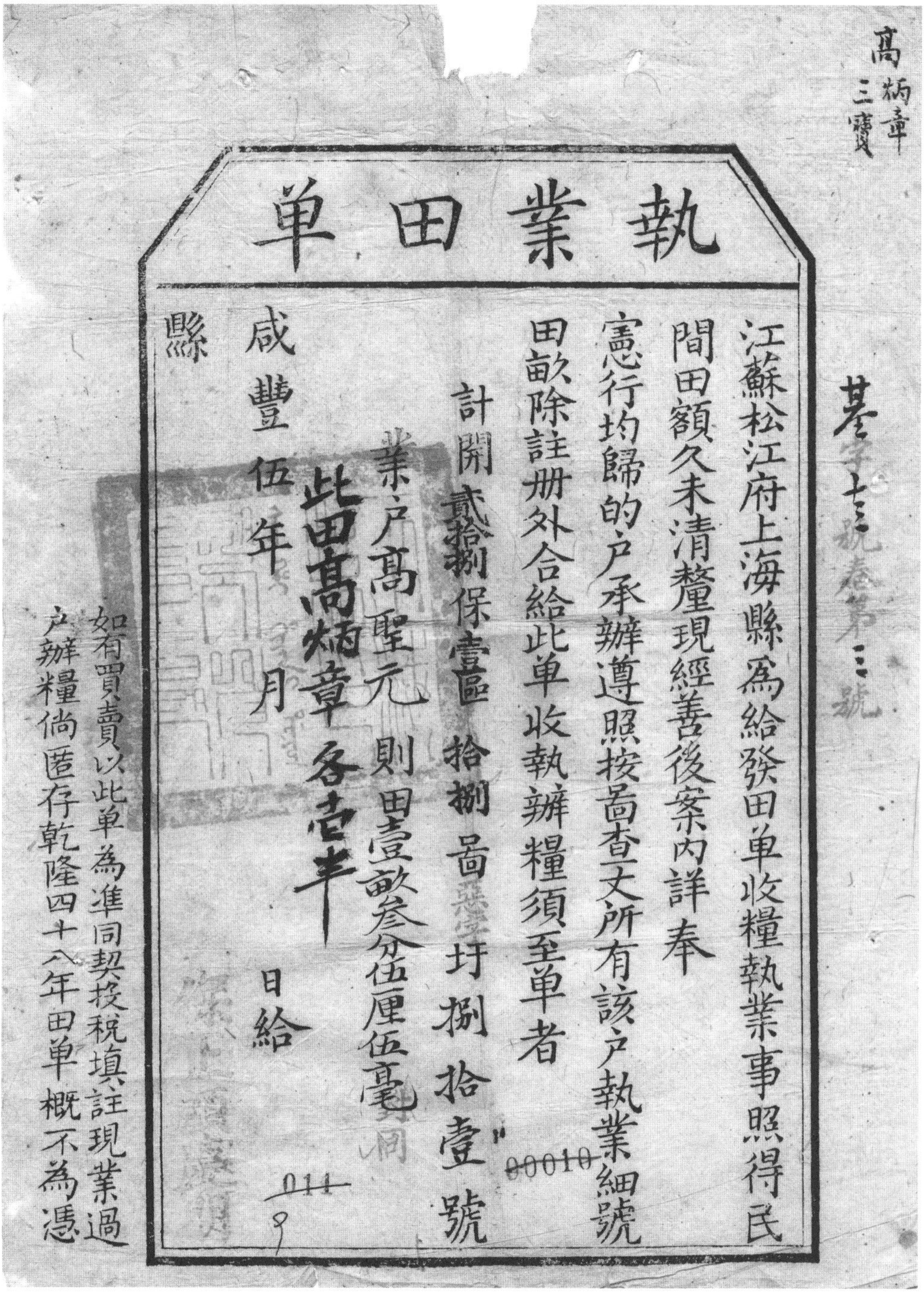
高炳章
三寶

執業田单

基字十三號卷第三號

江蘇松江府上海縣爲給發田单收糧執業事照得民
間田額久未清釐現經善後案内詳奉
憲行均歸的户承辦遵照按啚查丈所有該户執業細號
田畝除註册外合給此单收執辦糧須至单者

計開 貳拾捌保壹啚 拾捌 啚 圩 捌 拾壹 號

業户高聖元 則田壹畝叁分伍厘伍毫

此田高炳章各壹半

咸豐伍年 月 日給

縣

如有買賣以此单為準同契投稅填註現業過
户辦糧倘匿存乾隆四十八年田单概不為憑

高聖元執業田單（1855 年，咸豐五年）

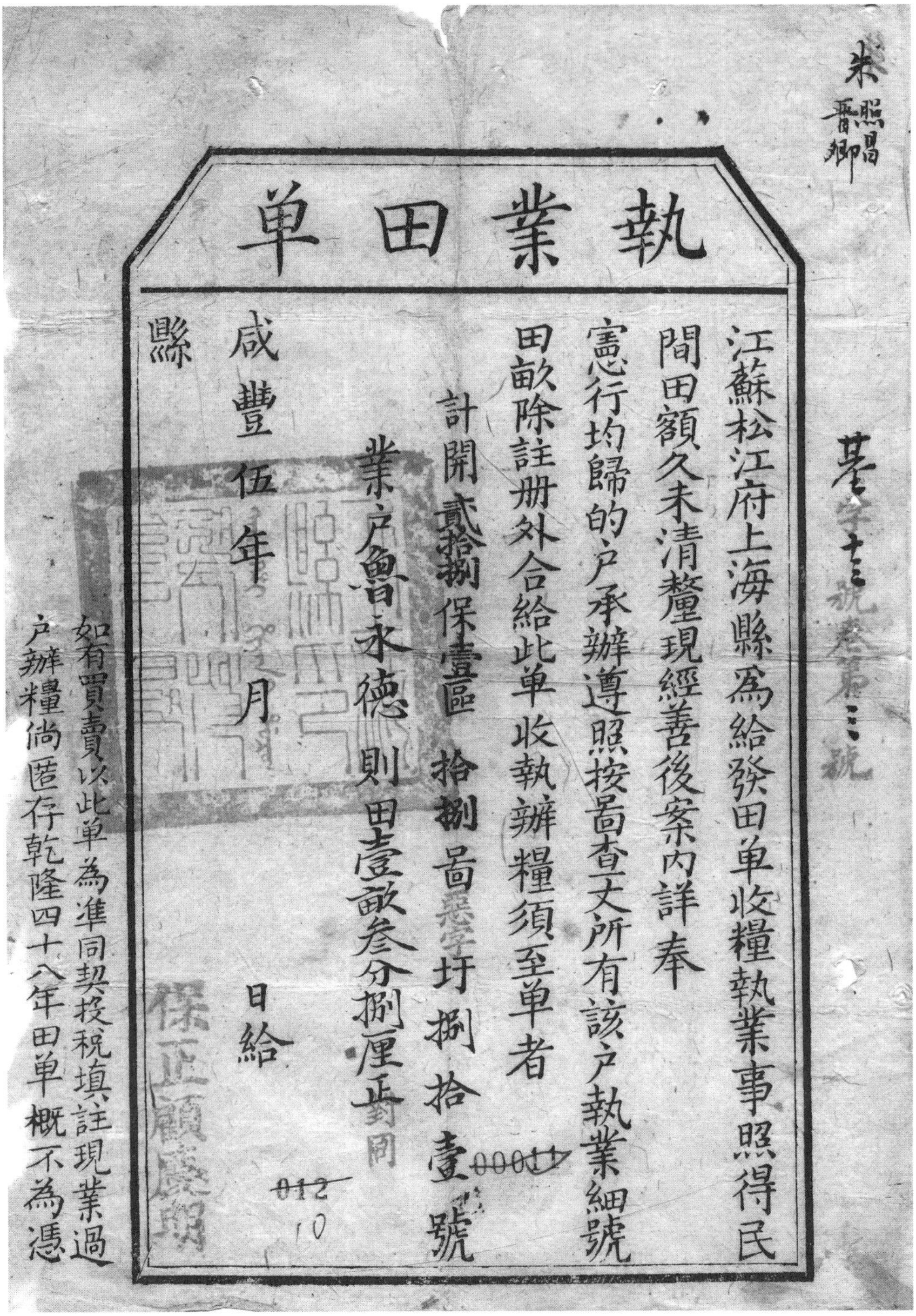

魯永德執業田單（1855年，咸豐五年）

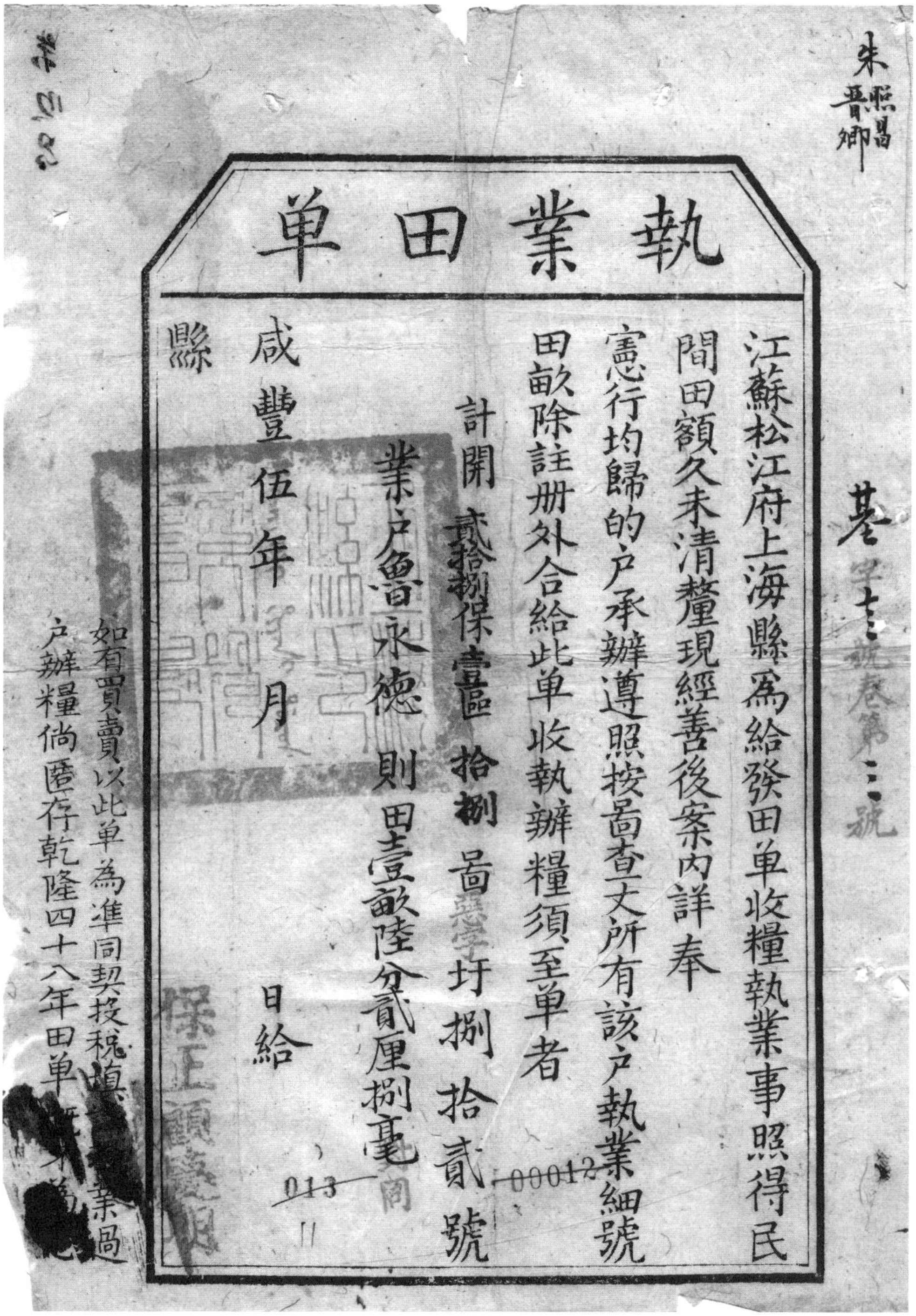
朱熙昌
晋卿

執業田单

江蘇松江府上海縣爲給發田单收糧執業事照得民
間田額久未清釐現經善後案内詳奉
憲行均歸的户承辦遵照按啚查丈所有該户執業細號
田畝除註册外合給此单收執辦糧須至单者
計開 貳拾捌保壹啚 拾捌 啚 圩捌拾貳號
業户魯永德 則田壹畝陸分貳厘捌毫
咸豐伍年 月 日給
縣
如有買賣以此单為準同契投稅填[illegible]業啚
户辦糧倘匿存乾隆四十八年田单[illegible]
慈字七十號卷第二號
00012
013

魯永德執業田單（1855 年，咸豐五年）

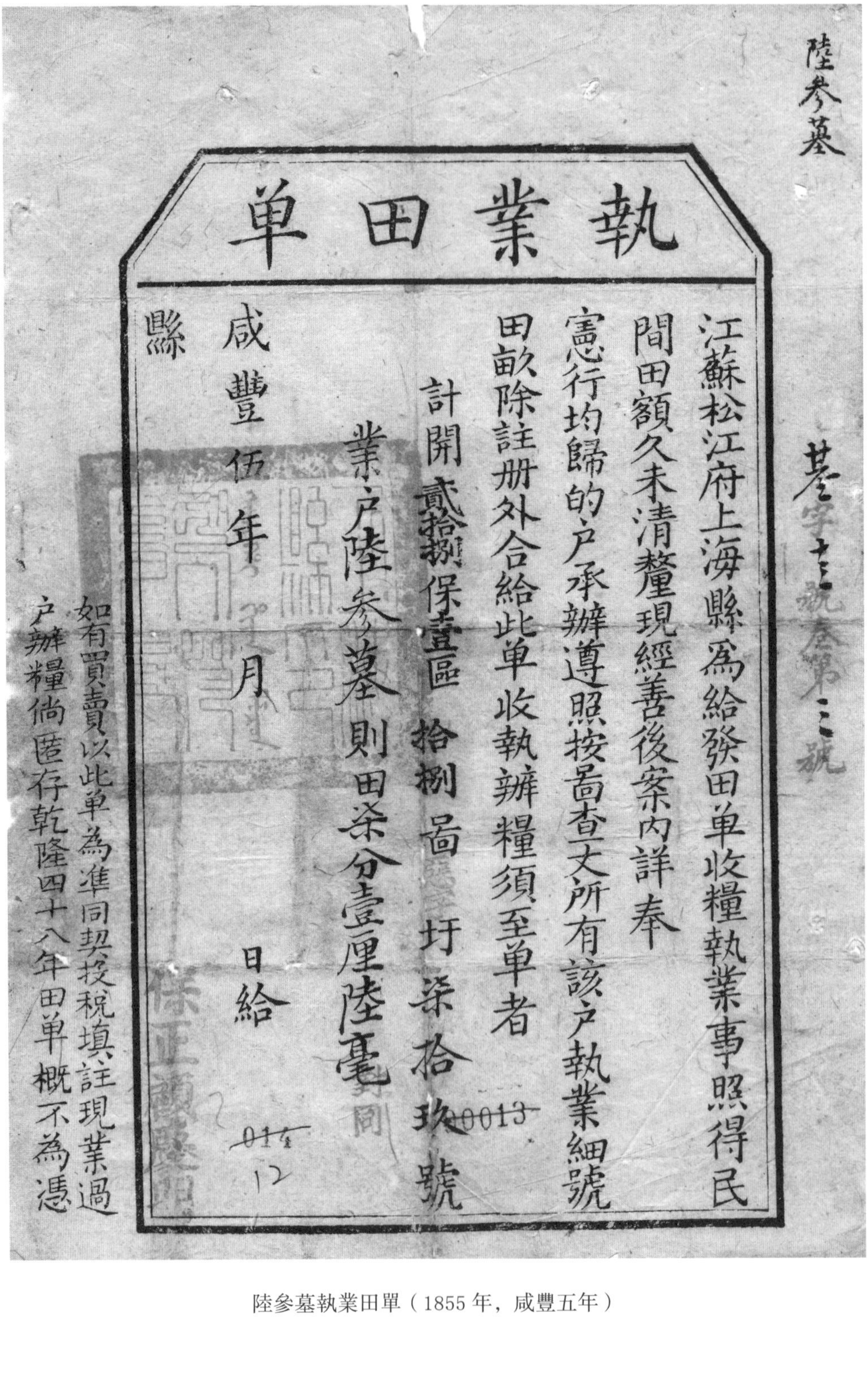

陸参墓

執業田単

江蘇松江府上海縣爲給發田単收糧執業事照得民
間田額久未清釐現經善後案内詳奉
憲行均歸的户承辦遵照按啚查丈所有該户執業細號
田畝除註册外合給此単收執辦糧須至単者
計開 貳拾捌保壹區 拾捌啚 圩 柒拾玖號
業户陸参墓 則田柒分壹厘陸毫

基字十三號在第二二號

咸豐伍年 月 日給

縣

如有買賣以此単為準同契投税填註現業過
户辦糧倘匿存乾隆四十八年田単概不為憑

陸參墓執業田單（1855 年，咸豐五年）

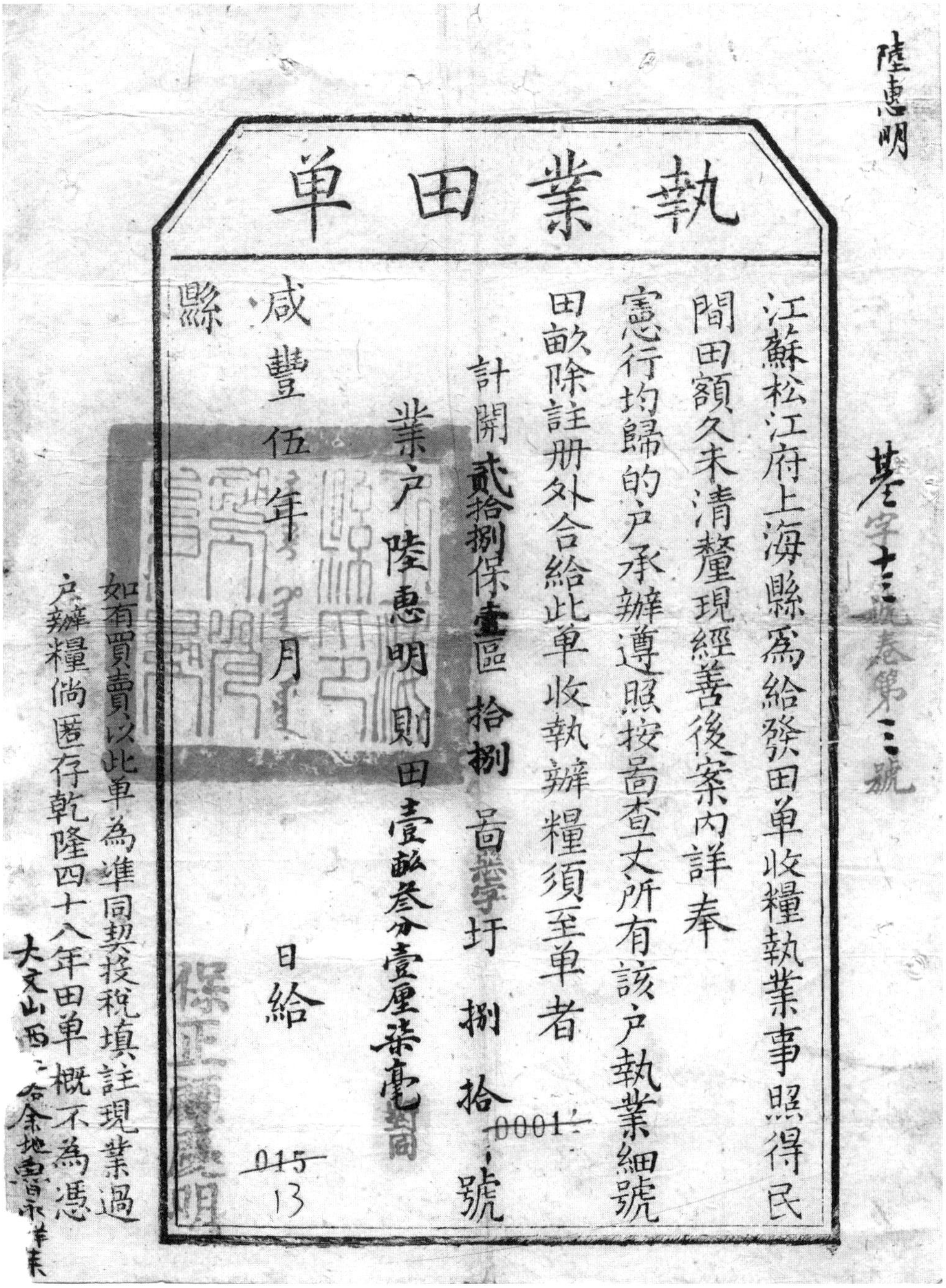
陸惠明

執業田単

江蘇松江府上海縣爲給發田単收糧執業事照得民
間田額久未清釐現經善後案内詳奉
憲行均歸的户承辦遵照按啚查丈所有該户執業細號
田畝除註册外合給此単收執辦糧須至単者
計開貳拾捌保壹區拾捌啚恭字圩捌拾號
業户陸惠明則田壹畝叁分壹厘柒毫
咸豐伍年月日給
縣
如有買賣以此単爲準同契投稅填註現業過
户辦糧倘匿存乾隆四十八年田単概不爲憑

陸惠明執業田單（1855 年，咸豐五年）

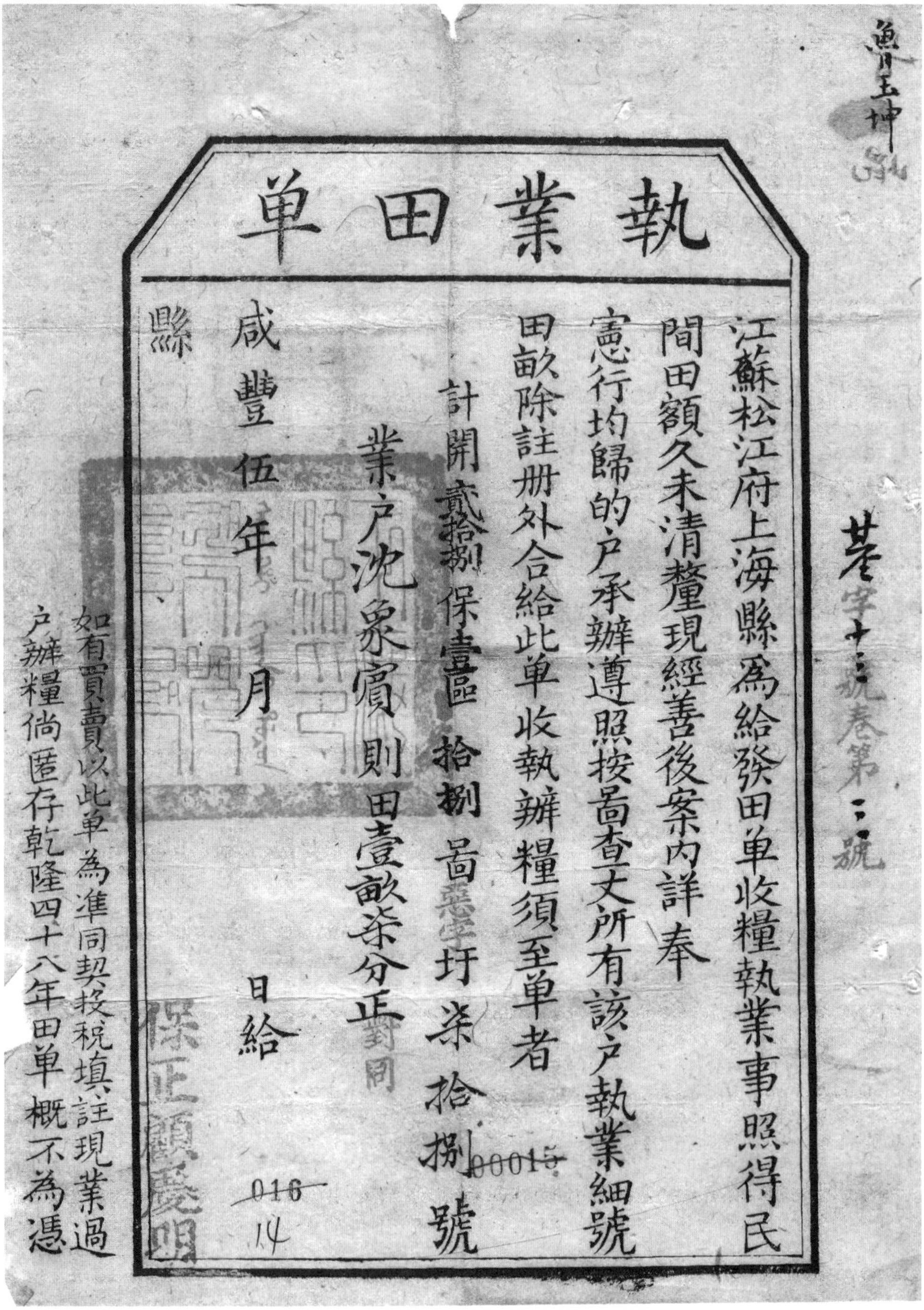
執業田単

江蘇松江府上海縣爲給發田単收糧執業事照得民
間田額久未清釐現經善後案内詳奉
憲行均歸的户承辦遵照按啚查丈所有該户執業細號
田畝除註册外合給此単收執辦糧須至単者
計開貳拾捌保壹啚 拾捌啚 圩 柒拾捌 號
業户沈象賓 則田壹畝柒分正
咸豐伍年 月 日給
縣

如有買賣以此単為準同契投稅填註現業過
户辦糧倘匿存乾隆四十六年田単概不為憑

沈象賓執業田單（1855 年，咸豐五年）

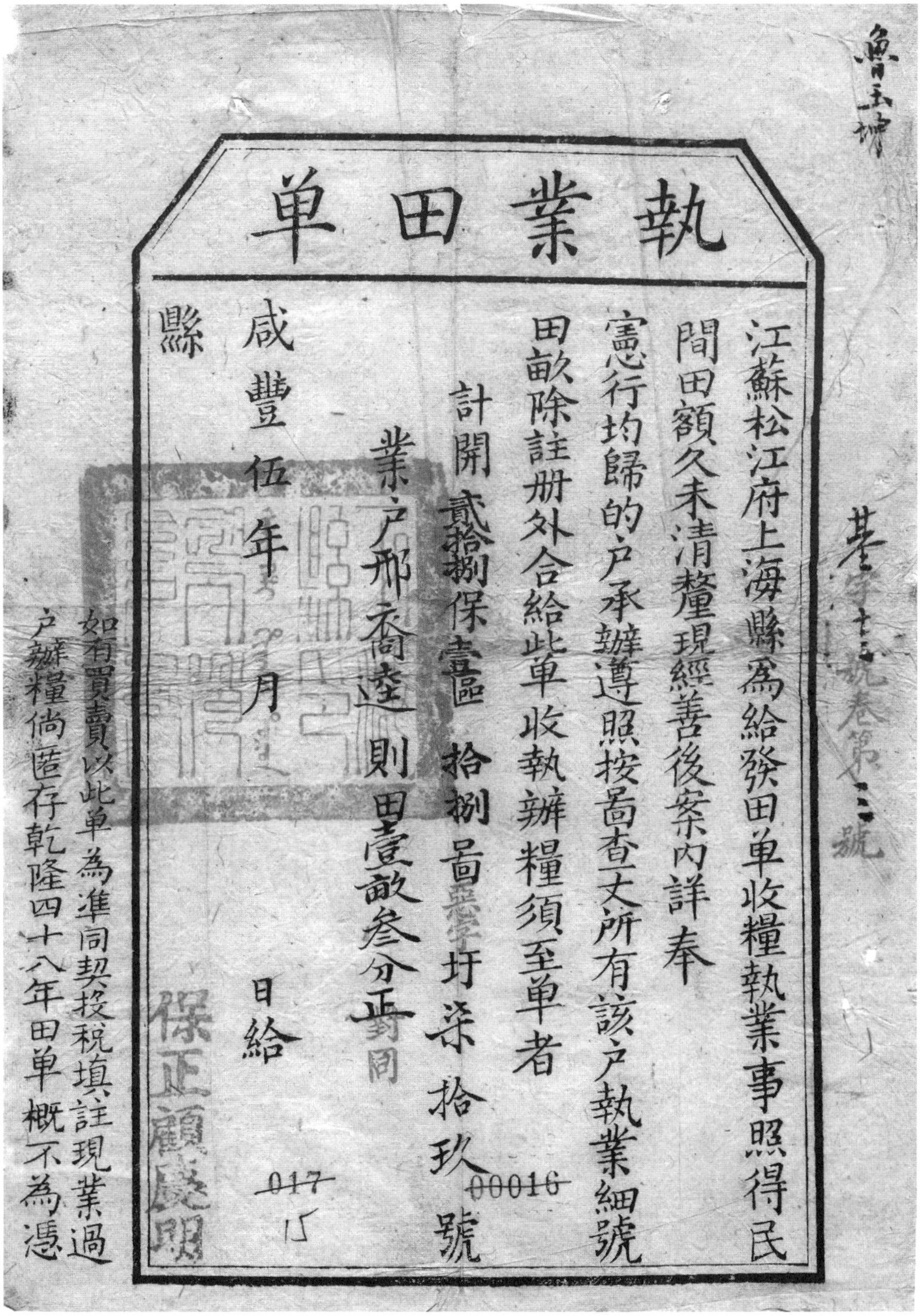
魯玉坤

執業田单

江蘇松江府上海縣爲給發田单收糧執業事照得民
間田額久未清釐現經善後案内詳奉
憲行均歸的户承辦遵照按啚查丈所有該户執業細號
田畝除註册外合給此单收執辦糧須至单者
計開 貳拾捌保壹區 拾捌啚吳字圩柒拾玖號
業户邢裔逵 則田壹畝叁分正
咸豐伍年 月 日給
縣
如有買賣以此单為準同契投税填註現業過
户辦糧倘匿存乾隆四十八年田单概不為憑
保正顧殿明

邢裔逵執業田單（1855 年，咸豐五年）

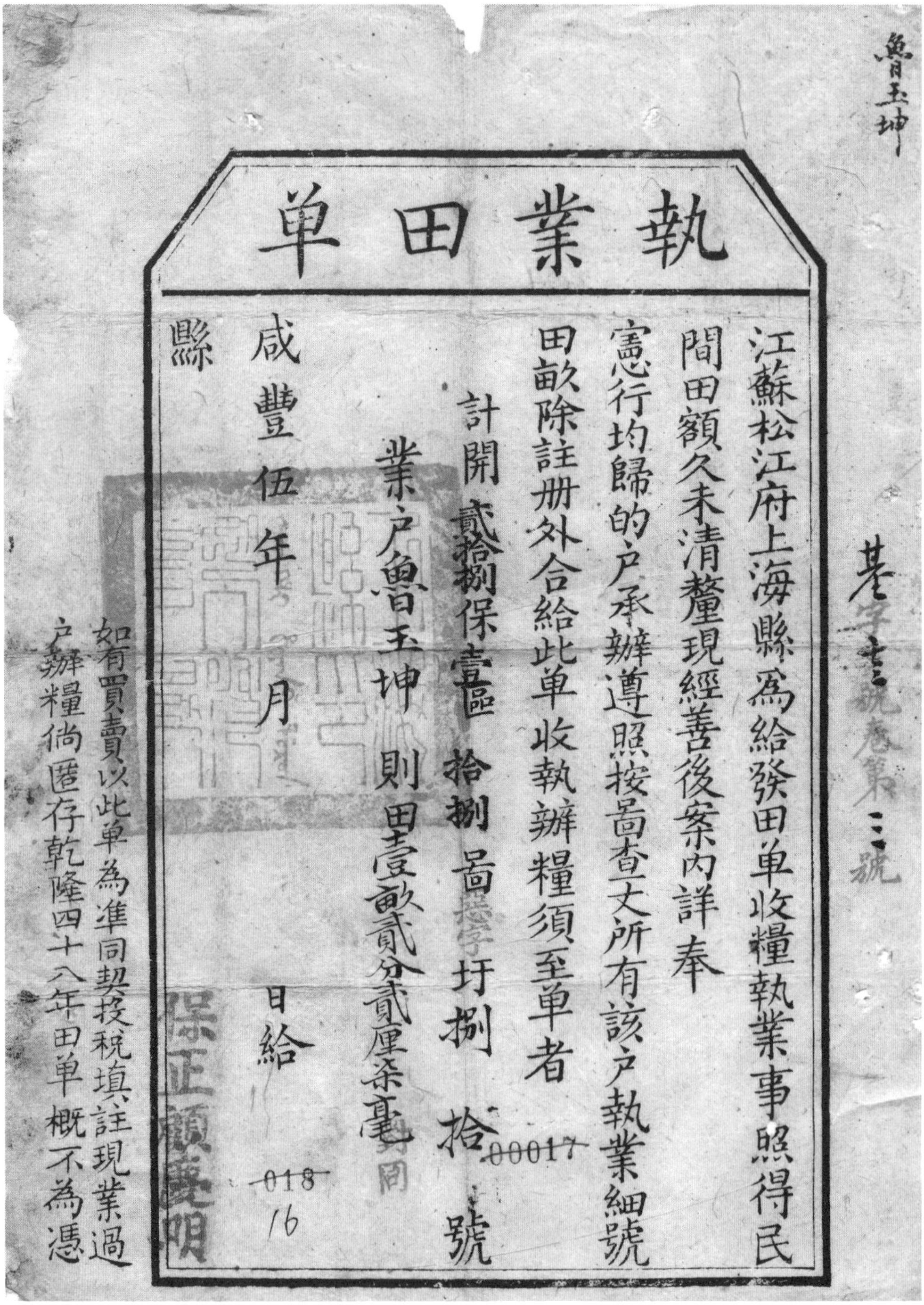
魯玉坤

執業田單

江蘇松江府上海縣為給發田单收糧執業事照得民
間田額久未清釐現經善後案內詳奉
憲行均歸的户承辦遵照按啚查丈所有該户執業細號
田畝除註册外合給此单收執辦糧須至单者

計開 貳拾捌保壹區 拾捌 啚 巷字 圩 捌拾 號

業户魯玉坤 則田壹畝貳分貳厘柒毫

咸豐伍年 月 日給

縣

如有買賣以此单為準同契投稅填註現業過
户辦糧倘匿存乾隆四十八年田单概不為憑

保正顧慶明

巷字十三號卷第三號

00017

018

16

魯玉坤執業田單（1855 年，咸豐五年）

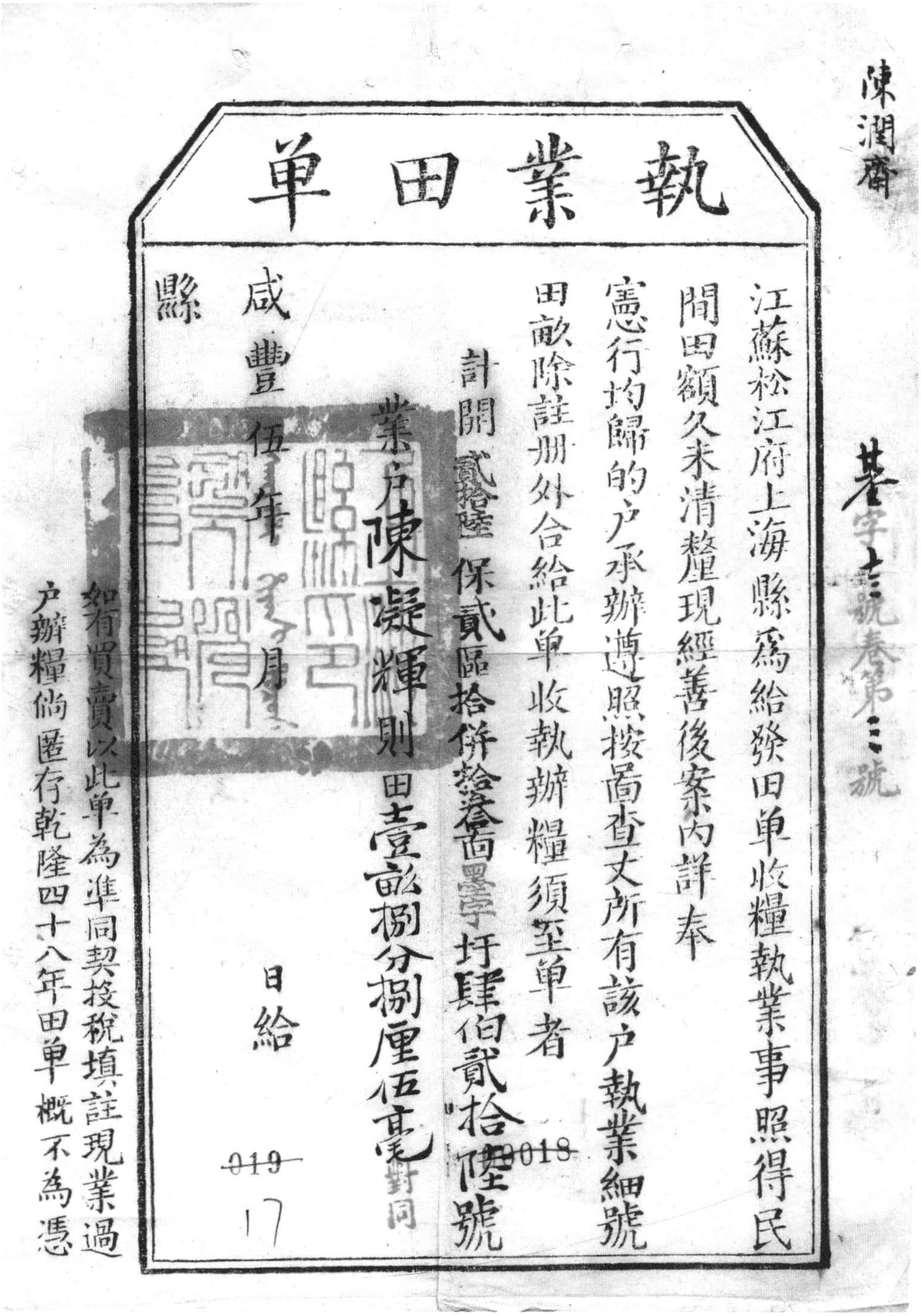
陳潤齋

執業田單

江蘇松江府上海縣爲給發田单收糧執業事照得民
間田額久未清釐現經善後案内詳奉
憲行均歸的户承辦遵照按啚查丈所有該户執業細號
田畝除註册外合給此单收執辦糧須至单者

基字十三號 春第三號

計開 貳拾保貳區拾併拾叁啚 墨字圩肆伯貳拾陸號 0018
業户陳凝輝則田壹畝捌分捌厘伍毫 對同
咸豐伍年柒月 日給
縣

~~019~~ 17

如有買賣以此单為準同契投稅填註現業過
户辦糧倘匿存乾隆四十八年田单概不為憑

陳凝輝執業田單（1855 年，咸豐五年）

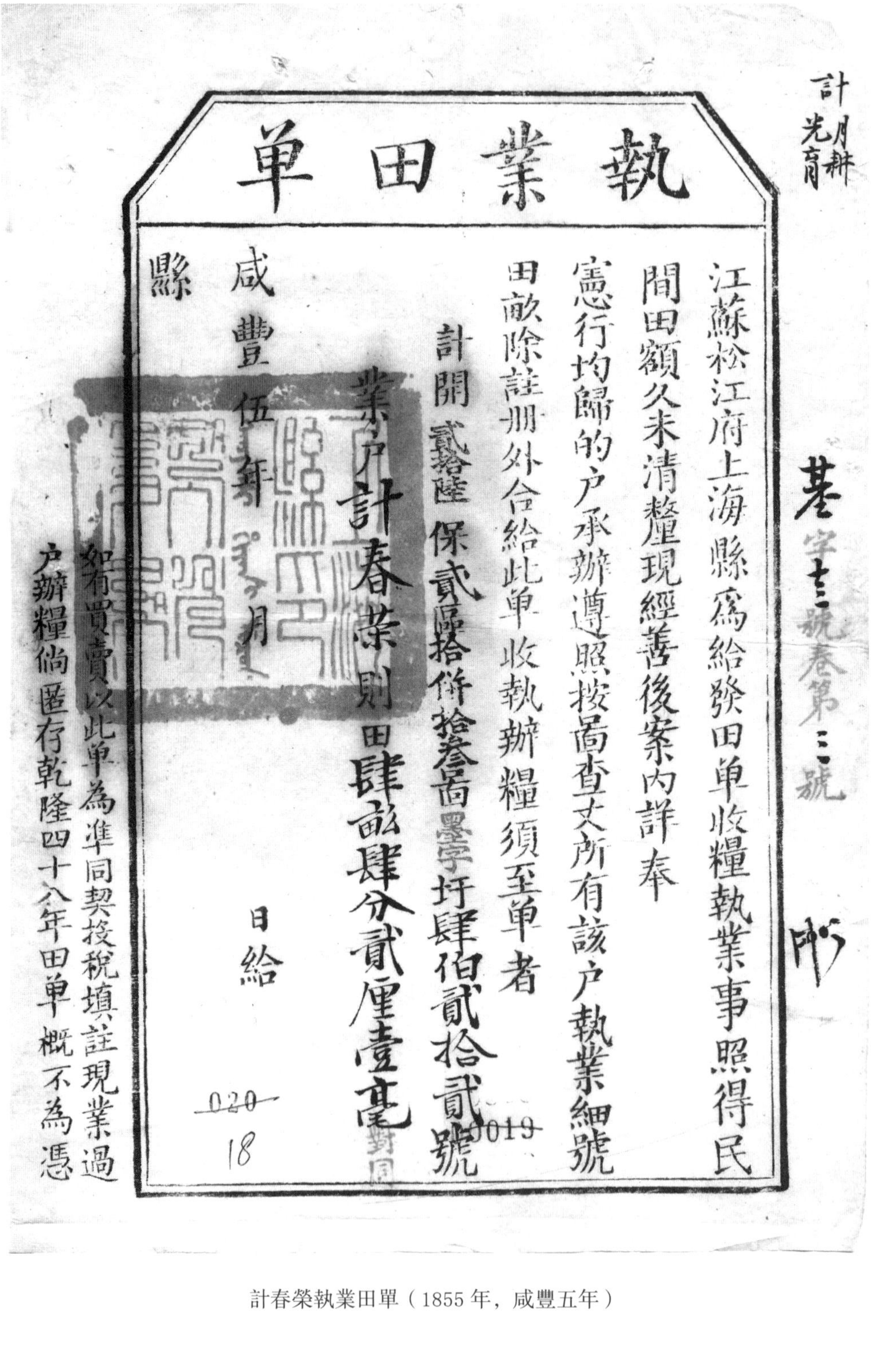
執業田单

江蘇松江府上海縣爲給發田单收糧執業事照得民
間田額久未清釐現經善後案内詳奉
憲行均歸的户承辦遵照按畝查丈所有該户執業細號
田畝除註册外合給此单收執辦糧須至单者
計開 貳拾陸保貳區拾併拾叁啚墨字圩肆伯貳拾貳號
業户 許春榮 則田肆畝肆分貳厘壹毫
咸豐伍年 叁 月 日給
縣
如有買賣以此单為準同契投稅填註現業過
户辦糧倘匿存乾隆四十八年田单概不為憑

計榮春執業田單（1855年，咸豐五年）

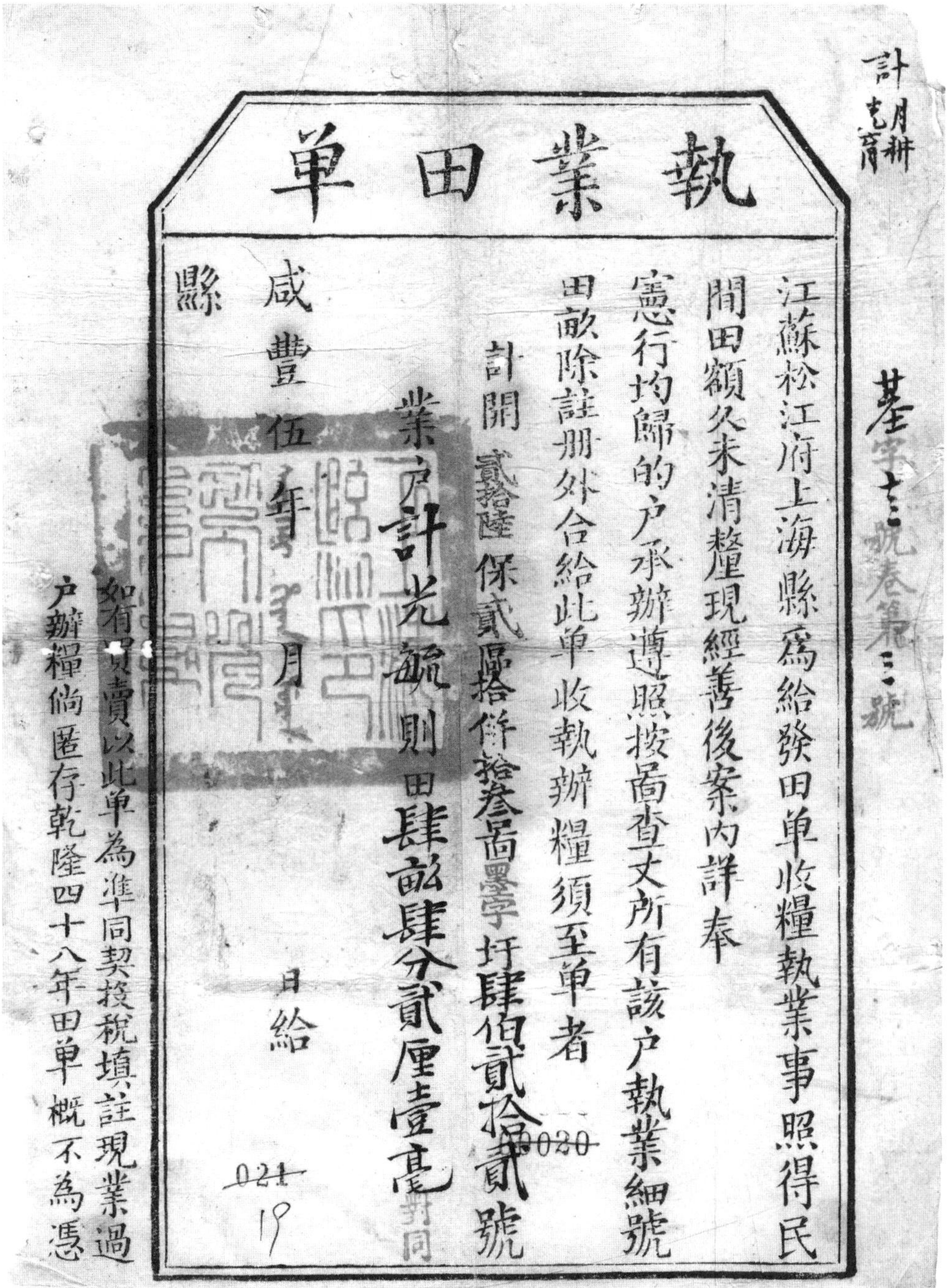
執業田單

江蘇松江府上海縣爲給發田单收糧執業事照得民
間田額久未清釐現經善後案內詳奉
憲行均歸的户承辦遵照按啚查丈所有該户執業細號
田畝除註册外合給此单收執辦糧須至单者
計開 貳拾陸保貳區拾伍拾叁啚𡎚字圩肆伯貳拾貳號
業户許光毓則田肆畝肆分貳厘壹毫
咸豐伍年 月 日給
縣

如有買賣以此单爲準同契投税塡註現業過
户辦糧倘匿存乾隆四十八年田单概不爲憑

計光毓執業田單（1855年，咸豐五年）

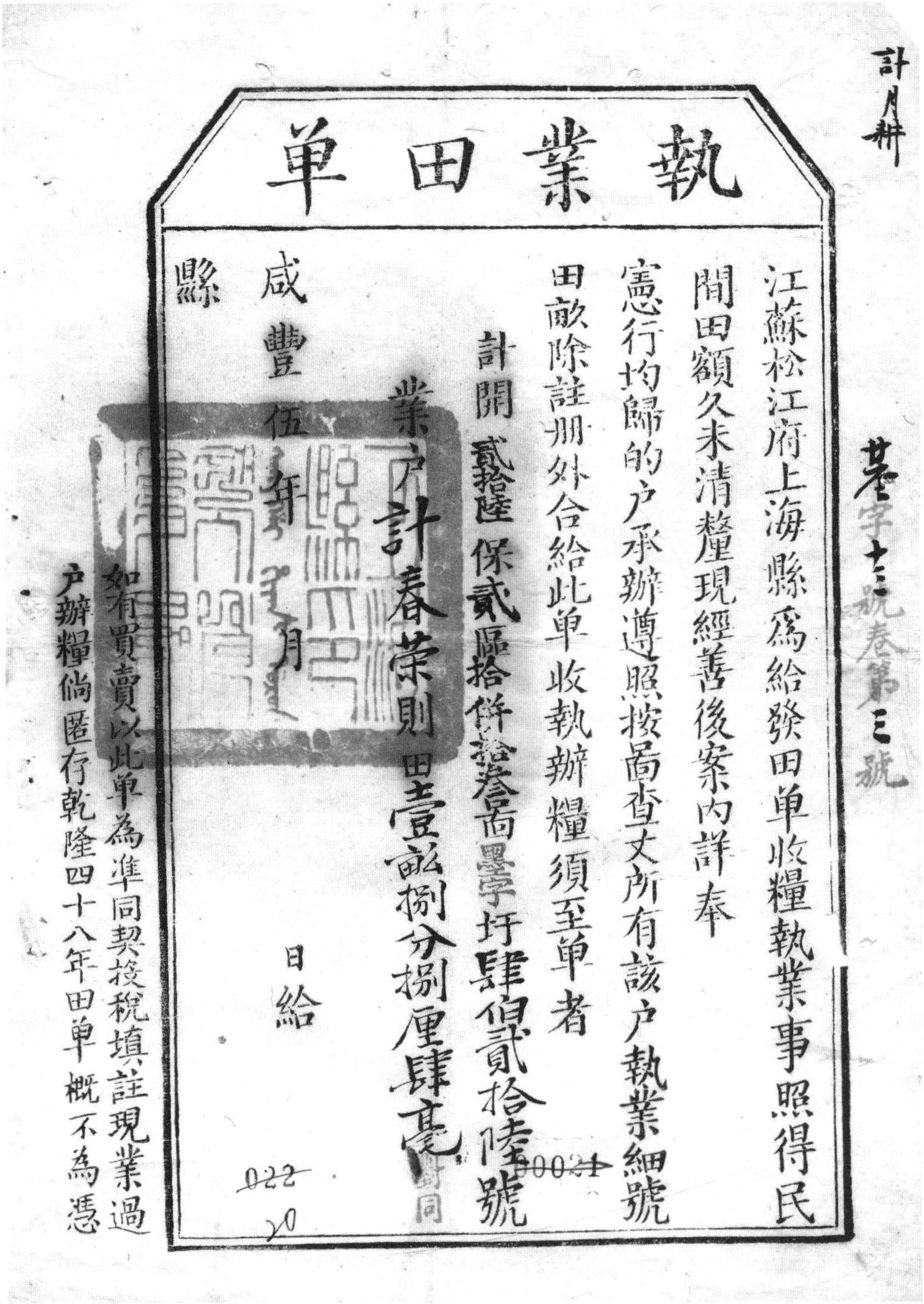

計月耕

執業田單

江蘇松江府上海縣爲給發田单收糧執業事照得民
間田額久未清釐現經善後案内詳奉
憲行均歸的户承辦遵照按啚查丈所有該户執業細號
田畝除註冊外合給此单收執辦糧須至单者

計開 貳拾陸保貳區拾併拾叁啚墨字圩肆伯貳拾陸號

業户 計春榮 則田壹畝捌分捌釐肆毫

咸豐伍年 月 日給

縣

如有買賣以此单爲準同契投稅塡註現業過户辦糧倘匿存乾隆四十八年田单概不爲憑

墨字十三號春第三號

計春榮執業田單（1855 年，咸豐五年）

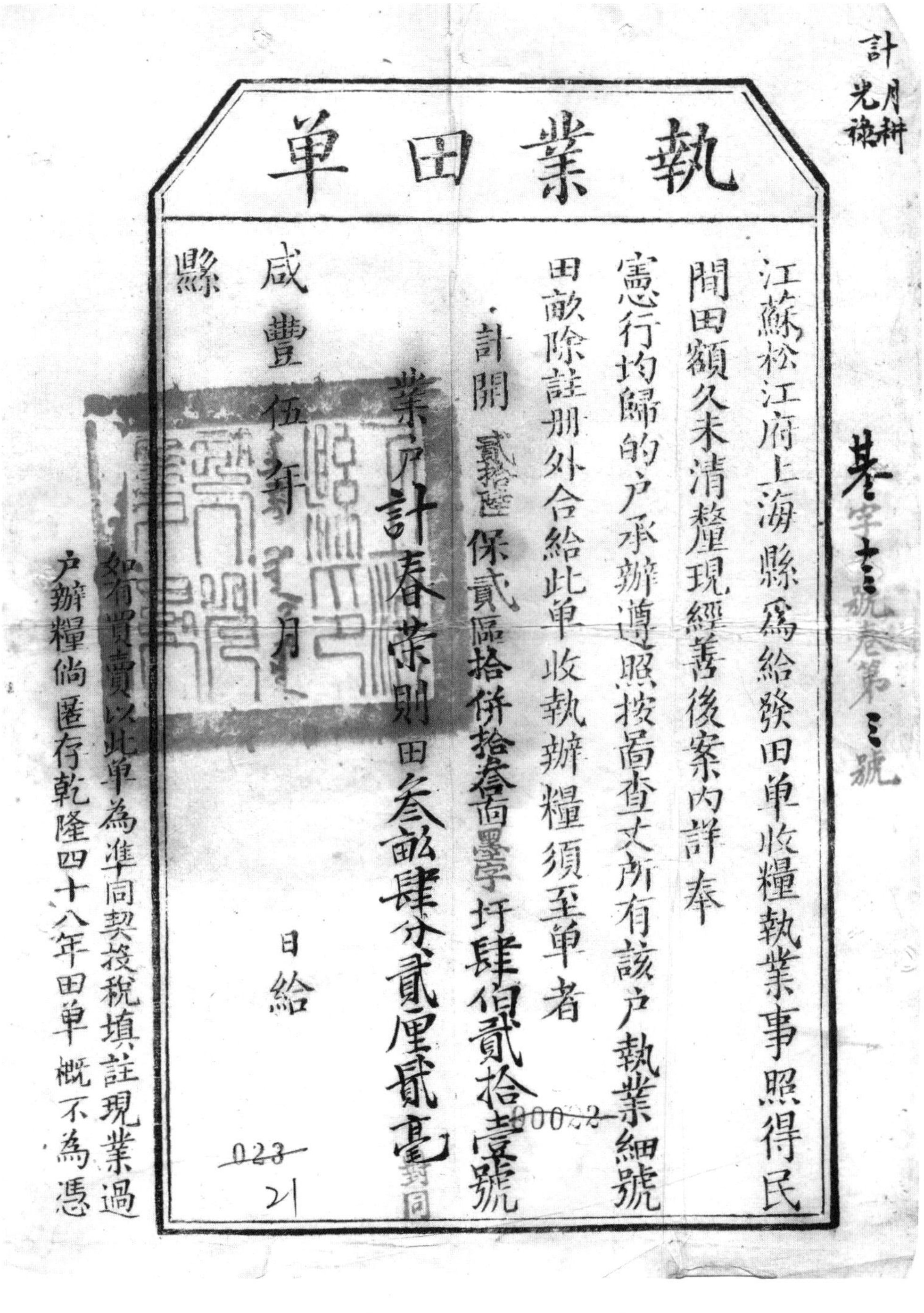
計 月耕 光祿

執業田单

江蘇松江府上海縣為給發田单收糧執業事照得民
間田額久未清釐現經善後案內詳奉
憲行均歸的户承辦遵照按啚查丈所有該户執業細號
田畝除註册外合給此单收執辦糧須至单者
計開 貳拾啚 保貳區拾併拾叁啚墨字圩肆佰貳拾壹號
業户計春榮則田叁畝肆分貳厘貳毫
咸豐伍年 月 日給
縣
如有買賣以此单為凖同契投稅填註現業過
户辦糧倘匿存乾隆四十八年田单概不為憑

基字十三號卷第三號
000 2-8
023
21

計春榮執業田單（1855 年，咸豐五年）

江南製造總局

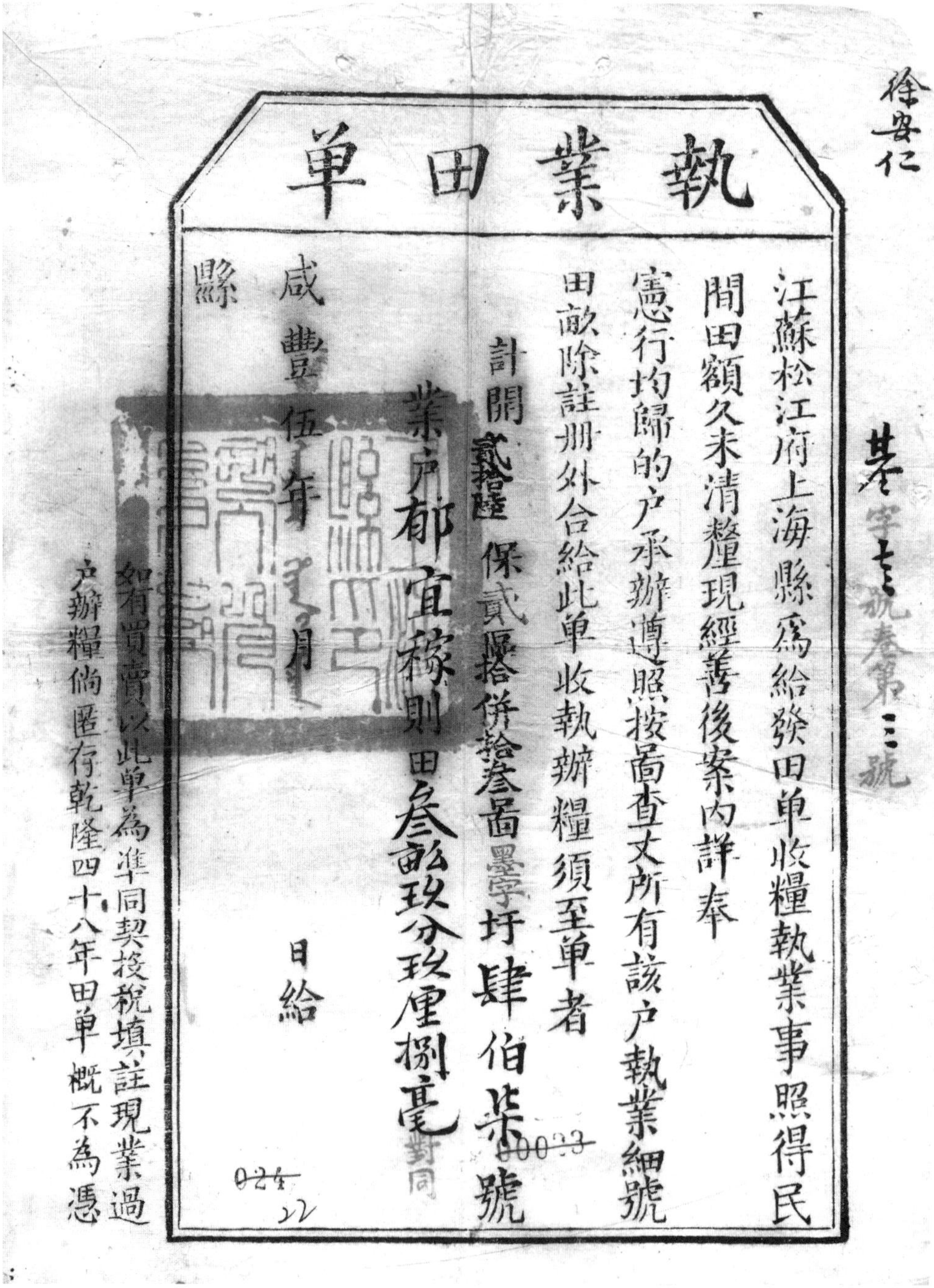

徐安仁

基字十三號卷第二號

執業田单

江蘇松江府上海縣爲給發田单收糧執業事照得民
間田額久未清釐現經善後案内詳奉
憲行均歸的户承辦遵照按啚查丈所有該户執業細號
田畝除註册外合給此单收執辦糧須至单者

計開貳拾肆保貳區拾併拾叁啚墨字圩肆伯柒號

業户郁宜稼則田叁畝玖分玖厘捌毫

咸豐伍年　月　日給

縣

00023

024

22

如有買賣以此单爲準同契投稅填註現業過户辦糧倘匿存乾隆四十八年田单概不爲憑

郁宜稼執業田單（1855 年，咸豐五年）

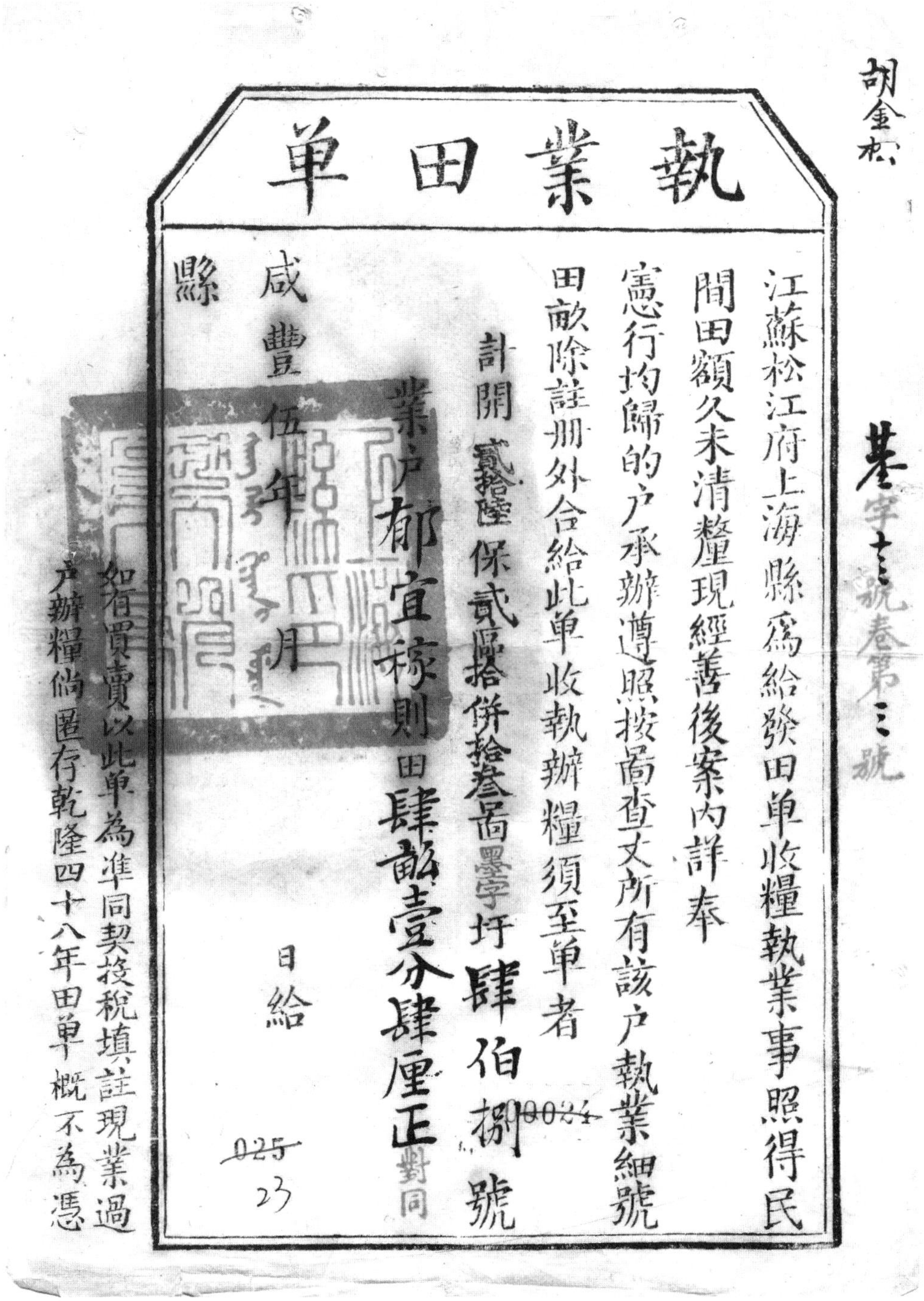

胡金松

執業田單

江蘇松江府上海縣爲給發田单收糧執業事照得民
間田額久未清釐現經善後案内詳奉
憲行均歸的户承辦遵照按畝查丈所有該户執業細號
田畝除註册外合給此单收執辦糧須至单者
計開 貳拾壹保貳區拾併拾叁啚 墨字圩 肆伯捌號
業户郁宜稼則田 肆畝壹分肆厘正 對同
咸豐伍年 月 日給
縣

如有買賣以此单為準同契投稅填註現業過
户辦糧倘匿存乾隆四十八年田单概不為憑

墨字十三號卷第三號

23

郁宜稼執業田單（1855年，咸豐五年）

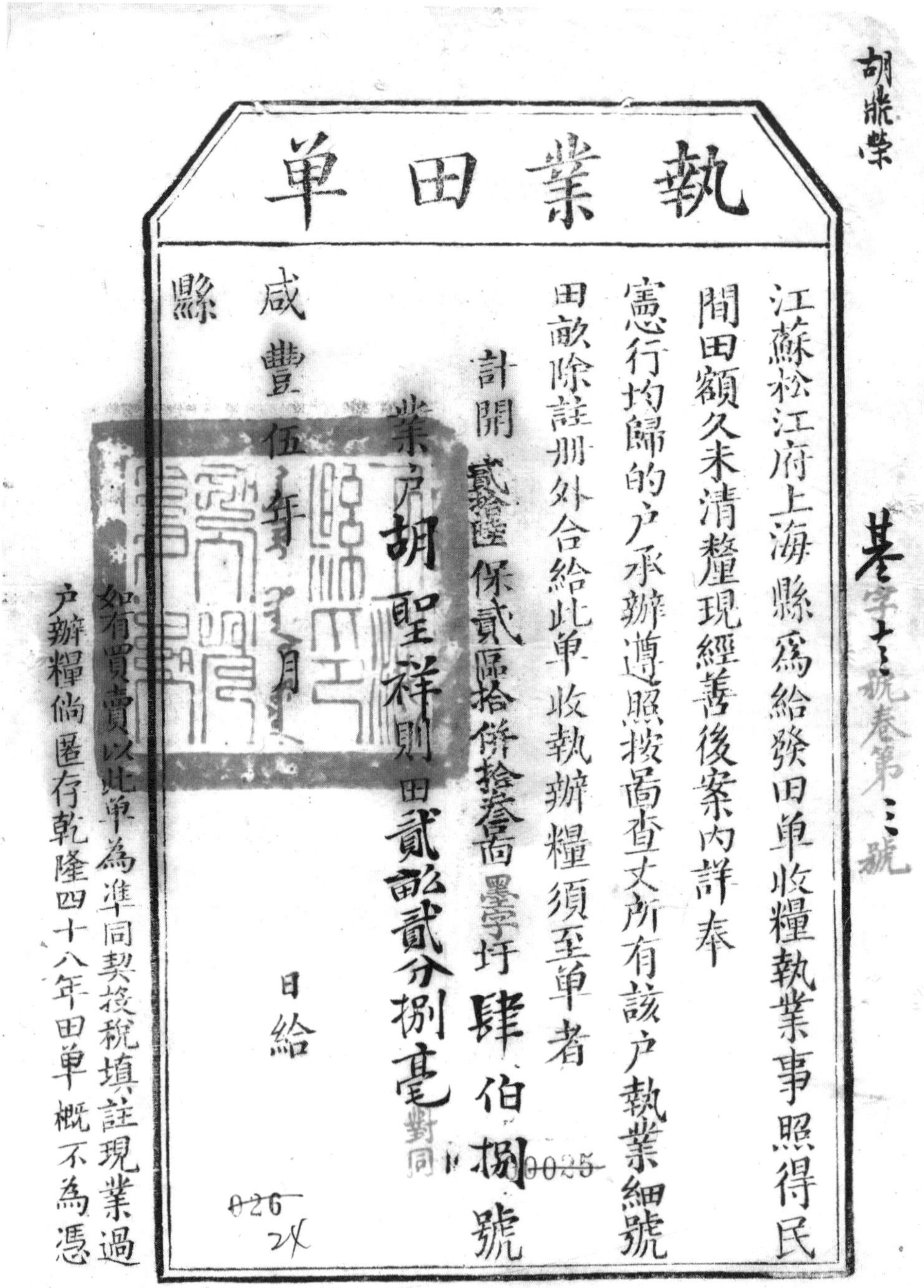
執業田单

江蘇松江府上海縣爲給發田单收糧執業事照得民
間田額久未清釐現經善後案内詳奉
憲行均歸的户承辦遵照按啚查丈所有該户執業細號
田畝除註册外合給此单收執辦糧須至单者
計開 貳拾壹保貳區拾伍拾叁啚 墨字圩 肆伯捌號
業户 胡聖祥 則田 貳畝貳分捌毫
咸豐伍年 月 日給
縣
如有買賣以此单為凖同契投稅填註現業過
户辦糧倘匿存乾隆四十八年田单概不為憑

胡聖祥執業田單（1855年，咸豐五年）

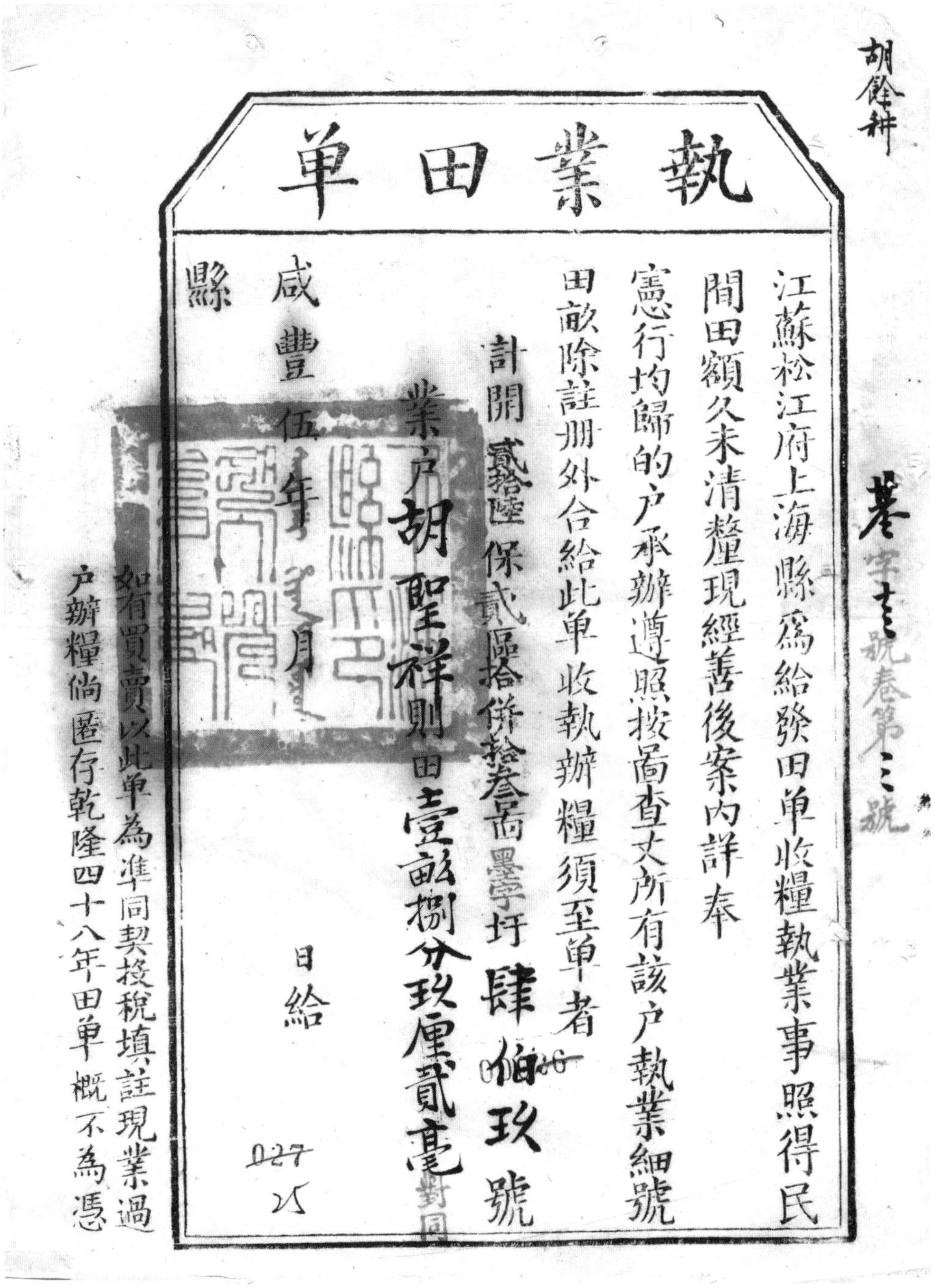
胡餘耕

執業田單

墨字十三號卷第三號

江蘇松江府上海縣爲給發田单收糧執業事照得民
間田額久未清釐現經善後案内詳奉
憲行均歸的户承辦遵照按啚查丈所有該户執業細號
田畝除註删外合給此单收執辦糧須至单者
計開貳拾陸保貳區拾併拾叁啚墨字圩肆佰玖號
業户胡聖祥則田壹畝捌分玖厘貳毫
咸豐伍年　月　日給
縣

如有買賣以此单為準同契投稅填註現業過
户辦糧倘匿存乾隆四十八年田单概不為憑

胡聖祥執業田單（1855 年，咸豐五年）

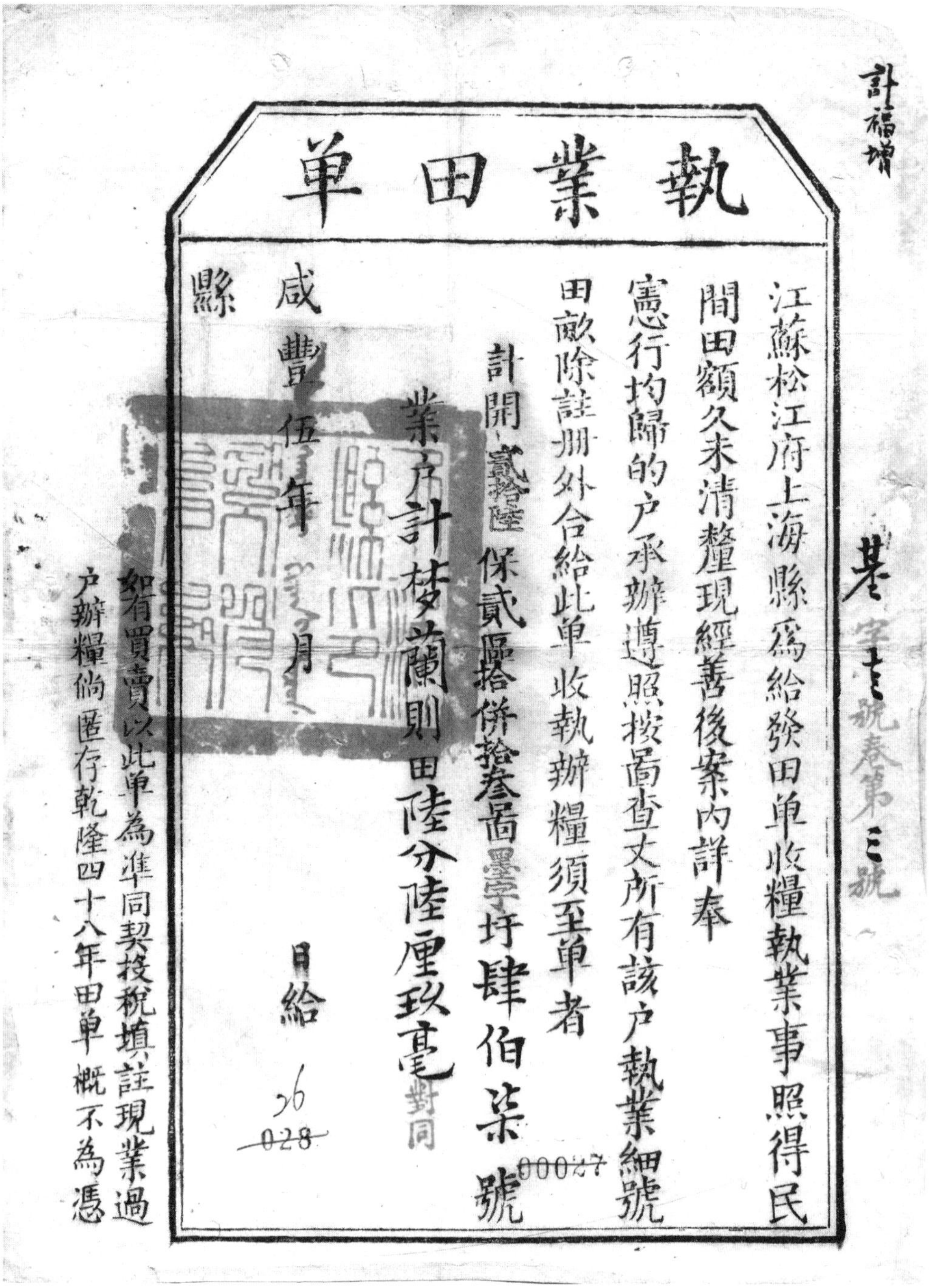
許福增

執業田單

江蘇松江府上海縣爲給發田单收糧執業事照得民
間田額久未清釐現經善後案內詳奉
憲行均歸的户承辦遵照按啚查丈所有該户執業細號
田畝除註册外合給此单收執辦糧須至单者
計開、貳拾陸保貳區拾併拾叁啚墨字圩肆佰柒號
業户許梦蘭則田陸分陸厘玖毫 對同
咸豐伍年 月 日給
縣
如有買賣以此单爲準同契投稅塡註現業過
户辦糧倘匿存乾隆四十八年田單概不為憑

基字十三號春第三號
26
~~028~~
00027

許夢蘭執業田單（1855 年，咸豐五年）

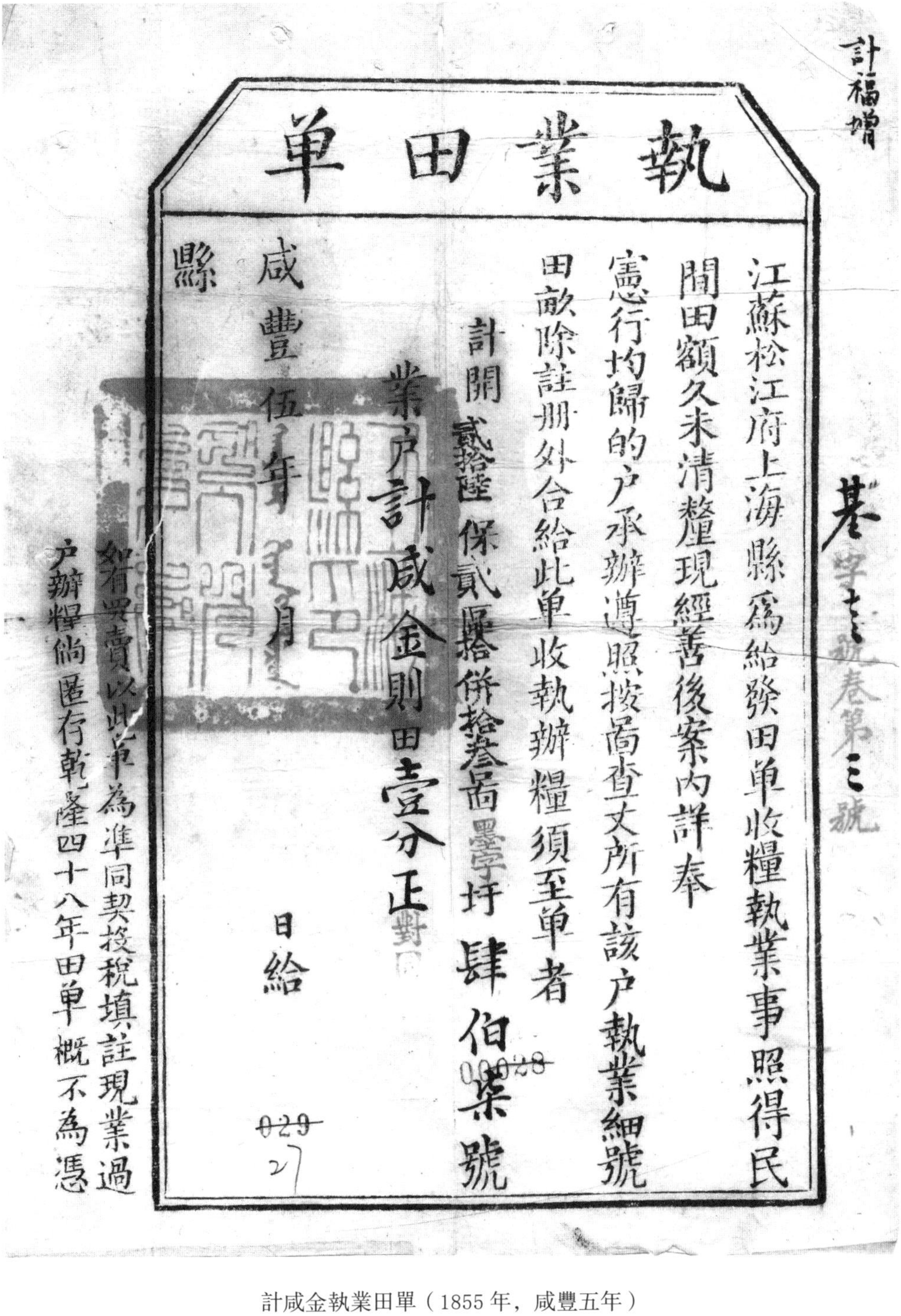
計福增

執業田單

江蘇松江府上海縣爲給發田单收糧執業事照得民
間田額久未清釐現經善後案内詳奉
憲行均歸的户承辦遵照按畝查丈所有該户執業細號
田畝除註册外合給此单收執辦糧須至单者
計開 貳拾陸保貳啚拾併拾叁啚□字圩 肆伯柒號
業户計咸金則田壹分正
咸豐伍年 月 日給
縣

如有買賣以此单爲準同契投税填註現業過
户辦糧倘匿存乾隆四十八年田单概不爲憑

計咸金執業田單（1855 年，咸豐五年）

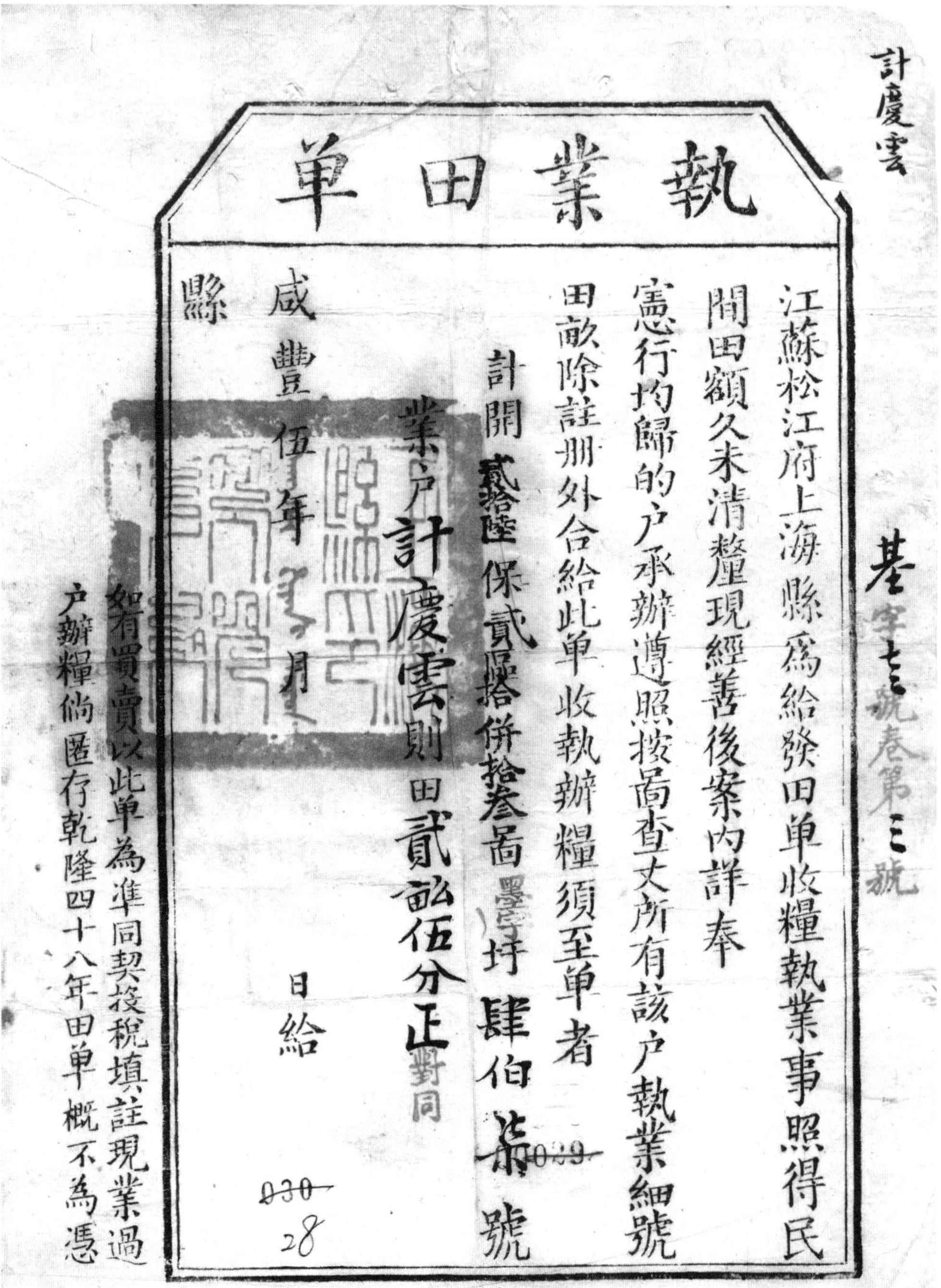
許慶雲

執業田单

江蘇松江府上海縣爲給發田单收糧執業事照得民
間田額久未清釐現經善後案内詳奉
憲行均歸的户承辦遵照按畝查丈所有該户執業細號
田畝除註冊外合給此单收執辦糧須至单者
計開 貳拾陸保貳區拾併拾叁啚 墨字圩 肆伯柒號
業户 許慶雲 則田 貳畝伍分正 對同
咸豐伍年 [illegible] 月 日給
縣
如有買賣以此单為準同契投稅填註現業過
户辦糧倘匿存乾隆四十八年田单概不為憑

基字七號卷第三號

029

030

28

許慶雲執業田單（1855 年，咸豐五年）

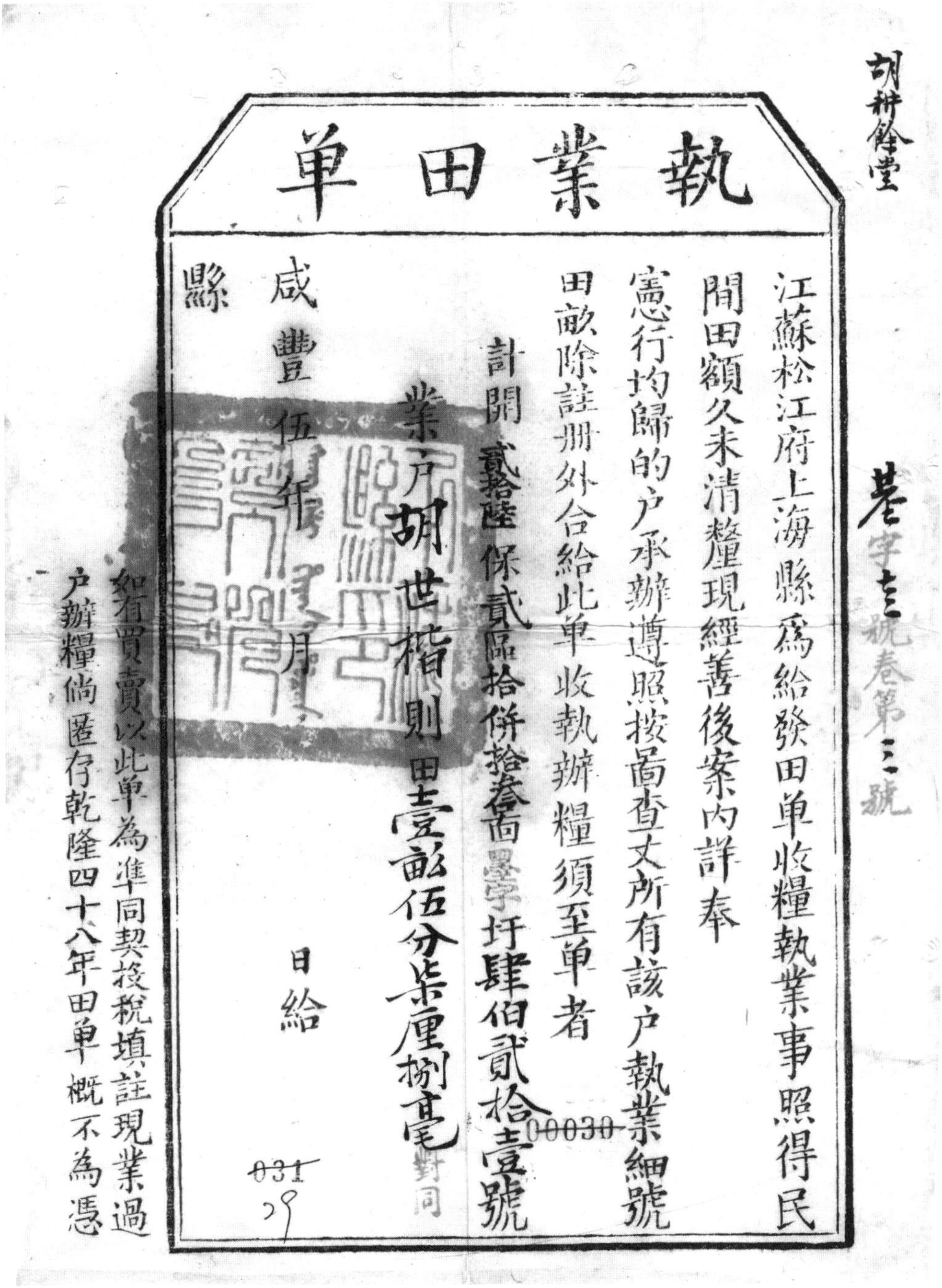

執業田單

江蘇松江府上海縣爲給發田单收糧執業事照得民
間田額久未清釐現經善後案内詳奉
憲行均歸的户承辦遵照按啚查丈所有該户執業細號
田畝除註册外合給此单收執辦糧須至单者

計開　貳拾陸保貳區拾併拾叁啚學字圩肆伯貳拾壹號

業户胡世楷則田壹畝伍分柒厘捌毫　對同

咸豐伍年　月　日給

縣

如有買賣以此单為凖同契投税填註現業過
户辦糧倘匿存乾隆四十八年田单概不為憑

胡耕餘堂

巷字十三號卷第三號

00030

031

29

胡世楷執業田單（1855 年，咸豐五年）

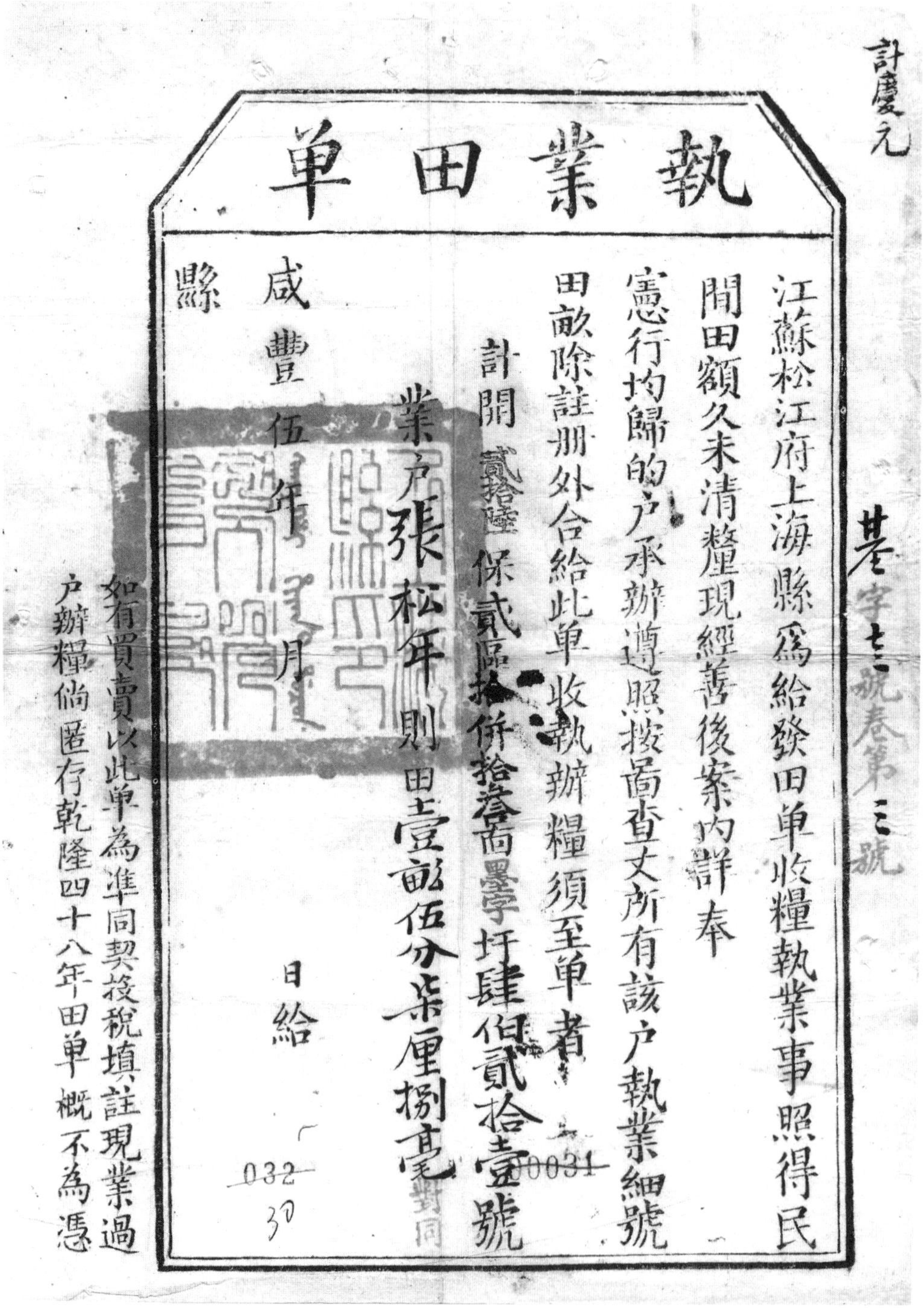
計慶元

執業田单

江蘇松江府上海縣爲給發田单收糧執業事照得民
間田額久未清釐現經善後案內詳奉
憲行均歸的户承辦遵照按啚查丈所有該户執業細號
田畝除註册外合給此单收執辦糧須至单者
計開貳拾陸保貳區拾併拾叁啚墨字圩肆佰貳拾壹號
業户張松年則田壹畝伍分柒厘捌毫
咸豐伍年　月　日給
縣

如有買賣以此单為準同契投稅塡註現業過
户辦糧倘匿存乾隆四十八年田单概不為憑

墨字十三號卷第三號
對同
00031
032
30

張松年執業田單（1855 年，咸豐五年）

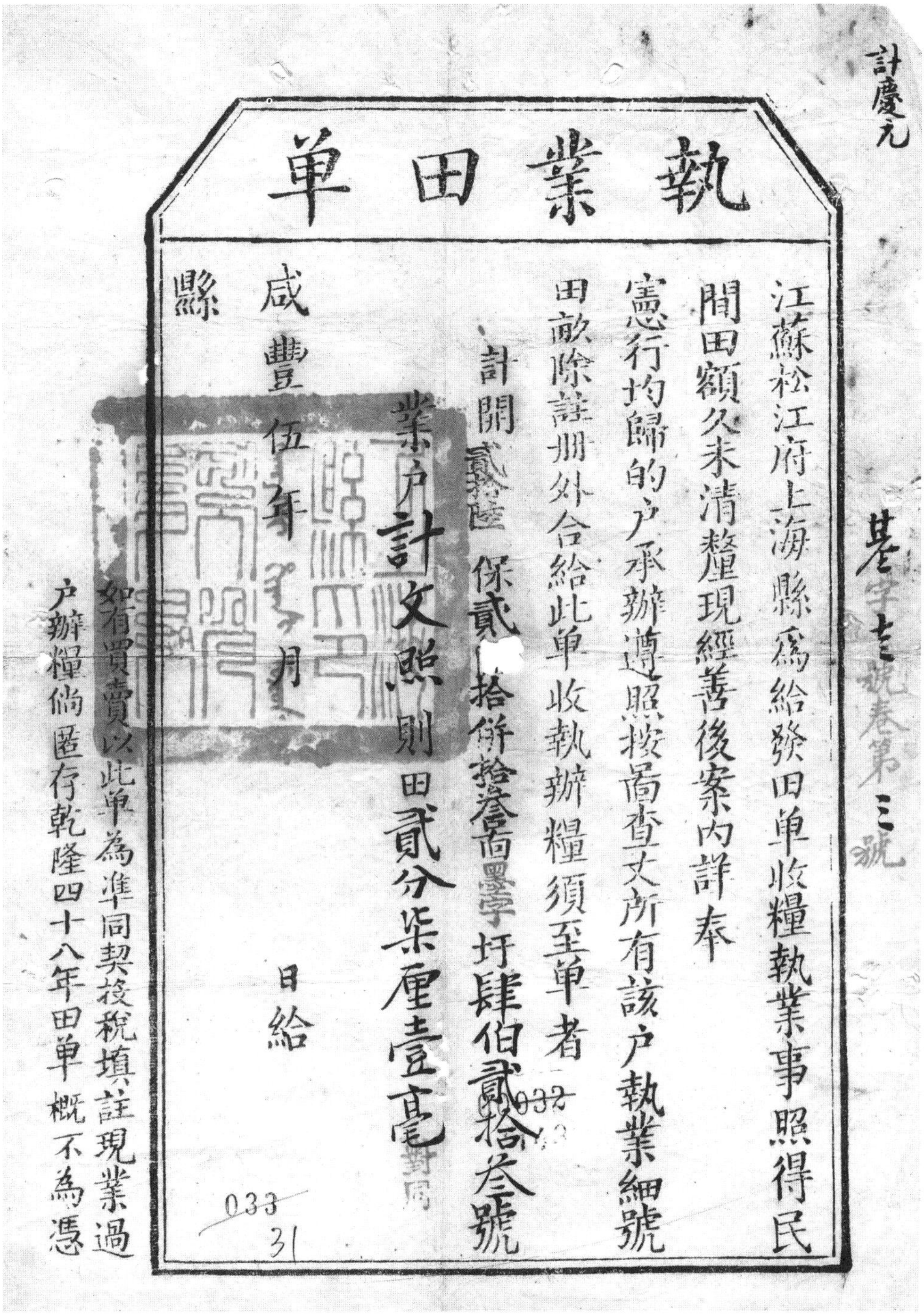

執業田單

計慶元

基字七號卷第三號

江蘇松江府上海縣為給發田单收糧執業事照得民

間田額久未清釐現經善後案内詳奉

憲行均歸的户承辦遵照按啚查丈所有該户執業細號

田畝除註册外合給此单收執辦糧須至单者

計開貳拾陸保貳拾併拾叁啚學圩肆伯貳拾叁號

業户計文照則田貳分柒厘壹毫

咸豐伍年　月　日給

縣

如有買賣以此单為準同契投税填註現業過户辦糧倘匿存乾隆四十八年田單概不為憑

033 31

0032 33

計文照執業田單（1855 年，咸豐五年）

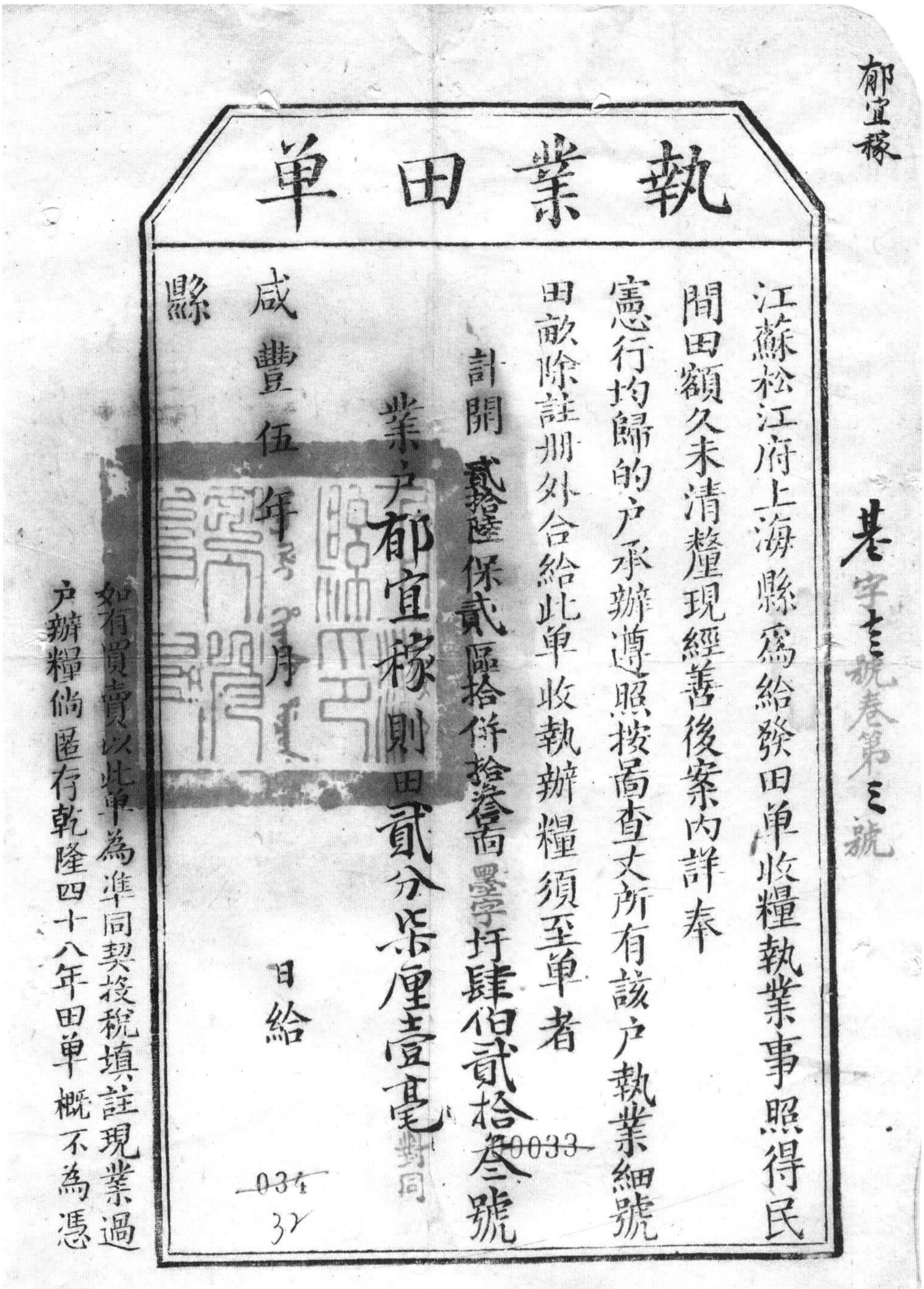

郁宜稼

執業田單

江蘇松江府上海縣爲給發田单收糧執業事照得民
間田額久未清釐現經善後案內詳奉
憲行均歸的户承辦遵照按啚查丈所有該户執業細號
田畝除註册外合給此单收執辦糧須至单者
計開 貳拾陸保貳區拾併拾叁啚墨字圩肆佰貳拾叁號
業户郁宜稼 則田貳分柒厘壹毫
咸豐伍年 月 日給
縣
如有買賣以此单為準同契投稅填註現業過
户辦糧倘匿存乾隆四十八年田单概不為憑

甚字十三號卷第三號

對同

郁宜稼執業田單（1855 年，咸豐五年）

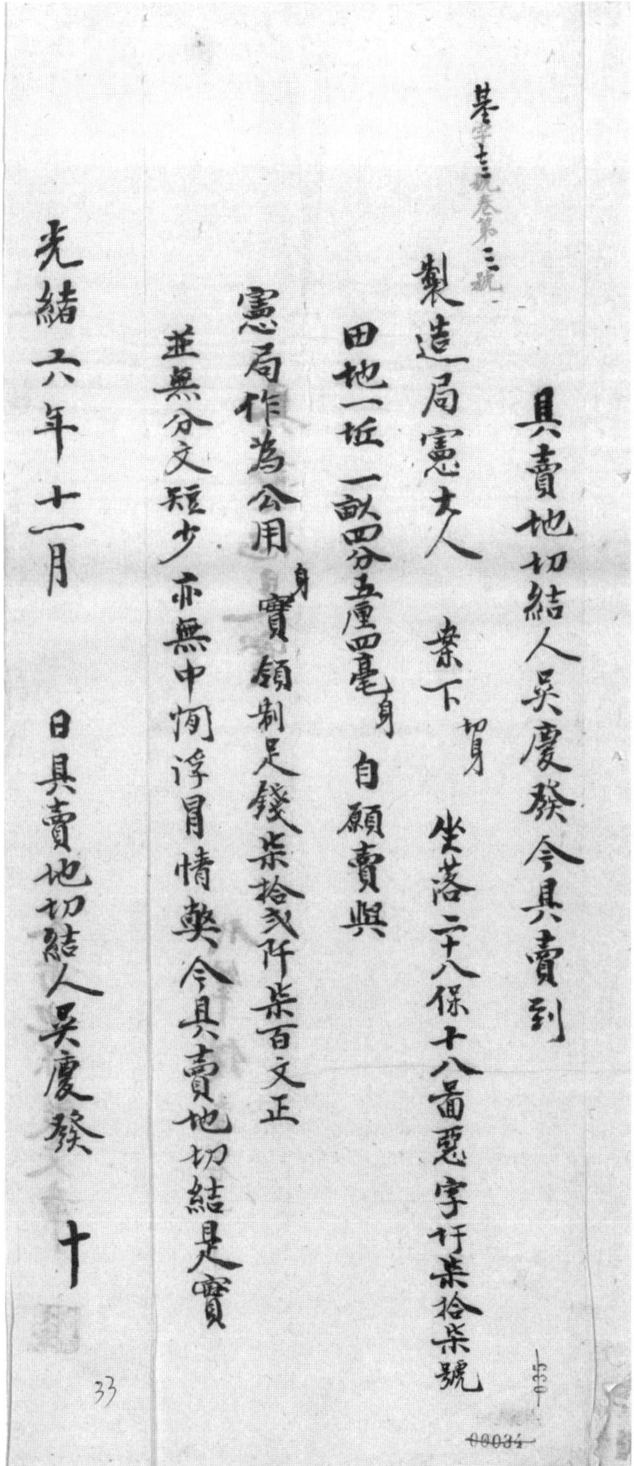
基字十三號卷第三號

具賣地切結人吴慶發今具賣到

製造局憲大人 案下 切身 坐落二十八保十八啚惡字圩柒拾柒號

田地一坵 一畝四分五厘四毫身 自願賣與

憲局作為公用 身實領制足錢柒拾弍仟柒百文正

並無分文短少 亦無中間浮冒情弊 今具賣地切結是實

光緒六年十一月 日具賣地切結人吴慶發 十

吴慶發具賣地切結（1880年12月，光緒六年十一月）

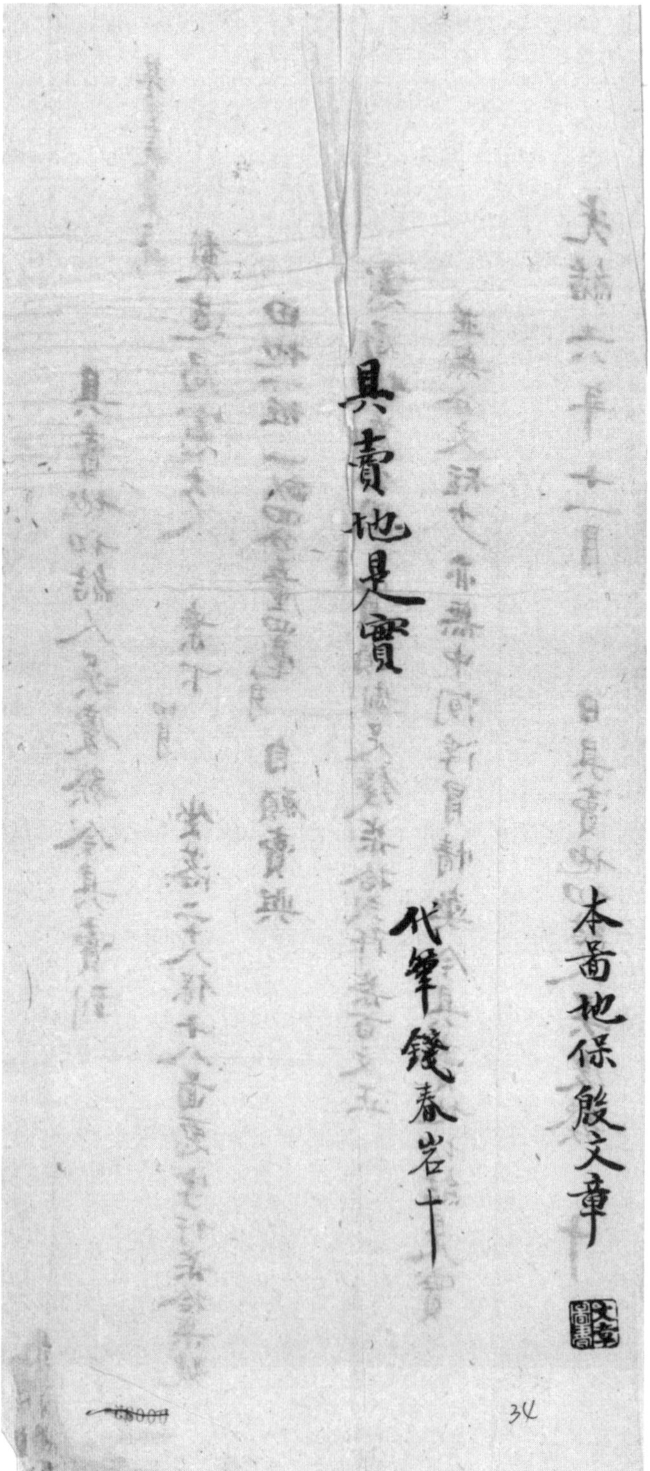

吴慶發具賣地切結（1880年12月，光緒六年十一月）

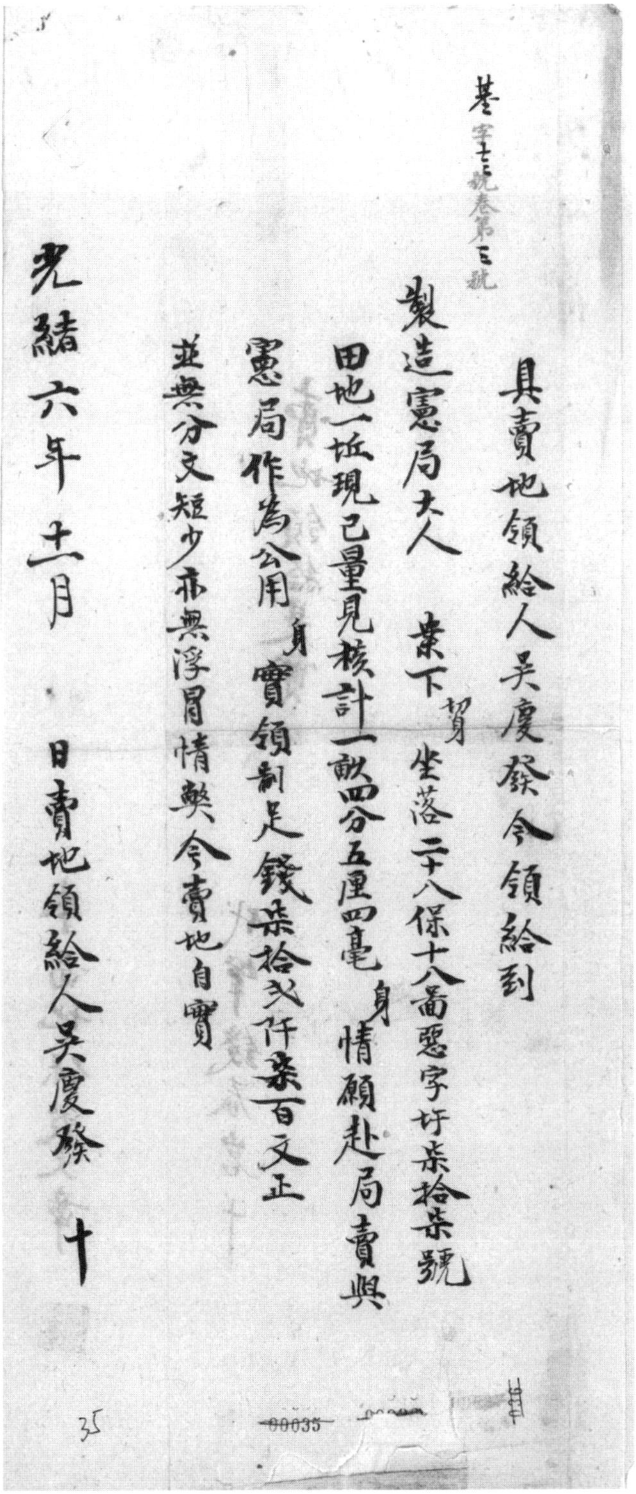
基字七三號卷第三號
具賣地領給人吴慶發今領給到
製造憲局大人案下賀坐落二十八保十八啚惡字圩柒拾柒號
田地一坵現已量見核計一畝四分五厘四毫身情願赴局賣與
憲局作為公用身實領制足錢柒拾弍仟柒百文正
並無分文短少亦無浮冒情弊今賣地自實
光緒六年十二月 日賣地領給人吴慶發 十
35
00035

吴慶發具賣地領給（1880 年 12 月，光緒六年十一月）

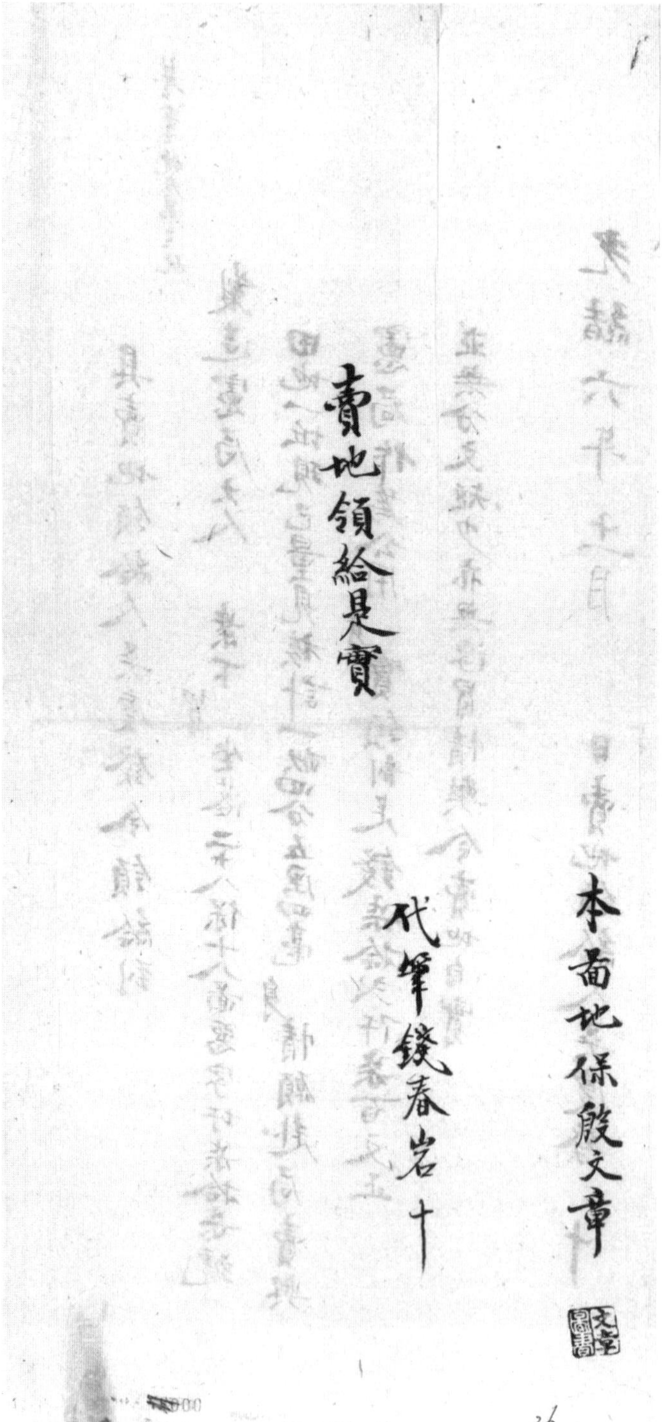
光緒六年十一月　日
本面地保殷文章
代筆錢春岩十
賣地領給是實
36

吴慶發具賣地領給（1880 年 12 月，光緒六年十一月）

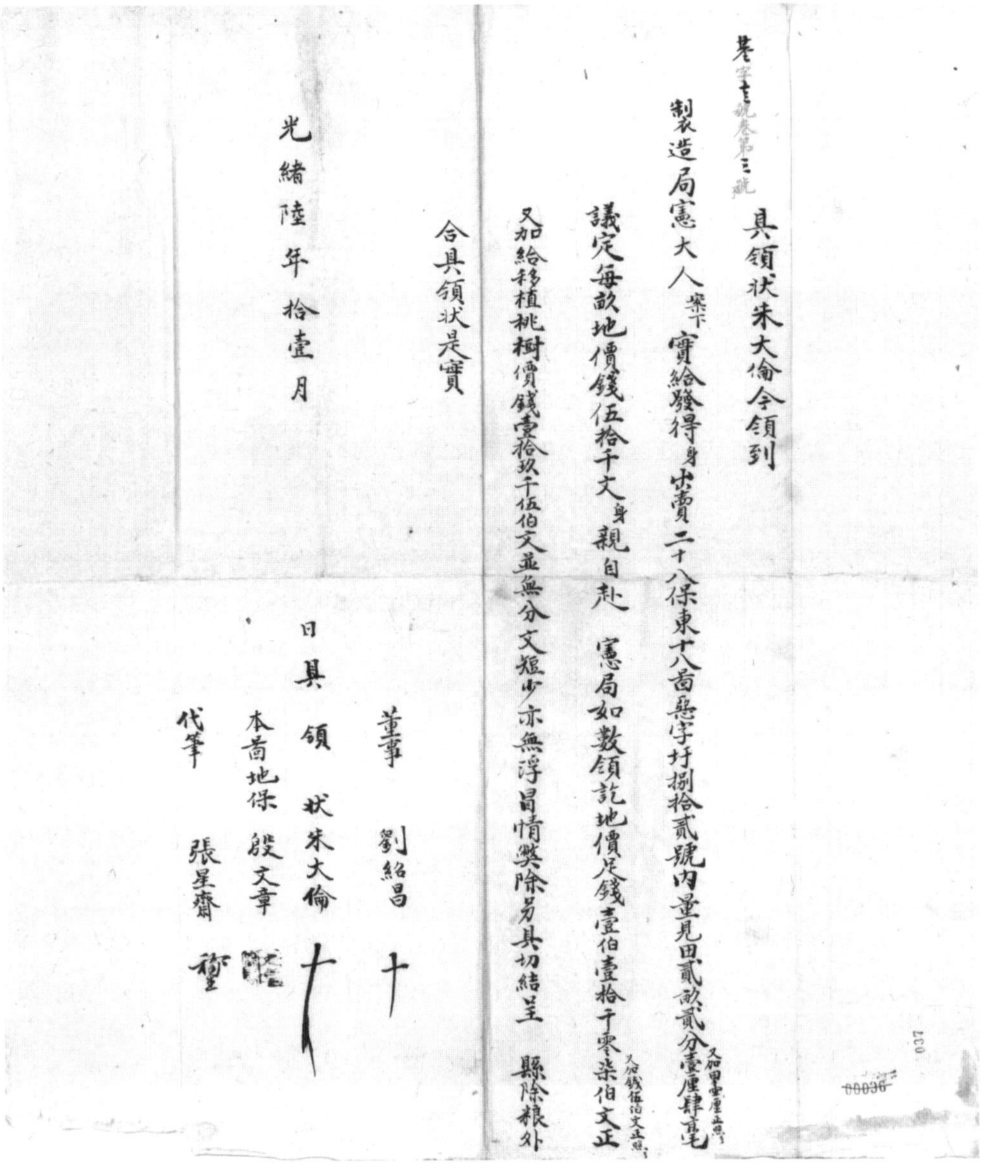

巷字十三號叁第三號
具領狀朱大倫今領到
製造局憲大人案下實給發得身出賣二十八保東十八啚惡字圩捌拾貳號內量見田貳畝貳分壹厘肆毫又加田壹厘正照
議定每畝地價錢伍拾千文身親自赴憲局如數領訖地價足錢壹伯壹拾千零柒伯文正又加錢伍伯文正照
又加給移植桃樹價錢壹拾玖千伍伯文並無分文短少亦無浮冒情弊除另具切結呈縣除粮外
合具領狀是實
光緒陸年拾壹月　日具領狀朱大倫
董事劉紹昌
本啚地保殷文章
代筆張星齋

朱大倫具領狀（1880 年 12 月，光緒六年十一月）

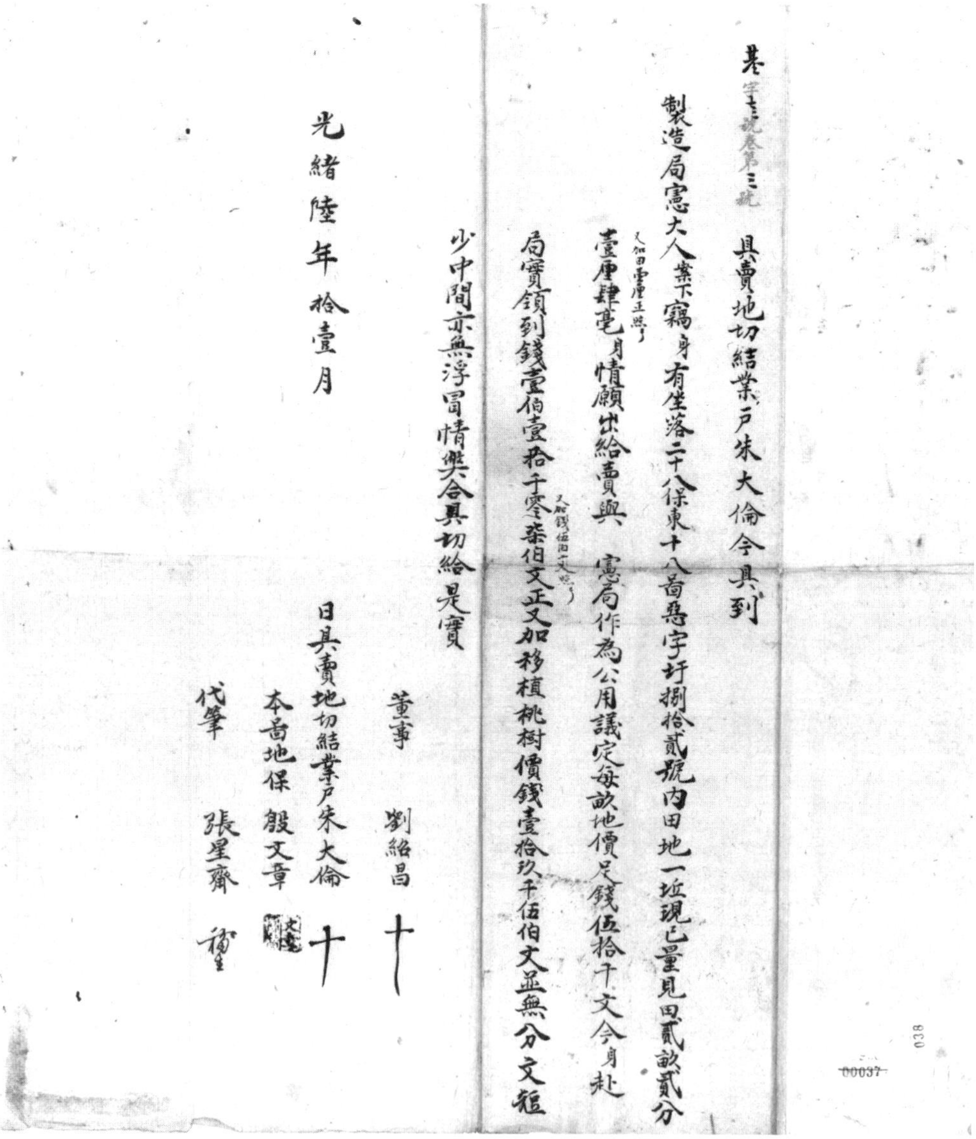

巷字三號卷第三號

具賣地切結業戶朱大倫今具到
製造局憲大人案下竊身有坐落二十八保東十八啚惡字圩捌拾貳號內田地一坵現已量見田貳畝貳分
又細田壹厘五照了
壹厘肆毫　情願出給賣與　憲局作為公用議定每畝地價足錢伍拾千文今身赴
又新錢伍佰二文照了
局實領到錢壹佰壹拾千零柒伯文正又加移植桃樹價錢壹拾玖千伍伯文並無分文短
少中間亦無浮冒情弊合具切結是實

光緒陸年拾壹月　日具賣地切結業戶朱大倫　十
董事　劉紹昌　十
本啚地保　殷文章
代筆　張星齋

朱大倫具賣地切結（1880 年 12 月，光緒六年十一月）

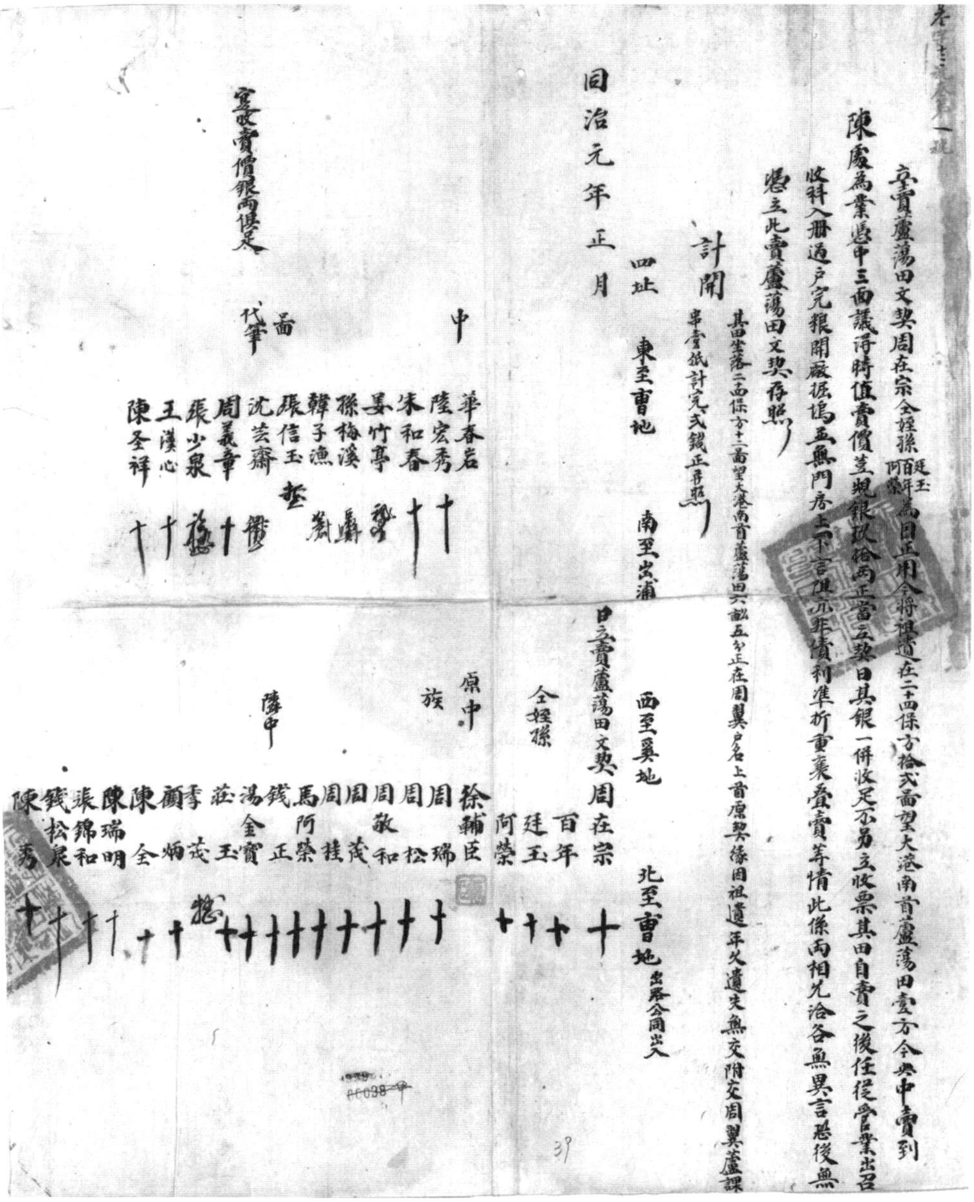

立賣蘆蕩田文契周在宗仝姪孫廷玉、百年、阿榮，為因正用，今將祖遺在二十四保方拾弍啚望大港南首蘆蕩田壹方，今央中賣到
陳處為業。憑中三面議得時值賣價荳規銀玖拾兩正，當立契日其銀一併收足，不另立收票。其田自賣之後，任從管業，出召
收稅入冊過戶完粮開溝築堤，與周門房上下言明並非債利準折重疊典賣等情。此係兩相允洽，各無異言。恐後無
憑，立此賣蘆蕩田文契存照。

其田坐落二十四保方十二啚望大港南首蘆蕩田六畝五分正，在周翼戶名上。首原契係因祖遺年久遺失無交，附交周翼蘆課
串壹紙，計完弍錢正存照。

計開

四址　東至曹地　南至出浦　西至吳地　北至曹地　出界仝周出入

同治元年正月　日立賣蘆蕩田文契周在宗　十

仝姪孫　百年　十　廷玉　十　阿榮　十

原中　徐輔臣　十

族　周瑞　十　周松　十　周和　十　周敬茂　十　周桂　十

隣中　馬阿榮　十　錢正　十　湯全寶　十　莊玉　十　季茂　十　顧炳　十　陳全　十　陳明　十　張瑞和　十　錢錦泉　十　陳松秀　十

中　華春岩　十　陸宏秀　十　朱和春　十　姜竹亭　孫梅溪　韓子漁　張信玉　沈芸齋　周義章　十　張少泉　十　王漢心　十　陳聖祥　十

畫

代筆

實收賣價銀兩俱足

周在宗等立賣蘆蕩田文契（1862 年 2 月，同治元年正月）

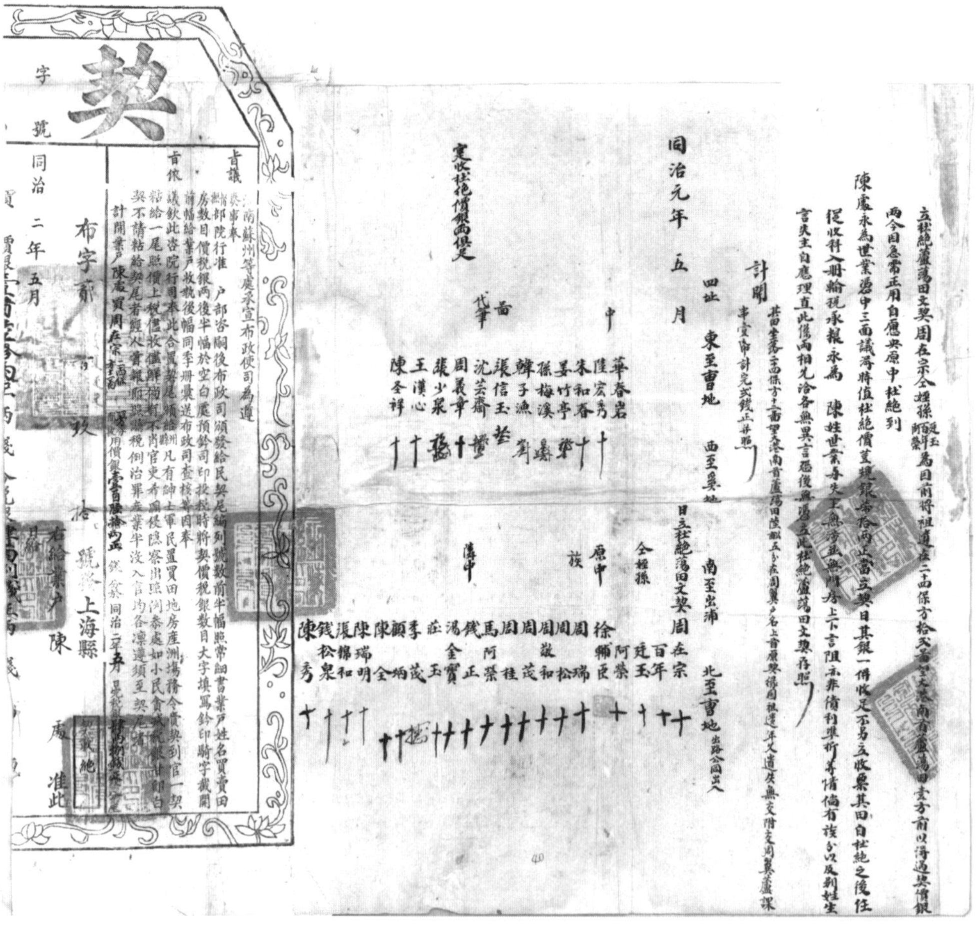

周在宗等立杜絶蘆蕩田文契（1862 年 5 月或 6 月，同治元年五月）

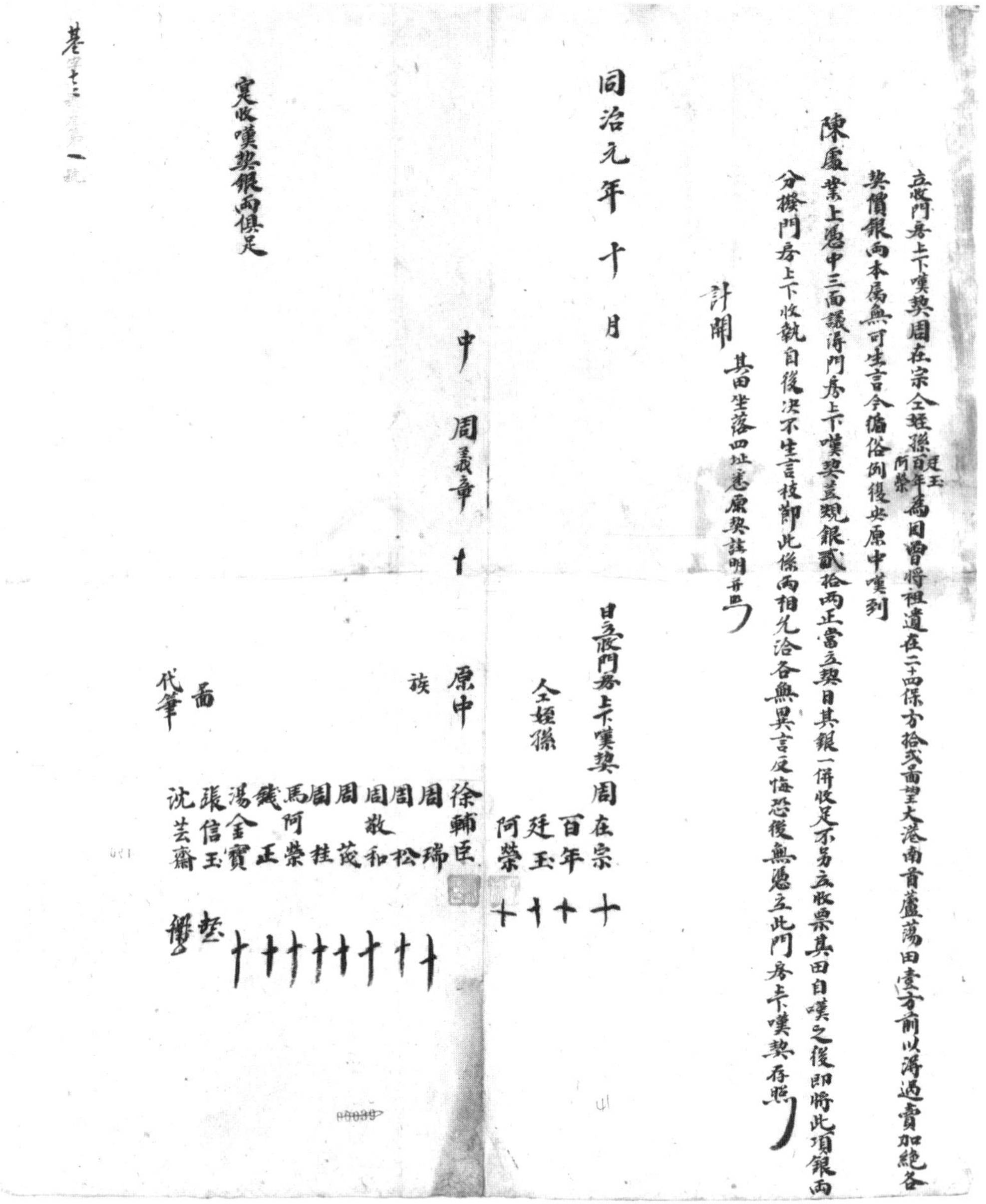
立收門房上下嘆契周在宗仝姪孫百年廷玉阿榮爲因曾將祖遺在二十四保方拾弍啚字大港南首蘆蕩田壹方前以得過賣加絶各
契價銀兩本屬無可生言今循俗例復央原中嘆到
陳處業上憑中三面議得門房上下嘆契並現銀貳拾兩正當立契日其銀一併收足不另立收票其田自嘆之後即將此項銀兩
分撥門房上下收執自後決不生言枝節此係兩相允洽各無異言反悔恐後無憑立此門房上下嘆契存照

計開　其田坐落四址悉原契註明并照

同治元年十月　日立收門房上下嘆契周在宗十
仝姪孫　百年十　廷玉十　阿榮十
中　周義章十
原中　徐輔臣　周瑞十　周松十
族　周敎和十　周茂十　周桂十　馬阿榮十　錢阿正十　湯全寶十　張信玉十
代筆　沈芸齋押

實收嘆契銀兩俱足

周在宗等立收門房上下嘆契（1862年11月或12月，同治元年十月）

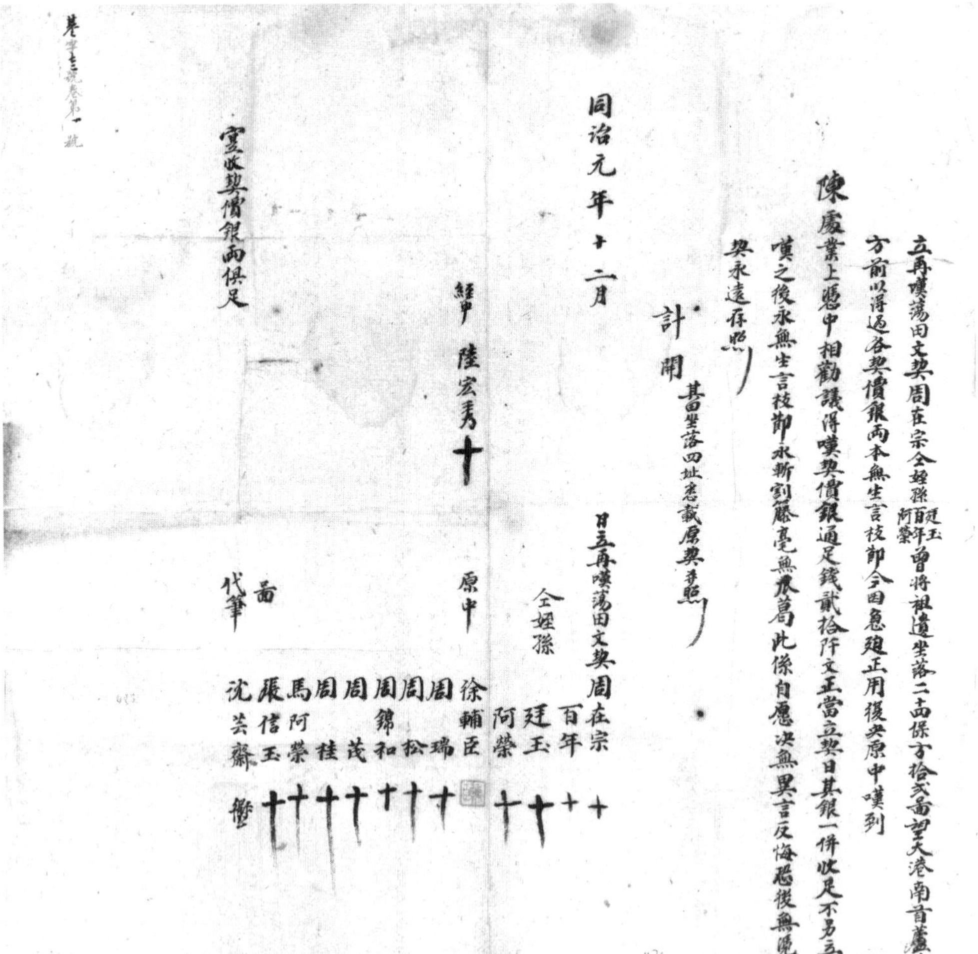

立再嘆蕩田文契周在宗仝姪孫百年廷玉阿榮曾將祖遺坐落二十保方拾弍啚望大港南首蘆蕩田壹方前以得過各契價銀兩本無生言枝節今因急廹正用復央原中嘆到

陳處業上憑中相勸議得嘆契價銀通足錢貳拾阡文正當立契日其銀一併收足不另立收票自嘆之後永無生言枝節永斷割藤毫無瓜葛此係自愿決無異言反悔恐後無憑立此嘆契永遠存照

計開 其田坐落四址悉載原契存照

同治元年十二月 日立再嘆蕩田文契周在宗 十

仝姪孫 百年 十 廷玉 十 阿榮 十

原中 徐輔臣 周瑞 十 周松 十 周錦和 十 周茂 十 周桂 十 馬阿榮 十 張信玉 十

經手 陸宏秀 十

當 代筆 沈芸齋

實收契價銀兩俱足

周在宗等立再嘆蕩田文契（1863 年 1 月或 2 月，同治元年十二月）

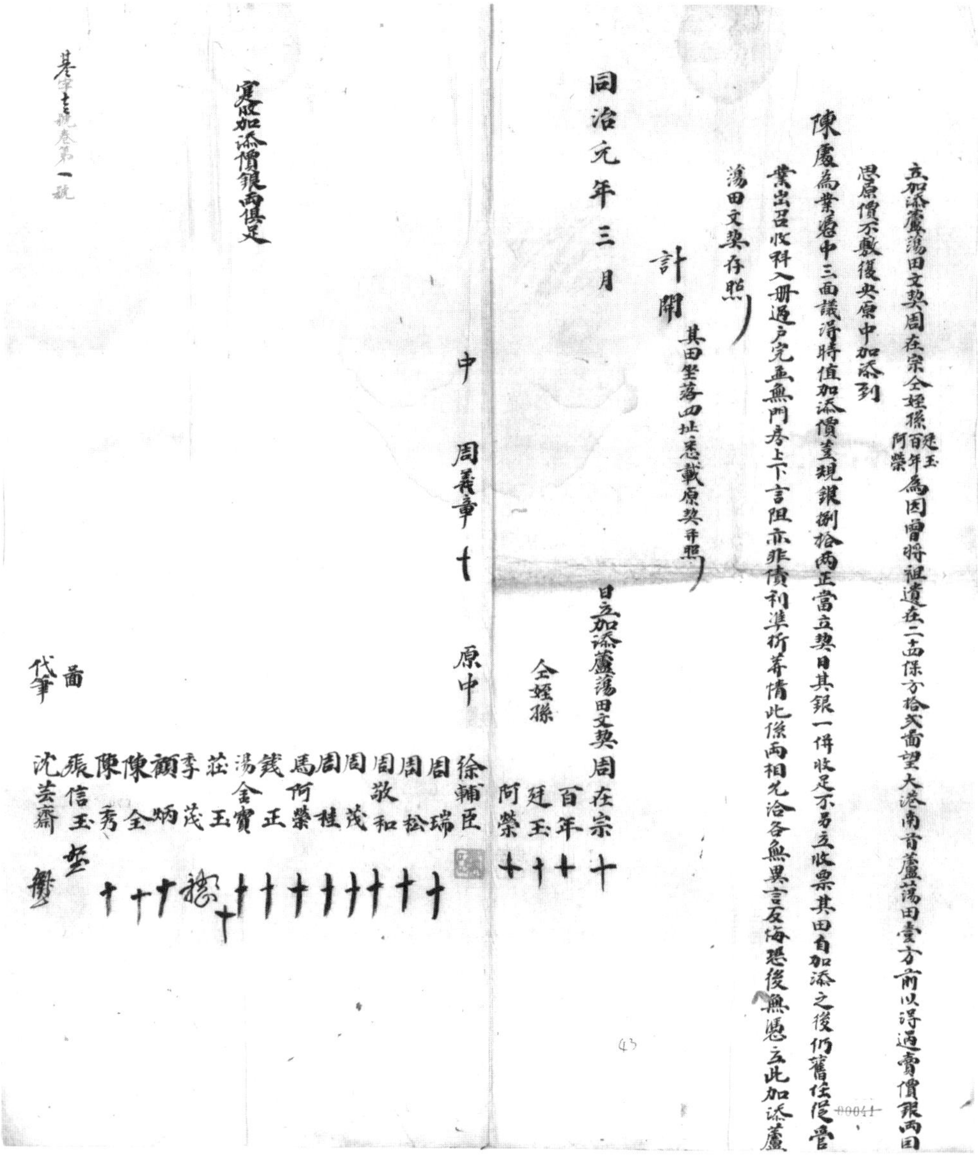
立加添蘆蕩田文契周在宗仝姪孫百年、廷玉、阿榮為因曾將祖遺在二十四保方拾弍啚望大港南首蘆蕩田壹方前以得過賣價銀兩，因
思原價不敷，復央原中加添到
陳處為業，憑中三面議得時值加添價豆規銀捌拾兩正，當立契日其銀一併收足，不另立收票。其田自加添之後，仍舊任從管
業，出召收科入冊過戶完糧，無門房上下言阻，亦非債利準折等情。此係兩相允洽，各無異言，反悔恐後無憑，立此加添蘆
蕩田文契存照。

計開　其田坐落四址悉載原契弍照

同治元年三月　日立加添蘆蕩田文契周在宗 十

仝姪孫 百年 十 廷玉 十 阿榮 十

中 周義章 十

原中 徐輔臣 周瑞 十 周松 十 周敬和 十 周茂 十 周桂 十 馬阿榮 十 錢正 十 湯金寶 十 莊玉 十 李茂 十 顧炳 十 陳全 十 陳秀 十 張信玉 十 沈芸齋 押

啚代筆

實收加添價銀兩俱足

基字十三號卷第一號

周在宗等立加添蘆蕩田文契（1862 年 3 月或 4 月，同治元年三月）

基字十三號卷第三號

具領狀人黃茂春 今領到

製造局大人案下給發身出賣二十五 保十五 圖巳 字圩第〇 號蘆蕩

地價并領貼補未實棉花未刈蘆柴價二共計足制錢壹拾柒仟捌百柒拾捌文

身親赴

憲局如數領訖並無分文短少亦無浮冒情弊合具領狀是實 五月十四日

光緒陸年五月 日具領狀人黃茂春 十

本啚地保 顧鍾憲

00042

黃茂春具領狀（1880 年 6 月或 7 月，光緒六年五月）

基字七三號 春第三號

具賣地切結黄茂春今具到

製造局憲大人案下竊身有坐落廿五保十五圖已字圩第○號蘆蕩一坵

現已量見核計壹畝弍分柒厘柒毫 身情愿出結賣於

憲局作為公用議定每畝價錢拾弍仟文又每畝加給未實棉花未刈蘆柴作

價足錢弍千文今身親自赴局實領到足制錢壹拾柒仟捌百柒拾捌文並無分

文短少中間亦無浮冒情弊合具切結是實

光緒陸年五月 日具賣地切結人黄茂春 十

本圖地保顧鍾憲

黄茂春具賣地切結（1880 年 6 月或 7 月，光緒六年五月）

基字十三號卷第三號

具領狀人李鍾涛今領到

製造局大人案下給發身出賣二十五保拾五圖乙字圩第〇號蘆蕩

地價并領貼補未實棉花未刈蘆柴價二共計足制錢拾仟零玖百玖拾文

身親赴

憲局如數領訖並無分文短少亦無浮冒情弊合具領狀是實

照發 五月十四日

光緒陸年五月拾二日具領狀人李鍾涛十

地保顧鍾憲 憲

00044

946

李鍾濤具領狀（1880 年 6 月 19 日，光緒六年五月十二日）

卷十三號卷第三號

具賣地切結李鍾涛今具到

製造局憲大人 案下竊 身有坐落廿五 保拾五圖Ｅ字圩第 ○ 號蘆蕩一坵

現已量見核計柒分捌厘五毫 身情愿出結賣於

憲局作為公用議定每畝價錢拾弍仟 文又每畝加給未實棉花未刈蘆柴作

價足錢弍千文今身親自赴局實領到足制錢拾仟零玖百玖拾 文並無分

文短少中間亦無浮冒情弊合具切結是實

光緒陸年五月拾二日具賣地切結人李鍾涛十

本圖地保顧鍾憲

李鍾濤具賣地切結（1880 年 6 月 19 日，光緒六年五月十二日）

基字十三號卷第二號

具領狀人李惠元今領到

製造局大人案下給發身出賣二十五保十五圖已字圩第〇號蘆蕩

地價并領貼補未實棉花青嫩未刈蘆柴價二共計足制錢玖拾壹仟玖佰拾文

身親赴

憲局如數領訖並無分文短少亦無浮冒情弊合具領狀是實

照發 五月十四

光緒六年五月十二日 具領狀人李惠元親筆

地保顧鍾憲（押）

048

李惠元具領狀（1880年6月19日，光緒六年五月十二日）

基字十七號卷第三號

具賣地切結李惠元今具到

製造局憲大人案下竊身有坐落二十五保十五圖己字圩第〇號蘆蕩一坵

現已量見核計六畝五分六厘五毫身情愿出結賣於

憲局作為公用議定每畝價錢拾貳仟文又每畝加給未實棉花未刈蘆柴作

價足錢弍千文今身親自赴局實領到足制錢九十一千九百一十文並無分

文短少中間亦無浮冒情弊合具切結是實

光緒六年五月　日具賣地切結人李惠元親筆

本圖地保顧鍾憲

040

00040

李惠元具賣地切結（1880年6月，光緒六年五月）

叁字七號卷第三號

具領狀人仁壽堂姜今領到

製造局憲大人台下給發身賣二十四保方十二圖方字圩田價足制錢壹拾五千三百六十文并

無分文短少浮冒情弊所具領狀是實

照發

光緒五年十月二十八日　具領狀人仁壽堂姜顧氏　十

本圖地保陳英全　十

砲廠出路

陸廣榮同來領

~~00047~~

050

仁壽堂姜顧氏具領狀（1879 年 12 月 11 日，光緒五年十月二十八日）

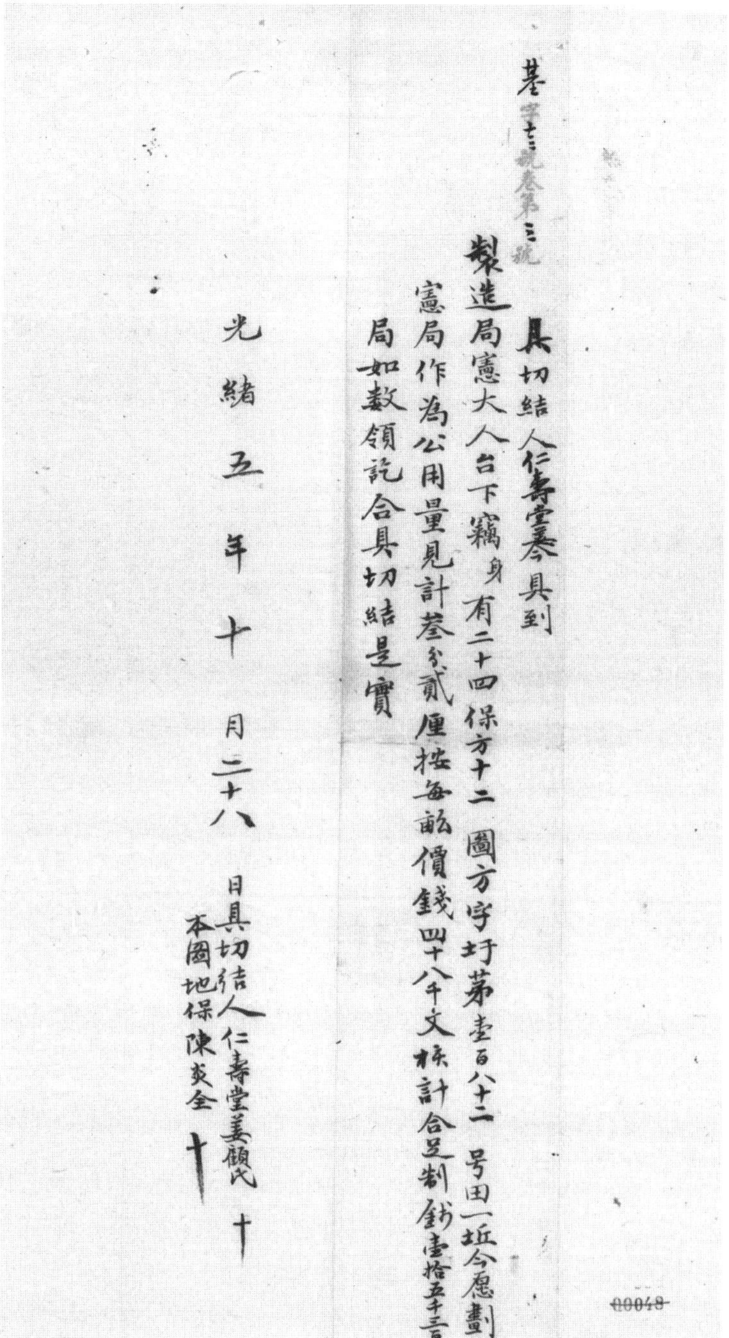

基字十三號卷第三號

具切結人仁壽堂姜具到

製造局憲大人台下竊身有二十四保方十二圖方字圩第壹百八十二号田一坵今愿劃出一段賣於

憲局作為公用量見計叁分貳厘按每畝價錢四十八千文核計合足制錢壹拾五千三百六十文身親自赴

局如數領訖合具切結是實

光緒五年十月二十八日具切結人仁壽堂姜顧氏 十

本圖地保陳炎全 十

仁壽堂姜顧氏具切結（1879 年 12 月 11 日，光緒五年十月二十八日）

基字十二號卷第三號

具領狀人楊錫春、楊瑞春、楊金山今領到

製造局大人案下給發身出賣念五保拾四圖恃字圩第二十八號地

價足制錢貳拾肆仟伍百文，身親赴

憲局如數領訖，並無分文短少，亦無浮冒情弊，合具領狀是實。

光緒陸年五月　日具領狀人楊錫春十

楊瑞春十

楊金山十

地保錢茂昌十

楊瑞春等具領狀（1880年6月或7月，光緒六年五月）

基字十三號春第三號

具賣地切結楊錫春 楊瑞春 楊金山 今具到

製造局憲大人案下竊身有坐落念五保拾四圖特字圩第二十八號田坵現

已量見核計則田五分壹厘八毫身情愿出結賣於

憲局作為公用議定每畝價錢肆拾捌仟文今身親自赴局實領到足制錢貳拾肆仟八百六十四文

並無分文短少中間亦無浮冒情弊合具切結是實

光緒陸年五月　日具賣地切結人 楊錫春 十 楊瑞春 十 楊金山 十

地保 錢茂昌 十

楊瑞春等具賣地切結（1880 年 6 月或 7 月，光緒六年五月）

具切結人顧桂金今具到甚
製造局憲大人臺下竊身有廿五保拾四圖恃字圩第廿弍号田一坵角今愿出賣於
憲局作為公用量見計則田肆分正按每畝價錢肆拾捌仟文計合足制錢拾玖仟貳伯　文身親自赴
局如數領訖合具切結是實

光緒伍年拾壹月廿玖日具切結人顧桂金　十
本圖地保張潤襄　十

顧桂金具切結（1880年1月10日，光緒五年十一月二十九日）

具領狀人顧桂金今領到 基字十三號參第三號

製造局憲大人臺下給發身出賣廿五保拾四圖恃字圩第廿叁號等田價足制錢壹拾玖千貳百文

并無分文短少浮冒情弊所具領狀是實

照發
臘月初一日

光緒伍年拾一月廿玖日具領狀人顧桂金 十

本圖地保張潤寰 十

顧桂金具領狀（1880 年 1 月 10 日，光緒五年十一月二十九日）

巷字十三號卷第三號 具賣地切結人張勝金今具到

製造局憲大人 案下竊身有坐落二十六保十三圖墨字圩第四百念壹號田地壹坵現已量見核計壹畝正身情願出結賣與

憲局作為公用議定每畝價錢叁拾捌千身親自赴局實領到足制錢叁拾捌千文正並無分文短少中間亦無浮冒情弊此田

方單楊三德戶名因匪擾遺失自後別處檢出以作廢單自有張姓理明合具切結是實

具賣地切結人 張勝金 十

本啚地保 許半耕 十

光緒六年十二月 日

00053

56

020

張勝金具賣地切結（1880年12月或1881年1月，光緒六年十二月）

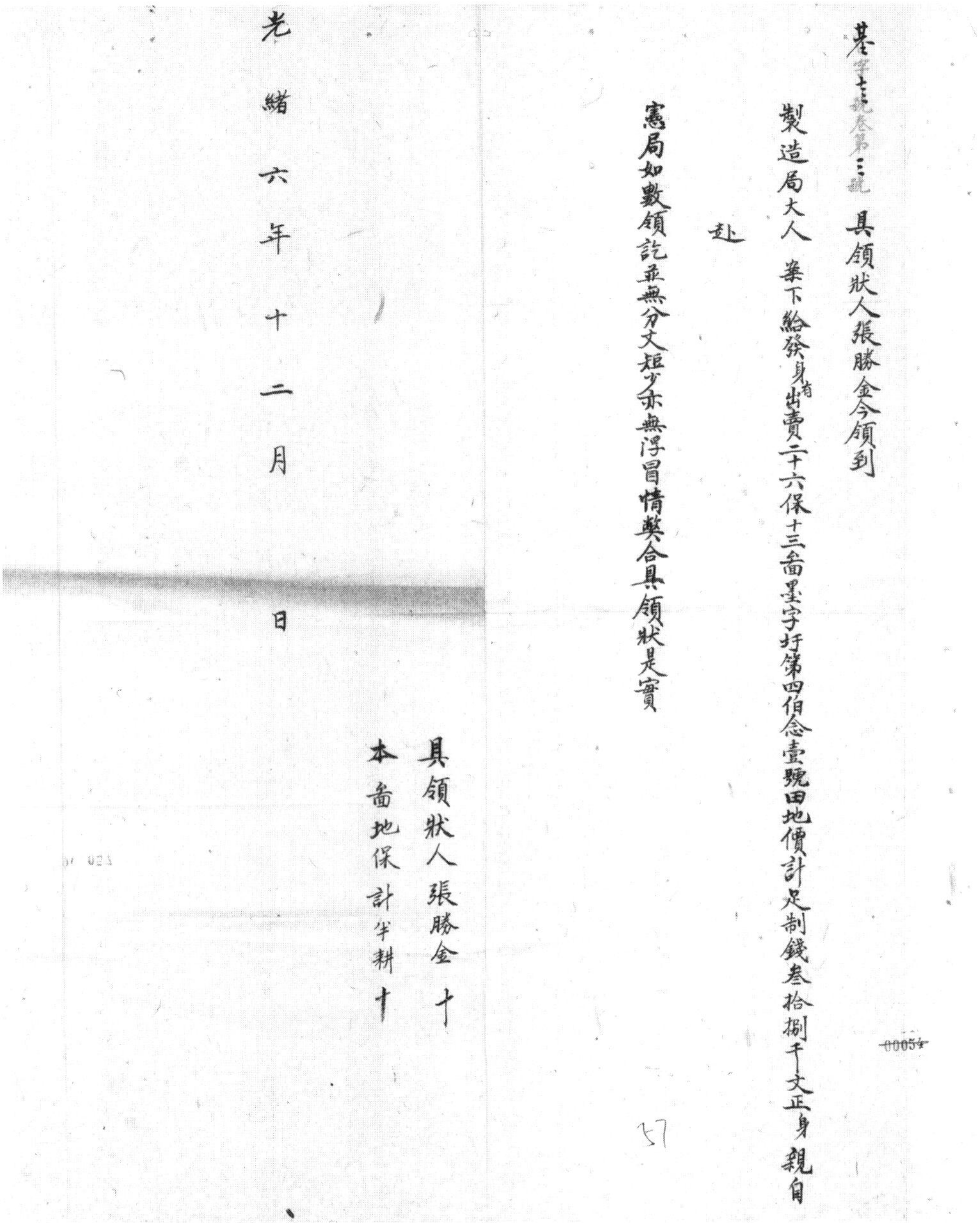
基字十三號卷第三號　具領狀人張勝金今領到

製造局大人　案下給發身有出賣二十六保十三畐基字圩第四伯念壹號田地價計足制錢叁拾捌千文正身親自

赴

憲局如數領訖並無分文短少亦無浮冒情弊合具領狀是實

光緒六年十二月　日

具領狀人張勝金　十

本畐地保計半耕　十

00054

57

張勝金具領狀（1880 年 12 月或 1881 年 1 月，光緒六年十二月）

碁字三號卷第三號

具領狀人潘墳田今領到　身情願出結割賣

製造局大人　案下給發　身出買二十八保十八圖思字圩第壹百柒號田柒厘柒毫地價計足制錢叁千捌百五十文正　身親自赴

憲局如數領訖並無分文短少亦無浮冒情弊除另給呈　縣除粮外合具領狀是實

原田方單一番　一百七號　業戶潘墳田則田五分七厘三毫因兵乱業已遺失今將田地情願割賣七厘七毫與

憲局公用

光緒陸年拾壹月　日

具領狀人　潘墳田十

本圖地保　殷文章

潘墳田具領狀（1880 年 12 月，光緒六年十一月）

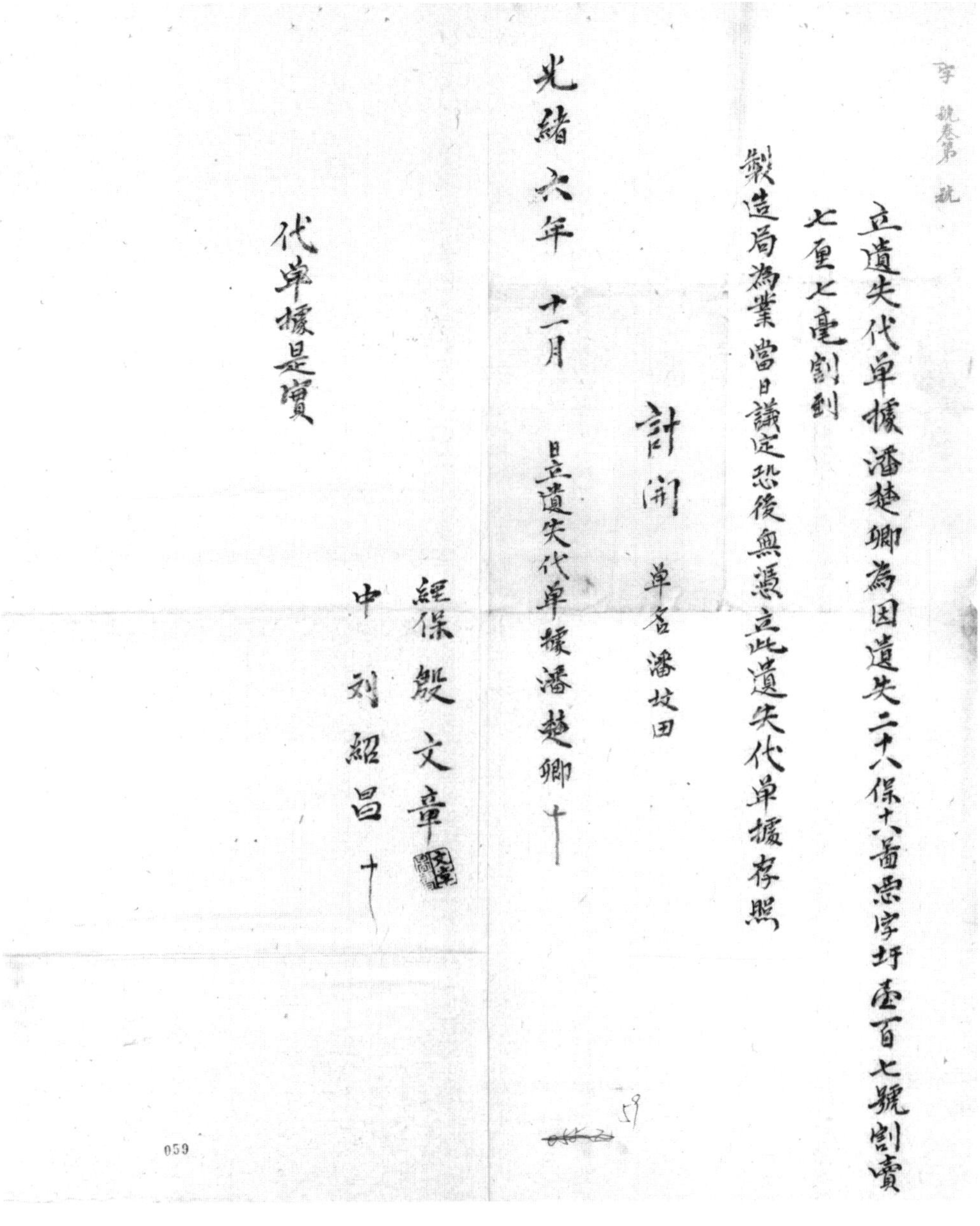
字　號卷第　號

立遺失代单據潘楚卿為因遺失二十八保十八啚忠字圩壹百七號割賣七亩七毫割到

製造局為業當日議定恐後無憑立此遺失代单據存照

計開　单名潘廷田

光緒六年　十一月　日立遺失代单據潘楚卿十

經保殷文章

中　刘紹昌十

代单據是實

059

潘楚卿立遺失代單據（1880 年 12 月，光緒六年十一月）

基字十三號卷第三號

具賣地切結人潘坟田今具到 身情願出結劃賣

製造局憲大人 案下竊身 有坐落二十八保十八圖惡字第壹百七號田地一坵現已量見核計柒厘柒毫 身情願出結賣與 憲局作為公用議定

每畝價錢伍拾千今 身親自赴局實領到足制錢叁千捌百五十文正並無分文短少中間亦無浮冒情弊合具切結是實

原田方單一紙一百七號業户潘坟田則田五分七厘三毫因兵乱業已遺失今將田地情願劃賣七厘七毫

憲局公用

光緒陸年拾壹月 日

具賣地切結人潘坟田十

本圖地保殷文章

潘墳田具賣地切結（1880 年 12 月，光緒六年十一月）

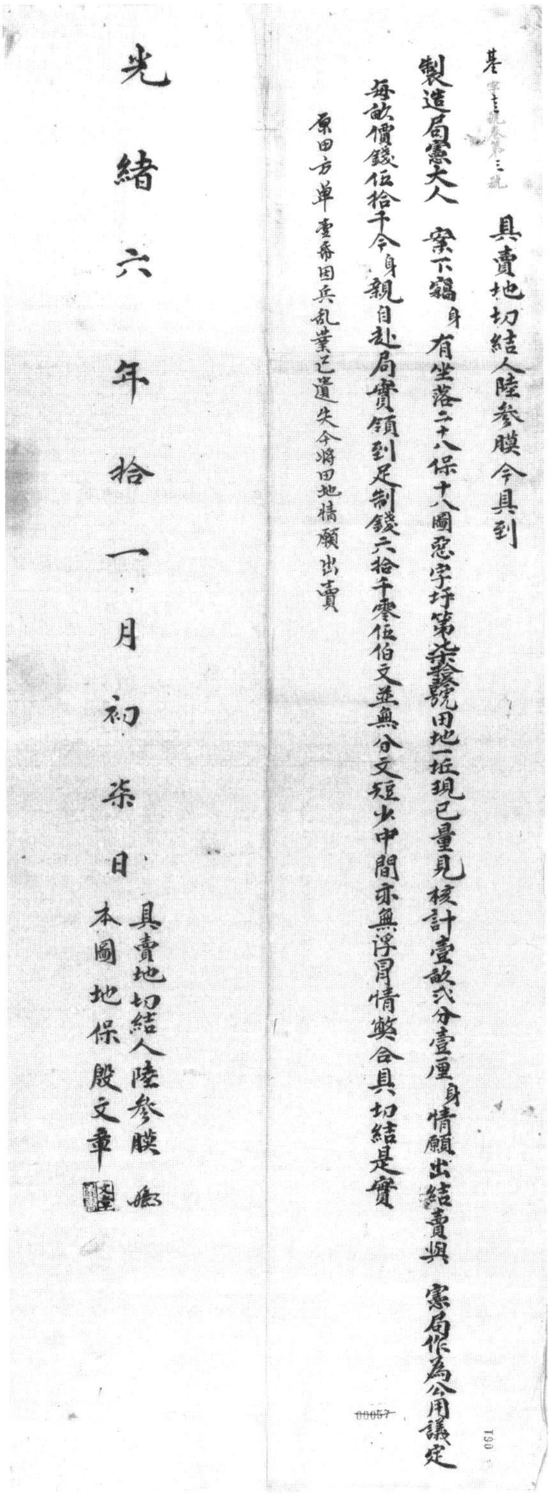

基字三十三號卷第三號

具賣地切結人陸參膜今具到

製造局憲大人 案下竊身有坐落二十八保十八圖惡字圩第叁拾叁號田地一坵現已量見核計壹畝弍分壹厘身情願出結賣與 憲局作爲公用議定

每畝價錢伍拾千今身親自赴局實領到足制錢六拾千零伍伯文並無分文短少中間亦無浮冒情弊合具切結是實

原田方单壹帋因兵亂業已遺失今將田地情願出賣

光緒六年拾一月初柒日 具賣地切結人陸參膜 押

本圖地保殷文章

陸參膜具賣地切結（1880 年 12 月 8 日，光緒六年十一月初七日）

基字十三號卷第三號

具領狀人陸參膜今領到

製造局大人　案下給發身　出買二十八保十八圖悪字圩第九柒拾號田地價計足制錢六拾千零伍伯文　身　親自赴

憲局如數領訖並無分文短少亦無浮冒情弊除另具切結呈　縣除粮外合具領狀是實

原田方单壹帋因兵亂業已遺失今將田地情願出賣

光緒六年拾一月初柒日　具領狀人陸參膜　押

本圖地保殷文章

陸參膜具領狀（1880年12月8日，光緒六年十一月初七日）

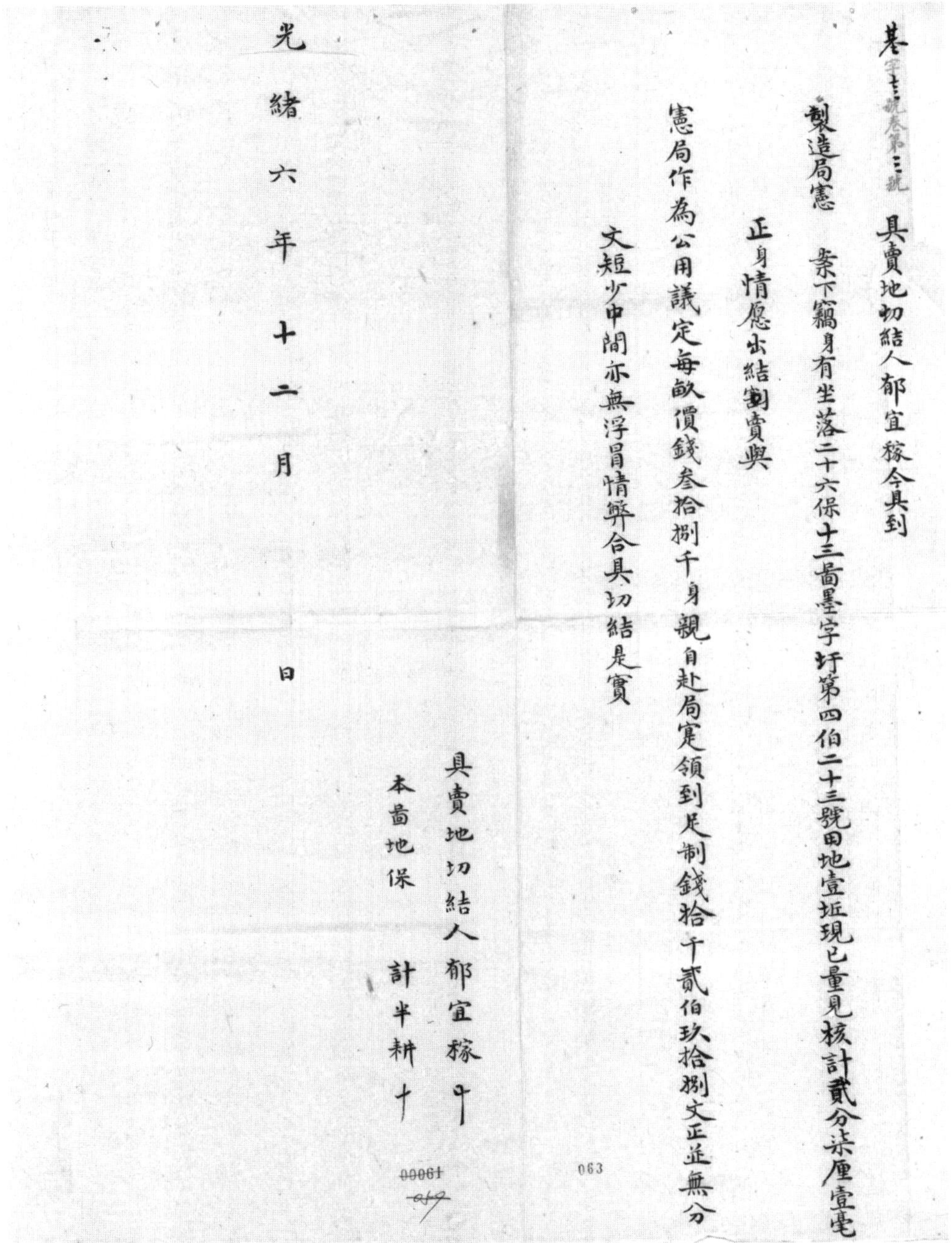

碁字十三號卷第三號

具賣地切結人郁宜稼今具到

製造局憲 案下竊身有坐落二十六保十三啚碁字圩第四伯二十三號田地壹坵現已量見核計貳分柒厘壹毫

正身情愿出結劃賣與

憲局作為公用議定每畝價錢叁拾捌千身親自赴局寔領到足制錢拾千貳伯玖拾捌文正並無分

文短少中間亦無浮冒情弊合具切結是實

光緒六年十二月　日

具賣地切結人郁宜稼 十

本啚地保 計半耕 十

00061

063

郁宜稼具賣地切結（1880 年 12 月或 1861 年 1 月，光緒六年十二月）

基字十三號卷第二號

具領狀人郁宜稼今領到

製造局　憲下給發身出賣二十六保十三啚墨字圩第四伯二十三號田地價計足制錢拾千貳伯玖拾捌

文正身親赴

憲局如數領訖並無分文短少亦無浮冒情弊合具領狀是實

具領狀人郁宜稼 十

本啚地保計半耕 十

光緒六年十二月　日

~~00060~~

064

郁宜稼具領狀（1880年12月或1861年1月，光緒六年十二月）

巷字七號卷第三號

具賣地切結人郁宜稼今具到

製造局憲　案下竊身有坐落二十六保十三啚墨字圩第四伯二十六號田地壹坵現已量見核計玖厘正身情愿

出結割賣與

憲局作為公用議定每畝價錢叁拾捌千身親自赴局寔領到足制錢叁千肆伯貳拾文正並無分文

短少中間亦無浮冒情弊合具切結是實

具賣地切結人郁宜稼　十

本啚地保　計牛耕　十

光緒六年十二月　日

~~00059~~ 066

065

江南製造總局

郁宜稼具賣地切結（1880年12月或1861年1月，光緒六年十二月）

基字十三號卷第三號

具領狀人計慶元今領到

製造局大人案下給發身出賣二十六保十三啚墨字圩第四伯念三號田地價計足制錢拾千零弍伯玖拾

捌文正身親赴

憲局如數領訖並無分文短少亦無浮冒情弊合具領狀是實

具領狀人計慶元十

本啚地保計半耕十

光緒六年十二月　日

00062

066

計慶元具領狀（1880 年 12 月或 1861 年 1 月，光緒六年十二月）

甚字十三號卷第三號

具賣地切結人計慶元今具到

製造局憲大人　案下竊身有坐落二十五保十三畵墨字圩第四佰念三號田地壹坵現已量見核計弍分柒厘壹毫

正身情願出結賣與

憲局作為公用議定每畝價錢叁拾捌千　身親自赴局實領到足制錢拾千零弍佰玖拾捌文正並無分

大短少中間亦無浮冒情弊合具切結是實

具賣地切結人計慶元十

本畵地保　計牛耕十

光緒六年十二月　日

067　00063

計慶元具賣地切結（1880 年 12 月或 1861 年 1 月，光緒六年十二月）

墨字十三號卷第三號

具領狀人計慶元今領到

製造局大人案下給發身出賣二十六保十三啚墨字圩第四百念壹號田地價計足制錢伍拾玖千玖百陸拾肆

文正身親赴

憲局如數領訖並無分文短少亦無浮冒情弊合具領狀是實

光緒六年十一月　日

具領狀人計慶元十

本啚地保計半耕十

068

計慶元具領狀（1880 年 12 月，光緒六年十一月）

墨字十三號卷第三號

具賣地切結人計慶元今具到

製造局憲大人　案下竊身有坐落二十六保十三啚墨字圩第四百念壹號田地壹坵現已量見核計壹畝

伍分柒厘捌毫身情願出結賣與

憲局作為公用議定每畝價錢叁拾捌千身親自赴局實領到足制錢伍拾玖千玖百陸拾肆文正並無分文

短少中間亦無浮冒情弊合具切結是實

具賣地切結人計慶元十

本啚地保　計半耕十

光緒六年十一月　日

計慶元具賣地切結（1880 年 12 月，光緒六年十一月）

基字十三號卷第三號

具領狀人胡餘畊堂今領到

製造局大人　案下給發身出賣二十六保十三啚墨字圩第四百念壹號田地價計足制錢伍拾玖千玖百陸拾肆

文正身親赴

憲局如數領訖並無分文短少亦無浮冒情弊合具領狀是實

具領狀人胡餘畊堂　十

本啚地保計半耕　十

光緒六年十一月　日

000060

70

070

胡餘耕堂具領狀（1880年12月，光緒六年十一月）

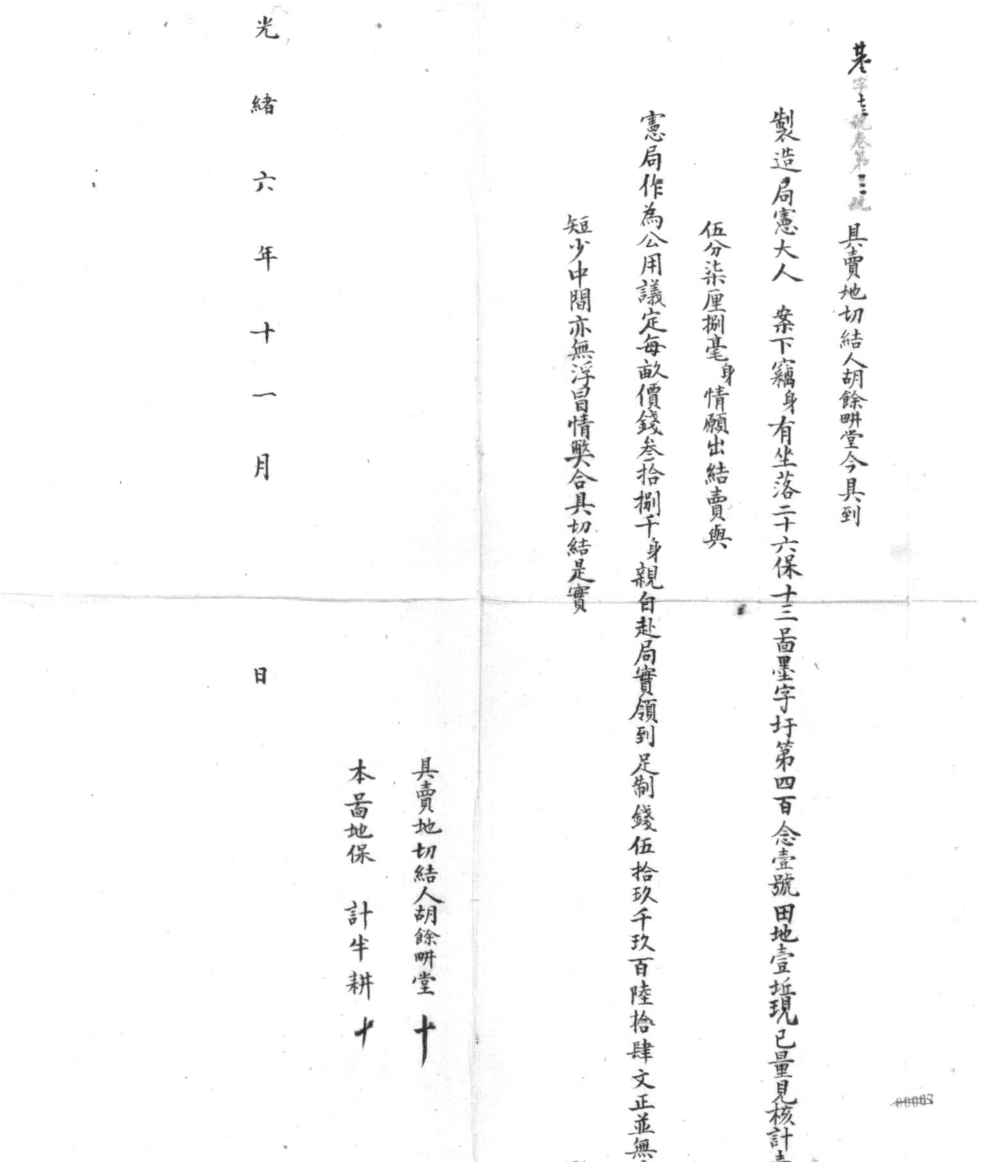

甚字十三號卷第三二號

具賣地切結人胡餘畊堂今具到

製造局憲大人　案下竊身有坐落二十六保十三啚垦字圩第四百念壹號田地壹坵現已量見核計壹畝

伍分柒厘捌毫身情願出結賣與

憲局作為公用議定每畝價錢叁拾捌千身親自赴局實領到足制錢伍拾玖千玖百陸拾肆文正並無分文

短少中間亦無浮冒情弊合具切結是實

具賣地切結人胡餘畊堂　十

本啚地保　計半耕　十

光緒六年十一月　日

071

胡餘耕堂具賣地切結（1880 年 12 月，光緒六年十一月）

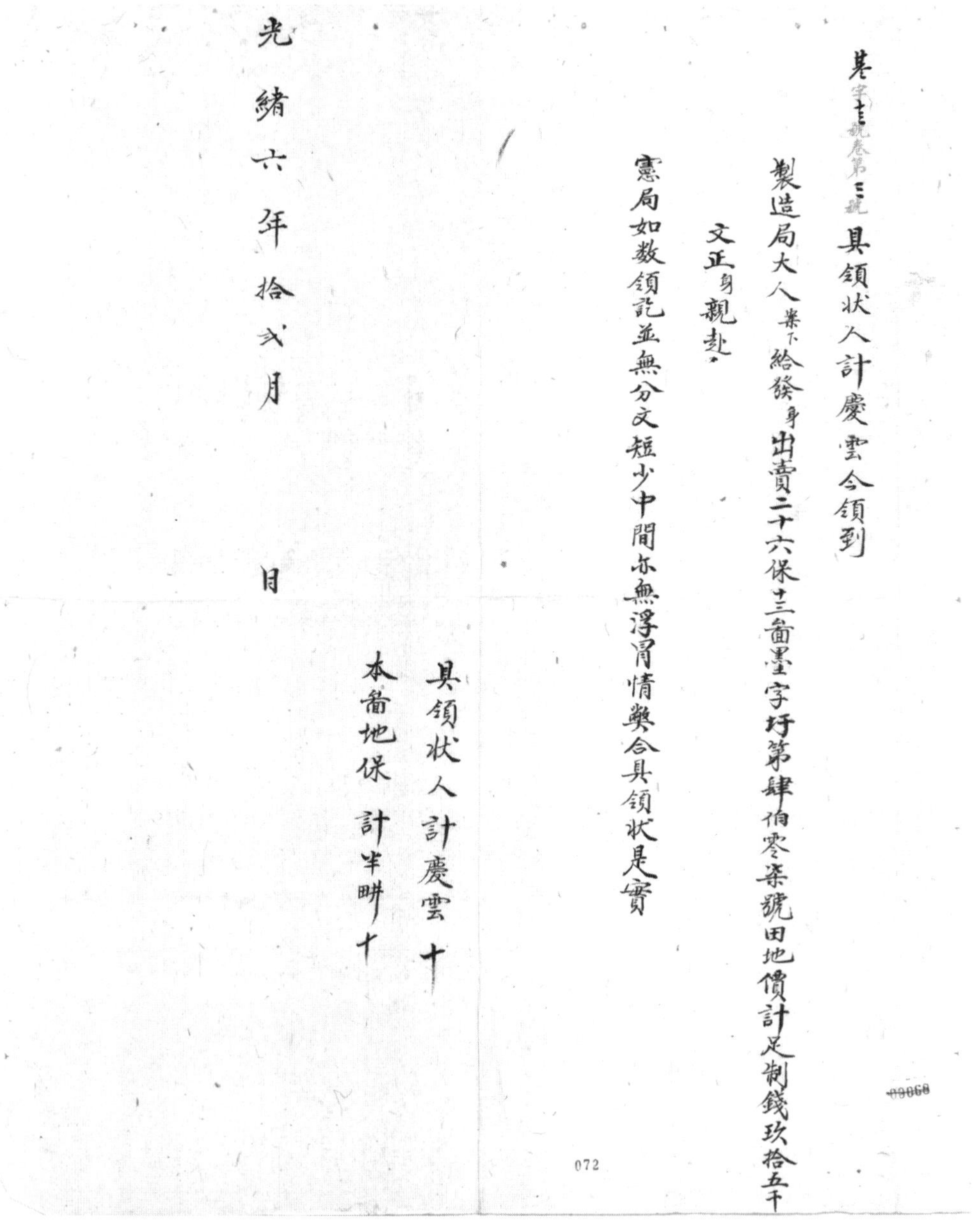

甚字十三號卷第三號

具領狀人計慶雲今領到

製造局大人案下給發身出賣二十六保十三圖墨字圩第肆伯零柒號田地價計足制錢玖拾五千

文正身親赴

憲局如数領訖並無分文短少中間亦無浮冒情弊合具領狀是實

具領狀人計慶雲十

本圖地保計半畊十

光緒六年拾弍月　日

計慶雲具領狀（1880 年 12 月或 1861 年 1 月，光緒六年十二月）

基字十三號卷第三號具賣地切結人計慶雲今具到
製造局憲大人案下切身有坐落二十六保十三啚墨字圩肆佰零柒號田地一坵現已量見核計弍畝五分
正身情願出結賣與
憲局作為公用議定每畝價錢叁拾捌千文正身親自赴局實領到足制錢玖拾五千正並無分文短少中間
亦無浮冒情弊合具切結是實

具賣地切結人計慶雲 十
本啚地保計半畊 十

光緒六年拾弍月　　日

~~00869~~

073

計慶雲具賣地切結（1880 年 12 月或 1861 年 1 月，光緒六年十二月）

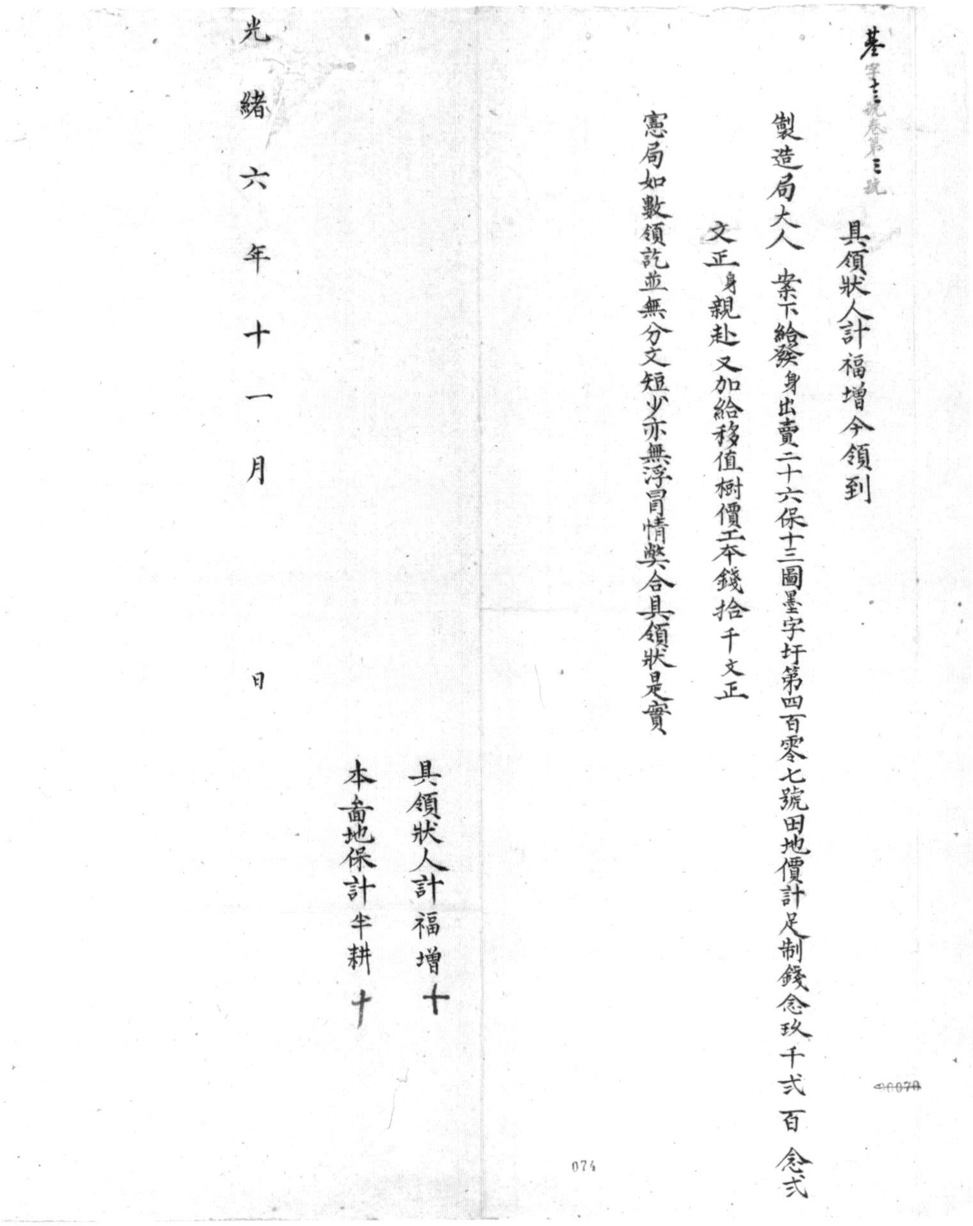

基字十三號卷第三號

具領狀人計福增今領到

製造局大人　案下給發身出賣二十六保十三圖基字圩第四百零七號田地價計足制錢念玖千弍百念弍

文正身親赴又加給移值樹價工本錢拾千文正

憲局如數領訖並無分文短少亦無浮冒情弊合具領狀是實

具領狀人計福增十

本啚地保計半耕十

光緒六年十一月　日

00070

074

計福增具領狀（1880 年 12 月，光緒六年十一月）

基字十三號卷第三號

具賣地切結人計福增今具到

製造局憲大人　案下竊身有坐落二十六保十三圖墨字圩第四百零柒號田地壹坵現已量見核計柒分

陸厘玖毫正身情願出結賣與

憲局作為公用議定每畝價錢叁拾捌千身親自赴局實領到足制錢念玖千弍百念弍文正又加給移值

樹價工本錢拾千文正並無分文短少中間亦無浮冒情弊合具切結是實

具賣地切結人計福增十

本圖地保　計半耕十

光緒六年十一月　日

00074

075

計福增具賣地切結（1880 年 12 月，光緒六年十一月）

墨字十三號卷第三號

具領狀人胡餘畊今領到

製造局大人案下給發身出賣二十六保十三啚墨字圩第四百零玖號田地價計足制錢柒拾壹千捌百玖拾陸

文正身親赴

憲局如數領訖並無分文短少亦無浮冒情弊合具領狀是實

光緒六年十一月　　日

具領狀人胡餘畊　十

本啚地保計牛耕　十

00072

076

胡餘耕具領狀（1880年12月，光緒六年十一月）

墨字十三號卷第三號

具賣地切結人胡餘畊今具到

製造局憲大人　案下竊身有坐落二十六保十三啚墨字圩第四百零玖號田地壹坵現已量見核計壹畝

捌分玖厘貳毫身情願出結賣與

憲局作為公用議定每畝價錢叁拾捌千身親自赴局實領到足制錢柒拾壹千捌百玖拾陸文正並無分文

短少中間亦無浮冒情弊合具切結是實

具賣地切結人胡餘畊　十

本啚地保　計半耕　十

光緒六年十一月　日

89073

077

胡餘耕具賣地切結（1880 年 12 月，光緒六年十一月）

墨字七三號卷第三號

具領狀人胡鼎榮今領到

製造局大人　案下給發身出賣二十六保十三圖墨字圩第四百零捌號田地價計足制錢捌拾叁千玖百零肆

文正身親赴

憲局如數領訖並無分文短少亦無浮冒情弊合具領狀是實

具領狀人胡鼎榮 金松　十

本圖地保計半耕　十

光緒六年十一月　日

00074

078

胡鼎榮具領狀（1880年12月，光緒六年十一月）

基字十三號卷第三號

具賣地切結人胡鼎榮今具到

製造局憲大人　案下竊身有坐落二十六保十三啚墨字圩第四百零捌號田地壹坵現已量見核計貳畝

貳分捌毫正身情願出結賣與

憲局作為公用議定每畝價錢叁拾捌千身親自赴局實領到足制錢捌拾叁千玖百零肆文正並無分文

短少中間亦無浮冒情弊合具切結是實

具賣地切結人胡鼎榮　十

本啚地保　許半耕　十

光緒六年十一月　日

00075

079

胡鼎榮具賣地切結（1880 年 12 月，光緒六年十一月）

墨字十三號叁第三號

具領狀人胡金松今領到

製造局大人案下給發身出賣二十六保十三啚墨字圩第四百零捌號田地價計足制錢壹百伍拾柒千叁百貳

拾文正身親赴

憲局如數領訖並無分文短少亦無浮冒情弊合具領狀是實

光緒六年十一月　日

具領狀人胡金松　十

本啚地保計半耕　十

00076

080

胡金松具領狀（1880 年 12 月，光緒六年十一月）

基字十三號卷第三號

具賣地切結人胡金松今具到

製造局憲大人案下竊身有坐落二十六保十三啚墨字圩第四百零捌號田地壹坵現已量見核計肆畝

壹分肆厘正身情願出結賣與

憲局作為公用議定每畝價錢叁拾捌千身親自赴局實領到足制錢壹百伍拾柒千叁百貳拾文正並無分文

短少中間亦無浮冒情弊合具切結是實

具賣地切結人胡金松 十

本啚地保 計半耕 十

~~08077~~

081

光緒六年十一月 日

胡金松具賣地切結（1880年12月，光緒六年十一月）

基字七號卷第三號

具賣地切結人徐安仁今具到

製造局憲大人案下竊身有坐落二十六保十三圖基字圩第四伯零柒號田地壹坵現已量見核計叁畝

玖分玖厘捌毫身情願出結賣與

憲局作為公用議定每畝價錢叁拾捌千身親自赴局實領到足制錢壹百伍拾壹千玖百念四文正並無分文

短少中間亦無浮冒情弊合具切結是實

具賣地切結人徐安仁 十

本啚地保 許半耕 十

光緒六年十一月 日

00070

082

徐安仁具賣地切結（1880年12月，光緒六年十一月）

基字十三號卷第三號

具領狀人徐安仁今領到

製造局大人　案下給發身出賣二十六保十三圖基字圩第四伯零七號田地價計足制錢壹百伍拾壹千玖百念

肆文正身親赴

憲局如數領訖並無分文短少亦無浮冒情弊合具領狀是實

具領狀人徐安仁　十

本啚地保計半耕　十

光緒六年十一月　日

00079

083

徐安仁具領狀（1880年12月，光緒六年十一月）

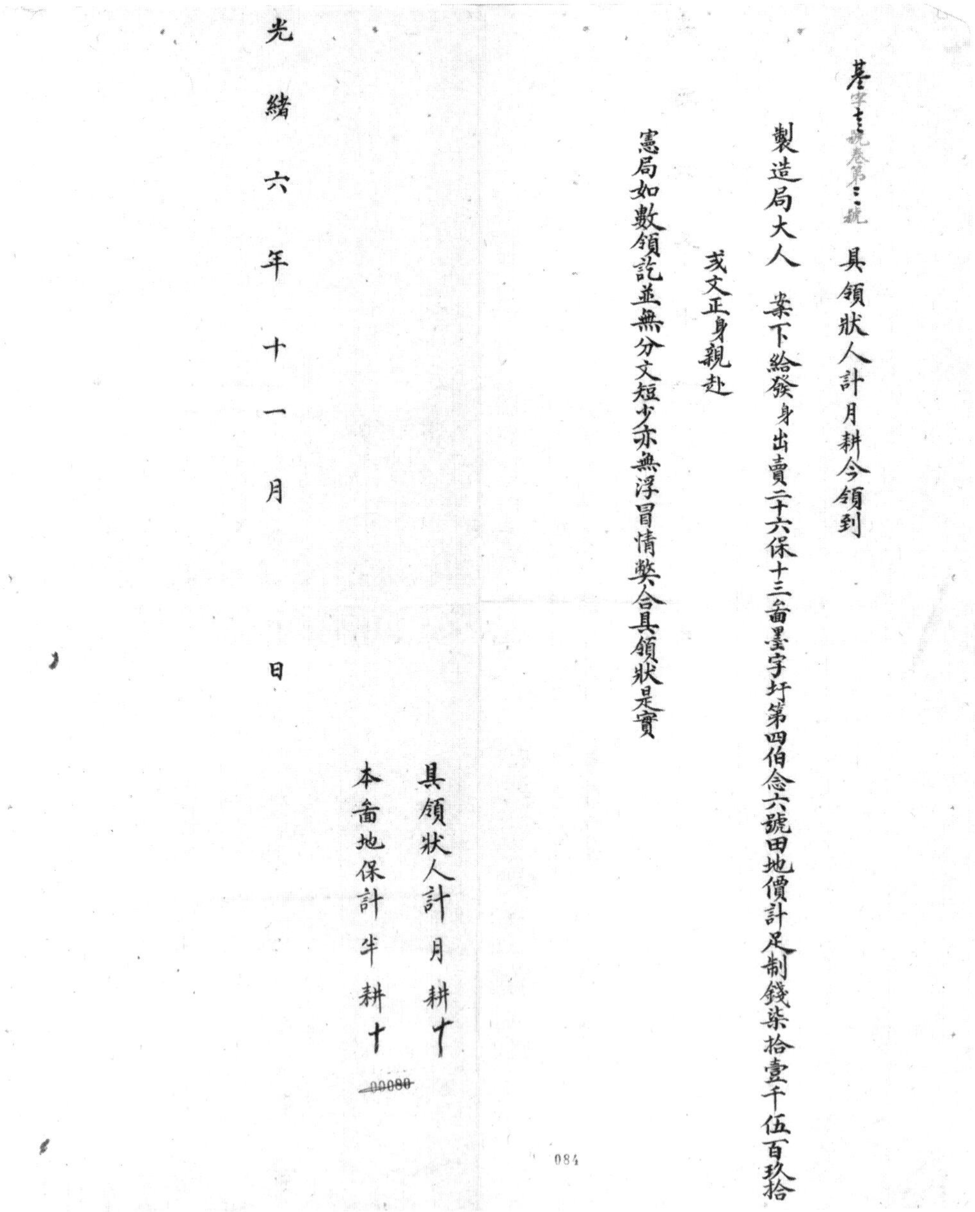

基字十三號卷第三號　具領狀人計月耕今領到

製造局大人　案下給發身出賣二十六保十三畨墨字圩第四伯念六號田地價計足制錢柒拾壹千伍百玖拾

叁文正身親赴

憲局如數領訖並無分文短少亦無浮冒情弊合具領狀是實

具領狀人計月耕十

本畨地保計半耕十

00080

光緒六年十一月　日

084

計月耕具領狀（1880 年 12 月，光緒六年十一月）

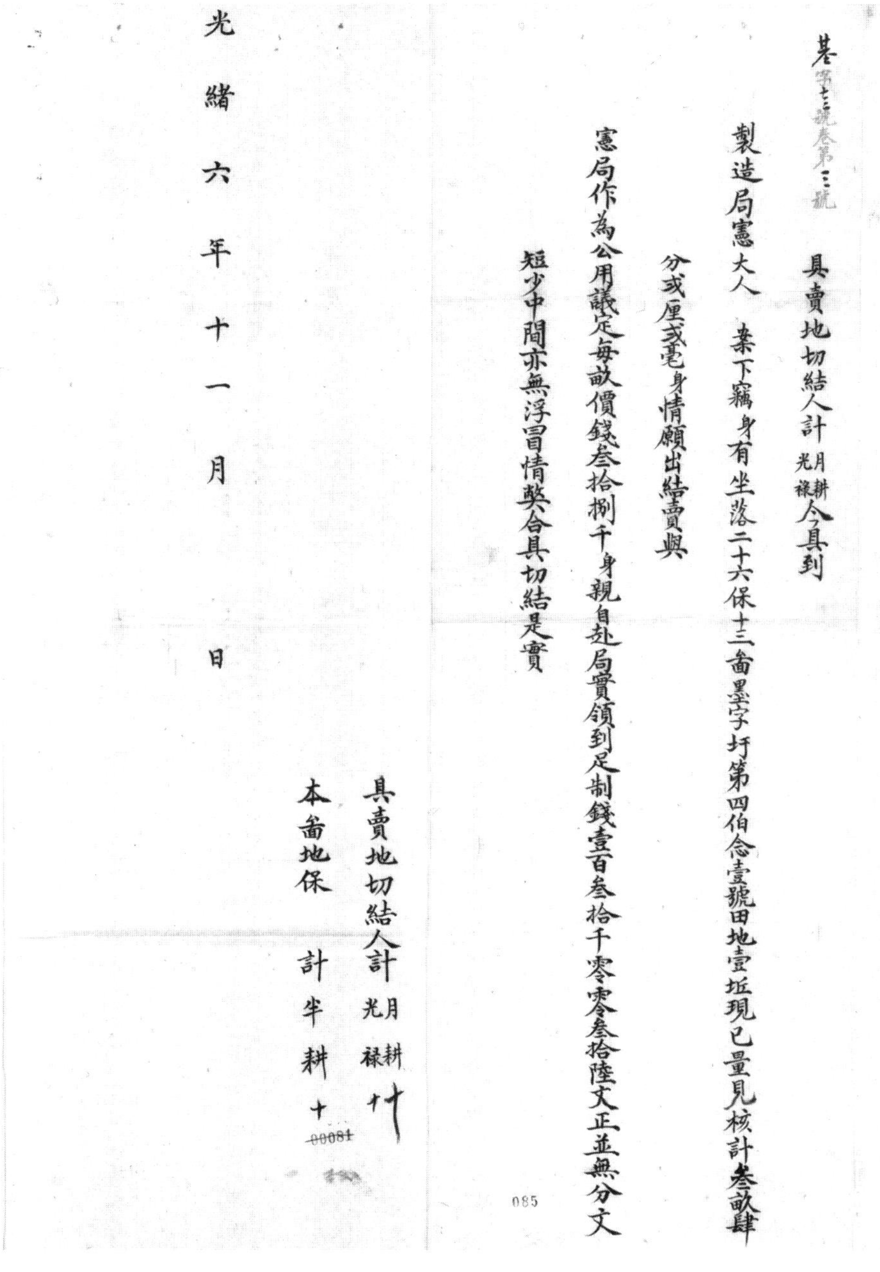

基字十三號卷第三號

具賣地切結人計月耕光祿今具到

製造局憲大人　案下竊身有坐落二十六保十三畨墨字圩第四伯念壹號田地壹坵現已量見核計叁畝肆分貳厘貳毫身情願出結賣與

憲局作為公用議定每畝價錢叁拾捌千身親自赴局實領到足制錢壹百叁拾千零零叁拾陸文正並無分文短少中間亦無浮冒情弊合具切結是實

具賣地切結人計月耕光祿十十

本畨地保計半耕十

光緒六年十一月　日

計月耕、計光祿具賣地切結（1880 年 12 月，光緒六年十一月）

基字十三號卷第三號

具領狀人計月耕、光祿今領到

製造局大人案下給發身出賣二十六保十三畝基字圩第四伯念壹號田地價計足制錢壹百叁拾千零零叁拾

陸文正身親兌

憲局如數領訖並無分文短少亦無浮冒情弊合具領狀是實

光緒六年十一月　日

具領狀人計月耕十、光祿十

本畝地保計半耕十

00082

086

計月耕、計光祿具領狀（1880 年 12 月，光緒六年十一月）

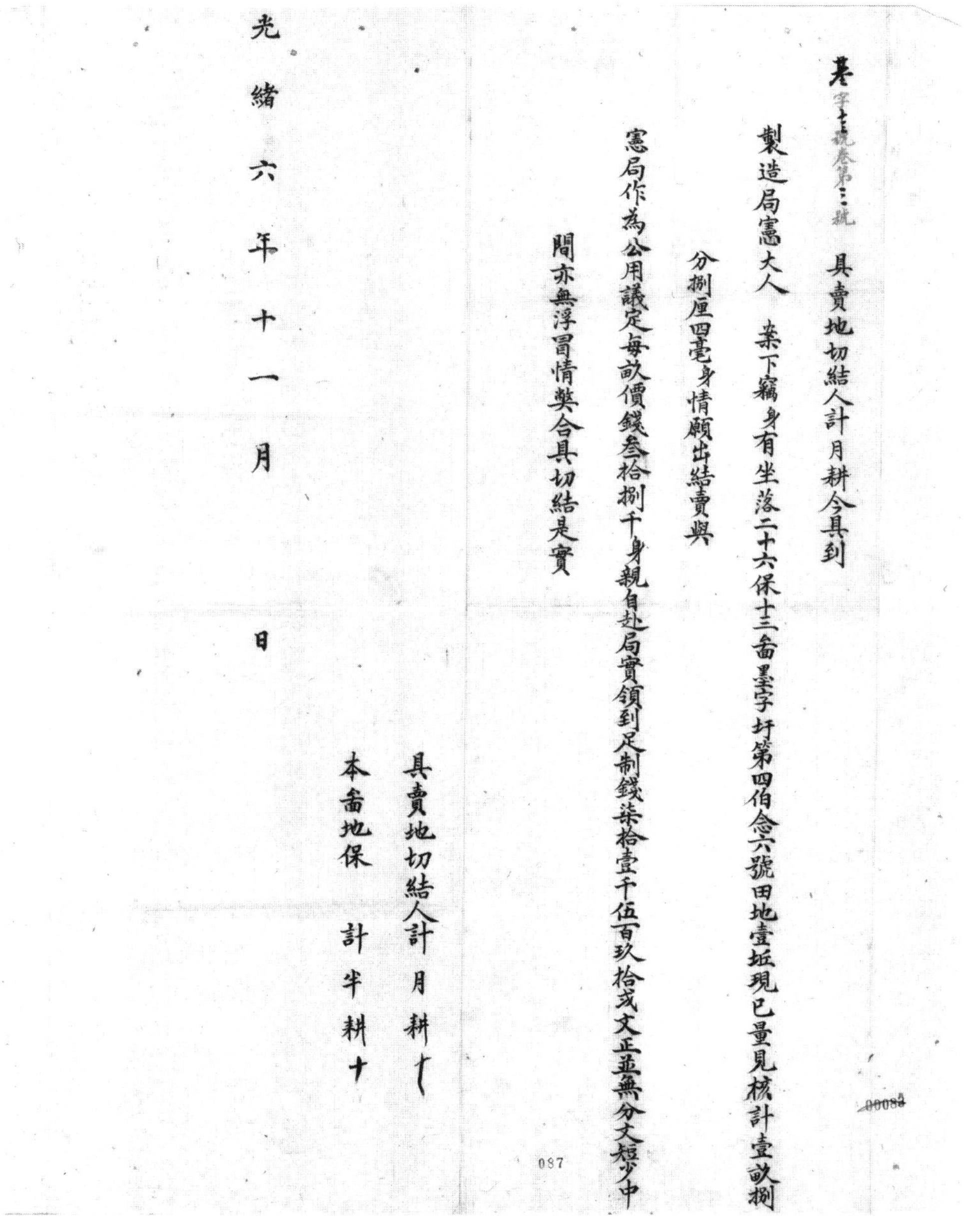

巷字十三號卷第三號

具賣地切結人計月耕今具到

製造局憲大人　案下竊身有坐落二十六保十三啚墨字圩第四伯念六號田地壹坵現已量見核計壹畝捌

分捌厘四毫身情願出結賣與

憲局作為公用議定每畝價錢叁拾捌千身親自赴局實領到足制錢柒拾壹千伍百玖拾戎文正並無分文短少中

間亦無浮冒情弊合具切結是實

光緒六年十一月　日

具賣地切結人計月耕╋

本啚地保計半耕╋

00084

087

計月耕具賣地切結（1880 年 12 月，光緒六年十一月）

基字七十號卷第三號

具賣地切結人計月耕今具到

製造局憲大人　案下竊身有坐落二十六保十三畝墨字圩第四伯念弍號田地壹坵現已量見核計肆畝肆分弍厘壹毫身情願出結賣與

憲局作為公用議定每畝價錢叁拾捌千身親自赴局實領到足制錢壹百陸拾柒千玖百玖拾捌文正又加給移植桒樹工本價錢念柒千文、玫瑰花工本價錢壹千文並無分文短少中間亦無浮冒情弊合具切結是實

具賣地切結人計月耕十

本畝地保　計半耕十

光緒六年十一月　日

088

計月耕具賣地切結（1880 年 12 月，光緒六年十一月）

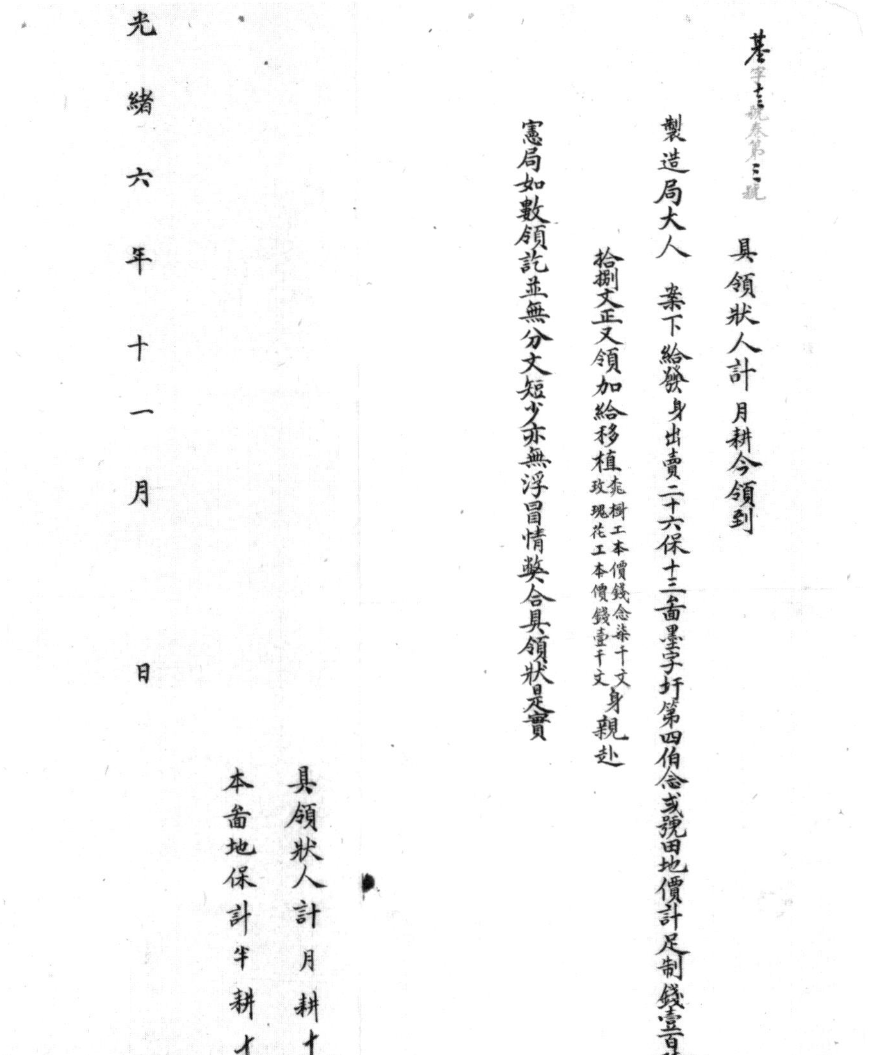
甚字十三號叁第三號

具領狀人計　月耕今領到

製造局大人　案下給發身出賣二十六保十三畐墨字圩第四佰念貳號田地價計足制錢壹百陸拾柒千玖百玖

拾捌文正又領加給移植麁樹工本價錢念柒千文 玫瑰花工本價錢壹千文 身親赴

憲局如數領訖並無分文短少亦無浮冒情弊合具領狀是實

具領狀人計　月耕十

本畐地保計半耕十

00086

光緒六年十一月　日

089

計月耕具領狀（1880 年 12 月，光緒六年十一月）

墨字十三號卷第三號　具賣地切結人計光育今具到

製造局憲大人　案下竊身有坐落二十六保十二啚墨字圩第四伯念弍號田地壹坵現已量見核計肆畝肆

分弍厘壹毫身情願出結賣與

憲局作爲公用議定每畝價錢叁拾捌千身親自赴局實領到足制錢壹百陸拾柒千玖百玖拾捌文正並無分文短

少中間亦無浮冒情弊合具切結是實

具賣地切結人　計　光育十

本啚地保　計半耕十

光緒六年十一月　日

00086

090

計光育具賣地切結（1880 年 12 月，光緒六年十一月）

基字壹號卷第三號　具領狀人計光育今領到

製造局大人　案下給發身出賣二十六保十三啚墨字圩第四伯念戎號田地價計足制錢壹百陸拾柒千

玖百玖拾捌文正身親赴

憲局如數領訖並無分文短少亦無浮冒情弊合具領狀是實

具領狀人　計光育　十

本啚地保　計半耕　十

光緒六年十一月　日

00087

091

計光育具領狀（1880 年 12 月，光緒六年十一月）

基字十三號卷第三號

具領狀人顧宗海今具到 押身情願出結割賣

製造局大人 案下給發身出買貳拾捌保拾捌圖悪字圩壹百捌拾弍號田地五分一厘五價計足制錢貳拾五千五百文正身親自赴

憲局如數領訖並無分文短少亦無浮冒情弊除另具切呈縣除粮外合具領狀是實

光緒陸年拾壹月 日

具領狀人顧宗海 押

本圖地保殷文章 押

顧宗海具領狀（1880年12月，光緒六年十一月）

基 字十三號卷第三號

具賣地切結人顧宗海今具到（押）身情願出結劃賣

製造局憲大人 案下竊身 有坐落貳拾捌保拾捌圖悉字圩壹百捌拾弍號田地一坵現已量見核計五分壹厘五毫情願出結賣與 憲局作為 公用議定

每畝價錢五拾千文身 親自赴局實領到足制錢貳拾五千五百文並無分文短少中間亦無浮冒情弊合具切結是實

光緒 陸 年 拾壹 月 日

具賣地切結人顧宗海（押）

本圖地保殷文章（押）

093

顧宗海具賣地切結（1880 年 12 月，光緒六年十一月）

基字十三號卷第三號

具領狀人高維榮、高基振今領到

製造局大人案下給發身出買貳拾捌保拾捌圖惡字圩壹百柒號田地玖分玖厘一毫，價計足制錢肆拾玖千五百五拾文正，身親自赴

憲局如數領訖，並無分文短少，亦無浮冒情弊，除另具切呈縣除粮外，合具領狀是實。

光緒陸年拾壹月　日

具領狀人　高維榮　十
　　　　　高基振　十
本圖地保殷文章

00090

高維榮、高基振具領狀（1880年12月，光緒六年十一月）

卷字十三號卷第三號

具賣地切結人高維榮、高基振今具到身情願出結劃賣

製造局憲大人案下竊身有坐落貳拾捌保拾捌圖悉字圩壹百柒號田地一坵現已量見核計玖分玖厘壹毫情願出結賣與　憲局作為公用議定

每畝價錢伍拾千　身親自赴局實領到足制錢肆拾玖千五百五拾文並無分文短少中間亦無浮冒情弊合具切結是實

光緒　陸　年　拾壹　月　日

具賣地切結人　高維榮　十
　　　　　　　高基振　十

本圖地保殷文章

高維榮、高基振具賣地切結（1880 年 12 月，光緒六年十一月）

具賣地切結人魯玉坤今具到

製造局憲大人案下切身坐落二十八保十八啚悪字圩柒拾捌柒拾玖捌拾號田玖畝陸分八厘玖毫身親自赴局情愿出給賣與

憲局作為公用每畝價錢五拾阡文身實領制足錢肆百捌拾肆阡肆百伍拾文正並無分文短少中間

亦無浮冒情弊合具切結是實另給桃樹工本拾貳阡弍百文又玫瑰花工本錢壹阡六百九十弍文又桃樹工錢壹千文

光緒陸年十一月　日

具賣地切結人魯玉坤　十

本啚地保殷文章

魯玉坤具賣地切結（1880年12月，光緒六年十一月）

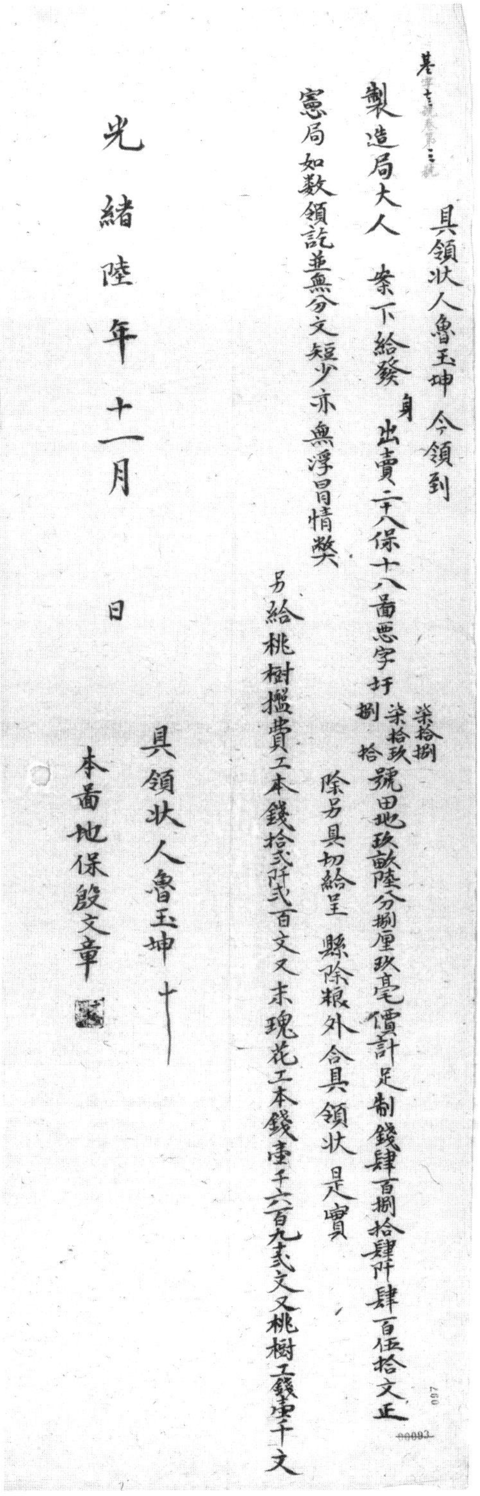

碁字十二號卷第三號

具領狀人魯玉坤今領到

製造局大人案下給發身出賣二十八保十八啚悪字圩柒拾捌、柒拾玖、捌拾號田地玖畝陸分捌厘玖毫價計足制錢肆百捌拾肆仟肆百伍拾文正

憲局如數領訖並無分文短少亦無浮冒情弊

除另具切給呈縣除粮外合具領狀是實

另給桃樹攎費工本錢拾弍仟弍百文又末瑰花工本錢壹千六百九十文又桃樹工錢壹千文

具領狀人魯玉坤 十

本啚地保殷文章

光緒陸年十一月 日

魯玉坤具領狀（1880 年 12 月，光緒六年十一月）

甚字十[illegible]號卷第三號

具領狀人陸惠明今領到

製造局大人 案下給發身出買二十八保拾捌圖𢙣字圩第捌拾號田地價計足制錢六拾六千零伯文身親自赴

憲局如數領訖並無分文短少亦無浮冒情弊除另具切結呈縣除粮外合具領狀是實

光緒六年拾一月 日 具領狀人陸惠明十

本圖地保殷文章

陸惠明具領狀（1880年12月，光緒六年十一月）

甚字十三號卷第三號

具賣地切結人陸惠明今具到

製造局憲大人案下竊身有坐落二拾捌保拾捌圖惡字圩第捌拾號田地一坵現已量見核計一畝叁分弍厘陸毫正身情願

出結賣與憲局作為公用議定每畝價錢伍拾阡文正今身親自赴局實領到足制錢陸拾陸阡叁伯文正並無浮冒情弊合具切結是實

光緒陸年拾壹月初柒日

具賣地切結人陸惠明 十

本圖地保殷文章

陸惠明具賣地切結（1880 年 12 月 8 日，光緒六年十一月初七日）

基字十一號卷第三號

具領狀人陸參膜今領到

製造局大人案下給發身出買二十八保十八圖惡字圩第　號田地價計足制錢弍拾弍千柒伯伍拾文身親自赴

憲局如數領訖並無分文短少亦無浮冒情弊除另具切結呈縣除粮外合具領狀是實

光緒六年拾一月初柒日

具領狀人陸參膜（押）

本圖地保殷文章（印）

陸參膜具領狀（1880年12月8日，光緒六年十一月初七日）

巷字壹號卷第三號

具賣地切結人陸參膜今具到

製造局憲大人　案下竊身有坐落二十八保十八圖惡字圩第　號田地一坵現已量見核計四分伍厘伍毫身情願出結賣與憲局

作為公用議定每畝價錢伍拾千身親自赴局實領到足制錢弍拾弍千柒伯伍拾文並無分文短少中間亦無浮冒情獘合具切結是實

光緒六年拾一月初柒日

具賣地切結人陸參膜　押

本圖地保殷文章

陸参膜具賣地切結（1880年12月8日，光緒六年十一月初七日）

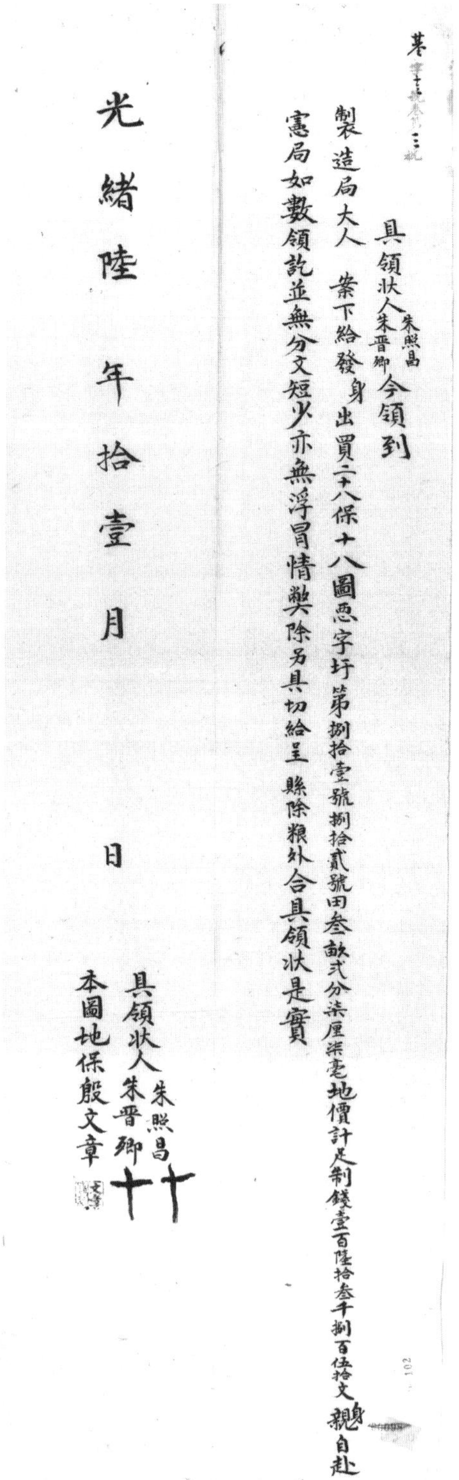

茅[illegible]

具領狀人朱照昌
朱晉卿今領到

製造局大人　案下給發身出買二十八保十八圖惡字圩第捌拾壹號捌拾貳號田叁畝弍分柒厘柒毫地價計足制錢壹百陸拾叁千捌百伍拾文親自赴

憲局如數領訖並無分文短少亦無浮冒情弊除另具切結呈　縣除糧外合具領狀是實

光緒陸年拾壹月　日

具領狀人朱照昌　十
朱晉卿　十

本圖地保殷文章

朱照昌、朱晉卿具領狀（1880年12月，光緒六年十一月）

具賣地切結人朱照昌、朱晋卿今具到

製造局憲大人　案下竊身有坐落二十八保十八圖悪字第捌拾壹、捌十貳號田地一坵，現已量見核計叁畝貳分柒厘柒毫，身情願出結賣與

憲局作為公用，議定每畝價錢伍拾千文正，今身親自赴局實領到足制錢壹百陸拾叁千捌百五十文正，並無分文短少，中間亦無浮冒情弊，合具切結是實。

光緒陸年拾壹月　日

具賣地切結人朱照昌十　朱晋卿十

本圖地保殷文章

朱照昌、朱晋卿具賣地切結（1880年12月，光緒六年十一月）

巷字十三號卷第三號

具領狀人高炳章 高三寶 今領到

製造局大人 案下給發身出賣念八保拾八圖恶字圩第捌十壹號壹畝陸分伍厘壹毫田地價計足制錢捌拾弍千伍百五十文親自赴

憲局如數領訖並無分文短少亦無浮冒情弊除另具切結呈縣除粮外合具領狀是實

光緒陸年拾壹月 日

具領狀人高炳章 十 高三寶 十

本圖地保殷文章

高炳章、高三寶具領狀（1880年12月，光緒六年十一月）

基字十三號卷[illegible]三號

具賣地切結人高炳章、高三寶今具到

製造局憲大人案下竊身有坐落二十八保十八圖恶字第捌十壹號田地一坵現已量見核計壹畝陸分伍厘壹毫身情願出結賣與憲局作為公用議定

每畝價錢伍十千正身親自赴局實領到足制錢捌拾貳千伍百五十文正並無分文短少中間亦無浮冒情弊合具切結是實

光緒陸年拾壹月　日

具賣地切結人高炳章十　高三寶十

本圖地保殷文章

高炳章、高三寶具賣地切結（1880年12月，光緒六年十一月）

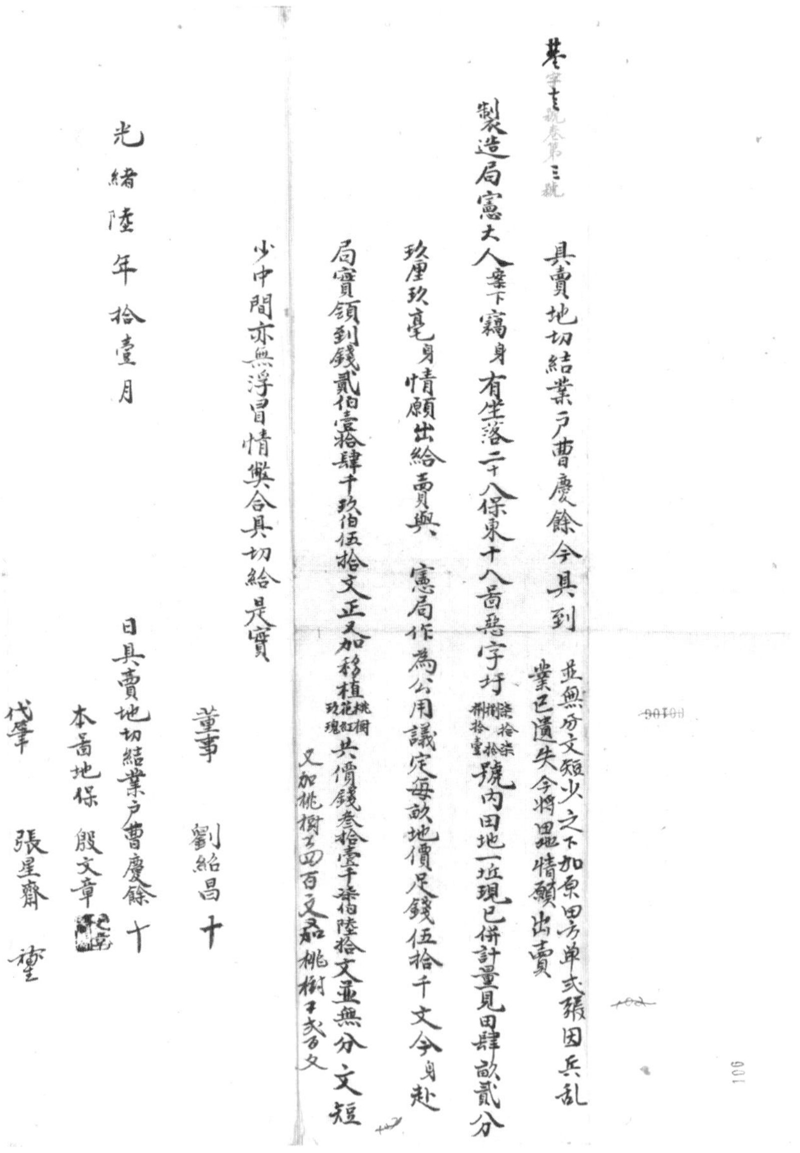
巷字七號卷第三號

具賣地切結業戶曹慶餘今具到

製造局憲大人案下竊身有生落二十八保東十八啚恶字圩柒拾柒 捌拾壹號內田地一坵現已併計量見田肆畝貳分玖厘玖毫身情願出給賣與

憲局作為公用議定每畝地價足錢伍拾千文今身赴局實領到錢貳伯壹拾肆千玖伯伍拾文正又加移植桃樹桃花紅玫瑰共價錢叁拾壹千柒伯陸拾文並無分文短少中間亦無浮冒情弊合具切給是實

又加桃樹子四百文 桃樹子式百文

並無分文短少之下加原田方單式張因兵亂業已遺失今將田地情願出賣

光緒陸年拾壹月　日具賣地切結業戶曹慶餘 十

董事　劉紹昌 十

本啚地保　殷文章

代筆　張星齋 筆

曹慶餘具賣地切結（1880年12月，光緒六年十一月）

基字十三號卷第三號

具領狀曹慶餘今領到

製造局憲大人案下實給發得身出賣二十八保東十八啚悉字圩壹拾柒、拾壹、捌拾壹號內併計量見田肆畝貳分玖厘玖毫

並無分文短少之下加原田方單式張因兵乱業已遺失今將田地情願出賣

議定每畝地價錢伍拾千文身親自赴憲局如數領訖地價足錢貳伯壹拾肆千玖伯伍拾文正

又加給移植桃樹紅花玫瑰共價錢叁拾壹千柒伯陸拾文並無分文短少亦無浮冒情弊除另具切結呈縣除粮外

又加桃樹七四百文

又加桃樹子二百文

合具領狀是實

董事 劉紹昌 十

光緒陸年拾壹月 日具領 狀曹慶餘 十

本啚地保殷文章

代筆 張星齋

曹慶餘具領狀（1880 年 12 月，光緒六年十一月）

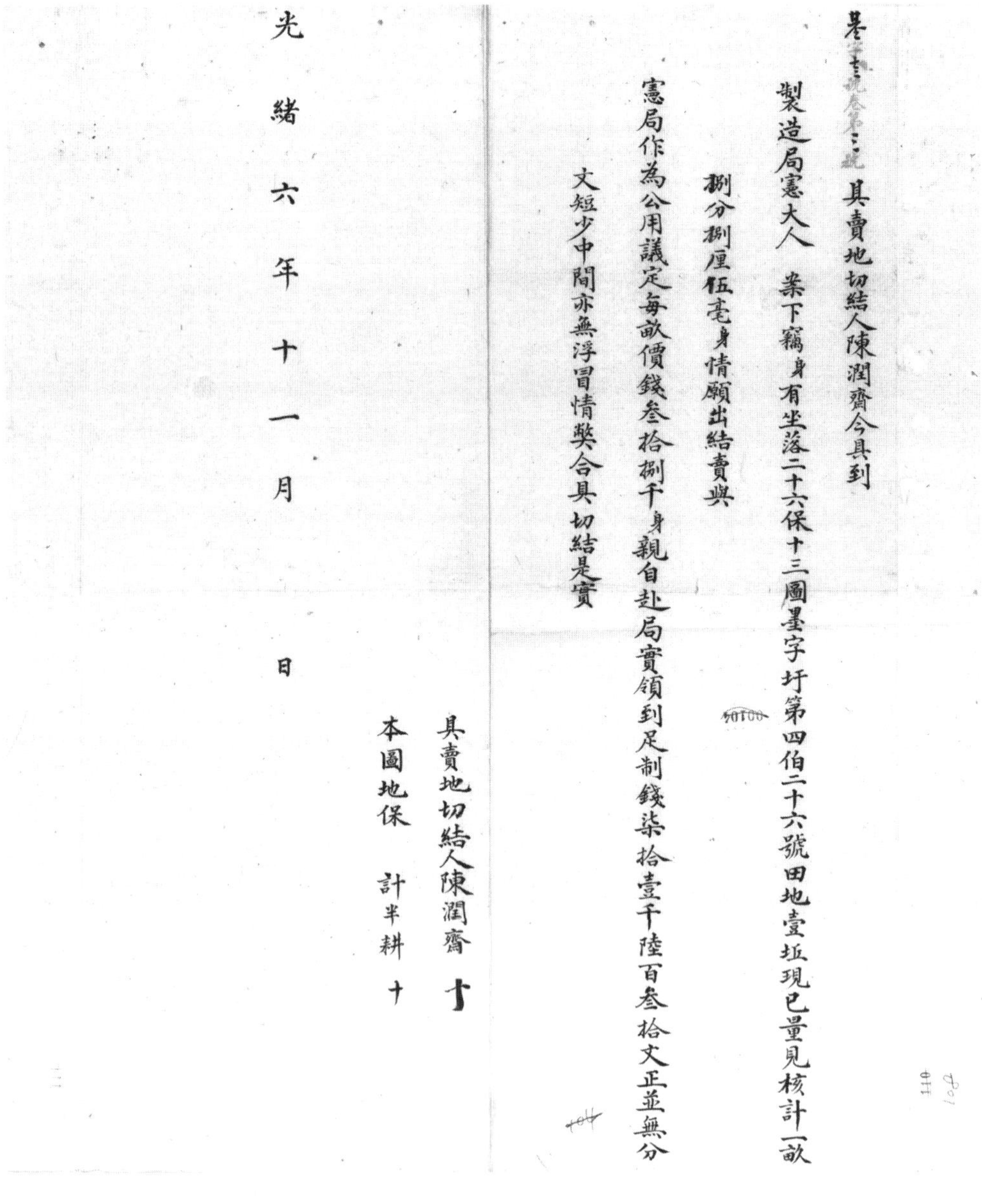

墨字三號叁百三號　具賣地切結人陳潤齋今具到

製造局憲大人　案下竊身有坐落二十六保十三圖墨字圩第四伯二十六號田地壹坵現已量見核計一畝

捌分捌厘伍毫身情願出結賣與

憲局作為公用議定每畝價錢叁拾捌千身親自赴局實領到足制錢柒拾壹千陸百叁拾文正並無分

文短少中間亦無浮冒情弊合具切結是實

具賣地切結人陳潤齋　十

本圖地保　計半耕　十

光緒六年十一月　日

陳潤齋具賣地切結（1880 年 12 月，光緒六年十一月）

墨字十三號卷第三號

具領狀人陳潤齋今領到

製造局大人案下給發身出賣二十六保十三圖墨字圩第四伯二十六號田地價計足制錢柒拾壹千陸百叁拾

文正身親赴

憲局如數領訖並無分文短少亦無浮冒情弊合具領狀是實

具領狀人陳潤齋 十

本圖地保計半耕 十

光緒六年十一月 日

00103

105

109

陳潤齋具領狀（1880 年 12 月，光緒六年十一月）

基字十三號卷第三號

具領狀人郁宜稼今領到

製造局　案下給發身出賣二十六保十三啚墨字圩第四伯二十六號田地價計足制錢叁千肆伯貳拾

文正身親自赴

憲局如数領訖並無分文短少亦無浮冒情獘合具領狀是實

具領狀人郁宜稼十

本啚地保許中耕十

光緒六年十二月　日

郁宜稼具領狀（1880年12月或1881年1月，光緒六年十二月）

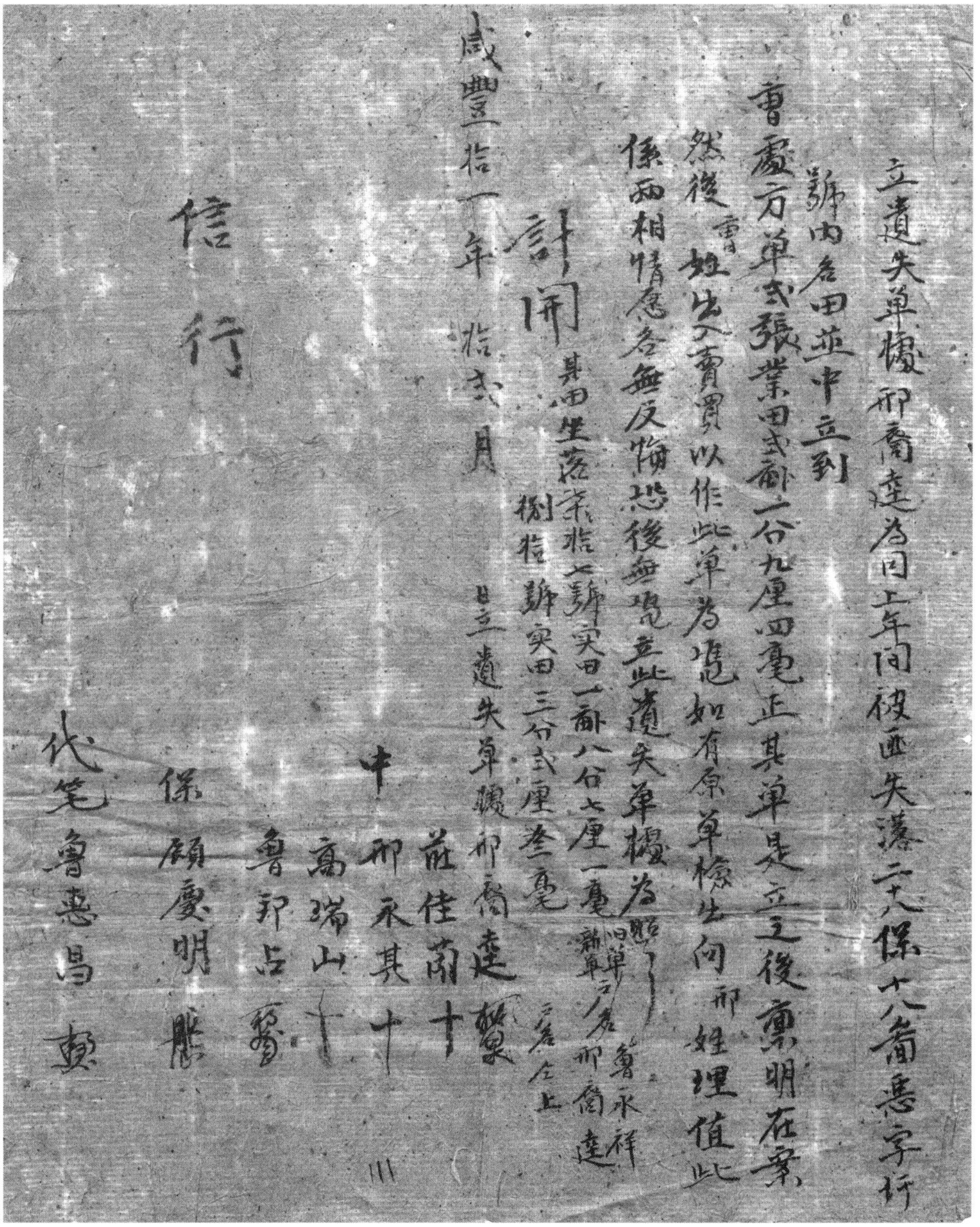
立遺失單據邢裔逵為因上年間被匪失落二十八保十八啚惡字圩
號內名田並中立到
曹處方單弍張，業田弍畝一分九厘四毫正，其單是立主後稟明在案，
然後曹姓出賣貫以作此單為憑，如有原單據出向邢姓理值，此
係兩相情愿，各無反悔，恐後無憑，立此遺失單據為照。
旧單弍名邢裔逵 新單乙名魯永祥 三名仝上
計開 其田坐落案字卄七號实田一畝八分七厘一毫
樹字卄號实田三分弍厘叁毫
咸豐拾一年拾弍月　日立遺失單據邢裔逵
中 莊佳南 邢永其 高瑞山 魯邦占
保 顧慶明
信行
代笔 魯惠昌

邢裔逵立遺失單據（1861 年 12 月或 1862 年 1 月，咸豐十一年十二月）

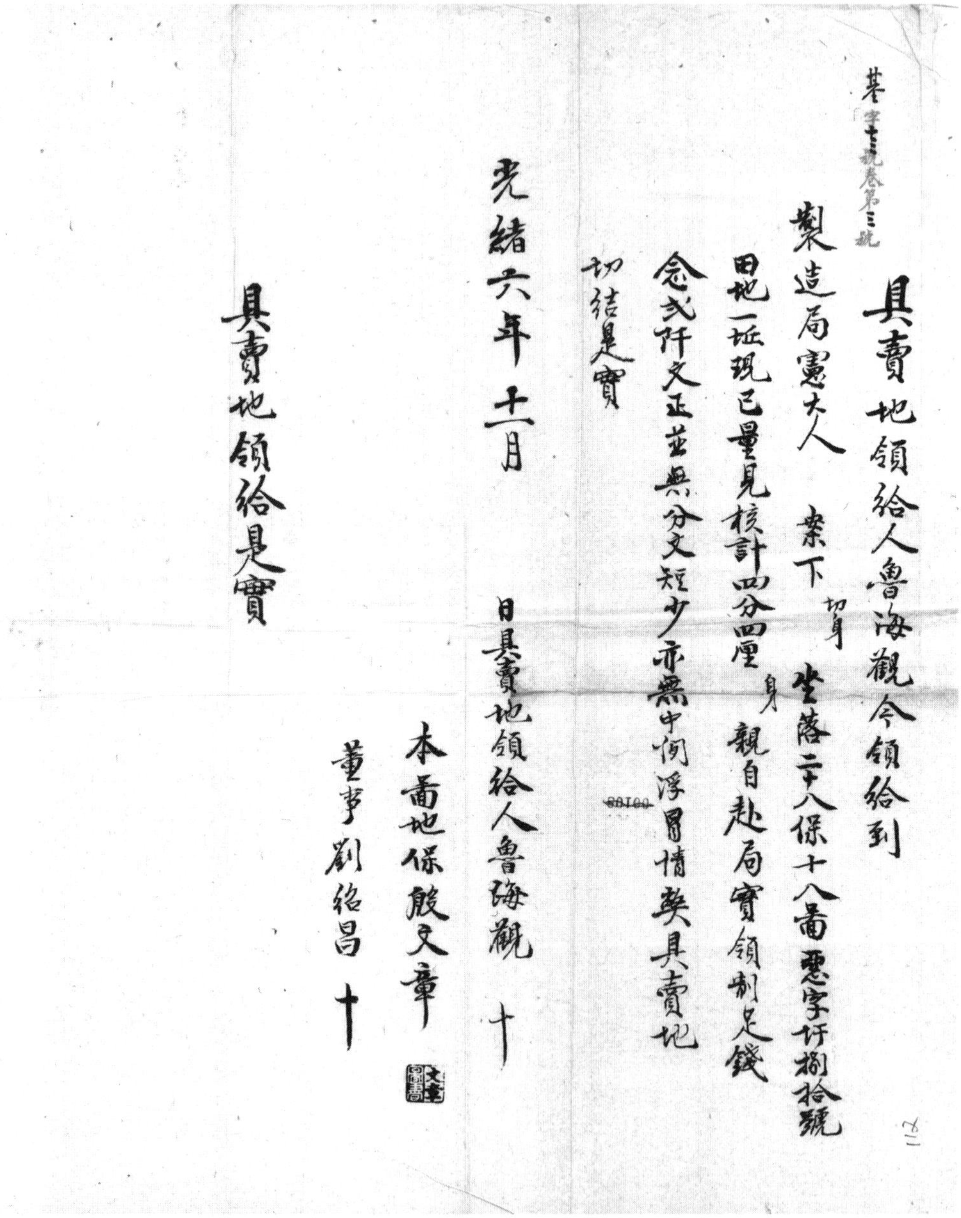
基字十三號卷第三號
具賣地領給人魯海觀今領給到
製造局憲大人案下切身坐落二十八保十八啚悪字圩捌拾號
田地一坵現已量見核計四分四厘身親自赴局實領制足錢
念弍仟文正並無分文短少亦無中间浮冒情弊具賣地
切結是實
光緒六年十一月　日具賣地領給人魯海觀　十
本啚地保殷文章
董事劉紹昌　十
具賣地領給是實

魯海觀具賣地領給（1880 年 12 月，光緒六年十一月）

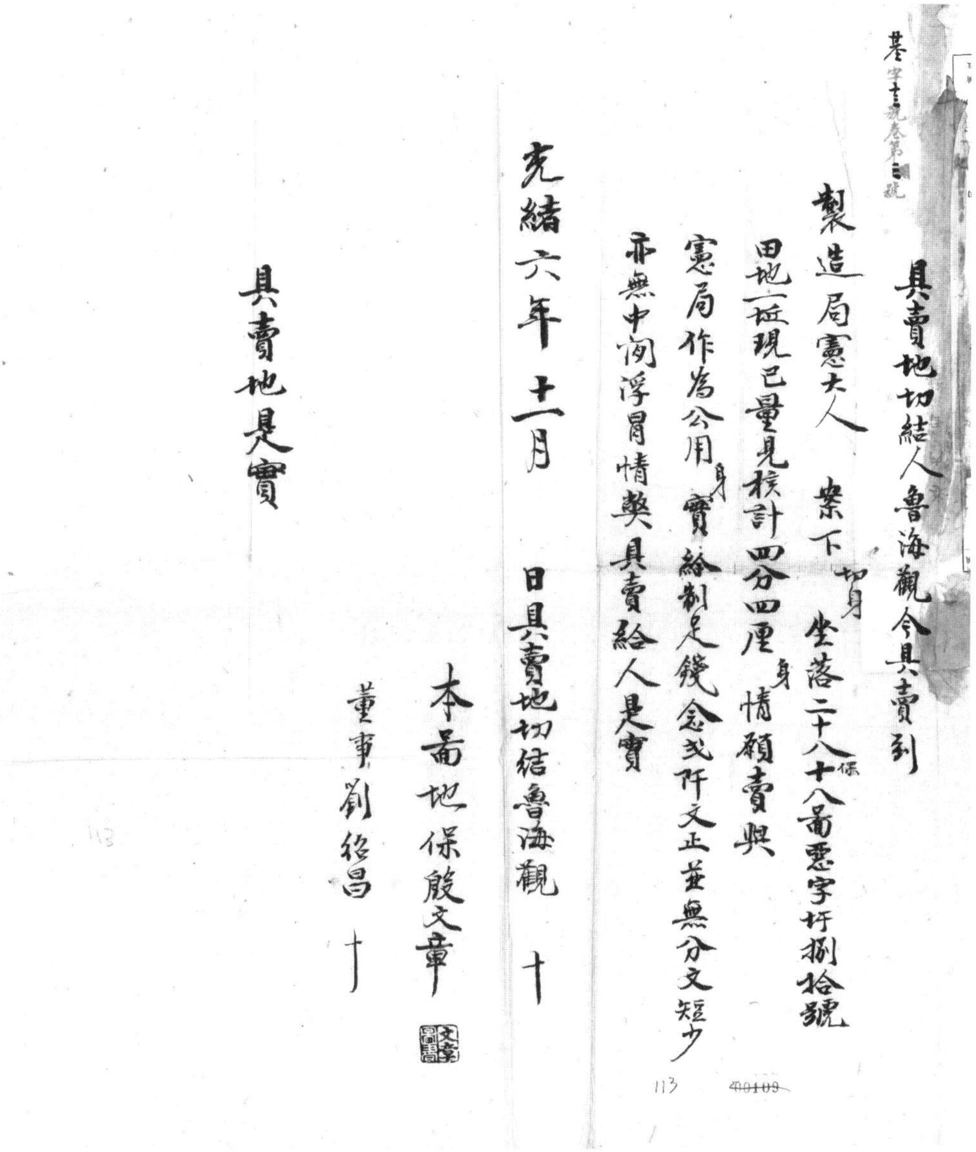

基字十三號卷第二號
具賣地切結人魯海觀今具賣到
製造局憲大人　案下切身坐落二十八保十八啚墨字圩捌拾號
田地一坵現已量見稜計四分四厘身情願賣與
憲局作為公用身實給制足錢念弍阡文正並無分文短少
亦無中阻浮冒情弊具賣給人是實
光緒六年十一月　日具賣地切結魯海觀 十
本啚地保殷文章 十
董事劉俊昌 十
具賣地是實

魯海觀具賣地切結（1880 年 12 月，光緒六年十一月）

基字三號卷第三號

具領狀人魯茂昌今領到

製造局憲大人案下切身親自赴局實領桃樹搬費工本

制足錢陸仟捌百文正　具領是實

具領狀人魯茂昌　十

保正　殷文章

光緒六年十一月　日立

114

魯茂昌具領狀（1880 年 12 月，光緒六年十一月）

惡字十一號卷第三號

具領狀人魯茂昌今領到

製造局大人案下給發身出買貳拾捌保拾捌圖惡字圩捌拾壹號田地壹畝五分伍厘柒毫價計足制錢柒拾柒千捌百五拾文身親自赴

憲局如數領訖並無分文短少亦無浮冒情弊除另具切結呈縣除粮外合具領狀是實

光緒陸年拾壹月日

具領狀人魯茂昌

本圖地保殷文章

魯茂昌具領狀（1880 年 12 月，光緒六年十一月）

基字三號卷第三號

具賣地切結人魯茂昌今具到

製造局憲大人案下竊身有坐落貳拾捌保拾捌啚悪字圩捌拾壹號田地一坵現已量見核計壹畝伍分伍釐柒毫身情願出結賣與

憲局作為公用議定每畝價錢五拾千身親自赴局實領到足制錢柒拾柒千捌百五拾文並無分文短少中間亦無浮冒情弊合具切結是實

光緒陸年拾壹月日

具賣地切結人魯茂昌

本圖地保殷文章

魯茂昌具賣地切結（1880年12月，光緒六年十一月）

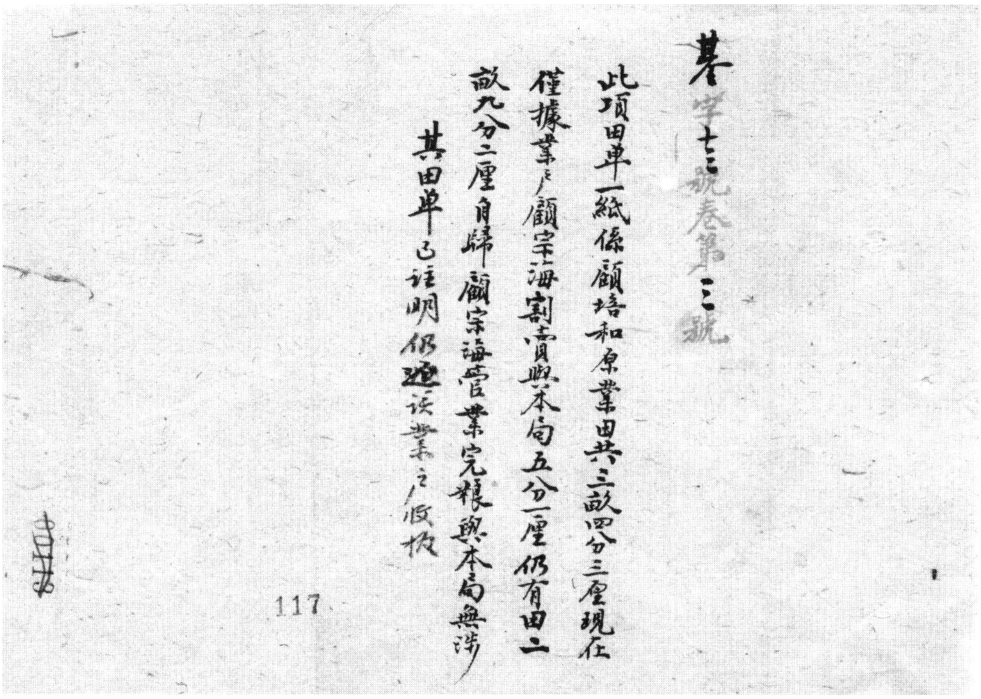
基字十三號卷第二號

此項田单一紙係顧培和原業田共三畝四分三厘現在
僅據業戶顧宗海割賣與本局五分一厘仍有田二
畝九分二厘自歸顧宗海管業完粮與本局無涉
其田单已註明仍繳該業戶收执

117

關於顧培和執業田單的情況説明（1881 年，光緒七年）

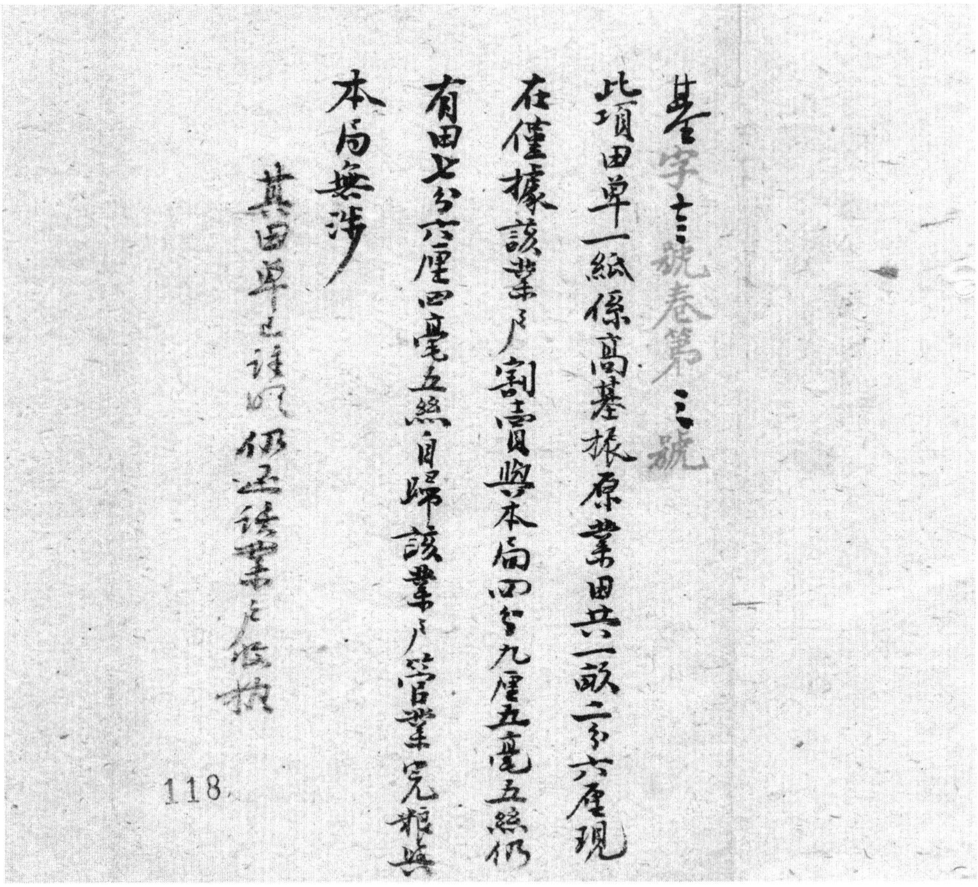
基字十三號卷第三號
此項田單一紙係高基振原業田共一畝二分六厘現
在僅據該業户割賣與本局四分九厘五毫五絲仍
有田七分六厘四毫五絲自歸該業户管業完粮與
本局無涉
其田單已註明仍還該業户收執
118

關於高基振執業田單的情況説明（1881 年，光緒七年）

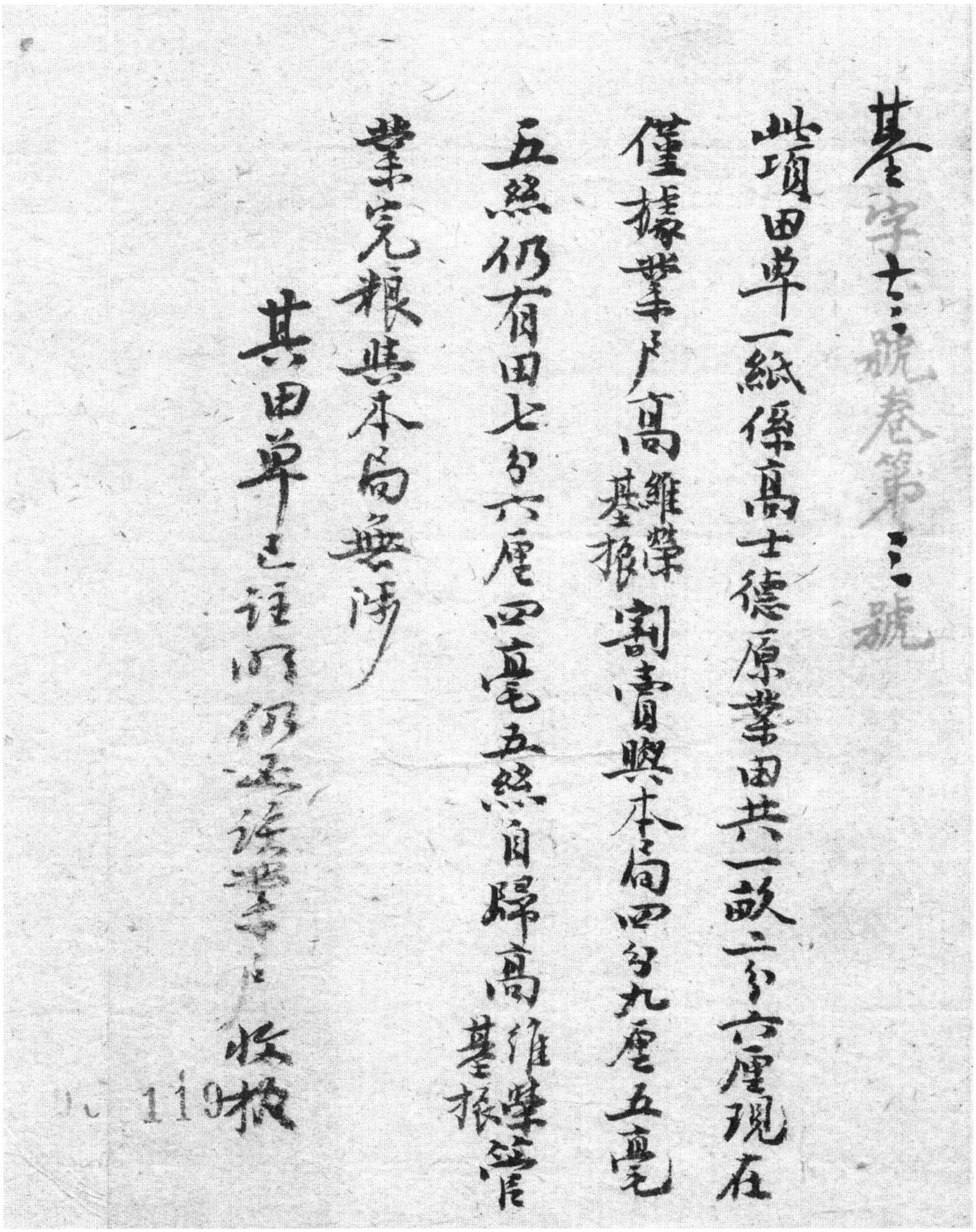

基字十二號卷第三號
此項田單一紙係高士德原業田共一畝二分六厘現在
僅據業户高維榮基振割賣與本局四分九厘五毫
五絲仍有田七分六厘四毫五絲自歸高維榮基振管
業完粮其本局無涉
其田單已註明仍還該業户收執

關於高士德執業田單的情況説明（1881年，光緒七年）

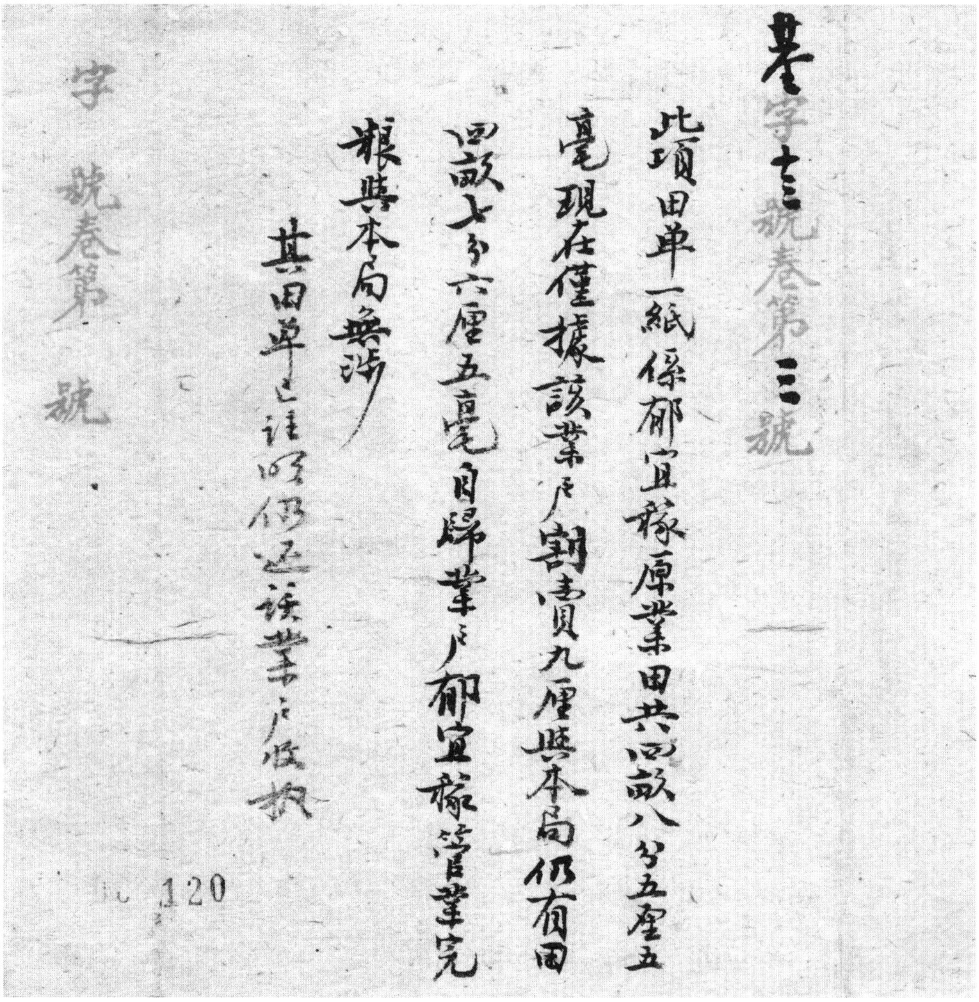
基字十三號卷第二號

此項田单一紙係郁宜稼原業田共四畝八分五厘五

毫現在僅據該業户劃賣九厘與本局仍有田

四畝七分六厘五毫自歸業户郁宜稼管業完

粮與本局無涉

其田单已注明仍還該業户收執

字　號卷第　號

120

關於郁宜稼執業田單的情況説明（1881年，光緒七年）

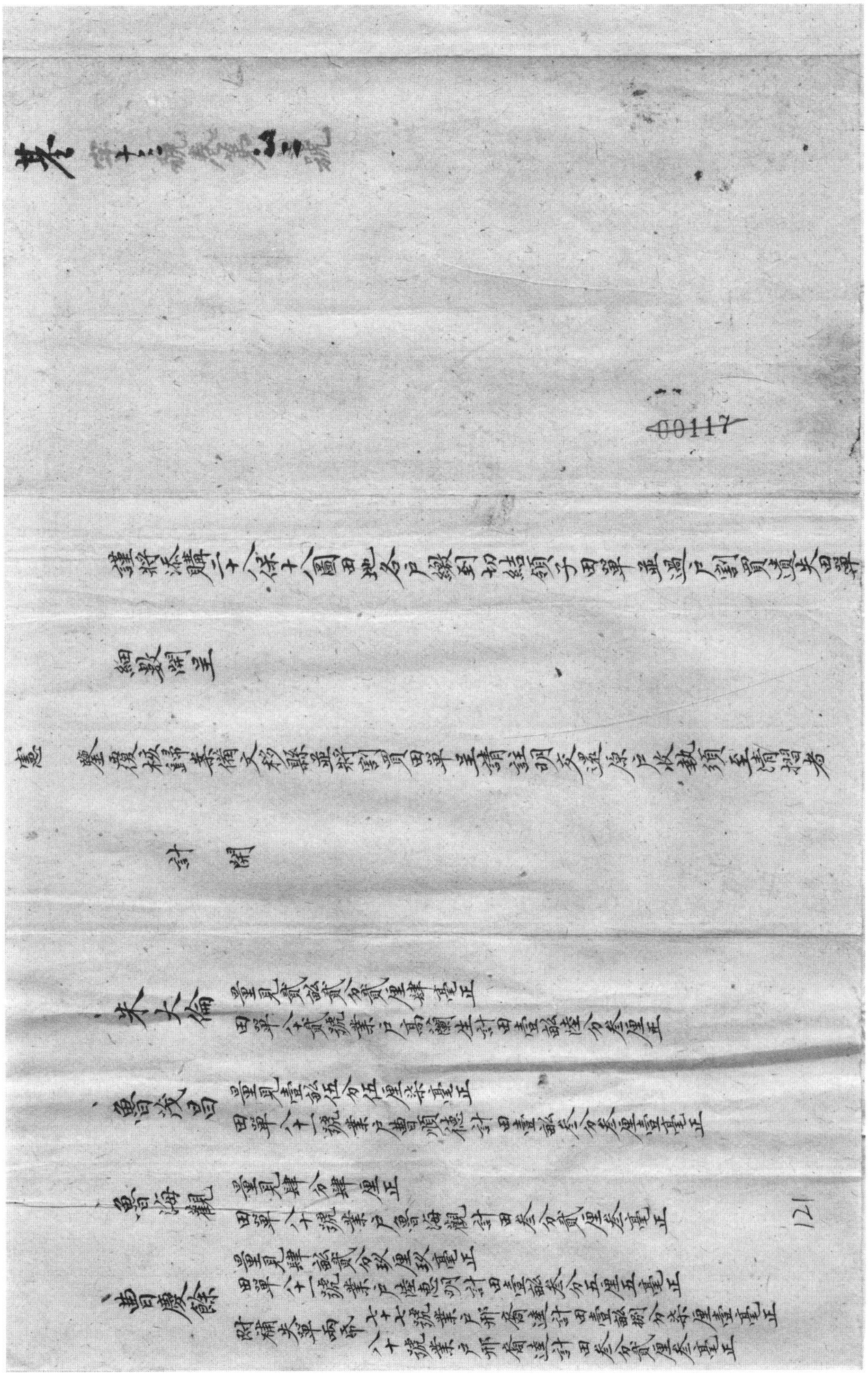

謹將添購二十八保十八圖田地各户繳到切結領子田單並過户割買遺失田單

細數開呈

計開

朱大倫 呈見貳畝貳分貳厘肆毫正
田單八十貳號業户高瀾生計田壹畝陸分叁厘正

曹茂昌 呈見壹畝伍分伍厘柒毫正
田單八十一號業户曹順德計田壹畝叁分叁厘壹毫正

曹海觀 呈見肆分肆厘正
田單八十號業户曹海觀計田叁分貳厘叁毫正

曹慶餘 呈見肆畝貳分玖厘玖毫正
田單八十一號業户陸忠明計田壹畝叁分五厘五毫正
附補失單兩紙 七十七號業户邢錦達計田壹畝捌分柒厘壹毫正
八十號業户邢錦達計田叁分貳厘叁毫正

龍華子藥廠將添購二十八保十八圖田地各户繳到切結領子田單並過户割買遺失田單細數開呈江南機器製造總局清摺（1881年1月10日，光緒六年十二月十一日）

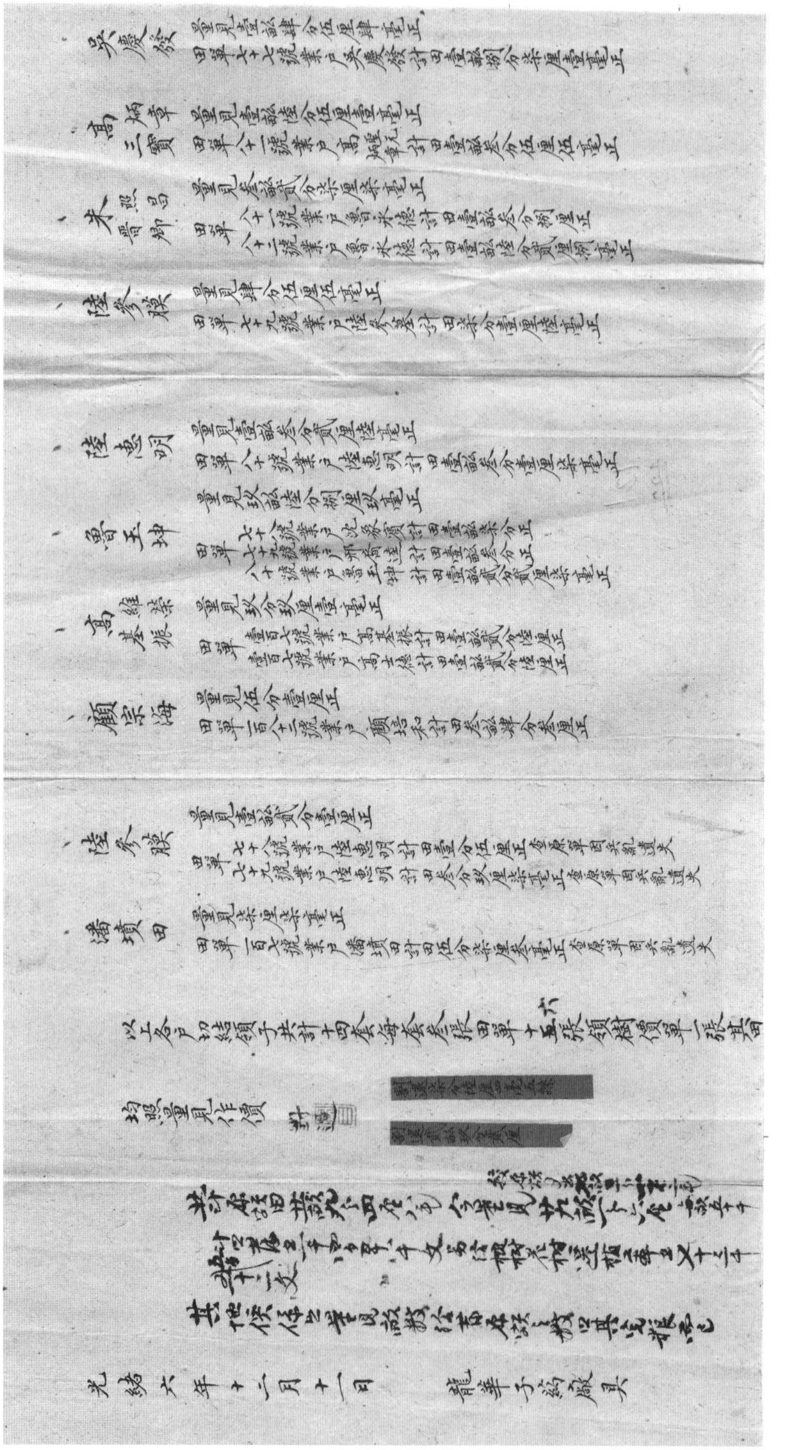

龍華子藥廠將添購二十八保十八圖田地各户繳到切結領子田單並過户割買遺失田單細數開呈江南機器製造總局清摺（1881 年 1 月 10 日，光緒六年十二月十一日）

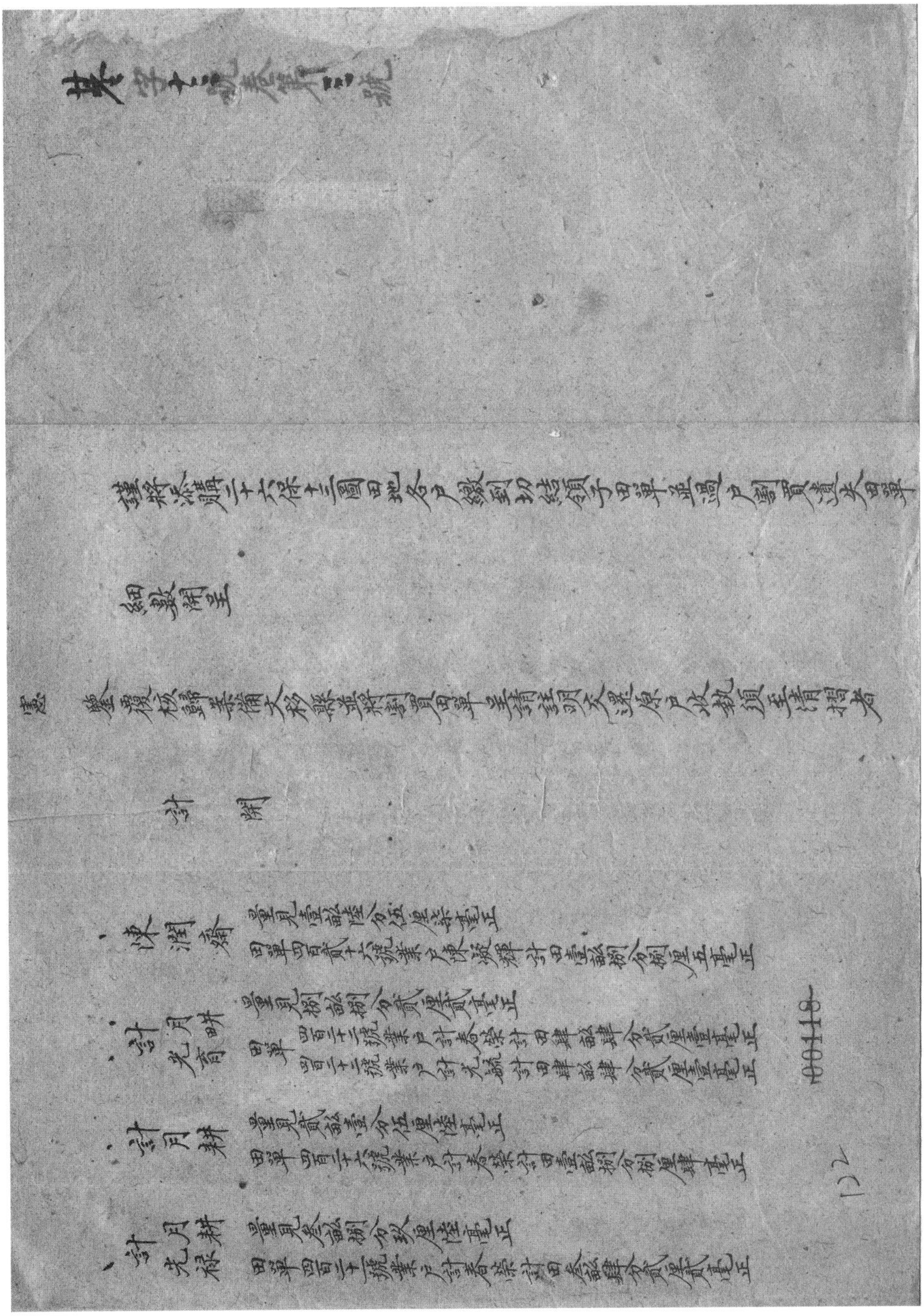
謹將添購二十六保十三圖田地各户繳到切結領子田單並過户割買遺失田單

細數開呈

計開

龍華子藥廠將添購二十六保十三圖田地各户繳到切結領子田單並過户割買遺失田單細數開呈江南機器製造總局清摺（1881 年，光緒六年）

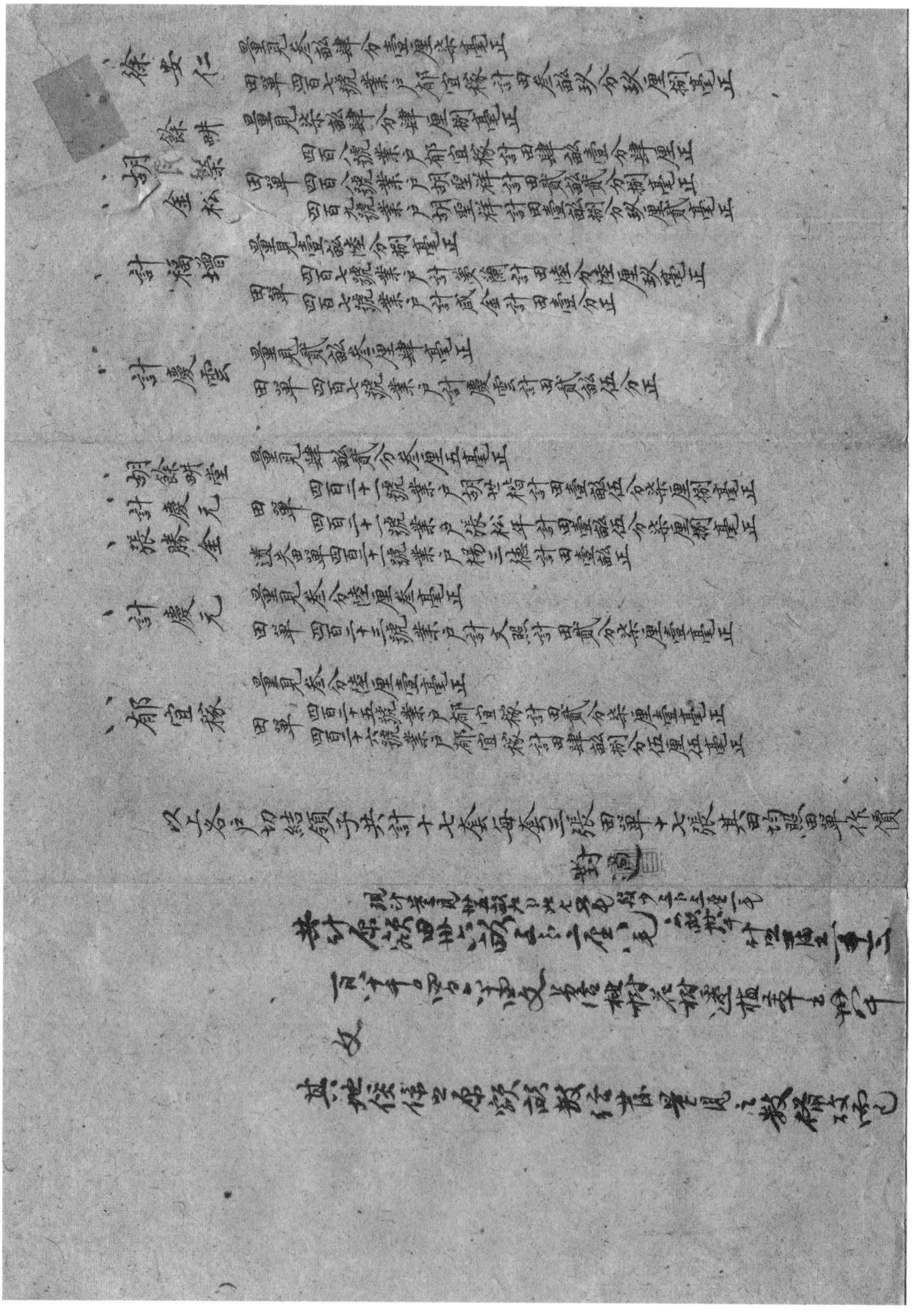

龍華子藥廠將添購二十六保十三圖田地各户繳到切結領子田單並過户割買遺失田單細數開呈江南機器製造總局清摺（1881年，光緒六年）

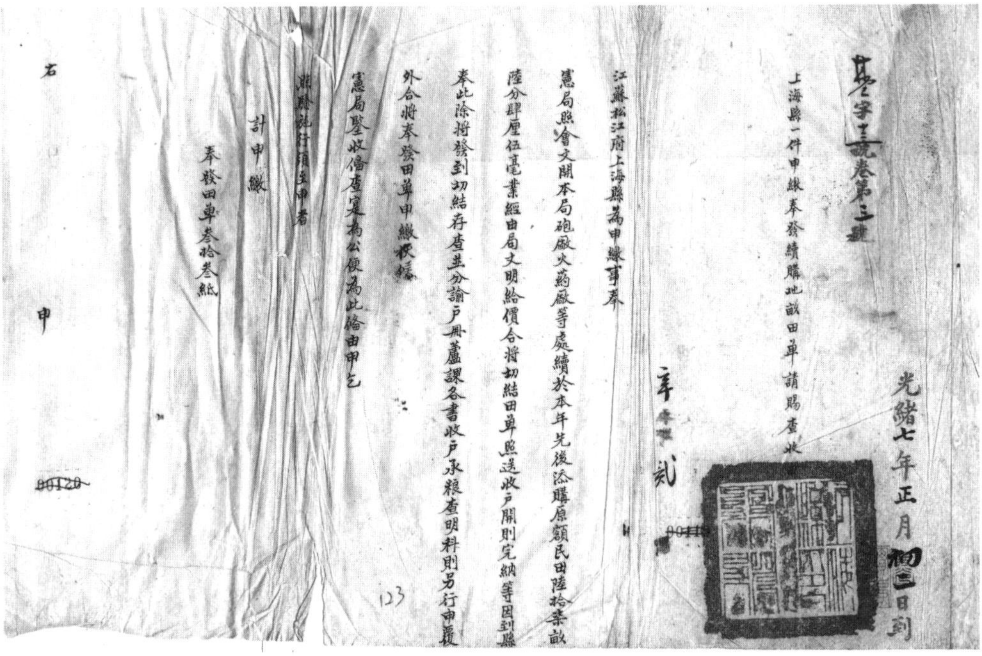
甚字十三號卷第三號
上海縣一件申繳奉發續購地畝田單請賜查收
光緒七年正月初三日到
江蘇松江府上海縣爲申繳事奉
憲局照會文開本局砲廠火藥廠等處續於本年先後添購原額民田陸拾柒畝
陸分肆厘伍毫業經由局文明給價合將切結田單照送收戶開則完納等因到縣
奉此除將發到切結存查並分諭戶册蘆課各書收戶承粮查明科則另行申覆
外合將奉發田單申繳伏候
憲局鑒收備查實爲公便爲此備由申乞
照驗施行須至申者
計申繳
奉發田單叁拾叁紙
右
申

上海縣知縣莫祥芝爲申繳奉發續購地畝田單請賜查收事致江南機器製造局總辦申文（1881 年 1 月 29 日，光緒六年十二月三十日）

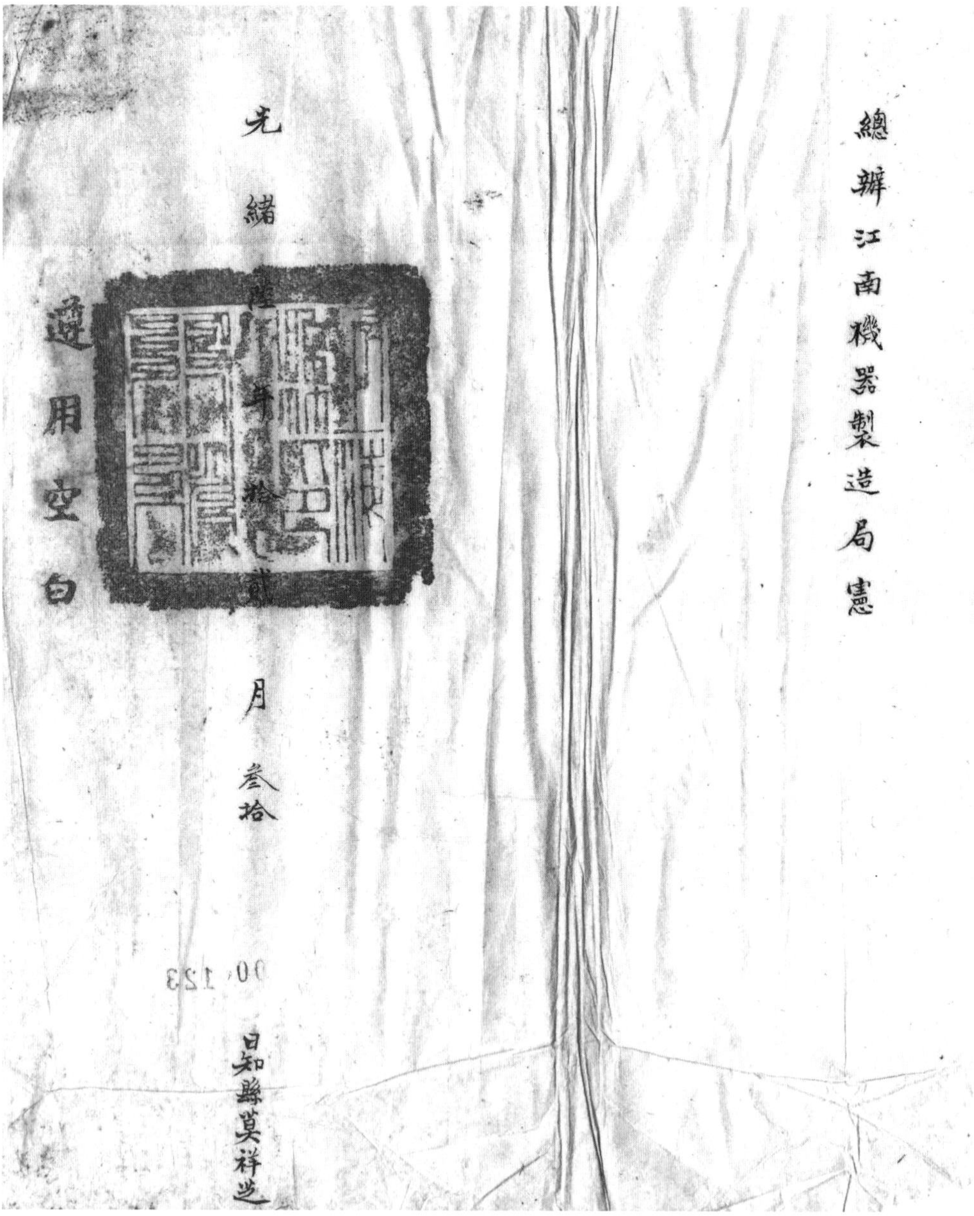
總辦江南機器製造局憲

光緒陸年拾貳月叁拾日知縣莫祥芝

遵用空白

上海縣知縣莫祥芝爲申繳奉發續購地畝田單請賜查收事致江南機器製造局總辦申文（1881 年 1 月 29 日，光緒六年十二月三十日）

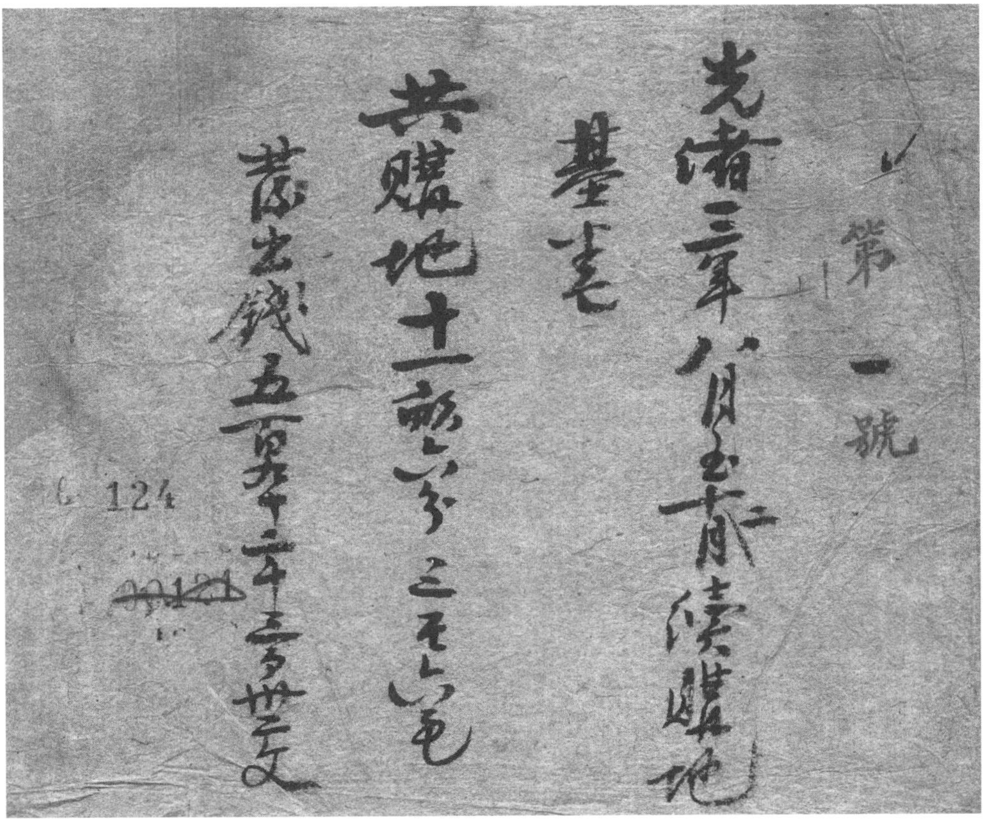

江南機器製造局開送光緒三年八月至十二月續購地基畝數清單（1877 年，光緒三年）

本局增建造炮廠屋並輪船廠堆儲木料購買民田　基字第十三號

二十四保十二圖鄭金發等　二户　共田六畝六分五厘

二十五保十四圖楊和尚等　六户　共田四畝九分八厘六毫

以上八户共田一十一畝六分三厘六毫係光緒三年分購買

本局炮廠火藥廠等處添購地基

二十八保十八圖朱大倫等　十四户

二十六保十三圖陳潤齋等　十七户

二十五保十四圖顧桂金等　二户

二十四保十二圖姜仁壽堂　一户

二十五保十五圖李惠元等　三户

以上三十七户共田六十七畝六分四厘五毫係光緒六年分購買

125

江南機器製造局開送光緒三年購買民田及光緒六年添購地基清單（1880 年，光緒六年）

基字第十三號 添建炮廠一座及火藥廠購買地基卷

照會上海縣 照會光緒三年八月至十二月添購基地畝數開送清單由 光緒三年十二月十三號 稿存

附 二十四保十三圖鄭全發陳處十四圖楊和尚等共八戶切結領狀十六紙

又 陳處名下蘆蕩田印契一件 加嘆契三紙

照會上海縣 照會光緒六年分添購地基開送清單並切結細田單由 六年三月廿二號 稿存

上海縣 申繳奉發續購地畝田單請賜查收由 六年正月初二到

附 田單二十九張 又當時還單後筆記四紙

又 朱大倫等二十七戶切結領狀七十四紙 又魯茂昌桃樹工本領狀一張

龍華子藥廠清摺兩個

126

江南製造總局基字第十三號添建炮廠及火藥廠購買地基卷目録（1877-1880年，光緒三年——光緒六年）

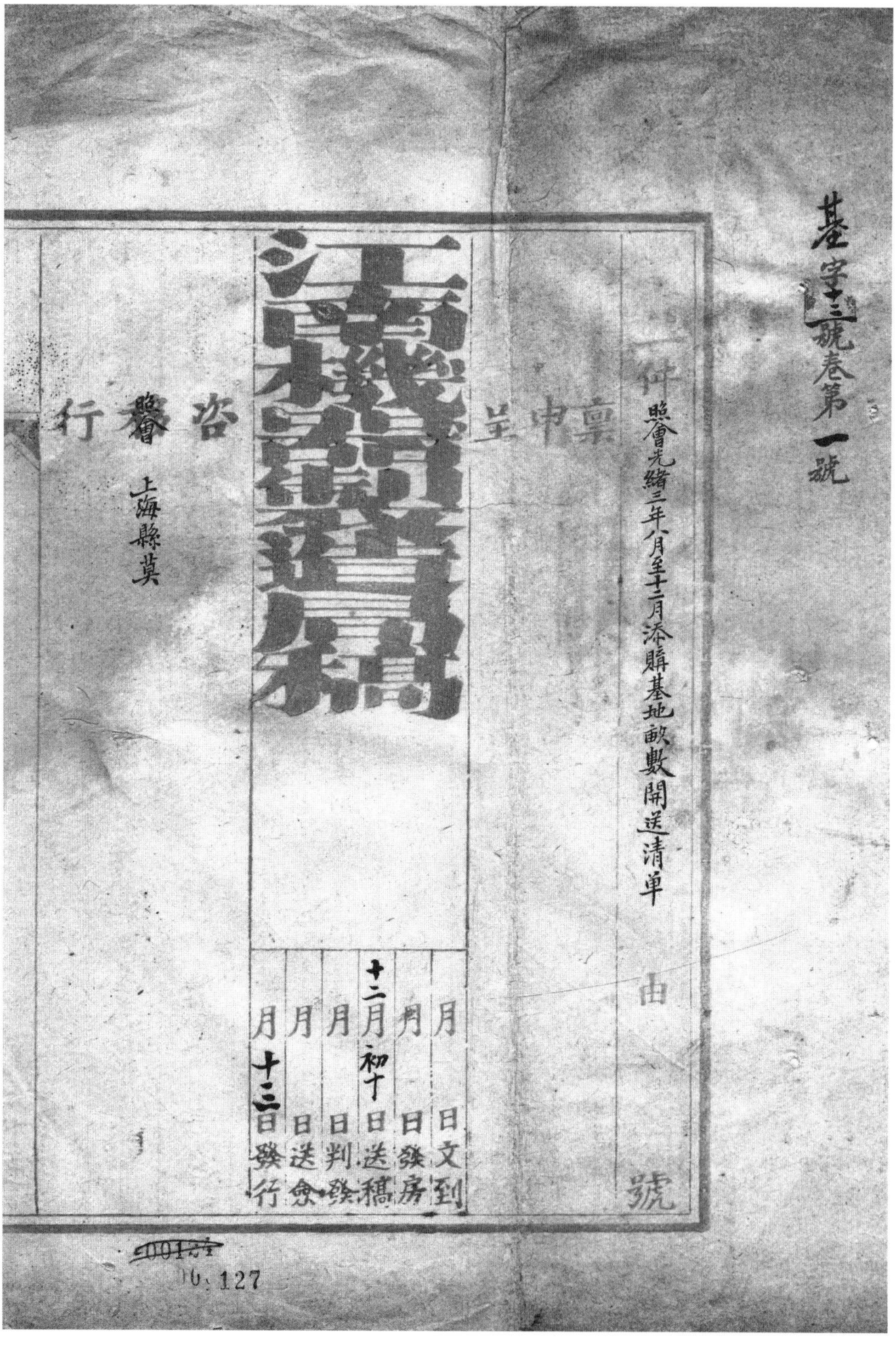
基字十三號卷第一號

一件 照會光緒三年八月至十二月添購基地畝數開送清單 由

號

江南機器製造局稿

稟 申 呈 咨 會 行

上海縣莫

月 日文到
月 日發房
十二月初十日送稿
月 日判發
月 日送會
月十三日發行

江南機器製造局爲照會光緒三年八月至十二月添購基地畝數開送清單事致上海縣知縣莫祥芝照會稿（1878年1月12日，光緒三年十二月初十日）

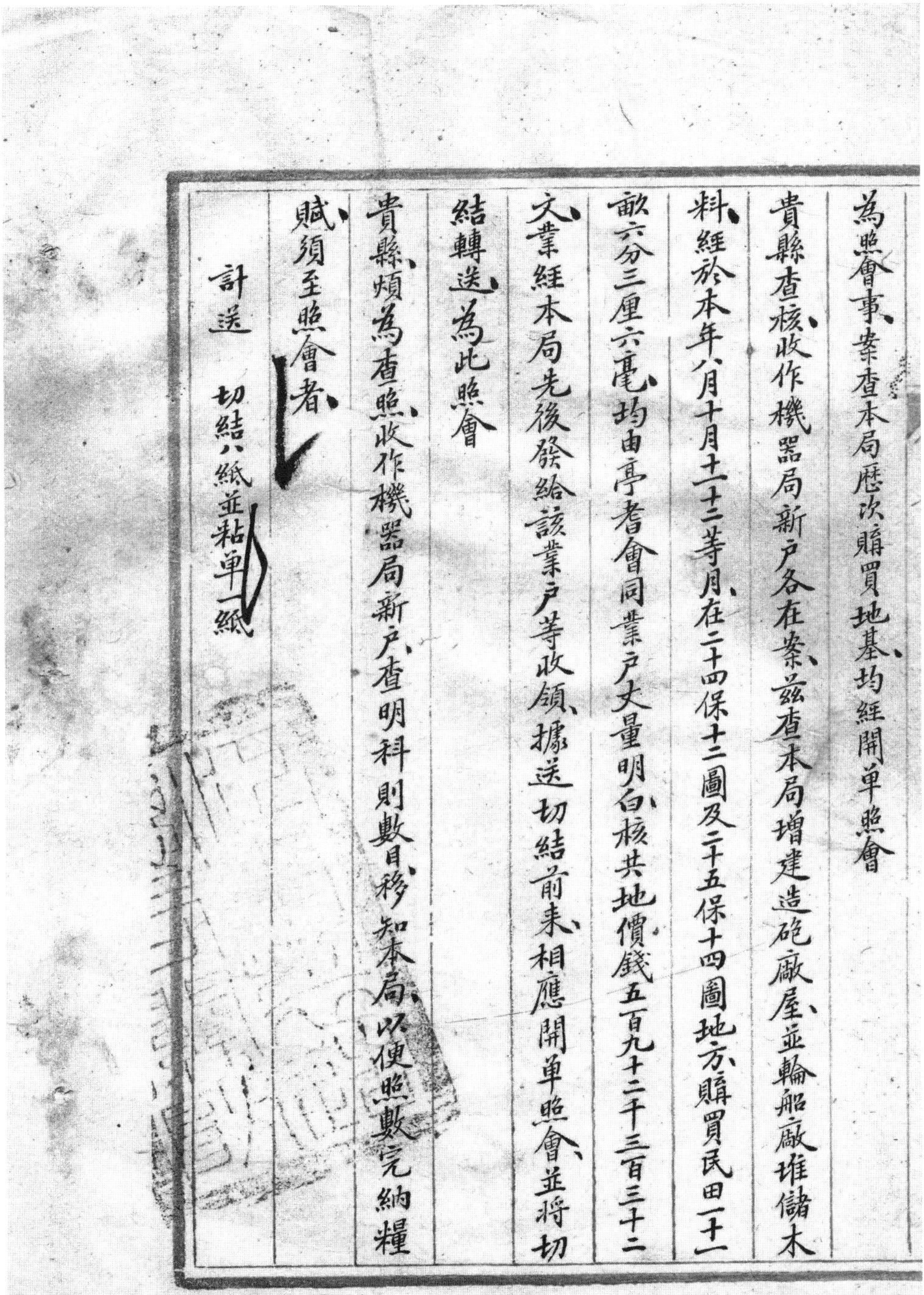

為照會事、案查本局歷次購買地基、均經開單照會
貴縣查核收作機器局新户各在案、兹查本局增建造砲廠屋、並輪船廠堆儲木
料、經於本年八月十月十一十二等月、在二十四保十二圖及二十五保十四圖地方、購買民田一十一
畝六分三厘六毫、均由亭耆會同業户丈量明白、核共地價錢五百九十二千三百三十二
文、業經本局先後發給該業户等收領、據送切結前來、相應開單照會、並將切
結轉送、為此照會
貴縣、煩為查照收作機器局新户、查明科則數目、移知本局、以便照數完納糧
賦、須至照會者、
計送　切結八紙、並粘單一紙

江南機器製造局爲照會光緒三年八月至十二月添購基地畝數開送清單事致上海縣知縣莫祥芝照會稿（1878 年 1 月 12 日，光緒三年十二月初十日）

右字圩 地保張樹榮

當田長莊大港南首 東至張國首養堂租界 南至出浦 西至本局船廠 北至本局界

侍 地保 張[illegible]

今將添購地基畝數並發給地價錢文數目開列

計開

二十四保十二圖內

鄭金發計田一分五厘給地價錢三千文 光緒三年八月分買

陳 處計蘆蕩田六畝五分給地價錢三百五十千文 光緒三年十二月分發買

二十五保十四圖內

楊和尚計田五厘二毫給地價錢二千五百文 光緒三年十月分買

唐百全計田一分七厘二毫給地價錢八千二百五十六文 以下地畝均於光緒三年十一月分買

唐元瑞計田一畝給地價錢四十八千文

~~00125~~
00.128

江南機器製造局爲照會光緒三年八月至十二月添購基地畝數開送清單事致上海縣知縣莫祥芝照會稿（1878年1月12日，光緒三年十二月初十日）

唐兆球計田一畝給地價錢四十八千文

黄鳳祥計田一畝一分七厘五毫給地價錢五十六千四百文

黄鶴生計田一畝五分八厘七毫給地價錢七十六千一百七十六文

以上統共添購民田一十一畝六分三厘六毫共發給錢五百九十二千三百三十二文

江南機器製造局爲照會光緒三年八月至十二月添購基地畝數開送清單事致上海縣知縣莫祥芝照會稿（1878 年 1 月 12 日，光緒三年十二月初十日）

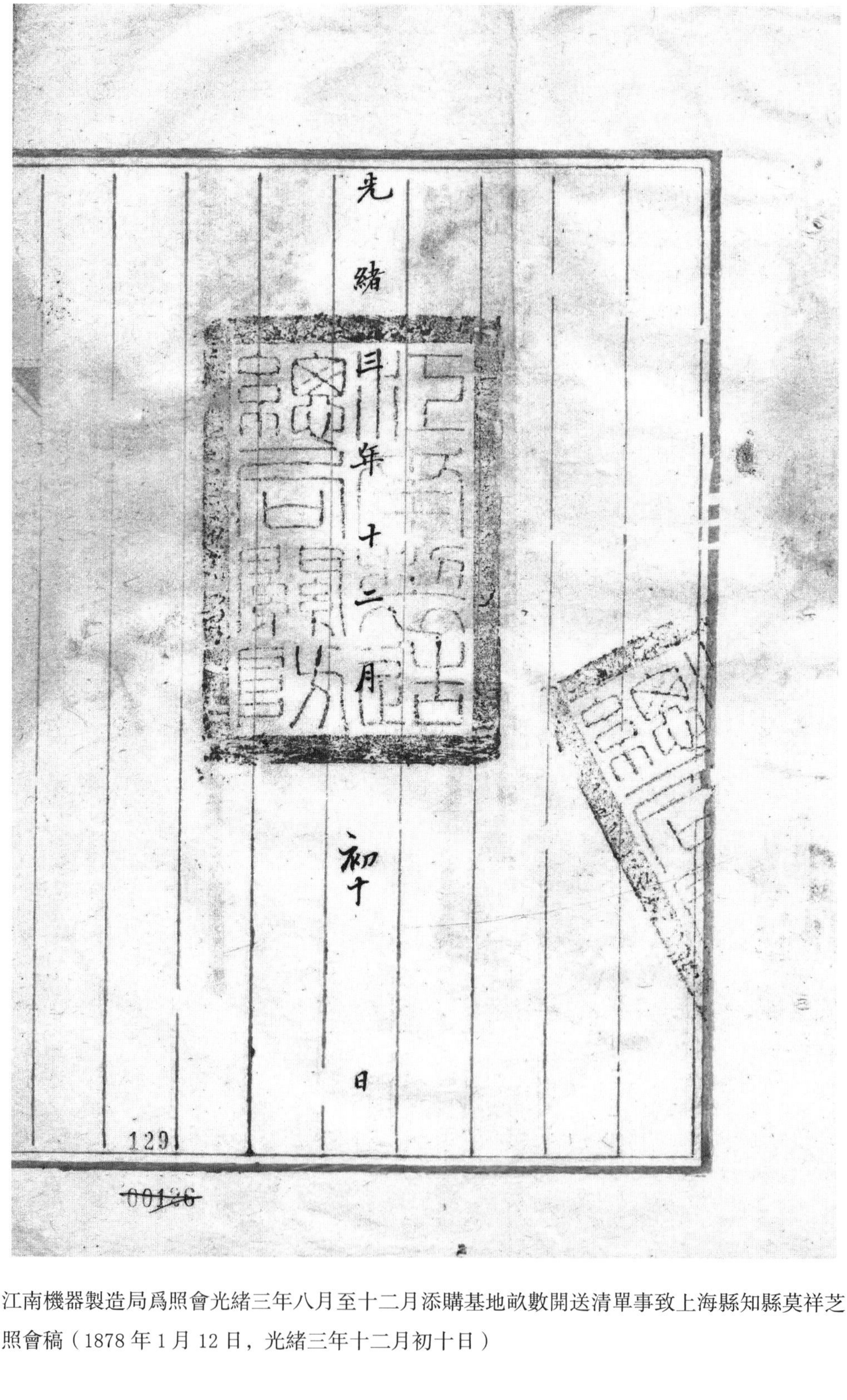

光緒三年十二月初十日

129

~~00126~~

江南機器製造局爲照會光緒三年八月至十二月添購基地畝數開送清單事致上海縣知縣莫祥芝照會稿（1878 年 1 月 12 日，光緒三年十二月初十日）

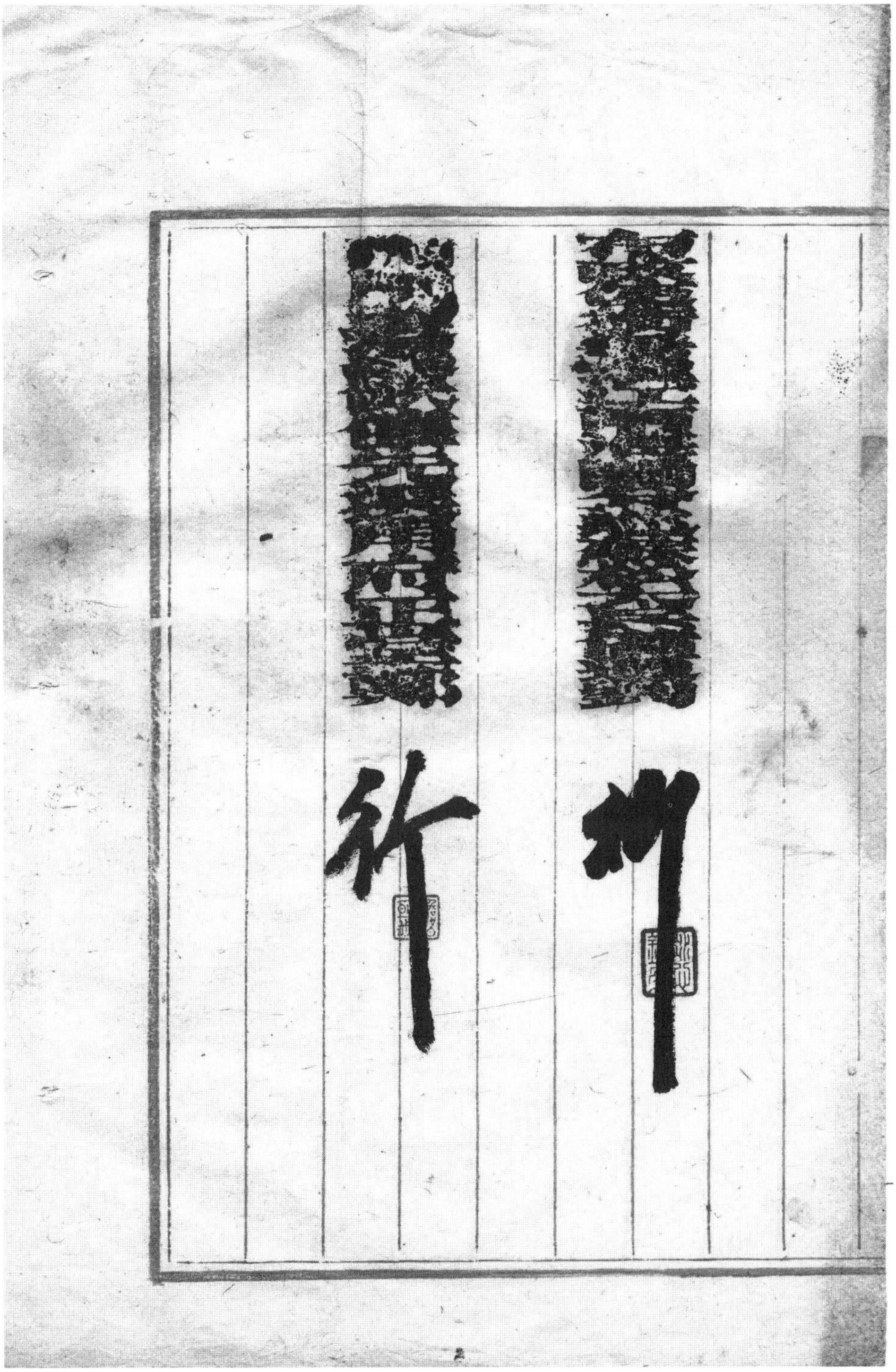

江南機器製造局爲照會光緒三年八月至十二月添購基地畝數開送清單事致上海縣知縣莫祥芝照會稿（1878 年 1 月 12 日，光緒三年十二月初十日）

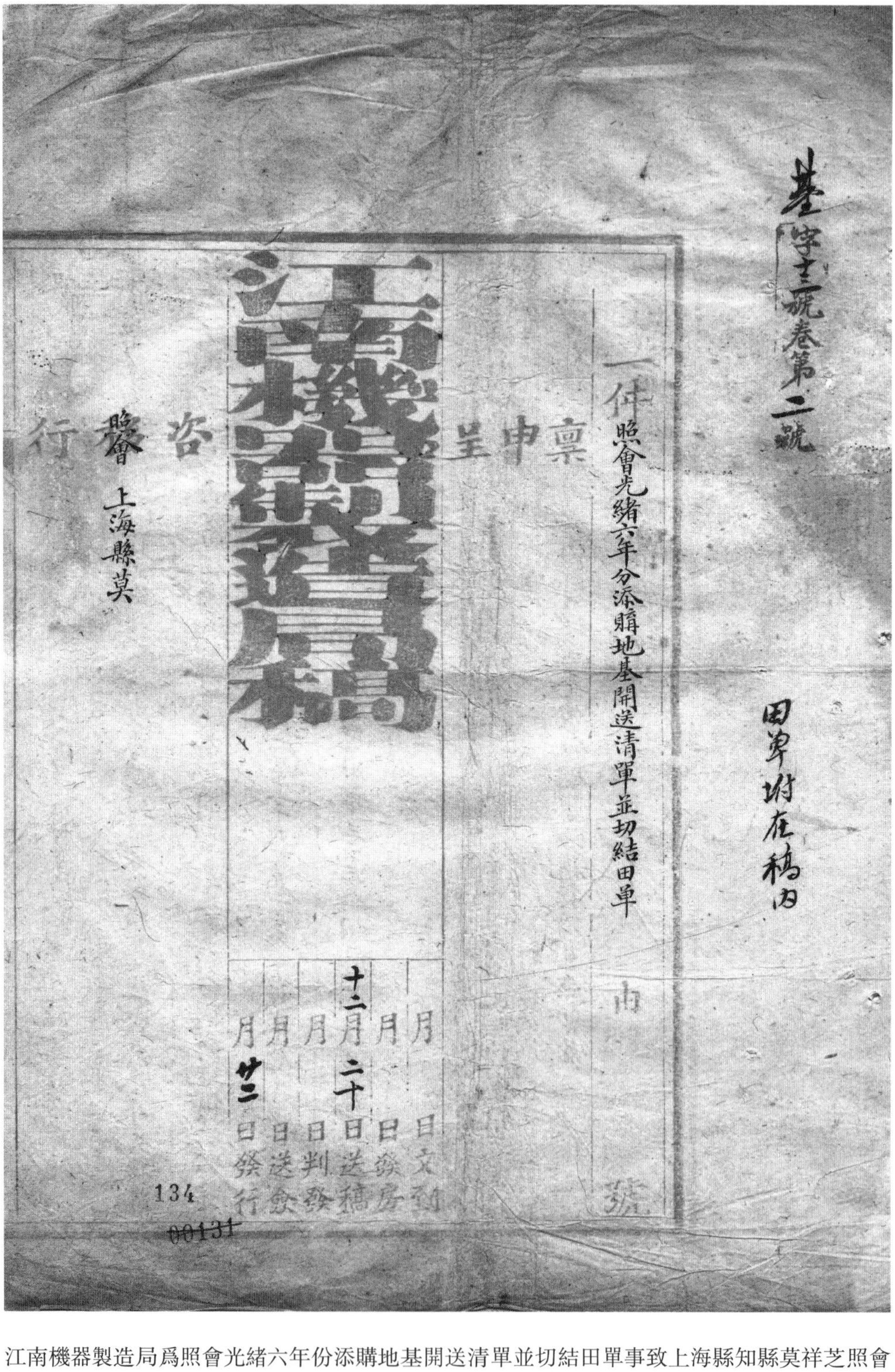
基字十二號卷第二號
田單附在稿內
一件照會光緒六年分添購地基開送清單並切結田單 由
號
稟
申
呈
江南機器製造局稿
咨
照會 上海縣莫
移
行
月 日文到
月 日發房
十二月 二十 日送稿
月 日判發
月 日送僉
月 廿二 日發行
134
00131

江南機器製造局爲照會光緒六年份添購地基開送清單並切結田單事致上海縣知縣莫祥芝照會稿（1881年1月19日，光緒六年十二月二十日）

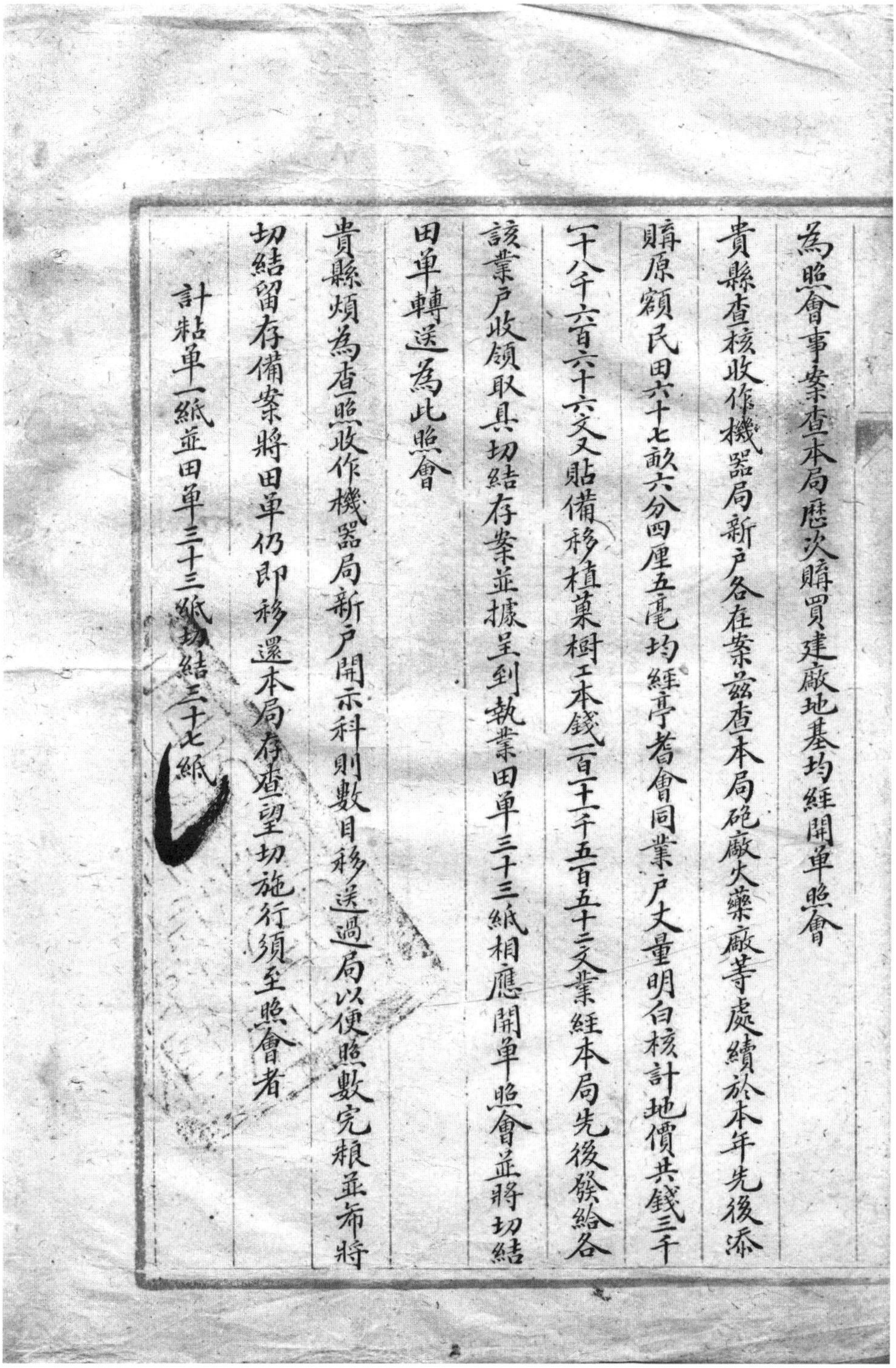
為照會事案查本局歷次購買建廠地基均經開單照會
貴縣查核收作機器局新户各在案茲查本局砲廠火藥廠等處續於本年先後添
購原額民田六十七畝六分四厘五毫均經亭耆會同業户丈量明白核計地價共錢三千
一十八千六百六十六文又貼備移植菓樹工本錢一百十一千五百五十二文業經本局先後發給各
該業户收領取具切結存案並據呈到執業田單三十三紙相應開單照會並將切結
田單轉送為此照會
貴縣煩為查照收作機器局新户開示科則數目移送過局以便照數完粮並希將
切結留存備案將田單仍即移還本局存查望切施行須至照會者
計粘單一紙並田單三十三紙切結三十七紙

江南機器製造局爲照會光緒六年份添購地基開送清單並切結田單事致上海縣知縣莫祥芝照會稿（1881 年 1 月 19 日，光緒六年十二月二十日）

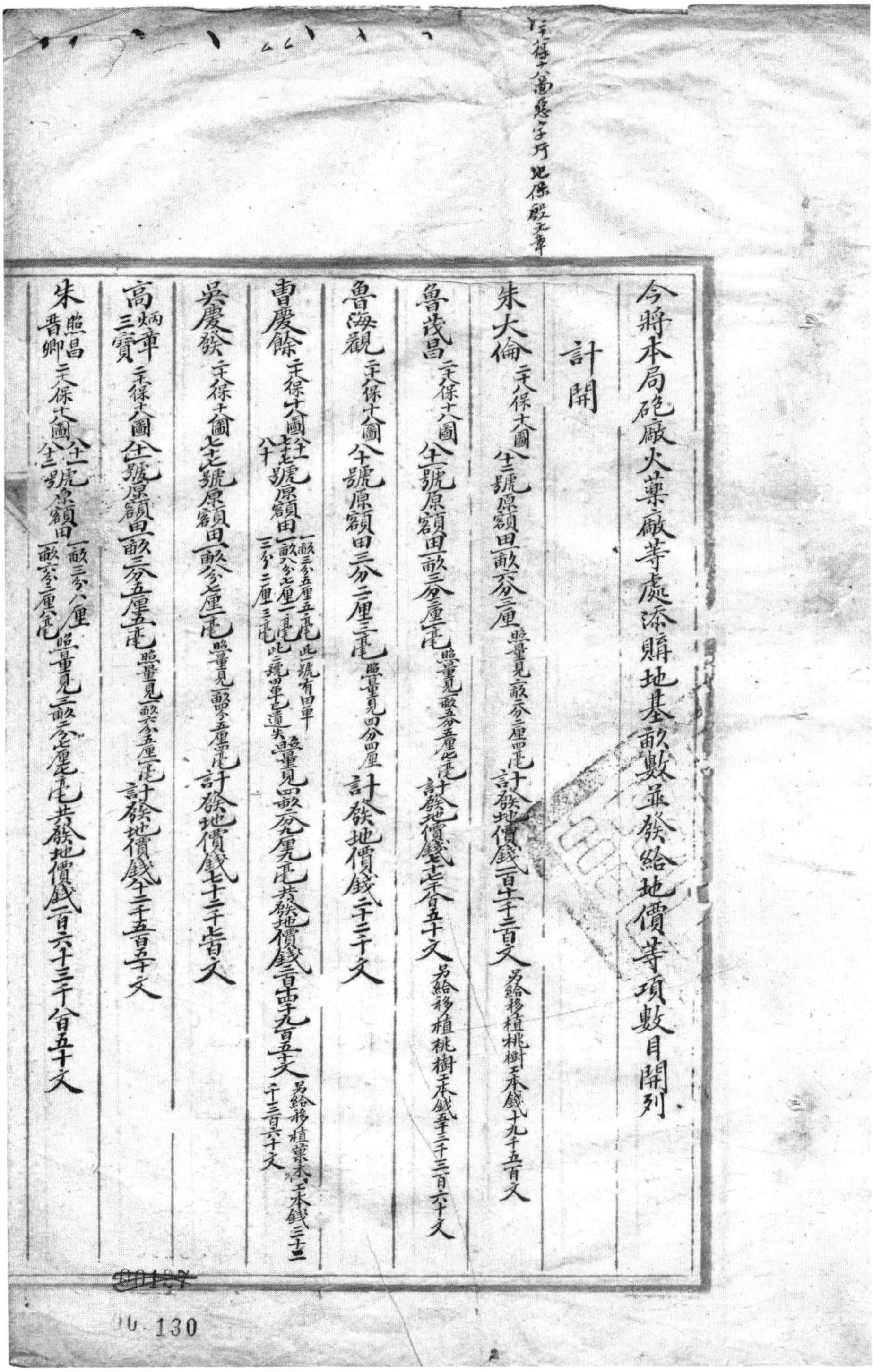
廿八保十八圖惡字圩 地保殷文華

今將本局砲廠火藥廠等處添購地基畝數並發給地價等項數目開列

計開

朱大倫 二十八保十八圖 十二號原額田一畝六分三厘 照量見一畝六分三厘四毫 計發地價錢一百十三千三百文 另給移植桃樹十二本錢十九千五百文

魯茂昌 二十八保十八圖 八十一號原額田一畝三分五厘七毫 照量見一畝五分五厘七毫 計發地價錢七十七千八百五十文 另給移植桃樹二十本錢五十三千三百六十文

魯海觀 二十八保十八圖 八十號原額田三分二厘三毫 照量見四分四厘 計發地價錢二十二千文

曹慶餘 二十八保十八圖 八十一、七十七、八十號原額田一畝三分五厘五毫 一畝八分七厘一毫 三分二厘三毫 此號有田單 此號田單已遺失 照量見四畝六分九厘九毫 共發地價錢二百四十九千九百五十文 另給移植菓木二十本錢三十二千三百六十文

吳慶發 二十八保十八圖 七十七號原額田一畝四分七厘一毫 照量見一畝四分五厘四毫 計發地價錢七十二千七百文

高炳章 三寶 二十八保十八圖 八十七號原額田一畝三分五厘五毫 照量見一畝六分五厘一毫 計發地價錢八十二千五百五十文

朱照昌 晉卿 二十八保十八圖 八十一、八十三號原額田一畝三分八厘 一畝六分三厘八毫 照量見三畝二分七厘七毫 共發地價錢一百六十三千八百五十文

30127

0.130

江南機器製造局爲照會光緒六年份添購地基開送清單並切結田單事致上海縣知縣莫祥芝照會稿（1881 年 1 月 19 日，光緒六年十二月二十日）

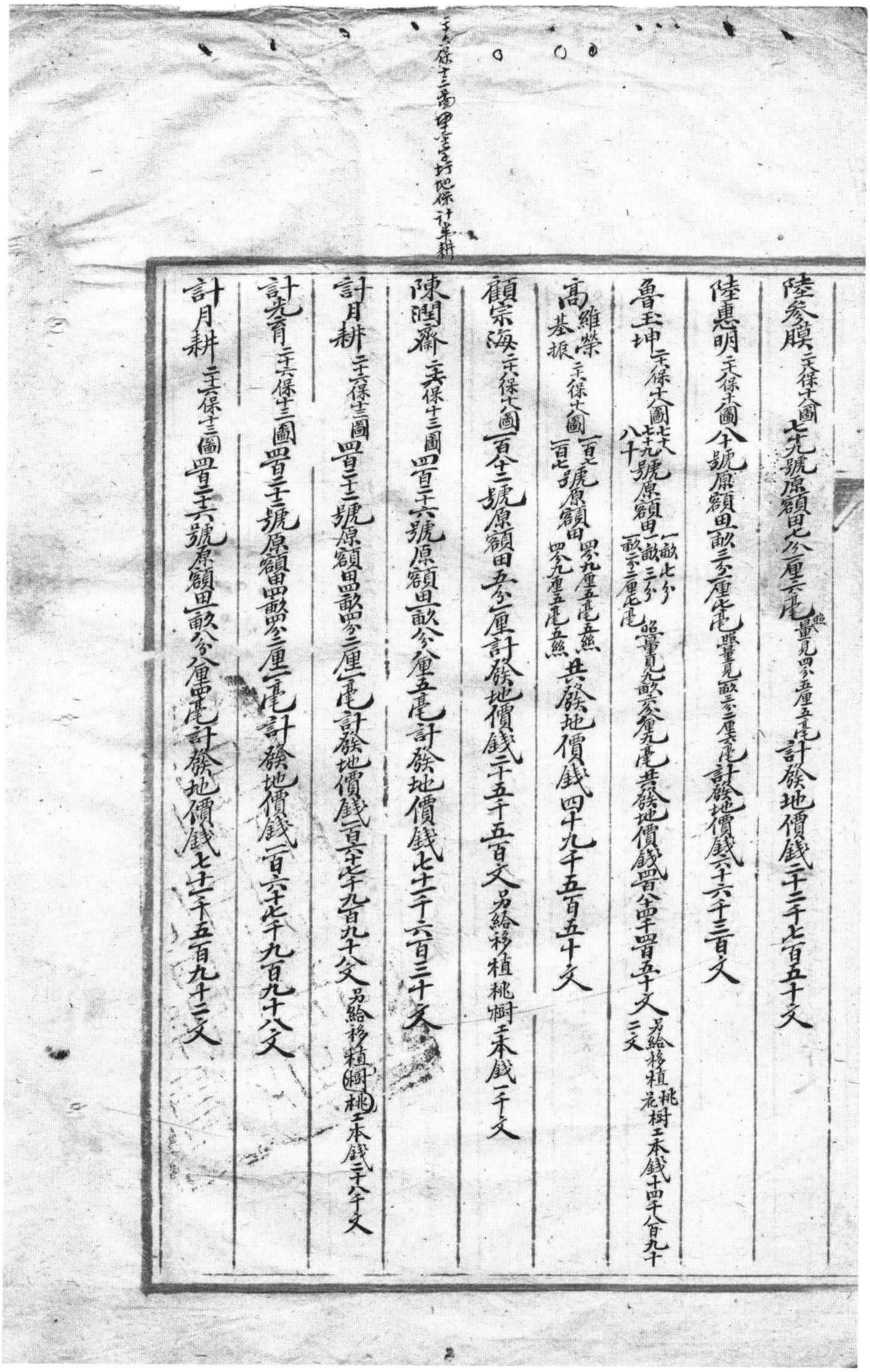

二十六保十三圖甲字圩地保計月耕

陸叅膜 二十六保十一圖 七十九號原額田七分二厘六毫 實量見四分五厘五毫 計發地價錢二十二千七百五十文

陸惠明 二十六保十一圖 八十號原額田畝二分二厘七毫 實量見畝三分三厘六毫 計發地價錢六十六千三百文

魯玉坤 二十六保十一圖 七十七、八十九號原額田一畝七分、一畝三分、畝二分二厘七毫 總實量見畝八分九厘九毫 共發地價錢四百八十四千四百五十文 另給移植桃花樹工本錢十四千八百九十三文

高維榮 基振 二十六保十一圖 一百七號、一百八號原額田四分九厘五毫五絲、四分九厘五毫五絲 共發地價錢四十九千五百五十文

顧宗海 二十六保十一圖 一百八十二號原額田五分厘 計發地價錢二十五千五百文 另給移植桃樹工本錢一千文

陳潤齋 二十六保十三圖 四百二十六號原額田畝八分厘五毫 計發地價錢七十二千六百三十文

計月耕 二十六保十三圖 四百二十二號原額田畝四分三厘一毫 計發地價錢一百六十七千九百九十文 另給移植桃樹工本錢二十八千文

計秀育 二十六保十三圖 四百二十二號原額田畝四分三厘一毫 計發地價錢一百六十七千九百九十八文

計月耕 二十六保十三圖 四百二十六號原額田畝八分八厘四毫 計發地價錢七十二千五百九十二文

江南機器製造局爲照會光緒六年份添購地基開送清單並切結田單事致上海縣知縣莫祥芝照會稿（1881 年 1 月 19 日，光緒六年十二月二十日）

計月耕、光祿　二十六保十三圖四百三十二號原額田三畝四分二厘三毫計發地價錢一百三十千三十六文

徐安仁　二十六保十三圖四百七號原額田三畝九分九厘八毫計發地價錢一百五十千九百二十四文

胡金松　二十六保十三圖四百八號原額田四畝一分四厘計發地價錢一百五十七千三百二十文

胡嘉榮　二十六保十三圖四百八號原額田二畝二分八毫計發地價錢八十三千九百四[illegible]文

胡餘耕　二十六保十三圖四百九號原額田一畝八分九厘二毫計發地價錢七十千八百九十六文

計福增　二十六保十三圖四百七、四百七號原額田二分六厘九毫、一分共發地價錢二十九千三百二十二文　另給移植桃樹二本錢十千文

計慶雲　二十六保十三圖四百七號原額田二畝五分計發地價錢九十五千文

胡餘耕堂　二十六保十三圖四百三十二號原額地一畝五分七厘八毫計發地價錢五十九千九百六十四文

計慶元　二十六保十三圖四百三十二號原額田一畝五分七厘八毫計發地價錢五十九千九百六十四文

131

~~00128~~

江南機器製造局爲照會光緒六年份添購地基開送清單並切結田單事致上海縣知縣莫祥芝照會稿（1881 年 1 月 19 日，光緒六年十二月二十日）

計慶元 二千六保十三圖 四百二十三號原額田二分七厘一毫計發地價錢十千三百九十八文

郁宜稼 二千六保十三圖 四百二十五號原額田二分七厘一毫計發地價錢十千三百九十八文

郁宜稼 二千六保十三圖 四百二十六號原額田九厘計發地價錢三千四百二十文

以上地基係光緒六年十一月分購買除原業戶曹慶餘生遺失田單二紙外共據各業戶呈到原業田

單三十三紙

陸參膜 二千六保十六圖 七千八 七千九 號舊業戶陸惠明原額 一分五厘 三分九厘七毫 照量見一畝二分一厘共發地價錢六十千五百文

潘墳田 二千六保十六圖 一百七號本業戶原額田割賣七厘七毫計發地價錢三千八百五十文

張勝全 二千六保十三圖 四百二十二號舊業戶楊三德原額田一畝計發地價錢三十八千文

以上地基係光緒六年十一月分購買其田單十四紙據各該業戶報稱因兵亂均已遺失

江南機器製造局爲照會光緒六年份添購地基開送清單並切結田單事致上海縣知縣莫祥芝照會稿（1881 年 1 月 19 日，光緒六年十二月二十日）

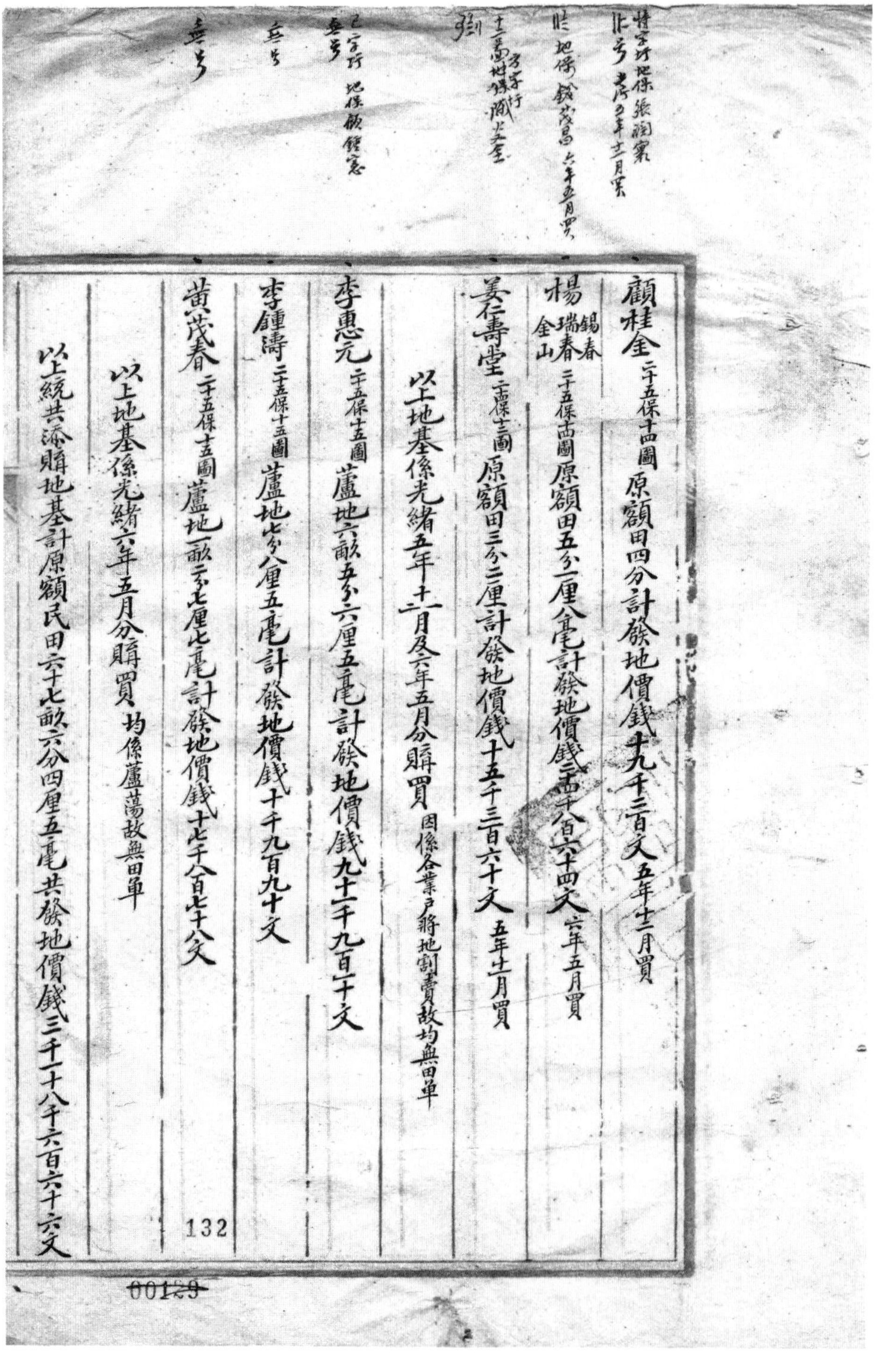

特字圩地保張潤寶
此号 光緒五年十二月買
此号 地保錢茂昌 六年五月買
爲字圩 十二圖地保顧寶生
剔
己字圩 地保顧鍾蕙
無号
無号
無号

顧桂全 二十五保十四圖 原額田四分計發地價錢十九千三百文 五年十二月買
楊錫春 瑞春 全山 二十五保十四圖原額田五分二厘八毫計發地價錢二十四千八百六十四文 六年五月買
姜仁壽堂 二十五保十二圖 原額田三分二厘計發地價錢十五千三百六十文 五年十二月買
以上地基係光緒五年十二月及六年五月分購買 因係各業户將地劃賣故均無田單
李惠元 二十五保十五圖 蘆地六畝五分六厘五毫計發地價錢九十一千九百二十文
李鍾濤 二十五保十五圖 蘆地七分八厘五毫計發地價錢十千九百九十文
黃茂春 二十五保十五圖 蘆地一畝二分七厘七毫計發地價錢十七千八百七十八文
以上地基係光緒六年五月分購買 均係蘆蕩故無田單
以上統共添購地基計原額民田六十七畝六分四厘五毫共發地價錢三千一十八千六百六十六文

132

~~00129~~

江南機器製造局爲照會光緒六年份添購地基開送清單並切結田單事致上海縣知縣莫祥芝照會稿（1881 年 1 月 19 日，光緒六年十二月二十日）

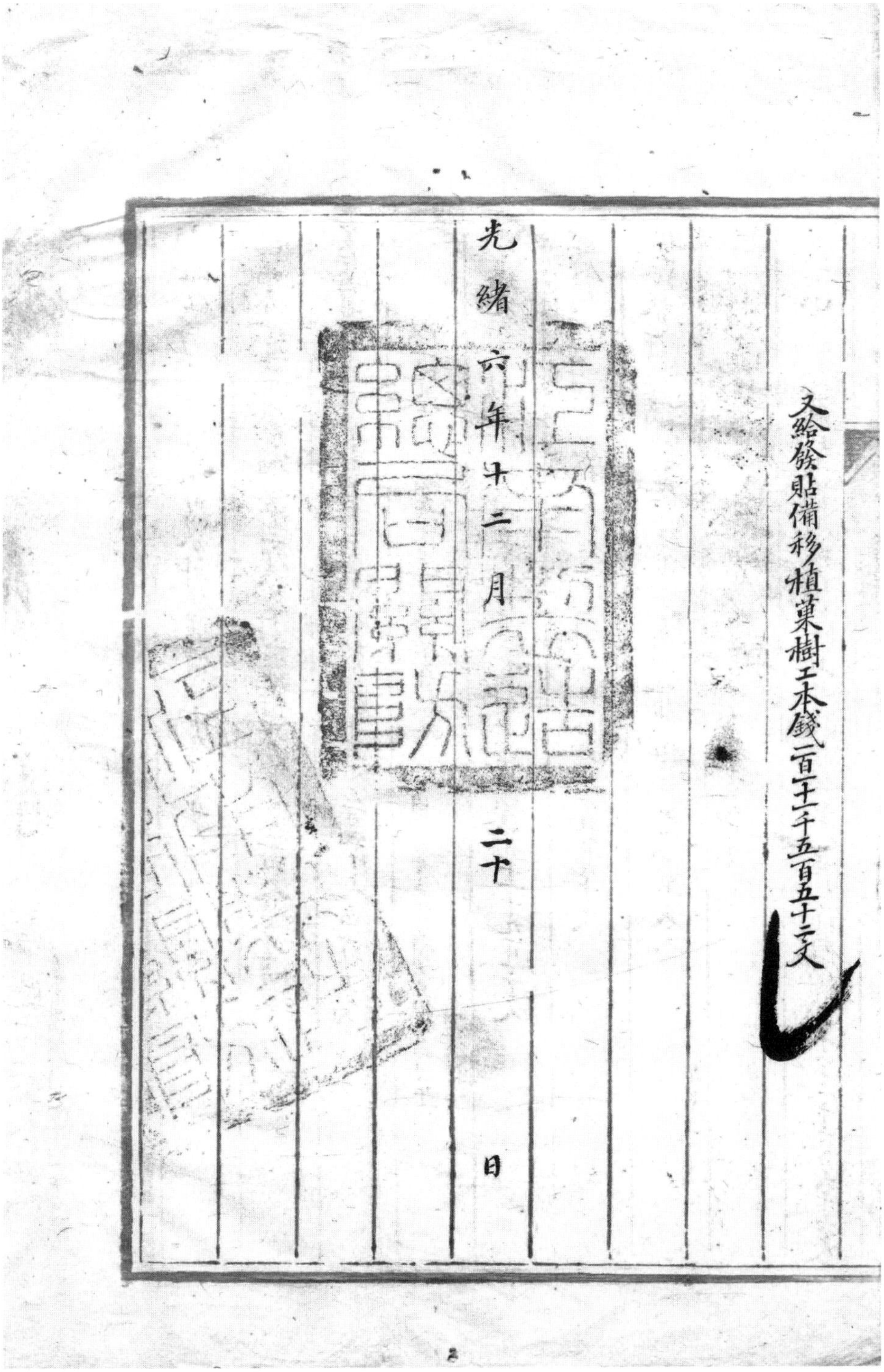
文給發貼備移植菓樹工本錢一百十二千五百五十二文

光緒六年十二月二十日

江南機器製造局爲照會光緒六年份添購地基開送清單並切結田單事致上海縣知縣莫祥芝照會稿（1881 年 1 月 19 日，光緒六年十二月二十日）

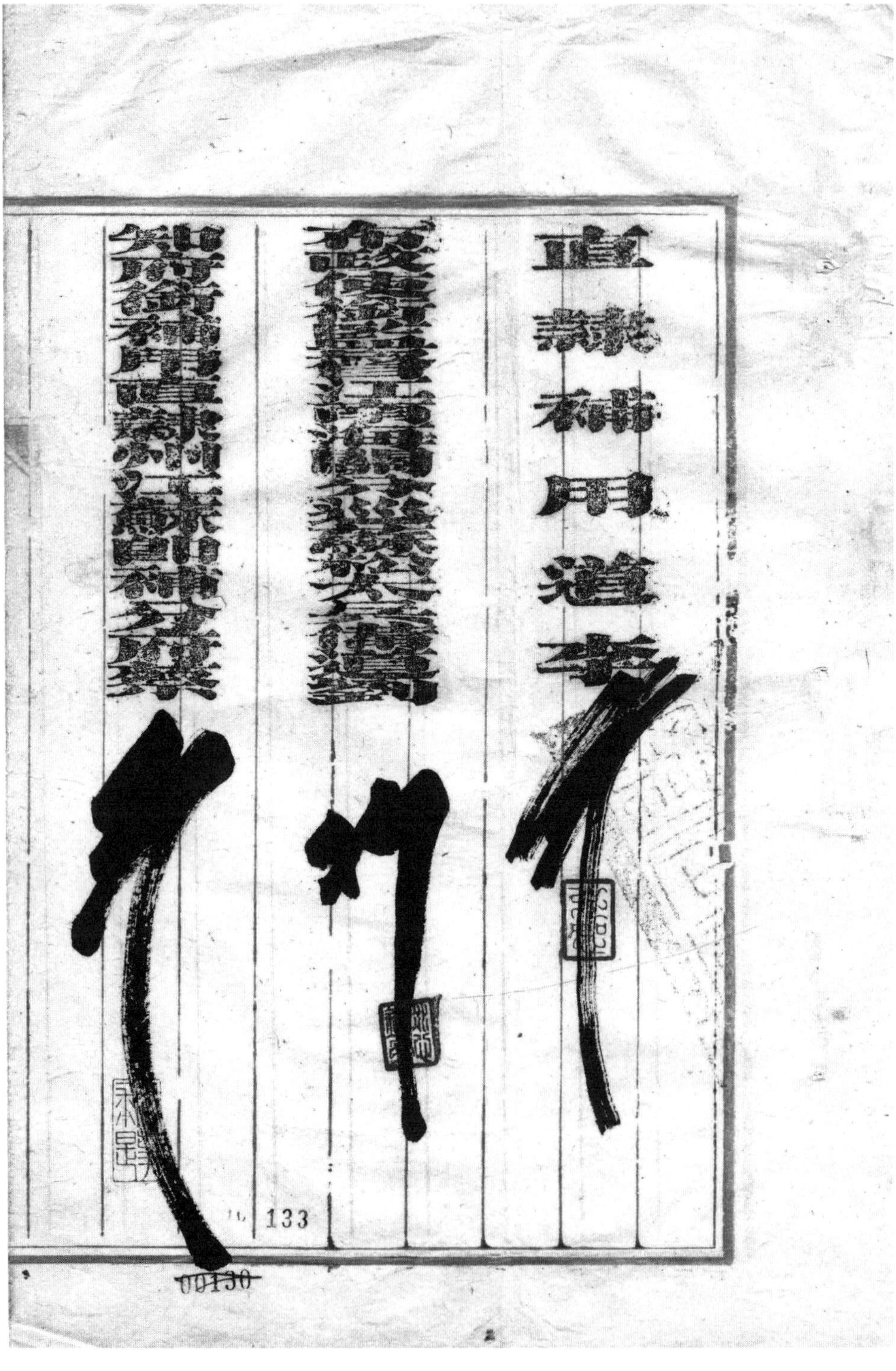

江南機器製造局爲照會光緒六年份添購地基開送清單並切結田單事致上海縣知縣莫祥芝照會稿（1881年1月19日，光緒六年十二月二十日）

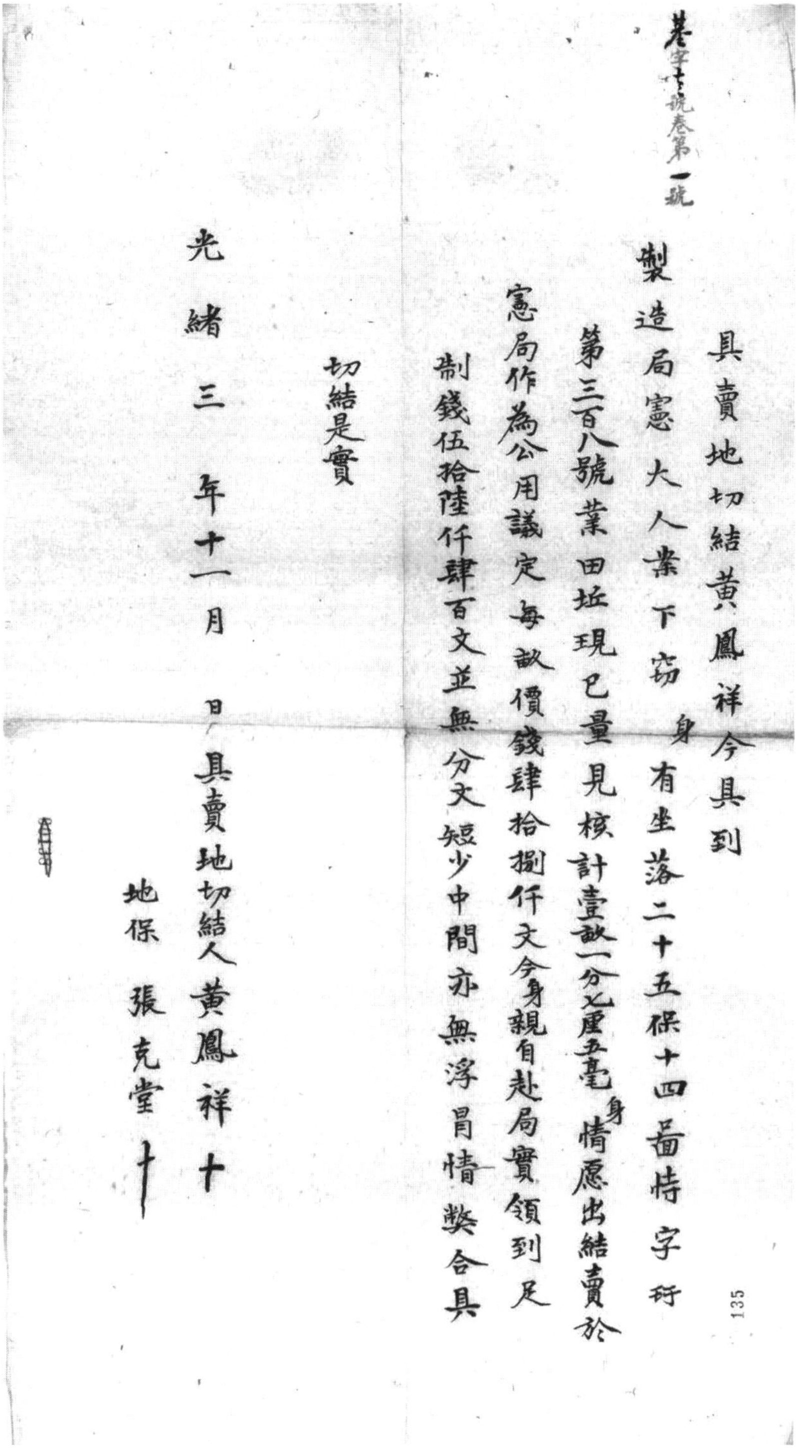

巷字十七號卷第一號

具賣地切結黃鳳祥今具到

製造局憲大人案下竊身有坐落二十五保十四啚侍字圩

第三百八號業田坵現已量見核計壹畝一分七厘五毫身情愿出結賣於

憲局作為公用議定每畝價錢肆拾捌仟文今身親自赴局實領到足

制錢伍拾陸仟肆百文並無分文短少中間亦無浮冒情弊合具

切結是實

光緒三年十一月　日具賣地切結人黃鳳祥十

地保張克堂十

135

黃鳳祥具賣地切結（1877年12月或1878年1月，光緒三年十一月）

基字十三號卷第一號

具賣地切結黃鶴生今具到

製造局憲大人案下竊身有坐落二十五保十四啚特字圩

第三百九號業田地現已量見核計壹畝五分八厘七毫情身願出結賣於

憲局作為公用議定每畝價錢肆拾捌仟文今身親自赴局實領到足制

錢柒拾陸仟壹百柒拾六文並無分文短少中間亦無浮冒情弊合具

切結是實

光緒三年十一月　日具賣地切結人黃鶴生　十

地保張克堂　十

136

黃鶴生具賣地切結（1877年12月或1878年1月，光緒三年十一月）

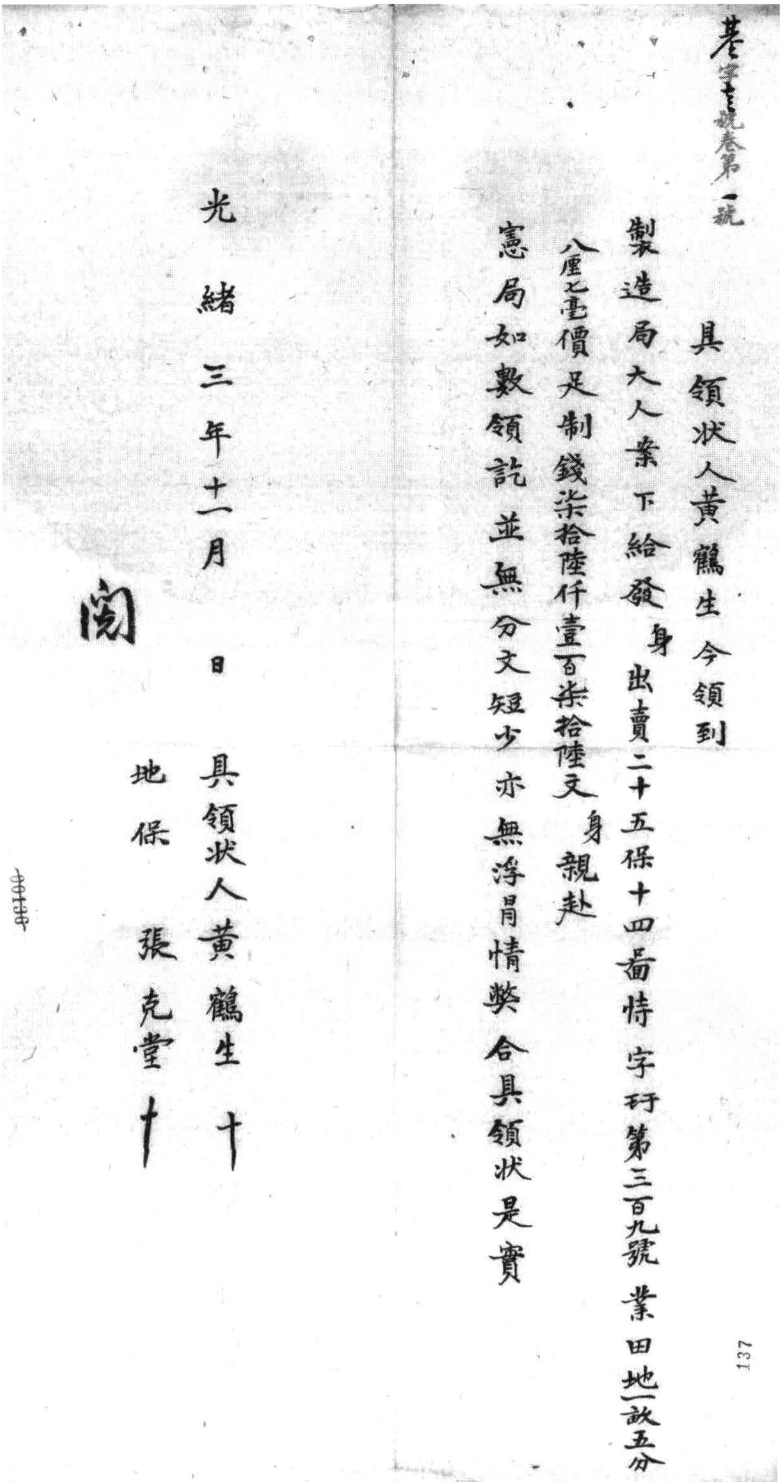
荅字七號卷第一號

具領狀人黃鶴生今領到

製造局大人案下給發身出賣二十五保十四啚恃字圩第三百九號業田地一畝五分

八厘七毫價足制錢柒拾陸仟壹百柒拾陸文身親赴

憲局如數領訖並無分文短少亦無浮冒情弊合具領狀是實

光緒三年十一月　日　具領狀人黃鶴生十

地保張克堂十

閱

137

黃鶴生具領狀（1877 年 12 月或 1878 年 1 月，光緒三年十一月）

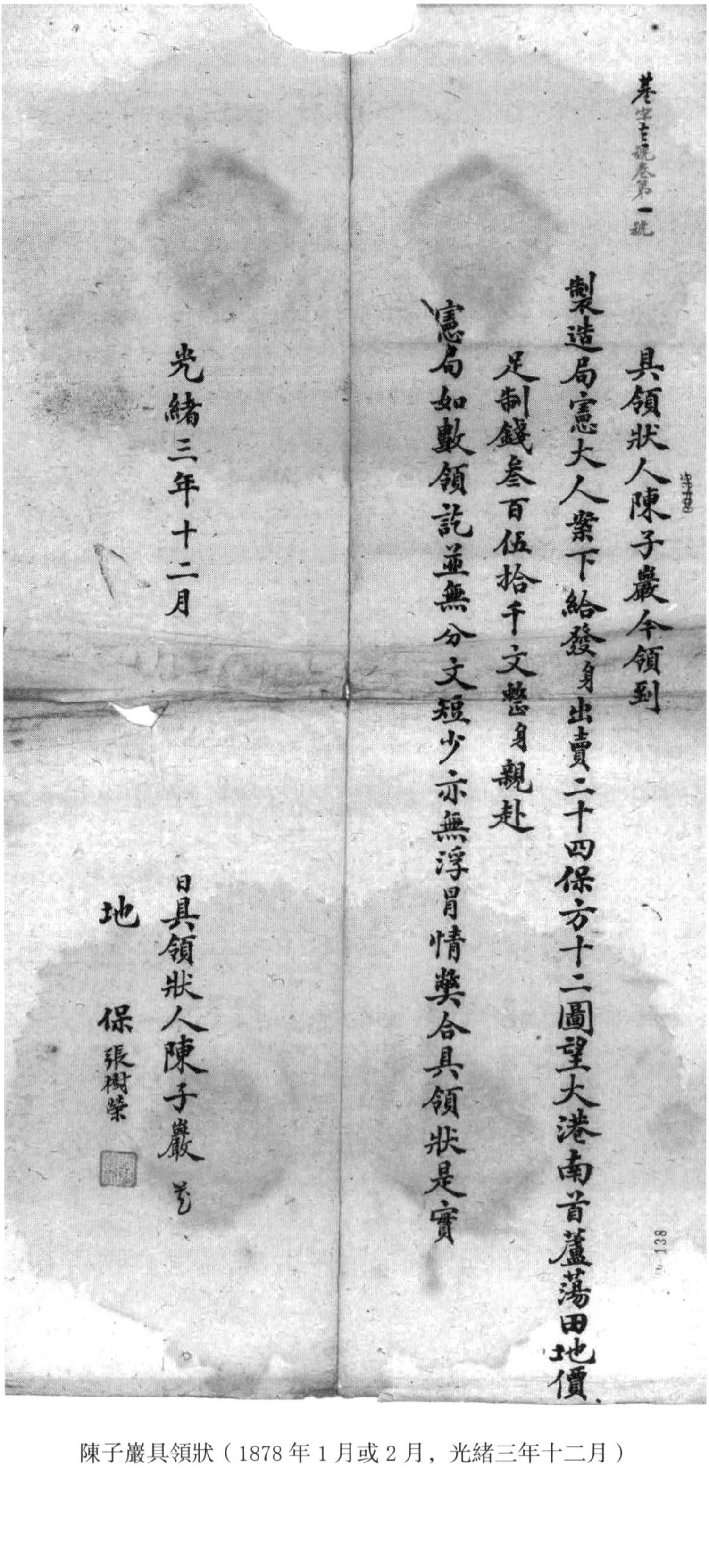
巷字十二號卷第一號

具領狀人陳子巖今領到

製造局憲大人案下給發身出賣二十四保方十二圖望大港南首蘆蕩田地價

足制錢叁百伍拾千文整身親赴

憲局如數領訖並無分文短少亦無浮冒情弊合具領狀是實

光緒三年十二月　日具領狀人陳子巖

地保張樹榮

陳子巖具領狀（1878 年 1 月或 2 月，光緒三年十二月）

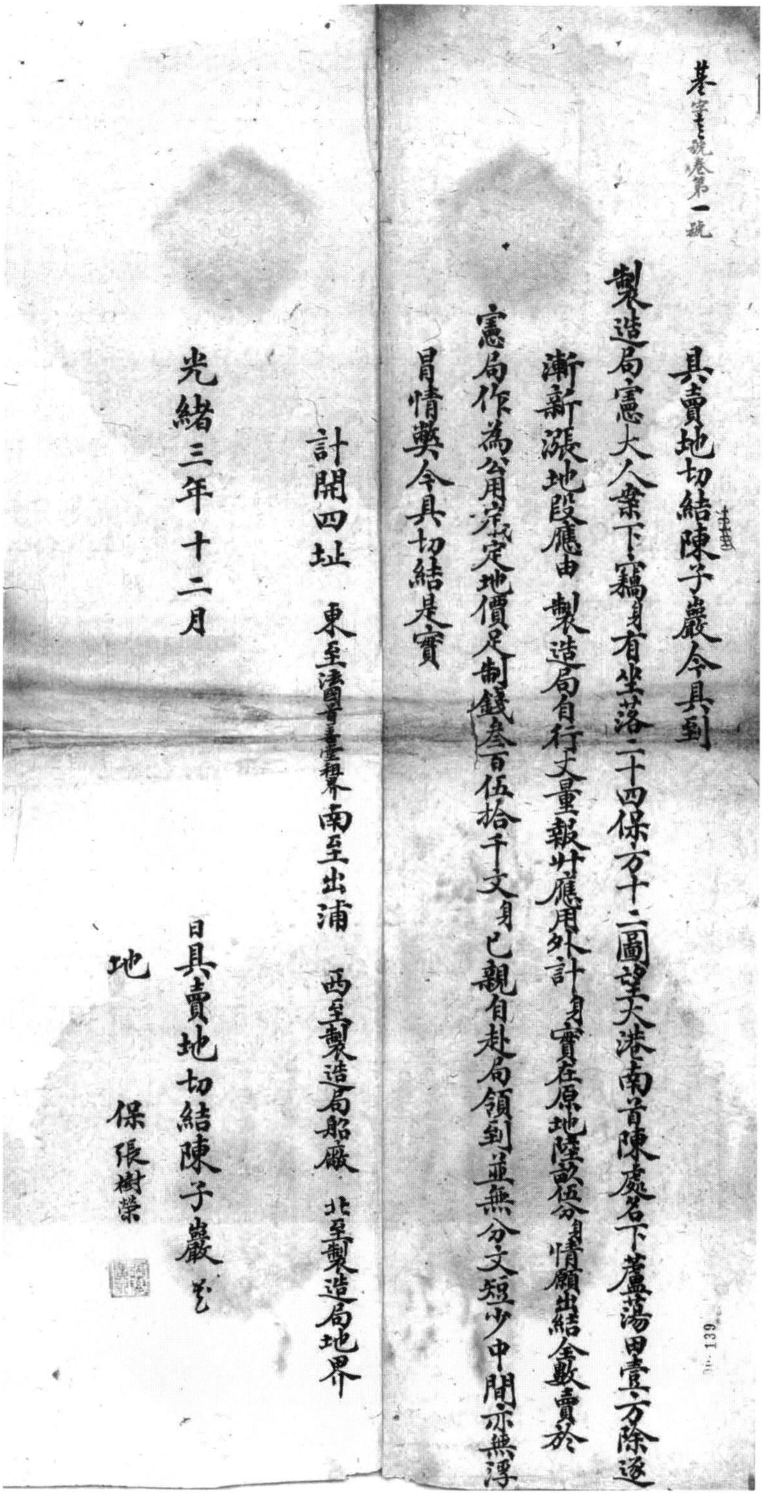

基字三號卷第一號

具賣地切結陳子巖今具到

製造局憲大人案下竊身有坐落二十四保方十二圖望天港南首陳處名下蘆蕩田壹方除遂

漸新漲地段應由製造局自行丈量報竹應用外計身實在原地陸畝伍分身情願出結全數賣於

憲局作為公用定地價足制錢叁百伍拾千文身已親自赴局領到並無分文短少中間亦無浮

冒情弊今具切結是實

計開四址 東至法國普善堂租界 南至出浦 西至製造局船廠 北至製造局地界

光緒三年十二月 日具賣地切結陳子巖

地保張樹榮

陳子巖具賣地切結（1878 年 1 月或 2 月，光緒三年十二月）

巷字十三號卷第一號

具領狀人鄭金發今領到

製造局大人案下給發身出賣二十四保方十二圖方字圩第四十四號業田地價足制

錢叁仟文正身親赴

憲局如數領訖並無分文短少亦無浮冒情弊合具領狀是實

光緒叁年捌月　日具領狀人鄭金發　十

圖地保張樹榮

閱

140

鄭金發具領狀（1877 年 9 月或 10 月，光緒三年八月）

巷字壹號卷第一號

具賣地切結鄭金發今具到

製造局憲大人案下竊身有坐落二十四保方十二啚方字圩第四拾捌號業田坵現已量見核計壹分伍厘身情愿出結賣於

憲局作為公用議定每畝價錢貳拾仟文今身親身赴局賣領到足制錢叁仟文並無分文短少中間亦無浮買情弊合具切結是實

141

光緒三年八月

具賣地切結 鄭金發十

地保 張樹榮十

鄭金發具賣地切結（1877 年 9 月或 10 月，光緒三年八月）

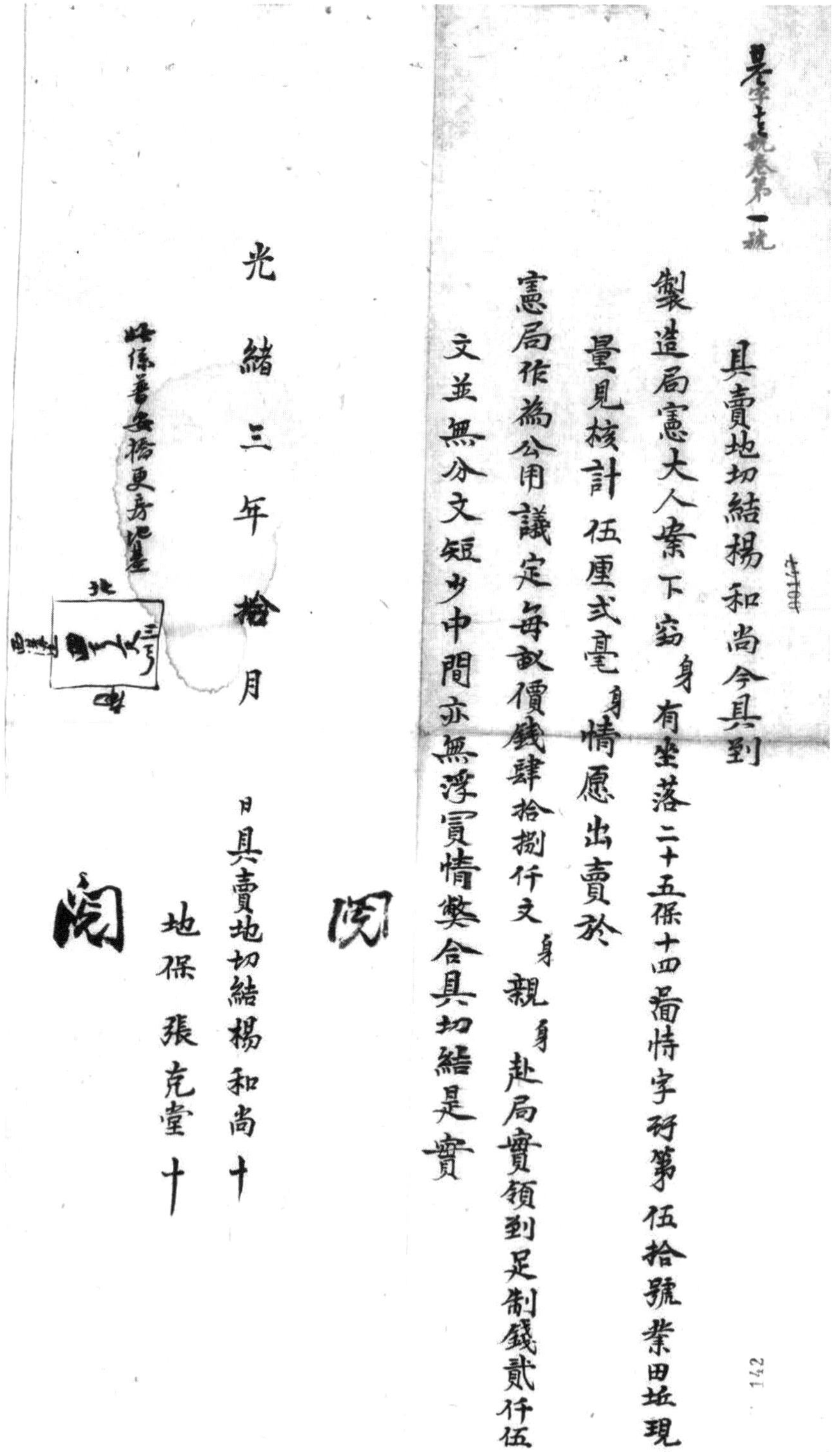
晷字十七號卷第一號

具賣地切結楊和尚今具到
製造局憲大人案下竊身有坐落二十五保十四啚情字圩第伍拾號業田坵現已
量見核計伍厘弍毫身情愿出賣於
憲局作為公用議定每畝價錢肆拾捌仟文身親身赴局實領到足制錢貳仟伍百
文並無分文短少中間亦無浮冒情弊合具切結是實

閱

光緒三年拾月　日具賣地切結楊和尚十
地保張克堂十

閱

此係善安橋東房地基

142

楊和尚具賣地切結（1877 年 11 月或 12 月，光緒三年十月）

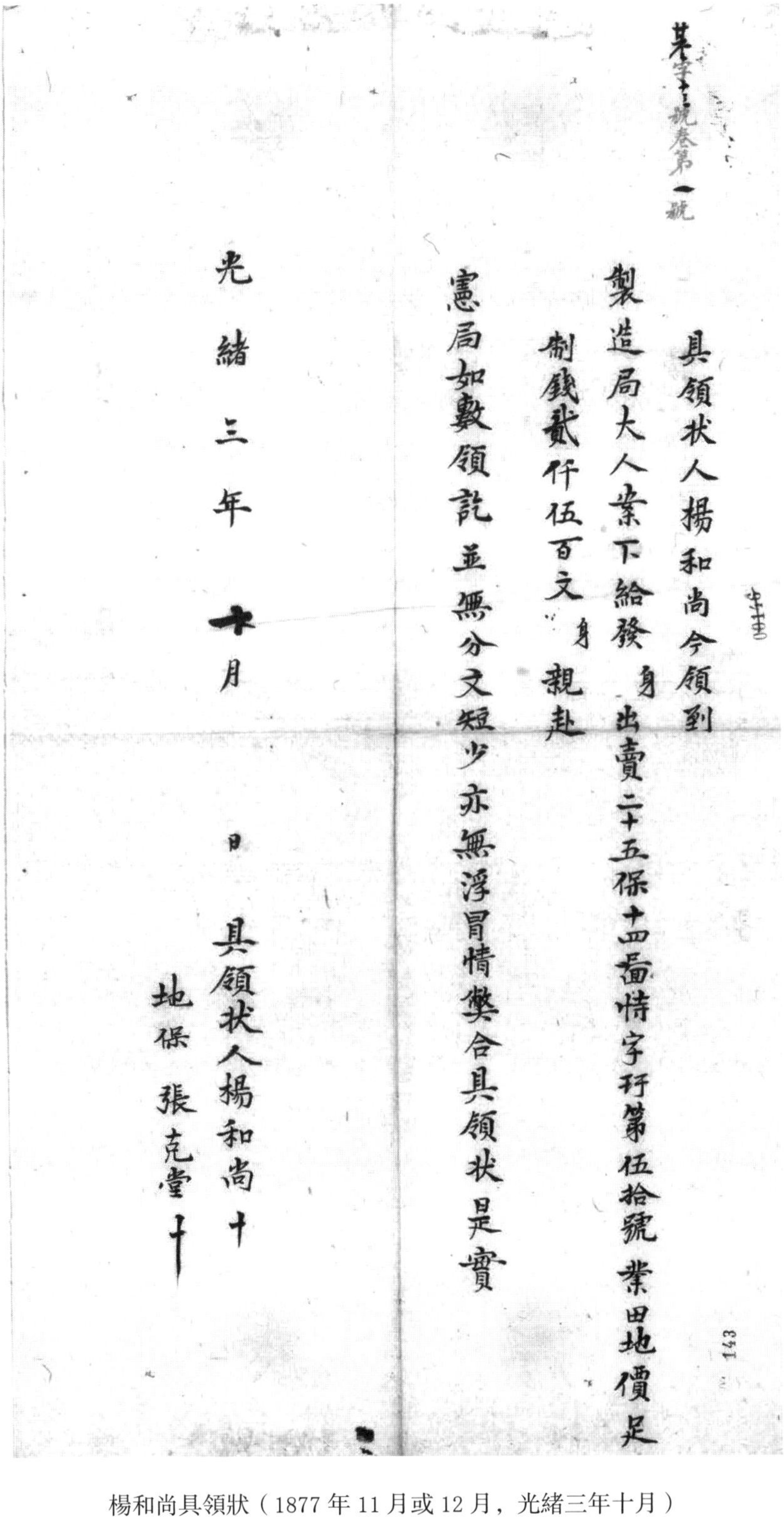

某字十三號卷第一號

具領狀人楊和尚今領到

製造局大人案下給發 身 出賣二十五保十四啚情字玗第伍拾號 業田地價足

制錢貳仟伍百文 身 親赴

憲局如數領訖並無分文短少亦無浮冒情弊合具領狀是實

光緒三年十月 日 具領狀人楊和尚十

地保 張克堂十

143

楊和尚具領狀（1877 年 11 月或 12 月，光緒三年十月）

基字十三號卷第一號

具賣地切結唐百全今具到

製造局憲大人案下竊身有坐落二十五保十四啚情字圩

第三百七號業田坵現已量見核計壹分七厘弍毫身情愿出結賣於

憲局作為公用議定每畝價錢肆拾捌仟文今身親自赴局實領到足

制錢捌仟弍百五十陸文並無分文短少中間亦無浮冒情弊合具

切結是實

光緒三年十一月日具賣地切結人唐百全十

地保張克堂十

144

唐百全具賣地切結（1877 年 12 月或 1878 年 1 月，光緒三年十一月）

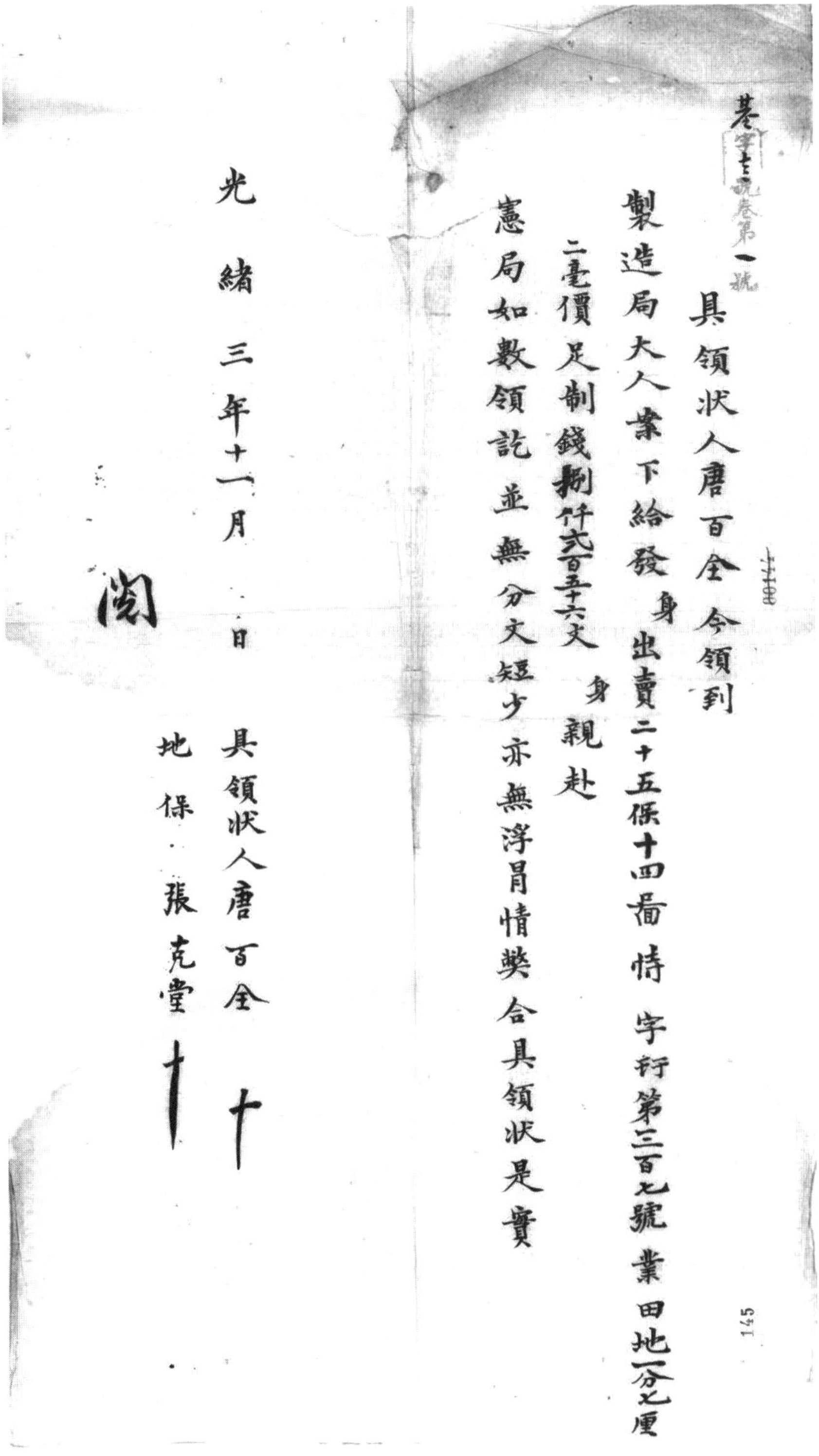

基字十二號卷第一號

具領狀人唐百全今領到

製造局大人案下給發身出賣二十五保十四啚情字圩第三百七號業田地一分七厘

二毫價足制錢捌仟弍百五十六文身親赴

憲局如數領訖並無分文短少亦無浮冒情弊合具領狀是實

光緒三年十一月　日　具領狀人唐百全　十

閱

地保張克堂　十

145

唐百全具領狀（1877年12月或1878年1月，光緒三年十一月）

巷字三號卷第一號

具賣地切結唐元瑞今具到

製造局憲大人案下竊身有坐落二十五保十四啚恃字圩

第三百八號業田坵現已量見核計壹畝正 身情願出結賣於

憲局作為公用議定每畝價錢肆拾捌仟文今身親自赴局實領到足

制錢肆拾捌仟文並無分文短少中間亦無浮冒情弊合具

切結是實

光緒三年　月　日具賣地切結人唐元瑞 十

地保張克堂 十

148

唐元瑞具賣地切結（1877 年，光緒三年）

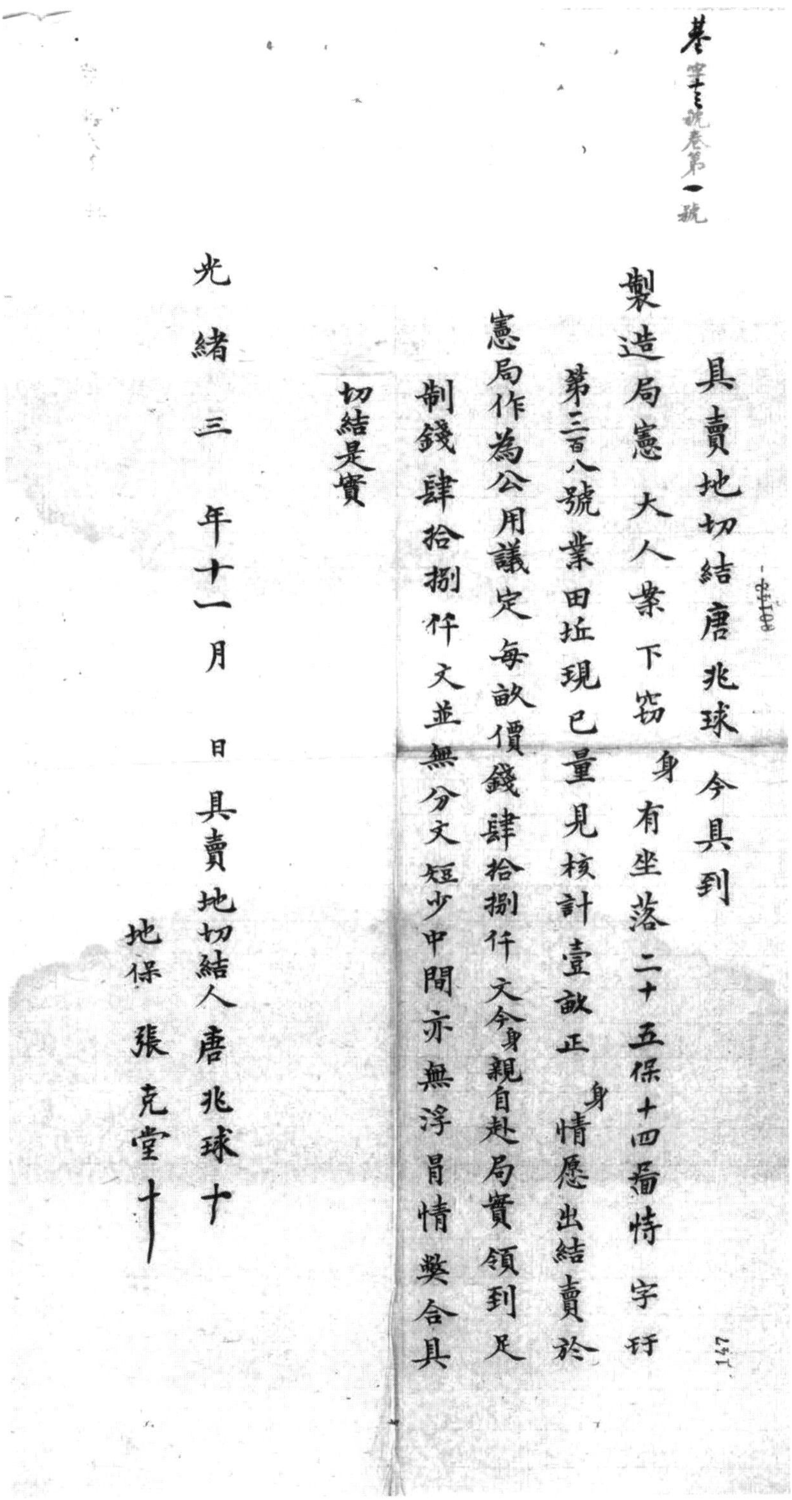

卷宇十三號卷第一號

具賣地切結唐兆球今具到

製造局憲大人案下竊身有坐落二十五保十四啚恃字圩

第三百八號業田坵現已量見核計壹畝正身情愿出結賣於

憲局作為公用議定每畝價錢肆拾捌仟文今身親自赴局實領到足

制錢肆拾捌仟文並無分文短少中間亦無浮冒情弊合具

切結是實

光緒三年十一月日具賣地切結人唐兆球十

地保張克堂十

唐兆球具賣地切結（1877 年 12 月或 1878 年 1 月，光緒三年十一月）

基字十三號卷第一號

具領狀人唐兆球今領到

製造局大人業下給發身出賣二十五保十四啚恃字圩第三百八號業田地壹畝

價足制錢肆拾捌仟文身親赴

憲局如數領訖並無分文短少亦無浮冒情弊合具領狀是實

光緒三年十一月　日　具領狀人唐兆球　十

閏

地保張克堂　十

唐兆球具領狀（1877年12月或1878年1月，光緒三年十一月）

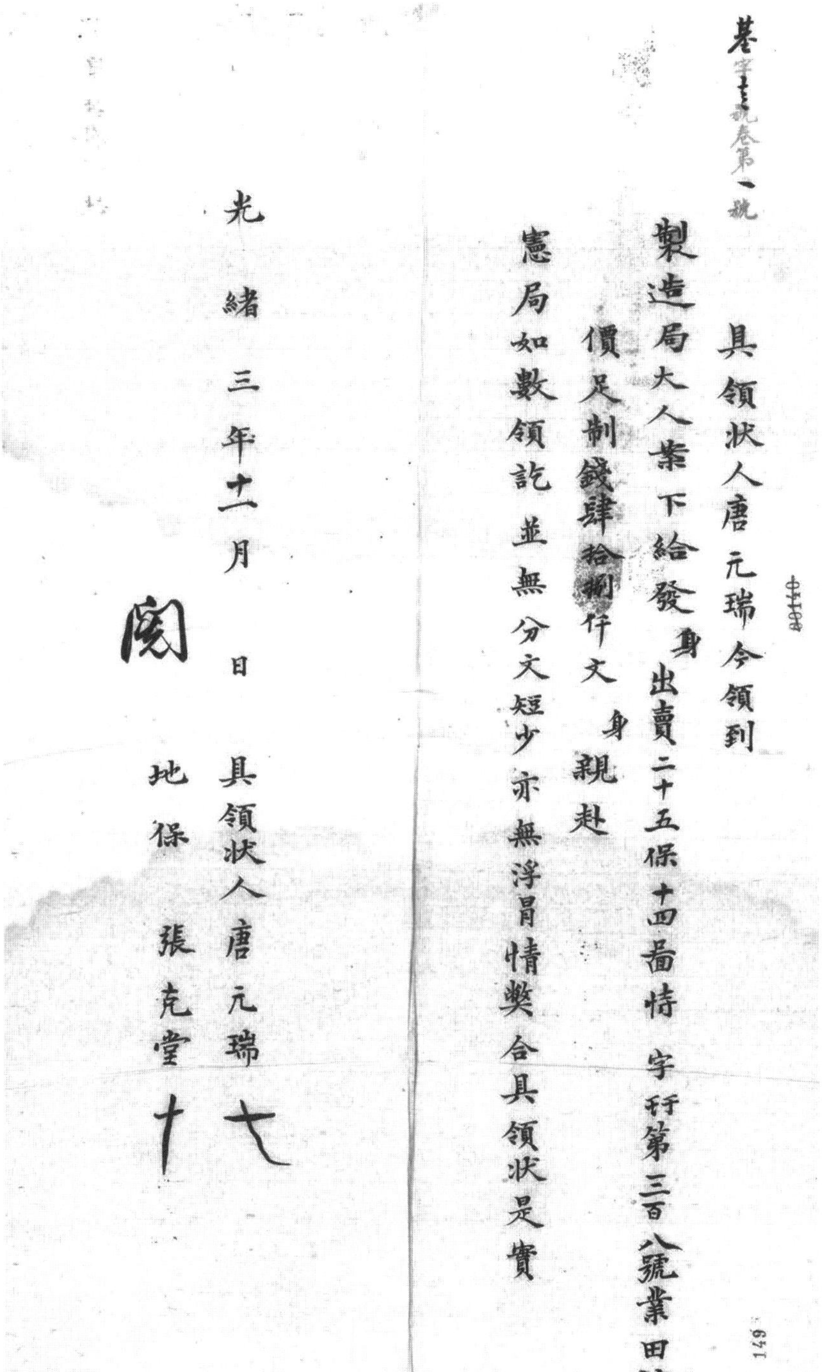

基字十三號卷第一號

具領狀人唐元瑞今領到

製造局大人案下給發身出賣二十五保十四啚情字圩第三百八號業田地壹畝正

價足制錢肆拾捌仟文身親赴

憲局如數領訖並無分文短少亦無浮冒情獘合具領狀是實

光緒三年十一月 日 具領狀人唐元瑞 七

閱

地保 張克堂 十

唐元瑞具領狀（1877 年 12 月或 1878 年 1 月，光緒三年十一月）

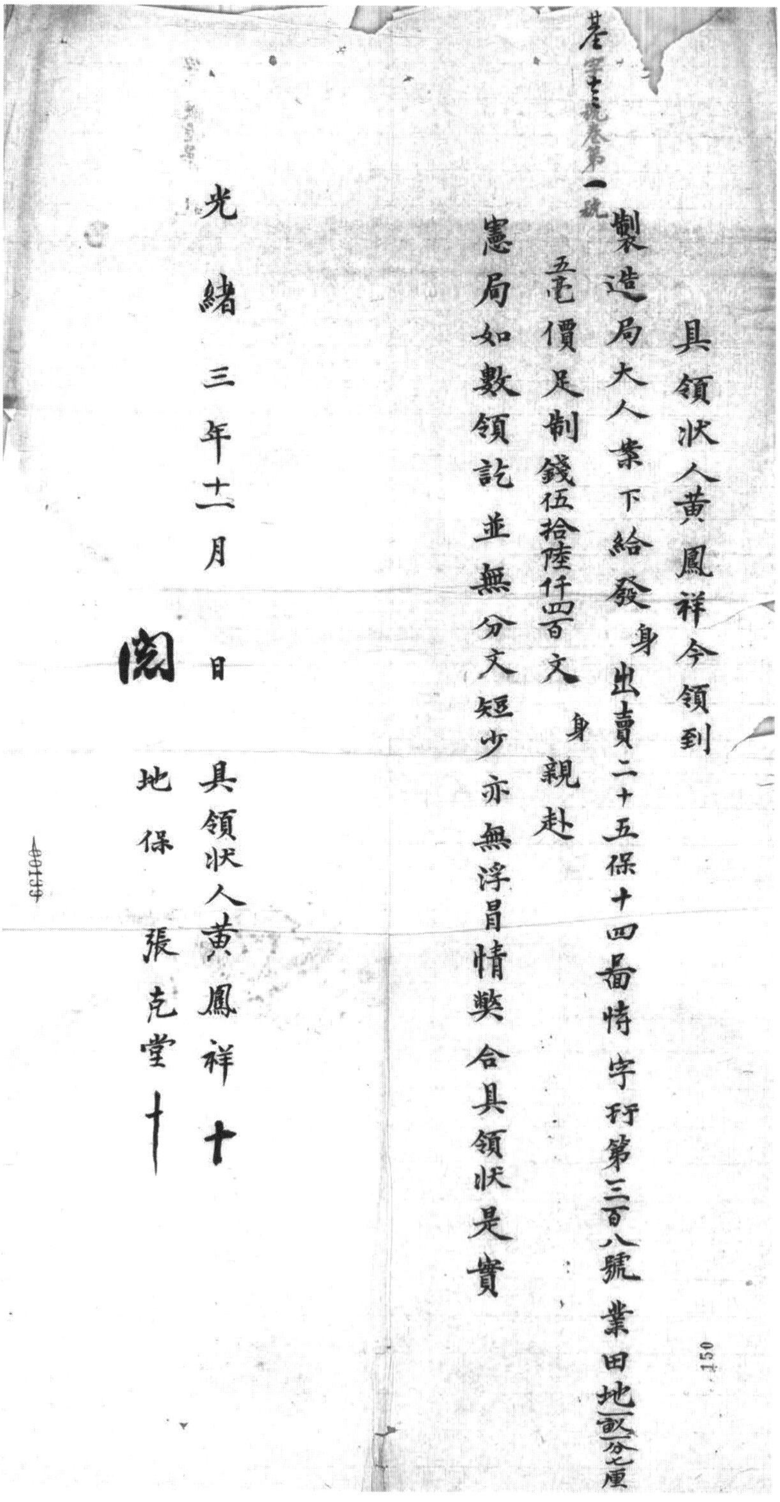

基字十三號卷第一號

具領狀人黃鳳祥今領到

製造局大人業下給發身出賣二十五保十四啚情字圩第三百八號業田地一畝分七厘五毫價足制錢伍拾陸仟四百文身親赴

憲局如數領訖並無分文短少亦無浮冒情弊合具領狀是實

光緒三年十一月　日　具領狀人黃鳳祥　十

閣　地保　張克堂　十

150

黃鳳祥具領狀（1877 年 12 月或 1878 年 1 月，光緒三年十一月）

江南製造總局

三十、江南製造局添建炮廠及子藥廠購買地基的契據、田單及有關文書

上海總商會

類第三十三號

炮廠子葯廠並局後官路購地案

一 聯會申文各一件

一 楊大榮等八高户切結領狀致 卷

拾五紙 代單據十三張

宗 函單拾四張三十六畝四分一厘九毫

恩泰堂樸契一紙 性畜一紙

年 月

00001

上海總商會第三十三號炮廠子藥廠並局後官路購地案卷封面（時間不詳）

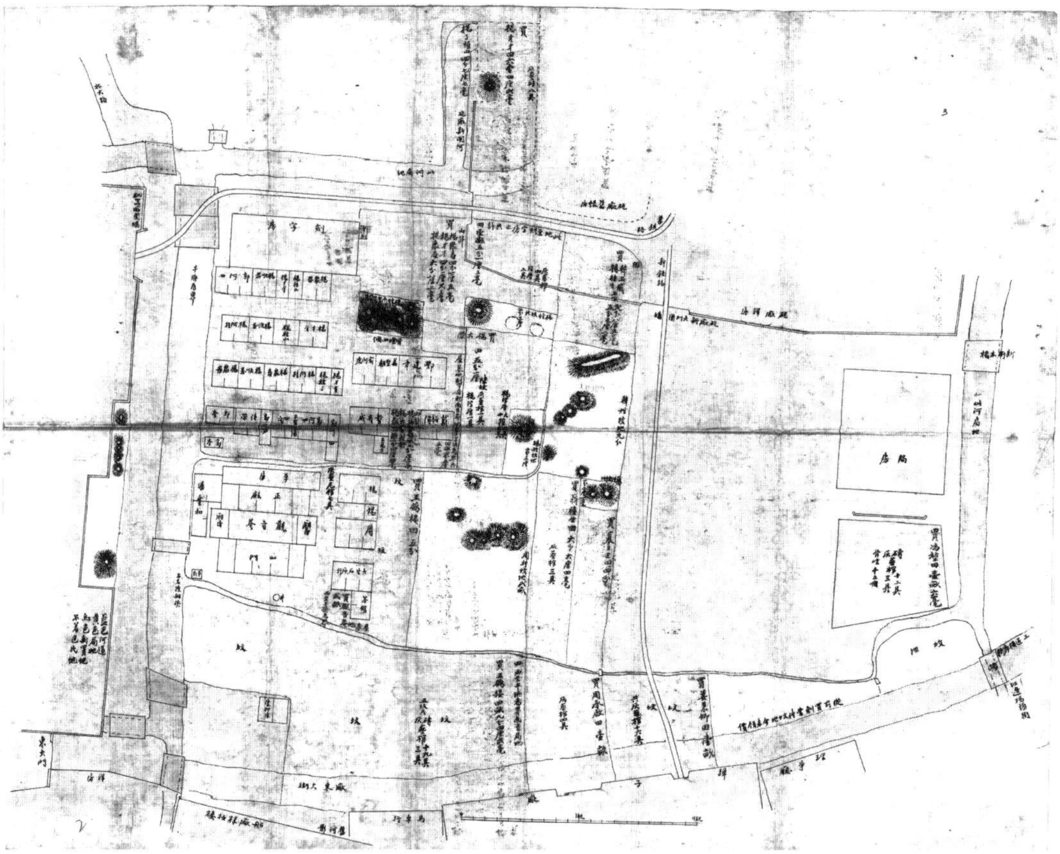

江南機器製造局炮廠子藥廠並局後官路地基地圖（1886-1887年，光緒十二年——光緒十三年）

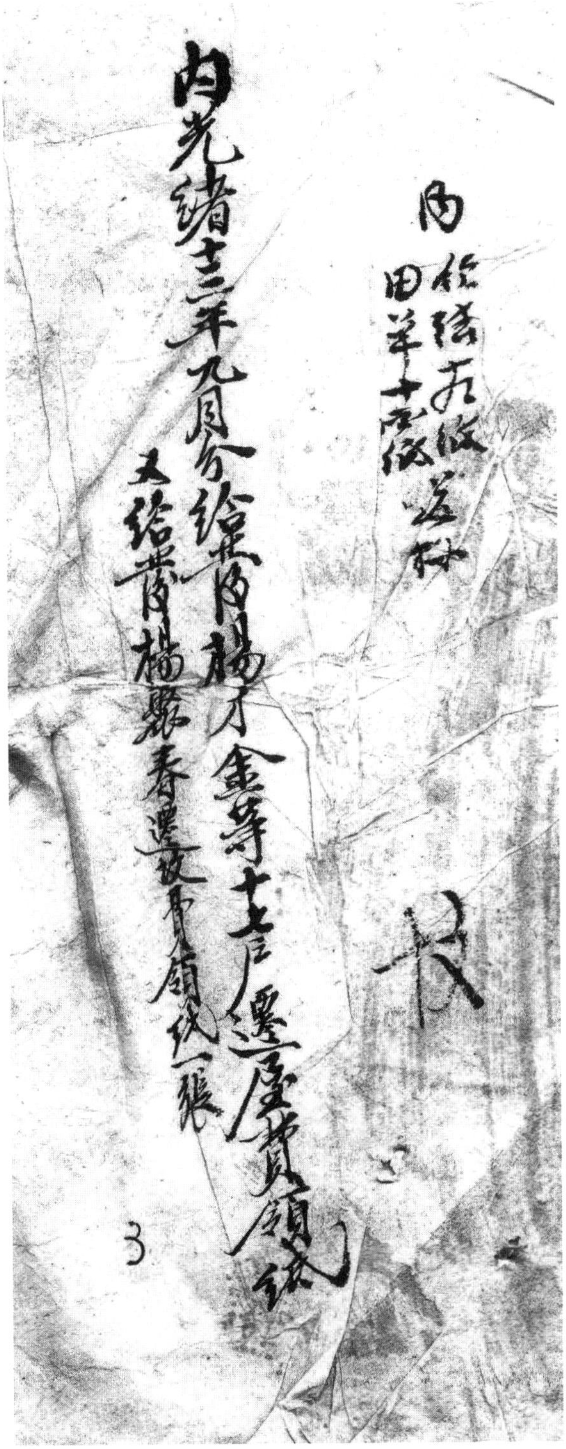
丙

佐領五紙送核

田單十張送核

内光緒十三年九月分給黃浦楊才金等十七戶遷屋費領紙

又給黃浦楊聚春遷費領紙一張

江南機器製造局購地契據田單清單（1886 年 12 月或 1887 年 1 月 -1887 年 10 月或 11 月，光緒十二年十二月——光緒十三年九月）

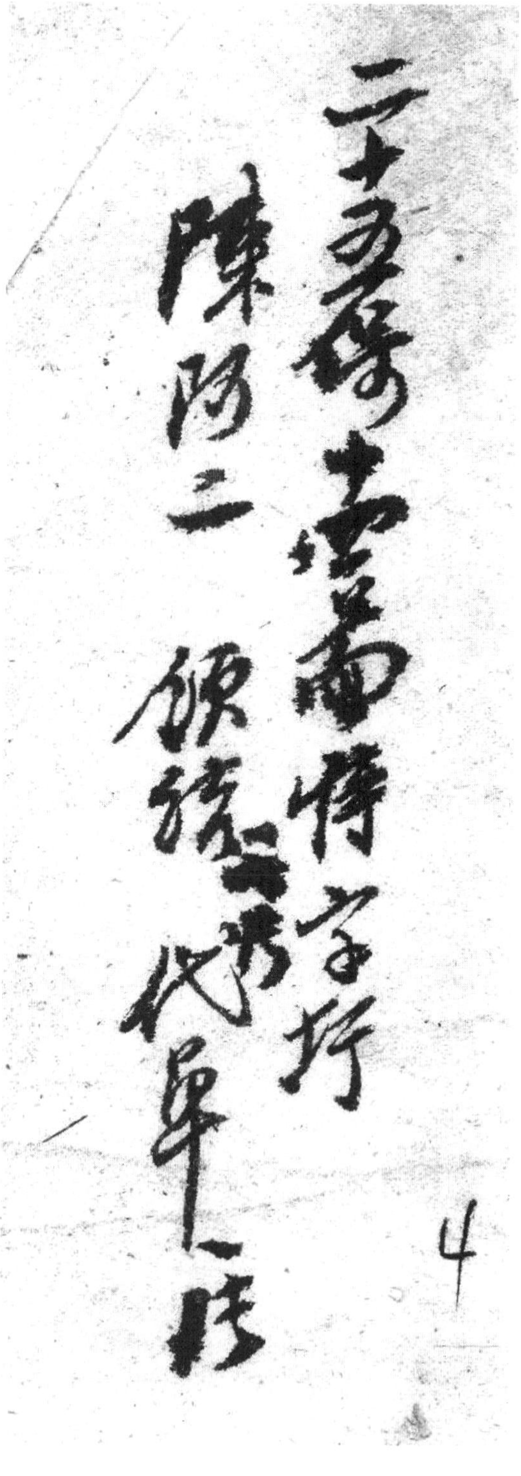

江南機器製造局購地契據田單清單（1886 年 12 月或 1887 年 1 月 -1887 年 10 月或 11 月，光緒十二年十二月——光緒十三年九月）

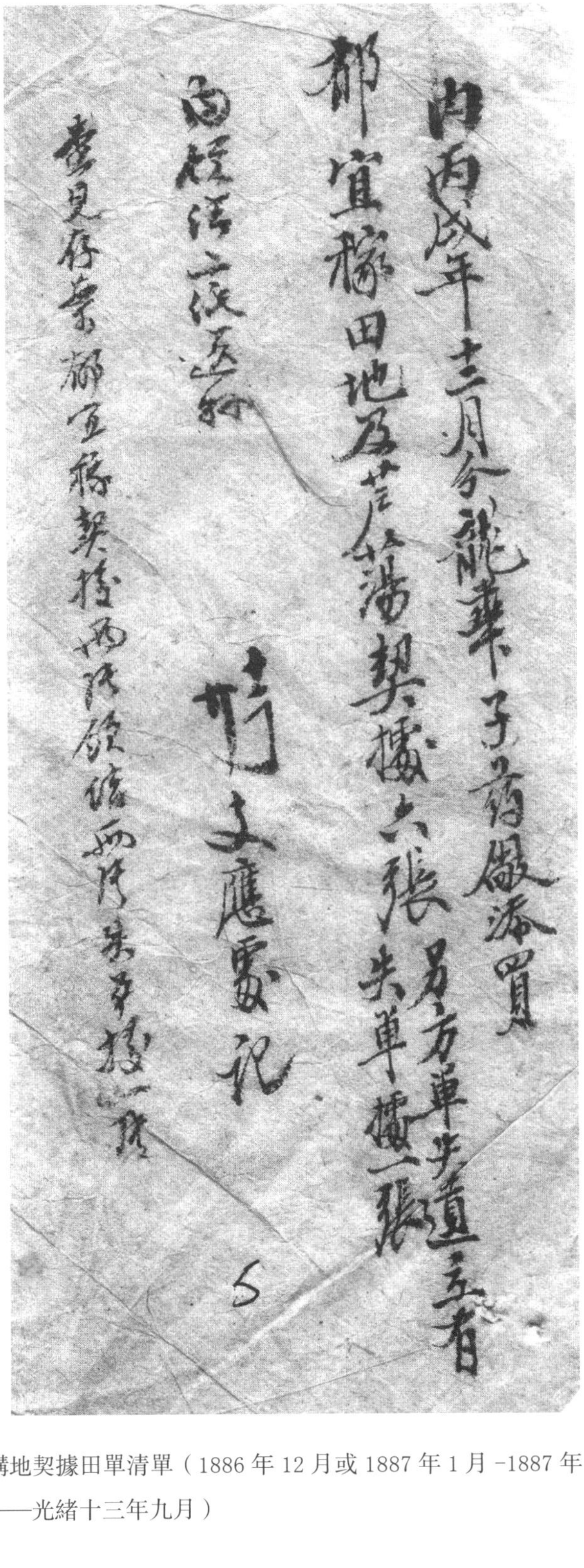
丙戌年十二月分龍華子藥廠添買
廿都宜稼田地及芦蕩契據六張 另方單步道三有 失單據一張
由經法六張交還私
查見存案都宜稼契據兩張領憑而餘未單據一張
文應 記
5

江南機器製造局購地契據田單清單（1886 年 12 月或 1887 年 1 月 -1887 年 10 月或 11 月，光緒十二年十二月——光緒十三年九月）

基字第十八號字

炮廠子葯廠並局路官路添購地基卷

光緒十四年四月廿

照會上海縣

照會光緒十二三年分添購地基閑送清單切結田單由

稿廿件

上海縣

申繳奉發購建廠地業內田單十四紙切結二十八紙分諭戶冊各書

查閱先行申繳由

二月十三日

申文一件

附林永昌等田單十四張

蔣禧生等代單據七張

楊才金等代單據并領結各三套

朱桂堂 錦堂 桂堂 賣田結狀各一套

00005

007

6

江南製造總局基字第十八號炮廠子藥廠並局後官路添購地基卷目録（1886—1887年，光緒十二年—光緒十三年）

江南製造局 徽寧思恭堂 合同調換契一張

郁宜稼契據並領狀切結四張 失單據一張

陳阿二賣地切結（並領狀）兩張 代單據一張

楊大榮等九戶切結領狀各一套

楊才金等遷房結十七張

地圖一幅 工程處摺一扣

又附尼行山等遷房葬坟領狀一束 計十八張

7

江南製造總局基字第十八號炮廠子藥廠並局後官路添購地基卷目録（1886—1887年，光緒十二年—光緒十三年）

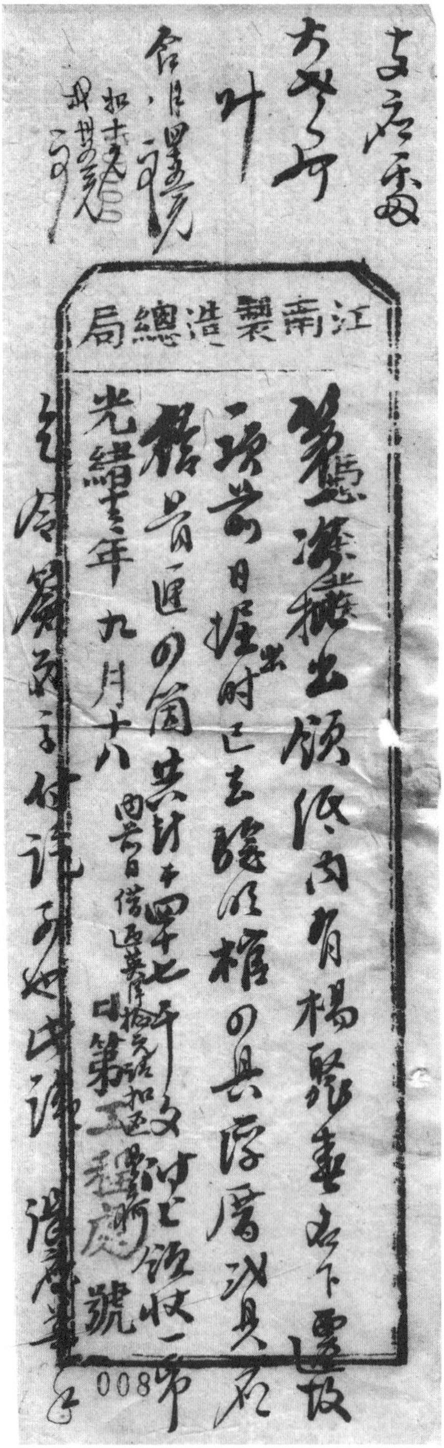

江南製造總局

光緒十三年九月十八

工程處

江南機器製造局工程處爲業户領取遷墳費事致支应處憑條（1887 年 11 月 3 日、14 日，光緒十三年九月十八日、二十九日）

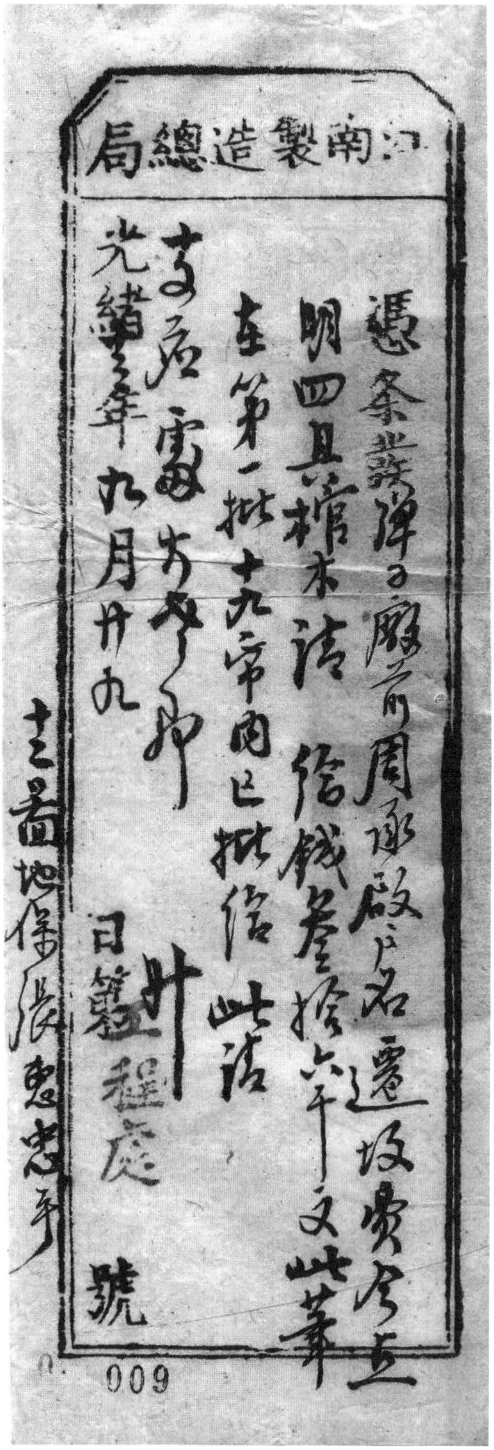
江南製造總局

憑條業澤子廠前周承啟戶名還墳費户查明四具棺木請給錢叁拾六千文此筆在第一批十九案内已批給 此請

支應處 查照

光緒十三年九月廿九日簽 工程處

號

009

江南機器製造局工程處爲業户領取還墳費事致支应處憑條（1887 年 11 月 3 日、14 日，光緒十三年九月十八日、二十九日）

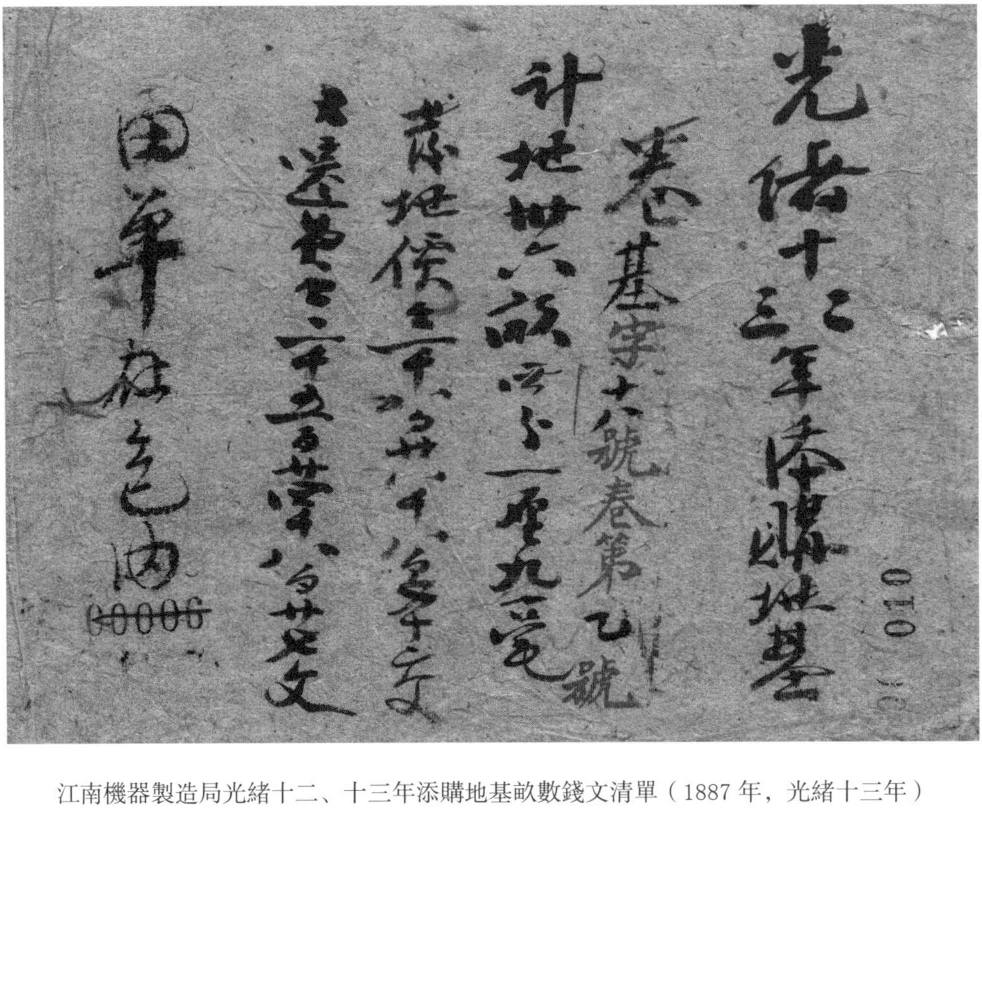
光緒十二
三年添購地基
卷基字十六號卷第乙號
計地卅六畝[illegible]
該地價[illegible]
又[illegible]文
田單存[illegible]

江南機器製造局光緒十二、十三年添購地基畝數錢文清單（1887 年，光緒十三年）

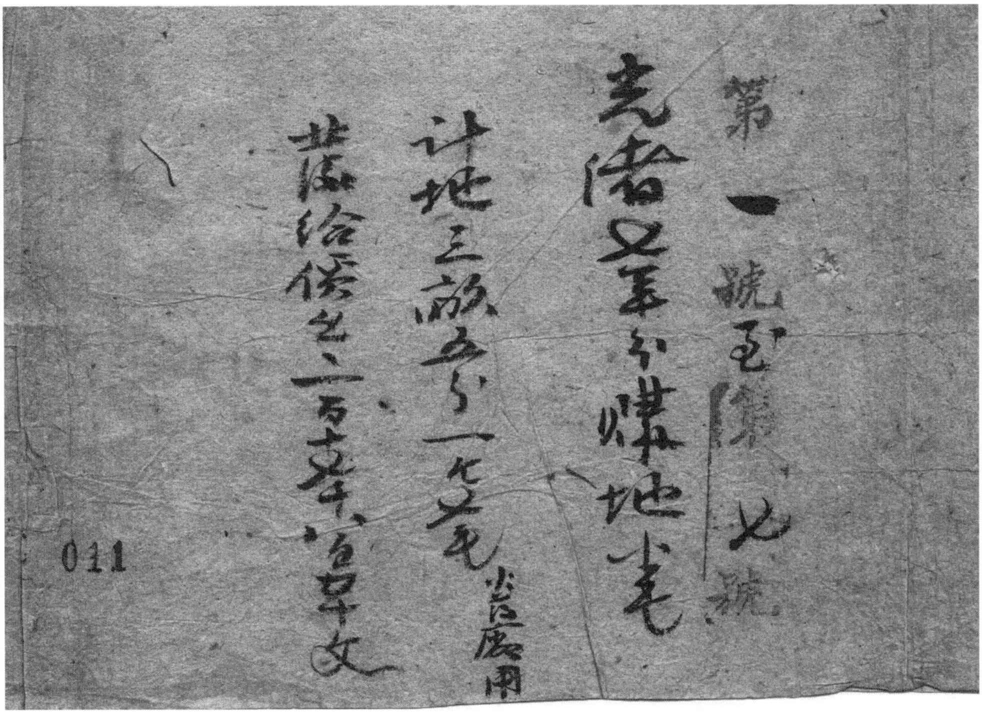
第一號至第七號
光緒七年分購地畝
計地三畝五分一厘七毫
共給價錢一百十五千八百五十文
011

江南機器製造局光緒七年購地畝數錢文清單（1881 年，光緒七年）

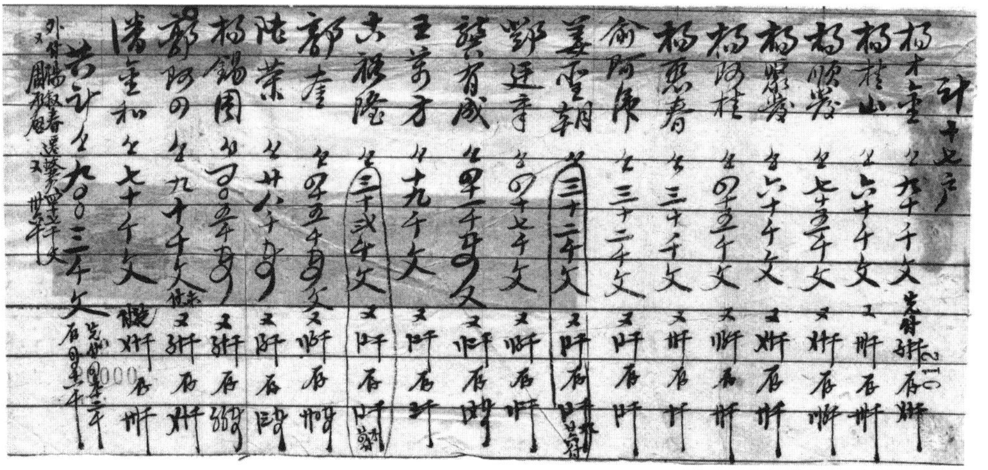

購地給價清單（時間不詳）

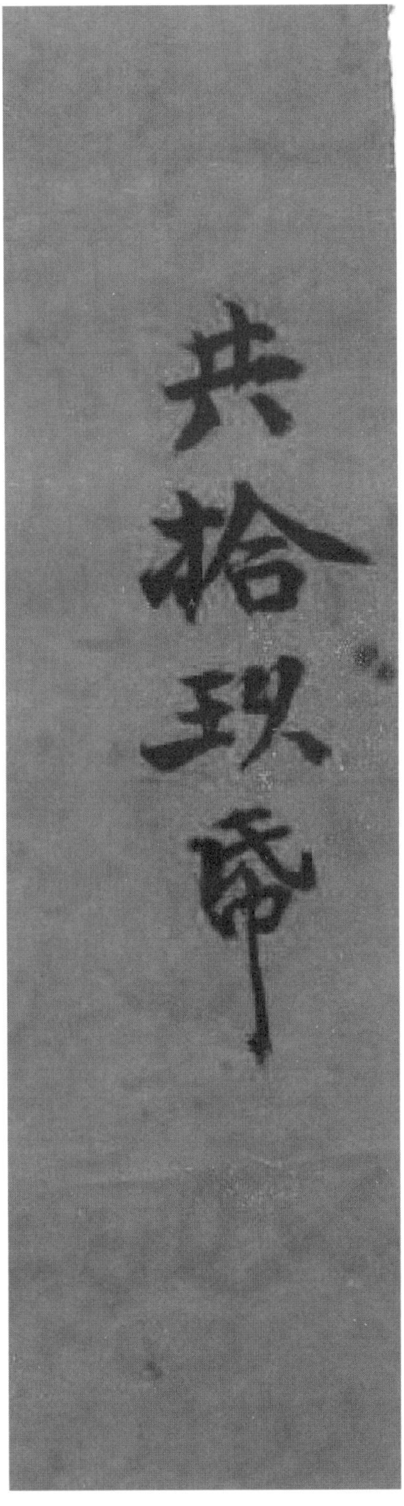
共拾玖帋

購地給價清單（時間不詳）

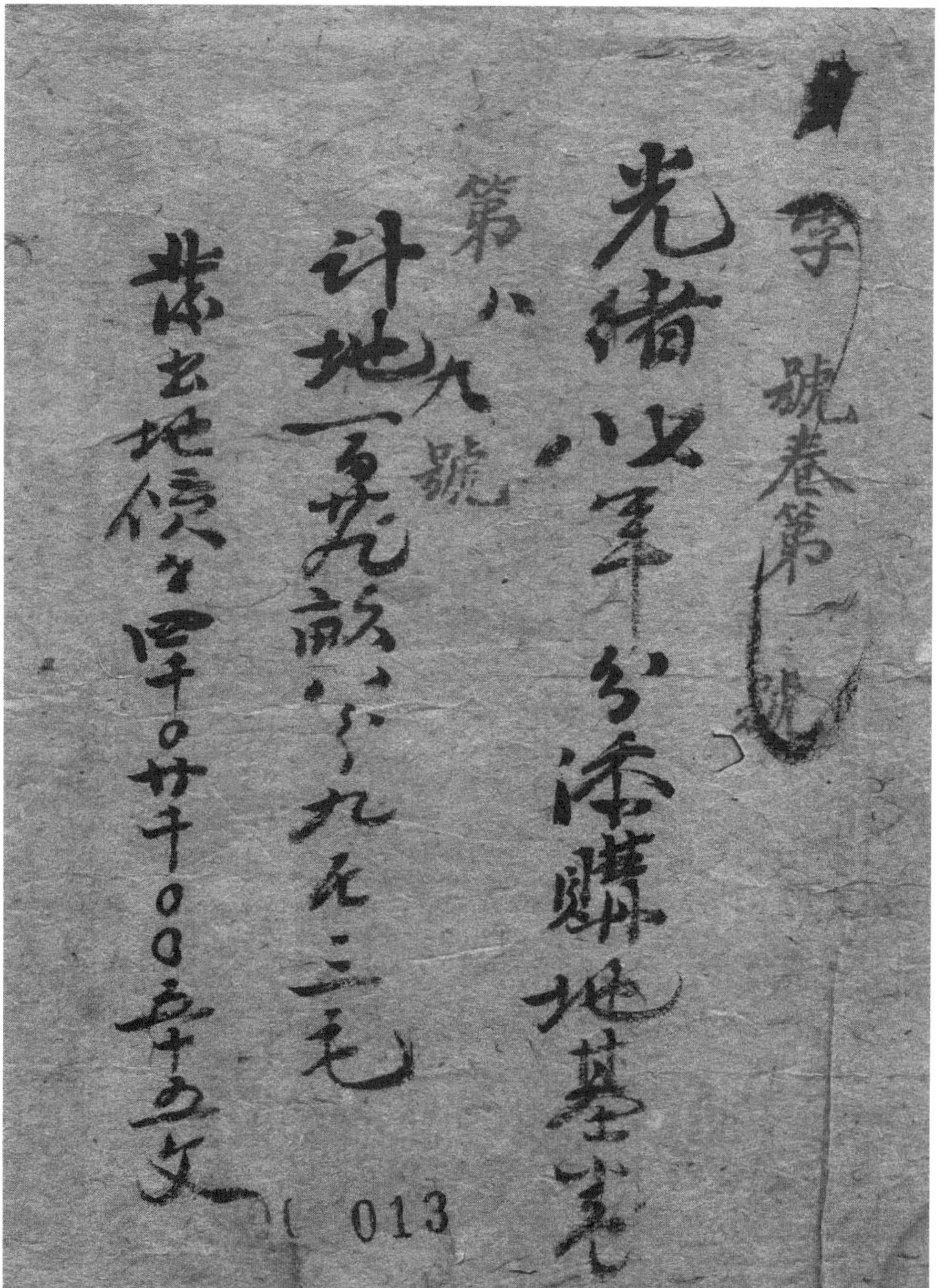

江南機器製造局光緒七年、八年添購地基畝數錢文清單（1882 年，光緒八年）

許博公 拾千

萬芸翁 捌千

護勇 許福 貳千五百

又 薛如文 貳千五百

長夫 柏壽華 貳千五百

又 夏忠 貳千五百

又 劉雲石 貳千

以上各領帋俱未簽花字取出時請囑書之呈請

014

未簽花字各領紙清單（時間不詳）

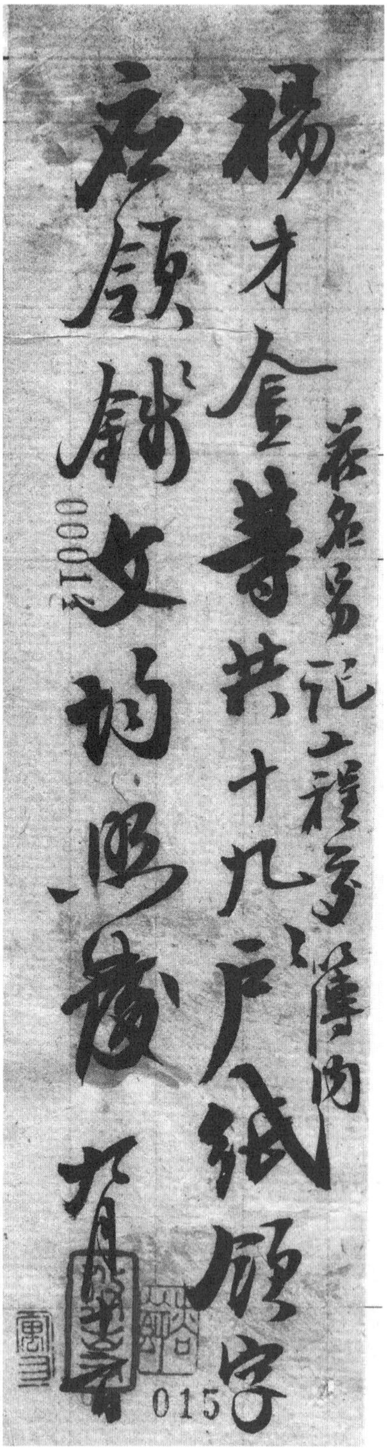
楊才金等共十九户紙領字
花名另記工程處簿內
應領錢文均照發

江南機器製造局支应處爲楊才金等共十九户紙領字應領錢文均照發事簽條（1887 年 10 月 28 日，光緒十三年九月十二日）

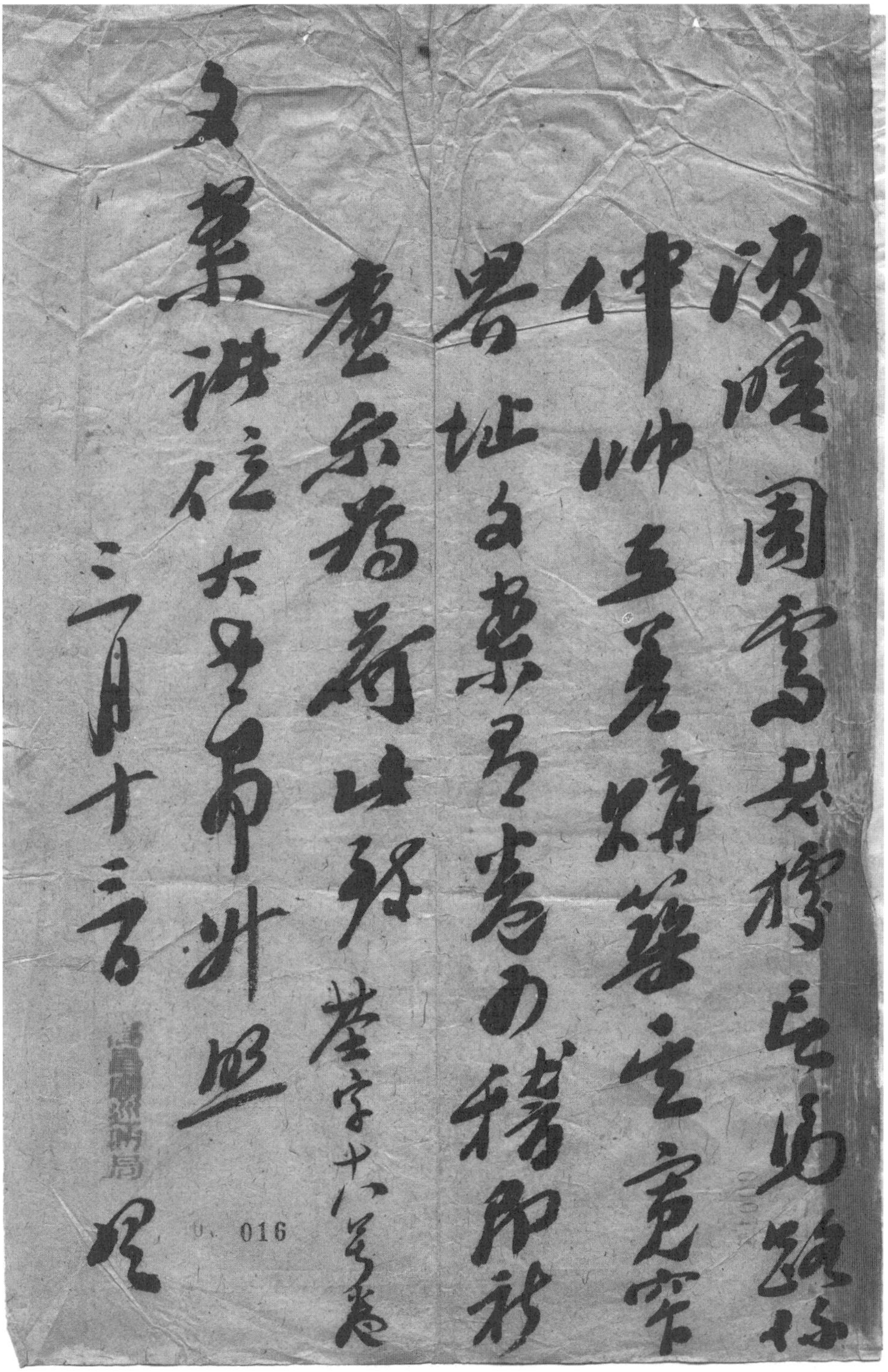

高昌廟巡防局爲購買地基事致江南機器製造局文案處函（光緒□年三月十三日）

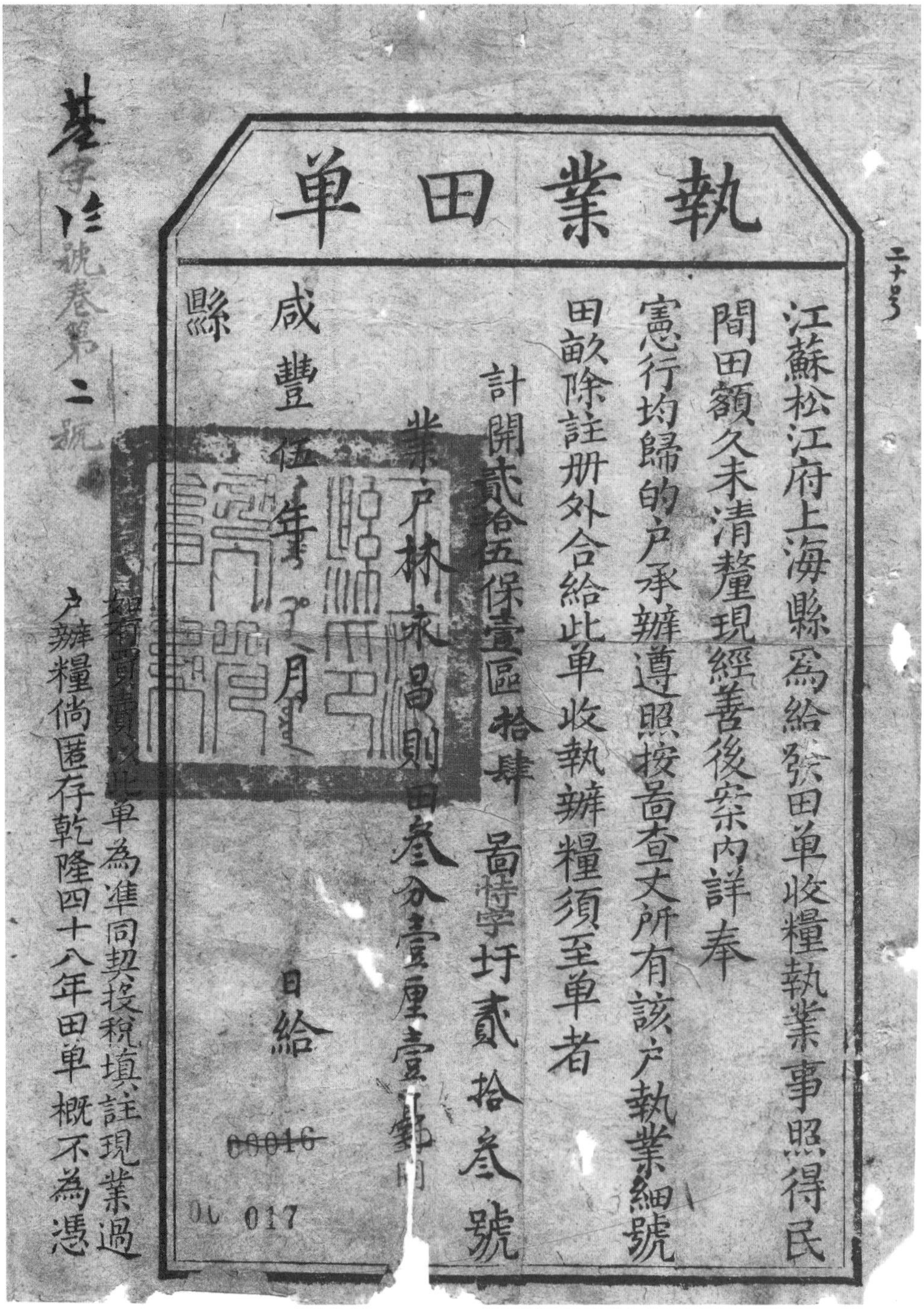

執業田单

江蘇松江府上海縣爲給發田单收糧執業事照得民
間田額久未清釐現經善後案内詳奉
憲行均歸的户承辦遵照按啚查丈所有該户執業細號
田畝除註册外合給此单收執辦糧須至单者
計開貳拾五保壹區拾肆　啚特字圩貳拾叁號
業户林永昌則田叁分壹厘壹毫壹絲
咸豐伍年　月　日給
縣
如有典賣以此单為準同契投稅填註現業過
户辦糧倘匿存乾隆四十八年田单概不為憑

林永昌執業田單（1855年，咸豐五年）

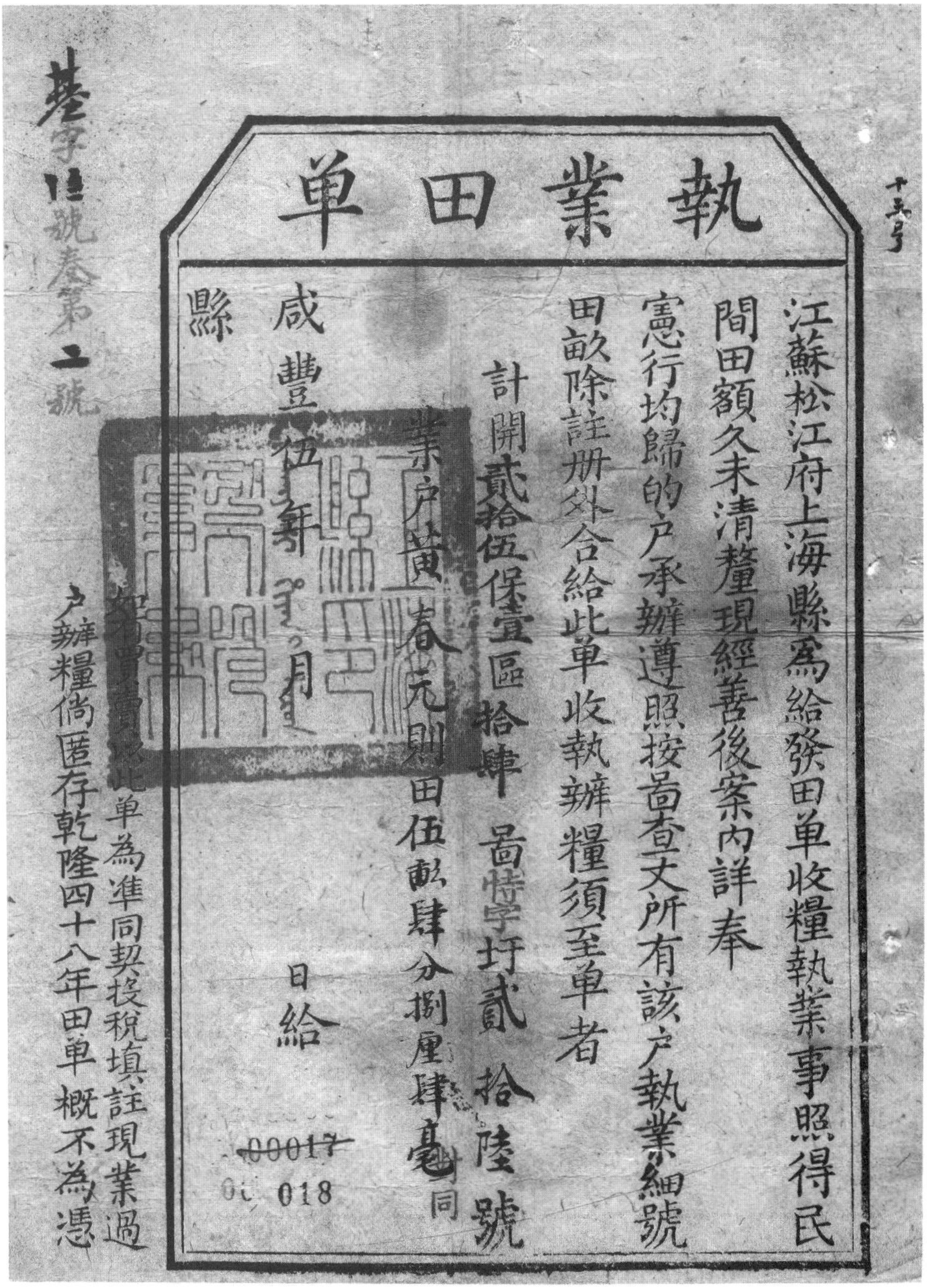

黄春元執業田單（1855 年，咸豐五年）

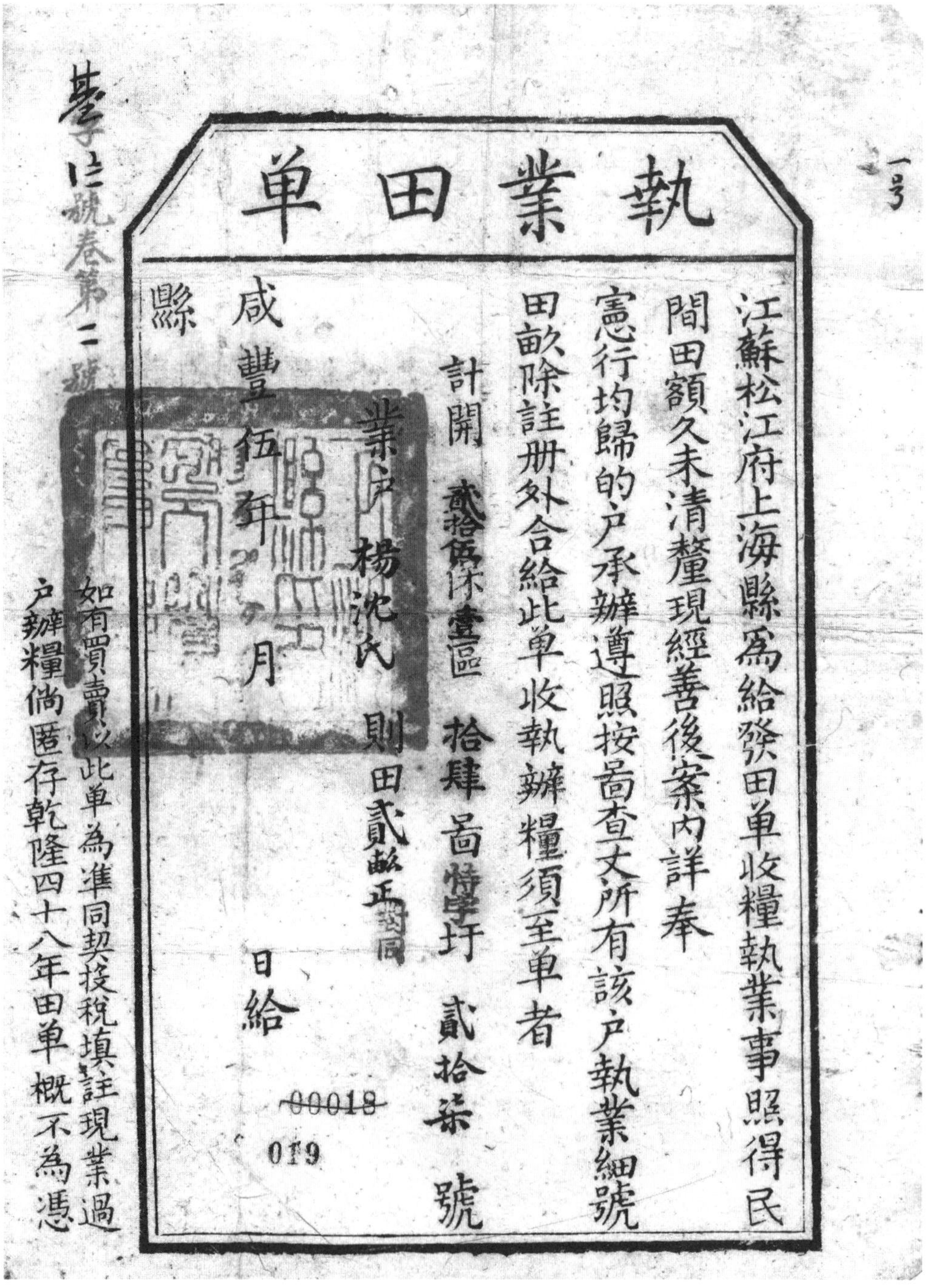
基字1⼆號卷第二號

一号

執業田單

江蘇松江府上海縣為給發田单收糧執業事照得民
間田額久未清釐現經善後案内詳奉
憲行均歸的户承辦遵照按啚查丈所有該户執業細號
田畝除註册外合給此单收執辦糧須至单者
計開 貳拾伍保壹區 拾肆啚 特字圩 貳拾柒號
業户 楊沈氏 則田貳畝正
咸豐伍年 月 日給
縣

~~00018~~
019

如有買賣以此单為準同契投税填註現業過
户辦糧倘匿存乾隆四十八年田单概不為憑

楊沈氏執業田單（1855年，咸豐五年）

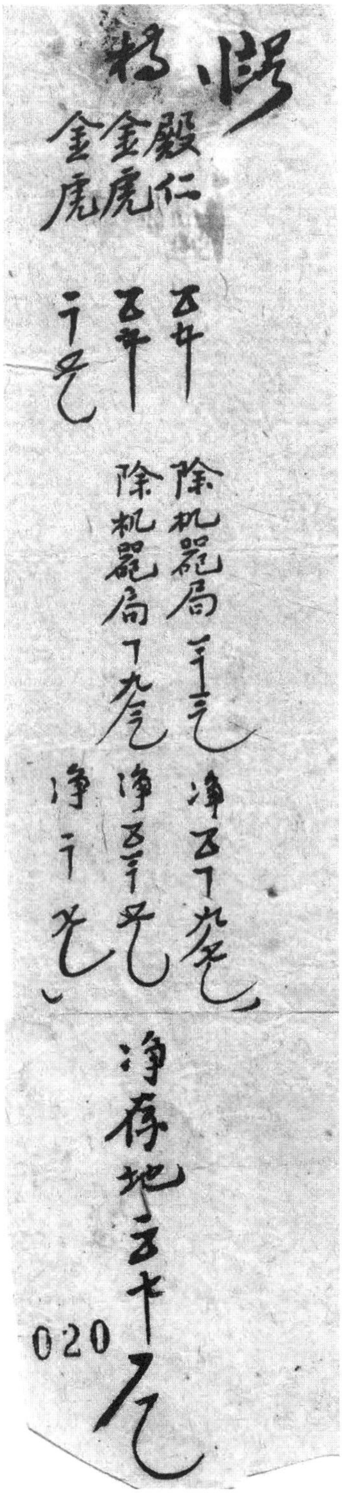

楊殿仁等净存地畝數清單（時間不詳）

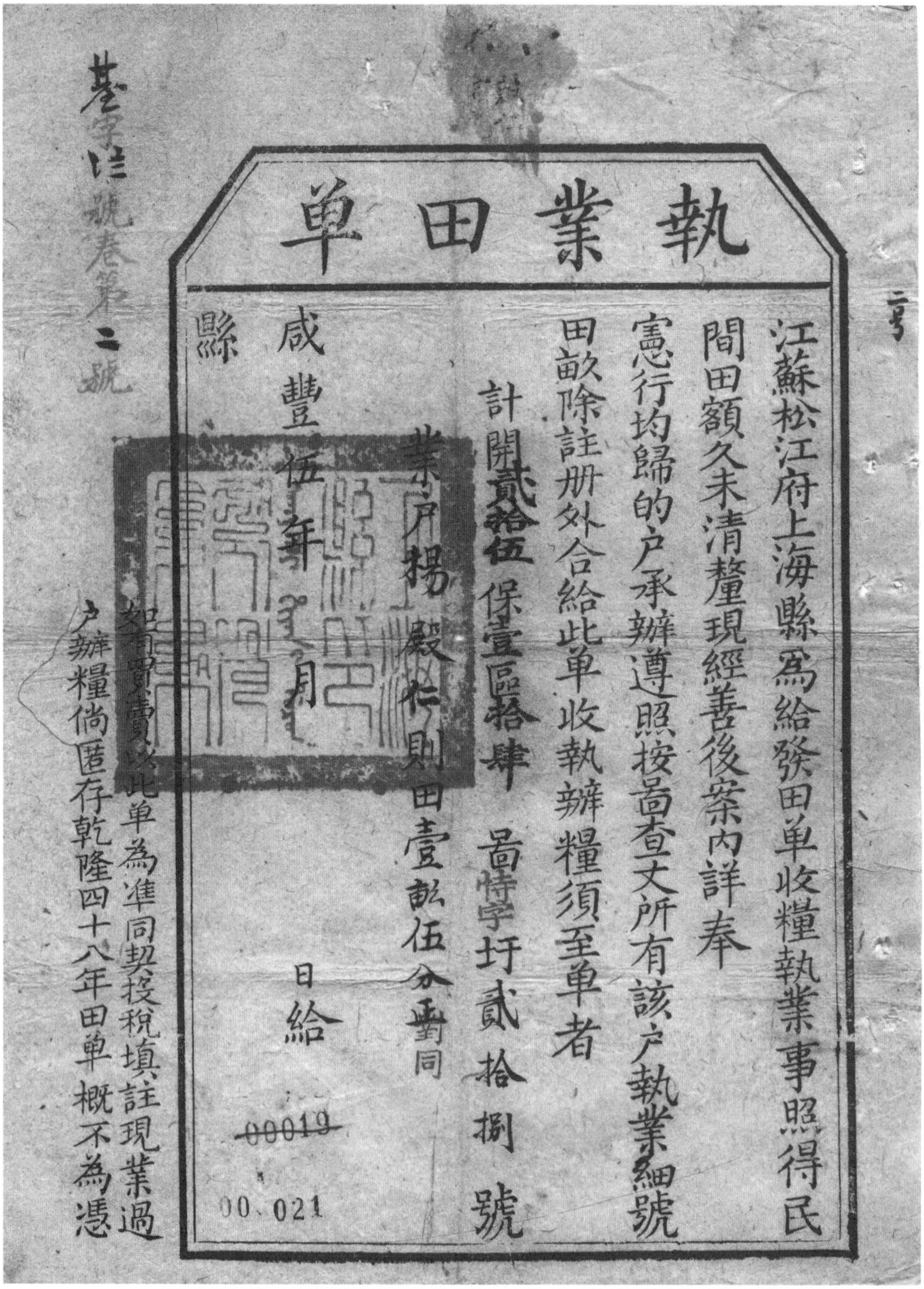

執業田单

江蘇松江府上海縣爲給發田单收糧執業事照得民
間田額久未清釐現經善後案内詳奉
憲行均歸的户承辦遵照按啚查丈所有該户執業細號
田畝除註册外合給此单收執辦糧須至单者
計開貳拾伍保壹區拾肆啚恃字圩貳拾捌號
業户楊殿仁則田壹畝伍分壹釐同
咸豐伍年　月　日給
縣
如有買賣以此单為準同契投稅填註現業過户辦糧倘匿存乾隆四十八年田单概不為憑

楊殿仁執業田單（1855年，咸豐五年）

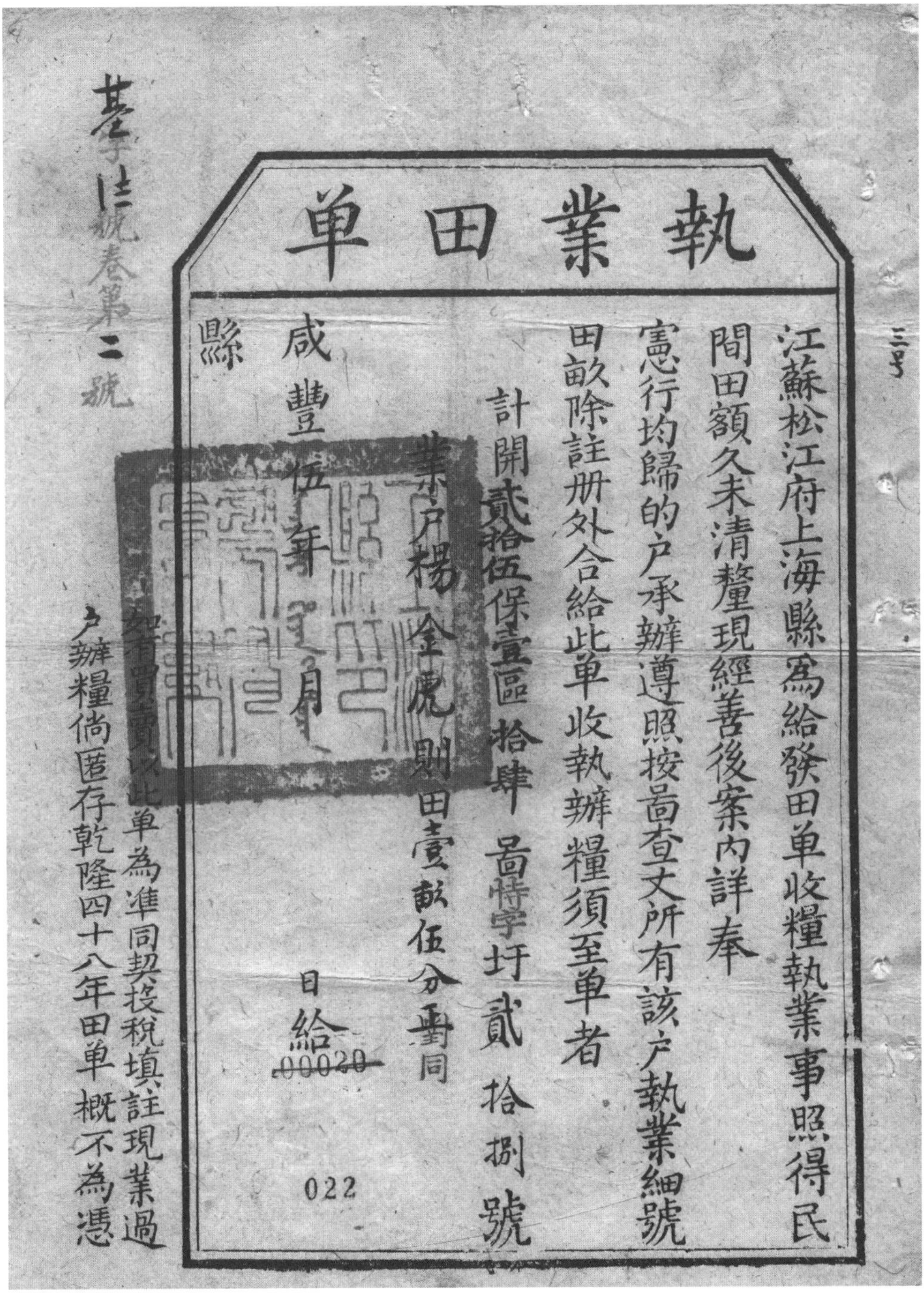

執業田單

江蘇松江府上海縣爲給發田單收糧執業事照得民
間田額久未清釐現經善後案内詳奉
憲行均歸的户承辦遵照按啚查丈所有該户執業細號
田畝除註册外合給此單收執辦糧須至單者
計開貳拾伍保壹區拾肆啚特字圩貳拾捌號
業户楊金虎則田壹畝伍分壹釐同
咸豐伍年　月　日給
縣
如有買賣以此單為準同契投稅填註現業過
户辦糧倘匿存乾隆四十八年田單概不為憑

000020

022

楊金虎執業田單（1855 年，咸豐五年）

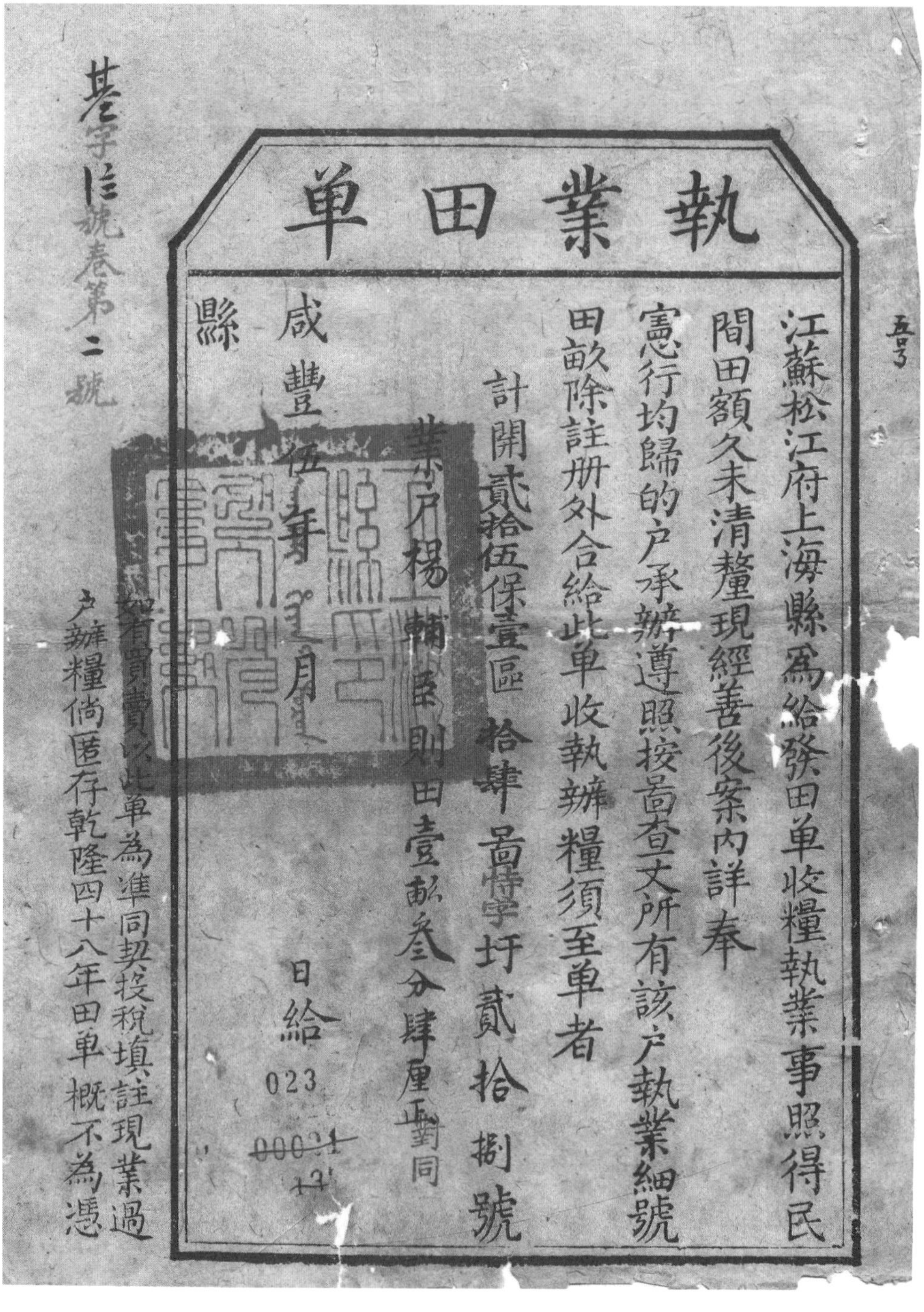
基字 號卷第二號

執業田單

江蘇松江府上海縣爲給發田单收糧執業事照得民
間田額久未清釐現經善後案内詳奉
憲行均歸的户承辦遵照按啚查丈所有該户執業細號
田畝除註册外合給此单收執辦糧須至单者
計開貳拾伍保壹區　拾肆　啚　特字　圩　貳拾　捌號
業户楊輔臣則田壹畝叁分肆厘正　劉同
咸豐伍年　月　日給
023
縣

如有買賣以此单為準同契投税塡註現業過户辦糧倘匿存乾隆四十八年田单概不為憑

楊輔臣執業田單（1855年，咸豐五年）

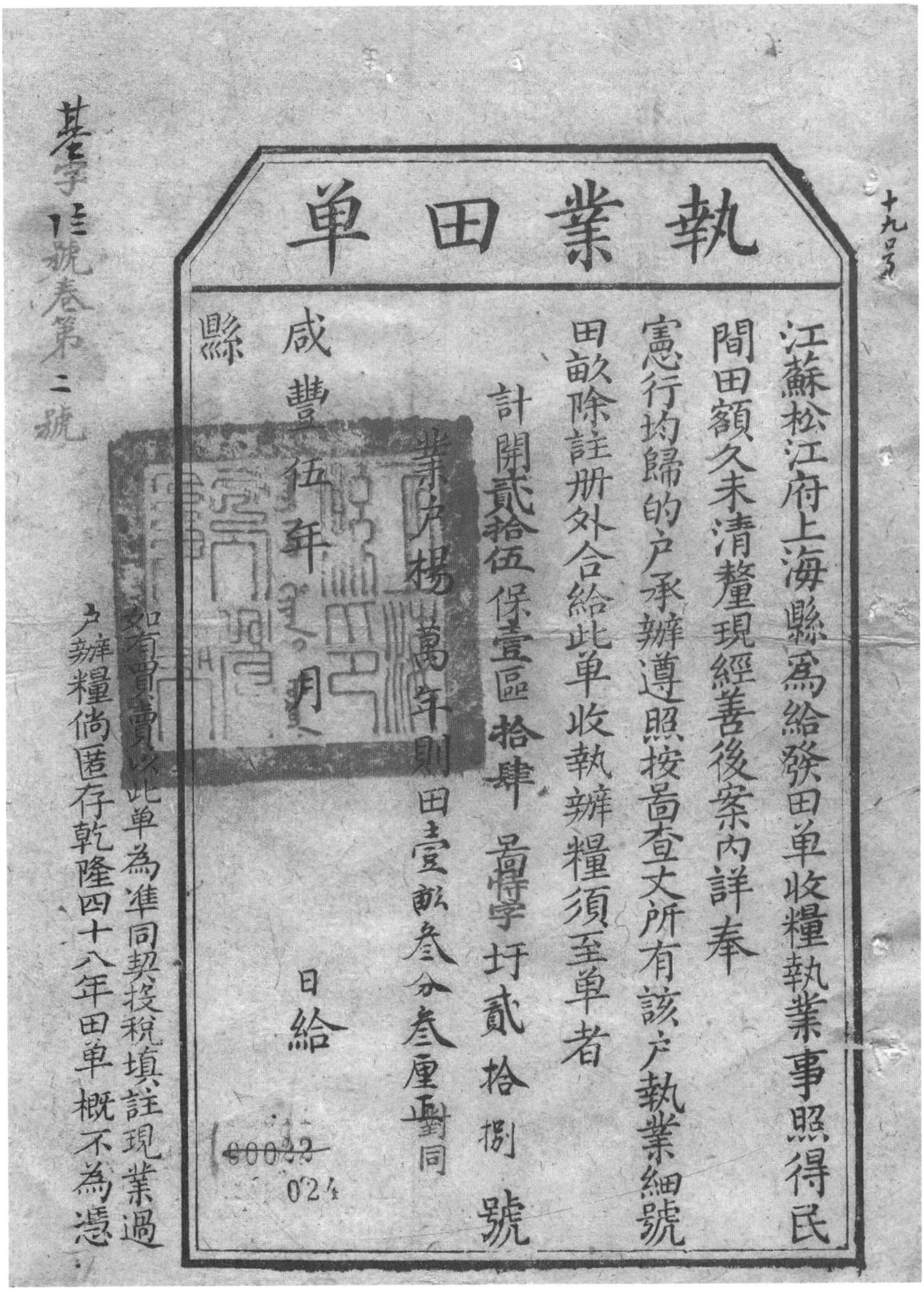
執業田単

江蘇松江府上海縣爲給發田単收糧執業事照得民
間田額久未清釐現經善後案內詳奉
憲行均歸的户承辦遵照按啚查丈所有該户執業細號
田畝除註册外合給此単收執辦糧須至単者
計開貳拾伍保壹區拾肆啚得字圩貳拾捌號
業户楊萬年則田壹畝叁分叁厘㓻同
咸豐伍年 月 日給
縣

如有買賣以此单為準同契投稅填註現業過户辦糧倘匿存乾隆四十八年田单概不為憑

楊萬年執業田單（1855 年，咸豐五年）

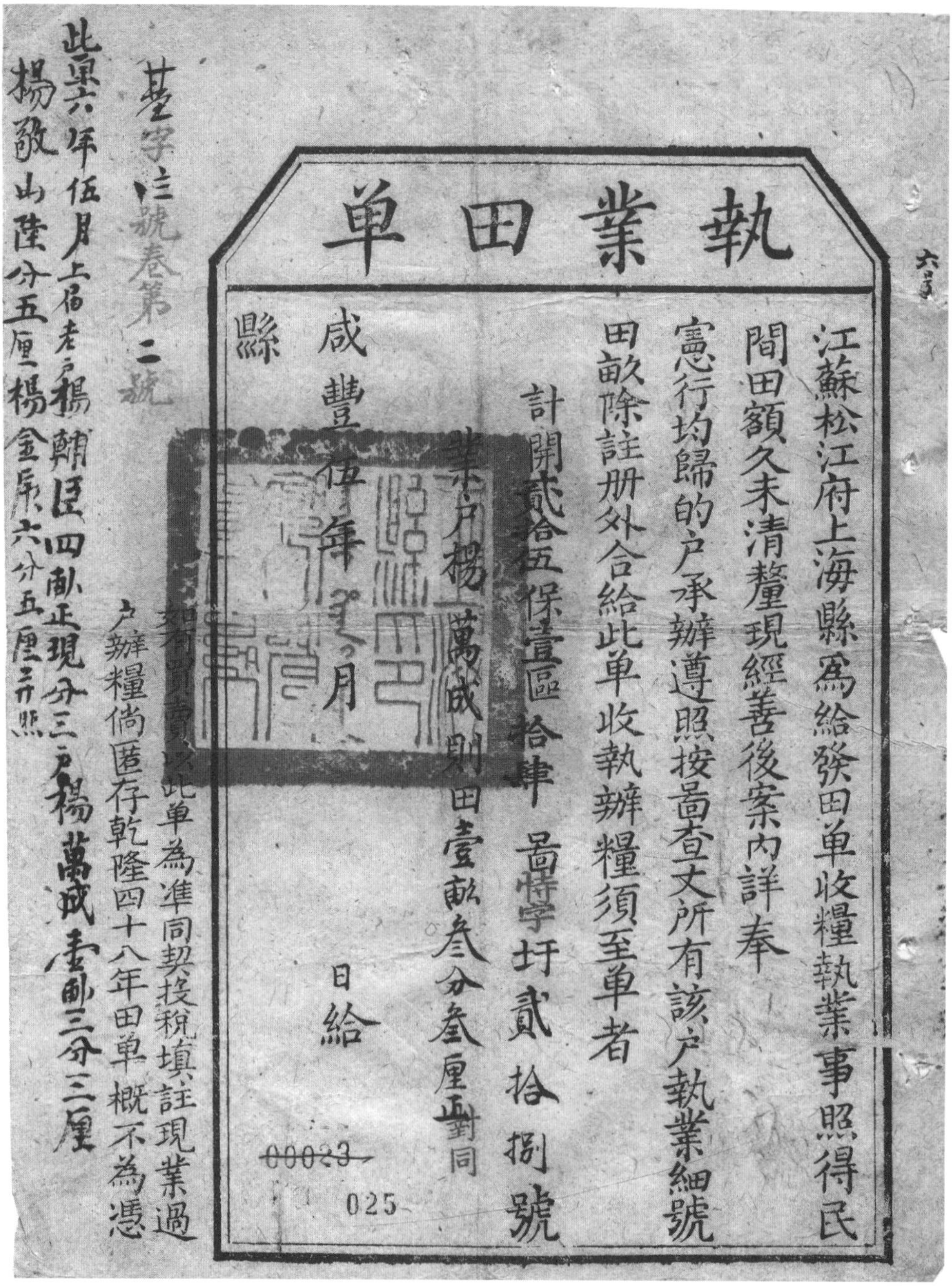
執業田单

江蘇松江府上海縣爲給發田单收糧執業事照得民
間田額久未清釐現經善後案内詳奉
憲行均歸的户承辦遵照按啚查丈所有該户執業細號
田畝除註册外合給此单收執辦糧須至单者
計開貳拾五保壹區拾肆 啚特字圩貳拾捌號
業户楊萬成則田壹畝叁分叁厘正 對同
咸豐伍年 月 日給
縣

~~00023~~
025

如有買賣以此单為準同契投稅塡註現業過
户辦糧倘匿存乾隆四十八年田单概不為憑

基字三號卷第二號

此单六年伍月上舊老户楊鯛臣四畝正現分三户楊萬成壹畝三分三厘
楊敬山陸分五厘楊金康六分五厘三升照

楊萬成執業田單（1855 年，咸豐五年）

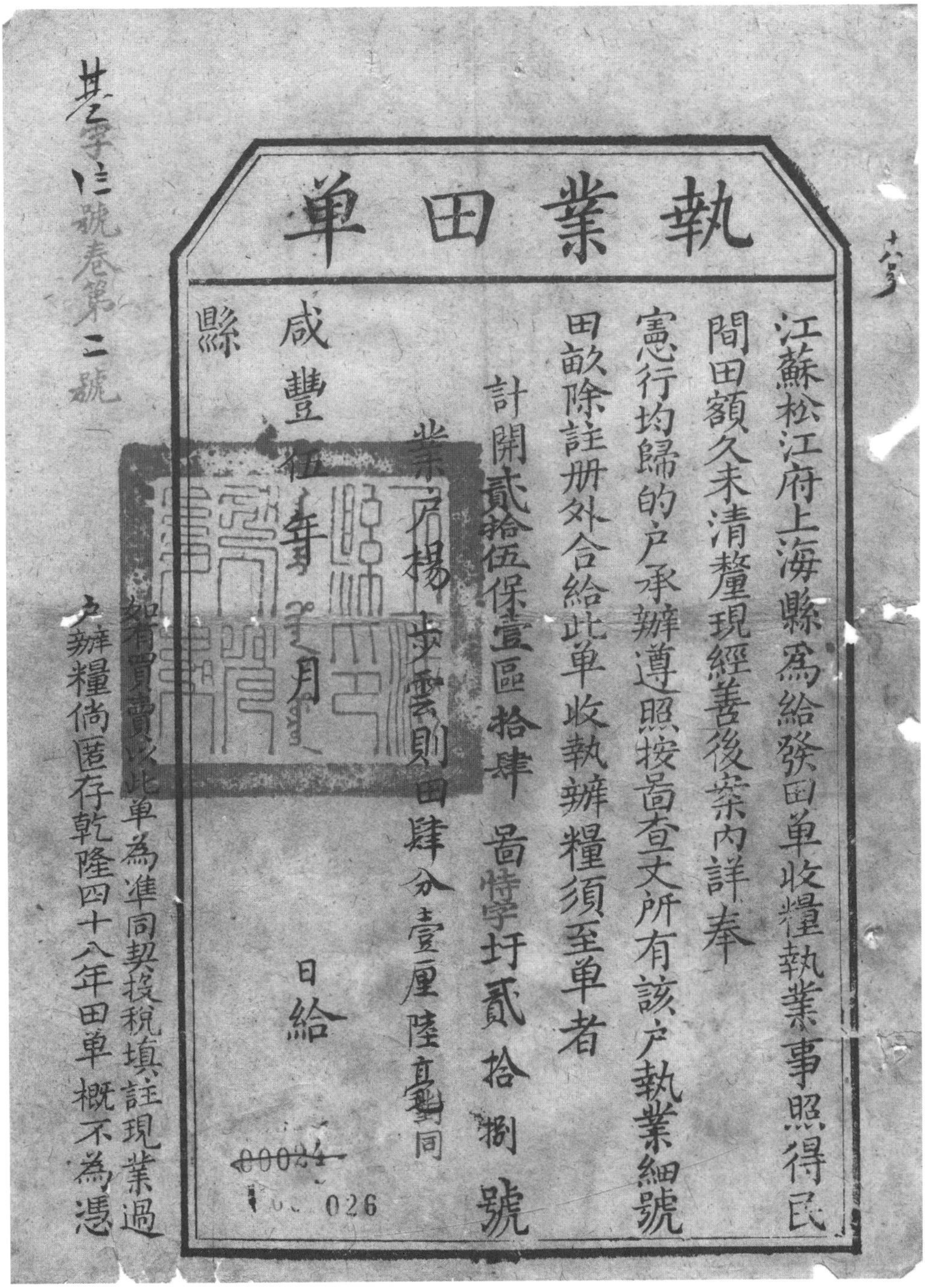

執業田單

江蘇松江府上海縣爲給發田單收糧執業事照得民
間田額久未清釐現經善後案內詳奉
憲行均歸的户承辦遵照按啚查丈所有該户執業細號
田畝除註册外合給此單收執辦糧須至單者
計開貳拾伍保壹區拾肆啚特字圩貳拾捌號
業户楊步雲則田肆分壹厘陸毫
咸豐伍年　月　日給
縣

如有買賣以此單爲準同契投税填註現業過
户辦糧倘匿存乾隆四十八年田單概不爲憑

026

楊步雲執業田單（1855 年，咸豐五年）

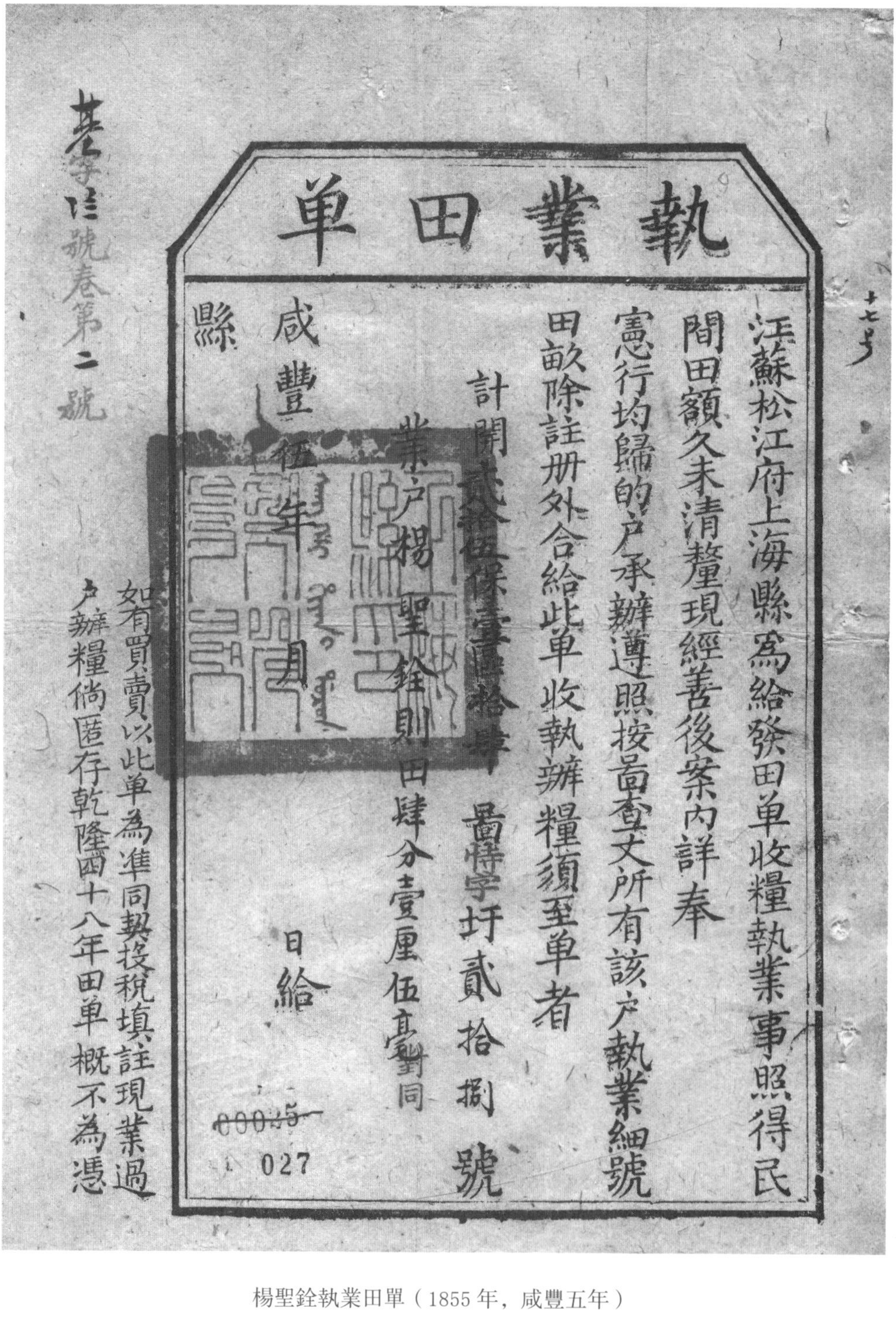

執業田单

江蘇松江府上海縣爲給發田单收糧執業事照得民
間田額久未清釐現經善後案内詳奉
憲行均歸的户承辦遵照按啚查丈所有該户執業細號
田畝除註册外合給此单收執辦糧須至单者
計開貳拾伍保壹區拾肆啚恃字圩貳拾捌號
業户楊聖銓則田肆分壹厘伍毫
咸豐伍年　月　日給
縣
如有買賣以此单為準同契投稅填註現業過
户辦糧倘匿存乾隆四十八年田单概不為憑

027

楊聖銓執業田單（1855 年，咸豐五年）

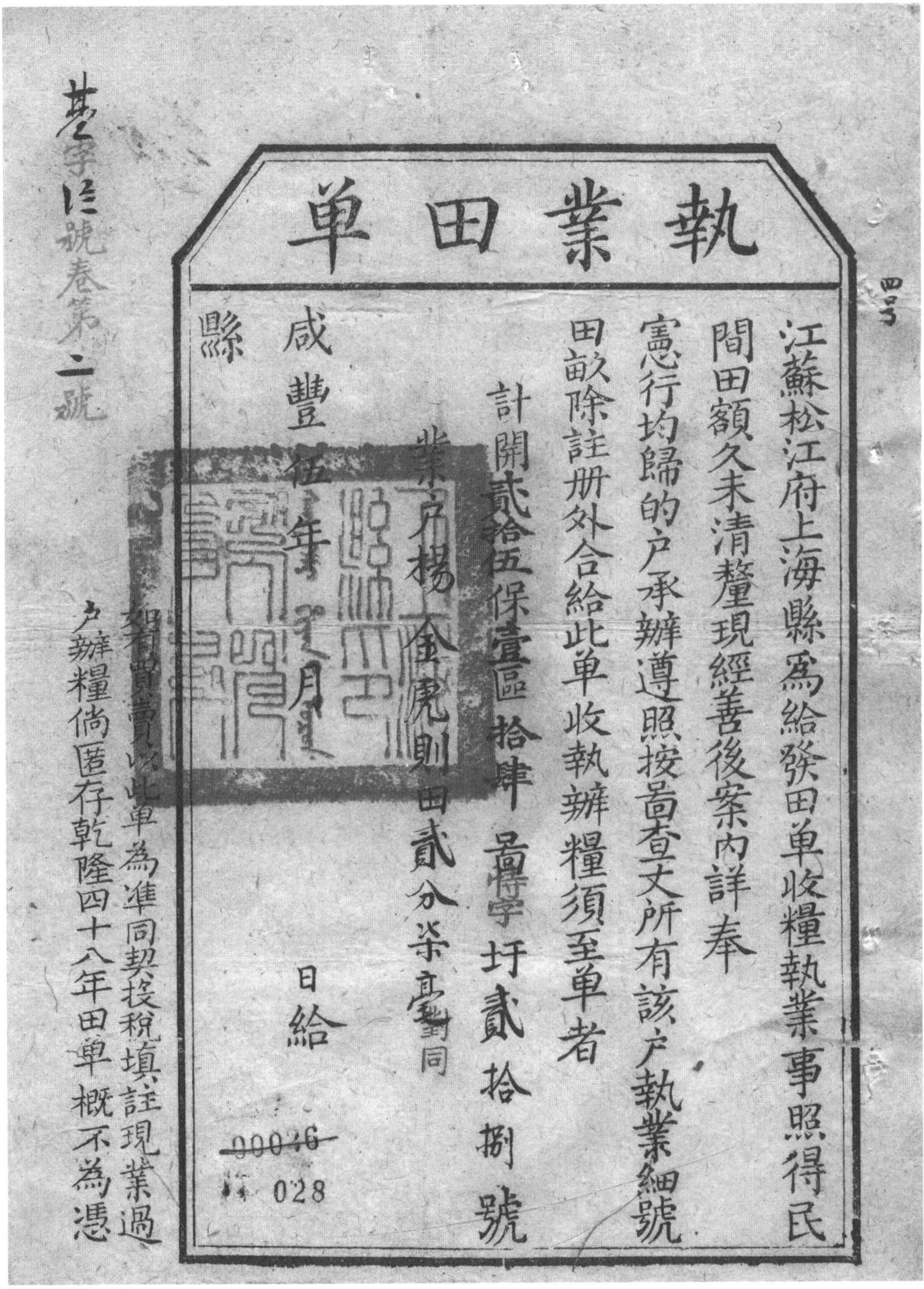

執業田单

江蘇松江府上海縣爲給發田单收糧執業事照得民
間田額久未清釐現經善後案内詳奉
憲行均歸的户承辦遵照按啚查丈所有該户執業細號
田畝除註册外合給此单收執辦糧須至单者
計開貳拾伍保壹區拾肆啚得字圩貳拾捌號
業户楊金虎則田貳分柒毫
咸豐伍年 月 日給
縣
如有買賣以此单為準同契投稅填註現業過
户辦糧倘匿存乾隆四十八年田单概不為憑

共字[illegible]號卷第二號

四号

~~00026~~ 028

楊金虎執業田單（1855年，咸豐五年）

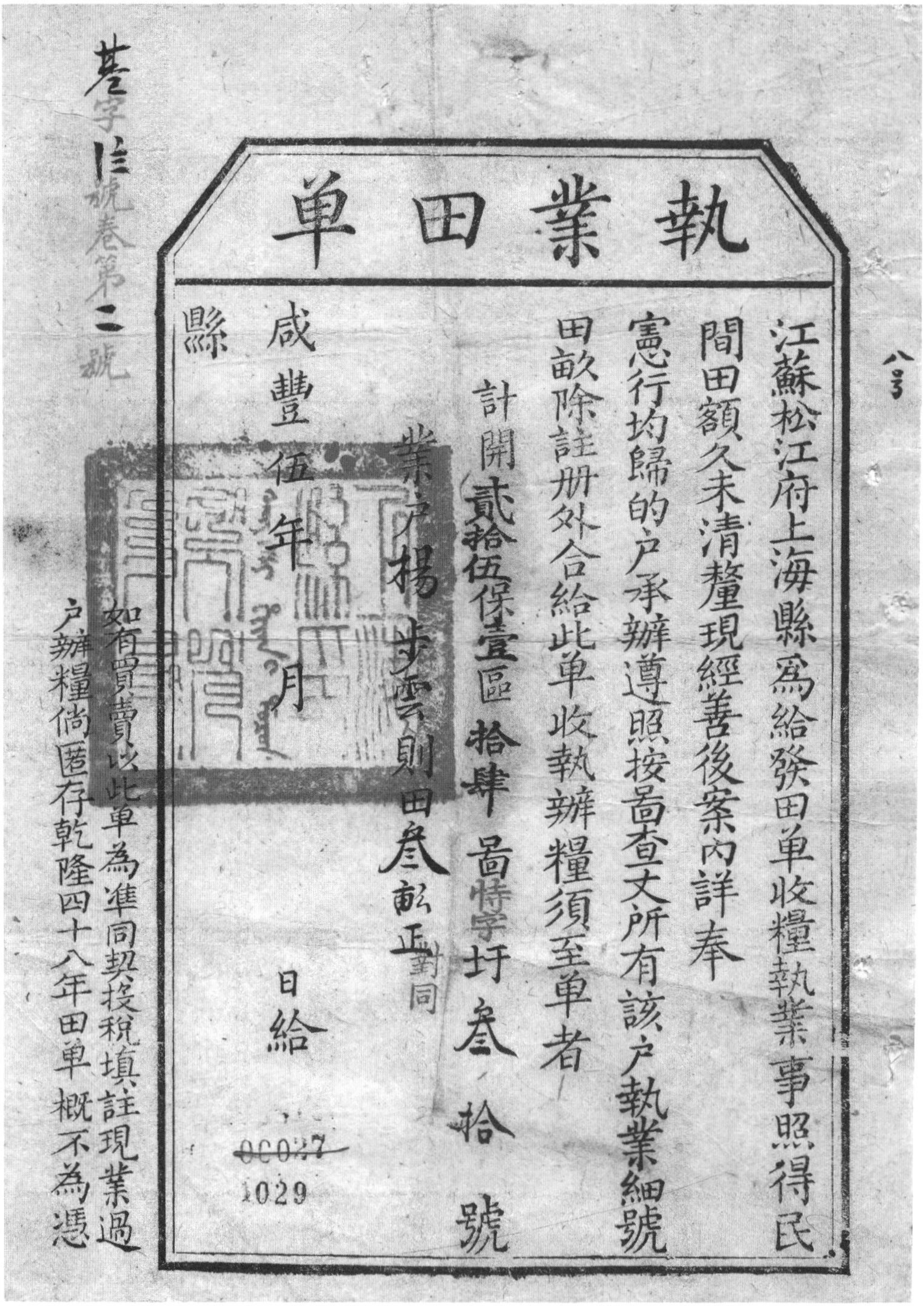

執業田單

江蘇松江府上海縣爲給發田单收糧執業事照得民
間田額久未清釐現經善後案内詳奉
憲行均歸的户承辦遵照按啚查丈所有該户執業細號
田畝除註册外合給此单收執辦糧須至单者
計開貳拾伍保壹區拾肆啚特字圩叁拾號
業户楊步雲則田叁畝正
咸豐伍年　月　日給
縣
如有買賣以此单為準同契投稅填註現業過
户辦糧倘匿存乾隆四十八年田单概不為憑

1029

楊步雲執業田單（1855年，咸豐五年）

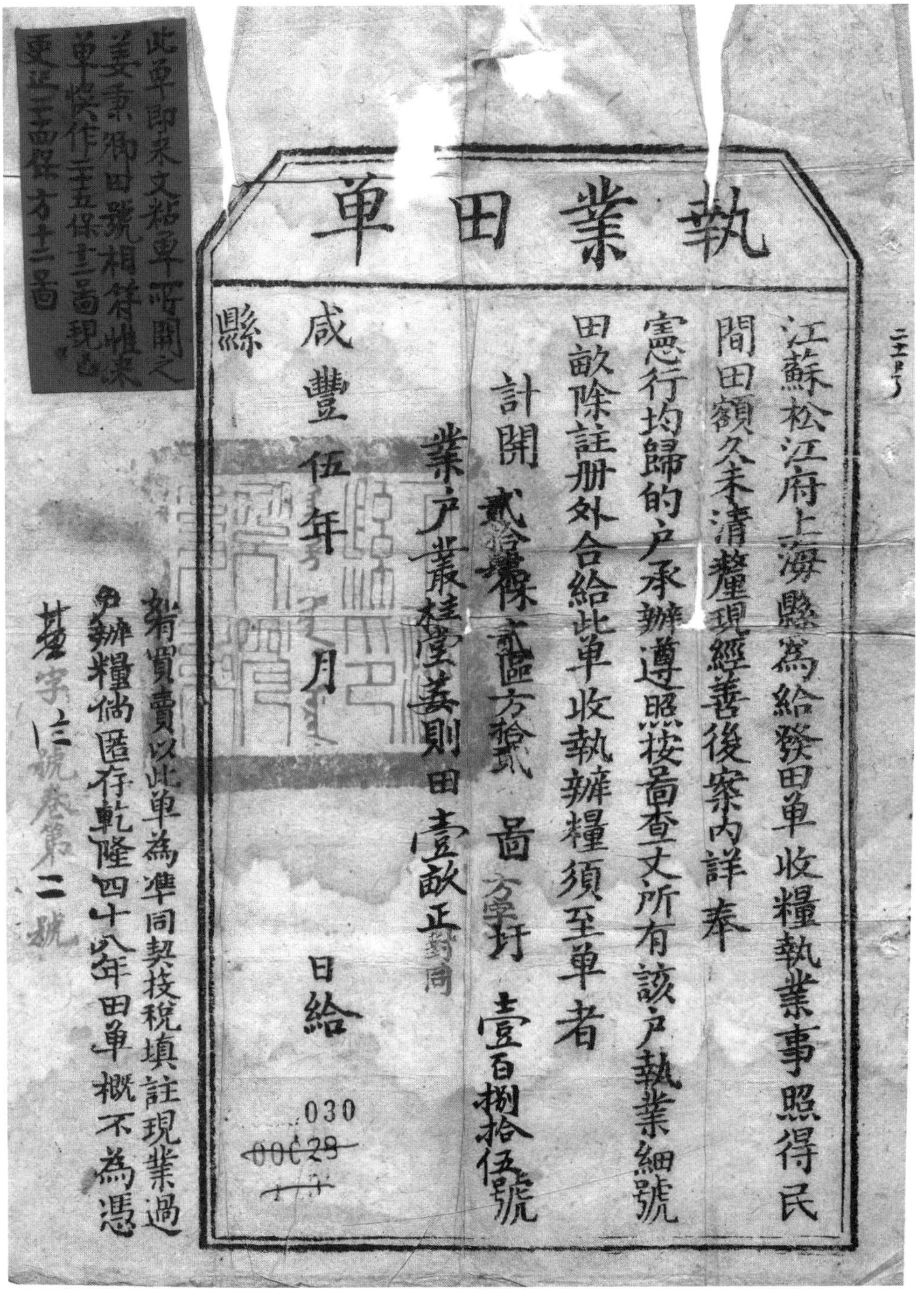

執業田单

江蘇松江府上海縣為給發田单收糧執業事照得民
間田額久未清釐現經善後案內詳奉
憲行均歸的户承辦遵照按啚查丈所有該户執業細號
田畝除註册外合給此单收執辦糧須至单者
計開 貳拾捌保 貳區方拾貳 啚 方字圩 壹百捌拾伍號
業户叢桂堂姜則田 壹畝正
咸豐伍年 月 日給
縣
如有買賣以此单為凖同契投稅填註現業過户辦糧倘匿存乾隆四十八年田单概不為憑

此单即來文粘单所開之姜秉御田號相符惟來单悞作二十五保十二啚現更正二十五保方十二啚

030

叢桂堂姜執業田單（1855年，咸豐五年）

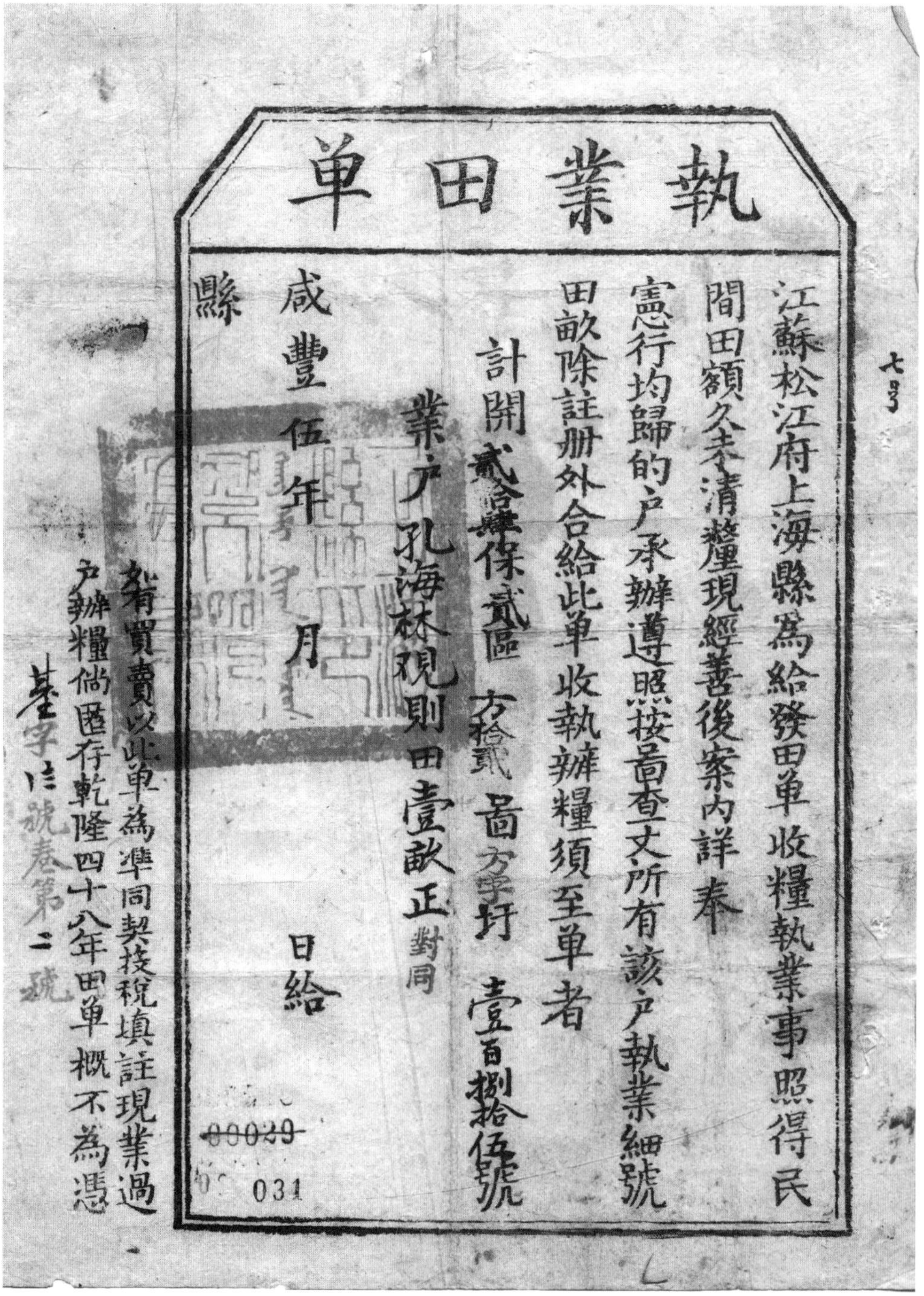

執業田单

江蘇松江府上海縣爲給發田单收糧執業事照得民
間田額久未清釐現經善後案内詳奉
憲行均歸的户承辦遵照按啚查丈所有該户執業細號
田畝除註册外合給此单收執辦糧須至单者
計開貳拾肆保貳區拾貳啚方字圩壹百捌拾伍號
業户孔海林覌則田壹畝正　對同
咸豐伍年　月　日給
縣
一有買賣以此单爲準同契投稅填註現業過户辦糧倘匿存乾隆四十八年田单概不爲憑

基字號卷第二號

~~00029~~
031

七号

孔海林觀執業田單（1855年，咸豐五年）

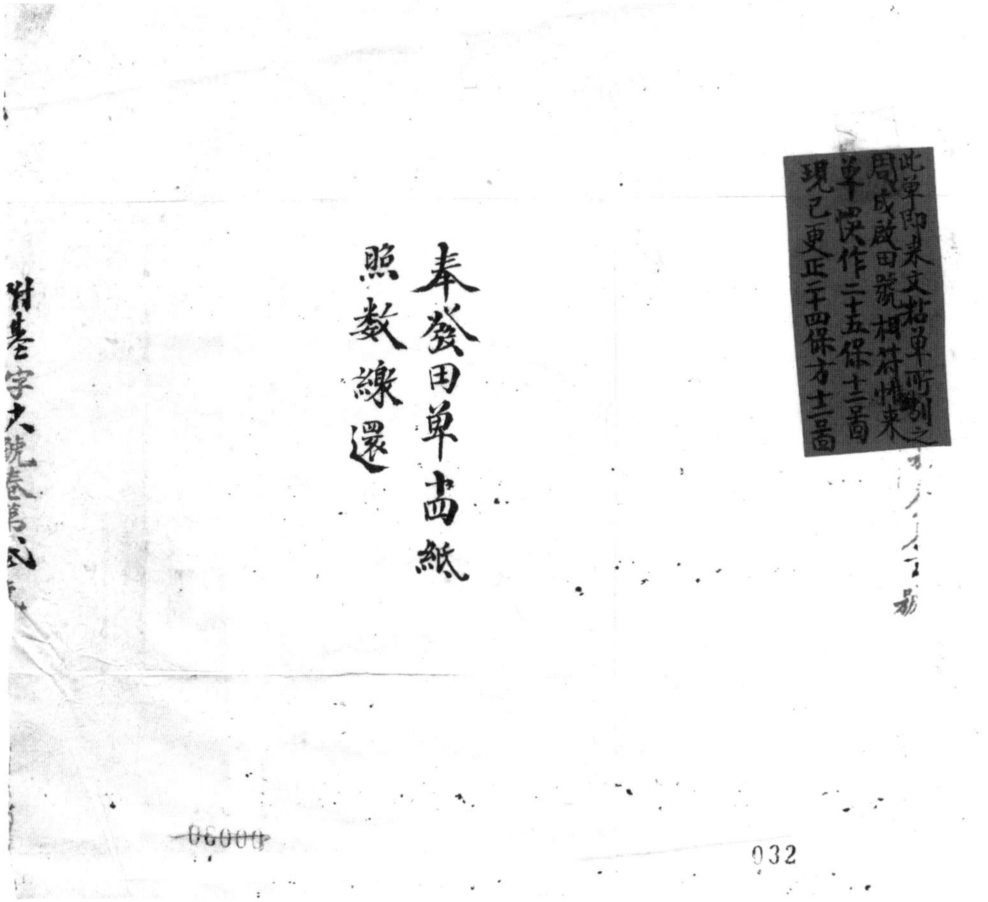
奉發田單十四紙
照數繳還

此單即來文粘單所開列之
周成啟田號相符惟來
單誤作二十五保十二啚
現已更正二十四保方十二啚

032

江南機器製造局爲奉發田單十四紙照數繳還事簽條（1888年，光緒十四年）

二十五保十四圖

蔣禧生

韓玉成

楊子頭

王鶴樓

馮啟堃

楊桂生

王錫樓

代單據共七張

033

~~00031~~

二十五保十四圖購地業户代單據清單（1887年，光緒十三年）

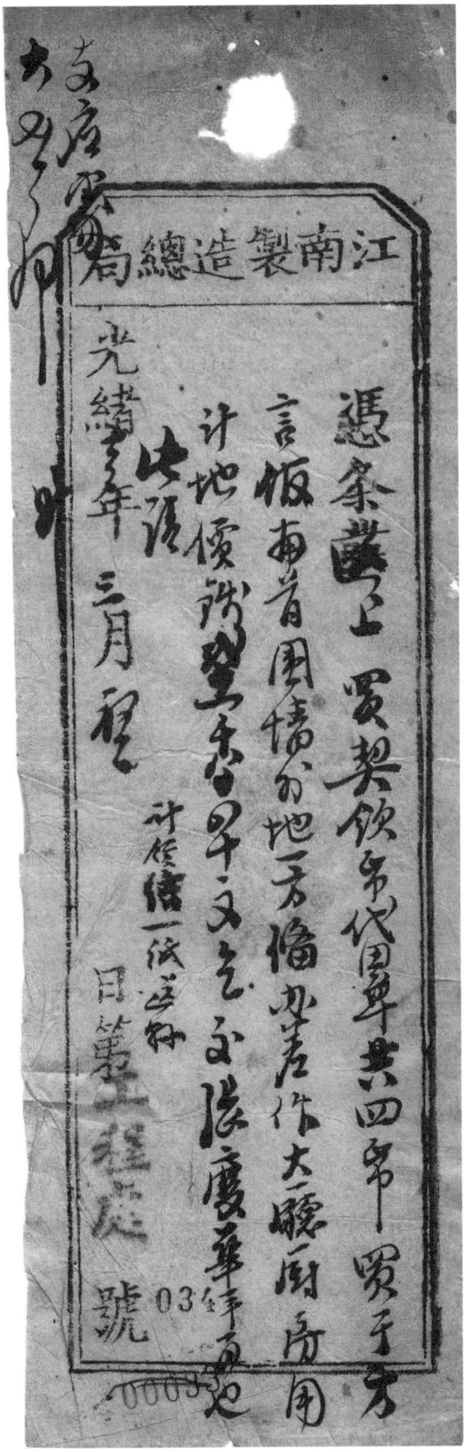
江南製造總局

憑條

光緒　年　三月　日第　工程處　號

江南機器製造局工程處爲購買地基業户領取錢文事致支应處憑條（1887 年 3 月 26 日，光緒十三年三月初二日）

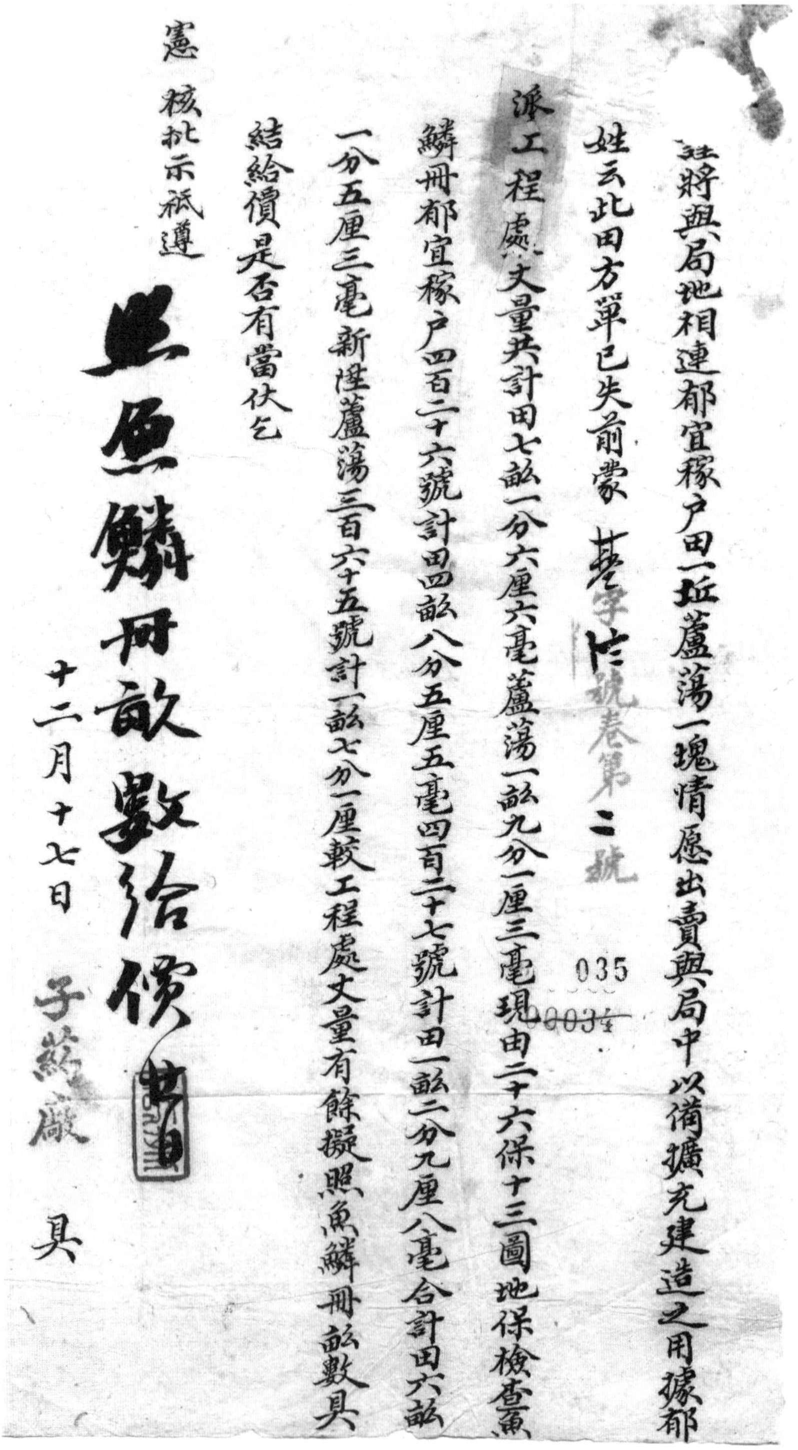
□將與局地相連郁宜稼户田一坵蘆蕩一塊情愿出賣與局中以備擴充建造之用據郁
姓云此田方單已失前蒙　甚字片號卷第二號
派工程處丈量共計田七畝一分六厘六毫蘆蕩一畝九分一厘三毫現由二十六保十三圖地保檢查魚
鱗册郁宜稼户四百二十六號計田四畝八分五厘五毫四百二十七號計田一畝二分九厘八毫合計田六畝
一分五厘三毫新涇蘆蕩三百六十五號計一畝七分一厘較工程處丈量有餘擬照魚鱗册畝數具
結給價是否有當伏乞
憲核批示祇遵
照魚鱗册畝數給價
十二月十七日
子藥廠　具
035

龍華子藥廠爲郁宜稼户田蘆蕩擬照魚鱗册畝數具結給價事致江南機器製造總局呈文（1887 年 1 月 10 日，光緒十二年十二月十七日）

基字六號卷第二號

上海縣裴 奉發購建廠地案內田單十四紙切結二十八紙分諭户册各書查開先行申繳由

光緒十四年五月 日

江蘇松江府上海縣爲申繳事奉

憲局照會支開案查本局歷次購買建廠地基均經開單照會貴縣查核收作機器局新户各在

案茲查本局砲廠火藥廠並局後官路等處續經先後添購原額民田蘆地共三十六畝四分一厘先

毫均經亭耆會同業户丈量明白核共地價錢一千八百二十八千八百七十二文又給遷費等項錢二千

五百二十四千八百二十七文業經本局先後發給各該業户收領取具切結存案並據呈到執業田單

十四紙相應開單照會並將切結田單轉送爲此照會煩爲查照收作機器局新户開示科則數

目移送過局以便照數完糧並將切結留存備案將田單仍即移還本局存查等因並發田單

十四紙切結二十八紙到縣奉此除查照單開各户分諭户册各書逐一收户承粮查開科則數目另文申

送並將切結附卷外合將奉發田單十四紙具文申繳仰祈

憲局查收備考爲此備由呈乞

照驗施行須至申者

計申繳　奉發田單十四紙

上海縣知縣裴大中爲申繳奉發購建廠地案内田單十四紙切結二十八紙分諭户册各書查開先行申繳事致江南機器製造局總辦申文（1888 年 6 月 19 日，光緒十四年五月初十日）

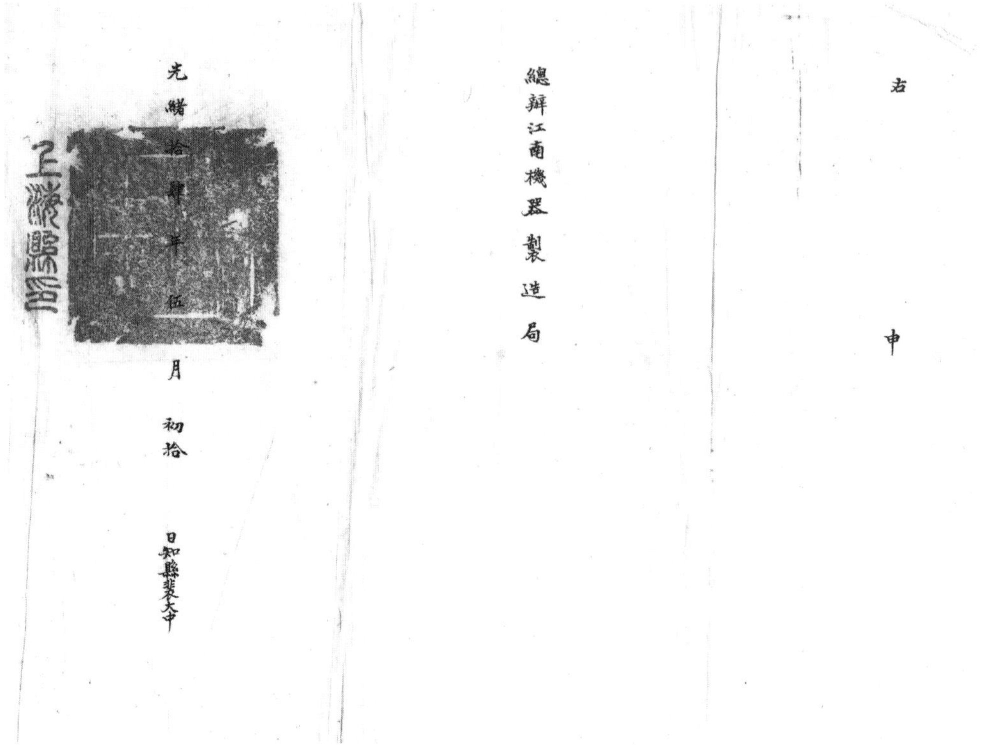
右　申
總辦江南機器製造局
光緒拾肆年伍月初拾日知縣裴大中
上海縣印

上海縣知縣裴大中爲申繳奉發購建廠地案内田單十四紙切結二十八紙分諭户册各書查開先行申繳事致江南機器製造局總辦申文（1888 年 6 月 19 日，光緒十四年五月初十日）

基字[illegible]號卷第二號

謹將廠東新買地及遷房遷坟費於丁亥九月十二日起至十二月十九日止
共給價值並圖壹張田單貳拾壹頁敬呈
憲鑒
計開
遷房費竹柴七樑蘆壁瓦屋每間給錢拾五千文 楊才金六間 計玖拾千文
又 楊桂山四間 計陸拾千文
又 楊順發五間 計柒拾五千文
又 楊聚發四間 計陸拾千文
又 楊阿桂三間 計肆拾伍千文
又 楊聚春二間 計叁拾千文
又 俞阿虎二間 計叁拾千文
又 姜聖朝二間 計叁拾千文
又 鄧建章三間 計肆拾五千文
又 龔有成二間半 計叁拾柒千五百文
又 王萬方壹間 計拾五千文
又 戴裕隆二間 計叁拾千文
又 郭奎二間半 計叁拾七千五百文
又 陸榮六間半 計玖拾七千五百文
又 楊錫周壹間半 計貳拾貳千五百文
又 郭阿四六間 計玖拾千文
又 潘全和二間 計叁拾千文

67

江南機器製造局工程處開呈廠東新買地及遷房遷墳費給價清册（1887 年 3 月 17 日，光緒十三年二月二十三日）

以上五十五間每十五千共給遷費捌百弍拾五千文
又木架七樑蘆壁瓦屋房弍間每十九千 潘金和 計給遷費叁拾捌千文
又木架七樑磚壁瓦屋方肆間每三十五千 郭阿四 計給遷費壹百肆拾千文
又觀音菴全七樑拾間五樑四間披屋五間 言明給遷費肆百弍拾千文
又地閣板每間四千 俞阿虎半間 姜聖朝半間 鄧廷章半間 龔有成一間
王萬方一間 戴裕隆半間 郭奎弍間 陸榮一間半
楊錫周弍間 潘金和半間 郭阿四弍間 萬榮和弍間
許心齋弍間 許蔣桓夏共弍間半 劉雲居半間
以上共拾九間半每四千 共給遷地板費柒拾捌千文
遷坟費 周承啟 灰葢棺四具 計叁拾六千文 [illegible]
楊聚春 又四具 計叁拾六千文 [illegible]四千文
楊才金 又八具 計柒拾弍千文 [illegible]八千文
蔣禧生 又三具 計弍拾七千文 [illegible]二千文
王鶴樓 磚灰葢棺十九具 三具 計弍百五十五千文 [illegible]十五千文
馮堃 磚灰葢棺十三具 三具 計壹百柒拾壹千文 [illegible]十五千文
觀音菴 灰葢瓦棺七具 計陸拾叁千文 [illegible]六千文
姜東卿 灰葢棺十六具 計壹百四十四千文 [illegible]十五千文
陳阿妹 灰葢棺壹具 計玖千文 [illegible]壹千文
馮堃 骨壜十二個 計肆拾弍千文
楊渭香 又肆個 計拾肆千文
楊聚春 楊渭香 楊大榮 浮厝棺弍具 計拾柒千五百文
楊渭香 浮厝小棺弍具 計壹千四百文
以上遷棺木骨壜壹百叁具共錢捌百捌拾柒千玖百文
又給木匠錢陸拾捌千文
屋基地價每畝七十千文 觀音菴弍畝 計壹百肆拾千文
楊桂生弍畝七分壹釐毫 計壹百捌拾玖千七百七十文
楊大榮陸分 計肆拾弍千文
楊敬山壹畝[illegible]釐毫 計捌拾千捌拾文

37.2

江南機器製造局工程處開呈廠東新買地及遷房遷墳費給價清册（1887 年 3 月 17 日，光緒十三年二月二十三日）

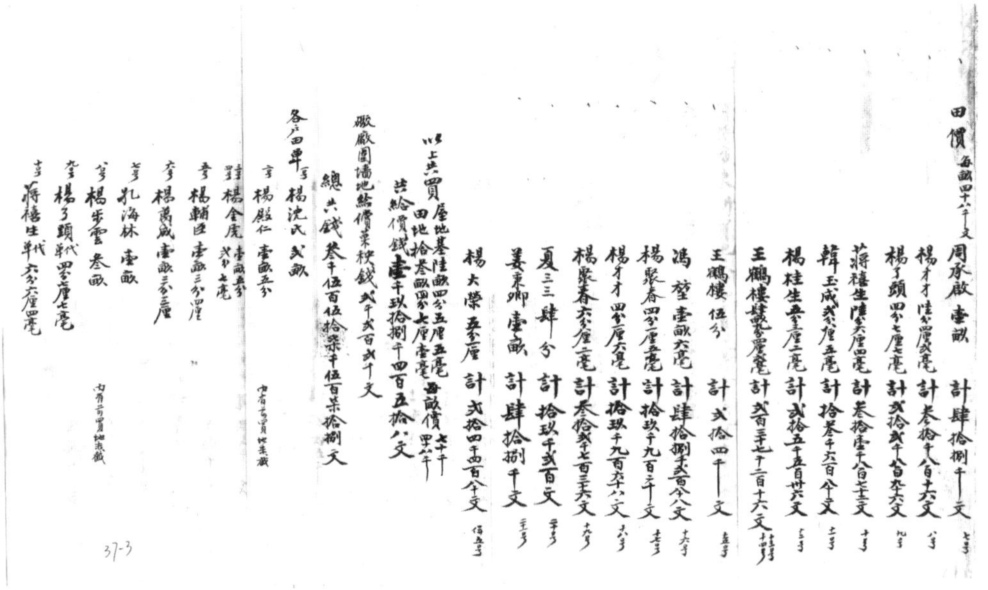

江南機器製造局工程處開呈廠東新買地及遷房遷墳費給價清册（1887 年 3 月 17 日，光緒十三年二月二十三日）

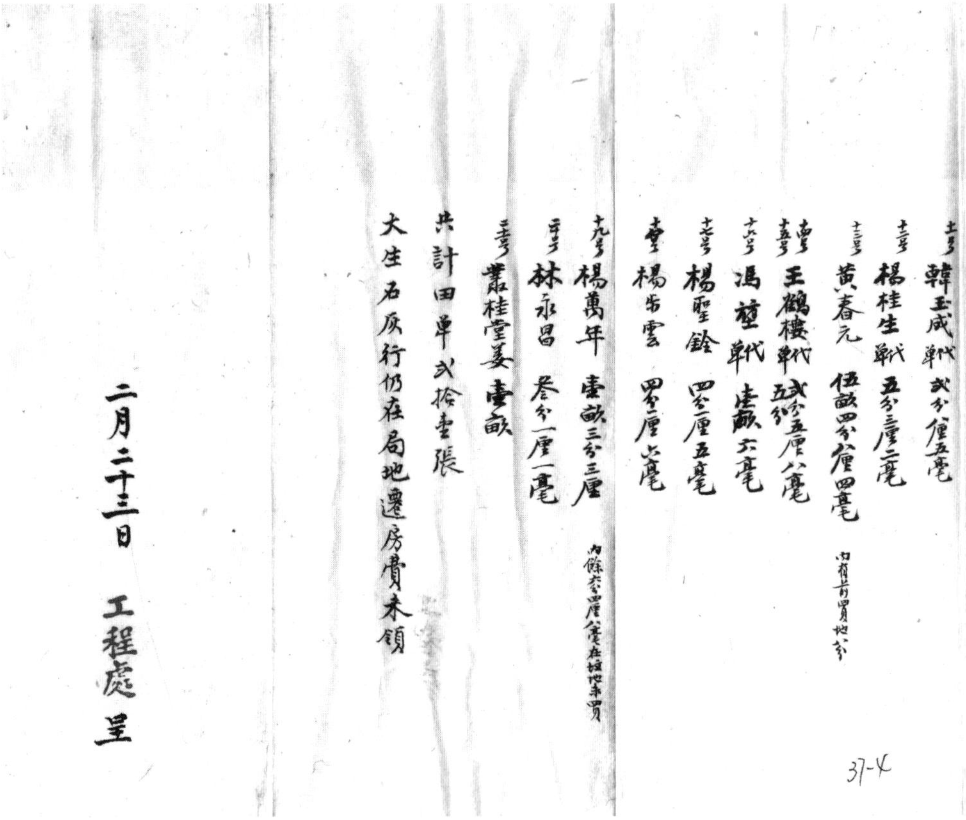
十一号 韓玉成 單代 貳分八釐五毫
十二号 楊桂生 單代 五分三釐二毫
十三号 黄春元 伍畝四分八釐四毫 內有前買地八分
十四号 十五号 王鶴樓 單代 貳分五釐八毫
十六号 馮楂 單代 壹畝六毫
十七号 楊聖銓 四分二釐五毫
十八号 楊步雲 四分二釐六毫
十九号 楊萬年 壹畝三分三釐 內餘六分四釐八毫在坟地未買
二十号 林永昌 叁分一釐一毫
二十一号 叢桂堂姜 壹畝
共計田單貳拾壹張
大生石灰行仍在局地遷房費未領
二月二十三日 工程處呈
37-4

江南機器製造局工程處開呈廠東新買地及遷房遷墳費給價清册（1887 年 3 月 17 日，光緒十三年二月二十三日）

基字〡三號卷第二號

具賣地切結陳阿二今具到

製造局憲大人臺下竊身有自業田地壹塊坐落二十五保十四啚持字圩第七十七號

現已量見計田肆分五厘五毫情愿出具切結賣于

憲局作爲公用當面議定價錢肆拾捌千文計足制錢貳拾壹千八百四十文身業經親投

憲局如數領收清訖並無分文短少浮冒情弊除另具切結呈報本縣衙門存案備查外合具

此切結是實

光緒十三年二月　日具賣田地切結人陳阿二　十

本啚地保張慶華　十

陳阿二具賣田地切結（1887年2月或3月，光緒十三年二月）

董字〣號卷第二號

具領狀人陳阿二今領到

製造局憲大人臺下給發身所賣二十五保十四啚特字圩第七十七號自業

地價足制錢貳拾壹千八百四十文身於本日親投

憲局如數領收清訖並無分文短少浮冒等項情弊除另具責地切結呈　存外合

具領狀是實

光緒十三年二月　日具領狀人陳阿二十

本啚地保張慶華十

039

陳阿二具領狀（1887 年 2 月或 3 月，光緒十三年二月）

基字[illegible]號卷第二號

具領狀人郁宜稼今領到

製造局憲大人案下給發身出賣二十六保十三圖墨字圩第

叁伯陸拾伍號蘆蕩價足錢每畝弍拾仟正計足錢叁拾肆仟弍

伯文正身親赴

憲局如數領訖並無分文短少亦無浮冒情弊合具領狀

是實

光緒拾弍年拾弍月　日具領狀人郁宜稼

本圖地保胡雲坡

郁宜稼具領狀（1886 年 12 月或 1887 年 1 月，光緒十二年十二月）

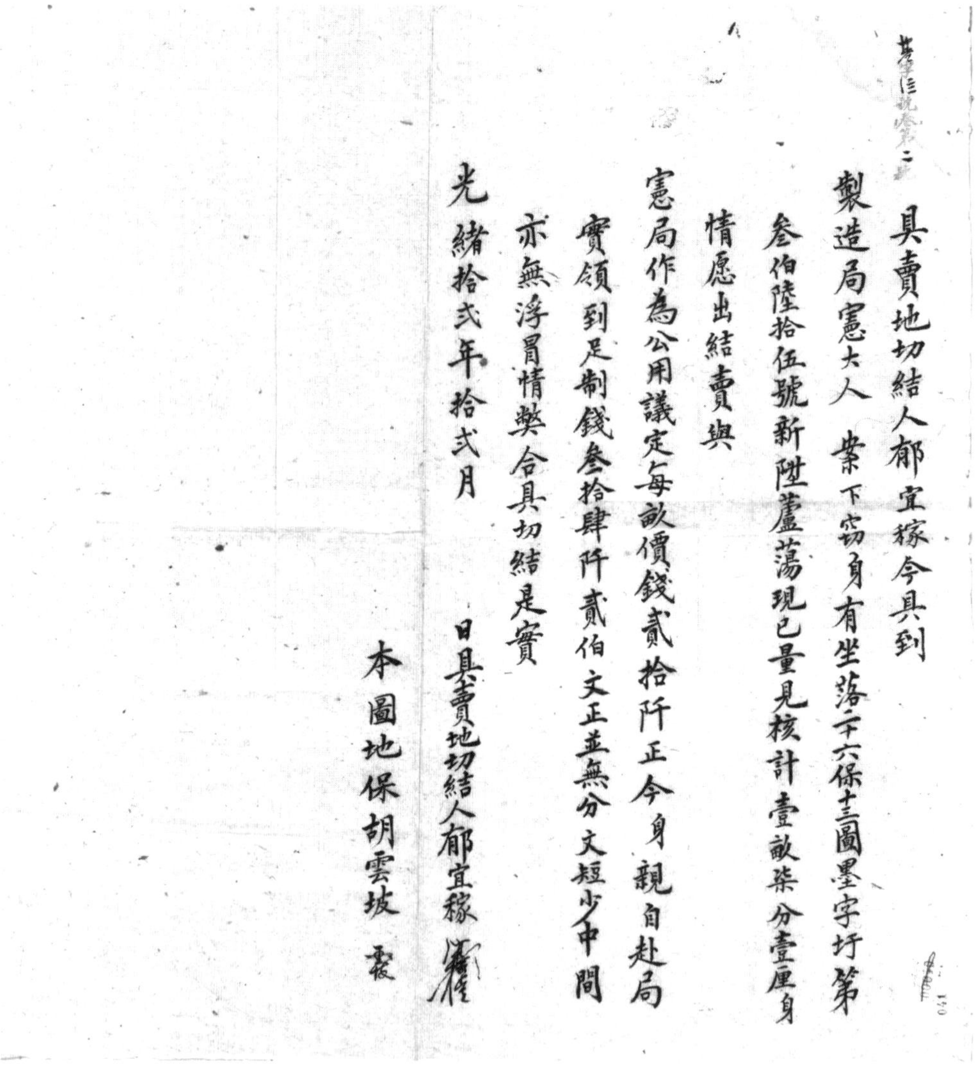

具賣地切結人郁宜稼今具到
製造局憲大人　案下竊身有坐落二十六保十三圖墨字圩第
叁佰陸拾伍號新陞蘆蕩現已量見核計壹畝柒分壹厘身
情愿出結賣與
憲局作為公用議定每畝價錢貳拾阡正今身親自赴局
實領到足制錢叁拾肆阡貳伯文正並無分文短少中間
亦無浮冒情弊合具切結是實
光緒拾弍年拾弍月　日具賣地切結人郁宜稼（押）
本圖地保胡雲坡（押）

郁宜稼具賣地切結（1886 年 12 月或 1887 年 1 月，光緒十二年十二月）

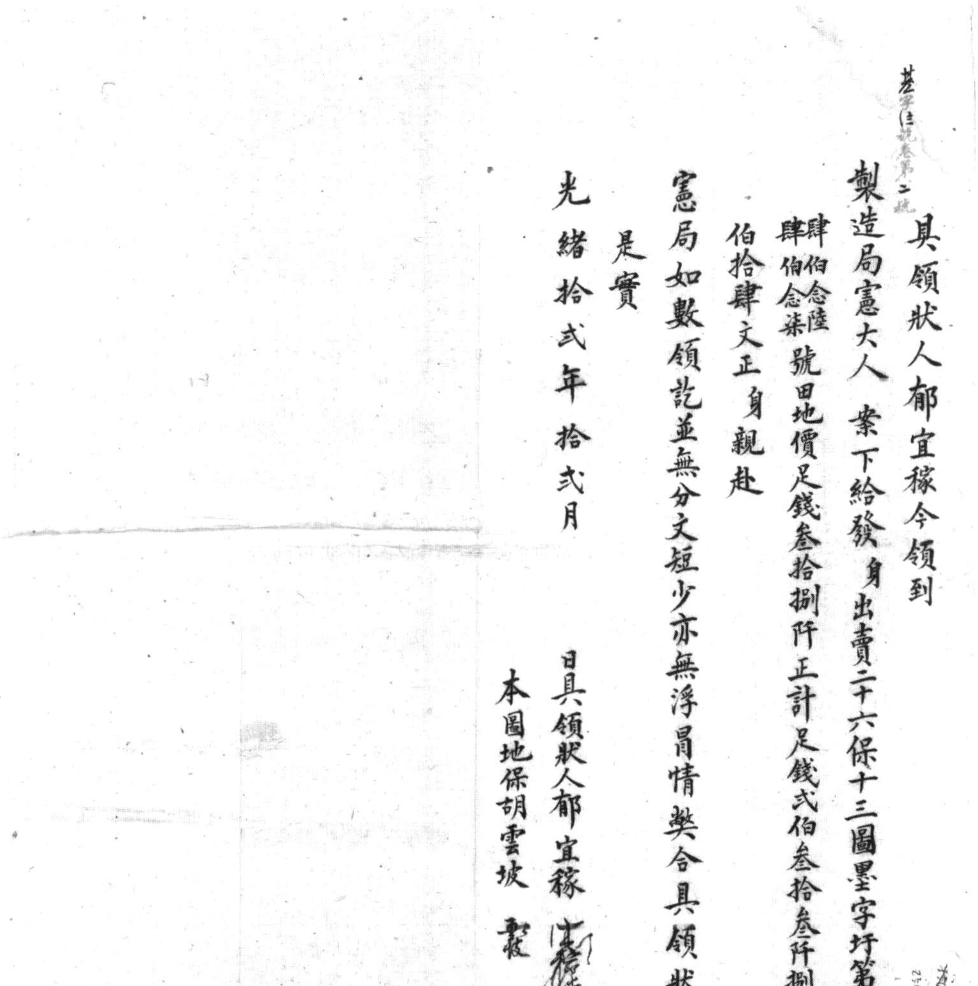
具領狀人郁宜稼今領到
製造局憲大人　案下給發身出賣二十六保十三圖墨字圩第
肆伯念陸
肆伯念柒號田地價足錢叁拾捌仟正計足錢弍伯叁拾叁仟捌
伯拾肆文正身親赴
憲局如數領訖並無分文短少亦無浮冒情弊合具領狀
是實
光緒拾弍年拾弍月　日具領狀人郁宜稼
本圖地保胡雲坡

郁宜稼具領狀（1886 年 12 月或 1887 年 1 月，光緒十二年十二月）

具賣地切結人郁宜稼今具到

製造局憲大人案下竊身有坐落廿六保十三圖墨字圩第肆伯念陸、肆伯念柒號田地壹坵現已量見核計肆畝捌分伍厘伍毫身壹畝弍分玖厘捌毫

情愿出結賣與

憲局作為公用議定每畝價錢叁拾捌仟正今身親自赴局

實領到足制錢弍伯叁拾叁仟捌伯拾肆文正並無分文短少

亦無浮冒情弊合具切結是實

光緒拾弍年拾弍月　日具賣地切結人郁宜稼

本圖地保胡雲坡

郁宜稼具賣地切結（1886年12月或1887年1月，光緒十二年十二月）

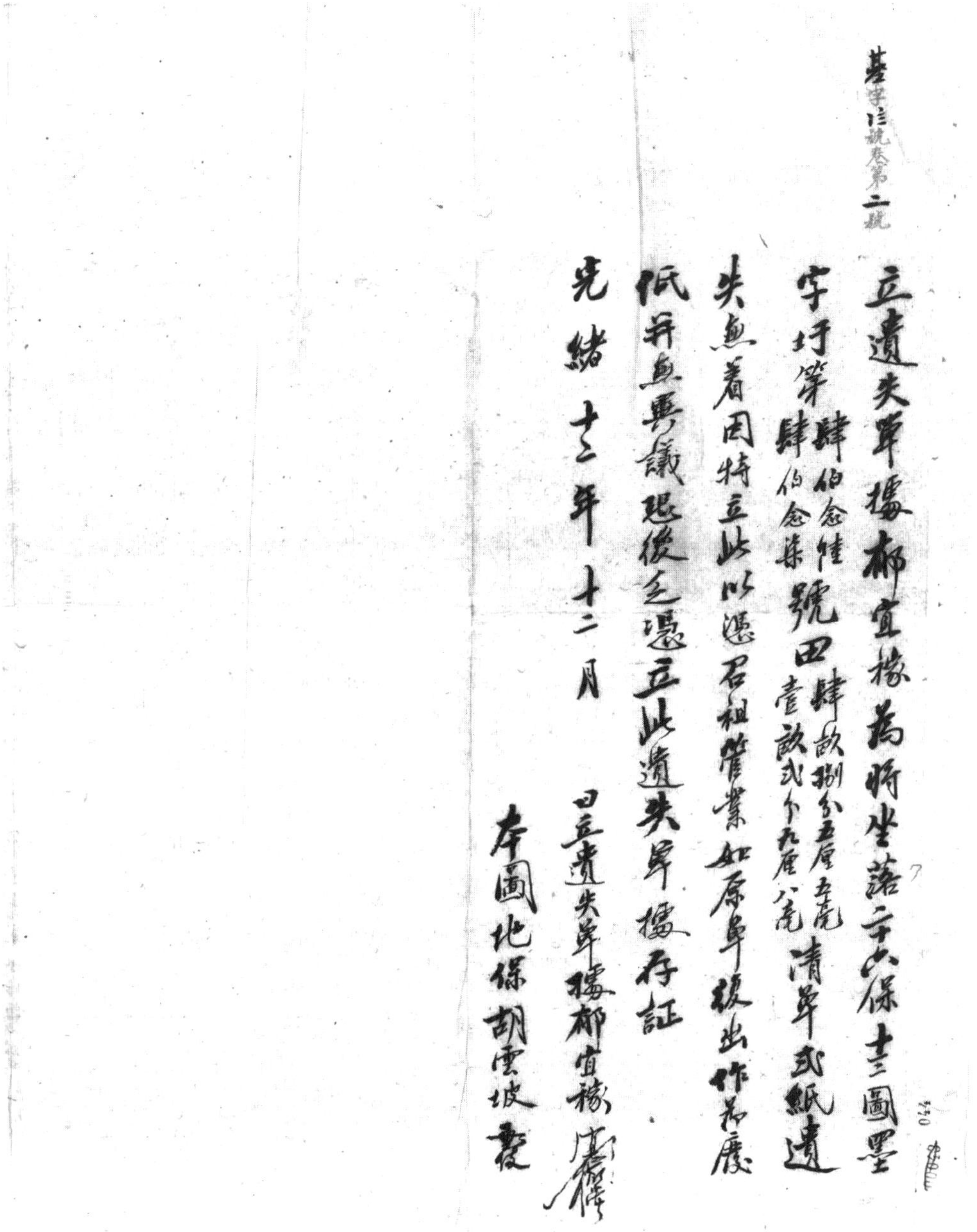

基字〡三號卷第二號

立遺失單據郁宜稼爲將坐落二十六保十三圖墨字圩第肆伯念陸號田肆畝捌分五厘五毫、肆伯念柒號田壹畝貳分九厘八毫清單貳紙遺失無着因特立此以憑召租管業如原單復出作爲廢紙并無異議恐後無憑立此遺失單據存証

光緒十二年十二月　日立遺失單據郁宜稼

本圖地保胡雲坡

郁宜稼立遺失單據（1886 年 12 月或 1887 年 1 月，光緒十二年十二月）

基字廿號卷第二號

立合同調換地契江南製造局徽甯思恭堂緣製造局北首之路係局中諸人往来必經之
地路甚狹窄兩車相撞往往擠入溝渠茲由製造局稟請
南洋大臣　曾將路加寬以便行人業奉批准所有近局一帶及斜橋
以内之地俱與業主價買惟中間思恭堂之地係屬公產不能受價
公同商議所用思恭堂之地計壹畝壹分捌厘製造局另購毘連義塚
地一塊計田壹畝貳分玖厘與思恭堂調換兩無異議立此調換地契一
樣兩張各執一紙永遠存據再每年應完上下忙條銀並漕米等項製造局即照現購田一畝二分九厘移縣過户完納至思恭堂仍照原田一畝一分八厘照常完納以免轇轕特並註明
外附二十五保十三啚靡字圩一百六十八號朱耀坤田單壹紙交思恭堂收執

光緒拾叁年貳月　日立合同調換地契江南製造局徽甯思恭堂

見　議　黄大鏞
黄燮
陳美初
余邦瞻
汪炳
趙元啟

江南製造局與徽甯思恭堂立合同調換地契（1887 年 2 月或 3 月，光緒十三年二月）

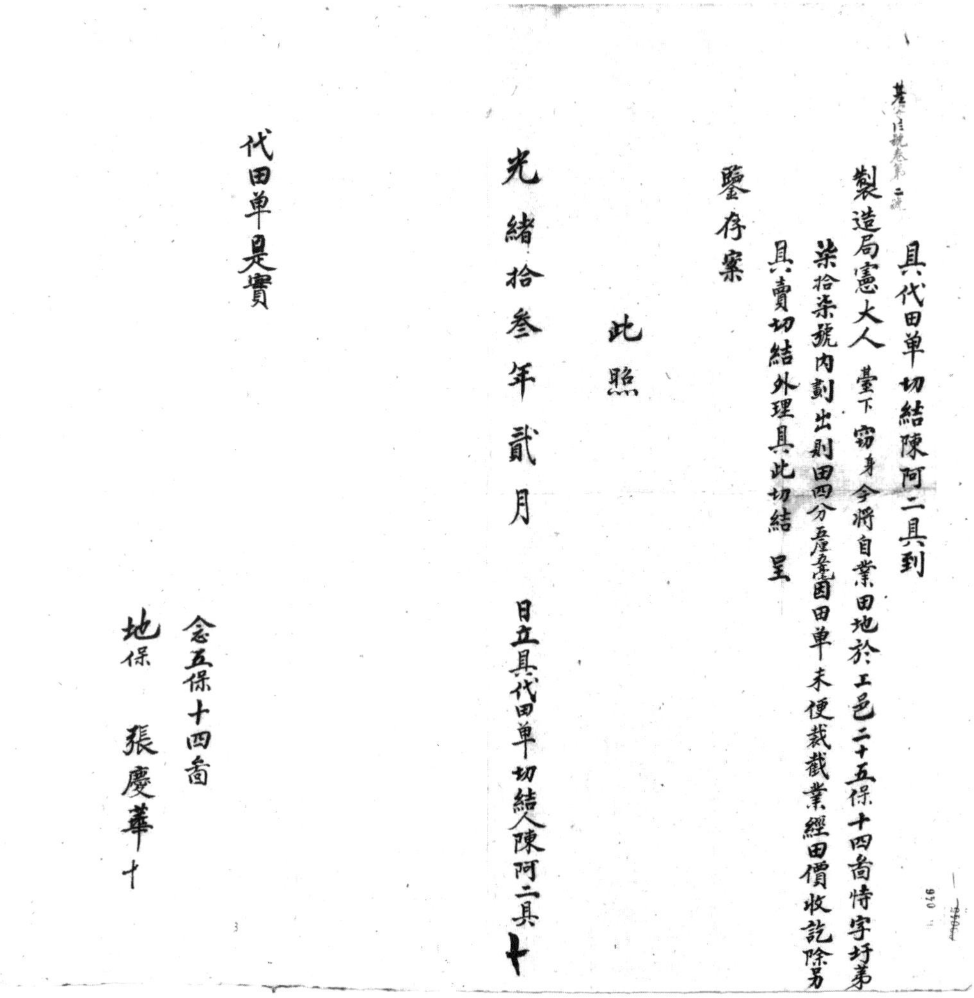
具代田単切結陳阿二具到
製造局憲大人 臺下 竊身今將自業田地於工邑二十五保十四啚恃字圩第
柒拾柒號内劃出則田四分五厘叁毫因田単未便裁截業經田價收訖除另
具賣切結外理具此切結 呈
鑒存案
此照
光緒拾叁年貳月 日立具代田単切結人陳阿二具 十
念五保十四啚
地保 張慶華 十
代田単是實

陳阿二具代田單切結（1887 年 2 月或 3 月，光緒十三年二月）

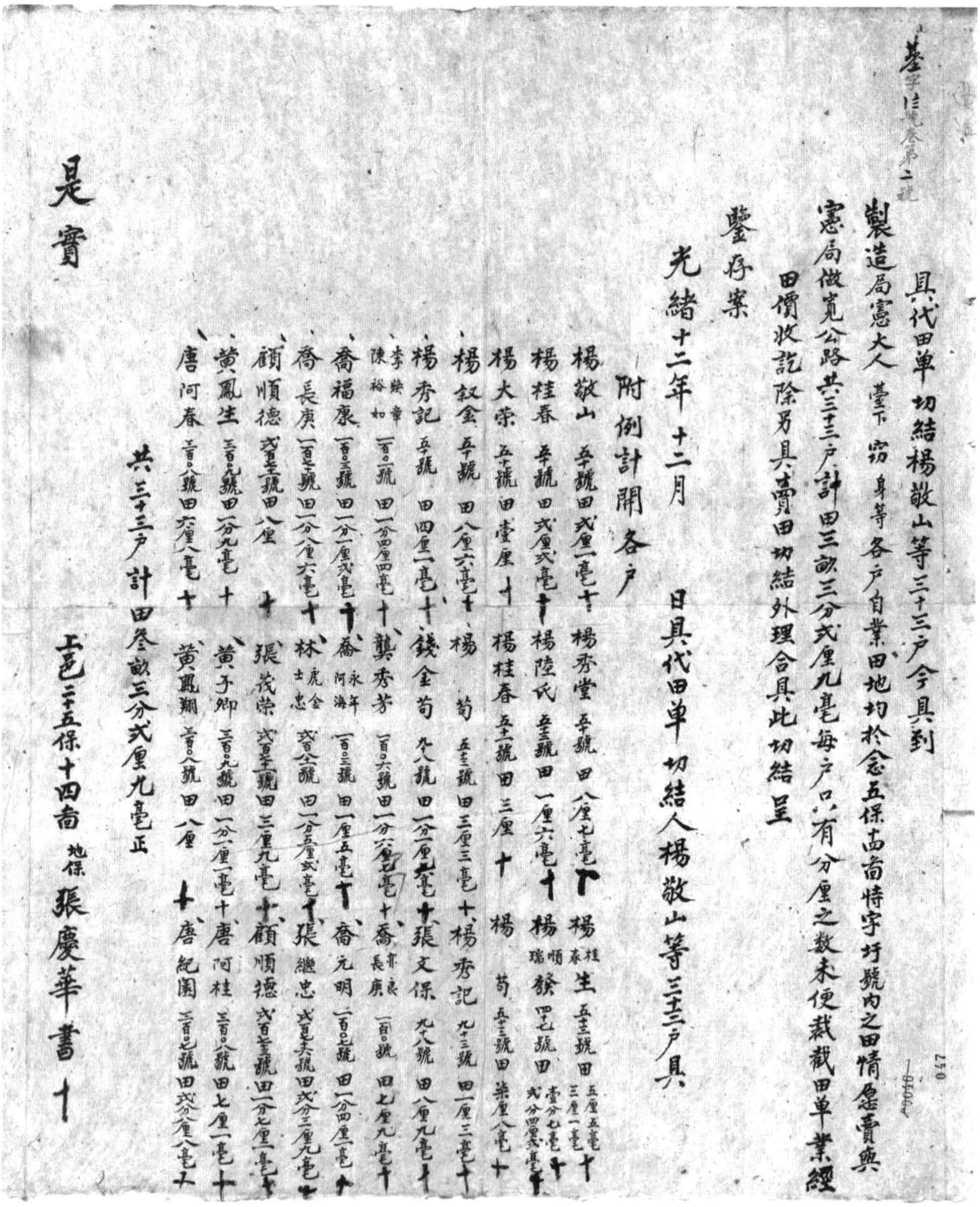
基字[illegible]卷第二號

具代田单切結楊敬山等三十三户今具到
製造局憲大人臺下竊身等各户自業田地均於念五保卄四啚特字圩號內之田情愿賣與
憲局做寬公路共三十三户計田三畝三分弍厘九毫每户只有分厘之数未便裁截田单業經
田價收訖除另具賣田切結外理合具此切結呈
鑒存案
光緒十二年十二月　日具代田单切結人楊敬山等三十三户具

附例計開各户

楊敬山 五十號田弍厘一毫七 十
楊桂春 五十號田弍厘弍毫 十
楊大榮 五十號田壹厘 十
楊叔金 五十號田八厘六毫 十
楊秀記 五十號田四厘一毫 十
李煥章 陳裕如 一百〇一號田一分四厘四毫 十
喬福康 一百〇三號田一分一厘弍毫 十
喬長庚 一百七十號田一分八厘六毫 十
顧順德 弍百五十一號田八厘 十
黄鳳生 三百〇九號田一分九毫 十
唐阿春 三百〇八號田六厘八毫 十
楊秀堂 五十號田八厘七毫 十
楊陸氏 五十三號田一厘六毫 十
楊桂春 五十一號田三厘 十
楊荀 五十三號田三厘三毫 十
錢金荀 九十八號田一分一厘六毫 十
龔秀芳 一百〇六號田一分六厘七毫 十
喬永年 阿海 一百〇三號田一厘五毫 十
林虎金 士忠 弍百八十號田一分五厘弍毫 十
張茂榮 弍百五十一號田三厘九毫 十
黄子卿 三百〇九號田一分一厘一毫 十
黄鳳翔 三百〇八號田八厘 十
楊桂 春生 五十三號田五厘五毫 三厘一毫 十
楊順 瑞發 四十七號田壹分七毫 弍分四厘弍毫 十
楊荀 五十三號田柒厘八毫 十
楊秀記 九十三號田一厘三毫 十
張文保 九十八號田八厘九毫 十
喬其良 長庚 一百〇一號田七厘九毫 十
喬元明 一百〇七號田一分四厘一毫 十
張繼忠 弍百七十六號田弍分三厘九毫 十
顧順德 弍百五十三號田一分七厘一毫 十
唐阿桂 三百〇八號田七厘一毫 十
唐紀園 三百〇七號田弍分八厘八毫 十

共三十三户計田叁畝三分弍厘九毫正

上邑二十五保十四啚 地保 張慶華 書 十

是實

楊敬山等具代田單切結（1886 年 12 月或 1887 年 1 月，光緒十二年十二月）

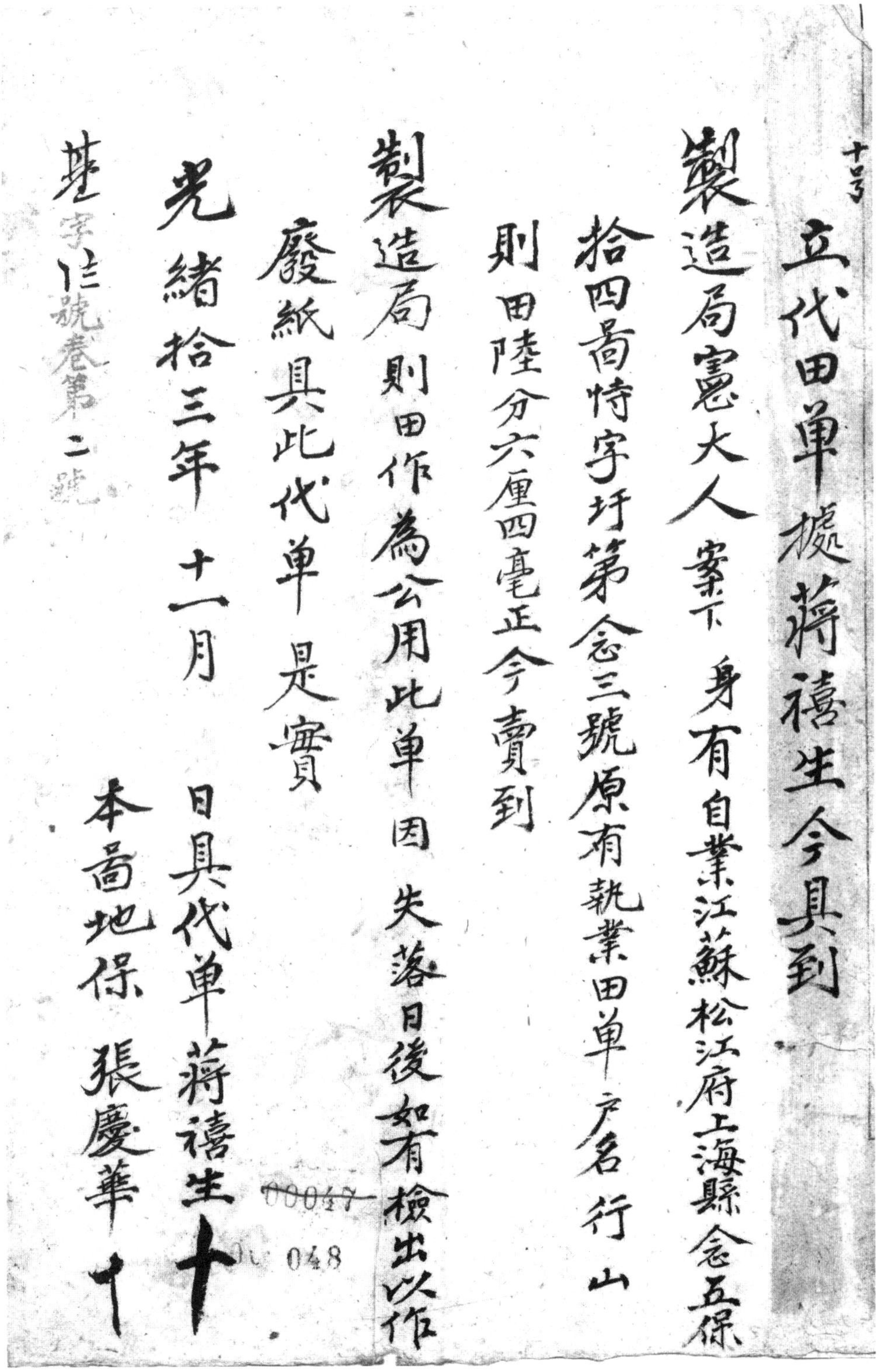
十号

立代田單據蔣禧生今具到

製造局憲大人案下　身有自業江蘇松江府上海縣念五保

拾四啚恃字圩第念三號原有執業田單　戶名　行山

則田陸分六厘四毫正今賣到

製造局　則田作為公用此单因　失落日後如有檢出以作

廢紙具此代单是實

光緒拾三年　十一月　　日具代单蔣禧生　十

本啚地保　張慶華　十

基字仁號卷第二號

~~00047~~

048

蔣禧生立代田單據（1887 年 12 月或 1888 年 1 月，光緒十三年十一月）

立代田单據王鶴樓今具到
製造局憲大人案下身有自業江蘇松江府上海縣念五保
拾四啚恃字圩念五號原有執業田单户名王應春
則田弍分五厘八毫今賣與
製造局則田作為公用此单因失落日後如有檢出
以作廢紙具此代单是實
光緒拾三年　十一月　日具代单據王鶴樓十
基字〡七號卷第二號　本啚地保張慶華十

049

~~00048~~

王鶴樓立代田單據（1887 年 12 月或 1888 年 1 月，光緒十三年十一月）

十一号

具代田单切結人韓玉成今具到

製造局憲大人案下竊身今將自業田地於上邑念五保拾四啚啚特字圩第念三號內劃出則田式分八厘五毫正今賣與

製造局則田作為公用因田單未便裁截具此代单是實

光緒拾三年十一月　日具代田单韓玉成　十

本啚地保張慶華　十

基字〡〣號卷第二號

韓玉成具代田單切結（1887 年 12 月或 1888 年 1 月，光緒十三年十一月）

立代田単據楊了頭今具到

製造局憲大人案下　身有自業江蘇松江府上海縣二十五保拾四啚恃字圩　叁拾壹號原有執業田単户名楊和華劃出則田肆分柒厘柒毫正　今賣與

製造局　則田作為公用此単因不能裁截

具此代単是實

光緒拾叁年十月　日具代田単楊了頭十
本啚地保張慶華十

031

楊了頭立代田單據（1887 年 11 月或 12 月，光緒十三年十月）

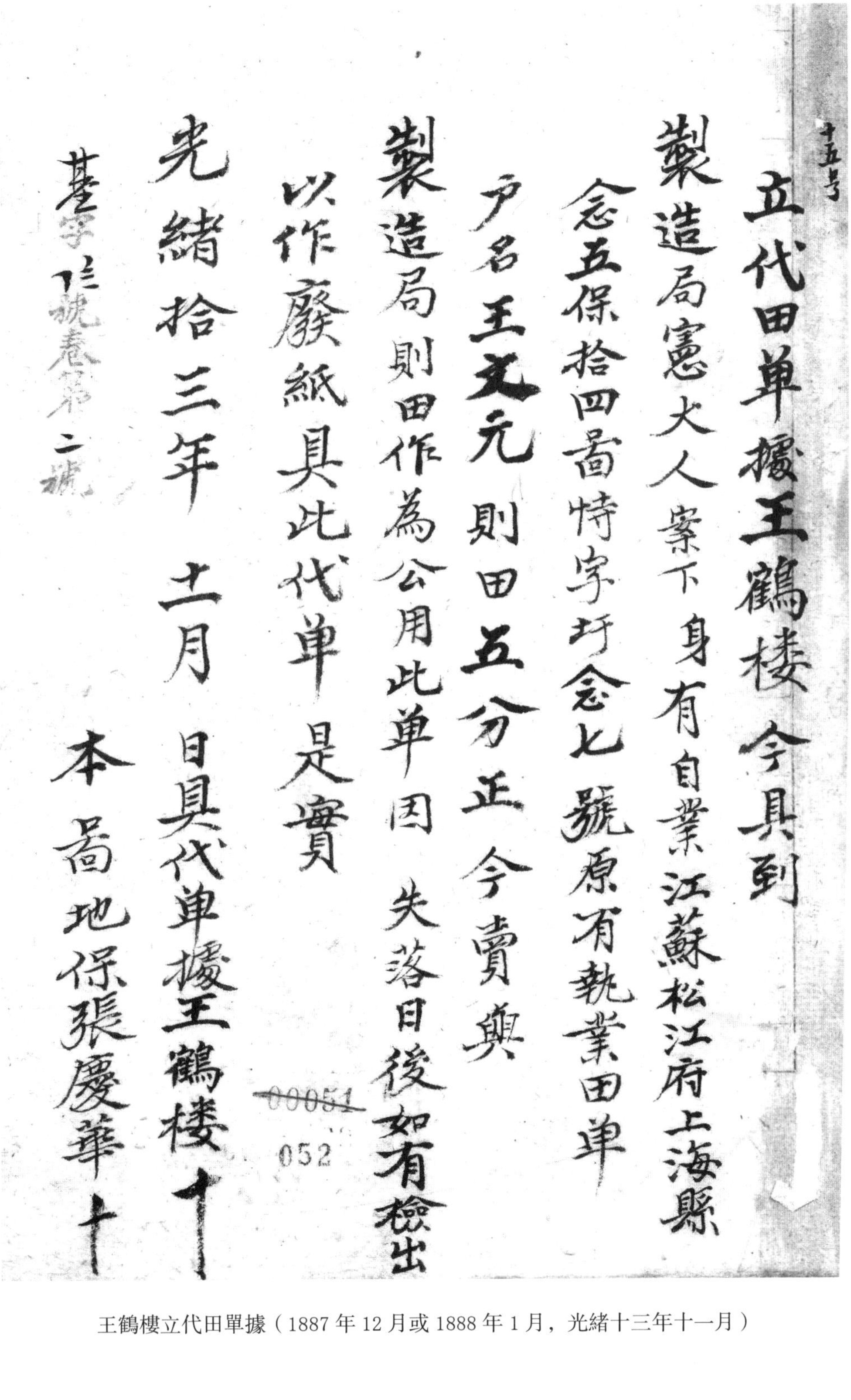
十五号

立代田单據王鶴樓今具到

製造局憲大人案下身有自業江蘇松江府上海縣

念五保拾四啚特字圩念七號原有執業田单

戶名王文元則田五分正今賣與

製造局則田作為公用此单因失落日後如有檢出

以作廢紙具此代单是實

光緒拾三年十一月　日具代单據王鶴樓十

本啚地保張慶華十

基字〡〣號卷第二號

~~00051~~

052

王鶴樓立代田單據（1887 年 12 月或 1888 年 1 月，光緒十三年十一月）

十六号

立代田単攄馮堃今具到

製造局憲大人案下 身有自業江蘇松江府上海縣贰拾五保

拾四啚恃字圩念號原有執業田単 戶名 馮益文

則田壹畝零零六毫今賣與

製造局 則田作為公用此単因 失落日後如有檢出作

廢紙具此代単是實

光緒拾三年 十一月 日具代単攄馮 堃 十

本啚地保張慶華 十

基字1{2}號卷第二號

00052

053

馮堃立代田單據（1887 年 12 月或 1888 年 1 月，光緒十三年十一月）

十二号

具代田单切結人楊桂生今具到

製造局憲大人案下 竊身今將自業田地於上邑念五保

拾四啚特字圩第念三號內劃出則田五分三厘弍毫正

今賣與

製造局則田作爲公用因田单未便裁截具此代单

是實

光緒拾叁年十一月　　日具代田单楊桂生 十

基字〡三號卷第〡二號

本啚地保 張慶華 十

054

~~00053~~

楊桂生具代田單切結（1887年12月或1888年1月，光緒十三年十一月）

055

莘莊號卷第二號

具領狀人楊大榮今領到
製造局憲大人案下給發身所賣二十五保拾四啚特字圩第念八號自業宅基地
價足制錢四拾貳阡文身於本日親投
憲局如數領收清訖並無分文短少浮冒等項情弊除另具賣地切結呈存外合
具領狀是實

光緒拾三年拾月　日具領狀人楊大榮十
本啚地保張慶華十

55

楊大榮具領狀（1887 年 11 月或 12 月，光緒十三年十月）

056

基字[illegible]號卷第二號

具賣地切結人楊大榮今具到

製造局憲大人案下 竊身有自業宅基地坐落念五保拾四啚情字圩第念八號

現已量見宅基地計陸分 情愿出具賣地切結賣與

製造局作為公用議定每畝價錢柒拾千文共計錢四拾貳仟文業經親投

憲局如數領收清訖並無分文短少浮冒等弊除另具切結呈報 本

縣衙門存案備查外合具此切結是實

光緒拾叁年拾月　　日具賣宅基地切結人楊大榮十

本啚地保張慶華十

56

楊大榮具賣宅基地切結（1887年11月或12月，光緒十三年十月）

莛字〡〣號卷第二號

具領狀人楊才才今領到

製造局憲大人案下給發身所賣二十五保拾四啚恃字圩第叁拾號自業菜地

價足制錢叁拾阡零八百拾六文身於本日親投

憲局如數領收清訖並無分文短少浮冒等項情弊除另具賣地切結呈存外合

具領狀是實

光緒拾叁年拾月　日具領狀人楊才才 十

本啚地保張慶華 十

57

楊才才具領狀（1887 年 11 月或 12 月，光緒十三年十月）

058

奉字丨三號卷第二號

具賣地切結人楊才才今具到

製造局憲大人案下竊身有自業田園菜地坐落念五保拾四啚恃字圩第叁拾號

現已量見菜地計六分四厘九毫七絲情願出具賣地切結賣與

製造局作為公用議定每畝價錢四拾八千文共計錢叁拾阡零佰拾六文業經親投

憲局如數領收清訖並無分文短少浮冒等弊除另具切結呈報本

縣衙門存案備查外合具此切結是實

光緒拾叁年拾月　日具賣菜地切結人楊才才十

本啚地保張慶華十

楊才才具賣菜地切結（1887 年 11 月或 12 月，光緒十三年十月）

059

基字拾號卷第二號

具領狀人楊了頭今領到
製造局憲大人案下給發身所賣二十五保拾四啚恃字圩第叁拾一號自業菜地
價足制錢念弍千八百九拾六文，身於本日親投
憲局如數領收清訖，並無分文短少、浮冒等項情弊，除另具賣地切結呈存外，合
具領狀是實。

光緒拾叁年拾月　日具領狀人楊了頭十
本啚地保張慶華十

59

楊了頭具領狀（1887年11月或12月，光緒十三年十月）

基字〡〣號卷第二號

具賣地切結人楊了頭今具到

製造局憲大人 案下 竊身有自業田園菜地坐落念五保拾四啚恃字圩第叁拾一號

現已量見菜地計四分七厘七毫情愿出具賣地切結賣與

製造局作為公用議定每畝價錢四拾八仟文共計錢念弍千八百九拾六文業經親投

憲局如數領收清訖並無分文短少浮冒等弊除另具切結呈報 本

縣衙門存案備查外合具此切結是實

光緒拾叁年拾月　日具賣田菜地切結人楊了頭 十

本啚地保張慶華 十

60

楊了頭具賣田菜地切結（1887 年 11 月或 12 月，光緒十三年十月）

基字廿號卷第二號

具領狀人楊敬山今領到

製造局憲大人案下 給發 身所賣二十五保拾四啚恃字圩第念八號自業基地

價足制錢八拾千零零叁文 身於本日親投

憲局如數領收清訖並無分文短少浮冒等項情弊除另具賣地切結呈

具領狀是實

光緒拾叁年拾月 日具領狀人楊敬山 十

本啚地保張慶華 十

61

楊敬山具領狀（1887 年 11 月或 12 月，光緒十三年十月）

062

基字乚號卷第二號

具賣地切結人楊敬山今具到

製造局憲大人案下　竊身有自業田宅基地坐落念五保拾四啚恃字圩第念八號

現已量見宅基地計乚畝分厘毫情愿出具賣地切結賣與

製造局作為公用議定每畝價錢柒拾阡文共計錢八拾阡零零八拾文業經親投

憲局如數領收清訖並無分文短少浮冒等弊除另具切結呈報　本

縣衙門存案備查外合具此切結是實

光緒拾叁年　拾月　日具賣宅基地切結人楊敬山十

本啚地保張慶華十

62

楊敬山具賣宅基地切結（1887 年 11 月或 12 月，光緒十三年十月）

063

華字123號卷第二號

具領狀人夏三三今領到

製造局憲大人案下給發身所賣二十五保拾四啚恃字圩第念三四號自業菜地

價足制錢拾九千貳百文身於本日親投

憲局如數領收清訖並無分文短少浮冒等項情弊除另具賣地切結呈存外合

具領狀是實

光緒拾三年十一月　日具領狀人夏三三十

本啚地保張慶華十

63

夏三三具領狀（1887年12月或1888年1月，光緒十三年十一月）

0064

菩字12號卷第二號

具賣地切結人夏三三今具到

製造局憲大人案下竊身有自業田園菜地坐落念五保拾四啚特字圩第念四三號

現已量見菜地計四分正　情願出具賣地切結賣與

製造局作為公用議定每畝價錢四拾八千文共計錢拾九千弍百文業經親投

憲局如數領收清訖並無分文短少浮冒等弊除另具切結呈報　本

縣衙門存案備查外合具此切結是實

光緒拾三年十一月

日具賣田園菜地切結人夏三三十

本啚地保張慶華十

64

夏三三具賣田園菜地切結（1887年12月或1888年1月，光緒十三年十一月）

065

基字〡三號卷第二號

具領狀人韓玉成今領到
製造局憲大人案下給發身所賣二十五保拾四啚恃字圩第念三號自業菜地
價足制錢拾三千六百八拾文身於本日親投
憲局如數領收清訖並無分文短少浮冒等項情弊除另具賣地切結呈存外合
具領狀是實

光緒拾三年十一月　日具領狀人韓玉成　十
本啚地保張慶華　十

65

韓玉成具領狀（1887 年 12 月或 1888 年 1 月，光緒十三年十一月）

990

基字卮號卷第二號

具賣地切結人韓玉成今具到

製造局憲大人案下竊身有自業田園菜地坐落念五保拾四啚恃字圩第念三號

現已量見菜地計弍分八厘五毫情愿出具賣地切結賣與

製造局作為公用議定每畝價錢四拾八千文共計錢拾三千六百八拾文業經親投

憲局如數領收清訖並無分文短少浮冒等弊除另具切結呈報　本

縣衙門存案備查外合具此切結是實

光緒拾三年十一月　日具賣田園菜地切結人韓玉成十

本啚地保張慶華十

66

韓玉成具賣田園菜地切結（1887 年 12 月或 1888 年 1 月，光緒十三年十一月）

067

臺字㐅號卷第二號

具領狀人蔣禧生今領到

製造局憲大人案下 給發身 所賣二十五保拾四啚特字圩第念三 號自業菜地

價足制錢三拾千百七支文身 於本日親投

憲局如數領收清訖並無分文短少浮冒等項情弊除另具賣地切結呈存外合

具領狀是實

光緒拾三年十一月 日具領狀人蔣禧生十

本啚地保 張慶華十

67

蔣禧生具領狀（1887年12月或1888年1月，光緒十三年十一月）

0068

基字[illegible]號卷第二號

具賣地切結人蔣禧生今具到

製造局憲大人案下 竊身有自業田園菜地坐落念五保拾四啚恃字圩第念三號

現已量見菜地計六分六釐四毫情愿出具賣地切結賣與

製造局作爲公用議定每畝價錢四拾八阡文共計錢三拾千八百七十六文業經親投

憲局如數領收清訖並無分文短少浮冒等弊除另具切結呈報本

縣衙門存案備查外合具此切結是實

光緒拾三年十一月 日具賣田園菜地切結人蔣禧生十

本啚地保張慶華十

蔣禧生具賣田園菜地切結（1887年12月或1888年1月，光緒十三年十一月）

江南製造總局

基字1三號卷第二號

具賣地切結人周承啟今具到

製造局憲大人案下竊身有自業田茉地坐落上邑二十四保方十三啚方字圩第一百八十五號

現已量見茉地計壹畝正情愿出具賣地切結賣與

製造局作為公用議定每畝價錢四拾八仟文共計錢四拾八仟文業經親投

憲局如數領收清訖並無分文短少浮冒等弊除另具切結呈報本

縣衙門存案備查外合具此切結是實

光緒拾叁年九月　日具賣田地切結人周承啟十

方十三啚地保張惠忠十

69

周承啟具賣田地切結（1887 年 10 月或 11 月，光緒十三年九月）

基字[illegible]號卷第二號

具領狀人周承啟今領到

製造局憲大人案下 給發 身 所賣二十四保方十二啚方字圩第一百个五號自業菜地

價足制錢四拾八阡文身於本日親投

憲局如數領收清訖並無分文短少浮冒等項情弊除另具賣地切結呈 存外合

具領狀是實

光緒拾叁年九月　日具領狀人周承啟十

方十三啚地保張惠忠十

70

周承啟具領狀（1887年10月或11月，光緒十三年九月）

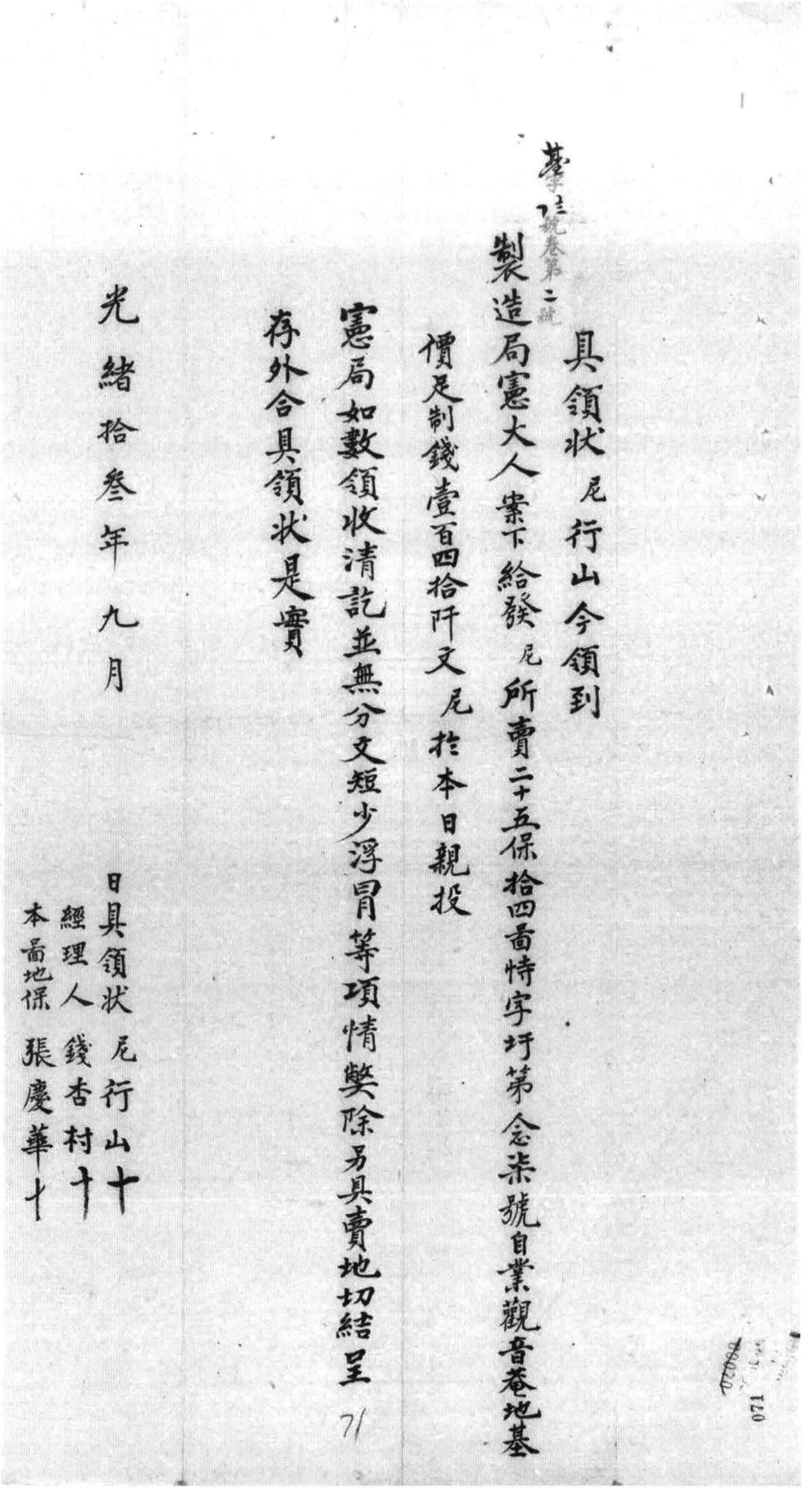

基字〡三號卷第二號

具領狀 尼 行山今領到

製造局憲大人 案下 給發 尼 所賣二十五保拾四啚恃字圩第念柒號自業觀音巷地基

價足制錢壹百四拾阡文 尼 於本日親投

憲局如數領收清訖並無分文短少浮冒等項情弊除另具賣地切結呈

存外合具領狀是實

光緒拾叁年九月　日具領狀 尼 行山 十

經理人 錢杏村 十

本啚地保 張慶華 十

71

尼行山具領狀（1887 年 10 月或 11 月，光緒十三年九月）

基字三號卷第二號

具賣地切結 尼 行山 今具到

製造局憲大人案下 尼 有自業觀音菴基地坐落念五保拾四啚特字圩第念柒號

現已量見基地計貳畝正情愿出具賣地切結賣與

製造局作為公用議定每畝價錢柒拾仟文共計錢壹百四拾仟文 尼 業經親投

憲局如數領收清訖並無分文短少浮冒等弊除另具切結呈報本

縣衙門存案備查外合具此切結是實

光緒拾叁年九月　日具賣觀音菴基地 尼 行山 十

經理人 錢杏村 十

本啚地保 張慶華 十

72

072

尼行山具賣觀音庵基地切結（1887年10月或11月，光緒十三年九月）

茗字丨三號卷第二號

具領狀人楊大榮今領到

製造局憲大人案下 給發身所賣二十五保拾四啚恃字圩第念八號自業萊地

價足制錢拾七千七百六拾文（又六千七百念文）身於本日親投

憲局如數領收清訖並無分文短少浮冒等項情弊除另具賣地切結呈存外合

具領狀是實

光緒拾三年十二月　日具領狀人楊大榮 十

本啚地保張慶華 十

73

073

楊大榮具領狀（1888 年 1 月或 2 月，光緒十三年十二月）

基字〡三號卷第二號

具賣地切結人楊大榮今具到

製造局憲大人案下竊身有自業田園菜地坐落念五保拾四啚恃字圩第念八號

現已量見菜地計三分七厘正（又壹分四厘）情愿出具賣地切結賣與

製造局作為公用議定每畝價錢四拾八千文共計錢拾七千七百六十文（又六千七百念文）業經親投

憲局如數領收清訖並無分文短少浮冒等弊除另具切結呈報本

縣衙門存案備查外合具此切結是實

光緒拾三年十二月　日具賣田園菜地切結人　楊大榮十

本啚地保　張慶華十

楊大榮具賣田園菜地切結（1888年1月或2月，光緒十三年十二月）

基字十三號卷第二號

具領狀人姜秉卿今領到

製造局憲大人案下給發身所賣二十五保十二啚方字圩第　號自業田地

價足制錢肆拾捌千文身於本日親投

憲局如數領收清訖並無分文短少浮冒等項情弊除另具賣地切結呈　存外合

具領狀是實

光緒拾三年十一月　日具領狀人姜秉卿　十

本啚地保張信玉　十

姜秉卿具領狀（1887 年 12 月或 1888 年 1 月，光緒十三年十一月）

基字〡三號卷第二號

具賣地切結人姜秉卿今具到

製造局憲大人案下竊身有自業田園菜地坐落二十五保十二啚方字圩第　　號

現已量見坟地計田壹畝　情愿出具賣地切結賣與

製造局作為公用議定每畝價錢四拾八千文共計錢肆拾捌千文業經親投

憲局如數領收清訖並無分文短少浮冒等弊除另具切結呈報本

縣衙門存案備查外合具此切結是實

光緒拾三年十一月　日具賣田地切結人姜秉卿十

本啚地保張信玉十

76

076

姜秉卿具賣田地切結（1887 年 12 月或 1888 年 1 月，光緒十三年十一月）

基字1〣號卷第二號

具領狀人楊桂生今領到
製造局憲大人案下 給發身 所賣二十五保拾四啚恃字圩第念三號自業菜地
價足制錢念五千五百卅六文身於本日親投
憲局如數領收清訖並無分文短少浮冒等項情弊除另具賣地切結呈 存外合
具領狀是實

光緒拾叁年十一月　日具領狀人楊桂生 十
本啚地保張慶華 十

楊桂生具領狀（1887年12月或1888年1月，光緒十三年十一月）

基字[illegible]號卷第二號

具賣地切結人楊桂生今具到

製造局憲大人案下竊身有自業田園菜地坐落念五保拾四圖恃字圩第念三號

現已量見菜地計五分三厘叁毫情愿出具賣地切結賣與

製造局作為公用議定每畝價錢四拾八千文共計錢念五千五百三十六文業經親投

憲局如數領收清訖並無分文短少浮冒等弊除另具切結呈報本

縣衙門存案備查外合具此切結是實

光緒拾三年十一月日具賣田園菜地切結人楊桂生十

本圖地保張慶華十

楊桂生具賣田園菜地切結（1887年12月或1888年1月，光緒十三年十一月）

基字卅號卷第二號

具領狀人馮堃　今領到

製造局憲大人案下　給發身　所賣二十五保拾四啚恃字圩第　弍拾　號自業菜地

價足制錢四拾千叁百十八文身於本日親投

憲局如數領收清訖並無分文短少浮冒等項情弊除另具賣地切結呈　存外合

具領狀是實

光緒拾三年十一月　日具領狀人馮　堃十

本啚地保張慶華十

馮堃具領狀（1887 年 12 月或 1888 年 1 月，光緒十三年十一月）

基字一三號卷第二號

具賣地切結人馮堃 今具到

製造局憲大人案下 竊身有自業田園菜地坐落念五保拾四啚恃字圩第 弍拾 號

現已量見菜地計壹畝零零六毫情願出具賣地切結賣與

製造局作爲公用議定每畝價錢四拾八阡文共計錢四拾八千弍百八十八文業經親投

憲局如數領收清訖並無分文短少浮冒等弊除另具切結呈報 本

縣衙門存案備查外合具此切結是實

光緒拾三年十一月

日具賣田園菜地切結人馮 堃十

本啚地保張慶華十

馮堃具賣田園菜地切結（1887 年 12 月或 1888 年 1 月，光緒十三年十一月）

基字〡〣號卷第二號

具賣地切結人王鶴樓今具到

製造局憲大人案下竊身有自業田園菜地坐落念五保拾四啚特字圩第念六號

現已量見菜地計四畝九分八釐八毫情愿出具賣地切結賣與

製造局作為公用議定每畝價錢四拾八千文共計錢弍百卅九千四百廿四文業經親投

憲局如數領收清訖並無分文短少浮冒等弊除另具切結呈報本

縣衙門存案備查外合具此切結是實

光緒拾三年十一月　日具賣田園菜地切結人王鶴樓 十

本啚地保張慶華 十

81

081

王鶴樓具賣田園菜地切結（1887年12月或1888年1月，光緒十三年十一月）

基字注號卷第二號

具領狀人王鶴樓今領到
製造局憲大人 案下 給發身所賣二十五保拾四啚特字圩第念五六號自業菜地
價足制錢弍百卅弍百文交身於本日親投
憲局如數領收清訖並無分文短少浮冒等項情弊除另具賣地切結呈存外合
具領狀是實
光緒拾三年十一月 日具領狀人王鶴樓 十
本啚地保張慶華 十

王鶴樓具領狀（1887 年 12 月或 1888 年 1 月，光緒十三年十一月）

甚字〡三號卷第二號

具領狀人王鶴楼今領到

製造局憲大人案下給發身所賣二十五保拾四啚恃字圩念七號自業菜地

價足制錢念四千文身於本日親投

憲局如數領汖清訖並無分文短少浮冒等項情弊除另具賣地切結呈存外合

具領狀是實

光緒拾三年十一月　日具領狀人王鶴楼十

本啚地保張慶華十

83

083

王鶴樓具領狀（1887年12月或1888年1月，光緒十三年十一月）

基字[illegible]號[illegible]第二號

具賣地切結人王鶴樓今具到
製造局憲大人案下 竊身有自業田園菜地坐落念五保拾四啚恃字圩 念七號
現已量見菜地計 五分正情愿出具賣地切結賣與
製造局作為公用議定每畝價錢四拾八千文共計錢 念四千 文業經親投
憲局如數領收清訖並無分文短少浮冒等弊除另具切結呈報 本
縣衙門存案備查外合具此切結是實
光緒拾三年 十一月
日具賣田園菜地切結人王鶴樓 十
本啚地保張慶華 十

84

480

王鶴樓具賣田園菜地切結（1887 年 12 月或 1888 年 1 月，光緒十三年十一月）

基字〡三號卷第二號

具領狀人楊聚春今具到

製造局憲大人案下給發身有自己先人坟墓（砚處／前）處內（灰／磚）墊棺（四／浮厝弍）具坐落念五保拾四啚地方因該地基

貴局擬買作為公用身情愿請領遷坟費早為自行遷徙他處現蒙

憲局照身派算每一具棺請給遷坟費錢九阡（又木匣四個錢四千／又浮厝弍具錢三千五百）文共計錢肆拾柒阡文身如數領訖並無

尅扣浮冒等弊所具領狀是實

光緒拾叁年玖月　日具領狀人楊聚春　十

本啚地保張慶華　十

85

085

楊聚春具領狀（1887 年 10 月或 11 月，光緒十三年九月）

具領狀人楊聚春今領到

基字卜三號春第二號

製造局憲大人案下 給發身所賣二十五保拾四啚恃字圩第念八號自業菜地

價足制錢三拾弍千七百卌六文身於本日親投

憲局如數領收清訖並無分文短少浮冒等項情弊除另具賣地切結呈存外合

具領狀是實

光緒拾三年十二月

日具領狀人楊聚春 十

本啚地保張慶華 十

86

980

楊聚春具領狀（1888年1月或2月，光緒十三年十二月）

基字〡三號卷第二號

具賣地切結人楊聚春今具到

製造局憲大人 案下 竊身有自業田園菜地坐落念五保拾四啚恃字圩第念八號

現已量見菜地計六分八厘六毫情愿出具賣地切結賣與

製造局作爲公用議定每畝價錢四拾八阡文共計錢三拾弍千七百卅六文業經親投

憲局如數領收清訖並無分文短少浮冒等弊除另具切結呈報 本

縣衙門存案備查外合具此切結是實

光緒拾叁年拾弍月 日具賣田園菜地切結人 楊聚春 十

本啚地保 張慶華 十

87

087

楊聚春具賣田園菜地切結（1888年1月或2月，光緒十三年十二月）

基字〡三號卷第二號

具賣地切結人楊聚春今具到

製造局憲大人案下竊身有自業田園菜地坐落念五保拾四啚恃字圩第念八號

現已量見菜地計四分壹厘五毫情愿出具賣地切結賣與

製造局作為公用議定每畝價錢四拾八仟文共計錢拾九千九百念文業經親投

憲局如數領收清訖並無分文短少浮冒等弊除另具切結呈報本

縣衙門存案備查外合具此切結是實

光緒拾叁年拾月　日具賣田園菜地切結人楊聚春　十

本啚地保張慶華　十

088

楊聚春具賣田園菜地切結（1887年11月或12月，光緒十三年十月）

甚字〡三號卷第二號

具領狀人楊聚春今領到

製造局憲大人案下給發身所賣二十五保拾四啚恃字圩第念八號自業菜地

價足制錢拾九千九百念文身於本日親投

憲局如數領收清訖並無分文短少浮冒等項情弊除另具賣地切結呈存外合

具領狀是實

光緒拾叁年拾月　日具領狀人楊聚春 十

本啚地保張慶華 十

680

楊聚春具領狀（1887年11月或12月，光緒十三年十月）

基字三十號卷第二號

具領狀人楊才才今領到
製造局憲大人案下給發身所賣二十五保拾四啚恃字圩第念八號自業菜地
價足制錢拾九千九百六十八文身於本日親投
憲局如數領收清訖並無分文短少浮冒等項情弊除另具賣地切結呈存外合
具領狀是實

光緒拾叁年拾月　日具領狀人楊才才　十
本啚地保張慶華　十

楊才才具領狀（1887年11月或12月，光緒十三年十月）

甚字〡〣號卷第二號

具賣地切結人楊才才今具到

製造局憲大人案下竊身有自業田園菜地坐落念五保拾四啚恃字圩第念八號

現已量見菜地計四分壹厘毫情愿出具賣地切結賣與

製造局作為公用議定每畝價錢四拾八阡文共計錢拾九千九百六十八文業經親投

憲局如數領收清訖並無分文短少浮冒等弊除另具切結呈報　本

縣衙門存案備查外合具此切結是實

光緒拾叁年拾月　日具賣田園菜地切結人楊才才十

本啚地保張慶華十

91

160

楊才才具賣田園菜地切結（1887年11月或12月，光緒十三年十月）

基字注號叄第二號

具領狀人楊桂生今領到
製造局憲大人案下給發身所賣二十五保拾四啚恃字圩第念八號自業基地
價足制錢百八十九千肆文身於本日親投
憲局如數領收清訖並無分文短少浮冒等項情弊除另具賣地切結呈存外合
具領狀是實

光緒拾叄年拾月　日具領狀人楊桂生十
本啚地保張慶華十

092

楊桂生具領狀（1887年11月或12月，光緒十三年十月）

基字　號卷第二號

具賣地切結人楊桂生今具到

製造局憲大人案下　竊身有自業宅基地坐落念五保拾四啚特字圩第念八號

現已量見宅基地計弍畝七分厘毫情愿出具賣地切結賣與

製造局作爲公用議定每畝價錢柒拾阡文共計錢百八十九千七百七拾文業經親投

憲局如數領收清訖並無分文短少浮冒等弊除另具切結呈報　本

縣衙門存案備查外合具此切結是實

光緒拾叁年拾月　日具賣田宅基地切結人楊桂生十

本啚地保　張慶華十

93

093

楊桂生具賣田宅基地切結（1887年11月或12月，光緒十三年十月）

基字卄三號卷第二號

具領狀人楊敬三等叁拾八名今領到

製造局憲大人臺下給發身等自己田內掘賣泥價共計足制錢陸拾叁千叁百五拾文

於本日均各親投

憲局如數領收清訖並無分文短少浮冒等項情弊合

具領狀是實

光緒十二年十二月　　日具領狀人

楊敬三 [illegible] 十　楊阿苟 [illegible] 十　喬元明 [illegible] 十　[illegible] 十
楊陸氏 [illegible] 十　楊秀 [illegible] 十　喬長庚 [illegible] 十　唐阿桂 [illegible] 十
楊桂春 [illegible] 十　張金保 [illegible] 十　林惠心 [illegible] 十　唐阿春 [illegible] 十
楊阿苟 [illegible] 十　[illegible] 十　張純忠 [illegible] 十　王鳳祥 [illegible] 十
楊桂生 [illegible] 十　喬長庚 [illegible] 十　唐兆球 [illegible] 十　唐紀綱 [illegible] 十
楊壽生 [illegible] 十　喬福康 [illegible] 十　顧順德 [illegible] 十　張義榮 [illegible] 十
楊[illegible] 十　喬阿海 [illegible] 十　王鳳生 [illegible] 十　顧順德 [illegible] 十

十四圖地保張慶華 十

楊敬三等具領狀（1888 年 1 月或 2 月，光緒十三年十二月）

基字 號卷第二號

具賣田切結人楊敬三等三十三名，今具到

製造局憲大人臺下：竊身等各有自業田地，均係坐落二十五保十四圖情字圩第四十九號，

現已量見，共計田叁畝叁分捌厘九毫，情愿出具切結賣與

憲局作為公用，每畝議定價錢肆拾捌千文，合計足制錢壹百伍拾九千七百九十二文，業經親投

憲局如數領收清訖，並無分文短少，浮冒情弊。除另具切結呈報本縣衙門存案備查外，合具

切結是實。

光緒十二年十二月　日具賣田切結人

楊敬三田弍厘一毫 十
楊桂瀅田弍厘二毫 十
楊大榮田壹厘 十
楊叙金田八厘六毫 十
楊秀瀅田八厘七毫 十
楊陸氏田壹厘七毫 十
楊桂春田三厘 十
楊河南田三厘三毫 十
楊桂生田五厘五毫 十

楊壽生田三厘一毫 十
楊聯慶田三分三厘九毫 十
楊河南田七厘八毫 十
楊秀田五厘四毫 十
錢金南田一分六厘六毫 十
張文保田八厘九毫 十
陳裕如田壹分四厘四毫 十
龔秀芳田一分六厘六毫 十

喬長庚田七厘九毫 十
喬福康田一分六厘一毫 十
喬河海田一厘五毫 十
喬元明田一分四厘一毫 十
喬長庚田一分八厘六毫 十
林士忠田一分壹厘二毫 十
張純忠田一分三厘九毫 十
顧閔德田捌厘 十

張菊榮田三厘九毫 十
顧閔德田一分六厘六毫 十
王鳳生田一分九毫 十
李子卿田一分四厘一毫 十
唐河桂田七厘一毫 十
唐河春田六厘八毫 十
王鳳祥田捌厘 十
唐紀淵田弍分壹厘一毫 十

本圖地保張慶華 十

095

楊敬三等具賣田切結（1886年12月或1887年1月，光緒十二年十二月）

基字卅號卷第二號

具領狀人楊敬三等三十三名今領到

製造局憲大人臺下給發身等所賣二十五保十四啚情字圩第四千三百廿九號自業共計田叁畝叁分叁厘九毫

計田價足制錢壹百伍拾九千柒百八十文於本日均各親收

憲局如數領收清訖並無分文短少浮冒等項情弊除另具賣地切結呈 存外合

具領狀是實

光緒十二年十二月　　日具領狀人

姓名	田數	錢數	押
楊敬三	[illegible]	[illegible]	十
楊桂堂	[illegible]	[illegible]	十
楊六保	[illegible]	[illegible]	十
楊叙金	[illegible]	[illegible]	十
楊秀堂	[illegible]	[illegible]	十
楊隆氏	[illegible]	[illegible]	十
楊祥春	三厘	[illegible]	十
楊阿菊	[illegible]	[illegible]	十
楊桂生	[illegible]	[illegible]	十
楊春生	[illegible]	[illegible]	十
楊瑞茂	[illegible]	[illegible]	十
楊阿竒	[illegible]	[illegible]	十
楊秀	[illegible]	[illegible]	十
錢金竒	[illegible]	[illegible]	十
張文保	[illegible]	[illegible]	十
陳裕如	[illegible]	[illegible]	十
龔勇秀	[illegible]	[illegible]	十
喬長庆	[illegible]	[illegible]	十
喬福康	[illegible]	[illegible]	十
喬阿海	[illegible]	[illegible]	十
喬元明	[illegible]	[illegible]	十
喬長庚	[illegible]	[illegible]	十
林士忠	[illegible]	[illegible]	十
張純忠	[illegible]	[illegible]	十
顧順德	[illegible]	[illegible]	十
又	[illegible]	[illegible]	十
張茂荣	[illegible]	[illegible]	十
王鳳生	[illegible]	[illegible]	十
王子珊	[illegible]	[illegible]	十
唐阿桂	[illegible]	[illegible]	十
唐阿春	[illegible]	[illegible]	十
王鳳祥	[illegible]	[illegible]	十
唐紀湘	[illegible]	[illegible]	十

本啚地保　張慶華十

96

960

楊敬三等具領狀（1886 年 12 月或 1887 年 1 月，光緒十二年十二月）

基字[illegible]號卷第二號

具領狀人朱桂堂今領到

製造局憲大人臺下給發身所賣二十五保十三啚卮字圩第壹百零號 計田壹分叁厘玖毫

計田價足制錢壹拾千伍百陸拾文於本日親收

憲局如數領收清訖並無分文短少浮冒等項情弊除另具賣地切結呈 存外合具

領狀是實

光緒十二年十二月 日具領狀人朱桂堂十

本啚地保康錫卿十

97

097

朱桂堂具領狀（1886 年 12 月或 1887 年 1 月，光緒十二年十二月）

甚字廿號卷第二號

具賣田切結人朱桂堂今具到

製造局憲大人臺下竊身有自業田地坐落二十五保十三啚靡字圩第壹百叁拾壹號

計田壹分叁厘貳毫情愿出具切結賣與

憲局作為公用每畝議定價錢捌拾千文合計足制錢壹拾千五百陸拾文正業經親投

憲局如數領收清訖並無分文短少浮冒情弊除另具切結呈報本縣衙門存案備查外合具

切結是實

光緒十二年十二月　日具賣田切結人朱桂堂十

本啚地保康錫卿十

090

88

朱桂堂具賣田切結（1886 年 12 月或 1887 年 1 月，光緒十二年十二月）

基字〡〣號卷第二號

具領狀人行山尼今具到
製造局憲大人案下給發尼有自己先尼坟墓　處內厝葬棺七具木匣六個坐落念五保拾四啚地方因該地基
貴局擬買作為公用尼情愿請領遷坟費早為自行遷徙他處現蒙
憲局照尼派算每一具棺請給遷坟費錢九千壹千文共計錢六拾九千文尼如數領訖並無
尅和浮冒等弊所具領狀是實

光緒拾三年十一月　日具領狀人尼行山十
本啚地保張慶華十

尼行山具領狀（1887 年 12 月或 1888 年 1 月，光緒十三年十一月）

基字[illegible]號卷第二號

具領狀人朱錦堂今領到

製造局憲大人臺下給發身所賣二十五保十三圖靡字圩第[illegible]號計田捌厘叁毫

計田價足制錢陸千陸百四拾文正於本日親投

憲局如數領收清訖並無分文短少浮冒等項情弊除另具賣田切結呈存外合具

領狀是實

光緒十二年十二月　日具領狀人朱錦堂十

本圖地保康錫卿十

100

朱錦堂具領狀（1886年12月或1887年1月，光緒十二年十二月）

基字壹號卷第二號

具賣田切結人朱錦堂 今具到

製造局憲大人臺下竊身有自業田地坐落二十五保十二圖靡字圩第壹百廿七號

計田捌厘叁毫情愿出具切結賣與

憲局作為公用每畝議定價錢捌拾千文合計足制錢陸千陸百肆拾文正業經親按

憲局如數領收清訖並無分文短少浮冒情弊除另具切結呈報本縣衙門存案備查外合具

切結是實

光緒十二年十二月 日具賣田切結人朱錦堂十

本圖地保康錫卿十

101

101

朱錦堂具賣田切結（1886 年 12 月或 1887 年 1 月，光緒十二年十二月）

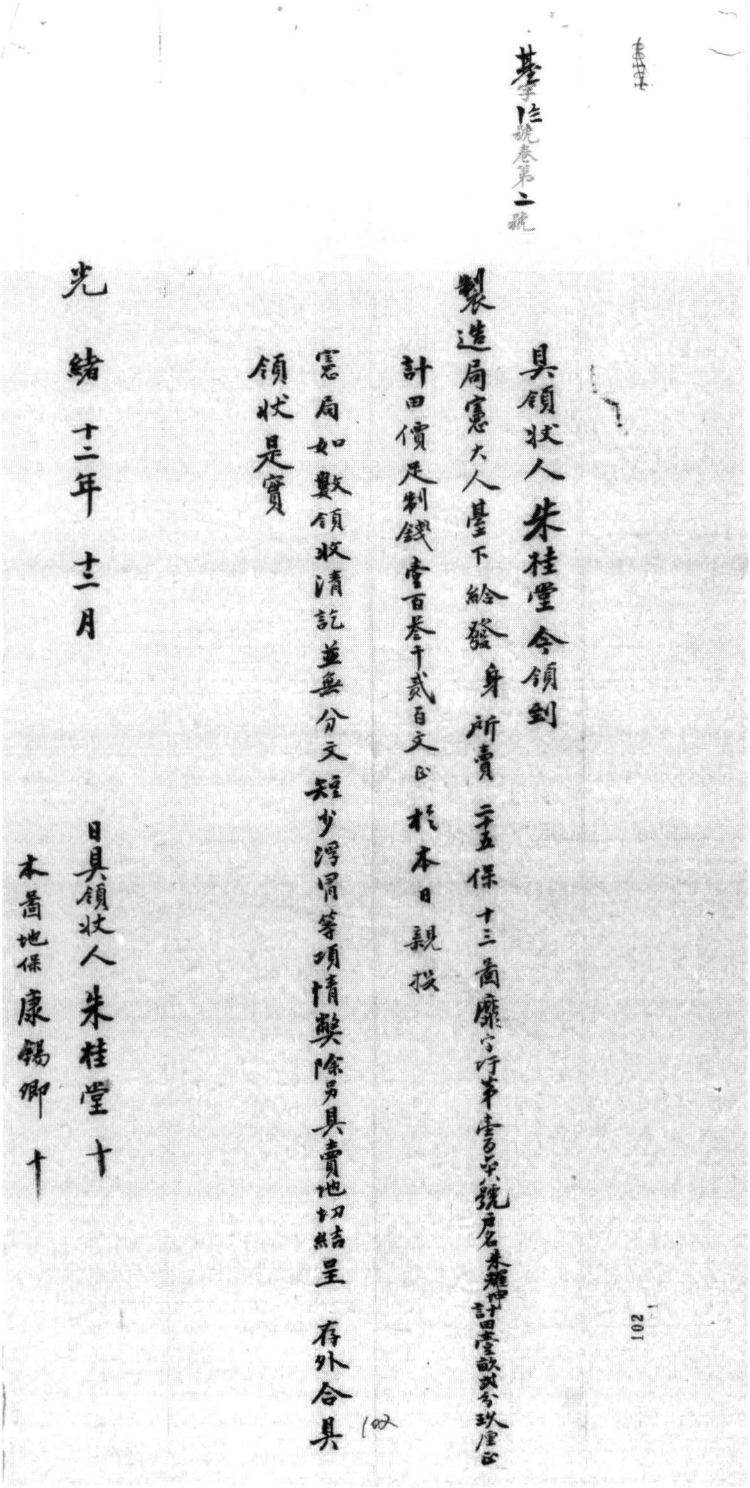
基字[illegible]號卷第二號

具領狀人朱桂堂今領到

製造局憲大人臺下給發 身所賣 二十五保十三啚廉字圩第壹百六號戶名朱耀坤計田壹畝貳分玖厘正

計田價足制錢壹百叁千貳百文正 於本日親收

憲局如數領收清訖並無分文短少浮冒等項情弊除另具賣地切結呈 存外合具

領狀是實

光緒 十二年 十二月 日具領狀人朱桂堂 十

本啚地保康錫卿 十

朱桂堂具領狀（1886 年 12 月或 1887 年 1 月，光緒十二年十二月）

基字注號卷第二號

具賣田切結人朱桂堂　今具到

製造局憲大人臺下竊身有自業田地坐落二十五保十三啚廉字圩第壹百四十八號

户名朱耀坤　計田壹畝弍分玖厘情愿出具切結賣與

憲局作爲公用每畝議定價錢捌拾千文合計足制錢壹百叁千貳百文正　業經親投

憲局如數領收清訖並無分文短少浮冒情弊除另具切結呈報本　縣衙門存案備查外合具

切結是實

光緒十二年十二月　日具賣田切結人朱桂堂十

本啚地保康錫卿十

103

朱桂堂具賣田切結（1886 年 12 月或 1887 年 1 月，光緒十二年十二月）

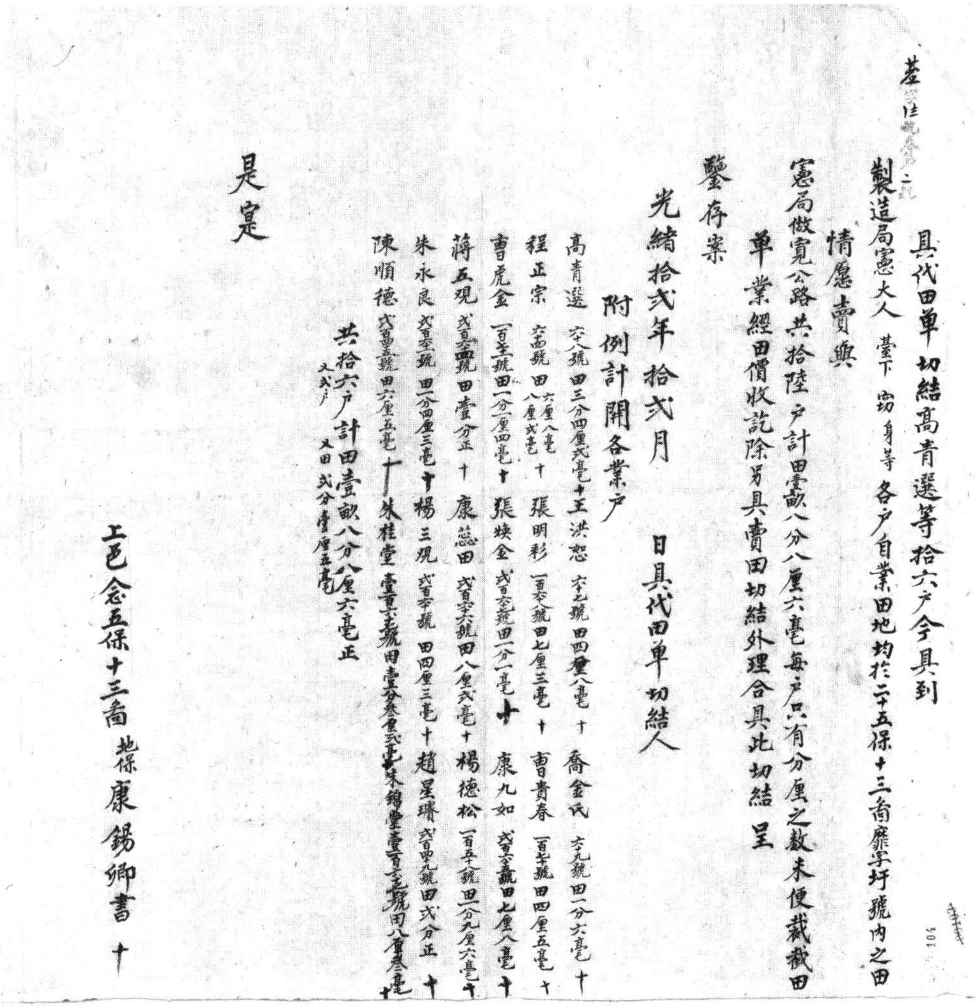
具代田單切結高青選等拾六户今具到
製造局憲大人臺下　竊身等各户自業田地均於二十五保十三啚靡字圩號內之田
情愿賣與
憲局做寬公路共拾陸户計田壹畝八分八厘六毫每户只有分厘之數未便裁截田
單業經田價收訖除另具賣田切結外理合具此切結呈
鑒存案
光緒拾弍年拾弍月　日具代田單切結人
附例計開各業户
高青選　六十八號田三分四厘弍毫十　王洪恕　六十七號田四厘八毫十　喬金氏　六十九號田一分六毫十
程正宗　六十四號田六厘八毫八厘弍毫十　張明彩　一百六十號田七厘三毫十　曹貴春　一百七十號田四厘五毫十
曹虎金　一百五十號田一分一厘四毫十　張焕金　弍百六十號田一分一毫十　康九如　弍百六十號田七厘八毫十
蔣五观　弍百五十四號田壹分正十　康懿田　弍百五十六號田八厘弍毫十　楊德松　一百五十號田一分九厘六毫十
朱永良　弍百五十號田一分四厘三毫十　楊三观　弍百十號田四厘三毫十　趙星璜　弍百四十九號田弍分正十
陳順德　弍百四十五號田六厘五毫十　朱桂堂　壹百六十五號田壹分叁厘弍毫十　朱錦堂　壹百六十五號田八厘叁毫十
共拾六户計田壹畝八分八厘六毫正
又弍户　又田弍分壹厘五毫
是寔
上邑念五保十三啚地保康錫卿書十

高青選等具代田單切結（1886 年 12 月或 1887 年 1 月，光緒十二年十二月）

甚字三號卷第二號

具代田單切結楊才金等拾户今具到

製造局憲大人臺下竊身等各户自業田地均於二十五保十五圖巳字圩號内之田情愿賣與

憲局做寛公路共拾户計田壹畝四分五厘五毫每户只有分厘之數未便裁截田單業經田價收訖除另具賣田切結外理合具此切結呈

鑒存案

光緒十二年十二月　日具代田單切結人楊才金等拾户具

附例計開各業户

、楊才金　六千號　田四厘八毫十、唐阿春　六千二號田一分五厘七毫十、徐云岐　五千五號田五厘四毫十

、張金松　六千號　田一分四厘七毫十、喬土生　六千二號田弍分五厘十、黃阿小　五千五號田柒厘十

、唐紀園　五千八號田五厘三毫十、喬應宗　五千八號田一分三厘十、張盤園　五千五號田一分一厘六毫十

、喬應宗　五千號田四分三厘十

共拾户計田壹畝四分五厘五毫

是實

上邑念五保十五圖　地保　顧成基書十

105

楊才金等具代田單切結（1886 年 12 月或 1887 年 1 月，光緒十二年十二月）

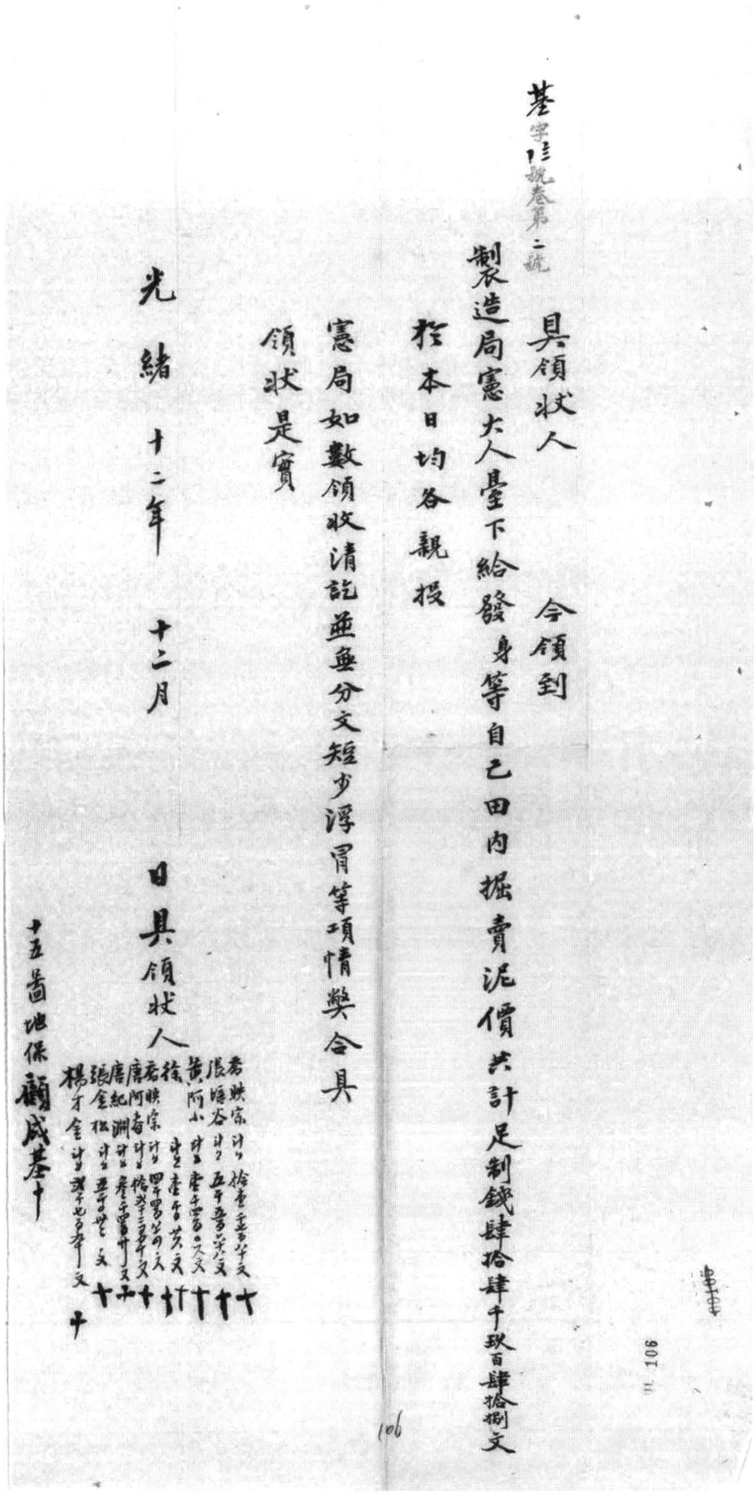

具領狀人　今領到

製造局憲大人臺下給發身等自己田内掘賣泥價共計足制錢肆拾肆千玖百肆拾捌文

於本日均各親授

憲局如數領收清訖並無分文短少浮冒等項情弊合具

領狀是實

光緒十二年十二月　日具領狀人

喬映宗

張晓谷

黃阿小

喬映宗

唐阿壽

唐紀淵

張金松

楊才金

十五啚地保顧成基

楊才金、喬映宗等具領狀（1886 年 12 月或 1887 年 1 月，光緒十二年十二月）

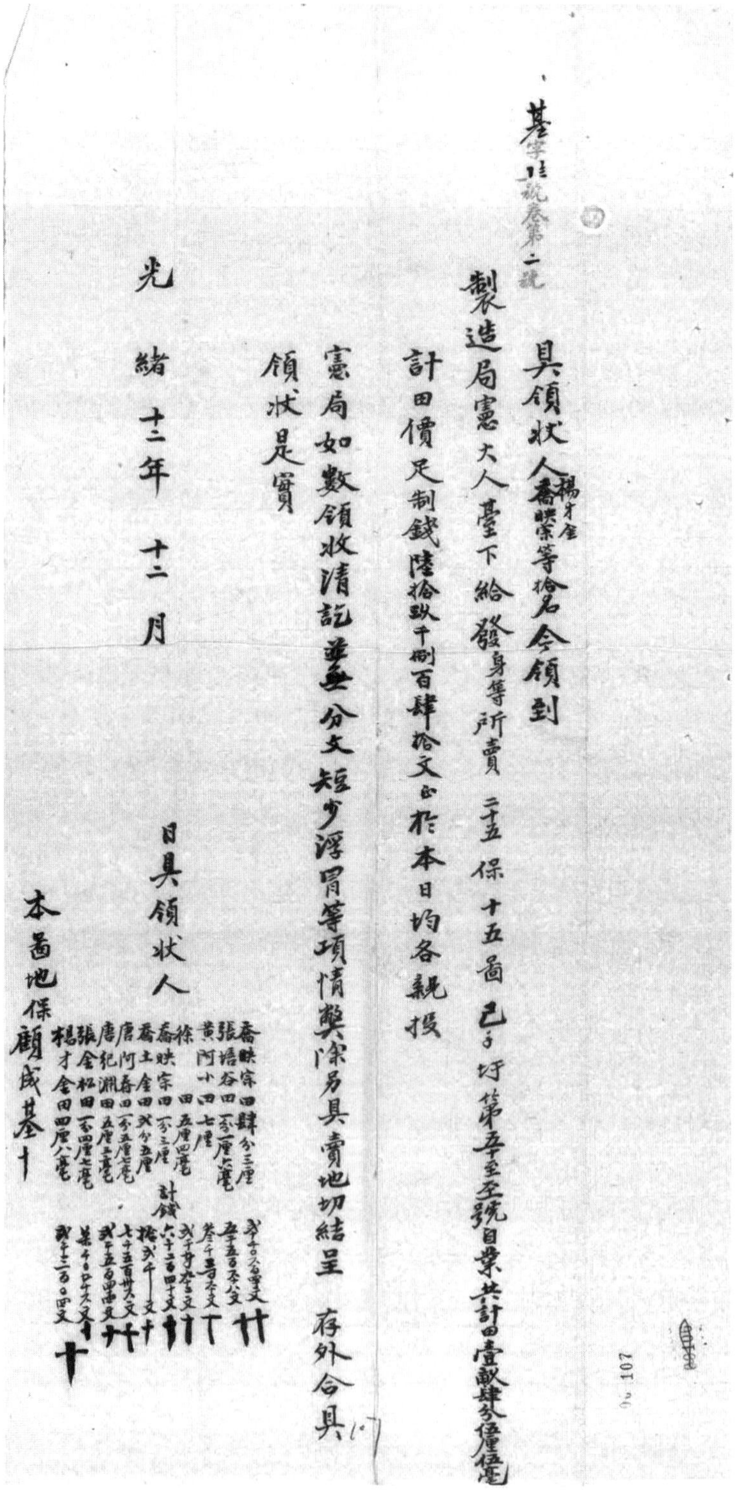

基字卄號卷第二號

具領狀人楊才金、喬映宗等拾名今領到

製造局憲大人臺下給發身等所賣二十五保十五啚已字圩第五至五號自業共計田壹畝肆分伍厘伍毫

計田價足制錢陸拾玖千捌百肆拾文正，於本日均各親授

憲局如數領收清訖，並無分文短少、浮冒等項情弊，除另具賣地切結呈　存外，合具

領狀是實

光緒十二年十二月　日具領狀人

喬映宗田肆分三厘
張培谷田一分一厘六毫
黃阿小田七厘
徐　田五厘四毫
喬映宗田一分三厘
喬土金田貳分五厘
唐阿春田一分五厘七毫
唐紀淵田五厘三毫
張金松田一分四厘七毫
楊才金田四厘八毫

計錢 [illegible]

本啚地保顧盛基　十

楊才金、喬映宗等具領狀（1886 年 12 月或 1887 年 1 月，光緒十二年十二月）

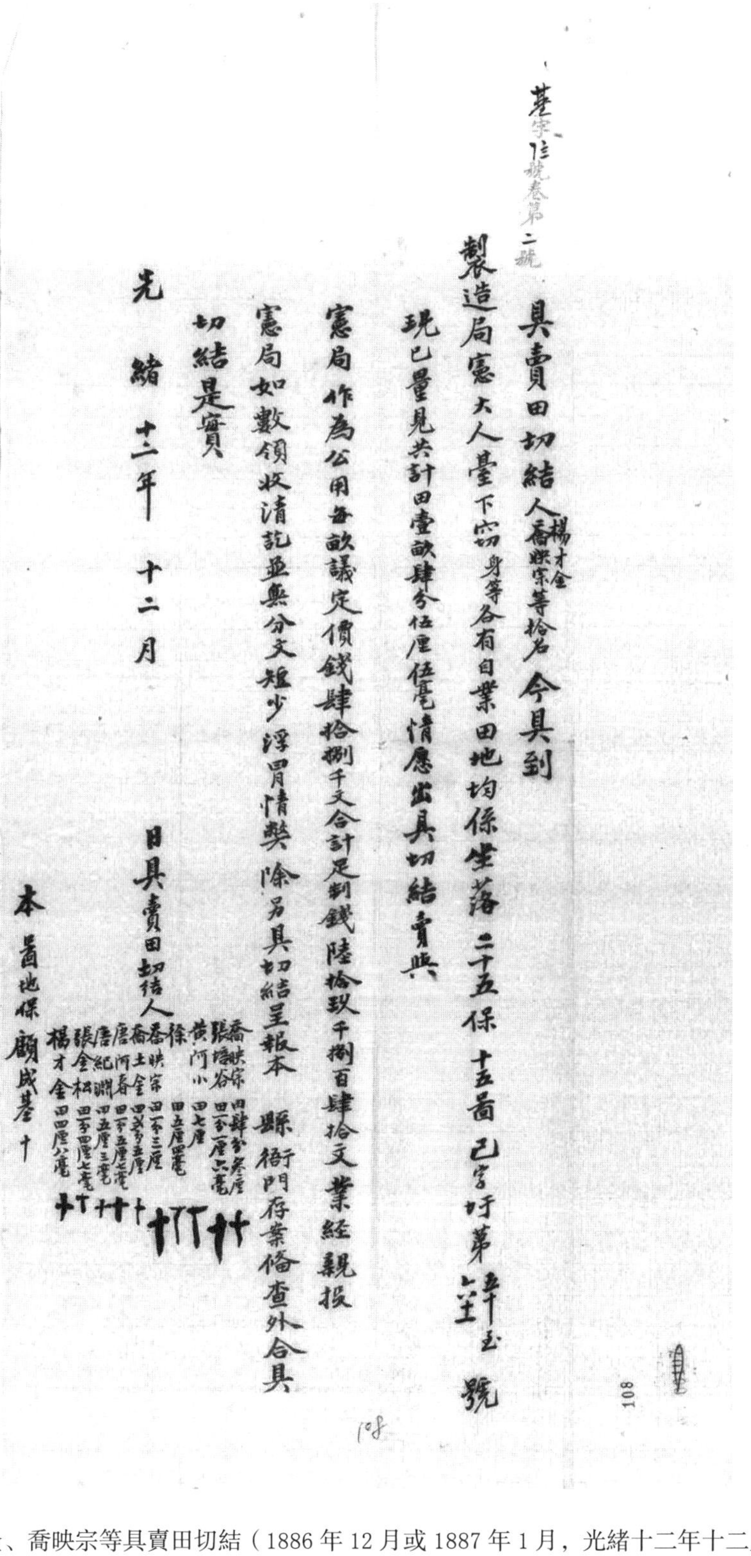
茎字卮號卷第二號

具賣田切結人楊才金喬映宗等拾名 今具到

製造局憲大人臺下竊身等各有自業田地均係坐落二十五保十五啚己字圩第　號

現已量見共計田壹畝肆分伍厘伍毫情愿出具切結賣與

憲局作為公用每畝議定價錢肆拾捌千文合計足制錢陸拾玖千捌百肆拾文業經親投

憲局如數領收清訖並無分文短少浮冒情弊除另具切結呈報本縣衙門存案備查外合具

切結是實

光緒十二年十二月　日具賣田切結人

喬映宗 田肆分叁厘 十

張燦谷 田一分一厘六毫 十

黃河小 田七厘 十

徐 田五厘四毫 十

喬映宗 田一分三厘 十

喬土金 田一分五厘 十

唐河春 田一分五厘七毫 十

唐紀淵 田五厘三毫 十

張金松 田一分四厘七毫 十

楊才金 田四厘八毫 十

本啚地保顧成基 十

108

楊才金、喬映宗等具賣田切結（1886年12月或1887年1月，光緒十二年十二月）

基字仁號卷第二號

具領狀人高青選等十四名今領到

製造局憲大人臺下給發身等自己田內掘賣泥價共計足制錢貳拾貳千玖百柒拾玖文

於本日均各親援

憲局如數領收清訖並無分文短少浮冒等項情弊合具

領狀是實

光緒十二年十二月　日具領狀人

高青選計七千七百[illegible]文十
王洪恕計壹千五百弍文十
喬金氏計壹千〇弍文十
程正宗計叁千〇百叁文十
曹盛金計弍千六百四百文十
張明祿計四百〇五文十
張琰金計壹千一文十

康九如計四百廿三文十
蔣五現計七千〇百〇文十
唐瑞田計六百十三文十
楊壽貴計七千〇百四十文十
朱水良計壹千一文十
楊三寶計叁百〇文十
趙星如計[illegible]百廿四文十

十三圖地保康碼卿十

109

高青選等具領狀（1886 年 12 月或 1887 年 1 月，光緒十二年十二月）

基字注號卷第二號

具領狀人高青選等拾七名，今領到

製造局憲大人臺下給發身等所賣二十五保十三啚廉字圩第[illegible]號白業，共計田壹畝捌分捌厘陸毫，

計田價足制錢玖拾千伍百貳拾捌文正，於本日均各親授

憲局如數領收清訖，並無分文短少浮冒等項情弊，除另具賣地切結呈存外，合具

領狀是實。

光緒十二年十二月　日具領狀人

高青選田叁分[illegible]厘[illegible]毫　拾六千[illegible]文　十
王洪懋田四厘八毫　贰千[illegible]文　十
喬金氏田壹分○六毫　五千○六十八文　十
程正宗田陸厘八毫　三千[illegible]文　十
又　田捌厘二毫　計錢三千[illegible]文　十
張明保田柒厘三毫　三千[illegible]文　十
曹貴春田肆厘五毫　贰千[illegible]文　十
曹富金田壹分一厘四毫　五千[illegible]文　十
張煥金田壹分○壹毫　四千[illegible]文　十
康九如田柒厘八毫　叁千[illegible]文　十
蔣五珠田壹分　四千[illegible]文　十
唐瑞田田捌厘二毫　叁千九百[illegible]文　十
楊善貞田一分九厘六毫　[illegible]文　十
朱永良田一分四厘三毫　[illegible]文　十
楊三貴田四厘三毫　贰千○[illegible]文　十
趙星如田贰分　九千[illegible]文　十
陳順德田陸厘五毫　三千[illegible]文　十

本啚地保唐錫卿　十

110

高青選等具領狀（1886年12月或1887年1月，光緒十二年十二月）

基字注號卷第二號

具賣田切結人高青選等拾七名，今具到

製造局憲大人臺下：竊身等各有自業田地，均係坐落二十五保十三啚廉字圩第壹百五拾七號，

現已量見，共計田壹畝捌分捌厘六毫，情愿出具切結，賣與

憲局作為公用。每畝議定價錢肆拾捌千文，合計足制錢貳拾貳千玖百柒拾玖文。業經親投

憲局如數領收清訖，並無分文短少、浮冒情弊。除另具切結呈報本縣衙門存案備查外，合具

切結是實。

光緒十二年十二月　日具賣田切結人

高青選 田叁分□厘二毫 十
王洪恕 田肆厘八毫 十
喬金氏 田壹分□□毫 十
程正宗 田陸厘捌毫 十
又 張明錁 田捌厘□毫 十
曹長春 田叁厘三毫 十
曹富金 田肆厘五毫 十
張煥金 田壹分□厘四毫 十

康九如 田七厘八毫 十
蔣五魁 田壹分 十
唐勝田 田捌厘二毫 十
楊春貞 田一分九厘七毫 十
朱小良 田壹分四厘三毫 十
楊三貴 田四厘三毫 十
趙呈如 田貳分 十
陳嘯穗 田陸厘五毫 十

本啚地保康錫卿 十

111

111

高青選等具賣田切結（1886 年 12 月或 1887 年 1 月，光緒十二年十二月）

基字〣號卷第二號

具領狀人王萬方今具到

製造局憲大人案下給發身有自置七樑木竹架瓦屋面房壹間坐落念五保拾四啚地方因該地基

貴局擬買作為公用身情愿請領遷房費早為自行遷徙他處現蒙

憲局照身派算每一間房請給遷房費錢拾伍仟（又地板一間錢四千）文共計錢拾九仟文身如數領訖並無

尅扣浮冒等弊所具領狀是實

光緒拾叁年九月　日具領狀人王萬方十

本啚地保張慶華十

王萬方具領狀（1887年10月或11月，光緒十三年九月）

荃字拾號卷第二號

具領狀人戴裕隆今具到

製造局憲大人案下給發身有自置七樑木竹架瓦屋面房弍間坐落念五保拾四啚地方因該地基

貴局擬買作為公用身情愿請領遷房費早為自行遷徙他處現蒙

憲局照身泒算每一間房請給遷房費錢拾伍阡（又地板半間費貳千）文共計錢叁拾弍阡文身如數領訖並無

尅扣浮冒等弊所具領狀是實

光緒拾叁年玖月　日具領狀人戴裕隆　十

本啚地保張慶華　十

112

113

戴裕隆具領狀（1887年10月或11月，光緒十三年九月）

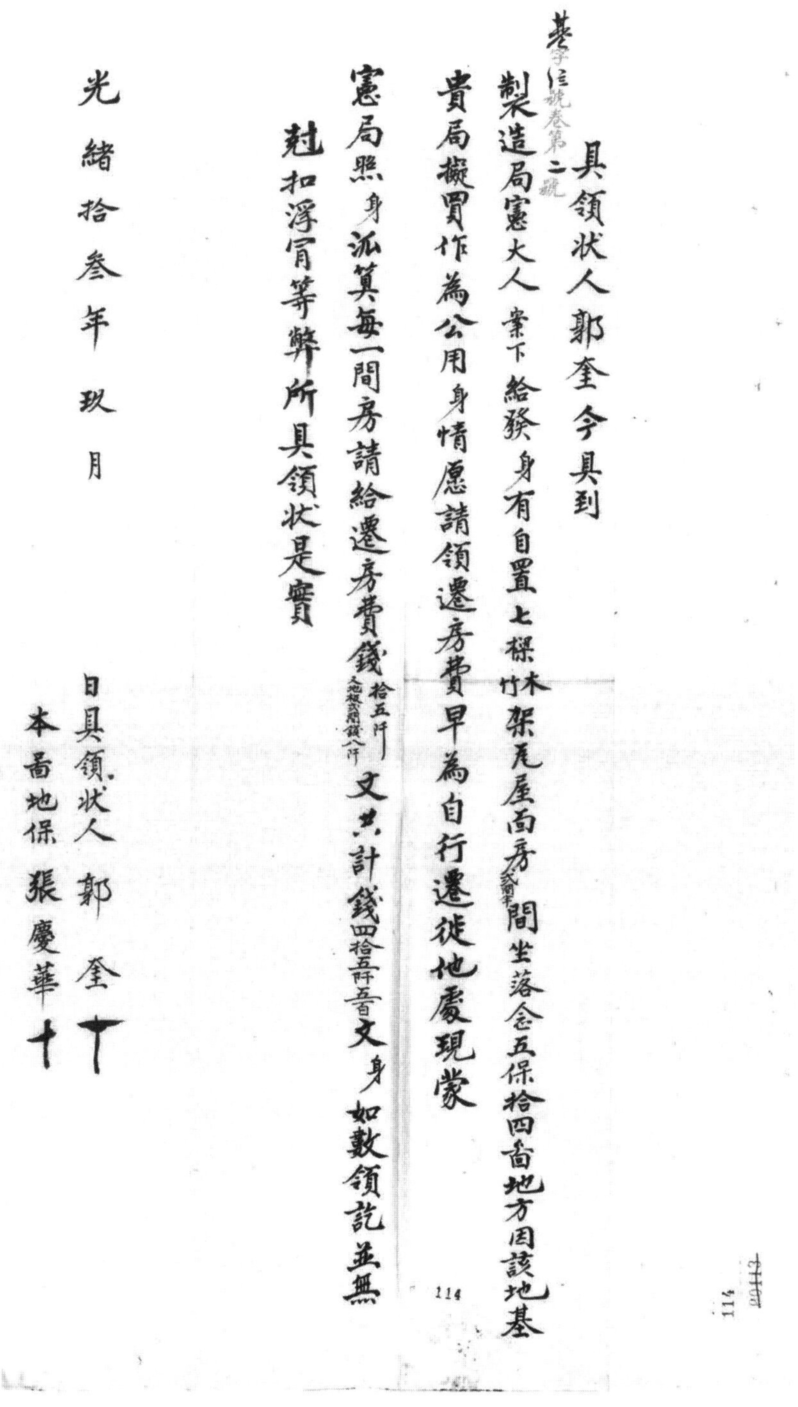
基字三號卷第二號

具領狀人郭奎今具到

製造局憲大人案下給發身有自置七樑竹木架瓦屋面房貳間半間坐落念五保拾四啚地方因該地基

貴局擬買作為公用身情愿請領遷房費早為自行遷徙他處現蒙

憲局照身派算每一間房請給遷房費錢拾五千文又地基貳角錢八千文共計錢四拾五千五百文身如數領訖並無

尅扣浮冒等弊所具領狀是實

光緒拾叁年玖月　日具領狀人郭奎十

本啚地保張慶華十

郭奎具領狀（1887 年 10 月或 11 月，光緒十三年九月）

甚字三號卷第二號

具領狀人陸榮今具到
製造局憲大人案下給發身有自置七棵竹木架瓦屋面房（壹間半）間坐落念五保拾四畨地方因該地基
貴局擬買作為公用身情愿請領遷房費早為自行遷徙他處現蒙
憲局照身派算每一間房請給遷房費錢拾五仟（又加搬一間半錢六千）文共計錢念八仟伍百文身如數領訖並無
尅扣浮冒等弊所具領狀是實

光緒拾叁年九月　日具領狀人陸　榮十
本啚地保張慶華十

115

115

陸榮具領狀（1887年10月或11月，光緒十三年九月）

巷字三號卷第二號

具領狀人楊錫周今具到

製造局憲大人案下給發身有自置七椽木竹架茅屋面房六間半間坐落念五保拾四啚地方因該地基

貴局擬買作為公用身情愿請領遷房費早為自行遷徙他處現蒙

憲局照身泒算每一間房請給遷房費錢拾五千（又地基弍間錢八千）文共計錢壹百零五千五百文身如數領訖並無

尅扣浮冒等弊所具領狀是實

光緒拾叁年九月　日具領狀人楊錫周　十

本啚地保張慶華　十

116

楊錫周具領狀（1887 年 10 月或 11 月，光緒十三年九月）

基字123號卷第二號

具領狀人郭阿四今具到

製造局憲大人案下給發身有自置七樑木架磚壁瓦面房屋四間坐落念五保拾四啚地方因該地基

貴局擬買作為公用身情愿請領遷房費早為自行遷徙他處現蒙

憲局照身派算每一間房請給遷房費錢叁拾五千文（又地板錢八千）共計錢壹百四拾八千文身如數領訖並無

尅扣浮冒等弊所具領狀是實

光緒拾叁年九月　日具領狀人郭阿四　十

本啚地保張慶華　十

117

郭阿四具領狀（1887年10月或11月，光緒十三年九月）

基字〡三號卷第二號

具領狀人郭阿四今具到
製造局憲大人案下給發身有自置七根竹木架瓦屋面房六間坐落念五保拾四啚地方因該地基
貴局擬買作為公用身情愿請領遷房費早為自行遷徙他處現蒙
憲局照身派算每一間房請給遷房費錢拾伍阡文共計錢玖拾阡文身如數領訖並無
尅扣浮冒等弊所具領狀是實

光緒拾叁年玖月　日具領狀人郭阿四十
本啚地保張慶華十

116　118

郭阿四具領狀（1887 年 10 月或 11 月，光緒十三年九月）

基字[ ]號卷第二號

具領狀尼行山今具到

製造局憲大人案下給發尼有自養置七椂木房瓦面磚壁拾四五竹架房瓦屋面五間坐落念五保拾四啚地方因該地基

貴局擬買作為公用尼情愿請領遷房費早為自行遷徙他處現蒙

憲局照尼派算共房拾九間房請給遷房費共計錢四百弍拾阡文尼如數領訖並無

尅扣浮冒等弊所具領狀是實

光緒拾叁年九月　日具領狀尼行山十

經理人錢杏村十

本啚地保張慶華十

119　119

尼行山具領狀（1887年10月或11月，光緒十三年九月）

華字□號卷第二號

具領狀人潘金和今具到

製造局憲大人案下給發身有自置七棵木竹架瓦屋面房弍間坐落念五保拾四啚地方因該地基

貴局擬買作為公用身情愿請領遷房費早為自行遷徙他處現蒙

憲局照身泒算每一間房請給遷房費錢（拾九阡／拾五阡／又地板木間錢弍阡）文共計錢柒拾阡文身如數領訖並無

尅扣浮冒等弊所具領狀是實

光緒拾叁年九月　日具領狀人潘金和十

本啚地保張慶華十

潘金和具領狀（1887年10月或11月，光緒十三年九月）

具領狀人周承啓今具到

製造局憲大人案下給發身有自己先人坟墓（碑子 敞前）處內（灰磚）墊棺肆具坐落念四保方十二啚地方因該地基

貴局擬買作爲公用身情愿領還坟費早爲自行遷徙他處現蒙

憲局照身泒算每一具棺請給還坟費錢玖仟（又木匣不用）文共計錢[illegible]（計錢叁拾陸千文）文身如數領訖並無

尅扣浮冒等弊所具領狀是實

光緒拾叁年九月　日具領狀人周承啟 十

方十二啚地保張惠忠 十

周承啟具領狀（1887 年 10 月或 11 月，光緒十三年九月）

甚字三號卷第二號

具領狀人周承啟今具到

製造局憲大人案下給發身自遷先人坟墓內有弍具棺木腐爛請給木匣錢弍千文身如數領

訖並無短少浮冒等弊所具領狀是實

光緒拾叁年拾月　　日具領狀人　周承啟　十

二十四保方十三啚　張惠忠　十

周承啟具領狀（1887 年 11 月或 12 月，光緒十三年十月）

123

具領狀人蔣禧生今具到

製造局憲大人案下給發身有自己先人坟墓（弹子廠前處內灰墊棺三具、碑木匣二具）坐落念五保拾四啚地方因該地基

貴局擬買作爲公用身情愿請領遷坟費早爲自行遷徙他處現蒙

憲局照身派算每一具棺請給遷坟費錢玖阡（木匣每具壹千）文共計錢念九阡文身如數領訖並無

尅扣浮冒等弊所具領狀是實

光緒拾叁年十一月　日具領狀人蔣禧生　十

本啚地保張慶華　十

123

蔣禧生具領狀（1887 年 12 月或 1888 年 1 月，光緒十三年十一月）

甚字〡〣號卷第二號

具領狀人楊才金今具到

製造局憲大人案下給發身有自己先人墳墓（砲廠西首）處內（灰磚）葬棺八具坐落念五保拾四啚地方因該地基

貴局擬買作為公用身情愿請領遷墳費早為自行遷徙他處現蒙

憲局照身派算每一具棺請給遷墳費錢玖阡（木匣錢八千）文共計錢捌拾阡文身如數領訖並無

尅扣浮冒等弊所具領狀是實

光緒拾叁年拾月　日具領狀人楊才金十

本啚地保張慶華十

124

楊才金具領狀（1887年11月或12月，光緒十三年十月）

甚字〡〢號卷第二號

具領狀人王鶴楼今具到

製造局憲大人案下給發身有自己先人坟墓壹處內磚灰葬棺四具坐落念五保拾四啚地方因該地基

貴局擬買作為公用身情愿請領遷坟費早為自行遷徙他處現蒙

憲局照身派算每一具棺請給遷坟費錢拾弍千文共計錢四拾八千文身如數領訖並無

尅扣浮冒等弊所具領狀是實 又領骨箱四個計錢四千文

光緒拾三年十一月 日具領狀人王鶴楼十

本啚地保張慶華十

125

王鶴樓具領狀（1887 年 12 月或 1888 年 1 月，光緒十三年十一月）

具領狀人王鶴楼今具到

（甚字號卷第二號）

製造局憲大人案下給發身有自己先人坟墓處內灰壹磚墊棺拾具坐落念五保拾四啚地方因該地基

貴局擬買作為公用身情愿請領遷坟費早為自行遷徙他處現蒙

憲局照身派算每一具棺請給遷坟費錢九千／拾弍千文共計錢百念九千文身如數領訖並無

尅扣浮冒等弊所具領狀是實　又領骨箱柒個計錢柒千文

光緒拾三年十一月　日具領狀人王鶴楼　十

本啚地保張慶華　十

王鶴樓具領狀（1887年12月或1888年1月，光緒十三年十一月）

基字□號卷第二號

具領狀人王鶴樓今具到

製造局憲大人案下給發身有自己先人坟墓處內灰磚塋棺式五具木匣式個又式個坐落念五保拾四啚地方因該地基

貴局擬買作為公用身情愿請領遷坟費早為自行遷徙他處現蒙

憲局照身泒算每一具棺請給遷坟費錢九千、拾式千、木匣式千文共計錢七拾八千文又錢式千文又錢式千文身如數領訖並無

尅和浮冒等弊所具領狀是實

光緒拾三年十一月　日具領狀人王鶴樓十

本啚地保張慶華十

127

王鶴樓具領狀（1887 年 12 月或 1888 年 1 月，光緒十三年十一月）

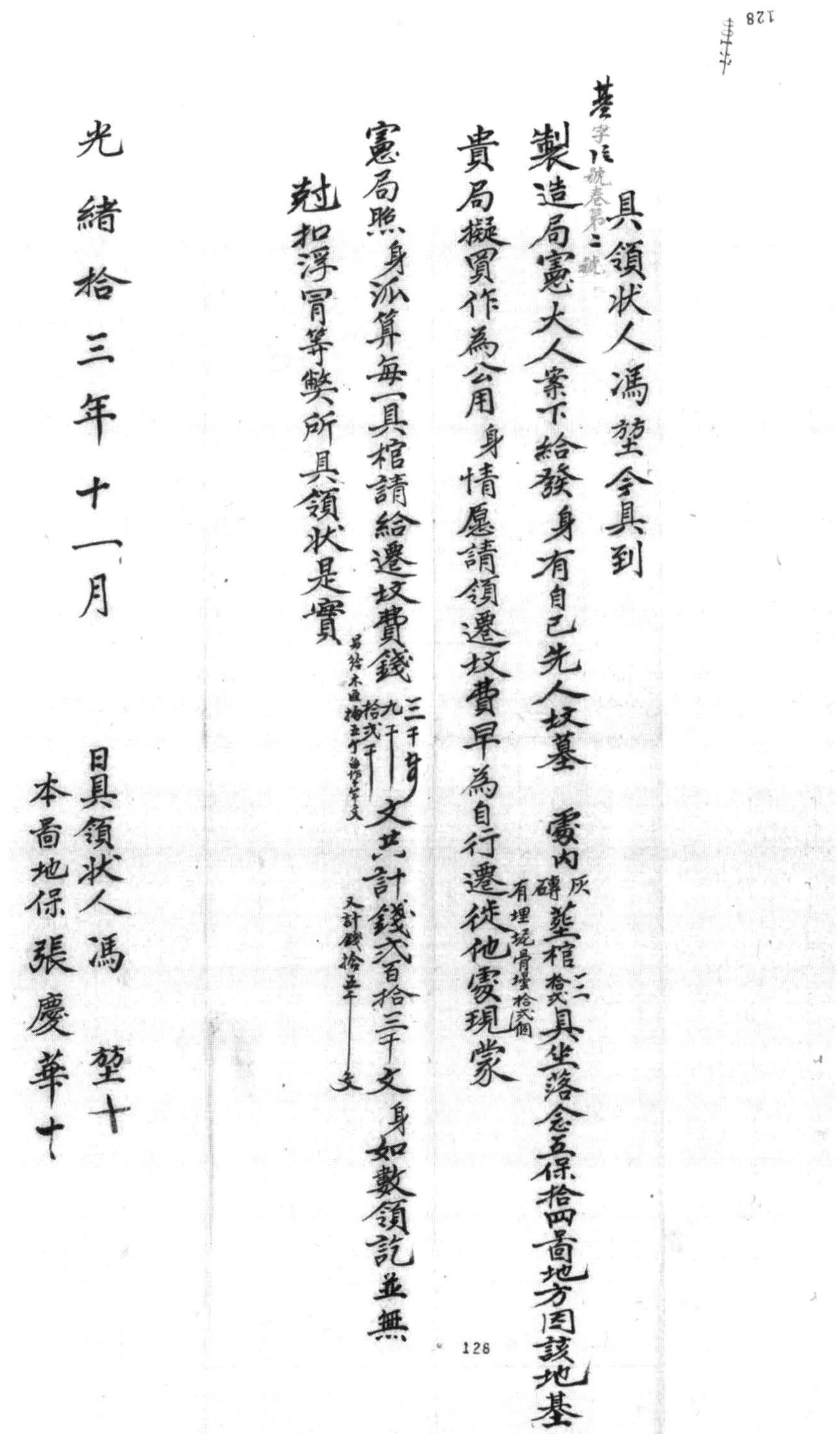
基字號卷第二號
具領狀人馮塈今具到
製造局憲大人案下給發身有自己先人坟墓處內磚灰塈棺二三拾弍具坐落念五保拾四啚地方因該地基
貴局擬買作為公用身情愿請領遷坟費早為自行遷徙他處現有埋屍骨壜拾弍個蒙
憲局照身泒算每一具棺請給遷坟費錢三千九千拾弍千文共計錢弍百拾三千文又計錢拾五千文身如數領訖並無
尅扣浮冒等弊所具領狀是實
光緒拾三年十一月 日具領狀人馮塈 十
本啚地保張慶華 十
128

馮塈具領狀（1887 年 12 月或 1888 年 1 月，光緒十三年十一月）

129

具領狀人姜秉卿今具到

基字[illegible]號卷第二號

製造局憲大人案下給發身有自己先人坟墓砲廠前需內厐墪棺拾六具坐落念四保方十二圖地方因該地基

貴局擬買作為公用身情愿請領遷坟費早為自行遷徙他處現蒙

憲局照身派莫每一具棺請給坟費錢九千文共計錢壹百四拾四千文身如數領訖並無

又給木匣搭五個作錢拾五千文

尅扣浮冒等弊所具領狀是實

光緒拾叁年拾月　日

具領狀人姜秉卿　十

方十二圖地保張信玉　十

129

姜秉卿具領狀（1887 年 11 月或 12 月，光緒十三年十月）

墓字〡三號卷第二號

具領狀人陳阿妹今具到

製造局憲大人案下給發身有自己先人坟墓壹處內灰磚𡊮棺壹具坐落念五保捨西啚地方因該地基

貴局擬買作為公用身情愿請領遷坟費早為自行遷徙他處現蒙

憲局照身派算每一具棺請給遷坟費錢九千文共計錢九千文身如數領訖並無

尅扣浮冒等弊所具領狀是實

木匣錢壹千文 又計錢乙千文

光緒拾叁年十一月　日具領狀人陳阿妹十

本啚地保張慶華十

130

130

陳阿妹具領狀（1887 年 12 月或 1888 年 1 月，光緒十三年十一月）

基字拾號卷第二號

具領狀人楊渭香今具到

製造局憲大人案下給發身有自己先人坟基（前破廠）處內浮厝棺（大式、小式）具坐落念五保拾四畵地方因該地基

貴局擬買作爲公用身情愿請領遷坟費早爲自行遷徙他處現（有埋坻骨墰四個）蒙

憲局照身派算每一具棺請給遷坟費錢（三千文、三千文）文共計錢念弍千四百文身如數領訖並無

尅扣浮冒等弊所具領狀是實

光緒拾叁年十一月　日具領狀人楊渭香十

本啚地保張慶華十

131

楊渭香具領狀（1887年12月或1888年1月，光緒十三年十一月）

基字〡三號卷第二號

具領狀人楊大榮今具到

製造局憲大人案下給發身有自己先人坟墓處內浮厝棺一具坐落念五保南啚地方因該地基

貴局擬買作爲公用身情愿請領遷坟費早爲自行遷徙他處現蒙

憲局照身派算每一具棺請給遷坟費錢三千五百文共計錢叁千五百文身如數領訖並無

尅扣浮冒等弊所具領狀是實

光緒拾三年十二月　日具領狀人楊大榮 十

本啚地保張慶華 十

132

132

楊大榮具領狀（1888年1月或2月，光緒十三年十二月）

黃字德號卷第二號

具領狀人萬榮和今具到

製造局憲大人案下給發 生有自置地閣板貳間裝在郭姓房內坐落芷保西啚地方因該房之地

貴局擬買作為公用 生情願請領還費早為自行遷徙地窖現蒙

憲局照章派算每一間地板給還費錢肆千文共計足制錢捌千文 生如數領訖並無

尅扣浮冒等弊所具領狀是實

光緒拾叁年九月　日具領狀人萬榮和十

本啚地保張慶華

133

133

萬榮和具領狀（1887 年 10 月或 11 月，光緒十三年九月）

具領狀人許心齋今具到

基字七號叁第二號

製造局憲大人案下給發生有自置地閣板貳間半裝在郭姓房內坐落廿五保吉圖地方因該房之地

貴局擬買作為公用生情愿請領遷費早為自行遷徙他處現常

憲局照生派其每一間地板給遷費錢肆千文共計足制錢拾千文生如數領訖無異

尅扣浮冒等弊所具領狀是實

光緒拾叁年九月　　日具領狀人許心齋（押）

本圖地保張慶華

134

134

許心齋具領狀（1887 年 10 月或 11 月，光緒十三年九月）

基字注號卷第二號

具領狀人 許福 薛如文 柏萬華 夏忠 今具到

製造局憲大人案下給發身有自置地閣板弍間半裝在楊姓房內坐落董保西啚地方因該房之地

貴局擬買作為公用 身情愿請領遷費早為自行遷徙他處現蒙

憲局照身派貨每一間地板給還費錢肆千文共計足制錢拾千文 身等如數領訖並無

短扣浮冒等弊所具領狀是實

光緒拾叁年九月 日具領狀人 許福 薛如文 柏萬華 夏忠 十十十十

本啚地保張慶華

135

135

許福等具領狀（1887年10月或11月，光緒十三年九月）

基字[illegible]號卷第二號

具領狀人劉雲石 今具到

製造局憲大人臺下給發身有自置地閣板半間裝在楊姓房內坐落廿五保西啚地方因該房之地

貴局擬買作為公用身情愿請領遷費早為自行遷徙地當現蒙

憲局照身派算每一間地板給還費錢肆千文 共計足制錢弍千文身 如數領訖並無

短扣浮冒等情 所具領狀是實

光緒拾叁年 九月 日具領狀人劉雲石十

本啚地保張慶華

136

136

劉雲石具領狀（1887 年 10 月或 11 月，光緒十三年九月）

基字〡〣號卷第二號

具領狀人楊才金今具到
製造局憲大人案下給發身有自置七椽竹木架瓦屋面房六間坐落念五保拾四啚地方因該地基
貴局擬買作為公用身情愿請領遷房費早為自行遷徙他處現蒙
憲局照身派算每一間房請給遷房費錢拾伍阡文共計錢玖拾阡文身如數領訖並無
剋扣浮冒等弊所具領狀是實

光緒拾叁年玖月　日具領狀人楊才金十
本啚地保張慶華十

137

137

楊才金具領狀（1887 年 10 年或 11 月，光緒十三年九月）

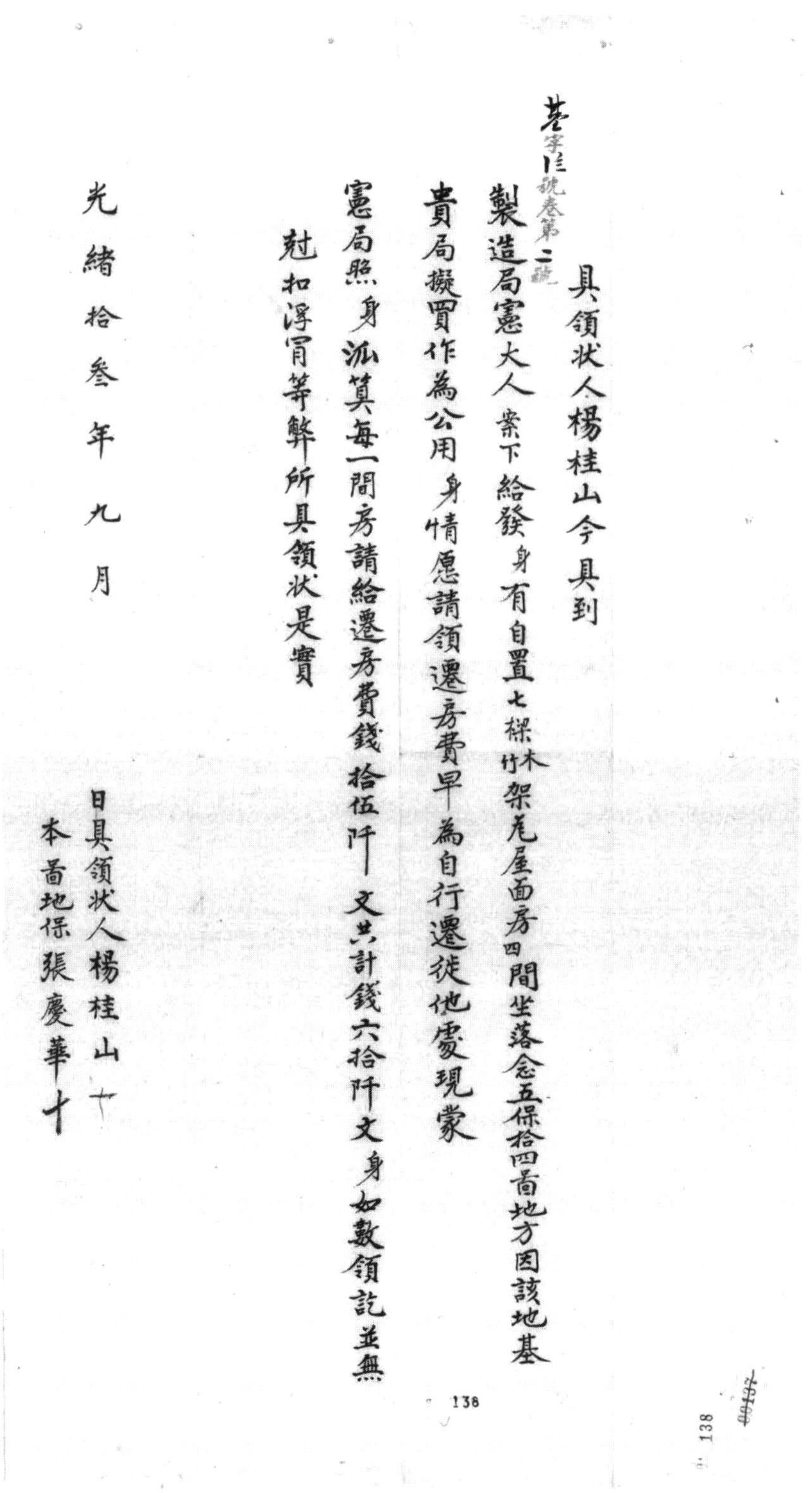
荖字〡三號卷第二號

具領狀人楊桂山今具到

製造局憲大人案下給發身有自置七棵竹木架茅屋面房四間坐落念五保拾四啚地方因該地基

貴局擬買作為公用身情愿請領遷房費早為自行遷徙他處現蒙

憲局照身派算每一間房請給遷房費錢拾伍仟文共計錢六拾仟文身如數領訖並無

尅扣浮冒等弊所具領狀是實

光緒拾叁年九月　日具領狀人楊桂山十

本啚地保張慶華十

138

楊桂山具領狀（1887年10月或11月，光緒十三年九月）

江南製造總局

基字注號卷第二號

具領狀人楊順發今具到

製造局憲大人案下給發身有自置七樑竹木架瓦屋面房五間坐落念五保拾四啚地方因該地基

貴局擬買作為公用身情願請領遷房費早為自行遷徙他處現蒙

憲局照身派算每一間房請給遷房費錢拾伍阡文共計錢柒拾五阡文身如數領訖並無

剋扣浮冒等弊所具領狀是實

光緒拾叁年玖月　日具領狀人楊順發 十

本啚地保張慶華 十

楊順發具領狀（1887 年 10 月或 11 月，光緒十三年九月）

基字三號 卷第二號

具領狀人楊聚發今具到
製造局憲大人案下給發身有自置七棵竹木架瓦屋面房四間坐落念五保拾四啚地方因該地基
貴局擬買作為公用身情愿請領遷房費早為自行遷徙他處現蒙
憲局照身泒算每一間房請給遷房費錢拾伍阡文共計錢六拾阡文身如數領訖並無
尅扣浮冒等弊所具領狀是實

光緒拾叁年玖月　日具領狀人楊聚發　十
本啚地保張慶華　十

140

楊聚發具領狀（1887年10月或11月，光緒十三年九月）

基字仨號卷第二號

具領狀人楊阿桂今具到

製造局憲大人案下給發身有自置七桁竹木架瓦屋面房叁間坐落念五保拾四啚地方因該地基

貴局擬買作為公用身情願請領遷房費早為自行遷徙他處現蒙

憲局照身派算每一間房請給遷房費錢拾伍阡文共計錢四拾伍阡文身如數領訖並無

尅扣浮冒等弊所具領狀是實

光緒拾叁年九月　日具領狀人楊阿桂　十

本啚地保張慶華　十

141

141

楊阿桂具領狀（1887年10月或11月，光緒十三年九月）

基字〡〢號春第二號

具領狀人楊聚春今具到

製造局憲大人案下給發身有自置上樑竹木架瓦屋面房貳間坐落念五保拾四啚地方因該地基

貴局擬買作為公用身情愿請領遷房費早為自行遷徙他處現蒙

憲局照身派算每一間房請給遷房費錢拾伍阡文共計錢叁拾阡文身如數領訖並無

剋扣浮冒等弊所具領狀是實

光緒拾叁年九月　日具領狀人楊聚春十

本啚地保張慶華十

142

楊聚春具領狀（1887年10月或11月，光緒十三年九月）

基字〡三號卷第二號

具領狀人俞阿虎今具到

製造局憲大人案下給發身有自置七棵木竹架瓦屋面房貳間坐落念五保拾四啚地方因該地基

貴局擬買作為公用身情愿請領遷房費早為自行遷徙他處現蒙

憲局照身所算每一間房請給遷房費錢拾伍阡文加地板錢弍千文共計錢叁拾貳阡文身如數領訖並無

尅扣浮冒等弊所具領狀是實

光緒拾叁年玖月 日具領狀人俞阿虎 十

本啚地保張慶華 十

俞阿虎具領狀（1887年10月或11月，光緒十三年九月）

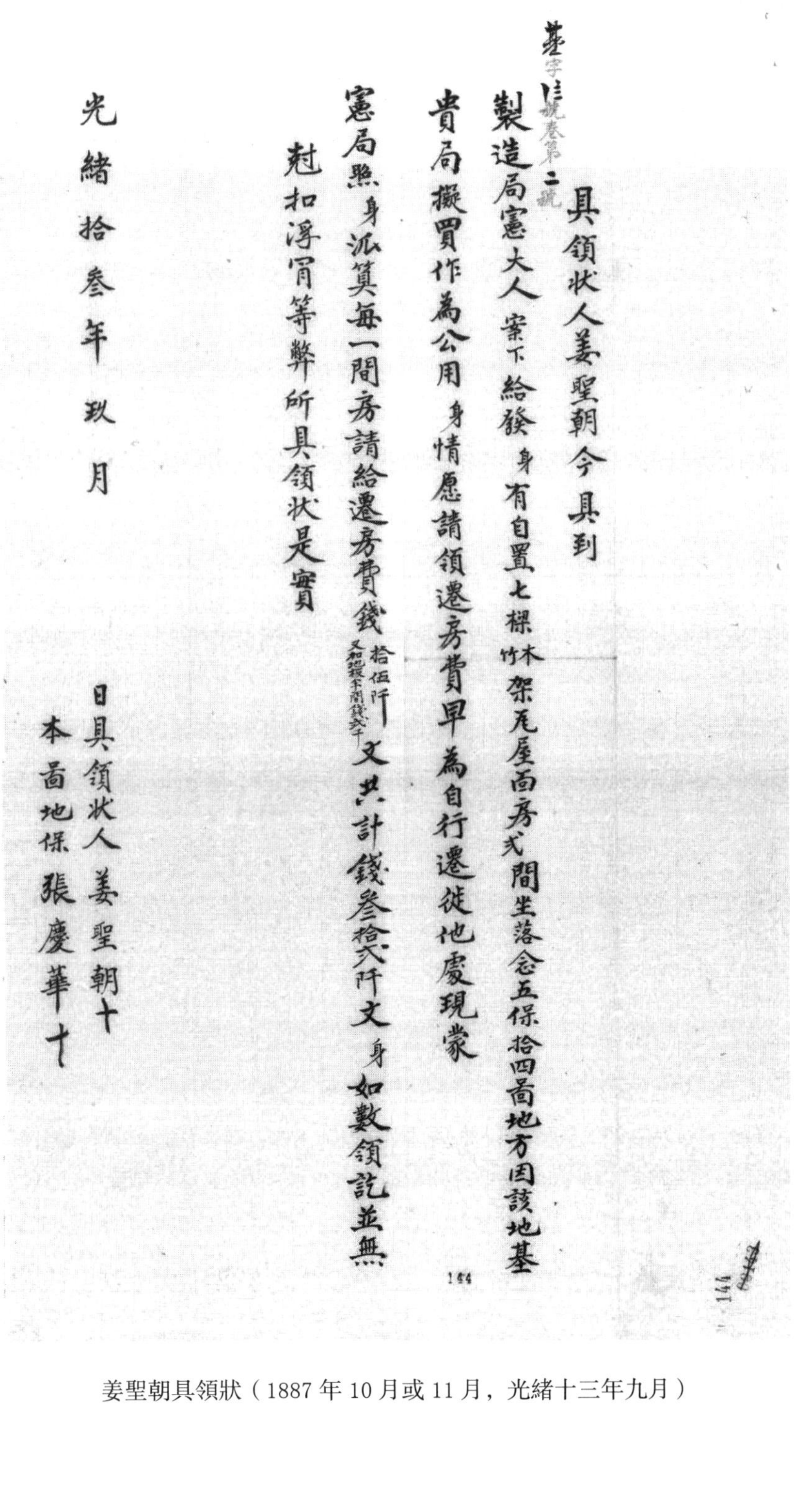

基字〡三號卷第二號

具領狀人姜聖朝今具到

製造局憲大人 案下 給發 身有自置七棵竹木架尾屋面房弍間坐落念五保拾四啚地方因該地基

貴局擬買作為公用 身情愿請領遷房費早為自行遷徙他處現蒙

憲局照 身派算每一間房請給遷房費錢拾伍阡 又加地板木間錢弍千 丨文共計錢叁拾弍阡文 身如數領訖並無

尅扣浮冒等弊所具領狀是實

光緒拾叁年玖月 日具領狀人 姜聖朝 十

本啚地保 張慶華 十

姜聖朝具領狀（1887 年 10 月或 11 月，光緒十三年九月）

某字號卷第二號

具領狀人龔有成今具到

製造局憲大人案下給發身有自置七棵木竹架瓦屋面房弍間半間坐落念五保拾四啚地方因該地基

貴局擬買作為公用身情愿請領遷房費早為自行遷徙他處現蒙

憲局照身派莫每一間房請給還房費錢拾伍仟（又報半間錢四千）文共計錢四拾壹仟五百文身如數領訖並無

尅扣浮冒等弊所具領狀是實

光緒拾叁年玖月　日具領狀人龔有成　十

本啚地保張慶華　十

龔有成具領狀（1887年10月或11月，光緒十三年九月）

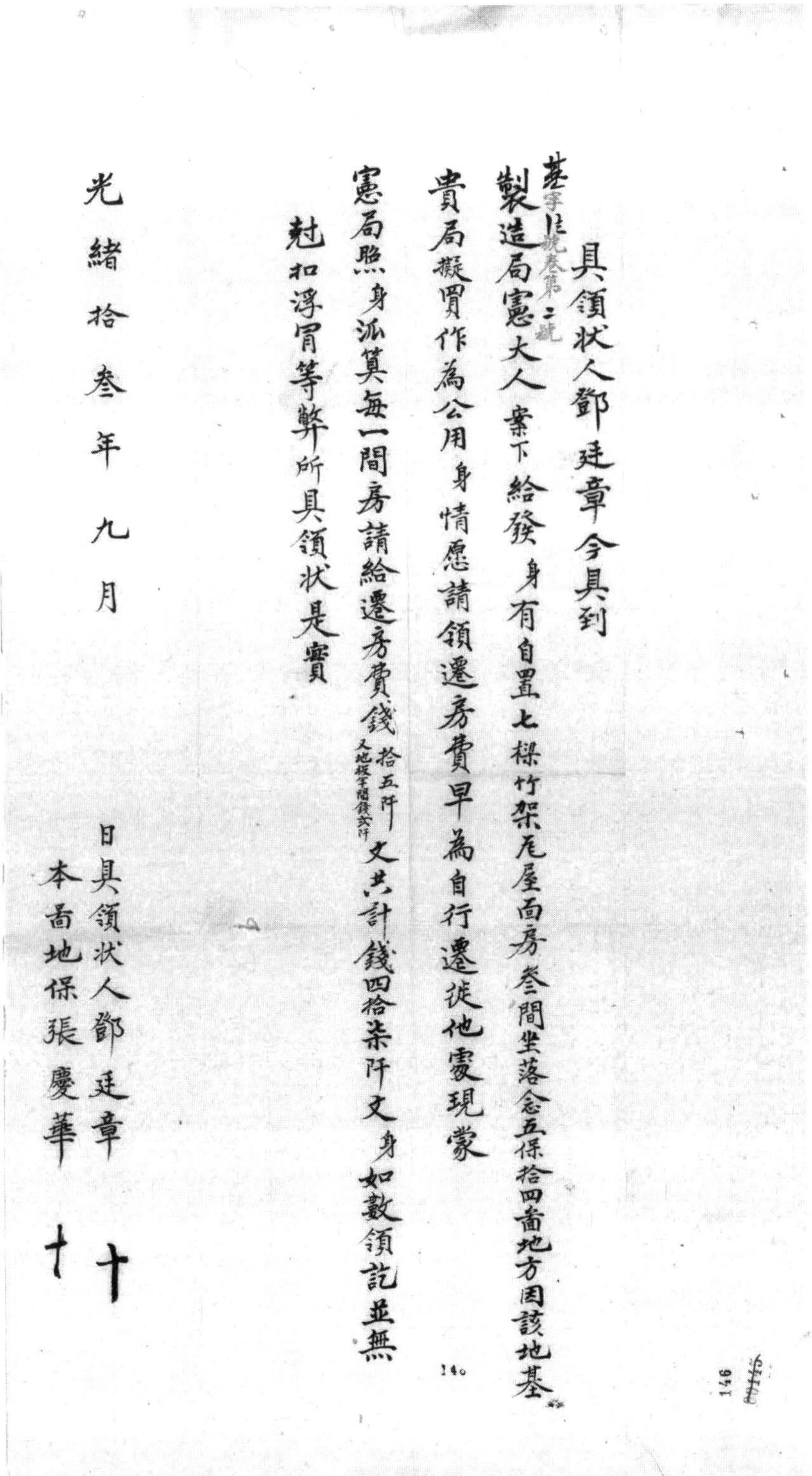

基字[illegible]號卷第二號

具領狀人鄧廷章今具到

製造局憲大人案下給發身有自置七樑竹架瓦屋面房叁間坐落念五保拾四啚地方因該地基

貴局擬買作為公用身情愿請領遷房費早為自行遷徙他處現蒙

憲局照身派算每一間房請給遷房費錢拾五仟（又地板每間錢五仟）文共計錢四拾柒仟文身如數領訖並無

尅扣浮冒等弊所具領狀是實

光緒拾叁年九月　日具領狀人鄧廷章　十

本啚地保張慶華　十

鄧廷章具領狀（1887 年 10 月或 11 月，光緒十三年九月）

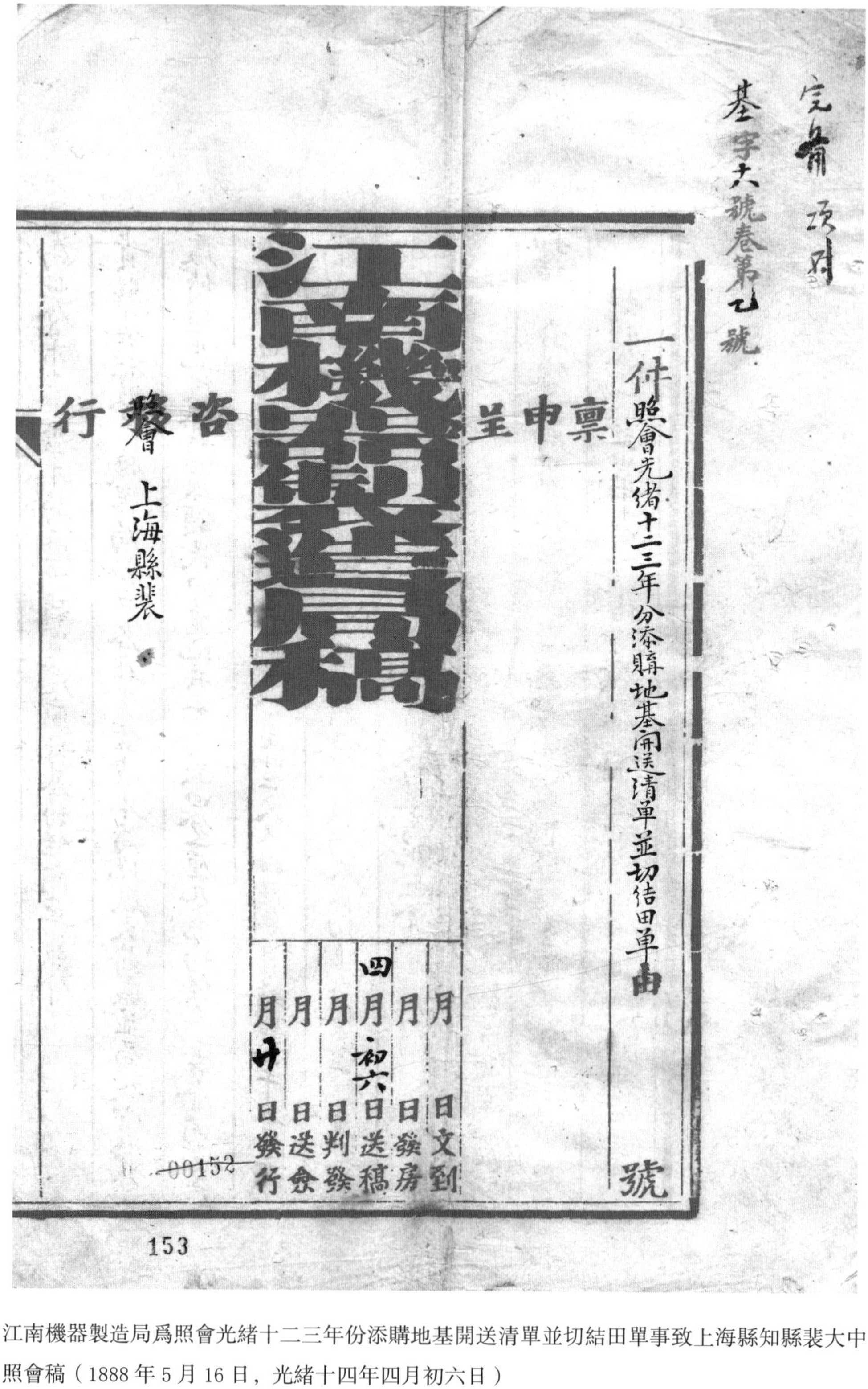
完備 頃附
基字六號卷第乙號
一件照會光緒十二三年分添購地基開送清單並切結田單由
號
江南機器製造局稿
稟 申 呈 咨 照會 行
上海縣裴
月日文到
月日發房
四月初六日送稿
月日判發
月日送僉
月廿日發行
00152
153

江南機器製造局爲照會光緒十二三年份添購地基開送清單並切結田單事致上海縣知縣裴大中照會稿（1888 年 5 月 16 日，光緒十四年四月初六日）

爲照會事案查本局歷次購買建廠地基均經開單照會
貴縣查核收作機器局新戶各在案茲查本局砲廠火藥廠並局後官路等
處續經先後添購原額民田蘆地共三十六畝四分一厘九毫均經亭耆會同業戶
丈量明白核共地價錢一千八百二十八千八百七十二文又給遷費等項錢二千五百二十
四千八百二十七文業經本局先後發給各該業戶收領取具切結存案並據呈到執
業田單十四紙相應開單照會並將切結田單轉送爲此照會
貴縣煩爲查照收作機器局新戶開示科則數目移送過局以便照數完粮並希將
切結留存備案將田單仍即移還本局存查望切施行須至照會者
計粘單一紙並田單十四紙切結二十八紙

江南機器製造局爲照會光緒十二三年份添購地基開送清單並切結田單事致上海縣知縣裴大中照會稿（1888 年 5 月 16 日，光緒十四年四月初六日）

三十圖四十三字圩
地保胡雲坡

一麻字
地保康錫卿

今將本局砲廠火藥廠並局後官路等處添購地基畝數並發給地價等項數目開列

計開

郁宜稼 二十六保十三圖 四百二十六、七號原額田地四畝八分五厘五毫十一畝二分九厘八毫 計發地價錢二百三十三千八百十四文

郁宜稼 二十六保十三圖 三百六十五號蘆地一畝七分一厘 計發地價錢三十四千二百文

以上地基係火藥廠於光緒十二年十二月分購買，應用均無田單

高青選 廿五保十三圖 六十八號田地三分四厘二毫

王洪恕 廿五保十三圖 六十七號田地四厘八毫

喬金氏 廿五保十三圖 六十九號田地一分六厘一毫

程正宗 廿五保十三圖 六十四號田地六厘八毫 八厘二毫

00147

148

江南機器製造局爲照會光緒十二三年份添購地基開送清單並切結田單事致上海縣知縣裴大中照會稿（1888 年 5 月 16 日，光緒十四年四月初六日）

張明彩 廿五保十三圖 一百六十八號田地七厘三毫

曹貴春 廿五保十三圖 一百七十號田地四厘五毫

曹彪金 廿五保十三圖 一百七十一號田地一分三厘四毫

張煥金 廿五保十三圖 二百六十七號田地一分零一毫

康九如 廿五保十三圖 二百六十五號田地七厘八毫

蔣五觀 廿五保十三圖 二百六十四號田地一分

康蕊田 廿五保十三圖 二百六十六號田地八厘二毫

楊德松 廿五保十三圖 一百五十八號田地一分九厘六毫

朱永良 廿五保十三圖 二百六十一號田地一分四厘三毫

江南機器製造局爲照會光緒十二三年份添購地基開送清單並切結田單事致上海縣知縣裴大中照會稿（1888 年 5 月 16 日，光緒十四年四月初六日）

地保陸慶華
悟字圩

楊三觀 廿五保十三圖 二百六十號田地四厘三毫

趙星璿 廿五保十三圖 二百四十九號田地二分

陳順德 廿五保十三圖 二百四十五號田地六厘五毫

前項高青選等十六户共割賣田地一畝八分八厘六毫計發地價錢九十千五百六十文 另給泥價錢三千九百七十九文

楊敬山 廿五保十四圖 五十號田地二厘一毫

楊桂春 廿五保十四圖 五十號田地二厘二毫

楊大榮 廿五保十四圖 五十號田地一厘

楊叙全 廿五保十四圖 五十號田地八厘六毫

楊秀記 廿五保十四圖 五十號田地四厘一毫

149 ~~00148~~

江南機器製造局爲照會光緒十二三年份添購地基開送清單並切結田單事致上海縣知縣裴大中照會稿（1888 年 5 月 16 日，光緒十四年四月初六日）

楊秀堂　廿五保十四圖　五十號田地八厘七毫
楊桂春　廿五保十四圖　五十一號田地三厘
楊陸氏　廿五保十四圖　五十三號田地一厘六毫
楊桂春生　廿五保十四圖　五十三號田地五厘五毫　三厘一毫
楊蓢　廿五保十四圖　五十三號田地七厘八毫
楊順瑞發　廿五保十四圖　四十七號田地一分零七毫　二分四厘二毫
楊蓢　廿五保十四圖　五十三號田地三厘三毫
楊秀記　廿五保十四圖　九十三號田地一厘三毫
錢金蓢　廿五保十四圖　九十八號田地一分一厘六毫

江南製造總局

江南機器製造局爲照會光緒十二三年份添購地基開送清單並切結田單事致上海縣知縣裴大中照會稿（1888年5月16日，光緒十四年四月初六日）

張文保 廿五保十四圖 九十八號田地八厘九毫

喬亦良 齊長庚 廿五保十四圖 一百號田地七厘九毫

李煥章 陳裕如 廿五保十四圖 一百零一號田地一分四厘四毫

喬福康 廿五保十四圖 一百零二號田地一分一厘二毫

喬永年 喬阿海 廿五保十四圖 一百零三號田地一厘五毫

龔秀芳 廿五保十四圖 一百零六號田地一分六厘七毫

喬元明 廿五保十四圖 一百零七號田地一分四厘一毫

喬長庚 廿五保十四圖 一百七十號田地一分八厘六毫

林鹿金 林士忠 廿五保十四圖 二百八十一號田地一分五厘二毫

江南機器製造局爲照會光緒十二三年份添購地基開送清單並切結田單事致上海縣知縣裴大中照會稿（1888 年 5 月 16 日，光緒十四年四月初六日）

張徒忠 廿五保十四圖 二百七十六號田地二分三厘九毫

顧順德 廿五保十四圖 二百七十一號田地八厘

張茂榮 廿五保十四圖 二百七十一號田地三厘九毫

顧順德 廿五保十四圖 二百七十三號田地一分七厘一毫

黃鳳生 廿五保十四圖 三百零九號田地一分零九毫

黃子卿 廿五保十四圖 三百零九號田地一分一厘一毫

唐阿桂 廿五保十四圖 三百零八號田地七厘一毫

唐阿春 廿五保十四圖 三百零八號田地六厘八毫

黃鳳翔 廿五保十四圖 三百零八號田地八厘

江南機器製造局爲照會光緒十二三年份添購地基開送清單並切結田單事致上海縣知縣裴大中照會稿（1888 年 5 月 16 日，光緒十四年四月初六日）

地保顧成耆

唐紀園　廿保十四圖　三百零七號田地二分八厘八毫

以上前項楊敬山等三十三戶共劃買田地三畝三分二厘九毫計發地價錢一百五十九千七百九十二文

楊才全　廿保十五圖　六十號田地四厘八毫

張金松　廿保十五圖　六十號田地一分四厘七毫

唐紀園　廿保十五圖　五十八號田地五厘三毫

喬應宗　廿保十五圖　五十號田地四分三厘

唐阿春　廿保十五圖　六十一號田地一分五厘七毫

喬土生　廿保十五圖　六十一號田地二分五厘

喬應宗　廿保十五圖　五十六號田地一分三厘

~~00150~~
151

江南機器製造局爲照會光緒十二三年份添購地基開送清單並切結田單事致上海縣知縣裴大中照會稿（1888 年 5 月 16 日，光緒十四年四月初六日）

徐云岐　廿五保十五圖　五十五號田地五厘四毫

黃阿小　廿五保十五圖　五十五號田地七厘

張盤國　廿五保十五圖　五十五號田地一分一厘六毫

前頁工本楊才金等十戶共割賣田地一畝四分五厘五毫計發地價錢六十九千八百四十文　另給泥價錢四十四千九百四十八文

朱耀坤　廿五保十三圖　一百六十八號田地一畝六分九厘　計發地價錢一百三十一千二百文

朱桂堂　廿五保十三圖　一百六十七號田地一分三厘二毫　計發地價錢十千五百六十文

朱錦堂　廿五保十三圖　一百六十七號田地八厘三毫　計發地價錢六千六百四十文

以上地基係於光緒十二年十二月分局後首路購買應用均無田單

陳阿二　廿五保十四圖　七十七號田地貳分五厘五毫　計發地價錢二十二千八百四十文

江南機器製造局爲照會光緒十二三年份添購地基開送清單並切結田單事致上海縣知縣裴大中照會稿（1888 年 5 月 16 日，光緒十四年四月初六日）

十二面
地保張惠忠

以上地基係於光緒十三年二月本局圍墻外購買應用並無田單

楊大榮 廿五保十一圖 廿號業地五分一厘計十發地價錢二十四千四百八十文 另給遷坟費錢三十五千九百文

姜秉卿 廿五保十一圖 方字圩內墳地一畝計十發地價錢四十八千文 另給遷坟費錢一百五十九千文

楊桂生 廿五保十一圖 卅二號業地五分三厘二毫計十發地價錢二十五千五百三十六文 此戶無田單

馮[illegible] 廿五保十一圖 廿號業地一畝零六毫計十發地價錢四十八千二百八十八文 另給遷坟費錢二百二十八千文 此戶無田單

王鶴樓 廿五保十一圖 廿六號業地四畝九分四厘二毫計十發地價錢二百三十七千二百十六文 另給遷坟費錢二百一十八千文

王鶴樓 廿五保十一圖 二十七號業地五分計發地價錢二十四千文 另給遷坟費錢五十二千文 此戶無田單

楊聚春 廿五保十一圖 廿號業地六分八厘二毫計發地價錢三十二千七百三十六文 另給遷坟費錢四十七千文

楊才 廿五保十一圖 廿號業地四分一厘六毫計十發地價錢一十九千九百六十八文

楊聚春 廿五保十一圖 廿號業地四分一厘五毫計十發地價錢一十九千九百二十文

江南機器製造局爲照會光緒十二三年份添購地基開送清單並切結田單事致上海縣知縣裴大中照會稿（1888 年 5 月 16 日，光緒十四年四月初六日）

十二啚
方字圩
地保陸惠忠

楊桂生 廿五保十二圖 廿七號宅基地二畝七分一厘一毫計發地價錢一百八十九千七百七十文 另給遷屋費錢五百六十七千文

楊大榮 廿五保十二圖 廿八號宅基地六分計發地價錢四十二千文 另給遷屋費錢一百三十五千文

楊才才 廿五保十二圖 卅號菜地六分四厘二毫計發地價錢二十千八百十六文 另給遷坟費錢八千文

楊了頭 廿五保十二圖 三十一號菜地四分七厘七毫計發地價錢二十二千八百九十六文 此戶無田單

楊敬山 廿五保十二圖 二十七號宅基地一畝一分四厘四毫計發地價錢八十千零八十文 另給遷屋費錢二百零三千五百文

夏三三 廿五保十二圖 卅三四號菜地四分計發地價錢十九千二百文

韓玉成 廿五保十四圖 廿三號菜地二分八厘五毫計發地價錢十三千六百八十文 此戶無田單

蔣禧生 廿五保十二圖 廿三號菜地六分六厘四毫計發地價錢三十一千八百七十二文 另給遷坟費錢二十九千文 此戶無田單

周成啓 廿五保十二圖 一百八十五號菜地一畝計發地價錢四十八千文 另給遷坟費錢三十八千文

江南機器製造局爲照會光緒十二三年份添購地基開送清單並切結田單事致上海縣知縣裴大中照會稿（1888年5月16日，光緒十四年四月初六日）

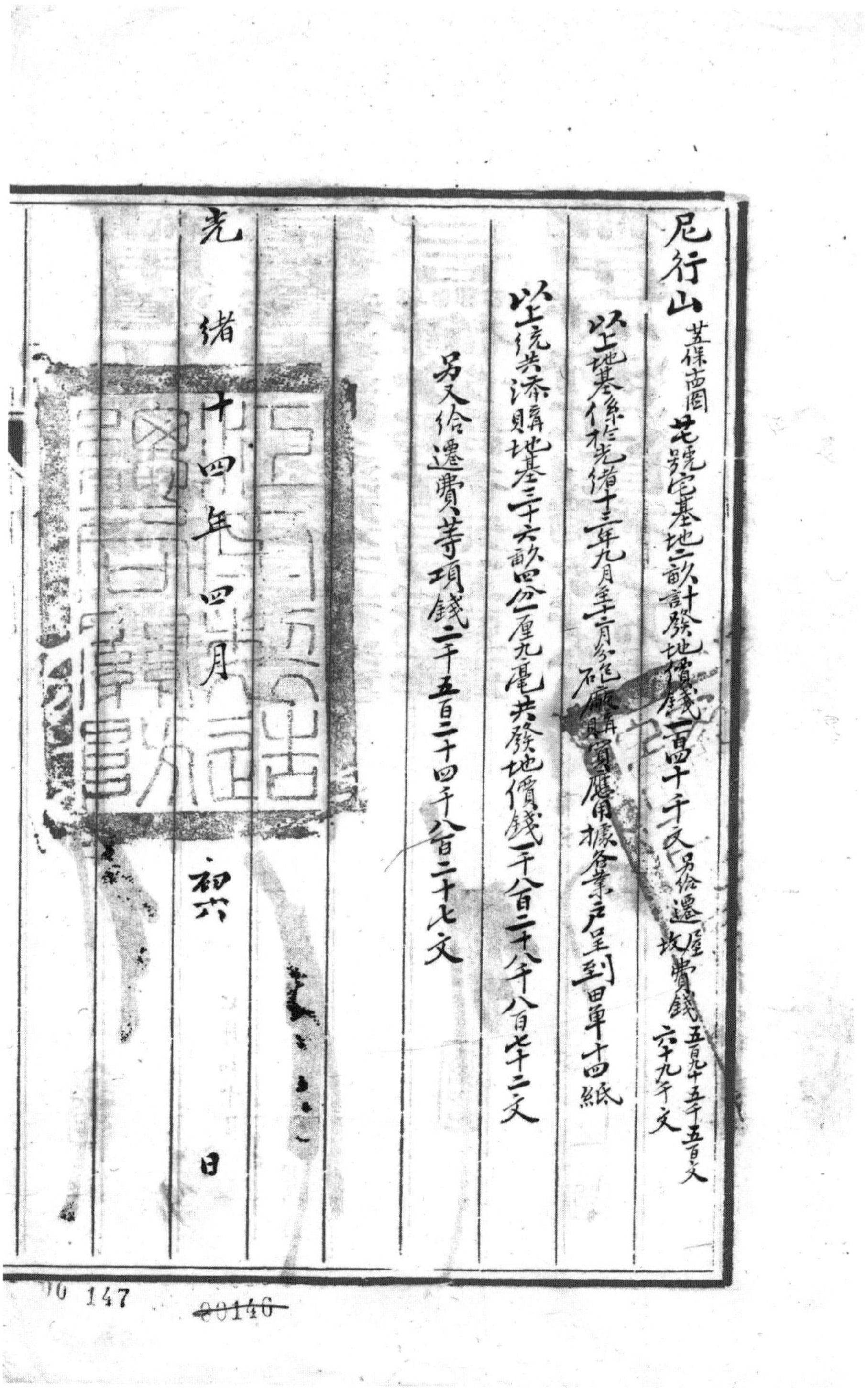

尼行山 並係西圖芒號宅基地二畝計發地價錢一百四十千文另給遷屋坟費錢五百九十五千五百文 六十九千文

以上地基係於光緒十三年九月至十二月分爲砲廠石廠購買應用據各業戶呈到田單十四紙

以上統共添購地基三十六畝四分二厘九毫共發地價錢一千八百二十八千八百七十二文

另又給遷費等項錢二千五百二十四千八百二十七文

光緒十四年四月初六日

147 ~~00146~~

江南機器製造局爲照會光緒十二三年份添購地基開送清單並切結田單事致上海縣知縣裴大中照會稿（1888 年 5 月 16 日，光緒十四年四月初六日）

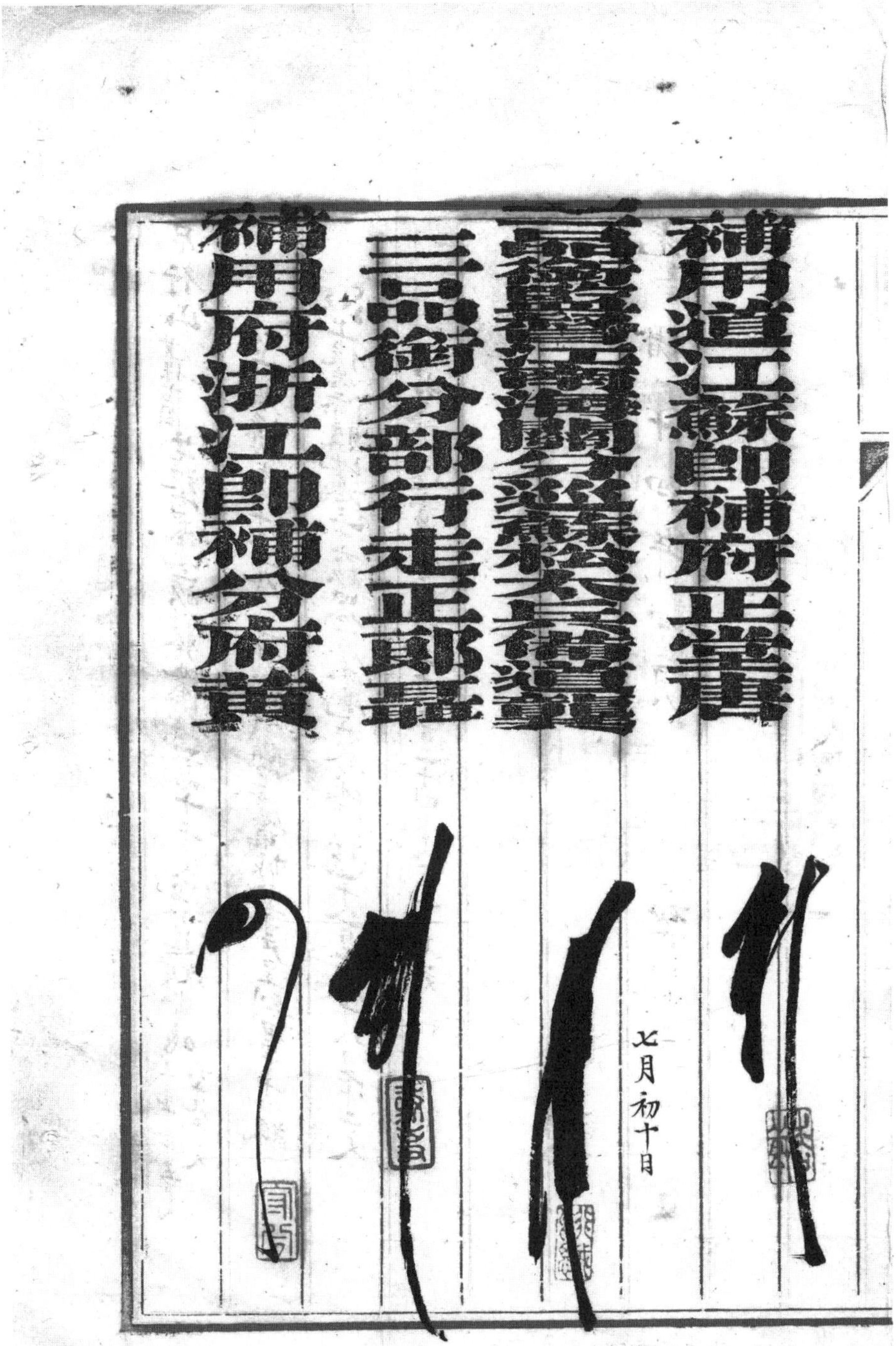

江南機器製造局爲照會光緒十二三年份添購地基開送清單並切結田單事致上海縣知縣裴大中照會稿（1888 年 5 月 16 日，光緒十四年四月初六日）

江南製造總局

第　　號

一宗砲廠子葯廠並局後官路添購基地卷

光緒十二 十三 年　月　日

江南製造總局基字第十八號炮廠子藥廠並局後官路添購地基卷封面（1886-1887年，光緒十二年——光緒十三年）